■2025年度中学受験用

鎌倉学園中学校

4年間(＋3年間HP掲載)スーパー過去問

●収録内容一覧

入試問題と解説・解答の収録内容

2024年度　1次	算数・社会・理科・国語	実物解答用紙DL
2024年度　2次	算数・社会・理科・国語	実物解答用紙DL
2024年度 算数選抜	算数(解答のみ)	実物解答用紙DL
2023年度　1次	算数・社会・理科・国語	実物解答用紙DL
2023年度　2次	算数・社会・理科・国語	実物解答用紙DL
2023年度 算数選抜	算数(解答のみ)	実物解答用紙DL
2022年度　1次	算数・社会・理科・国語	実物解答用紙DL
2022年度　2次	算数・社会・理科・国語	実物解答用紙DL
2022年度 算数選抜	算数(解答のみ)	実物解答用紙DL
2021年度　1次	算数・社会・理科・国語	

2020～2018年度(HP掲載)

問題・解答用紙・解説解答DL

「カコ過去問」
(ユーザー名) koe
(パスワード) w8ga5a1o

◇著作権の都合により国語と一部の問題を削除しております。
◇一部解答のみ(解説なし)となります。
◇9月下旬までに全校アップロード予定です。
◇掲載期限以降は予告なく削除される場合があります。

～本書ご利用上の注意～　以下の点について,あらかじめご了承ください。

★別冊解答用紙は巻末にございます。実物解答用紙は,弊社サイトの各校商品情報ページより,一部または全部をダウンロードできます。
★編集の都合上,学校実施のすべての試験を掲載していない場合がございます。
★当問題集のバックナンバーは,弊社には在庫がございません(ネット書店などに一部在庫あり)。

合格を勝ち取るための『スーパー過去問』の使い方

本書に掲載されている過去問をご覧になって，「難しそう」と感じたかもしれません。でも，多くの受験生が同じように感じているはずです。なぜなら，中学入試で出題される問題は，小学校で習う内容よりも高度なものが多く，たくさんの知識や解き方のコツを身につけることも必要だからです。ですから，初めて本書に取り組むさいには，点数を気にしすぎないようにしましょう。本番でしっかり点数を取れることが大事なのです。

過去問で重要なのは「まちがえること」です。自分の弱点を知るために，過去問に取り組むのです。当然，まちがえた問題をそのままにしておいては意味がありません。

本書には，長年にわたって中学入試にたずさわっているスタッフによるていねいな解説がついています。まちがえた問題はしっかりと解説を読み，できるようになるまで何度も解き直しをしてください。理解できていないと感じた分野については，参考書や資料集などを活用し，改めて整理しておきましょう。

このページも参考にしてみましょう！

◆どの年度から解こうかな　「入試問題と解説・解答の収録内容一覧」

本書のはじめには収録内容が掲載されていますので，収録年度や収録されている入試回などを確認できます。

※著作権上の都合によって掲載できない問題が収録されている場合は，最新年度の問題の前に，ピンク色の紙を差しこんでご案内しています。

◆学校の情報を知ろう!!「学校紹介ページ」

このページのあとに，各学校の基本情報などを掲載しています。問題を解くのに疲れたら息ぬきに読んで，志望校合格への気持ちを新たにし，再び過去問に挑戦してみるのもよいでしょう。なお，最新の情報につきましては，学校のホームページなどでご確認ください。

◆入試に向けてどんな対策をしよう？「出題傾向＆対策」

「学校紹介ページ」に続いて，「出題傾向＆対策」ページがあります。過去にどのような分野の問題が出題され，どのように対策すればよいかをアドバイスしていますので，参考にしてください。

◇別冊「入試問題解答用紙編」

本書の巻末には，ぬき取って使える別冊の解答用紙が収録してあります。解答用紙が非公表の場合などを除き，（注）が記載されたページの指定倍率にしたがって拡大コピーをとれば，実際の入試問題とほぼ同じ解答欄の大きさで，何度でも過去問に取り組むことができます。このように，入試本番に近い条件で練習できるのも，本書の強みです。また，データが公表されている学校は別冊の１ページ目に過去の「入試結果表」を掲載しています。合格に必要な得点の目安として活用してください。

本書がみなさんの志望校合格の助けとなることを，心より願っています。

株式会社　声の教育社　編集部

鎌倉学園中学校

所在地	〒247-0062 神奈川県鎌倉市山ノ内110
電　話	0467-22-0994
ホームページ	https://www.kamagaku.ac.jp/
交通案内	JR横須賀線「北鎌倉駅」より徒歩13分 または江ノ電バス「建長寺(鎌倉学園前)」下車

くわしい情報は ホームページへ

トピックス

★算数選抜は，他校の受験状況により集合時間を当日でも変更できます(参考：昨年度)。
★体調が良くない場合(発熱などをのぞく)は，保健室受験も対応可能です(参考：昨年度)。

創立年 大正10年　｜　男子校　｜　高校募集 あり

応募状況

年度	募集数	応募数	受験数	合格数	倍率
2024	①100名	357名	346名	160名	2.2倍
	算 15名	99名	97名	31名	3.1倍
	② 40名	347名	290名	64名	4.5倍
	③ 15名	303名	271名	79名	3.4倍
2023	①100名	265名	252名	153名	1.6倍
	算 15名	172名	163名	44名	3.7倍
	② 40名	367名	290名	65名	4.5倍
	③ 15名	304名	248名	46名	5.4倍

入試情報（参考：昨年度）

・出願方法：
　インターネット(Web)出願
・試験日程：
　一次入試　2月1日午前　8:30集合
　算数選抜　2月1日午後　15:30／17:00集合
　二次入試　2月2日午前　8:30集合
　三次入試　2月4日午前　8:30集合
・試験科目：
　一次入試・二次入試・三次入試
　…4科目(国語・算数・社会・理科)
　算数選抜…1科目(算数)
・合格発表：
　ネット上で発表。パソコン・携帯電話等でご覧いただけます(校内掲示は実施しません)。

学校説明会等日程（※予定）

学校説明会【要HP予約】
10月1日　10:00～11:00
10月12日　13:00～14:00
11月2日　13:00～14:00
11月26日　10:00～11:00
11月30日　13:00～14:00
※各回の内容は，すべて同じです。
※予約は各実施日の1か月前より開始。
中学体育デー【予約不要】
10月19日　9:00～
※入試相談コーナーあり。
ミニ説明会【要電話予約】
5月～11月　毎週月曜日
10:00～／15:00～
※15:00～は，クラブ見学が中心です。
※水曜日，木曜日にも実施できる場合があります。

2024年春の主な大学合格実績

<国公立大学・大学校>
京都大，東京工業大，一橋大，東北大，北海道大，筑波大，千葉大，横浜国立大，東京学芸大，電気通信大，防衛大，東京都立大，横浜市立大
<私立大学>
慶應義塾大，早稲田大，上智大，東京理科大，明治大，青山学院大，立教大，中央大，法政大，学習院大，成蹊大，成城大，明治学院大，國學院大，順天堂大，星薬科大

編集部注一本書の内容は2024年6月現在のものであり，変更されている場合があります。正確な情報は，学校のホームページ等で必ずご確認ください。

算数 出題傾向&対策

◆基本データ(2024年度1次)

試験時間／満点	50分／100点
問題構成	・大問数…８題 計算１題(４問)／応用小問２題(６問)／応用問題５題 ・小問数…25問
解答形式	解答のみを記入する形式で，単位などは解答用紙にあらかじめ印刷されている。
実際の問題用紙	Ｂ５サイズ，小冊子形式
実際の解答用紙	Ｂ４サイズ

◆出題傾向と内容

▶**過去３年の出題率トップ３**
１位：四則計算・逆算15%　２位：角度・面積・長さ14%　３位：計算のくふう９%
▶**今年の出題率トップ３**
１位：四則計算・逆算17%　２位：角度・面積・長さ14%　３位：数列など９%

本校の算数は，１題めが計算問題，２題め，３題めがそれぞれ数量分野，図形分野の応用小問集合題，それ以降が応用問題という構成になっています。難問・奇問のたぐいや目新しい問題はほとんど見られないものの，分量がやや多いので，試験時間を考えるといそがしい試験といえます。

数量分野では，数の性質，規則性，場合の数など，図形分野では，水の量の変化とグラフ，図形の移動，三角形の相似比・面積比，図形上の点の移動，立体図形の構成・分割などが取り上げられています。

◆対策〜合格点を取るには？〜

まず正確で速い計算力を養うことが第一です。計算力は短期間で身につくものではなく，練習を続けることにより，しだいに力がついてくるものです。毎日，自分で量を決めて，それを確実にこなしていきましょう。

次に，条件を整理し，解答への手順を見通す力を養うようにしましょう。基本例題を中心として，はば広い分野の問題に数多くあたることが好結果を生みます。数列や規則性，速さの問題などは，ある程度数をこなして解き方のパターンをつかむことと，ものごとを筋道立てて考えることが大切です。

分野＼年度		2024			2023		
		1次	2次	算数選抜	1次	2次	算数選抜
計算	四則計算・逆算	●	●		●	●	
	計算のくふう	○	○		◎	◎	
	単位の計算		○				
和と差	和差算・分配算						
	消去算						
	つるかめ算			○			○
	平均とのべ						
	過不足算・差集め算	○					
	集まり		○				
	年齢算		○				
割合と比	割合と比	○					
	正比例と反比例						
	還元算・相当算					○	
	比の性質						
	倍数算						
	売買損益					○	
	濃度						
	仕事算						
	ニュートン算				○		
速さ	速さ						
	旅人算						
	通過算						
	流水算						
	時計算						
	速さと比		○				
図形	角度・面積・長さ	●	◎		●	●	
	辺の比と面積の比・相似		○		○		
	体積・表面積	○			○		
	水の深さと体積		○			○	
	展開図						
	構成・分割	○	○	○	○		
	図形・点の移動					○	
表とグラフ							
数の性質	約数と倍数						
	N進数						
	約束記号・文字式				○		
	整数・小数・分数の性質	○	○		○	○	○
規則性	植木算				○		
	周期算					○	○
	数列	○	○	○		○	
	方陣算				○		
	図形と規則						○
場合の数		○	○		○		
調べ・推理・条件の整理		○		○		○	○
その他							

※　○印はその分野の問題が１題，◎印は２題，●印は３題以上出題されたことをしめします。

社会 出題傾向＆対策

◆基本データ(2024年度１次)

試験時間／満点	30分／60点
問題構成	・大問数…２題 ・小問数…20問
解答形式	記号選択と適語の記入を中心に構成されているが，短文記述も見られる。
実際の問題用紙	Ｂ５サイズ，小冊子形式
実際の解答用紙	Ｂ４サイズ

◆出題傾向と内容

あるテーマに沿って地理・歴史・政治の各分野の内容を総合的に問う形式で出題されています。試験時間のわりに問題量が多く，できるだけ速く答えを出さないと，時間切れになってしまう可能性があります。

●地理…都市や地形を題材に，地名や気候，時差，産業などがまんべんなく出題されています。世界地理からは，貿易品目や気候が出題されています。また，地形図の読み取りや，人口ピラミッド，雨温図といった表やグラフの読み取りなども見られます。

●歴史…遺跡・史跡・人物にまつわる歴史，江戸時代から現代にかけてのアメリカやロシアとの外交関係，史料(説明文・写真など)に関連することがらについて答える総合問題などが出題されています。

●政治…日本国憲法と三権のしくみが重点的に出題されています。特に，選挙制度と国会・内閣・裁判所のしくみがひんぱんに出題されています。

分野＼年度			2024		2023		2022	
			1次	2次	1次	2次	1次	2次
日本の地理		地図の見方	○	○				○
		国土・自然・気候	○	○	○	○	○	○
		資源						
		農林水産業		○	○			
		工業	○		○		○	
		交通・通信・貿易	○	○		○	○	○
		人口・生活・文化	○		○	○	○	
		各地方の特色						
		地理総合						
世界の地理			○	○		○		
日本の歴史	時代	原始～古代	○	○	○	○	○	○
		中世～近世	○	○	○	○	○	○
		近代～現代	○	○	○	○	○	○
	テーマ	政治・法律史						
		産業・経済史						
		文化・宗教史						
		外交・戦争史						
		歴史総合						
世界の歴史								
政治		憲法		○	○			○
		国会・内閣・裁判所	○	○	○	○		○
		地方自治		○				
		経済	○			○		
		生活と福祉	○	○			○	○
		国際関係・国際政治	○	○	○		○	
		政治総合						
環境問題								
時事問題			○					
世界遺産				○	○	○		
複数分野総合			★	★	★	★	★	★

※　原始～古代…平安時代以前，中世～近世…鎌倉時代～江戸時代，近代～現代…明治時代以降

※　★印は大問の中心となる分野をしめします。

◆対策～合格点を取るには？～

全分野に共通することとして，形式面では，①基礎的知識としての数字（地理では，国土の面積，歴史では，重要なできごとが起こった年，政治では，重要事項を規定した憲法の条文の番号など）にかかわる問題，②地名，人名，憲法上の用語などを漢字で書く問題，③基本的な資料の空所を補充させる問題などに慣れておくことが必要です。内容面では，基本的事項はもちろんのこと，時事とからめたものや，日本と諸外国との関係まで視野を広げ，整理しておきましょう。

地理分野については，ふだんから地図に親しんでおき，学習した地名は必ず地図で確認し，白地図の上におもな平野，山脈，火山帯，川，都市などをかきこめるようにしておきましょう。

歴史分野については，歴史の流れを大まかにとらえる姿勢が大切です。そのためには，つねに年表を見ながら勉強する態度を，日ごろから身につけておくべきです。重要な事件が起こった年の前後の流れを理解するなど，単純に暗記するだけでなく，くふうして覚えていきましょう。

政治分野では，日本国憲法が中心になります。主権，戦争の放棄，基本的人権，三権分立などの各事項を教科書で理解するほか，憲法の条文を確認しておくとよいでしょう。

理科 出題傾向＆対策

◆基本データ(2024年度１次)

試験時間／満点	30分／60点
問題構成	・大問数…４題 ・小問数…25問
解答形式	記号選択，適語・数値の記入になっており，必要な単位などはあらかじめ印刷されている。
実際の問題用紙	Ｂ５サイズ，小冊子形式
実際の解答用紙	Ｂ４サイズ

◆出題傾向と内容

本校の理科は，実験・観察・観測をもとにした問題が多く，また，多くの分野から広く出題される傾向にあります。内容的にはどれも基本的なことがらを問うものがほとんどですが，各実験・観察に対する正しい理解や思考力を必要とするものが多く見られます。

●**生命**…植物のつくりとはたらき，消化，食物連鎖，自然環境との関わり，川にすむ生物，外来生物のほか，特定のこん虫や植物などに的をしぼった出題も見られます。

●**物質**…水溶液の性質，気体の性質，ものの燃え方，物質の状態変化，プラスチックについてなどが取り上げられています。

●**エネルギー**…ふりこによる運動，速さ，光の進み方，磁石，電磁石，豆電球と回路，電熱線による発熱についての出題などが見られます。計算問題もあります。

●**地球**…台風，飽和水蒸気量，フェーン現象，月の見え方，夜空で見える星，火山，岩石，断層などが取り上げられています。

分野＼年度		2024		2023		2022	
		1次	2次	1次	2次	1次	2次
生命	植物	★					
	動物			○	★	★	★
	人体		★				
	生物と環境			★			
	季節と生物						
	生命総合						
物質	物質のすがた						★
	気体の性質	★	★	○		★	
	水溶液の性質			★			
	ものの溶け方				★		
	金属の性質		○				
	ものの燃え方		○				
	物質総合						
エネルギー	てこ・滑車・輪軸						
	ばねののび方						
	ふりこ・物体の運動				★		
	浮力と密度・圧力						
	光の進み方	★	★	★			
	ものの温まり方						
	音の伝わり方						
	電気回路					★	★
	磁石・電磁石						
	エネルギー総合						
地球	地球・月・太陽系			★			
	星と星座					★	
	風・雲と天候						★
	気温・地温・湿度	★					
	流水のはたらき・地層と岩石		★		★		
	火山・地震						
	地球総合						
実験器具		○	○		○		
観察							
環境問題							
時事問題							
複数分野総合							

※　★印は大問の中心となる分野をしめします。

◆対策～合格点を取るには？～

さまざまな題材をもとにつくられており，多くは実験・観察の結果を総合的にはあくしたうえで，筋道を立てて考えていく必要がある問題です。基礎知識はもちろんのこと，それらを使いこなす応用力もためされます。「生命」「物質」「エネルギー」「地球」の各分野からバランスよく出題されているので，かたよりのない学習が必要です。

なによりもまず，教科書を中心とした学習によって，基本的なことがらを確実に身につけることが大切ですが，教科書の学習以外に必要とされる知識も少なくありません。そのためには，身近な自然現象に日ごろから目を向けることです。また，テレビの科学番組，新聞・雑誌の科学に関する記事，読書などを通じて多くのことを知ることも大切です。科学に目を向けるふだんの心がけが，はば広い知識を身につけることにつながります。

基礎的な知識がある程度身についたら，標準的な問題集を解き，知識を活用する力を養いましょう。そのさい，わからない問題があってもすぐに解説・解答にたよらず，じっくりと自分で考えること。この積み重ねが考える力をのばすコツです。

国語 出題傾向＆対策

◆基本データ(2024年度１次)

試験時間／満点	50分／100点
問題構成	・大問数…６題 文章読解題３題／知識問題３題 ・小問数…32問
解答形式	記号選択と記述問題で構成されている。記述問題は，15～45字程度で書かせるものが数問見られる。
実際の問題用紙	Ｂ５サイズ，小冊子形式
実際の解答用紙	Ｂ４サイズ

◆出題傾向と内容

▶近年の出典情報(著者名)
説明文：西谷　修　齋藤　孝　石田光規
小　説：幸田　文　湯本香樹実　海音寺潮五郎

●読解問題…取り上げられる文章のジャンルは小説・物語文，論説・説明文が中心となっています。設問は，論説・説明文では，論旨の展開を正しく理解しているかどうかをためすもの，小説・物語文では，状況や動作・行動，登場人物の性格などとからめ，心情を問うものが中心です。さらに，大意，指示語の内容，脱文のそう入，文の整序なども見られます。

●知識問題…漢字の大問では，書き取りが５問出されています。また，慣用句・ことわざ，故事成語，熟語の組み立て，文学作品の知識などの大問も設けられています。

◆対策～合格点を取るには？～

試験問題で正しい答えを出せるようにするためには，なるべく多くの読解題にあたり，出題内容や形式に慣れることが大切です。問題集に取り組むさいは，指示語の内容や接続詞に注意しながら，文章がどのように展開しているかを読み取ること。答え合わせをした後は，漢字やことばの意味を辞書で調べるのはもちろん，正解した設問でも解説をしっかり読んで解答の道筋を明らかにするようにしましょう。

知識問題については，慣用句やことわざ，ことばのきまりなどを，分野ごとに短期間に集中して覚えるのが効果的です。ただし，漢字は毎日決まった量を少しずつ練習することが大切です。

分野 ＼ 年度			2024		2023		2022	
			1次	2次	1次	2次	1次	2次
読解	文章の種類	説明文・論説文	★	★	★	★	★	★
		小説・物語・伝記	★	★	★	★	★	★
		随筆・紀行・日記						
		会話・戯曲		★				
		詩						
		短歌・俳句						
	内容の分類	主題・要旨	○	○	○	○	○	○
		内容理解	○	○	○	○	○	○
		文脈・段落構成			○	○	○	○
		指示語・接続語	○	○	○	○	○	○
		その他	○	○	○	○	○	○
知識	漢字	漢字の読み						
		漢字の書き取り	★	★	★	★	★	★
		部首・画数・筆順		★				
	語句	語句の意味	○		○			○
		かなづかい						
		熟語	★	○	○	○		★
		慣用句・ことわざ	★	★	★	★	○	
	文法	文の組み立て					★	
		品詞・用法					○	
		敬語						
	形式・技法							○
	文学作品の知識							
	その他				★	★	★	★
	知識総合							
表現	作文							
	短文記述							
	その他							
放送問題								

※　★印は大問の中心となる分野をしめします。

2024 年度

鎌倉学園中学校

【算　数】〈第１次試験〉（50分）〈満点：100点〉

1 次の計算をしなさい。

(1) $100-\{71-15\times(52-16)\div27\}$

(2) $1.25\div\left(0.5-\frac{1}{3}\right)\times\left(\frac{2}{3}-\frac{2}{3}\times4\times\frac{3}{16}\right)$

(3) $\frac{1}{3}\times\left\{\left(\frac{1}{2\times5}+\frac{1}{5\times3}\right)+\left(\frac{1}{3\times7}+\frac{1}{7\times4}\right)+\left(\frac{1}{4\times9}+\frac{1}{9\times5}\right)\right\}$

(4) $2024\times5.1-1012\times5.4+4048\times3.8$

2 次の $\boxed{}$ に適する数を求めなさい。

(1) $2024\times\left\{\frac{2}{11}-\left(\boxed{}+\frac{1}{8}\right)\right\}=27$

(2) 41 個の分数 $\frac{1}{42}$, $\frac{2}{42}$, $\frac{3}{42}$, ……, $\frac{40}{42}$, $\frac{41}{42}$ の中で，約分できない分数は $\boxed{}$ 個あります。

(3) ある部活の部員が長いすにすわるのに，１つのいすに３人ずつすわると４人がすわれませんでした。また，１つのいすに５人ずつすわると，１つのいすだけが３人がけになり，いすが４つ余りました。この部活の部員数は $\boxed{}$ 人です。

(4)　十の位の数が５である３けたの整数があります。各位の数の和は一の位の数の２倍で，また，百の位の数と一の位の数を入れかえた数は，もとの数の２倍より36大きいです。もとの整数は□です。

3　次の□に適する数を求めなさい。

(1)　図のように正三角形と半径が３cmの円が３つあります。
斜線(しゃせん)の部分の面積は□cm^2です。ただし，円周率は3.14とします。

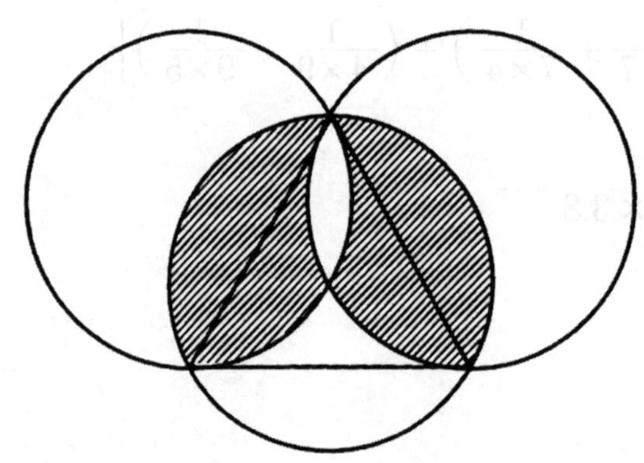

(2)　図のように平行な２本の直線と正五角形があります。
角xの大きさは□度です。

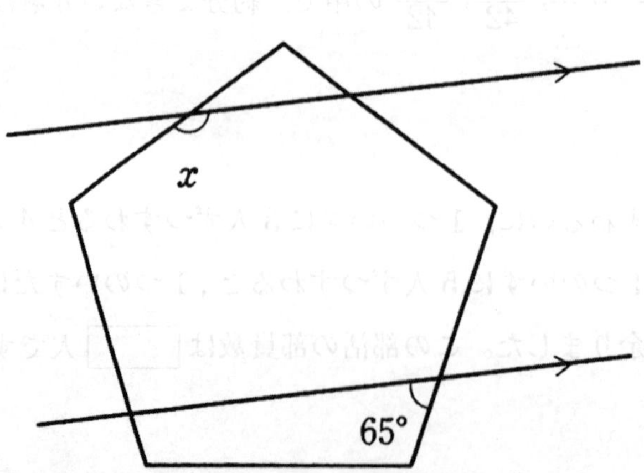

4 次のように，ある規則にしたがって数を並べます。

$1,\ \frac{1}{2},\ 1,\ \frac{1}{3},\ \frac{2}{3},\ 1,\ \frac{1}{4},\ \frac{1}{2},\ \frac{3}{4},\ 1,\ \frac{1}{5},\ \frac{2}{5},\ \frac{3}{5},\ \frac{4}{5},\ 1,\ \cdots\cdots$

次の問いに答えなさい。

(1) 50番目の数はいくつですか。

(2) 8回目にあらわれる $\frac{1}{2}$ は何番目の数ですか。

(3) 12回目にあらわれる $\frac{2}{3}$ は何番目の数ですか。

5 図のように円周を５等分した点ア，イ，ウ，エ，オがあります。

点アと点イを通る直線を①，
点アと点ウを通る直線を②，
点アと点エを通る直線を③，
点アと点オを通る直線を④，
点イと点ウを通る直線を⑤，
点イと点エを通る直線を⑥，
点イと点オを通る直線を⑦，
点ウと点エを通る直線を⑧，
点ウと点オを通る直線を⑨，
点エと点オを通る直線を⑩
とします。

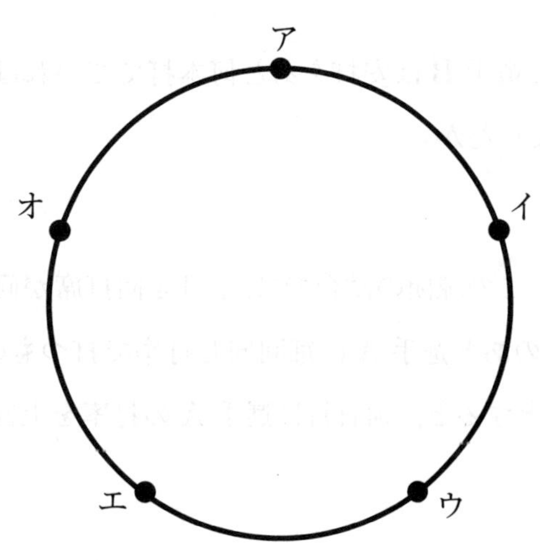

直線①～⑩から２本を選ぶとき，次の問いに答えなさい。

(1) ２本の直線が平行になるのは何通りありますか。

(2)　２本の直線が円の内部で交わるのは何通りありますか。

(3)　２本の直線が円周上で交わるのは何通りありますか。

6　次の表はあるプロ野球球団の選手Ａと B のバッティングの記録です。

ただし，打率とは $\frac{\text{安打}}{\text{打数}}$ によって表される割合のことです。

	打数	安打
選手A	246本	82本
選手B	265本	74本

次の問いに答えなさい。

(1)　選手Ａの打率を求めなさい。

(2)　選手Ｂは安打をあと何本打てていれば，選手Ａの打率を超(こ)えることができましたか。

(3)　この球団の試合では，１日４回打席が回ってきて，毎日試合があるものとします。このあと選手Ａは毎回同じ打率で打つものとして，選手Ｂが打率 $\frac{3}{4}$ で打ち続けたとすると，何日目に選手Ａの打率を上回ることができますか。

7 図のような三角形ABCがあります。頂点Aが辺BC上にくるように折ってみます。

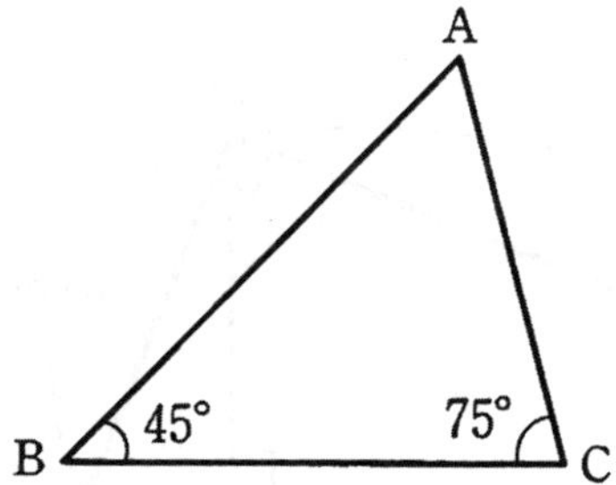

次の問いに答えなさい。

(1) 角㋐の大きさが85°のとき，角㋑の大きさを求めなさい。

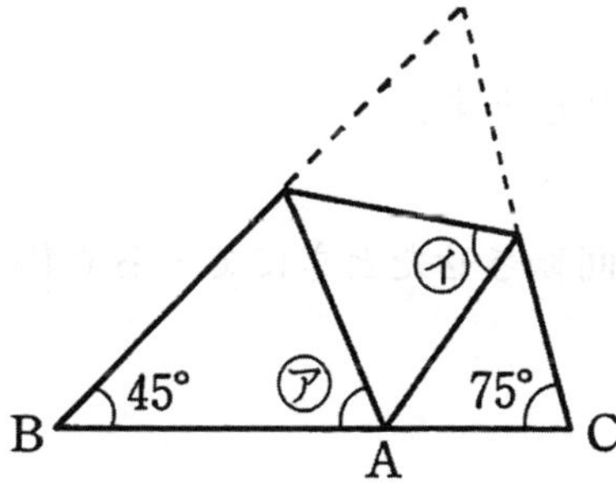

(2) 辺DEと辺BCが平行となるように折ったとき，ABの長さは15 cmとなりました。このとき，三角形ABDの面積を求めなさい。

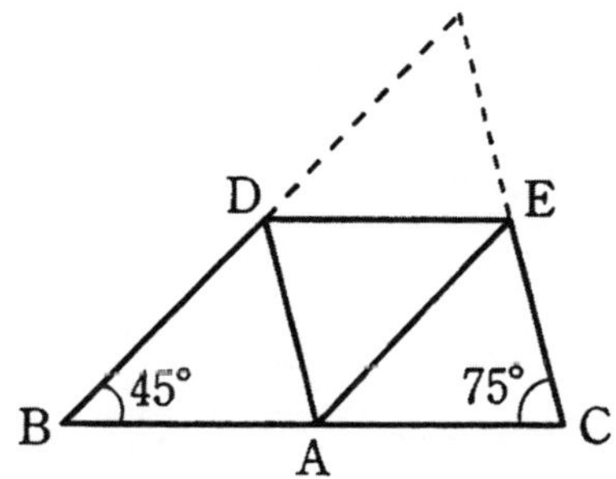

(3) (2)の図において，三角形ADEが正三角形となるように頂点Aを動かしたとき，平行となる辺はどれとどれですか。すべての組を答えなさい。

8 図のような直角三角形ABCがあります。

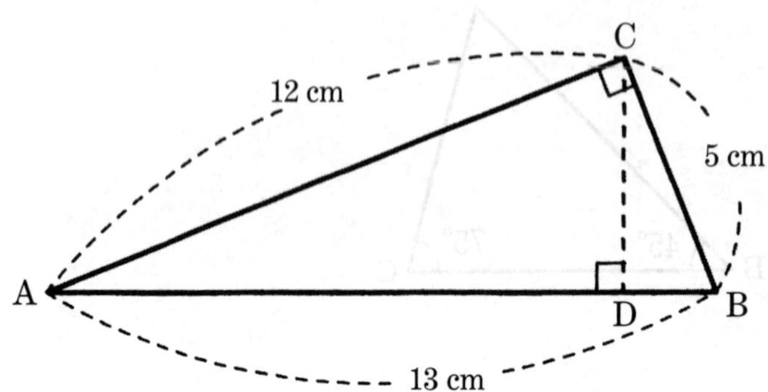

次の問いに答えなさい。ただし，円周率は3.14とします。

(1) 直角三角形ABCを，直線ACを軸として１回転させたときにできる立体の体積を求めなさい。

(2) CDの長さを求めなさい。

(3) 直角三角形ABCを，直線ABを軸として１回転させたときにできる立体の体積を求めなさい。

【社　会】〈第１次試験〉（30分）〈満点：60点〉

1　中学生のソラさんは，日本の島に関する調査を行いました。この調査に関するあとの問いに答えなさい。

問１　ソラさんは日本にはどれくらいの数の島があるのかを調べました。測量技術の進歩にともない，国土地理院が2023年に日本の島（人工の島を除く自然の島で，外周が100メートル以上となることなど）の数を数えなおした結果，その数は全国で１万4125島にのぼると発表していたことがわかりました。これに基づき，都道府県ごとに島の数が多い県を表１にまとめました。

表１

	都道府県名	島の数
１位	長崎県	1479
２位	北海道	1473
３位	鹿児島県	1256
４位	岩手県	861
５位	沖縄県	691

国土地理院ホームページより作成

以下の(1)と(2)は上記の１～５位の都道府県に属する島に関する説明文です。それぞれの島の名前を**漢字**で答えなさい。

(1)　県の北部に位置する島で，上島と下島に分かれています。韓国とは約50kmのきょりにあります。

(2)　県の南部に位置する円形の島です。島内には九州最高峰の山があり，樹れいが1000年をこえる木もみられます。

問２　ソラさんは日本の島について調べるうちに，遣唐使船が唐にたどり着くまでの間にいくつかの島を経由していることに気づき，遣唐使が使用したルートを図１にまとめてみました。これに関連してあとの問いに答えなさい。

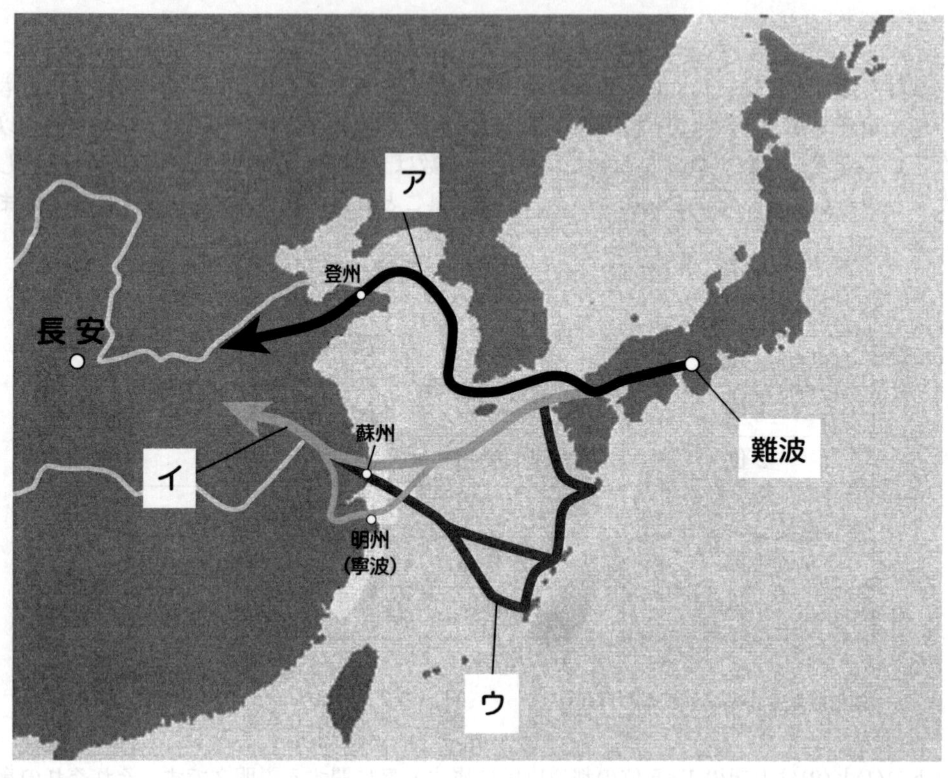

図１

(1)　朝鮮半島にあった百済は新羅との対立があったため，日本とも親交を結びました。しかし百済は660年に唐・新羅連合軍によって滅亡しました。また，日本は百済復興軍の要請をうけて663年に白村江の戦いで唐・新羅連合軍と戦いますが，敗北しました。その後朝鮮半島では新羅が唐を追い出し朝鮮半島を統一しました。こうした国際情勢のなか，あなたが遣唐使を派遣する立場なら，図１のうち避けるべきルートはどれですか。地図中の選択肢**ア**～**ウ**のなかから一つ選び記号で答えなさい。

(2)　ソラさんは現在の日中関係を知るために，日本と中国の間の貿易品目について調べました。次の**ア**～**ク**の貿易品目のなかで，中国が2021年の輸入先の第１位となっているものを**三つ選び**記号で答えなさい。

ア　肉類　　**イ**　野菜　　**ウ**　鉄鉱石　　**エ**　石炭
オ　鉄鋼　　**カ**　コンピューター　　**キ**　自動車　　**ク**　衣類

問３　島国である日本は多くの食料品を輸入に頼っていますが，以下の文章はそれに関連する文章です。文章中の空らん**X**・**Y**には以下の表２のSDGs（持続可能な開発目標）の内容が入ります。空らん**X**・**Y**に当てはまる番号の組み合わせとして最も適当なものを，以下の選択肢**ア**～**ク**のなかから一つ選び記号で答えなさい。

フードマイレージとは，「食料の輸送量（ｔ）」と「輸送距離（㎞）」をかけあわせた指標のことです。この指標は食生活の環境への負荷の度合いを数値化したもので，食料がどのように供給されるかを物量とその輸送距離により把握（はあく）することができます。SDGsの視点から考えると，フードマイレージの問題は（　**X**　）・（　**Y**　）と関わりがあることが考えられます。我が国の数値は世界各国と比較しても高いため，地産地消などの取り組みが求められています。

表２

SDGsの番号	タイトル
1	貧困をなくそう
2	飢餓をゼロに
3	すべての人に健康と福祉を
6	安全な水とトイレを世界中に
10	人や国の不平等をなくそう
12	つくる責任　つかう責任
13	気候変動に具体的な対策を
16	平和と公正を全ての人に

	ア	イ	ウ	エ	オ	カ	キ	ク
X	1	1	2	2	3	3	6	6
Y	10	12	13	16	10	12	13	16

問４　ソラさんは竹島の領有権の問題について調べました。我が国は今まで３度，竹島の領有権に関する紛争を国際機関にまかせることを韓国に提案しましたが，韓国は我が国の提案を拒否しました。こういった国家間の紛争解決を図る国際機関として**最も適当なもの**を，以下の選択肢**ア～エ**のなかから一つ選び記号で答えなさい。

ア　国際司法裁判所　　　**イ**　国際刑事裁判所
ウ　国際条約裁判所　　　**エ**　国際仲裁裁判所

問５　領海や排他的経済水域の広さなどは，国連海洋法条約により定められています。これに関連して，我が国における条約の手続きに関する説明として**誤っているもの**を，以下の選択肢**ア～エ**のなかから一つ選び記号で答えなさい。

ア　条約の締結は内閣が行い，事前または事後に国会の承認を必要とする。
イ　条約の承認は国会が行い，参議院で衆議院と異なった議決をした場合に，法律の定めるところにより，両院協議会を開くことができる。
ウ　条約の承認について，参議院が衆議院の可決した条約を30日以内に議決しないときは，衆議院の議決を国会の議決とする。
エ　両院協議会を開いても意見が一致しないときは，衆議院で出席議員の３分の２以上の多数で再び可決することで，条約の締結に必要な国会の承認を得たものとする。

問６　ソラさんは歴史の授業で流刑という言葉が登場したことを思い出し，日本の歴史上の人物のうち，「島流し」にあった人物を表３にまとめました。以下の**ア～エ**を古い順に並べ替えたとき，３番目に位置するものを記号で答えなさい。

表３

	人　物	流刑地	理　由
ア	後鳥羽上皇	隠岐	承久の乱
イ	後醍醐天皇	隠岐	鎌倉幕府に対する反乱
ウ	西郷隆盛	沖永良部島（おきのえらぶじま）	島津久光と対立したため
エ	世阿弥	佐渡島	原因不明

問７　ソラさんは人工島について調べ，文章にまとめることにしました。２つの人工島に関する文を読んで，あとの問いに答えなさい。

●八景島は太平洋戦争により荒廃した戦後の横浜市を再生するために計画された「横浜市六大事業」の１つである「金沢地先埋立事業（かなざわちさきうめたてじぎょう）」により1971年に工事が始まり，1993年に八景島シーパラダイスが開園しました。

●和賀江島（わかえじま）は鎌倉時代に建設された人工島です。幕府設置により相模湾の交通量が増加しましたが，由比ヶ浜海岸や材木座海岸は水深が（　**X**　）ため船舶の事故が多発しました。そこで往阿弥陀仏（おうあみだぶつ）という僧が，御成敗式目の制定でも知られる執権の（　**Y**　）に願い出て1232年に材木座海岸の沖合にこの人工島を完成させ，港湾施設が置かれました。

(1)　下線部に関連して，日本の戦後復興・民主化に関する以下の文のうち，**誤っているもの**を以下の選択肢**ア～エ**のなかから一つ選び記号で答えなさい。

ア　マッカーサーを司令官とするGHQが日本の民主化政策を指示した。
イ　日本の経済や産業を独占してきた財閥は解体された。
ウ　農地改革が実行されたことで，小作農の割合が大幅に増えた。
エ　教育基本法が定められ，教育勅語は失効した。

(2)　空らん**X**と**Y**に当てはまる言葉の組み合わせとして**正しいもの**を以下の選択肢**ア～エ**のなかから一つ選び記号で答えなさい。

ア　**X**－深い　**Y**－北条泰時
イ　**X**－深い　**Y**－北条時宗
ウ　**X**－浅い　**Y**－北条泰時
エ　**X**－浅い　**Y**－北条時宗

問８　我が国では政令で定める船に乗船する船員のために，船舶からファックスによって投票する「洋上投票」を行うことができます。これに関連して，我が国の投票制度に関する説明として**誤っているもの**を，以下の選択肢**ア**～**エ**のなかから一つ選び記号で答えなさい。

ア　期日前投票とは選挙期日（投票日）前であっても，選挙期日と同じ方法で投票を行うことができる仕組みのことをいう。

イ　選挙期間中に仕事や旅行などで名簿登録地以外の市区町村に滞在している場合でも，滞在先の市区町村の選挙管理委員会で不在者投票ができる。

ウ　南極地域で国の科学的調査の業務を行う組織に所属する人は，南極から投票する仕組みがないため，調査から帰国した後に選挙管理委員会の立ちあいのもとで国政選挙に投票できる。

エ　仕事や留学などで海外に住んでいる人は，外国にいながら総領事館などで国政選挙に投票することができる。

問９　ソラさんは日本の最東端，最西端，最南端，最北端にある島をそれぞれ調べました。つぎの写真は日本最南端の島で撮影されたものです。この島が所属する都道府県を以下の**ア**～**エ**のなかから一つ選び記号で答えなさい。

写真１

ア　沖縄県　　**イ**　鹿児島県　　**ウ**　長崎県　　**エ**　東京都

問10　ソラさんは佐渡島で撮影された写真２を手に入れました。佐渡島は図２中の**X〜Z**のうちどれですか。また，佐渡島の地形図①〜③（いずれも国土地理院の地形図より作成）が示されていますが，このうち写真２が撮影された場所が含まれる地形図はどれですか。下の文章を参考にして，**最も適当な組み合わせ**を以下の選択肢**ア〜ケ**のなかから一つ選び記号で答えなさい。

> 私は写真２のいかだを岸から双眼鏡で見ました。それから調査のため，老人ホームを目指して歩きました。老人ホームは国道方面から見ると神社の裏手にあり，近くに病院もありました。

写真２

新潟県ホームページより

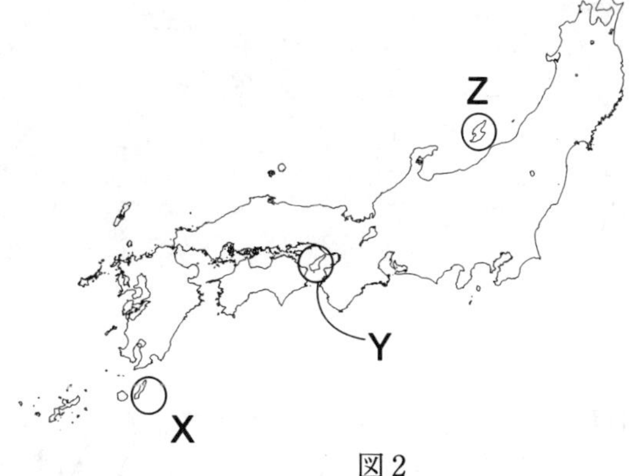

図２

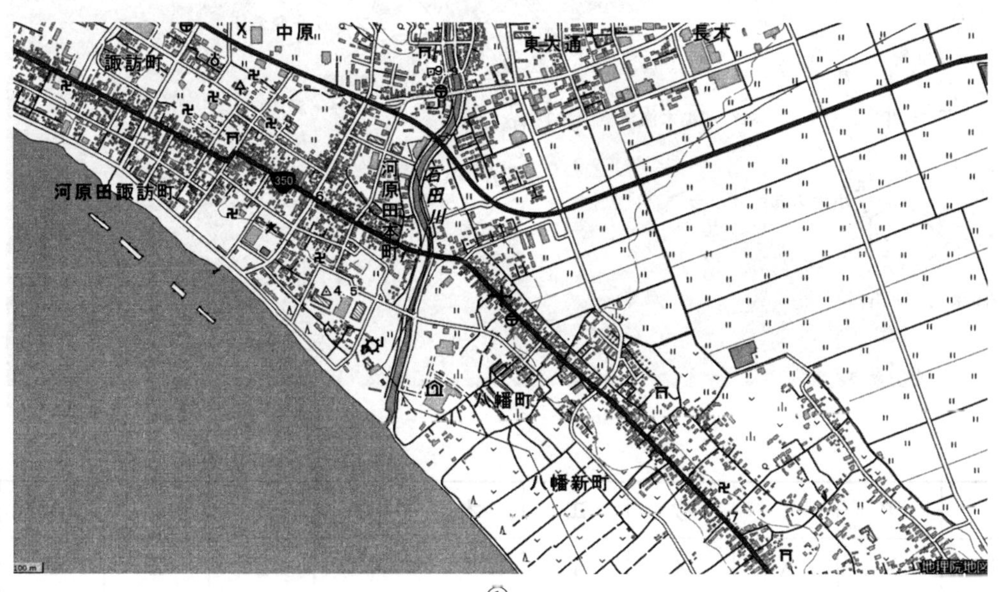

①

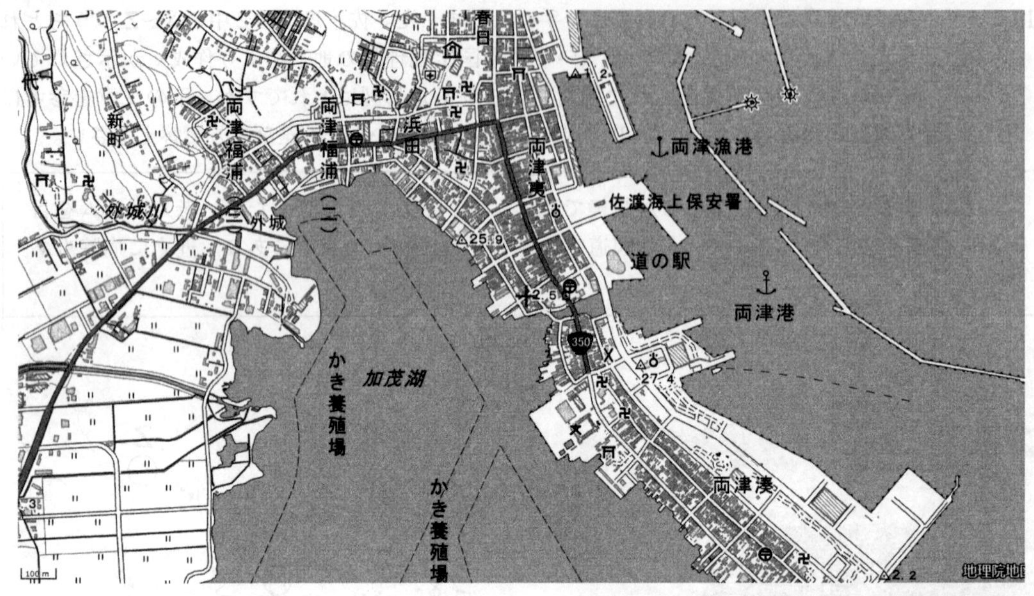

②

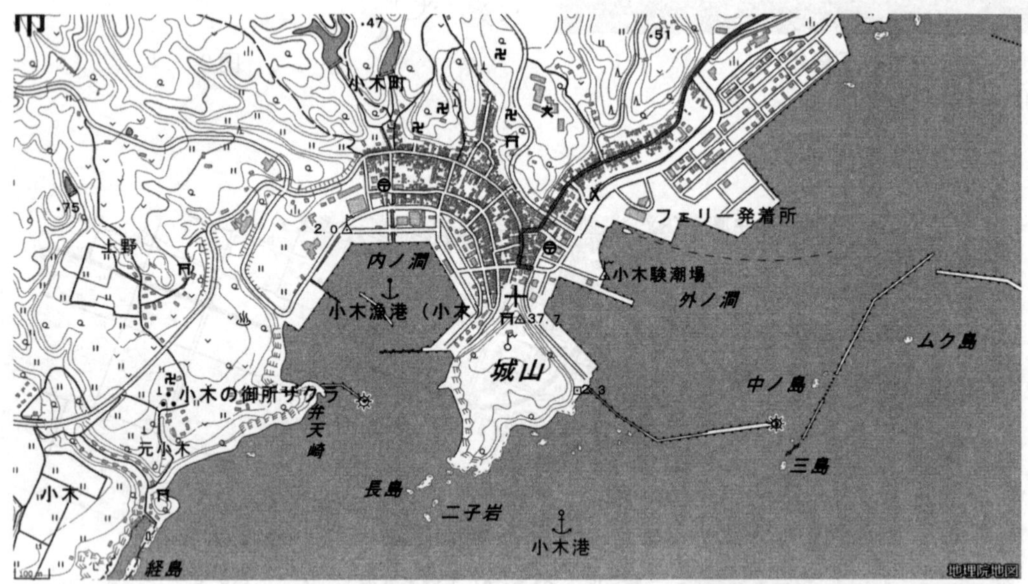

③

	ア	イ	ウ	エ	オ	カ	キ	ク	ケ
図2	X	X	X	Y	Y	Y	Z	Z	Z
地形図	①	②	③	①	②	③	①	②	③

2　2023年には広島でサミットが開催されました。これを受けてマリさんは日本で開催されたサミットを中心に年表形式でまとめました。

1975年	①第１回　ランブイエ（フランス）
1979年	②第５回　東京
1986年	第12回　東京
1993年	第19回　東京
2000年	③第26回　沖縄県名護市
2008年	第34回　北海道洞爺湖町
2016年	④第42回　三重県志摩市
2023年	⑤第49回　広島県広島市

問１　マリさんは下線部①のサミットは景気後退期において開催されたものであることを知りました。この時期は「スタグフレーション」と呼ばれ，不況にもかかわらず物価が上昇するという現象が起こりました。これに関連して，インフレーションやデフレーションについて述べた説明として，**最も適当なもの**を以下の選択肢**ア**～**エ**のなかから一つ選び記号で答えなさい。

ア　インフレーションはお金の価値が上がることを意味するので，借金の実質的な負担は減ることになる。
イ　インフレーションはお金の価値が下がることを意味するので，借金の実質的な負担は減ることになる。
ウ　デフレーションはお金の価値が下がることを意味するので，借金の実質的な負担は減ることになる。
エ　デフレーションはお金の価値が上がることを意味するので，借金の実質的な負担は減ることになる。

問２　マリさんは日本で最初に開催されたサミットは下線部②のサミットであることを知りました。このサミットでの主な議題として**正しいもの**を以下の選択肢**ア**～**エ**のなかから一つ選び記号で答えなさい。

ア　ベトナム戦争をきっかけとする東西冷戦への対応。
イ　朝鮮戦争勃発をきっかけとする東西冷戦への対応。
ウ　同時多発テロをきっかけとするアフガニスタン紛争への対応。
エ　イラン・イスラーム革命をきっかけとする第２次石油危機への対応。

問３　東京都は３回（1979 年，1986 年，1993 年）サミットの会場となりました。下の表１は東京都，神奈川県，群馬県について昼夜間人口比率をしめしたものです。表１の**A**～**C**に当てはまる都県名の正しい組み合わせを選択肢**ア**～**カ**のなかから一つ選び記号で答えなさい。昼夜間人口比率とは，昼間人口÷夜間人口×100 で算出したものです。

表１

	昼夜間人口比率	年齢別人口割合（％）		
		0～14 歳	15～64 歳	65 歳以上
A	89.9	11.4	62.8	25.8
B	119.2	10.9	66.3	22.8
C	100	11.3	57.9	30.8

「日本国勢図会　2023/24」より作成

ア　**A**　東京都　　**B**　神奈川県　　**C**　群馬県
イ　**A**　東京都　　**B**　群馬県　　**C**　神奈川県
ウ　**A**　神奈川県　　**B**　東京都　　**C**　群馬県
エ　**A**　神奈川県　　**B**　群馬県　　**C**　東京都
オ　**A**　群馬県　　**B**　東京都　　**C**　神奈川県
カ　**A**　群馬県　　**B**　神奈川県　　**C**　東京都

問４　マリさんは下線部③のサミットについて調べました。これに関するあとの問いに答えなさい。

(1) 2000 年のサミットの会場となった沖縄県には，2023 年に陸上自衛隊の駐屯地が開設されました。ミサイル部隊を配備するこの駐屯地がある島は何という島ですか。**最も適当なもの**を**ア**～**エ**のなかから一つ選びなさい。

ア　石垣島　　**イ**　久米島　　**ウ**　南大東島　　**エ**　宮古島

(2) 次の文章は下線部③における声明です。文章中の下線部と日本の関係を述べた以下の文**ア**～**オ**について，**正しいもの**を選択肢のなかから**二つ選びなさい。**

> 朝鮮半島に関する G8 声明（2000 年 7 月 21 日，沖縄）
> 我々は，2000 年 6 月 13 日から 15 日に平壌（ぴょんやん）にて開催された大韓民国と北朝鮮との間の首脳会談を暖かく歓迎し，この会談の歴史的重要性を強調する。我々は，この会談によりもたらされた肯定的な進展を全面的に支持し，南北対話が継続し更に進展するよう奨励する。

ア　日本に公(おおやけ)けに仏教を伝えたのは百済である。
イ　豊臣秀吉は明を征服する協力を断られたため，朝鮮出兵を行った。
ウ　室町幕府の将軍が代替わりするごとに，朝鮮通信使が日本を訪れた。
エ　日本が大韓帝国を併合すると，ロシアとの対立が深まり日露戦争が起こった。
オ　朝鮮では日本からの独立を唱える五･四運動が起こった。

問５　マリさんは，2014年にロシア連邦がサミットへの参加資格停止となったことを知り，その原因を調べました。その原因とは何ですか。１行以内で簡潔に答えなさい。

問６　マリさんは下線部④のサミットについて調べました。これに関するあとの問いに答えなさい。

(1)　下線部④のサミットでは，G7の首脳が伊勢神宮を訪問しました。伊勢神宮には定期的にすべての社殿を造りかえる「式年遷宮」が行われます。これは天武天皇が定め，次の代の持統天皇の時に初めて行われたとされています。「式年遷宮」が始まるまでの日本の天皇（もしくは大王）に関する以下の文Ⅰ～Ⅲを古いものから年代順に並べたものを，以下の選択肢**ア～カ**のなかから一つ選び記号で答えなさい。

Ⅰ　中大兄皇子は中臣鎌足と共に蘇我氏を倒した。
Ⅱ　推古天皇の時代には冠位十二階の制度が設けられた。
Ⅲ　天智天皇の後継ぎをめぐる壬申の乱が起こった。

ア　Ⅰ－Ⅱ－Ⅲ　　**イ**　Ⅰ－Ⅲ－Ⅱ　　**ウ**　Ⅱ－Ⅰ－Ⅲ
エ　Ⅱ－Ⅲ－Ⅰ　　**オ**　Ⅲ－Ⅰ－Ⅱ　　**カ**　Ⅲ－Ⅱ－Ⅰ

(2)　マリさんはG7伊勢志摩首脳宣言の骨子にある「G７伊勢志摩経済イニシアティブ」に注目しました。ここでは，「世界経済，移民及び難民，貿易，インフラ，保健」だけでなく，女性に関する分野でのコミットメントを発展させることが述べられています。これに関連して，女性に関する日本史上の出来事に関する以下の史料１～３と**最も関連の深いもの**を以下の選択肢**ア～コ**のなかから一つずつ選び，記号で答えなさい。

史料１
「春はあけぼの。やうやうしろくなりゆく山ぎは，すこしあかりて，紫だちたる雲のほそくたなびきたる。」

史料２
「この法律は，法の下の平等を保障する日本国憲法の理念にのつとり雇用の分野における男女の均等な機会及び待遇の確保を図るとともに，女性労働者の就業に関して妊娠中及び出産後の健康の確保を図る等の措置を推進することを目的とする。」

史料３
「元始（げんし），女性は実に太陽であった。真正の人であった。今，女性は月である。他に寄って生き，他の光によって輝く病人のような蒼白（あおじろ）い顔の月である。さてここに「青踏（せいとう）」は初声（うぶごえ）をあげた。」

【選択肢】

ア　男女共同参画社会基本法　　イ　男女雇用機会均等法　　ウ　旧民法
エ　紫式部　　オ　津田梅子　　カ　清少納言
キ　平塚らいてう　　ク　米騒動　　ケ　柳条湖事件
コ　旧刑法

(3)　マリさんは伊勢志摩サミットが開催された2016年には参議院選挙が行われ，当時の報道では改憲勢力が多数の議席を獲得したと報じられたことを知りました。これに関連して，国会が憲法改正を発議するにあたって参議院で可決するために必要な議員数は最低何人ですか。なお，参議院の議員数は2023年８月時点におけるものとします。

(4)　2016年のサミットの会場となった三重県の志摩半島はリアス海岸の代表例です。選択肢**ア**～**エ**のなかには一つだけリアス海岸の見られない地域がはいっています。リアス海岸の**見られない地域**を選択肢**ア**～**エ**のなかから一つ選び記号で答えなさい。

ア　大村湾　　イ　鹿島灘　　ウ　豊後水道　　エ　若狭湾

問７　下のマリさんとお父さんの会話文を読み，広島県，神奈川県，愛知県に共通する工業として**正しいもの**を選択肢**ア**～**エ**のなかから選び記号で答えなさい。

マリ　私はＪリーグの試合をみるのが好きだよ。特にサンフレッチェ広島が大好き！
父　Ｊリーグは「地域密着」の考え方で始まったんだよ。本拠地を「ホームタウン」と呼んで，地元の企業のサッカー部や市民クラブが元になったチームもあるんだよ。
マリ　そうなの？もっと聞かせてよ。
父　例えばガンバ大阪は大阪府に本社がある有名な家電メーカー・Ｍ社のサッカー部が元になったんだ。今の名前はＰ社だけどね。
マリ　私の使っているドライヤーもＰ社のだよ。
父　チームの歴史を調べると，本拠地のある都道府県の産業の特ちょうもわかるんだね。
マリ　サンフレッチェはどうなの？
父　サンフレッチェも始まりは広島県を代表する企業のサッカー部なんだ。では質問です。この企業はどんな種類の工業と関係が深いでしょうか？
マリ　ヒントをください。
父　横浜Ｆ・マリノスは以前は横浜マリノスって言ったんだけど，このマリノスと名古屋グランパスエイトはそれぞれ神奈川県と愛知県を代表する企業と関係が深いんだ。
マリ　わかった！サンフレッチェと同じ種類の会社なんだね。…ということは広島県と神奈川県と愛知県は同じ工業が盛んということになるね。
父　その通り！では答えは何工業になりますか？

ア　金属工業　　イ　自動車工業　　ウ　電気機械工業　　エ　食品工業

問８　2023年はG7のサミットが広島で開催されました。サミットは主要国首脳会議ともいい，経済的に発展している国々の集まりとなっています。これに関連して，マリさんはG7のメンバーである７か国の名目GDP（国内総生産）の割合を調べてグラフにまとめました。世界の名目GDPに占める割合のなかで，G7の国々の割合に近い値を表しているグラフとして，最も適当なものをグラフ中の選択肢**ア**～**エ**のなかから一つ選び記号で答えなさい。

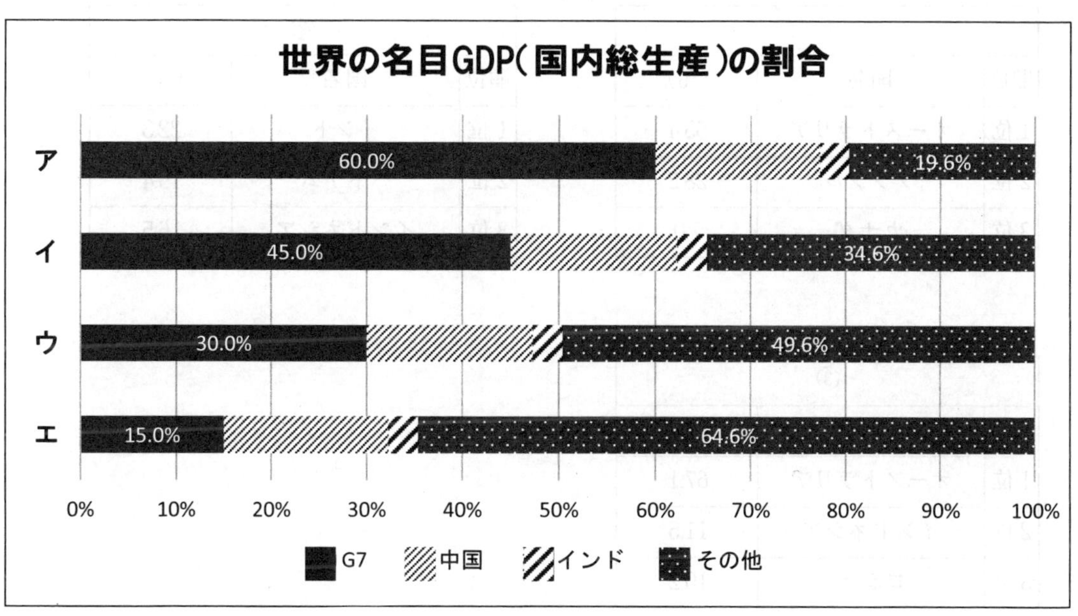

「世界国勢図会 2022/23」より作成

＊ここでいうG7とはアメリカ・日本・ドイツ・イギリス・フランス・カナダ・イタリアの７か国であり，EUは除く。

＊中国とインドの割合は，**ア**～**エ**の選択肢ではすべて同じ値である。

問9　広島サミットはオーストラリア，ブラジル，インドネシア，ベトナムも招待されました。以下の表2は日本がこれらの国から輸入している石炭・鉄鉱石・えびの輸入額の割合をしめしたものです。表2の①～③に当てはまる品目の組み合わせとして**正しいもの**を以下の選択肢**ア**～**カ**のなかから一つ選び記号で答えなさい。

表2

①		
順位	国名	(%)
1位	オーストラリア	55.4
2位	ブラジル	28.2
3位	カナダ	7.0

②		
順位	国名	(%)
1位	インド	22.3
2位	ベトナム	19.4
3位	インドネシア	16.5

③		
順位	国名	(%)
1位	オーストラリア	67.1
2位	インドネシア	11.5
3位	ロシア	10.2

二宮書店「データブック オブ・ザ・ワールド2023」より作成

ア　①　石炭　②　鉄鉱石　③　えび　　**イ**　①　石炭　②　えび　③　鉄鉱石
ウ　①　鉄鉱石　②　石炭　③　えび　　**エ**　①　鉄鉱石　②　えび　③　石炭
オ　①　えび　②　石炭　③　鉄鉱石　　**カ**　①　えび　②　鉄鉱石　③　石炭

問10 以下の雨温図**A～C**は，サミットの開催地である都県の都市，東京，那覇，尾鷲の雨温図です。以下のグラフ**A～C**にはいずれかの都市が当てはまります。**A～C**に当てはまる都市名の組み合わせとして**正しいもの**を以下の選択肢**ア～カ**のなかから一つ選び記号で答えなさい。

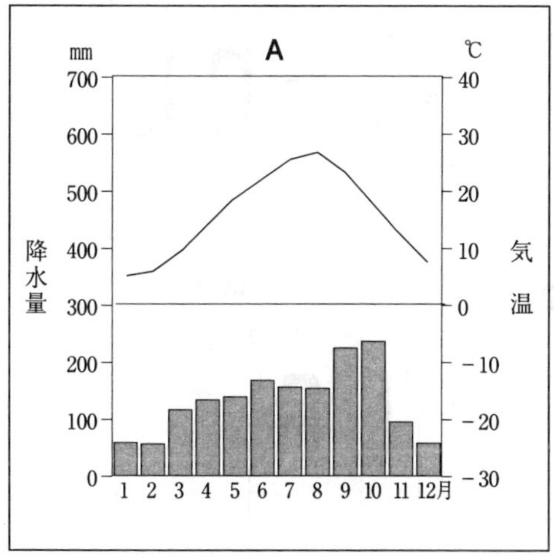

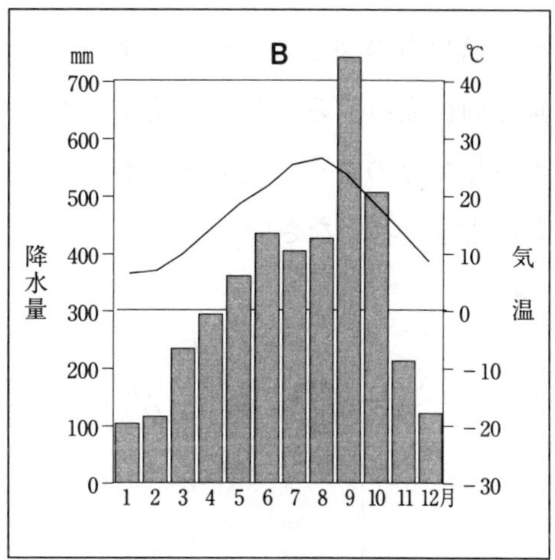

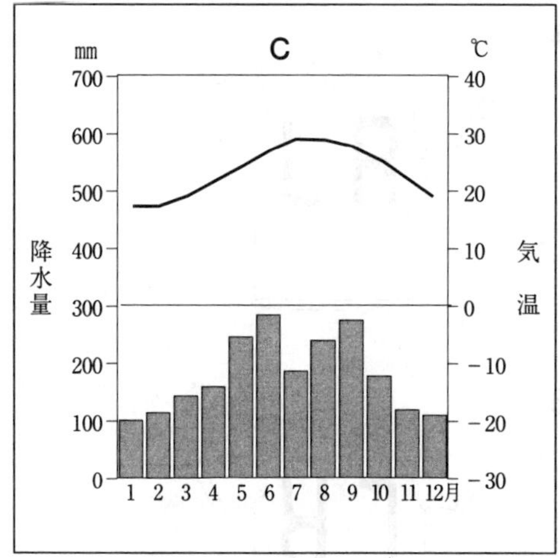

二宮書店「データブック オブ・ザ・ワールド2023」より作成

	ア	イ	ウ	エ	オ	カ
東京	A	A	B	B	C	C
那覇	B	C	A	C	A	B
尾鷲	C	B	C	A	B	A

【理　科】〈第１次試験〉（30分）〈満点：60点〉

1　そうた君は、鏡(かがみ)にうつるものの見え方について興味(きょうみ)をもち、いろいろと調べてみました。次の問いに答えなさい。

(1)　そうた君は右の図１のような文字の書かれたＴシャツを着て、鏡の前に立ってみました。鏡にうつったＴシャツはそうた君から見てどのように見えますか。下の**1**～**8**の中から１つえらび番号で答えなさい。

図１

1

2

3

4

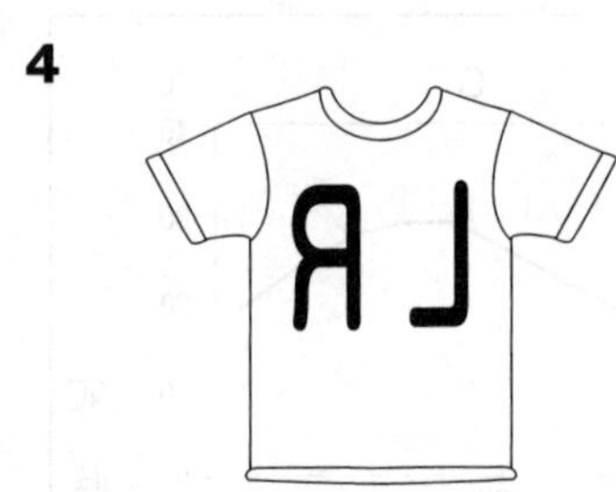

5

6

7

8

(2) 次にそうた君は、自分の右の手のひらに**R**という文字を、左の手のひらに**L**という文字を書いて、左右の手のひらを開いて鏡の前に立ってみました。鏡にうつった手のひらはそうた君から見てどのように見えますか。下の**1**～**8**の中から２つえらび，番号の小さい方から順に書きなさい。

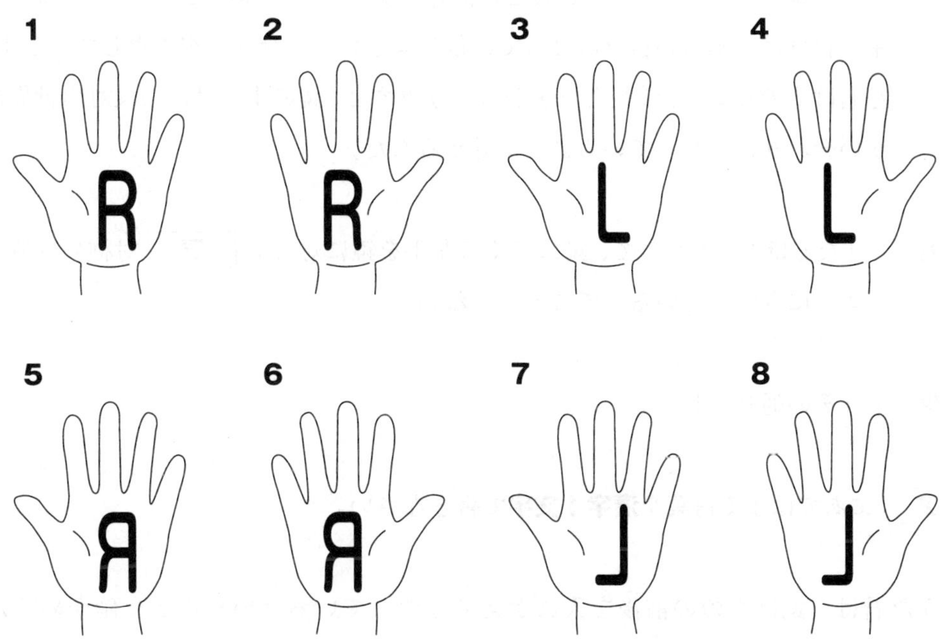

そうた君はこうした観察をもとに、鏡にうつるものの見え方について先生に質問をすることにしました。以下はそのやり取りです。

そうた君：「先生、鏡の中の自分の右手は、本当の自分の左手がうつっているだけなんですね。しかも、その左手は自分から見て左側にうつって見えました。鏡はものを左右反対にうつすとどこかで聞いたことがあります。それなら、ぼくの左手は、ぼくから見て右側に見えるんじゃないんですか？」

先　　生：「とてもするどい質問だね。左右反対というは、ちょっと不正確な説明で、誤解(ごかい)をする人も多いんだよ。実は鏡はものの左右を入れかえているのではなく、ものの前後を入れかえているだけなんだ。」

そうた君：　「左右じゃなくて、前後を入れかえているだけなんですか。」

先　　生：　「さっき、自分の左手は自分の左側にうつって見えたって言ってたね。このことから左右はそのままで入れかわっていないことがわかるね。さらに鏡に向かって左の腕(うで)をのばして、手のひらを前向きに突き出してみたとしよう。すると鏡の中の自分は、本当の自分にとっては後ろ向きに手のひらを突き返してくるよね。左右はそのままで、前後だけをひっくり返すと、鏡の中では左右反対の世界が向かい合わせに広がっているように見えるんだ。」

そうた君：　「なるほど。それって、鏡はぼくの左手を鏡に対して［ア］対称(たいしょう)の位置にあるようにうつしているってことですね。」

先　　生：　「その通り！」

(3) ［ア］にあてはまる言葉を**漢字１文字**で書きなさい。

(4) そうた君は、鏡はものの前後を入れかえてうつしているということを確かめるために、図２のように、壁にかかった鏡の前に机を置き、**L**という文字を書いた紙をその机の上に置いて観察しました。**L**という文字は鏡にどのようにうつって見えますか。そのときのようすを解答用紙の図に書き込みなさい。

図２

2 4種類の気体**A**〜**D**を以下の方法で発生させました。あとの問いに答えなさい。

気体**A**：二酸化マンガンに過酸化水素水を加えた
気体**B**：亜鉛(あえん)にうすい塩酸を加えた
気体**C**：大理石にうすい塩酸を加えた
気体**D**：塩化アンモニウムと水酸化カルシウムを混ぜたものを加熱した

(1) 気体**A**〜**D**のうち、水上置換(かん)法では集められないが、上方置換法で集めることができる気体はどれですか。下の**1**〜**4**の中から1つえらび番号で答えなさい。

1 気体**A**　**2** 気体**B**　**3** 気体**C**　**4** 気体**D**

(2) 空気中で燃えると水だけができる気体はどれですか。下の**1**〜**4**の中から1つえらび番号で答えなさい。

1 気体**A**　**2** 気体**B**　**3** 気体**C**　**4** 気体**D**

(3) においがない気体はどれですか。下の**1**〜**4**の中からえらび番号で答えなさい。ただし、答えが2つ以上あるときは、番号の小さい方から順に書きなさい。

1 気体**A**　**2** 気体**B**　**3** 気体**C**　**4** 気体**D**

(4) 空気より重い気体はどれですか。下の**1**〜**4**の中からえらび番号で答えなさい。ただし、答えが2つ以上あるときは、番号の小さい方から順に書きなさい。

1 気体**A**　**2** 気体**B**　**3** 気体**C**　**4** 気体**D**

(5) 大理石とうすい塩酸をふたまた試験管中で反応させ、気体**C**を発生させようと思います。このとき、下の図１に示すふたまた試験管の使い方としてもっとも適切なものを下の**1**～**4**の中から１つえらび番号で答えなさい。

1　**ア**に大理石、**イ**にうすい塩酸を入れる。つぎに、試験管をかたむけて大理石が入っている方にうすい塩酸を移して反応させ、気体**C**を発生させる。

2　**ア**に大理石、**イ**にうすい塩酸を入れる。つぎに、試験管をかたむけてうすい塩酸が入っている方に大理石を移して反応させ、気体**C**を発生させる。

3　**イ**に大理石、**ア**にうすい塩酸を入れる。つぎに、試験管をかたむけて大理石が入っている方にうすい塩酸を移して反応させ、気体**C**を発生させる。

4　**イ**に大理石、**ア**にうすい塩酸を入れる。つぎに、試験管をかたむけてうすい塩酸が入っている方に大理石を移して反応させ、気体**C**を発生させる。

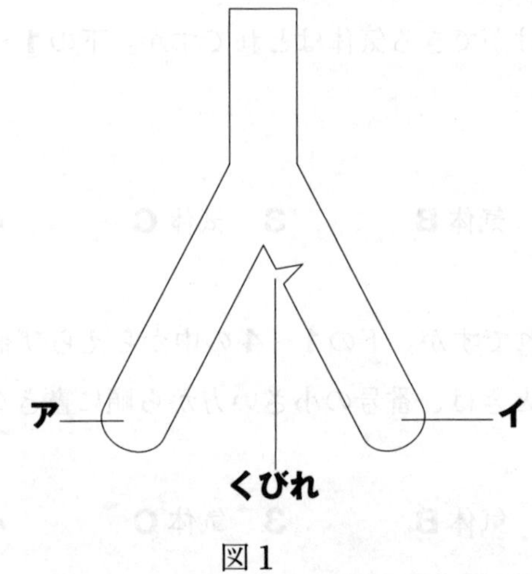

図１

(6) 燃やしたときに気体**C**が発生しないのはどれですか。下の**1**～**5**の中から１つえらび番号で答えなさい。

1　ペットボトル　　**2**　わりばし　　**3**　鉄粉

4　エタノール　　**5**　プロパンガス

(7) 下の図２のように気体**D**の発生に使う試験管の口を下向きにするのはなぜですか。下の**1**～**5**の中から正しいものを１つえらび番号で答えなさい。

1 加熱によってできた気体**D**を試験管から出やすくするため
2 ガスバーナーの外炎(えん)で加熱しやすくするため
3 試験管の中の粉末の変化を確認しやすくするため
4 反応終了(りょう)後にただちに器具を片付けやすくするため
5 加熱によってできた液体が加熱部分に流れないようにするため

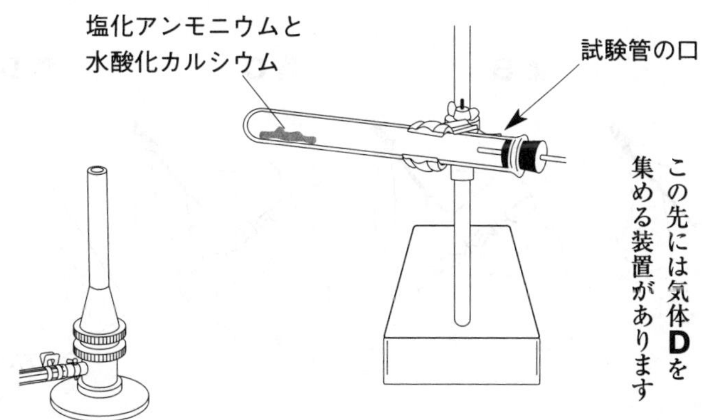

図２

(8) ものが水にとける量には限度があります。一定量の水にとけることができるものの最大量を溶(よう)解度といいます。気体**C**の溶解度と固体であるホウ酸の溶解度を正しく説明しているものはどれですか。下の**1**～**4**の中から１つえらび番号で答えなさい。

1 水温が高くなるにつれて、気体**C**もホウ酸も溶解度が大きくなる。
2 水温が高くなるにつれて、気体**C**は溶解度が小さくなり、ホウ酸の溶解度は大きくなる。
3 水温が高くなるにつれて、気体**C**は溶解度が大きくなり、ホウ酸の溶解度は小さくなる。
4 水温が高くなるにつれて、気体**C**もホウ酸も溶解度が小さくなる。

3　そうた君は、ナスの葉に含(ふく)まれるデンプンについて調べるために次の実験（手順①〜⑩）を行いました。この実験について、あとの問いに答えなさい。

実験の手順

① 十分な水と光を与えながら育てた数本のナスの苗(なえ)の中から、同じくらいの大きさの葉を４枚探し、**A**〜**D** までの名前をつけた。

② 晴れた日の日中、下の図のように、葉 **A** には何もせず、葉 **B**、**C** は真ん中の部分だけアルミホイルをかぶせ、葉 **D** は全体をアルミホイルでおおった。

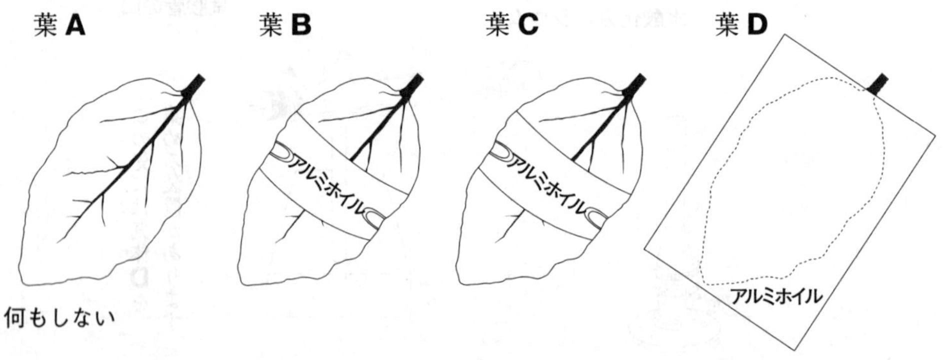

③ 葉 **C** は２時間後に、葉 **A**、**B**、**D** は６時間後にはさみで切り落とし、そのあと葉 **B**、**C**、**D** についているアルミホイルを外した。

④ 切り落とした葉にはすぐに ①アルミホイルをかぶせておいた。

⑤ ガラス製の平たい容器にエタノールを入れ、その容器を 90℃のお湯に浸(つ)けてエタノールをあたためた。

⑥ 手順④の葉を、手順⑤のエタノールが入った容器の中に入れ、アルミホイルをかぶせて10分間待った。

⑦ 葉を取り出し、葉がくずれないように注意しながら水で洗った。

⑧ 洗った葉をヨウ素液の入った容器に５分間入れた。

⑨ 葉を取り出し、葉がくずれないように注意しながら水で洗った。

⑩ 葉の色を確認し、記録した。

結果

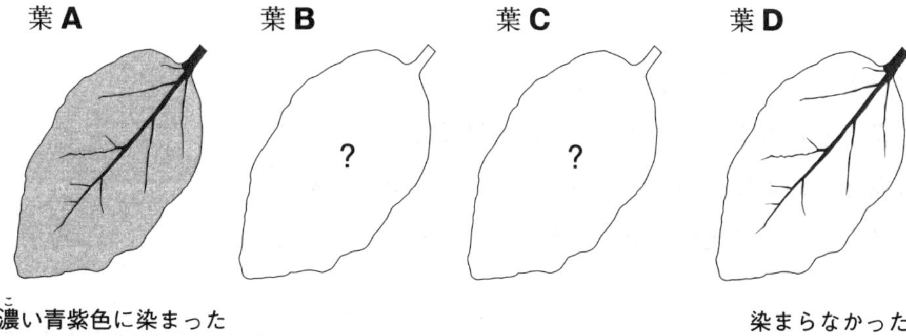

気づいたこと

・ 切り落としたときの葉**D**の色が、他の葉に比べて黄色くなっていた。

・ エタノールに浸けた後の葉はとてもくずれやすく、破れてしまいそうだった。

・ エタノールはもともと無色透明だが、②葉を浸けた後のエタノールの色は緑色になっていた。

・ ③葉**B**と葉**C**のアルミホイルをかぶせた部分の結果を比べると、色の濃さがちがっていた。

(1) 実験の結果、葉**B**はどのような色になったでしょうか。下の**1**～**4**の中から１つえらび番号で答えなさい。

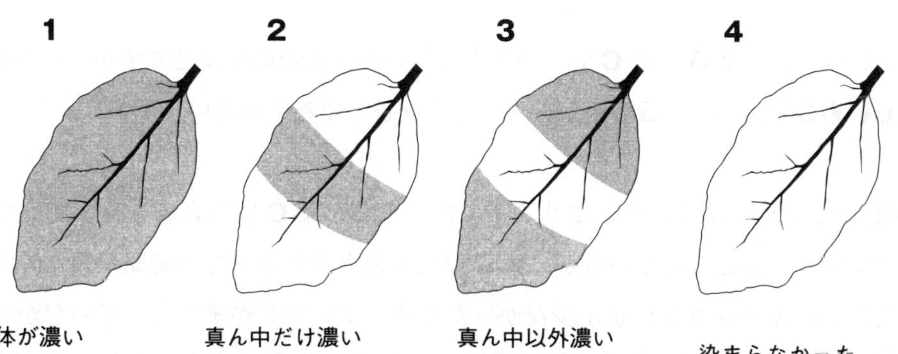

(2) 下線部①について、この操作を行う理由としてもっとも**正しいもの**を下の**1**～**4**の中から１つえらび番号で答えなさい。

1 切り落とした葉が乾燥(かんそう)してしまうのを防ぐため
2 切り落とした葉をなくしてしまうのを防ぐため
3 切り落とした葉に薬品がかかってしまうのを防ぐため
4 切り落とした葉に光が当たり葉が光合成を行うのを防ぐため

(3) 手順 6 で、葉をあたためたエタノールに浸けるのはなぜですか。その理由として**正しいもの**を下の**1**～**4**の中から１つえらび番号で答えなさい。

1 葉が緑色のままだとヨウ素液に浸けても色がよくわからないため、葉の持っている色素を抜(ぬ)く必要があるから。
2 葉には微(び)生物やウイルスがついていることがあるため、消毒する必要があるから。
3 葉にはゴミや土、虫などがついていることがあるため、消毒する必要があるから。
4 葉に含まれるデンプンはそのままだと量が少ないため、エタノールに浸けることで量を増やす必要があるから。

(4) 下線部②について、エタノールが緑色になったのは、葉に含まれるある色素が溶(と)け出したからです。このある色素とは何でしょうか。**ひらがな**で答えなさい。

(5) 下線部③について、葉**B**と葉**C**でこのような違いが生じたのはなぜですか。その理由として**正しいもの**を次の**1**～**5**の中から１つえらび番号で答えなさい。

1 手順 2 でアルミホイルをかぶせるまでは、葉**B**、葉**C**は光合成を行っていてともにデンプンが蓄(たくわ)えられているが、葉**C**は切り落とされるまでの時間が短く呼吸によって使われるデンプンの量が少なかったため、デンプンがまだ残っていたから。
2 手順 2 でアルミホイルをかぶせるまでは、葉**B**、葉**C**は光合成を行っていてともにデンプンが蓄えられているが、葉**C**は光に当たっていない時間が短かったため、葉**B**と比べてヨウ素液がしみこみやすかったから。

3　手順②でアルミホイルをかぶせるまでは、葉**B**、葉**C**は光合成を行っていてともにデンプンが蓄えられているが、葉**C**は切り落とされるまでの時間が短くアルミホイルに吸収されるデンプンの量が少なかったため、デンプンがまだ残っていたから。

4　手順②でアルミホイルをかぶせるまでは、葉**B**、葉**C**は光合成を行っていてともにデンプンが蓄えられているが、葉**C**は切り落とされるまでの時間が短く光合成ができなかった時間も短かったため、デンプンがまだ残っていたから。

5　手順②でアルミホイルをかぶせるまでは、葉**B**、葉**C**は光合成を行っていてともにデンプンが蓄えられているが、葉**C**は切り落とされるまでの時間が短く蓄えられたデンプンが葉から別の器官へ運搬(うんぱん)される量が少なかったため、デンプンがまだ残っていたから。

(6)　この実験の結果からわかることを、下の**1**～**4**の中からえらび番号で答えなさい。ただし、答えが２つ以上あるときは、番号の小さい方から順に書きなさい。

1　葉が光合成によってデンプンをつくるためには光が必要である

2　葉が光合成によってデンプンをつくるためには十分な水が必要である

3　葉が光合成によってデンプンをつくるためには二酸化炭素が必要である

4　葉が光合成によってデンプンをつくるためには酸素が必要である

(7)　そうた君は今回の実験を別の日にもう一度やろうと思い、同じように手順②まで行いました。しかし、うっかり葉を切り落とすのを忘れてしまい、手順②を行ってから５日間経過してしまいました。それでも続きをやろうとナスを見に行きましたが、葉**A**、**B**、**C**はそのまま育っているのに対して、葉**D**だけがアルミホイルでおおわれたまま落ちてしまっているのを見つけました。葉**D**だけが落ちてしまったのはなぜですか。その理由として**正しいもの**を下の**1**～**4**の中から１つえらび番号で答えなさい。

1　デンプンをアルミホイルにすべて吸収されてしまったから。

2　光合成ができず新しくデンプンをつくることができなくなり、葉をつけ続けることが難しくなったから。

3　アルミホイルをかぶせたことで呼吸ができなくなり、葉をつけ続けることが難しくなったから。

4　アルミホイルをかぶせたことでその重みにたえられなくなったから。

4　次の文章〔Ａ〕、〔Ｂ〕を読み、あとの問いに答えなさい。

〔Ａ〕

下の表は、気温と空気 $1m^3$ 中に含(ふく)むことができる最大の水蒸気量（飽(ほう)和水蒸気量）の関係を表したものです。

気温（℃）	10	12	14	16	18	20	22	24
飽和水蒸気量(ｇ)	9.4	10.7	12.1	13.6	15.4	17.3	19.4	21.8

ある気温の空気の湿(しつ)度（％）は、次の式で求められます。

$$湿度（\%）= \frac{ある気温の空気 1m^3 中に含まれる水蒸気量（g）}{ある気温の飽和水蒸気量（g）} \times 100$$

(1)　気温が10℃で、湿度が67％の空気 $1m^3$ 中に含まれる水蒸気量は何ｇですか。答えに小数がでるときは、小数第２位を四捨五入して**小数第１位**まで答えなさい。

(2)　大きさが $10m^3$ の部屋があります。この部屋の室温は24℃で湿度が55％でした。この部屋の室温が10℃になったとします。この部屋の中の空気が含むことができなくなった水蒸気の量は部屋全体で何ｇですか。下の**１**～**５**の中からもっとも近いものを１つえらび番号で答えなさい。ただし、部屋からの空気の出入りはないものとします。

１　2.59ｇ　　**２**　9.81ｇ　　**３**　12.4ｇ　　**４**　17.6ｇ
５　25.9ｇ

(3)　空気を冷していったときに、空気中の水蒸気が水滴(てき)になり始める温度のことを何といいますか。**ひらがな**で書きなさい。

〔**B**〕

下の図のように、気温20℃のしめった空気のかたまりが、**A**地点（標高0m）から山の斜(しゃ)面にそってふきあがりました。すると、標高600mの**B**地点で雲が発生し、標高1500mの山頂**C**地点まで雨を降らせました。**C**地点をこえると雲は消え、山の反対側にある**D**地点（標高0m）に空気のかたまりはふきおりました。

ただし、気温は、雲がないときは標高が100m上がるごとに1℃ずつ下がり、100m下がるごとに1℃ずつ上がるものとします。また、雲があるときは標高が100m上がるごとに0.5℃ずつ下がるものとします。なお、空気のかたまりはまわりの空気と混ざり合わないものとします。必要ならば前ページの気温と飽和水蒸気量の関係を示した表を使いなさい。

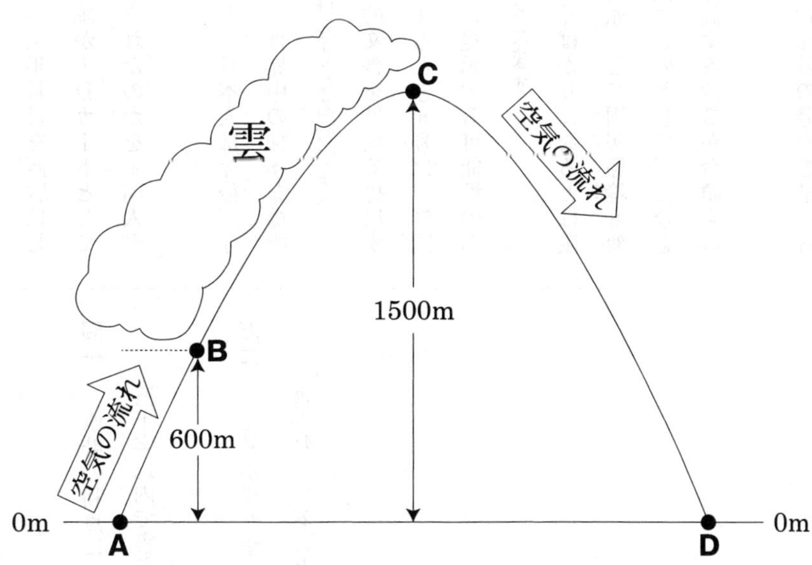

(4)　**B**地点の気温は何℃ですか。答えは**整数**で書きなさい。

(5)　**A**地点では、空気1m^{3}あたり水蒸気は何g含まれていましたか。下の**1**～**6**の中から１つえらび番号で答えなさい。

1　10.7g　**2**　12.1g　**3**　13.6g　**4**　15.4g
5　17.3g　**6**　19.4g

(6)　**D**地点の気温は何℃ですか。答えは**小数第１位**まで書きなさい。

でしょう。ユニバーサル（普遍的）かどうかです。いま自治体で西暦表記が広がっている一因も、外国人が使えないことへの配慮です。たとえば今回、政府は免許証の有効期限で西暦表記も併記する決定をしました。しかし米国で働く私の友人は「生年月日を西暦にしてほしい」と言います。米国では日本の免許証がＩＤカードとして使える場面があるのですが、元号だといつ生まれたのかを米国人が理解できず、証明に使えないというのです。

日本が経済大国だった時代は遠く去りました。日本人は今後、今まで以上に世界中の人々に助けてもらったり、世界中の様々な場所を舞台に成長させてもらったりしなければいけなくなるのです。

その際に増えるのは、日本で発行された公的文書を外国で提出する機会です。海外の機関に自分の業績を証明するとき元号は、外国人に分かってもらう際の障壁になる。外国人に提示する可能性のある公的な文書には西暦を併記すべきだと私は考えます。

それでも今後、元号の存在感が薄まっていくばかりになるとは限りません。グローバル化が深まり、中国の台頭などで周辺環境も変わっていきます。日本の文化的な独自性を表すものとして、元号を自身のアイデンティティーの支えとして再評価する意識が台頭するかもしれません。

今回、日本の伝統を大事にする立場から、新元号の発表を早めるなどの声が出ました。同じく元号重視の視点から、新元号への瞬時の整然とした移行を求める声もあります。双方の要請を同時に満たそうとすれば、改元に要する負担は過重になります。結果的に「西暦を使う方がいい」と考える人を増やし、元号離れをも促しかねません。

（二〇一九年一月二二日付『朝日新聞』朝刊より）

問一　西暦の利点について、Ｂのみに書かれていることを二十字以上三十字以内で書きなさい。

問二　元号が果たすことのできる役割について、ＡとＢとに共通して書かれていることを十五字以上二十五字以内で書きなさい。

六　次のA、Bの文章を読んで後の問いに答えなさい。（字数指定がある場合、句読点・かぎかっこ等の記号は一字として数えること。）

（A）

元号とは「時間の区切り方」の一つです。いま日本では西暦と元号の両方が使われていますが、ふだん私が使うのは圧倒的に西暦です。

先の戦争が終わって何年たったのか。昭和と平成に区切られた元号で考えていては、計算が困難です。ある事件が日本で起きたとき、世界で何が起きていたのかを知るにも元号は不向き。だから僕にとって西暦は大事な道具です。

ただ、元号は不便だから西暦だけあればよいという意見にはくみしません。むしろ複数の時間軸を持っていることは、文化的に豊かなことなのではないかと考えます。

世界では、様々な国々が様々な形で時間の区切りを活用しています。英国には王朝に即してエリザベス様式やビクトリア様式という時代区分があり、それぞれの時代に独特の文化や精神があると考えられています。米国では10年（ｄｅｃａｄｅ）を基準に、50年代ファッションとか60年代ポップスと使っています。

日本には元号があり、明治45年生まれだった僕の父は「私は明治人だ」と言い続けました。わずか半年あとに生まれれば大正生まれになっていたはずなのに、明治を自身のアイデンティティーの支えにした。人間は特定の時代に自分を帰属させることで安心感を得るのかもしれません。

ある元号を口にすると、その時代イメージをありありと思い浮かべられる。そういう元号は明治以外にもあり、一種の文化資産と言えます。

平成も明確な時代イメージを持つ元号として記憶されるでしょう。それは、落ち目の時代として、です。日本の国運が頂点から低落へと一変した時代が、平成でした。

平成が始まった１９８９年には、日本は米国を超え世界一の経済大国になるという夢がありました。しかしそのわずか30年後のいま、主要先進国の座から滑り落ちようとしている。短期間に驚くほど大きく国力が下がったのです。

世の中が変わったことを集団的に合意するための伝統的な装置。それが時代の区切りなのでしょう。日本にだけあるのではない、味のある文化的な仕掛けだと思います。

（B）

元号がいいか、西暦がいいか。そのとき注目されるのは「利便性」でしょう。役所で申請をするとき西暦がないと不便だとの声はよく聞きます。逆に年配の方々には元号の方がなじみやすい、といった事情もあるでしょう。

元号や西暦といった社会的な道具について考えるとき、便利であることは確かに「望ましい」ことですが、「必須」ではありません。留意すべきは「便利でないこと」ではなく「使えない人がいること」

問八　――線部５「『戦争』の概念を変えてしまう」とありますが、これを説明したものとして最も適切なものを次の中から選び、記号で答えなさい。

ア　国家が対等な権利をもつ他の国家に対して行うものだった戦争が、国家が犯罪者と規定した国家ではない集団を殲滅させるものになる。

イ　国民を動員する理由が明らかにされなければできないものだった戦争が、正当な理由も国民の支持もないまま行えるものになる。

ウ　武力を行使して相手国を屈服させようとするものだった戦争が、国家が権力を行使して犯罪者を取り締まることを指すようになる。

エ　対立的な関係にある国どうしが暴力を使って戦うものだった戦争が、必ずしも敵対的とは言えない集団に対して発動するものになる。

問九　――線部６「これが『テロとの戦争』の目立たない特徴です」とありますが、これを説明したものとして最も適切なものを次の中から選び、記号で答えなさい。

ア　いままでの戦争は国と国とが相互（そうご）に認め合う関係のもとで行われていたが、「テロとの戦争」では、国家が一方的に敵とみなした相手を攻撃するようになったということ。

イ　いままでの戦争は対等な相手国を尊重して一定のルールのもとで行われていたが、「テロとの戦争」では、国家が暴力を制限なしに使うようになったということ。

ウ　いままでの戦争では国家が一定のルールの範囲内で秩序維持のために暴力を行使していたが、「テロとの戦争」では国家が暴力を独占して行使するようになったということ。

エ　いままでの戦争では国民の同意が得られる範囲で暴力を行使していたが、「テロとの戦争」では、国家が制約なく暴力を行使するようになったということ。

ウ　「これは戦争だ」とわざわざ言うことによって、テロとの戦いが戦争といえるかどうかという問題を素通りしたまま国家として戦うことを可能にするため。

エ　「これは戦争だ」とわざわざ言うことによって、アメリカが卑劣な武装集団によって突然に攻撃されたことを示し戦争に対する国民の支持を得るため。

問六　――線部３「国際法の『例外状態』」とありますが、これを説明したものとして最も適切なものを次の中から選び、記号で答えなさい。

ア　「テロとの戦争」は敵が国家ではないため、アメリカは国家と国家との戦争についての取り決めである国際法に違反して戦争を始めたということ。

イ　「テロとの戦争」は戦争の相手が国家ではないテロリスト集団であるため、国家と国家との関係について取り決めた国際法が適用されないということ。

ウ　「テロとの戦争」は、敵が国家ではなく単なる武装集団に過ぎないため、従来の国際法の観点から考えると戦争だとは認められないということ。

エ　「テロとの戦争」は国家と国家との関係について定めた国際法から外れてはいるが、一方的に攻撃を受けた点で例外的に戦争だと判断できるということ。

問七　――線部４「そういう認識枠組み」とありますが、これを説明したものとして最も適切なものを次の中から選び、記号で答えなさい。

ア　メディアや学会を通じてアメリカ政府が自分たちの認識の枠組みを世界中に流通させた結果、世界中にアメリカと同じ政治の仕組みが広がってアメリカの世界統治がしだいに完成するということ。

イ　アメリカ政府やアメリカの学会、メディアが発信する「テロとの戦争」のような言葉は簡潔でわかりやすいため、人びとはそのような言葉で表された認識の仕方を簡単に受け入れてしまうということ。

ウ　アメリカ政府が発表した「テロとの戦争」という言葉が学会やメディアを通じて世界中に広まり、人びとはそのあらかじめ与えられた言葉に従って「九・一一」という事件の意味を考えているということ。

エ　アメリカから出てきた考え方を学者やメディアは標準的なものとして無批判に受け入れるため、結果として人びとはアメリカから世界に広がった見方の枠の中でしかものごとを認識しないということ。

＊呵責――罪をきびしくせめ、くるしめること。
＊対峙――対立する二者がたがいにゆずらずに向かい合うこと。
＊卑劣――ずるく、品がないこと。
＊埒外――範囲(はんい)の外。
＊ウェストファリア体制――十七世紀ヨーロッパで三十年戦争後に成立した新しい国家秩序。
＊殺戮――多くの人をむごたらしく殺すこと。
＊ジャスティフィケーション――正当化のための根拠。

問一 [ ]A・Cに入る四字熟語として最も適切なものをそれぞれ次の中から選び、記号で答えなさい。

A　ア　針小棒大　イ　言語道断　ウ　朝三暮四　エ　単刀直入
C　ア　問答無用　イ　臨機応変　ウ　大同小異　エ　二足三文

問二 [ ]Bに入る言葉として最も適切なものを次の中から選び、記号で答えなさい。

ア　無下(むげ)　イ　鵜呑(うの)み　ウ　等閑(なおざり)　エ　掌(たなごころ)

問三 ――線部ａ「唱える」とありますが、この漢字を使った熟語の音を表したものを次の中から選び、記号で答えなさい。

ア　ショウサン　イ　ショウケイ
ウ　オンショウ　エ　テイショウ

問四 ――線部１「表現の問題とそれにともなう意識の問題」とありますが、これを具体的に説明したものとして最も適切なものを次の中から選び、記号で答えなさい。

ア　九・一一を「パールハーバー」と結びつけることで、アメリカ人がテロに対する憎悪をかきたてられるようになること。
イ　九・一一を「カミカゼ」と結びつけることで、アメリカ人がテロとの戦争を恐(おそ)れるようになること。
ウ　ツインタワー跡地を「グラウンド・ゼロ」と表現することで、アメリカ人が原爆の惨禍を思い出すようになること。
エ　ツインタワー跡地を「グラウンド・ゼロ」と表現することで、アメリカ人が新しい戦争を予感するようになること。

問五 ――線部２「この事件に際してアメリカ政府は『これは戦争だ』とわざわざ言った」とありますが、この理由を説明したものとして最も適切なものを次の中から選び、記号で答えなさい。

ア　「これは戦争だ」とわざわざ言うことによって、現在起きている事態が緊迫(きんぱく)したものであることを明らかにして人びとに危機感をもたせるため。
イ　「これは戦争だ」とわざわざ言うことによって、戦争が避(さ)けられないものであることを国外に表明し自分たちの行為が正当なものであると認めさせるため。

たことで、それが戦時の国際法になっていました。だから戦争と平和には明確な区切りがあることになります。けれども、「テロリスト」というのは国家でないだけでなく、初めから犯罪者だと規定され、捜査とか逮捕や裁判を省略して、ともかく殲滅しなくてはならない対象だとされます。そのための「戦争」だというわけです。そうなるとルールなしで、戦争を発動した国家は殲滅のために何でもできることになります。「敵」は初めから「無法者」だとみなされ、そのうえどこにいるかわからない、だいたいどんな連中かもわからない、そういう「敵」を［Ｃ］で叩き潰すために国家の軍事力が動員されるわけです。そして空爆だけでなく、誘拐、拷問、即決処刑その他のあらゆる手段が、国家の「正義」の執行として正当化されます。

　これまでは戦争は、国家が国民を動員して犠牲を強いるわけですから、それを納得させる理由が必要でした。ある程度国民の同意をとりつける必要があり、それなりの「正義」を立てなければ戦争はしにくかったのです。けれども「テロリスト」が相手だとなると、＊ジャスティフィケーションは予めあることになります。敵は許しがたい犯罪者で、そんな者たちを地球上に存在させてはいけない、それを攻撃することは予め正義なのだ、となります。裏返せば、抹消したいものを「テロリスト」と名付ければ、国家の最大の威力の行使である戦争を正当化できるということです。そして、敵はエイリアンのようなもので普通の人間ではないから、どんな人権を認める必要もない、そのことに異論をａ唱える者たちは犯罪者の味方だ、といった乱暴な論理が振りかざされて、「戦争」そのものが犯罪に対する正義の執行だとされてしまいます。

　これまで国家は、内部の暴力を独占して、国家だけが暴力を使う事が可能でした。それ以外の暴力行使は犯罪として取り締まられます。だから、国家は暴力を正当化された戦争において使ってきたし、国内に関しても秩序を守るために一定の暴力を用いる、そんなふうにして暴力を独占してきました。

　しかし、そうであるがために、秩序を維持したり、国外からの侵害に対して防衛したりすることが、正当に行われなければならないというのが国家に対する束縛でもありました。暴力を独占しているがゆえにその行使に関してはさまざまな制約があって、国家は不正であってはいけないわけです。不法な無制限な暴力の行使はあってはならないし、むやみに人を殺してもいけない、そういった制約がありました。ところが、「テロリスト」相手ということでその制約は取り払われてしまったのです。６これが「テロとの戦争」の目立たない特徴です。

（西谷 修『戦争とは何だろうか』による）

＊九・一一――二〇〇一年九月十一日に起こったアメリカ同時多発テロ事件。
＊パールハーバー――ハワイのアメリカ軍根拠地。一九四一年十二月に日本軍が奇襲攻撃をし、戦争が始まった。
＊カミカゼ――旧日本海軍の特攻隊の呼称。
＊惨禍――災害や戦争などのむごたらしい被害。

るいは、国家間関係を前提とした国際法秩序は失効したことになる。要するに、「テロとの戦争」は従来の国際法では扱えません。言い換えればそれは3国際法の「例外状態」なのです。そしてアメリカはその「例外状態」を宣言したということです。

（中略）

「テロとの戦争」の原理的な点に戻りましょう。これは論理的に考えると大変おかしな話になります。国家間戦争の場合は、当事者が国家同士で対等ですから関係は対称的だと言います。ところが「テロとの戦争」では、国家が国家ではない集団を相手にするというわけですから、関係は非対称です。だからアメリカの政治学者はこれを「非対称的戦争」と呼ぶのです。アメリカの政治学者だけではありません。今では世界の知識生産の中心がアメリカで、そこで作られた知識が英語をいわば標準語として世界に広がりますから、アメリカで出てきた考えが、学会やメディアを通じて世界に広められ、結果としてアメリカ的な観点が世界の「標準」として受け入れられることになります。科学の動向はおおむねそうなっているし、とりわけ記述的・分析的な政治学などでは、アメリカの国家政治の解説やそれを正当化する言説が、そのまま専門的記述として標準になってゆきます。アメリカ政府が「テロとの戦争」と言えば、それを［B］にして「テロとの戦争」とは何かを解説し、それはグローバル化に伴う世界の変容によって生まれた「非対称的戦争」なのだ、とか解説するのが政治学や国際関係学だということになっています。そういう領域の学者たちが専門家としてメディアの解説に登場するわけです。だから、そこで実際何が起こっているのか、グローバル化した世界で最強になった国家が、言語戦略をも駆使してどのような形で世界統治を貫こうとしているのか、そこにどんな問題があるのか、といった問題は見過ごされてしまいます。世界中の学者やメディアはたいていそれに追従しますから、結局はみんなアメリカ政府が供給した枠組みに従ってしかものを考えない、語らないということになります。

「テロとの戦争」という表現は4そういう認識枠組みの典型です。国際秩序を無視する「テロリズム」に対して「戦争」で対応するというのはじつは異常なことです。戦争とは敵味方があり、双方が武力で相手の屈服を目指し、どちらにもその権利があるという「対称的」な事態のはずですが、「テロリスト」というのは国家に対抗する権利のない集団で、それに対して国家が「戦争」を発動するという事態は、5「戦争」の概念を変えてしまうだけでなく、「国家」のあり方をも変えてしまいます。少なくともこのときから「戦争」は、国家間抗争ではなく、国家が「非常事態」だからということで「敵」を名指しして軍事行動を起こす、そういう事態だということになります。

*ウェストファリア体制以来の国家間戦争の場合には、対等な国家同士の戦争なので、相手を認め合うことから生じる基本的なルールがありました。不意打ちはしない、つまり宣戦布告をして戦争状態を明示するとか、適当なところで手を打って講和するとか、捕虜虐待をしないとか、非戦闘員を攻撃したり*殺戮したりしないとかいっ

五 次の文章を読んで後の問いに答えなさい。

＊九・一一は二重の意味で日本に結び付けられました。ひとつは「アメリカが不意打ちにあった」ということで「＊パールハーバー（真珠湾）」が想起され、もう一つは自爆攻撃だということでアメリカ人たちに「＊カミカゼ」の悪夢を蘇らせたのです。

それだけではありません。あのツインタワービルが二棟とも崩落してしまって、後に巨大な廃墟ができました。それは無に帰した地ということで「グラウンド・ゼロ」と呼ばれました。けれども、じつはその名は第二次大戦中に初めて行われた原爆実験の跡地の「空白」を表現したもので、ヒロシマとナガサキの廃墟に対しても使われました。ただしそのことはアメリカ人の記憶にはなかったようです。憶えていたなら、アメリカ人に甚大なショックを与えたこのような＊惨禍を、アメリカはかつて世界のいたるところで作り出してきたのだということに思い至ってしまうでしょう。それでは戦争に向かう国民意識は形成できません。自分たちが犠牲者だと思えるとき、その国民は戦争することを「正義」だと思い込むことができます。このとき多くのアメリカ人は、不意の悪夢のような手段でアメリカが攻撃され、グラウンド・ゼロの惨禍がもたらされたという事実に茫然自失し、その悲しみを怒りに転化して、「テロとの戦争」という＊呵責なき戦争に乗り出す政府を熱く支持したのです。そして、そこにこめられた「悪に対する憎悪」には、第二次大戦時の対日戦の遠い記憶が重なっていたということです。

これは1表現の問題とそれにともなう意識の問題で、ふつうはほとんど素通りされますが、何をどう言い表すのかというのは、最初に出来事を意味づけ、人びとの理解に方向づけを与える決定的な行為なのです。そして実際に、2この事件に際してアメリカ政府は「これは戦争だ」とわざわざ言ったのですが、それによってアメリカは国家としてこの「テロリストたち」と＊対峙するということを表明したわけです。

戦争というのは何度も言ってきたように、国家間の武力衝突でした。武装集団がいたとしたら、それは取り締まりの対象ではあっても、国家が軍事行動をする戦争の相手とはみなされませんでした。それにもかかわらず、「これは戦争だ！」と断定することは、この種の事件を国家に対する攻撃とみなして国家が「応戦」する、という宣言になります。不意打ちだから宣戦布告はなく、この攻撃ですでに戦争は始まっていることになる。そして相手は「［A］の＊卑劣な攻撃をしてきたテロリスト集団」です。けれども、この集団には国家のような領土がありません。だから集団そのものがこの「戦争」では攻撃の対象になります。そしてその集団はどこかの国にいる。となると、アメリカはその国を攻撃することになる。するとその国にとっては、攻撃は主権侵害です。この場合、武装集団が「敵」なのか、彼らが潜伏する国が「敵」なのか？　これまでの観念からすれば、戦争は国家間行為です。しかし、この場合は「敵」が非国家的集団です。だとすると、戦争はもはや国際法的行為ではなくなります。つまり、この行為は国際法の＊埒外にあることになる。あ

問六 ――線部4「げんは聴いているうちに膝がぎりぎり固くなった」とありますが、このときのげんの気持ちを説明したものとして最も適切なものを次の中から選び、記号で答えなさい。

ア　授業で恥をかかされた上に父親のことを悪く言われた碧郎の悔しさを思い、また母親までもが碧郎が故意にけがをさせたかのように話していることに怒りを感じ、いらだっている。

イ　みんなの前で揚げ足をとられて恥ずかしい思いをした碧郎のことを思い、またわざとけがさせたりするほどの勇気のない碧郎が故意にやったとされていることを不審に思って、いらだっている。

ウ　授業中にうまく答えられなかったことを優等生にからかわれた碧郎の悔しさを思い、また碧郎の性格が理解されずに罪をなすりつけられていることに悔しさを感じ、いらだっている。

エ　授業中に恥をかかされた碧郎のことを思い、また腹を立てて仕返しをするほど根にもつ性格ではない碧郎がわざと相手を鉄棒から落としたとされていることを不当に思って、いらだっている。

問七　本文から読み取れる「母親」と「げん」を説明したものとして最も適切なものを次の中から選び、記号で答えなさい。

ア　母親は私情を交えずに担任の先生の話を受け止め、碧郎が故意に友人をけがさせたことはあり得ることだと思っている。一方げんは母親の話を聞いて冷静に事実を判断しようと思っているが、どうしても私情が入って事実をありのままに受け取ることができずにいる。

イ　母親は碧郎のことよりも自分の気持ちを優先させ、事の次第よりも先に学校での碧郎の態度に対する不平や悲嘆をげんに話そうとしている。一方げんは碧郎のことを第一に考え、先生やクラスのみんなに碧郎の言ったことを信じてもらうためにはどうしたらよいかがわからず悩んでいる。

ウ　母親は担任の先生から聞いた話をそのままげんに話し、碧郎が級友にけがをさせたのが故意かどうかはわからないと思っている。一方げんは担任の先生やクラスの子たちが言っていることは勝手な思い込みだと思い、碧郎が濡れ衣を着せられてしまっている事態を悲しんでいる。

エ　母親は担任の先生の言っていることはもっともらしいと思い、級友にけがをさせたのは故意ではないという碧郎の言葉を嘘だと受け取っている。一方げんは碧郎の性格からして故意にしたはずはないと思い、碧郎をかばおうとしない母親に対して不満を感じている。

問三　――線部１「故意にしたって云うだけの根拠になるようなことがあったの？」とありますが、本文中でその根拠になるようなこととして考えられていることを二つ、それぞれ三十五字以上四十五字以内で説明しなさい。

問四　――線部２「私も情なかったわ」とありますが、このように母親が言う理由を説明したものとして最も適切なものを次の中から選び、記号で答えなさい。

ア　学校からの連絡を受けてあわてて駆けつけたのに、二度目の母親ということでよそよそしくされてさみしく思ったから。

イ　母親として話を聞こうとしたりなだめたりしたのに、反抗的な態度をとられて先生の前で恥をかかされたと思ったから。

ウ　碧郎は本当の親である父親に来てほしかったのだろうと思い、継母である自分が学校に行ったことは失敗だったと思ったから。

エ　碧郎はとげとげしい態度をとるばかりで何を聞いても口をきいてもらえず、せっかく学校に行ったのに損をしたと思ったから。

問五　――線部３「歯痒い」とありますが、このときのげんの気持ちを説明したものとして最も適切なものを次の中から選び、記号で答えなさい。

ア　碧郎と母親は決してお互いに憎み合っているというわけではないのに、ちょっとした食い違いが起こっただけですぐに関係が悪くなってしまうのをもどかしく思っている。

イ　碧郎と母親はどちらも自分のよくないところは分かっているのに、あるきっかけで感情が高ぶるとつい相手を憎む感情を抑えられなくなってしまうのをもどかしく思っている。

ウ　母親は碧郎のことをさっぱりしていていい子だと思っている時もあるのに、そういう場合は自分がいい子になれず、同時にいい子になることができないのをじれったく思っている。

エ　母親も碧郎もふだんはお互いのことをよく理解しているのに、ささいなことで相手のことを誤解して憎たらしいほどの気持ちになってしまうことをじれったく思っている。

れて答えたんだけど、うまい答でなくてその子に揚足とられたのね。その揚足が上手にやられたもんだから、みんながわあっと笑った。だからあの人、しょげててれたところへも一度、――なあんだ、*おやじに訊いて来なかったのか、とやられたっていうの。それでかあっとして、教室ってこと忘れちまって、黙れってどなったっていうのよ。それが根にあったかもしれないって話なの。」

4 げんは聴いているうちに膝がぎりぎり固くなった。碧郎の気もちは手に取るようにわかる、自分だってどなるだろう。だが、それで故意に鉄棒にぶらさがっている対手の足をひっぱって落し、腕を折るようなことを、――いや、腕が折れたことは偶然かもしれないとしても、そんなことをやるだろうか。やらない。碧郎はそんな子じゃない。絶対にやりはしない。そんなしんねりと意地の強い子でもなし、それがa 肝に銘じるくらいならむしろ頼もしいのである。碧郎はがっと怒るけれど、そのときだけのことが多い子なのだ。いつまでも立腹をおぼえていることもあるが、それは思いだしたとき一時立腹がたちかえってくるだけで、すぐまた何でもない性格なのだ。人に怪我をさせる魂胆があるほどしっかりものではないのだ。それかと云って、思いつきで悪意が閃くような鋭い才があるのでもない。そんなことはしない、と云うよりし得ない碧郎だった。「それが動機だなんて、あんまりひどいわ、こじつけみたいだわ。」

気がつくとげんは、母と学校の言い分を一緒くたにしてなじっている語気だった。はたして母はちらりと微笑して云う。「あんたたちきょうだいはよく似ているわね、身贔屓が強いのよ。誤解のないように聴いておいて頂戴。クラスの子たちが云うんですって、碧郎さん、できないからひがんだんだって。」

「だっておかあさん、故意だなんて――」

「いやあね、ほんとに困るわ。一人はじきにむかっ腹たてて事件を起すし、一人はじきにぽろぽろ泣くし、私、話してくれって云うから話したまでで、あんたに泣かれちゃ困るじゃないの?」それはそうだった。碧郎は学校で腹を立て、そのいきさつをうちで聴いているげんが泣きだすのでは母は困るにちがいない。でも、げんは涙がこぼれていた。

（幸田 文『おとうと』による）

*おやじに訊いて来なかったのか――碧郎の父親は文筆家である。

問一 □に入る漢字として最も適切なものを次の中から選び、記号で答えなさい。

ア 片　イ 大　ウ 底　エ 横

問二 ――線部a「肝に銘じる」の本文中の意味として最も適切なものを次の中から選び、記号で答えなさい。

ア 心にとどめてよく考えること。
イ 心にきざみこんで忘れないこと。
ウ 心を楽にしてこだわらないこと。
エ 心を広くかまえて動じないこと。

かったのね。それを私なんかが出かけて行ったんで、気に入らなかったのかもしれないわ。……うちの中ならまだしも、学校なんてところでああして子によそよそしくされると、まったく後からきた母親、二度目の母親なんてものは面目まるつぶれだ。つくづくいやなもんだと思った。」

こうした不平と悲嘆といやみは聴きなれているけれど、やはり新しく聴かされるたびに、げんは気もちがわるい。嘆きよりさきに事の次第をきちんと聴かせてもらいたいのだ。むろん母の云っていることはよく理解できた。それだけ聴けば、碧郎がこんな眼つきで母を見、こんなふうな身のこなしでこんな声でものを云ったろう、そして母はそれに対してどう感じ、どういう態度をしたか、両方のしかた言いかたをほぼ間違いなく察することができた。きょうこのことばかりではない、それはいつもいつもくりかえされていることだったから、推察に難くなかったのである。3歯痒い。碧郎もいけないのだし、母もいけない。どっちも悪い人でないのに、一ツ間拍子が合わないとたちまち憎らしいほどの感情になってしまう。たまたま拍子のうまく行ってるときは、母は碧郎をさっぱりしているいい子だと云う。でも、そういうときは大概げんにいけなくて、「あなたは□意地がわるい」というようなことを云っている場合なのだった。なぜ二人の子がいちどに一緒に快く思われることがないのか不思議だとげんは思う。母のほうから云えば、子供たちはなぜ二人一緒にいい子にならなくて、ときどき片方ずついい子になるのだかわからないと云うだろう。

とにかく、げんが母の嘆きや愚痴のなかから聴いたいきさつは、きょうの昼休み中に、一人の子が鉄棒にぶらさがってい、そのまわりに何人かの一年生がそれぞれ何かして遊んでいた。そこへ碧郎がこちらからも一人と前後して駈けて行った。鉄棒へかかるつもりだったのだ。と、鉄棒の子と碧郎と二人が折り重なって倒れころがった。そのとき、「あっ、あああっ！」というような声をそばのみんなが聴いている。碧郎はすぐ起きて立ったが、その子は片手をついて立とうとして立てず、「痛い痛い」と叫んでいた。碧郎が手を貸したが、「痛い」と云って受けつけなかった。みんなが寄って抱き起そうとしたけれどだめだった。先生に知らせ、先生が抱いて連れて行った。校医が骨折と診、その子の宅へ電話して母親に話し、学校の近処の外科へ先生つきそいで連れて行った。碧郎は午後の授業を受けていたが、医者から先生が帰って来ると同時に図書室で調べられた。そしてうちへ電話で知らせが来、母が出かけて行ったという順序なのだ。故意ということが出てきたのはその子が、碧郎が自分の足をひっぱって鉄棒から落した、と云いきったからだという。

「それなら故意というのではなくて、過失じゃないの？　ふざけて駈けだして来て、鉄棒の子にぶつかったはずみというのじゃないの？　故意だなんて大袈裟だわ。」げんは考え考え云った。

「と、そうあんたは云いたいでしょうね。」へんな口調で母が云うな、とげんは思った。「ところがね、動機があるのよ。いゝえ、あるって先生がおっしゃるのよ。そこが困るところなのよ。あのね、その子は優秀な子なのよ、担任ばかりが認めるのではなくてどの先生にも褒められる子なのよ。それでね、きょう午前中の国語の時間に碧郎さん指さ

三　次の文の［A］・［B］に入る同音異義語をそれぞれ漢字で答えなさい。

1　とんでもない暑さに［A］する。
　［B］に線を引く。

2　休校の［A］を延長する。
　人体はさまざまな［B］から構成される。

3　昔の生活を［A］する。
　人の欲には［B］がない。

4　［A］なく日々を送る。
　労働の［B］として賃金を受け取る。

四　次の文章を読んで後の問いに答えなさい。（字数指定がある場合、句読点・かぎかっこ等の記号は一字として数えること。）

「故意にしたってほんとかしら？」げんはどうしても母に話をよく聴いておきたかった。

「よくわからないの。」母は明らかに気をつけてものを云っていた。「自分じゃ故意だなんてことないって云い張っているんだけれど、学校のほうじゃそうだろうと思うって云うのよ。対手の子もたしかに足をひっぱられたんだって云うし、――だけど私にはどうもよくわからない。」

「学校のほうって、学校の誰がそう云うの？」

「担任の先生よ。」

「先生そこに見ていたの？」

「いいえ、そうじゃないらしくてよ。」

1「それじゃなぜ故意だと云うの？　故意にしたって云うだけの根拠になるようなことがあったの？」

「よくわからないのよ。なにしろ碧郎さんときたら何を訊いてもだめなのよ、ろくに口も利かないんですもの。まあ興奮していたんだろうからしかたがないと思うけれど、私が駈けつけて行っても、まるでつんけんしていてね、とりなしてあげようと思ってもかえって一々私に食ってかかるのよ。先生もそばにいてあっけにとられちまうし、2私も情なかったわ。……きっと碧郎さんはおとうさんに来てもらいた

2024年度

鎌倉学園中学校

【国　語】〈第一次試験〉（五〇分）〈満点：一〇〇点〉

一　次の――線部を漢字に直して答えなさい。

1　患者(かんじゃ)にトウヤクする。
2　ショクムに専念する。
3　食料をチョゾウする。
4　一線をしりぞく。
5　神々をまつる。

二　次の――線部の意味に当てはまる慣用句を例にならって平仮名(ひらがな)で答えなさい。

（例）
相手が強すぎてとてもかなわない。
（答え）
は	が	た	た

1　何の根拠(こんきょ)もないうわさが広まる。
ね				

2　電話のやりとりだけではものごとがはかどらず決着がつかない。
ら			

3　自分のことは問題にせずに放っておいて人を非難する。
た			

4　彼(かれ)の熱心さにみんなはとても感心しおどろいた。
し			

5　かくさず本心をさらけ出して話す。
は				

2024年度

鎌倉学園中学校

▶解説と解答

算　数　＜第１次試験＞（50分）＜満点：100点＞

解　答

1 (1)　49　(2)　$1\frac{1}{4}$　(3)　$\frac{1}{10}$　(4)　20240　2 (1)　$\frac{1}{23}$　(2)　12個　(3)　43人　(4)　459　3 (1)　18.84cm^2　(2)　151度　4 (1)　$\frac{1}{2}$　(2)　128番目　(3)　654番目　5 (1)　５通り　(2)　５通り　(3)　30通り　6 (1)　$\frac{1}{3}$　(2)　15本　(3)　９日目　7 (1)　55度　(2)　56.25cm^2　(3)　ADとCE，BDとAE　8 (1)　314cm^3　(2)　$4\frac{8}{13}$cm　(3)　$289\frac{11}{13}$cm^3

解　説

1 四則計算，計算のくふう

(1)　$100-\{71-15\times(52-16)\div27\}=100-(71-15\times36\div27)=100-\left(71-\frac{15\times36}{27}\right)=100-(71-20)=100-51=49$

(2)　$1.25\div\left(0.5-\frac{1}{3}\right)\times\left(\frac{2}{3}-\frac{2}{3}\times4\times\frac{3}{16}\right)=1\frac{1}{4}\div\left(\frac{1}{2}-\frac{1}{3}\right)\times\left(\frac{2}{3}-\frac{1}{2}\right)=\frac{5}{4}\div\left(\frac{3}{6}-\frac{2}{6}\right)\times\left(\frac{4}{6}-\frac{3}{6}\right)=\frac{5}{4}\div\frac{1}{6}\times\frac{1}{6}=\frac{5}{4}\times\frac{6}{1}\times\frac{1}{6}=\frac{5}{4}=1\frac{1}{4}$

(3)　$\frac{1}{3}\times\left\{\left(\frac{1}{2\times5}+\frac{1}{5\times3}\right)+\left(\frac{1}{3\times7}+\frac{1}{7\times4}\right)+\left(\frac{1}{4\times9}+\frac{1}{9\times5}\right)\right\}=\frac{1}{3}\times\left(\frac{3+2}{2\times3\times5}+\frac{4+3}{3\times4\times7}+\frac{5+4}{4\times5\times9}\right)=\frac{1}{3}\times\left(\frac{5}{30}+\frac{7}{84}+\frac{9}{180}\right)=\frac{1}{3}\times\left(\frac{1}{6}+\frac{1}{12}+\frac{1}{20}\right)=\frac{1}{3}\times\left(\frac{10}{60}+\frac{5}{60}+\frac{3}{60}\right)=\frac{1}{3}\times\frac{18}{60}=\frac{1}{10}$

(4)　$A\times B+A\times C=A\times(B+C)$となることを利用すると，$2024\times5.1-1012\times5.4+4048\times3.8=1012\times2\times5.1-1012\times5.4+1012\times4\times3.8=1012\times10.2-1012\times5.4+1012\times15.2=1012\times(10.2-5.4+15.2)=1012\times20=20240$

2 逆算，整数の性質，差集め算，条件の整理

(1)　$2024\times\left\{\frac{2}{11}-\left(\square+\frac{1}{8}\right)\right\}=27$より，$\frac{2}{11}-\left(\square+\frac{1}{8}\right)=27\div2024=\frac{27}{2024}$，$\square+\frac{1}{8}=\frac{2}{11}-\frac{27}{2024}=\frac{368}{2024}-\frac{27}{2024}=\frac{341}{2024}=\frac{31}{184}$　よって，$\square=\frac{31}{184}-\frac{1}{8}=\frac{31}{184}-\frac{23}{184}=\frac{8}{184}=\frac{1}{23}$

(2)　42を素数の積で表すと，42＝２×３×７となるから，分子が｛2，3，7｝のいずれかの倍数のときは約分できる。よって，約分できないのは分子が｛2，3，7｝のいずれの倍数でもないときなので，そのような分子を調べると，1，5，11，13，17，19，23，25，29，31，37，41の12個あることがわかる。

(3)　１つの長いすに５人ずつすわると，（５－３）＋５×４＝22(人)分の空席ができる。よって，３人ずつすわるときと５人ずつすわるときで，すわれる人数の差は，４＋22＝26(人)となる。これは，５－３＝２(人)の差が長いすの数だけ集まったものなので，長いすの数は，26÷２＝13とわかる。

よって，部員数は，$3\times13+4=43$(人)と求められる。

(4) 「各位の数の和は一の位の数の２倍」だから，百の位の数と十の位の数の和は一の位の数と等しくなり，考えられる３けたの整数は右の図の４個ある。さらに，これらの整数の百の位と一の位を入れかえると図のようになるので，「もとの数の２倍より36大きい」という条件に合うのは459とわかる。

156(→651)
257(→752)
358(→853)
459(→954)

3 平面図形—面積，角度

(1) 下の図１で，太線部分は１辺の長さが３cmの正六角形である。この正六角形の２つの頂点，および正六角形の真ん中の点を中心として半径３cmの円をかくと，問題文中の図ができる。さらに，かげの部分を矢印のように移動すると，斜線(しゃせん)の部分は，半径が３cmで中心角が60度のおうぎ形が４個集まったものになる。よって，斜線の部分の面積は，$3\times3\times3.14\times\frac{60}{360}\times4=6\times3.14=18.84(\mathrm{cm}^2)$と求められる。

(2) N角形の内角の和は，$180\times(N-2)$で求められるから，五角形の内角の和は，$180\times(5-2)=540$(度)であり，正五角形の１つの内角は，$540\div5=108$(度)とわかる。下の図２で，２本の直線が平行なので，角アの大きさは65度である。また，かげをつけた三角形で，角ア＋角イ＝108(度)という関係があるから，角イの大きさは，$108-65=43$(度)とわかる。よって，角ウの大きさも43度なので，角xの大きさは，$108+43=151$(度)と求められる。

図１

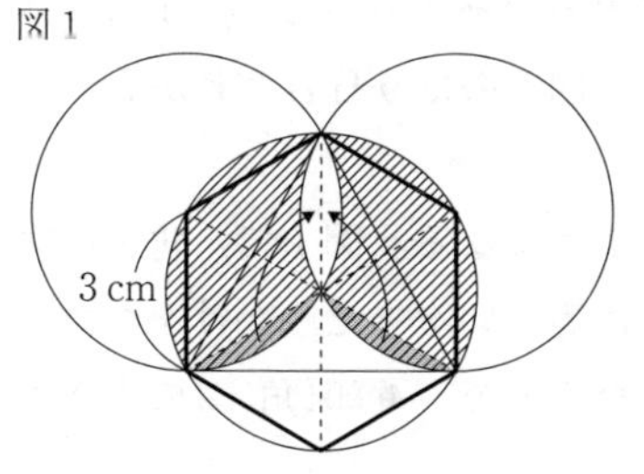

図２

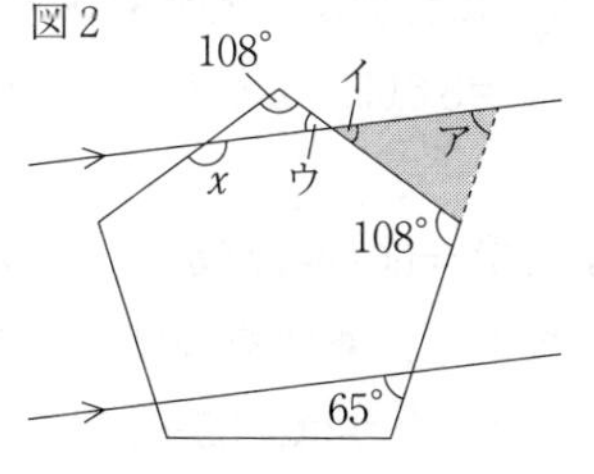

図３

1組	1
2組	$\frac{1}{2}$，1
3組	$\frac{1}{3}$，$\frac{2}{3}$，1
4組	$\frac{1}{4}$，$\frac{1}{2}$，$\frac{3}{4}$，1
5組	$\frac{1}{5}$，$\frac{2}{5}$，$\frac{3}{5}$，$\frac{4}{5}$，1

4 数列

(1) 上の図３のように組に分けることができる。１から９までの和は，$1+2+\cdots+9=(1+9)\times9\div2=45$だから，９組までに並んでいる個数の合計が45個である。よって，50番目の数は10組の，$50-45=5$(番目)の数とわかる。また，10組には分母が10の分数が小さい順に並んでいるので，５番目の数は，$\frac{5}{10}=\frac{1}{2}$である。

(2) $\frac{1}{2}$があらわれるのは，１回目は２組の１番目の$\frac{1}{2}$，２回目は４組の２番目の，$\frac{2}{4}=\frac{1}{2}$，３回目は６組の３番目の，$\frac{3}{6}=\frac{1}{2}$，…のように，組の番号が偶数(ぐうすう)の組である。よって，８回目にあらわれるのは，$2\times8=16$(組)の８番目の，$\frac{8}{16}=\frac{1}{2}$とわかる。また，１組から15組までに並んでいる個数の合計は，$1+2+\cdots+15=(1+15)\times15\div2=120$(個)だから，16組の８番目ははじめからかぞえて，$120+8=128$(番目)と求められる。

(3) $\frac{2}{3}$があらわれるのは，１回目は３組の２番目の$\frac{2}{3}$，２回目は６組の４番目の，$\frac{4}{6}=\frac{2}{3}$，３回目は９組の６番目の，$\frac{6}{9}=\frac{2}{3}$，…のように，組の番号が３の倍数の組である。よって，12回目にあらわれるのは，$3\times12=36$(組)の24番目の，$\frac{24}{36}=\frac{2}{3}$とわかる。また，１組から35組までに並んでいる個数の合計は，$1+2+\cdots+35=(1+35)\times35\div2=630$(個)なので，36組の24番目ははじめからかぞえて，$630+24=654$(番目)と求められる。

5 平面図形―構成，場合の数

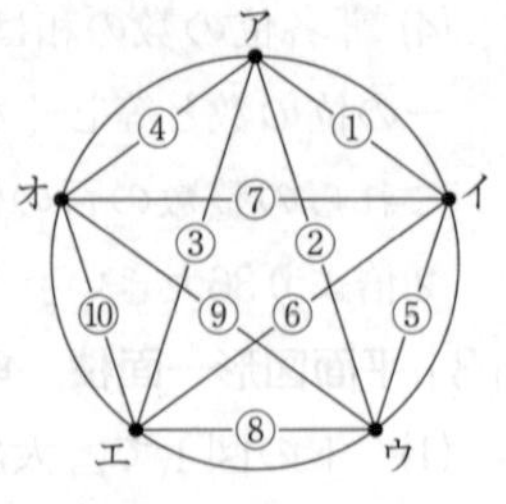

⑴　右の図で，２本の直線が平行になるのは，①と⑨，⑤と③，⑧と⑦，⑩と②，④と⑥の５通りある。

⑵　２本の直線が円の内部で交わるのは，②と⑦，⑥と②，⑨と⑥，③と⑨，⑦と③の５通りある。

⑶　点アを通る直線は{①，②，③，④}の４本あり，この中から２本を選ぶ方法は，$\dfrac{4\times3}{2\times1}=6$（通り）あるから，点アで交わる２本の選び方は６通りある。点イ～点オについても同様なので，全部で，$6\times5=30$（通り）と求められる。

6 割合と比

⑴　選手Ａは，打数が246，安打が82本だから，選手Ａの打率は，$\dfrac{82}{246}=\dfrac{1}{3}$である。

⑵　打数は変わらないものとする。選手Ｂの打率がちょうど$\dfrac{1}{3}$になるときの選手Ｂの安打は，$265\times\dfrac{1}{3}=88\dfrac{1}{3}$（本）なので，打率が$\dfrac{1}{3}$を超えるのは安打が89本以上のときとわかる。よって，あと，$89-74=15$（本）打てていれば選手Ａの打率を超える。

⑶　選手Ｂの打率がちょうど$\dfrac{1}{3}$になるときを求める。それまでの打数を④とすると，そのうち安打は③だから，そのときの打率は，$\dfrac{74+③}{265+④}$と表すことができる。これが$\dfrac{1}{3}$になるので，$(74+③)\times3=265+④$，$222+⑨=265+④$，$⑨-④=265-222$，$⑤=43$より，$①=43\div5=8.6$と求められる。つまり，打率がちょうど$\dfrac{1}{3}$になるのは打数が，$④=8.6\times4=34.4$のときである。さらに，１日に４回打席が回ってくるから，$34.4\div4=8.6$（日）より，選手Ａの打率を上回るのは９日目とわかる。

7 平面図形―角度，面積

⑴　角Ａの大きさは，$180-(45+75)=60$（度）だから，下の図１のようになる。図１で，角xの大きさは，$180-(85+60)=35$（度）であり，●印をつけた角の大きさは等しい。また，かげをつけた三角形に注目すると，●印２個分の大きさは，$35+75=110$（度）になるので，●印（角㋑）の大きさは，$110\div2=55$（度）と求められる。

図１

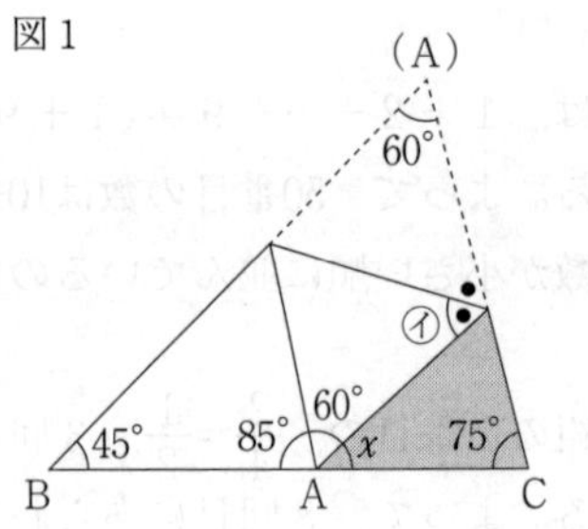

図２

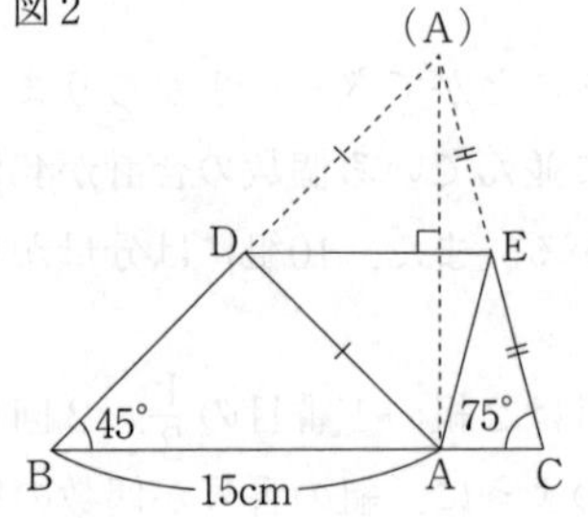

図３

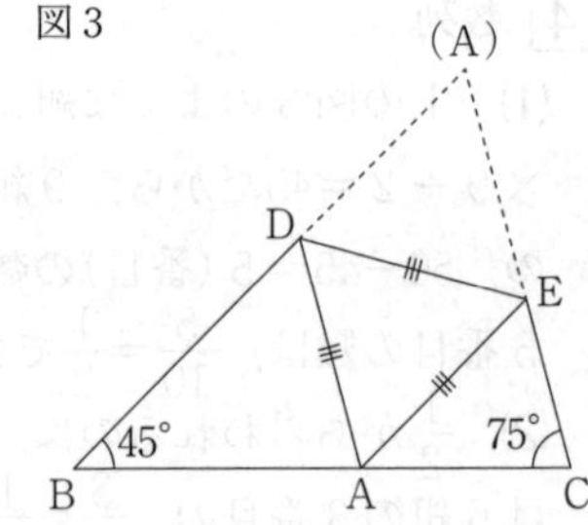

⑵　上の図２で，ⒶＡとDEは垂直に交わる。また，DEとBCは平行だから，ⒶＡとBCも垂直であり，三角形ⒶBAは直角二等辺三角形になる。よって，ⒶＡの長さも15cmなので，三角形ⒶBAの面積は，$15\times15\div2=112.5(cm^2)$とわかる。さらに，三角形ⒶDEと三角形ADEは合同だから，ＤはⒶＢの真ん中の点であり，三角形ABDと三角形ADⒶの面積は等しくなる。したがって，三角形ABDの面積は，$112.5\div2=56.25(cm^2)$と求められる。

⑶　上の図３のように，三角形ADEが正三角形になるとき，ⒶDEも正三角形になるから，角AECの大きさは，$180-60\times2=60$（度），角CAEの大きさは，$180-(60+75)=45$（度）とわかる。すると，角BADの大きさは，$180-(60+45)=75$（度）であり，角BADと角ACEの大きさが等しい

から，ADとCEは平行になる。同様に，角ABDと角CAEの大きさも等しいので，BDとAEは平行である。

8 立体図形―体積

(1) 下の図１の三角形ABCをACを軸(じく)として１回転させると，底面の円の半径がBC（５cm），高さがAC(12cm)の円すいになる。よって，その体積は，$5\times5\times3.14\times12\div3=100\times3.14=314$ (cm³)とわかる。

(2) 三角形ABCは，底辺をAC，高さをBCと考えると，面積は，$12\times5\div2=30$(cm²)になる。また，底辺をABと考えると高さはCDになるから，$13\times CD\div2=30$(cm²)と表すことができ，CDの長さは，$30\times2\div13=\frac{60}{13}=4\frac{8}{13}$(cm)と求められる。

(3) 下の図２のように，底面の円の半径がCDで高さがADの円すいと，底面の円の半径がCDで高さがBDの円すいを組み合わせた形の立体になる。ここで，AD＝□cm，BD＝△cmとすると，□＋△＝13(cm)なので，この立体の体積は，$\frac{60}{13}\times\frac{60}{13}\times3.14\times\square\div3+\frac{60}{13}\times\frac{60}{13}\times3.14\times\triangle\div3=\frac{60}{13}\times\frac{60}{13}\times3.14\times(\square+\triangle)\div3=\frac{60}{13}\times\frac{60}{13}\times3.14\times13\div3=\frac{1200}{13}\times3.14=\frac{3768}{13}=289\frac{11}{13}$(cm³)と求められる。

図１

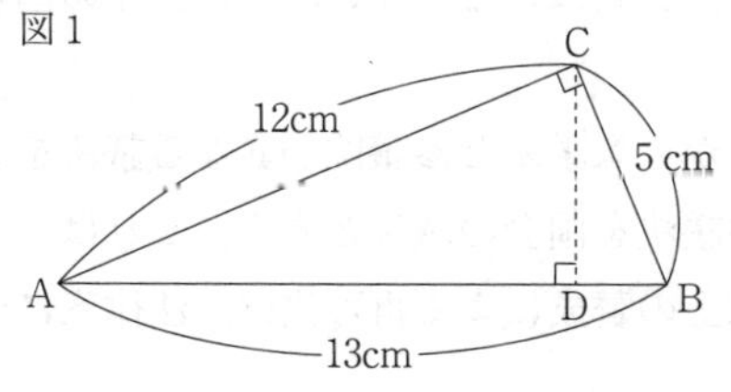

図２

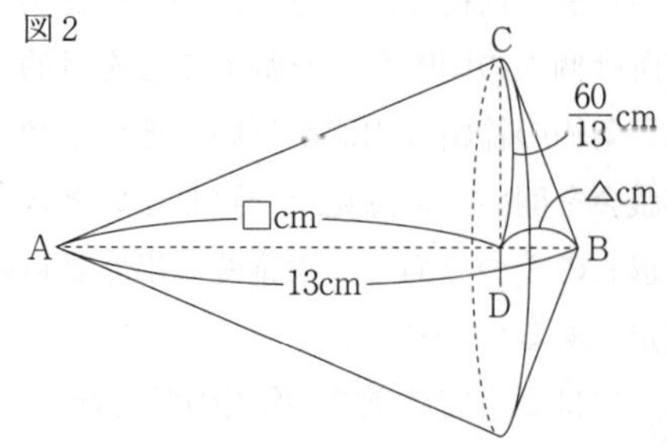

社　会　＜第１次試験＞（30分）＜満点：60点＞

解　答

1 **問１** (1) 対馬　(2) 屋久島　**問２** (1) ア　(2) イ，カ，ク　**問３** ウ　**問４** ア　**問５** エ　**問６** エ　**問７** (1) ウ　(2) ウ　**問８** ウ　**問９** エ　**問10** ク　**2** **問１** イ　**問２** エ　**問３** ウ　**問４** (1) ア　(2) ア，イ　**問５** (例) ロシアによるクリミア半島併合が原因である。　**問６** (1) ウ　(2) **史料１**…カ　**史料２**…イ　**史料３**…キ　(3) 166　(4) イ　**問７** イ　**問８** イ　**問９** エ　**問10** イ

解　説

1 日本の島を題材にした問題

問１ (1) 対馬(つしま)(長崎県)は，九州と朝鮮半島をへだてる対馬海峡(かいきょう)のほぼ中央部に位置する島で，古くから朝鮮半島や中国との結びつきが強かった。　(2) 屋久島(やくしま)(鹿児島県)は，鹿児島県南部に位置するほぼ円形の島で，九州最高峰(ほう)の宮之浦岳(みやのうらだけ)(標高1936m)がそびえる。樹齢の長いスギの原生林があることで知られ，1993年にユネスコ(国連教育科学文化機関)の世界自然遺産に登録された。

問２ (1) 遣唐使は630年に犬上御田鍬を使いとしたのを第１回目として，894年に菅原道真の建言で停止されるまでの約260年間に十数回にわたり唐(中国)に派遣された。図１の遣唐使のルートにおいて，当初は航海の安全な朝鮮半島沿岸を通るア(北路)を利用していたが，白村江の戦い(663年)に敗れ，日本と敵対する新羅が朝鮮半島を統一すると，航海が危険なイ(南路)やウ(南島路)を通るようになった。 (2) 2024年現在，日本の最大の貿易相手国は中国(中華人民共和国)で，中国からの輸入品のうち，野菜・魚介類・コンピューター・自動車部品・衣類などが輸入先の第１位となっている(イ，カ，ク…〇)。なお，アの肉類はアメリカ，ウの鉄鉱石とエの石炭はオーストラリア，オの鉄鋼は韓国(大韓民国)，キの自動車はドイツが第１位の輸入先である(2021年)。

問３ 「フードマイレージ」の数値が高いことは，それだけ環境への負荷が大きく，地球の気候変動へおよぼす影響が大きいことを意味する(Y…13)。また，食料を多く輸入することは，国内の食品ロスの増大や世界の食料価格の上昇を招き，アフリカやアジアの貧困や食料不足の問題の深刻化につながるといえる(X…２)。

問４ 国際司法裁判所は国際連合の機関の１つで，国家間の紛争を裁判という平和的な手段で解決することを目的としている。本部はオランダのハーグにある。ただし，裁判の開始は紛争当事国の双方の合意が前提で，一方の国がこの提案を拒否すると，裁判は始まらない。なお，イの国際刑事裁判所は個人の国際犯罪を裁くことを目的とする。

問５ 条約の締結は内閣が行い，その承認は国会が行うが，衆議院と参議院が異なる議決をし，両院協議会を開いても意見が一致しないときは，衆議院の議決を国会の議決とする。これは「衆議院の優越」の１つである。衆議院の出席議員の３分の２以上の賛成による再可決は，法律案についての規定である(エ…×)。

問６ アは鎌倉時代前半(承久の乱を起こした後鳥羽上皇)，イは鎌倉時代末期(鎌倉幕府に対して挙兵した後醍醐天皇)，ウは江戸時代末(幕末に活躍した西郷隆盛)，エは室町時代前半(能を大成した世阿弥)の人物であるので，年代の古い順にア→イ→エ→ウとなる。

問７ (1) 日本の戦後のGHQ(連合国軍最高司令官総司令部)の指示による政策として，農村の民主化をはかる農地改革が行われた。地主の土地が制限され，自分の土地を持たない小作農に安く払い下げられた結果，自分の土地を持つ自作農の割合が大幅に増えた(ウ…×)。 (2) 鎌倉は南部が海に面しているが，岸から離れても水深の浅い遠浅の海岸であったため，大きな船が入港できなかった。そこで，第３代執権の北条泰時のとき，和賀江島という人工島を造成した。北条泰時は，1232年に後の武家法の基本となる御成敗式目(貞永式目)を制定したことで知られる。なお，北条時宗は，1274年と1281年の元寇のときの執権である。

問８ 不在者投票制度の１つとして，南極観測隊員の国政選挙の投票について，選挙の公示後に指定の投票用紙に記入し，ファックスで日本の選挙管理委員会に送信する南極投票の制度が整えられている(ウ…×)。

問９ 写真１は，日本最南端の沖ノ鳥島で，東京都に属する。風化や海食により消失するおそれがあるため，周囲をコンクリートで囲んでいる。なお，日本の最北端は択捉島(北海道)，最東端は南鳥島(東京都)，最西端は与那国島(沖縄県)である。

問10 佐渡島は新潟県に属する日本海の島であるので，図２中のＺが当てはまる。また，文章より，国道から見て老人ホーム(⌂)が神社(⛩)の裏手にあり，近くに病院(⊕)もあることから，地形図は②が当てはまる。写真２はかきの養殖用のいかだで，地形図②中にも養殖場が見られる。なお，図２中のＹは淡路島(兵庫県)，Ｘは種子島(鹿児島県)である。

2 広島サミットを題材にした問題

問１　インフレーション(インフレ)は，物価が継続的に上昇し，貨幣価値が下がる現象である。借金の金額が変わらない場合，貨幣価値が下がることで，借金の実質的な負担は減ることになる(イ…○)。なお，デフレーション(デフレ)は，物価が継続的に下落し，貨幣価値が上がる現象で，借金の実質的な負担は増えることになる。

問２　1979年，イラン革命により，イランの石油輸出が滞り，産油国が原油価格の引き上げを行ったため，第２次石油危機(オイルショック)が起こった。直後に行われた東京サミットでは，石油危機を受けて，石油消費を減らしていくために協調して石油輸入量をおさえることが話し合われた(エ…○)。なお，ベトナム戦争は1965年に激化し，1975年ごろまでに終戦した(ア…×)。朝鮮戦争は1950～53年(イ…×)，アメリカ同時多発テロとアフガニスタン紛争の開始は2001年の出来事である(ウ…×)。

問３　昼夜間人口比率は，夜間人口(常住人口)に対する昼間人口の割合をいう。一般に大都市ほど通勤・通学客の流入で数値が高く，その周囲は通勤・通学客の流出で数値が低くなる。また，大都市から離れた地方は，人々の移動が少ないので，数値は100に近くなる。よって，比率の低いＡが神奈川県，比率の高いＢは東京都，比率が100に近いＣは群馬県となる。なお，年齢別人口割合からも，15～64歳の生産年齢人口が多いことからＢが東京都，65歳以上の高齢者人口が多いことからＣが群馬県と判断することもできる。

問４　(1)　石垣島は沖縄県南西部に位置し，日本最西端の与那国島をふくむ八重山列島の中心となる島である。そのため，有事のさいの防衛の拠点として，2023年３月に陸上自衛隊の駐屯地が置かれた。なお，イの久米島は沖縄諸島，ウの南大東島は大東諸島，エの宮古島は宮古列島に位置し，いずれも沖縄県の島である。　(2)　日本への仏教公伝は538年(一説に552年)，当時の朝鮮半島南西部に位置し，日本と友好関係にあった百済の聖明王が仏像と経巻を献上したことによるとされる(ア…○)。安土桃山時代，豊臣秀吉は明(中国)の征服を企て，その道筋にあたる朝鮮に出兵した(イ…○)。なお，朝鮮通信使が日本を訪れたのは江戸時代(ウ…×)，韓国併合(1910年)は日露戦争(1904～05年)の後(エ…×)，朝鮮で起こった日本からの独立運動は三・一独立運動で，五・四運動は中国で起きた運動である(オ…×)。

問５　2014年，ロシアはウクライナのクリミア半島を占領し，一方的に自国領土に併合した。その制裁措置として，ロシアはサミット(主要国首脳会議)への参加資格を失った。

問６　(1)　Ⅰは645年(中大兄皇子と中臣鎌足が蘇我氏を倒す)，Ⅱは603年(冠位十二階の制度を定める)，Ⅲは672年(壬申の乱)の出来事なので，年代の古い順にⅡ→Ⅰ→Ⅲとなる。　(2)　**史料１**　「春はあけぼの…」に始まるのは，平安時代に活躍した清少納言の随筆『枕草子』である。　**史料２**　「雇用の分野における男女の均等な機会及び待遇の確保を図る」という表現から，1985年に定められた男女雇用機会均等法である。　**史料３**　「元始，女性は実に太陽であった…」に始まるのは，平塚らいてうが1911年に創刊した雑誌『青鞜』創刊号の冒頭の一節である。　(3)　国会が憲法改正の発議を行うには，衆議院と参議院でそれぞれ総議員の３分の２以上の賛成が必要である。参議院の議員定数は248人であり，248人の３分の２が165.3…人であることから，166人以上となる。なお，衆議院の場合は，議員定数が465人(2023年)なので，310人以上の賛成が必要となる。　(4) リアス海岸は，土地が沈みこんでできた複雑な海岸地形である。鹿島灘の沿岸は，茨城県南東部の太平洋側にあり，砂浜海岸になっている。なお，アの大村湾は長崎県，ウの豊後水道は愛媛県と大分県の間，エの若狭湾は福井県と京都府の日本海側にあり，リアス海岸が見られる。

問７　広島県，神奈川県，愛知県は，それぞれ瀬戸内工業地域，京浜工業地帯，中京工業地帯の中心となる県で，それぞれ自動車メーカーのマツダ，日産，トヨタの本社や工場があり，自動車の生産がさかんである。

問８　サミット参加国のＧ７(フランス・アメリカ・イギリス・ドイツ・日本・イタリア・カナダ)は，先進主要７か国になるので，GDP(国内総生産)の合計は，世界の約45％を占める(イ…○)。なお，世界の名目GDPは，アメリカ，中国，ドイツ，日本，インドの順に多い(2023年)。

問９　オーストラリアとブラジルが上位を占めている①は鉄鉱石，インドやベトナム，インドネシアといった東南アジアの国が上位を占めている②はえび，オーストラリアが７割近くを占めている③は石炭の輸入額の割合を示したものである。

問10　那覇(沖縄県)は亜熱帯の気候で，年平均気温が高いので，Ｃの雨温図に当てはまる。残るＡとＢは太平洋側の気候の特徴があり，東京と尾鷲(三重県)は，いずれも太平洋側の気候に属するが，尾鷲は日本の最多雨地として知られるので降水量が特に多いＢの雨温図，東京がＡの雨温図に当てはまる。

理　科　＜第１次試験＞(30分)＜満点：60点＞

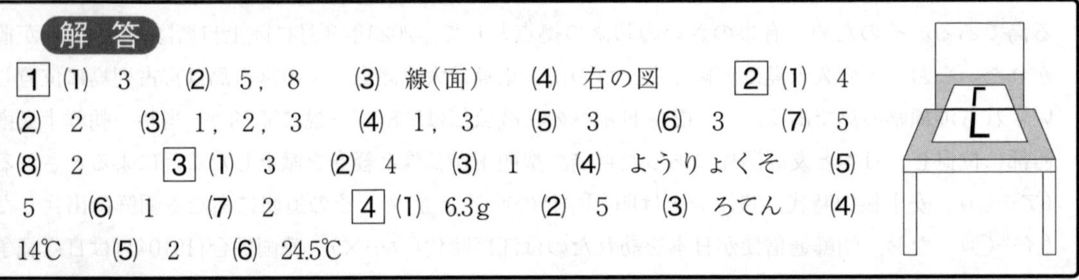

解　答

[1] (1) 3　(2) 5，8　(3) 線(面)　(4) 右の図　[2] (1) 4　(2) 2　(3) 1，2，3　(4) 1，3　(5) 3　(6) 3　(7) 5　(8) 2　[3] (1) 3　(2) 4　(3) 1　(4) ようりょくそ　(5) 5　(6) 1　(7) 2　[4] (1) 6.3g　(2) 5　(3) ろてん　(4) 14℃　(5) 2　(6) 24.5℃

解　説

[1] 鏡にうつる像についての問題

(1) 鏡の正面に立ち自分の姿を見ると，上下は変わらないが，左手側にあるものは左側に，右手側にあるものは右側にうつって見え，Ｔシャツの文字などは鏡に向かい合う形がそのままの向きでうつる。そのため，３のように左右が反転しているように見える。

(2) 右手の手のひらを鏡に向けると，親指は左側にうつって見え，Ｒの文字は左右が反転して５のように見える。一方，左手の手のひらを鏡に向けると，親指は右側にうつって見え，Ｌの文字は左右が反転して８のように見えることになる。

(3) 鏡の中の像は，鏡に対して鏡にうつるもの(実物)と反対側の同じ距離のところにできる。したがって，鏡の真上や真横から見ると，鏡にうつる像と実物は鏡に対して線対称の位置にある。また，これは鏡の面に対して面対称の位置にあるともいえる。

⑷　図２で机の上に置いた紙のＬの文字を，たて線の上側から下側へ，続けて横線を左側から右側へ引くようになぞってみる。すると，鏡の中では，鏡の手前から奥へたて線がのび，そこから，左から右へ横線がのびることがわかる。よって，解答の図のようなＬの文字がうつる。

2　気体の性質と判別についての問題

⑴　塩化アンモニウムと水酸化カルシウムを混ぜたものを加熱すると発生する気体Ｄは，アンモニアである。アンモニアは水に非常にとけやすく水上置換法では集められないので，空気より軽い性質を利用して上方置換法で集める。

⑵　亜鉛にうすい塩酸を加えて発生する気体Ｂは水素である。水素が空気中で燃えると，酸素と結びついて水ができる。

⑶　気体Ａは二酸化マンガンに過酸化水素水を加えると発生する酸素，気体Ｃは大理石にうすい塩酸を加えると発生する二酸化炭素で，どちらもにおいがない。また，気体Ｂの水素もにおいのない気体である。気体Ｄのアンモニアはツンとする刺激の強いにおいがする。

⑷　気体Ａの酸素は空気の約1.1倍，気体Ｃの二酸化炭素は空気の約1.5倍の重さで，どちらも空気より重い。一方，気体Ｂの水素は空気の約0.07倍，気体Ｄのアンモニアは空気の約0.6倍の重さで，空気より軽い。

⑸　ふたまた試験管は，くびれがある方に固体を，くびれのない方に液体を入れ，試験管をかたむけて液体を固体が入っている側に移して反応させる。その後，試験管を逆向きにかたむけると，固体がくびれに引っかかり，液体だけが反対側にもどるため，反応を中止させることができる。したがって，図１では，アに液体のうすい塩酸，イに固体の大理石を入れて，大理石の入っている方にうすい塩酸を移して反応させればよい。

⑹　物質をつくる成分に炭素が含まれているものは，燃やすと二酸化炭素が発生する。石油を原料につくられたペットボトルなどのプラスチックや，木や竹でできたわりばし，エタノール，プロパンガスなどは炭素を成分に含んでいる。一方，鉄は炭素を成分として含んでいないので，燃えても二酸化炭素が発生しない。

⑺　塩化アンモニウムと水酸化カルシウムを混ぜて加熱すると，アンモニア以外に水も発生する。発生した水が図２の装置の加熱部分にふれると，急に冷やされた試験管が割れるおそれがある。それを防ぐため，図２では試験管の口を加熱部分より低くなるように少し下げて，加熱部に水が流れこまないようにしている。

⑻　二酸化炭素などの気体は水温が高くなるほど溶解度が小さくなり，水にとけにくくなる。一方，ホウ酸などの固体の多くは水温が高くなるほど溶解度が大きくなり，水にとけやすくなる。

3　植物の光合成のはたらきについての問題

⑴　手順8～10で葉をヨウ素液に入れてから洗うことで，葉Ａのように葉に光が当たり光合成によってデンプンができた部分は濃い青紫色に染まるが，葉Ｄのように葉に光が当たらず光合成ができなかったデンプンのない部分は青紫色に染まらない。よって，葉Ｂは，アルミホイルをかぶせた真ん中の部分以外のところが濃い青紫色に染まる。

⑵　葉への光の当て方を変えて，光合成を行うには光が必要なことを確かめる実験なので，切り落としたあとに光が当たって葉が光合成を行うことをさける必要がある。

⑶，⑷　葉に緑色の色素が残ったままでは，あとで行うヨウ素液による反応の結果が見づらくなる。

そのため，葉をエタノールに浸けて緑色の色素をとかし出し，取り除いておく。このとき，エタノールはとかし出された色素により緑色になる。葉の緑色の色素は葉緑素(またはクロロフィル)とよばれ，光合成を行うつくりである葉緑体の中に含まれる。

(5) 実験のために選んだ葉は，十分な水と光を与えて育てたものなので，実験前にすでにデンプンを蓄えている。蓄えられたデンプンは光合成があまり行えなくなってくると，水にとけやすい糖に分解されて体のほかの部分に運ばれていく。すると，手順２でアルミホイルをかぶせた部分については，アルミホイルをかぶせたあとは光合成ができず，デンプンは少しずつ減っていく。したがって，晴れた日の日中にアルミホイルをかぶせたあと，葉Ｃは２時間後に，葉Ｂは６時間後に切り落としたので，葉Ｂの中のデンプンは葉Ｃに比べてほかの場所に運ばれた量が多かった，つまり，アルミホイルをかぶせた部分に残っているデンプンの量が少なかったと考えられる。

(6) 光が長時間当たらなかった葉Ｄはヨウ素液により青紫色に染まらなかったので，あらたにデンプンはつくられず，デンプンが残っていなかったこと，光が十分当たった葉Ａはデンプンが十分残っていたことなどから，この実験で光合成によってデンプンをつくるには光が必要であることが確かめられた。なお，水，二酸化炭素，酸素については，この実験では確かめることはできない。

(7) 葉でつくられるデンプンは，植物の体を保つための栄養分としても使われる。葉でデンプンがつくれないと，葉をつけ続けるための栄養分が不足して葉が落ちてしまう。

４ 大気中の水とフェーン現象についての問題

(1) 気温が10℃のときの飽和水蒸気量は表より9.4ｇであり，この67％にあたる水蒸気量が空気１m^3中に含まれている。その量は，9.4×0.67＝6.298より，6.3ｇである。

(2) 部屋の空気１m^3中に含まれている水蒸気量は，24℃における飽和水蒸気量21.8ｇの55％なので，21.8×0.55＝11.99(ｇ)であり，10℃での飽和水蒸気量は9.4ｇなので，室温が10℃まで下がったときに空気が含むことのできなくなる水蒸気量は１m^3あたり，11.99－9.4＝2.59(ｇ)になる。よって，10m^3の部屋全体では，2.59×10＝25.9(ｇ)の水蒸気が空気中に含みきれなくなる。

(3) 空気の温度を下げていったとき，空気中の水蒸気が水滴になり始めるときの温度を，その空気の露点という。露点はその空気の湿度が100％になるときの温度ということもできる。

(4) 雲がないときは標高が100ｍ上がるごとに気温が１℃ずつ下がると述べられていることから，Ａ地点から600ｍの高さにあるＢ地点では，Ａ地点より気温が，$1\times\frac{600}{100}=6$(℃)下がって，20－6＝14(℃)になっている。

(5) Ａ地点の空気１m^3あたりに含まれていた水蒸気量は，気温14℃のＢ地点における飽和水蒸気量に等しい。表より，その量は12.1ｇである。

(6) Ｃ地点における気温は，雲があるときには標高が100ｍ上がるごとに気温が0.5℃ずつ下がるので，Ｂ地点より，$0.5\times\frac{1500-600}{100}=4.5$(℃)下がり，14－4.5＝9.5(℃)となっている。この空気のかたまりが1500ｍ下ってＤ地点に達すると，Ｃ地点からＤ地点の間は雲がないので，気温が，$1\times\frac{1500}{100}=15$(℃)上がり，9.5＋15＝24.5(℃)になると求められる。

国　語　＜第１次試験＞（50分）＜満点：100点＞

解　答

一　下記を参照のこと。　二　1　（ね）もはもない　2　（ら）ちがあか　3　（た）なにあげ（なあげし）　4　（し）たをまい　5　（は）らをわっ　三　1　A　閉口　B　平行　2　A　期間　B　器官　3　A　再現　B　際限　4　A　大過　B　対価

四　問1　ウ　問2　イ　問3　（例）　怪我をした子が，碧郎が自分の足をひっぱって鉄棒から落としたと云いきっていること。／怪我をした子に授業中にからかわれたことを，碧郎が根にもっていると思われること。　問4　イ　問5　ア　問6　エ　問7　エ　五　問1　A　イ　C　ア　問2　イ　問3　エ　問4　ア　問5　ウ　問6　イ　問7　エ　問8　ア　問9　イ　六　問1　（例）　西暦を用いれば外国人でも理解でき，海外でも通用するという点。　問2　（例）　日本人のアイデンティティーの支えになること。

●漢字の書き取り

一　1　投薬　2　職務　3　貯蔵　4　退（く）　5　祭（祀）（る）

解　説

一　漢字の書き取り

1　薬を与えること。　2　仕事上の任務。　3　ものをたくわえておくこと。　4　音読みは「タイ」で，「退職」などの熟語がある。　5　「祭」の音読みは「サイ」で，「祭礼」などの熟語がある。「祀」の音読みは「シ」で，「祭祀」などの熟語がある。

二　慣用句の完成

1　「根も葉もない」は，何の根拠もなく，でたらめであるようす。　2　「らちが明かない」は，ものごとが解決しないようす。　3　「たなに上げる」「たな上げする」は，“不都合なことはふれないでおく”という意味。　4　「舌をまく」は，“感嘆する”という意味。　5　「腹を割る」は，“かくさずに心の中をさらけ出す”という意味。

三　同音異義語の知識

1　A　「閉口」は，困ること。　B　「平行」は，二本の直線がどこまでいっても交わらないこと。　2　A　「期間」は，あるときからあるときまでの間。　B　「器官」は，生物の体にあり，ある決まった働きをする部分。　3　A　「再現」は，一度見えなくなったものをもう一度現れるようにすること。　B　「際限」は，かぎり。　4　A　「大過」は，大きなあやまち。　B　「対価」は，労力や商品などを提供する代わりに受け取る金品のこと。

四　出典：幸田文『おとうと』。碧郎が故意に級友に怪我をさせたと疑われ，学校に呼び出された母親は，担任の先生の話を碧郎の姉のげんに伝えるが，碧郎を信じるげんは母親に不満を感じる。

問1　「底意地」は，心の奥にかくし持っている心のあり方。

問2　「肝に銘じる」は，“大切なことを深く心にきざみこむ”という意味。

問3　鉄棒にぶら下がっていた子を，碧郎がわざと落としたかどうかが問題になっている。ぼう線部1より前で，母親によると，碧郎は「故意だなんてことないって云い張っている」が，学校の先生は故意だろうと言い，怪我をした子は「足をひっぱられた」と言っている。そして，ぼう線部3

をふくむ段落の次の段落に，げんが聞いたいきさつとして，「故意ということが出てきたのはその子が，碧郎が自分の足をひっぱって鉄棒から落した，と云いきったからだ」とある。また，それでも疑うげんに，母親は「動機がある」として，授業中に碧郎が「その子に揚足とられた」，つまりまちがいをとらえてからかわれ，しょげたところをさらにからかわれたため，碧郎が「黙れ」とどなり，「それが根にあったかもしれない」と話している。これらが根拠と考えられていることである。

問４　碧郎のことで呼び出されて学校に駆けつけたが，碧郎は母親が話を聞こうとしても「ろくに口も利かない」し，とりなそうとしても「食ってかかる」という反抗的なようすで，見ていた先生もあきれてしまった。そのため，母親は「面目まるつぶれ」，つまり恥をかかされたと感じ，情けなく思ったのだから，イが合う。

問５　「歯痒い」は，思いどおりにならず，もどかしいようす。碧郎も母親も決して悪い人ではないのだが，ちょっとした食い違いでお互いを憎らしく思うようになることがある。げんはそれをもどかしく感じているのだから，アがあてはまる。

問６　授業中に碧郎が恥をかかされた話を聞き，げんには碧郎のくやしさがよく理解できたが，碧郎がそれを根にもって「人に怪我をさせる」ようなことができる子ではないとの確信もあった。だから，授業中に相手にからかわれたことが動機になり，碧郎が相手を「鉄棒から落した」とされていることに，げんはいらだちを感じたのである。よって，エが選べる。

問７　故意に「人に怪我をさせる」はずはないと碧郎をかばうげんに対し，母親は，「微笑」して「あんたたちきょうだい」は「身贔屓が強い」と皮肉のように言い，クラスの子たちも碧郎は「できないからひがんだんだ」と言っていると話す。これらから，母親は碧郎が故意に相手に怪我をさせたのだろうと考えているとわかる。そんな母親を前に涙をこぼすげんは，碧郎をかばわない母親に不満を感じているのだから，エが選べる。

五　**出典：西谷修『戦争とは何だろうか』**。九・一一に始まる「テロとの戦争」について，国家間の戦争と比べながらその特徴を述べている。

問１　**Ａ**　テロリスト集団の「卑劣な攻撃」を表すのにふさわしいのは，言葉にできないほどひどいようすをいう「言語道断」である。　**Ｃ**　テロリストは「ともかく殲滅しなくてはならない対象」なのだから，「問答無用」で「叩き潰す」べき相手といえる。「問答無用」は，話し合っても無意味なようす。

問２　前に「アメリカ的な観点が世界の『標準』として受け入れられ」，とりわけ「政治学などでは，アメリカの国家政治の解説やそれを正当化する言説が～標準になって」いくとある。したがって，アメリカ政府が「テロとの戦争」というと，学会やメディアもそれを「鵜呑み」にすることになる。「鵜呑み」は，人から聞いたことを，自分でよく考えずにそのまま受け入れてしまうこと。

問３　考えや意見をほかの人より先に発表することをいう「提唱」があてはまる。

問４　直前の段落にあるように，九・一一を「不意の悪夢のような手段でアメリカが攻撃され」，「惨禍がもたらされた」出来事と意味づけることで，怒りをかきたてられた人々は「テロとの戦争」を正当なものとして支持し，「パールハーバー」も想起された。よって，アが合う。

問５　次の段落にあるように，戦争とは「国家間の武力衝突」をいうが，テロリスト集団は「非国家的集団」であり，「テロとの戦争」は従来の国際法では扱えない「例外状態」ということになる。そのため，わざわざ「これは戦争だ！」と言うことで国家として戦おうとしたのである。よって，ウがあてはまる。

問６　ぼう線部３の直前にあるように，「『テロとの戦争』は従来の国際法では扱え」ないことを「国際法の『例外状態』」だと言っているのだから，イがよい。

問７　「そういう」はすぐ前を指すので，直前の段落に注意して読み取る。今は「アメリカで出てきた考えが，学会やメディアを通じて世界に広められ」，そこにある「問題が見過ごされ」たまま世界の標準として受け入れられ，人々はアメリカ発信の「枠組みに従ってしかものを考えない」のである。よって，エが合う。

問８　それまでの「戦争」の概念とは，対等な関係にある二つの国が武力で相手を屈服させせようとするものだった。だが，テロリスト集団に国家が「戦争」を発動するなら国家間の抗争ではなく，国家が「犯罪者と規定」したテロリストという敵を殲滅させる，つまり滅ぼそうとするものになる。よって，アがあてはまる。

問９　「これ」は直前の部分を指す。これまでの国家間の戦争にはそれなりの「基本的なルール」があり，国家は「暴力を独占して」いるために，その行使にはさまざまな制約があった。だが，「テロとの戦争」では暴力が制限なしに使われるようになったのだから，イがよい。なお，エの「国民の同意が得られる範囲で暴力を行使していた」という内容は本文にない。

六　**出典：「朝日新聞」（2019年１月22日朝刊）**。元号と西暦のそれぞれの良さや役割について述べている。

問１　西暦は外国人でも理解できると二・三番目の段落にある。また，西暦なら海外でも通用すると三・五番目の段落に書かれている。

問２　文章(A)の五番目の段落，文章(B)の六番目の段落に，元号は日本人の「アイデンティティーの支え」になると述べられている。

Dr.福井の

入試に勝つ！脳とからだのウルトラ科学

試験場でアガらない秘けつ

キミたちの多くは，今まで何度か模擬試験（たとえば合不合判定テストや首都圏模試）を受けていて，大勢のライバルに囲まれながらテストを受ける雰囲気を味わっているだろう。しかし，模擬試験と本番とでは雰囲気がまったくちがう。そういうところでも緊張しない性格ならば問題ないが，入試独特の雰囲気に飲みこまれてアガってしまうと，実力を出せなくなってしまう。

試験場でアガらないためには，試験を突破するぞという意気ごみを持つこと。つまり，気合いを入れることだ。たとえば，中学の校門前にはあちこちの塾の先生が激励（げきれい）のために立っている。もし，キミが通った塾の先生を見つけたら，「がんばります！」とあいさつをしよう。そうすれば先生は必ずはげましてくれる。これだけでもかなり気合いが入るはずだ。ちなみに，ヤル気が出るのは，TRHホルモンという物質の作用によるもので，十分な睡眠をとる，運動する（特に歩く），ガムをかむことなどで出されやすい。

試験開始の直前になってもアガっているときは，腹式呼吸が効果的だ。目を閉じ，おなかをふくらませるようにしながら，ゆっくりと大きく息を吸う。ここでは「ゆっくり」「大きく」がポイントだ。そして，ゆっくりと息をはく。これをくり返し何回も行うと，ノルアドレナリンという悪いホルモンが減っていくので，アガりを解消することができる。

よく「手のひらに“人”の字を書いて飲みこむことを３回行う」とアガらないというが，そのようなおまじないを信じて実行し，自分に暗示をかけてもいいだろう。要は，入試に対するさまざまな不安な気持ちを消し去って，試験に集中できるようなくふうをこらせばいいのだ。

Dr.福井（福井一成（ふくいかずしげ））…医学博士。開成中・高から東大・文Ⅱに入学後，再受験して翌年東大・理Ⅲに合格。同大医学部卒。さまざまな勉強法や脳科学に関する著書多数。

2024年度 鎌倉学園中学校

【算　数】〈第２次試験〉(50分)〈満点：100点〉

1 次の計算をしなさい。

(1) $148 \div \{59 - (7 \times 6 - 5 \times 4)\}$

(2) $\left(4 - \frac{3}{4}\right) \times \left(0.5 - \frac{5}{13}\right) + 2\frac{1}{2} \times 2.75$

(3) $\frac{1}{10} + \frac{1}{50} + \frac{7}{100} + \frac{1}{125} + \frac{1}{2500}$

(4) $8 \times 6 + 8 \times 17 + 11 \times 23 + 19 \times 36 + 31 \times 59$

2 次の□に適する数を求めなさい。

(1) $\frac{1}{4} \times \left(\frac{6}{7} - \square\right) \div \left(\frac{1}{6} + \frac{1}{21}\right) = \frac{1}{3}$

(2) １日の24％は□時間□分□秒です。

(3) 現在，父と子どもの年齢(れい)の和は54才です。６年前に父の年齢は子どもの年齢の６倍でした。現在の父の年齢は□才です。

(4) 駅から学校まで，分速100 mで走ると予定時刻より３分早く着き，分速60 mでゆっくり歩くと５分遅く着きます。駅から学校までの道のりは□mです。

3 次の □ に適する数を求めなさい。

(1) 図のように半径３cmの半円を点Ａを中心に45°だけ回転させます。このとき斜(しゃ)線の部分の面積は □ cm^2 です。
ただし，円周率は3.14とします。

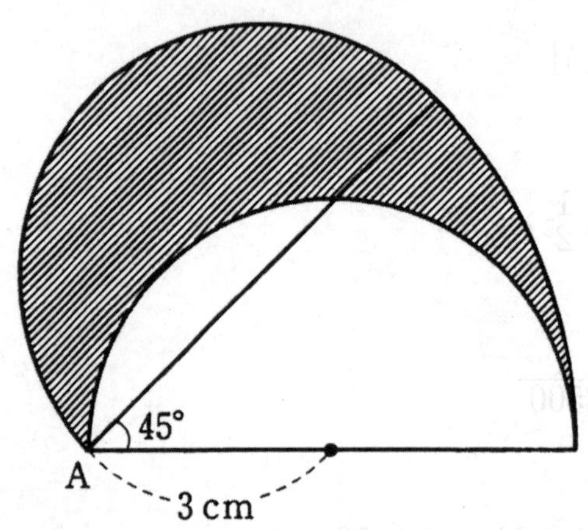

(2) 四角形ABCDは正方形であるとき，角xの大きさは □ 度です。

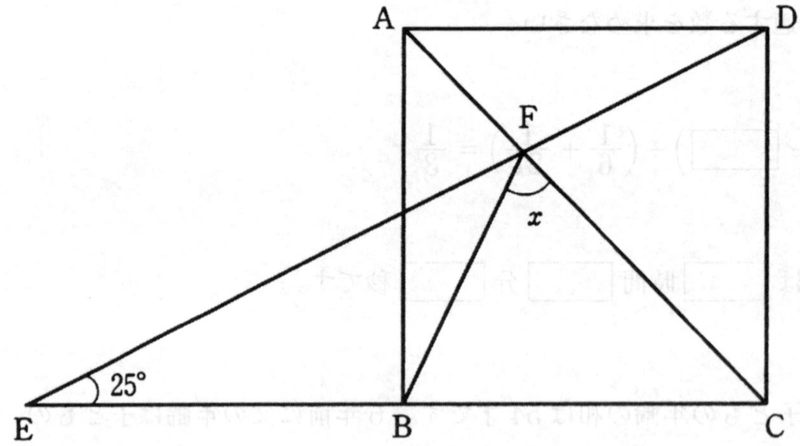

4 400から500までの整数について，次の問いに答えなさい。

(1) 10で割り切れる整数はいくつありますか。

(2) 6で割り切れる整数はいくつありますか。

(3) 6でも10でも割り切れない整数はいくつありますか。

5 図のように，円周上に8個の点を等間隔(かんかく)にとります。これらのうち，いくつかの頂点を結んで図形を作ります。

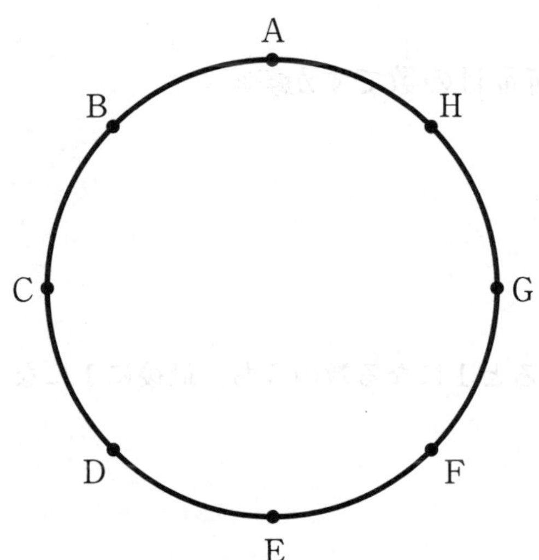

次の問いに答えなさい。

(1) 頂点Aを含む三角形は何個ありますか。

(2) 頂点 A を含む四角形は何個ありますか。

(3) 頂点 A を含む台形は何個ありますか。ただし，長方形や正方形となるものは除きます。

6 次のように，ある規則にしたがって数を並べます。約分していない数もあります。

$1,\ \frac{1}{2},\ \frac{2}{1},\ \frac{1}{3},\ \frac{2}{2},\ \frac{3}{1},\ \frac{1}{4},\ \frac{2}{3},\ \frac{3}{2},\ \frac{4}{1},\ \frac{1}{5},\ \frac{2}{4},\ \frac{3}{3},\ \frac{4}{2},\ \frac{5}{1},\ \frac{1}{6},\ \cdots\cdots$

次の問いに答えなさい。

(1) $\frac{5}{2}$がはじめてあらわれるのは何番目の数ですか。

(2) 2024 番目の数はいくつですか。

(3) 1 番目から 2024 番目までに約分すると 1 になる数のうち，最後に 1 になる数は何番目ですか。

7 図のように，辺ABの長さが240 cm，辺ADの長さが510 cmの長方形ABCDがあります。辺BC上に，CPの長さが60 cmとなる点Pをとり，頂点Aが点Pに重なるように折り曲げます。

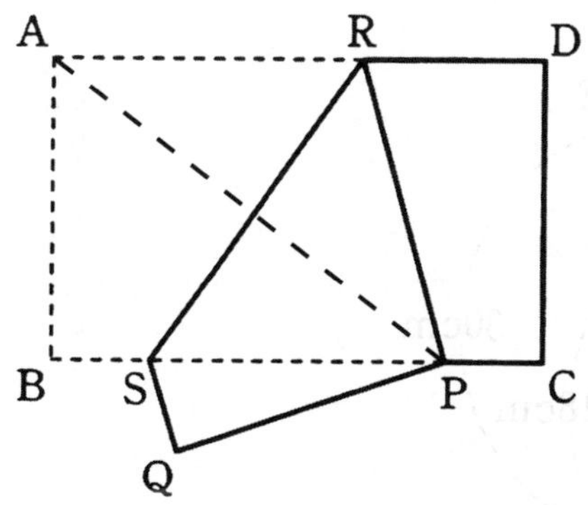

次の問いに答えなさい。

(1) BPの長さを求めなさい。

(2) PRの長さを求めなさい。

(3) RSの長さを求めなさい。

8 図のようなBCとCEが垂直である三角柱の容器に水を入れます。面ABCDを底面としたら水面の高さが18 cmになりました。

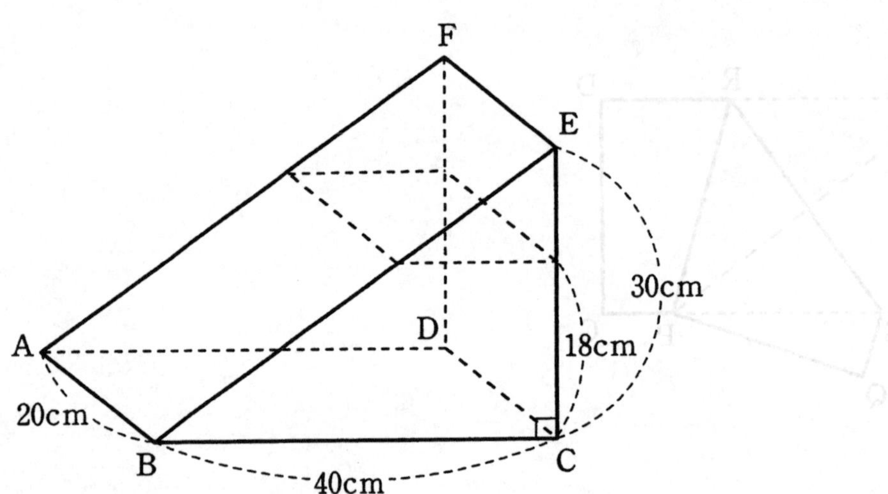

次の問いに答えなさい。

(1)　面BCEを底面としたとき，水面の高さを求めなさい。

(2)　面CEFDを底面としたとき，水面の高さを求めなさい。

(3)　この容器をすべて満たします。追加する水の量を求めなさい。

【社　会】〈第２次試験〉（30分）〈満点：60点〉

1　タクミさんは社会科の授業の課題で関東地方に関する調査をおこないました。タクミさんがまとめたレポートや資料を読んで，あとの問いに答えなさい。

問１　タクミさんは茨城県に関する歴史について調べました。次の図１と説明文を読んであとの問いに答えなさい。

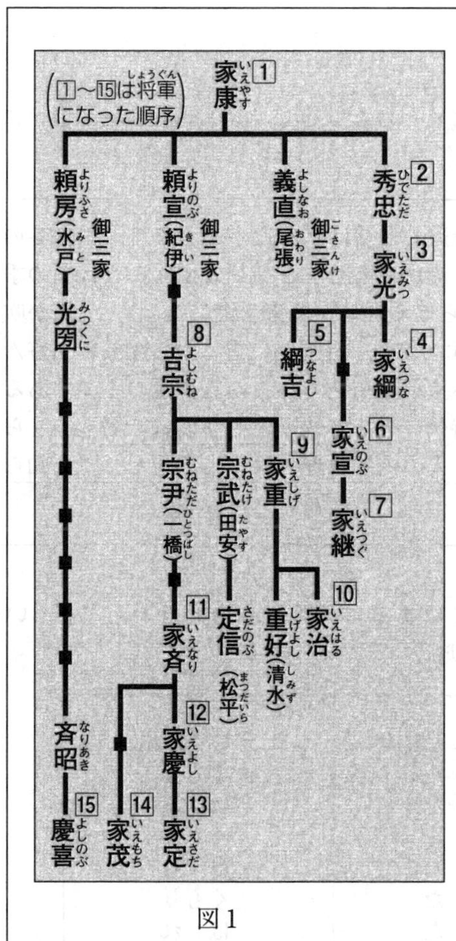

図１

水戸藩は常陸国（茨城県）水戸を本拠にした藩であり，徳川御三家の１つです。図１には水戸徳川家の人物が頼房から慶喜まで示されています。明治時代に入ると①水戸藩は水戸県となり，後に茨城県に編入されました。

(1)　図１は徳川家の系図です。徳川家に関する文のうち，**誤っているもの**を以下の選択肢**ア**～**エ**のなかから一つ選び記号で答えなさい。

ア　秀忠の息子である家光の時代に参勤交代の仕組みが整備された。
イ　家綱と綱吉は兄弟であり，家定は家斉の孫である。
ウ　最初の武家諸法度をつくったのは，紀伊徳川家の吉宗である。
エ　水戸徳川家の血を引く人物から将軍になったのは慶喜のみである。

(2) 下線部①のような出来事に関する文のうち，**正しいもの**を以下の選択肢**ア～エ**のなかから一つ選び記号で答えなさい。

ア 旧藩主は知藩事として引き続き統治を行った。
イ 中央から県令・府知事が派遣され中央集権体制が成立した。
ウ 土地と人民を天皇に返上した。
エ このような出来事を版籍奉還と呼ぶ。

問２ タクミさんは群馬県の歴史について調べ，文章にまとめました。これを読んであとの問いに答えなさい。

群馬県の赤城山のふもとには「からっ風街道」と呼ばれる道があります。主に冬の関東地方の内陸で吹く風を「からっ風」や「赤城おろし」と呼びます。これは冬の季節風が（　**X**　）などにぶつかり雨や雪を降らせるため，関東平野に（　**Y**　）風が吹き，天気が（　**Z**　）になることが多いのです。また，群馬県は古くから養蚕業が盛んな地域でした。絹や生糸は江戸と京都を結ぶ重要な街道であった五街道の１つである中山道を通って各地へ運ばれました。明治時代に入ると②近代的な製糸工場もつくられるようになりました。また，③群馬県は４人の内閣総理大臣の出身地としても知られています。

(1) 文章中のレポートにある空らん**X～Z**に当てはまる言葉の組み合わせとして**正しいもの**を，以下の選択肢**ア～ク**のなかから一つ選び記号で答えなさい。

	X	Y	Z
ア	越後山脈	乾いた	くもり
イ	越後山脈	乾いた	はれ
ウ	奥羽山脈	乾いた	くもり
エ	奥羽山脈	乾いた	はれ
オ	越後山脈	湿った	くもり
カ	越後山脈	湿った	はれ
キ	奥羽山脈	湿った	くもり
ク	奥羽山脈	湿った	はれ

(2) 下線部②のうち，2014年に世界文化遺産に登録された工場の名称を**漢字**で答えなさい。

(3) 下線部③のうち，次の法律の制定に関わった人物を以下の選択肢**ア～エ**のなかから一人選び記号で答えなさい。

> 第二章　日本国有鉄道の改革に関する基本方針
> （旅客鉄道事業の分割及び民営化）
> 第六条　国は，日本国有鉄道が経営している旅客鉄道事業について，主要都市を連絡する中距離の幹線輸送並びに大都市圏及び地方主要都市圏における輸送その他の地域輸送の分野において果たすべき役割にかんがみ，その役割を担うにふさわしい適正な経営規模の下において旅客輸送需要の動向に的確に対応した効率的な輸送が提供されるようその事業の経営を分割するとともに，その事業が明確な経営責任の下において自主的に運営されるようその経営組織を株式会社とするものとする。

ア　福田赳夫　　**イ**　中曽根康弘　　**ウ**　小渕恵三　　**エ**　福田康夫

問３　タクミさんは千葉県・神奈川県の歴史について調べ，文章にまとめました。これを読んであとの問いに答えなさい。

> 千葉・神奈川は日本とドイツの国際交流の舞台になることがありました。例えば，日本とドイツの交流は150年以上の歴史があります。明治時代には大日本帝国憲法制定に向けて伊藤博文がドイツで学んだように，日本の近代化の手本の１つとしたことはよく知られています。一方，日本とドイツが対立関係にあったとき，千葉県にあった陸軍習志野演習場には④ドイツ人捕虜約1000名が収容されたこともありました。この時捕虜たちはマヨネーズやソーセージの製法を伝えたり，オーケストラの演奏をするなどの文化活動をおこないましたが，当時流行していた「スペインかぜ」によって命を落とした捕虜もいました。ドイツでヒトラーが政権を握った時代に，日本とドイツは協力関係に至ります。ドイツからは青年組織であるヒトラー・ユーゲントが来日しました。神奈川県の横浜から入港しましたが，⑤鎌倉の鶴岡八幡宮も訪れています。

(1) 下線部④が収容されるきっかけとなった戦争に関連する文のうち，**正しいもの**を以下の選択肢**ア～エ**のなかから一つ選び記号で答えなさい。

ア　ヒトラーを指導者とするドイツがポーランドに侵攻した。
イ　盧溝橋事件をきっかけに日中戦争がはじまった。
ウ　日本がマレー半島と真珠湾を攻撃し太平洋戦争がはじまった。
エ　日本は日英同盟を背景に連合国側で参戦した。

(2) 下線部⑤に関連して，鎌倉時代に起こった出来事として**正しいもの**を以下の選択肢**ア**～**エ**のなかから一つ選び記号で答えなさい。

ア　天智天皇の後継ぎをめぐる壬申の乱が起こった。
イ　瀬戸内海で藤原純友が海賊を率いて反乱を起こした。
ウ　後鳥羽上皇が承久の乱で敗北し隠岐に流された。
エ　山城国の南部で守護大名を追い出す山城の国一揆が起こった。

(3) タクミさんが作成したレポートを読んであとの問いに答えなさい。

千葉県の野田は古くからしょう油づくりで知られていました。しょう油づくりが盛んになった理由は，近くに原料の⑥小麦や大豆の産地があったこと，江戸川の水運に恵まれていたこと，大消費地の江戸に近かったことがあげられます。

下線部⑥に関連して、**X**～**Z**は小麦・大豆・たまねぎの生産量上位の組み合わせをあらわしています。**X**～**Z**と小麦・大豆との組み合わせとして正しいものを**ア**～**カ**のなかから一つ選び、記号で答えなさい。

X　1位　北海道　2位　宮城県　3位　秋田県
Y　1位　北海道　2位　佐賀県　3位　兵庫県
Z　1位　北海道　2位　福岡県　3位　佐賀県

ア　**X**－小麦　**Y**－大豆　　**イ**　**X**－小麦　**Z**－大豆
ウ　**Y**－小麦　**X**－大豆　　**エ**　**Y**－小麦　**Z**－大豆
オ　**Z**－小麦　**X**－大豆　　**カ**　**Z**－小麦　**Y**－大豆

統計年次は小麦・大豆が2021年，たまねぎは2020年　いずれも「データブック オブ・ザ・ワールド2023」より作成

問4　タクミさんは東京都には最高裁判所があることを知り，これに関する調査をおこないました。

(1) 2023年3月に東京高等裁判所が，1980年に死刑が確定した袴田(はかまだ)事件の再審を認める決定を下しました。今後の裁判のやり直しによって無罪が確定した場合，日本国憲法第40条により，被告人は国に対して補償を求める権利があります。この権利のことを何といいますか。**漢字**で答えなさい。

(2) 関東地方の１都６県の地方財政歳入によると，東京都の歳入にのみ含まれていないものがありました。それに当たるものとして**最も適当なもの**を，以下の選択肢**ア**～**エ**のなかから一つ選び記号で答えなさい。

ア　地方債
イ　地方交付税交付金
ウ　国庫支出金
エ　地方譲与税

(3) 妊娠から出産・子育てまでの一貫した支援や保育行政，児童虐待，いじめ，貧困対策などに関する政策を総合的に推進するために，2023年４月に新たに設置された行政機関の正式名称を何といいますか。**６文字**で答えなさい。

問５　タクミさんは関東地方の１都６県の最低賃金時間額を調べて表にしました。この表１から読み取れる内容として**最も適当なもの**を，以下の選択肢**ア**～**エ**のなかから一つ選び記号で答えなさい。

表１

都　県	最低賃金時間額（令和４年度）	最低賃金時間額（令和３年度）	発行年月日
茨　城	911円	879円	令和４年10月１日
栃　木	913円	882円	令和４年10月１日
群　馬	895円	865円	令和４年10月８日
埼　玉	987円	956円	令和４年10月１日
千　葉	984円	953円	令和４年10月１日
東　京	1,072円	1,041円	令和４年10月１日
神奈川	1,071円	1,040円	令和４年10月１日

「厚生労働省　地域別最低賃金の全国一覧　令和４年度地域別最低賃金改定状況」より作成

ア　令和３年度と令和４年度の最低賃金時間額を比較すると，賃金の上昇額は全ての都県で同じ額である。
イ　令和３年度と令和４年度の最低賃金時間額を比較すると，全ての都県で増加している。
ウ　政令指定都市が置かれている県の令和４年度の最低賃金時間額を比較すると，最大で100円をこえる差額がある。
エ　政令指定都市が置かれていない県の令和４年度の最低賃金時間額を比較すると，最大で50円をこえる差額がある。

問６　タクミさんは夏休みに友達と関東地方の都県の名前を暗号にして遊びました。下の例を参考に２人の暗号を解読してあとの問いに答えなさい。

(A)	1	1	1	1
(B)	1	2	1	1
(C)	2	1	1	2

(例)

き	ょ	う	と	→	2	5	3	5
お	お	さ	か	→	5	5	1	1
か	ご	し	ま	→	1	5	2	1

(1) **A～C** の都県を面積が大きい順に並べたものとして**正しいもの**を**ア～カ**の選択肢のなかから一つ選び記号で答えなさい。

ア　**A→B→C**　　イ　**A→C→B**　　ウ　**B→A→C**
エ　**B→C→A**　　オ　**C→A→B**　　カ　**C→B→A**

(2) **A～C** の都県にある湖のなかで最も面積が大きい湖の名前を**漢字で**答えなさい。

(3)　タクミ君は，前問 (2) の湖の面積が日本で第２位であること，それ以前の第２位が秋田県の八郎潟であったことを知りました。もっと知りたくなったタクミ君は図書館のカウンターで係の人に質問しました。会話文中の空らんをうめて，文章を完成させなさい。

タクミ　　いつ頃，第２位の湖が変わったのか知りたいので教えてください。

図書館　　理科年表で調べるのが良いかもしれません。古いものを探してみますね。ありました。理科年表 1975 年と 1976 年で順位が変わっています。1975 年の理科年表では第２位が八郎潟で面積 219.2km²，第３位が (2) の湖で面積 177.8km²でした。これは 1955 年度の国土地理院資料でつくったものです。1976 年の理科年表では第２位が(2)の湖で面積 167.7km²，第３位がサロマ湖で面積 151.7km²，八郎潟は第 15 位で面積 48.3km²，となっています。こちらは 1974 年度の国土地理院資料でつくったものです。

タクミ　　八郎潟は順位が大きく下がっていますね。それで (2) の湖が第２位に上がったのですね。八郎潟の順位が下がった理由はなぜでしょうか？

図書館　　秋田県公式サイトを見てみると，(　　　　　　　　)が理由ですね。1989 年の理科年表だと八郎潟は八郎潟調整池となっていて面積は 27.7km²，順位は第 18 位です。他に質問はありますか？

タクミ　　よくわかりました。どうもありがとうございました。

丸善出版「理科年表」昭和 50(1975)年，昭和 51(1976)年，昭和 64(1989)年より作成

2 ツバサさんは社会科の授業のレポートで日本とロシアのつながりについてまとめました。年表は江戸時代から現代に至るまでの日本・ロシア関係をまとめたものです。これを読んであとの問いに答えなさい。

年号	日本・ロシア関係の出来事
1792	大黒屋光太夫がラクスマンに伴われ根室に来航
1855	下田で日露和親条約調印
1873	岩倉使節団がロシアを訪問
	（　A　）
1891	①東京の駿河台にニコライ堂が開堂
	来日中のロシア皇太子が日本の警察官に切り付けられる
	（　B　）
1904	②日露戦争
	（　C　）
1907	日露協約（第１次）
1914	第１次世界大戦が開戦
1917	第２次ロシア革命が始まる
1918	シベリア出兵が始まる
1922	ソビエト連邦の成立
1939	第２次世界大戦が始まる
	（　D　）
1945	ソビエト連邦が対日宣戦（８月８日）
1950	朝鮮戦争開戦
1951	サンフランシスコ講和条約
1953	スターリン死去，朝鮮戦争休戦
1956	③日ソ共同宣言
1980	日本がモスクワオリンピック参加見合わせを表明
1989	マルタ会談で冷戦の終結が宣言される
1991	ソビエト連邦崩壊

問１　年表中の下線部①に関連して，日本における宗教の歴史についてのべた次の文のうち，**誤っているもの**を以下の選択肢**ア**～**エ**のなかから一つ選び記号で答えなさい。

ア　日本に仏教が伝来したのは遣唐使の頃であり，蘇我氏はこれを積極的に取り入れた。
イ　聖武天皇は行基らの協力を得て東大寺を建て，仏教の力で国を守ろうとした。
ウ　栄西は宋で繁栄していた禅宗を日本に伝え，臨済宗をひらいた。
エ　明治維新直後に神道を重視する傾向が強まるなかで，仏教寺院や仏像が破壊された。

問２　ツバサさんは年表中の下線部②に関するレポートを作成するなかで，福岡市博多区の東公園に「亀山上皇像」があることに気付き，記念碑が建設された背景をまとめました。以下の文章中の空らん**Ｘ**に当てはまる言葉と，この記念碑が建設された目的の組み合わせとして**適切なもの**を以下の選択肢**ア**～**エ**のなかから一つ選び記号で答えなさい。

写真１

福岡県庁の目の前にある東公園には，鎌倉時代に（　**Ｘ**　）が九州北部を襲撃した際，その撃退を祈願した亀山上皇の像（写真１）が立っています。像が立つ土台には大きく「敵国降伏」と書かれています。この記念碑は福岡警察署長の湯地丈雄（ゆじたけお）が全国からお金を集めて建設したものです。1888年に義援金（ぎえんきん）活動が始まり，日清戦争を経て，日露戦争の最中の1904年12月に完成しました。この記念碑は，清国やロシアを（　**Ｘ**　）と重ね合わせることで「護国の精神」を日本国民に広める一方で，対外的危機感をあおることで民衆の不満を外国に向ける役割を果たしたのではないでしょうか。

（写真：福岡市の文化財ホームページより）

ア　**Ｘ**－宋　目的－犠牲者を追悼するため
イ　**Ｘ**－宋　目的－愛国心や敵対国への対抗心を刺激するため
ウ　**Ｘ**－元　目的－犠牲者を追悼するため
エ　**Ｘ**－元　目的－愛国心や敵対国への対抗心を刺激するため

問3　次の史料Ⅰ～Ⅳは日本とロシア（もしくはソビエト連邦）の間で結ばれた条約や取り決めです。これらの史料は年表中の**A～D**のいずれかの時期に当てはまります。史料Ⅲが結ばれた時期はどこですか。**A～D**の記号で答えなさい。

史料Ⅰ
　したがって，ロシア帝国政府は…日本政府に対して遼東半島を領有することを放棄すべきであると勧告する。

史料Ⅱ
　（天皇は）…現在樺太島の一部を所有する権利および君主に属する一切の権利を，すべてロシア国皇帝陛下に譲り，今後樺太全島はことごとくロシア帝国に属し，ラペルーズ海峡をもって両国の境界とする。

史料Ⅲ
　ロシア帝国政府は，日本国が韓国において政事(せいじ)上，軍事上および経済上の圧倒的にすぐれた利益を持つことを承認し，日本帝国政府が韓国に置いて必要と認める指導，保護および監督・処理をするにあたって，これを妨害したり干渉しないことを約束する…。

史料Ⅳ
　締約国(ていやくこく)のいずれか一方が…第3国の軍事行動の対象となる場合には，他の締約国はその紛争の全期間にわたって中立を守らなければならない。

※史料は読みやすいように一部表現を改めています。

問4　上記の史料Ⅰが示す歴史的な出来事を何と呼びますか。**漢字四文字**で答えなさい。

問5　上記の史料Ⅳは日本とロシア（もしくはソビエト連邦）間で結ばれた条約です。この条約の名称を答えなさい。

問6　以下の資料は年表中下線部③の抜粋です。この宣言と図1を読んで，あとの問いに答えなさい。（問題の都合上，一部内容を変更しています）

○日本国とソビエト社会主義共和国連邦との共同宣言

1956年10月13日から19日までモスクワで，日本国及びソビエト社会主義共和国連邦の全権団の間，交渉が行われた。日本国側からは，内閣総理大臣（　X　），農林大臣河野一郎，衆議院議員松本俊一が参加し，ソビエト社会主義共和国連邦側からは，ブルガーニン，フルシチョフらが参加した。…。

1　日本国とソビエト社会主義共和国連邦との間の戦争状態は，この宣言が効力を生ずる日に終了し，両国の間に平和及び友好善隣関係が回復される。

3　日本国及びソビエト社会主義共和国連邦は，相互の関係において，国際連合憲章の諸原則，なかんずく同憲章第二条に掲げる次の原則を指針とすべきことを確認する。

(a)　その国際紛争を，平和的手段によって，国際の平和及び安全並びに正義を危うくしないように，解決すること。

(b)　その国際関係において，④武力による威嚇（いかく）又は武力の行使は，いかなる国の領土保全又は政治的独立に対するものも，また，国際連合の目的と両立しない他のいかなる方法によるものも慎むこと。…。

4　ソビエト社会主義共和国連邦は，（　Y　）への加入に関する日本国の申請を支持するものとする。

9　（前略）ソビエト社会主義共和国連邦は，日本国の要望にこたえかつ日本国の利益を考えて，⑤【　　Z　　】を日本国に引き渡すことに同意する。ただし，これらの諸島は，日本国とソビエト社会主義共和国連邦との間の平和条約が締結された後に現実に引き渡されるものとする。

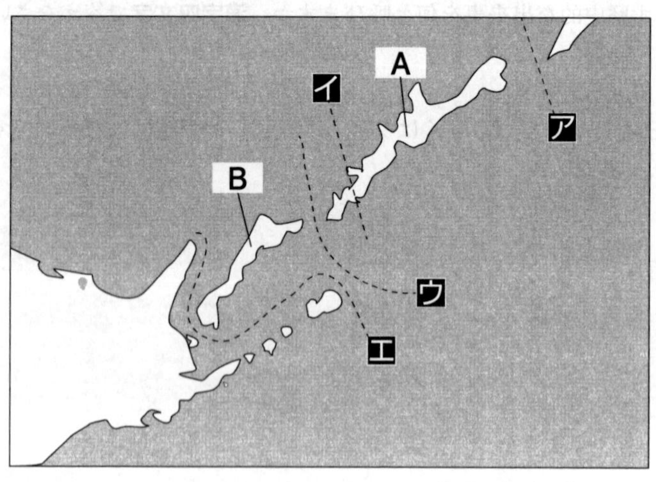

図1

(1) 史料中の空らん**X**と**Y**に当てはまる言葉の組み合わせとして適切なものを以下の選択肢**ア**～**エ**のなかから一つ選び記号で答えなさい。

ア X－鳩山一郎　Y－国際連合
イ X－鳩山一郎　Y－国際連盟
ウ X－岸信介　Y－国際連合
エ X－岸信介　Y－国際連盟

(2) 下線部④の表現は日本国憲法第9条でも用いられている表現です。これに関連して，日本国憲法第9条についての説明**A**～**C**のうち，**正しいもの**をすべて選び，その組み合わせとして最も適当なものを以下の選択肢**ア**～**キ**のなかから一つ選び記号で答えなさい。

A 日本国憲法第9条には，平和的生存権の内容が定められている。
B 日本国憲法第9条には，戦力不保持と交戦権否認の内容が定められている。
C 日本国憲法第9条には，憲法制定当初には無かった非核三原則の内容が，佐藤栄作内閣によって憲法改正が行われ新たに加わった。

ア A　**イ** B　**ウ** C　**エ** AとB
オ AとC　**カ** BとC　**キ** AとBとC

(3) ツバサさんは下線部⑤で示された返還案を図1にまとめました。【　Z　】に当てはまる返還案を示したものとして適切なものを図1の選択肢**ア**～**エ**のなかから一つ選び記号で答えなさい。

(4) 図1中の**A**と**B**の島名をそれぞれ**漢字で**答えなさい。

問7　ツバサさんはウクライナ侵攻が自治体交流に与えた影響について調べました。これを読んであとの問いに答えなさい。

日本とロシアの間の姉妹提携を調査し，主な自治体を表1にまとめた。

表1

都道府県名	自治体名	提携自治体名	提携のきっかけ・共通点など
秋田県	秋田市	ウラジオストク市	秋田市からの野球用具の寄贈
東京都	東京都	モスクワ市	両都市が国の首都である
石川県	<u>金沢市</u>	<u>イルクーツク市</u>	
京都府	京都府	レニングラード州	ともに文化・芸術都市である
広島県	広島市	※ボルゴグラード市	ともに戦争の惨禍を経験

※第2次世界大戦中，この都市でドイツ軍とソ連軍が衝突し，ドイツ軍が敗北した（1942年～1943年）

ウクライナ侵攻後もこうした姉妹都市提携の解消は現段階では確認されていません（2023年2月）。しかし東京都が2022年にモスクワ市との交流を停止したように，かかわりが少なくなっていることも現実です。一方で，ロシアとの対話を行うためにもこうした提携は今後も重要なものになるかもしれません。

ツバサさんは，姉妹都市の気候を比較することにしました。次の図2はイルクーツクと金沢の雨温図です。またツバサさんは，先生からイルクーツクの住宅の写真2を手に入れて，その特徴をカードにまとめることにしました。カードの内容の正誤の組み合わせとして**正しいもの**を，**ア～ク**のうちから一つ選びなさい。

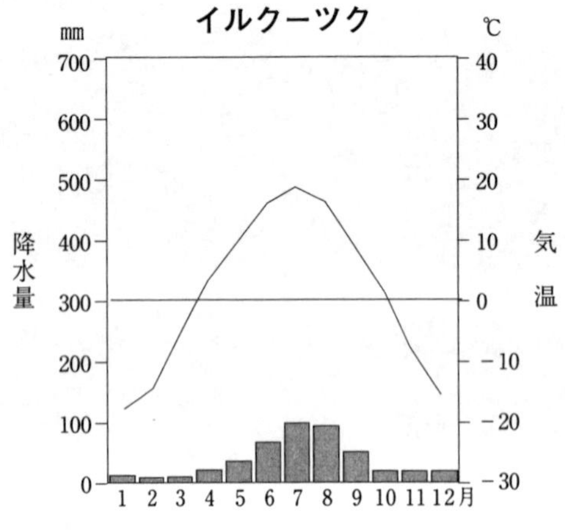

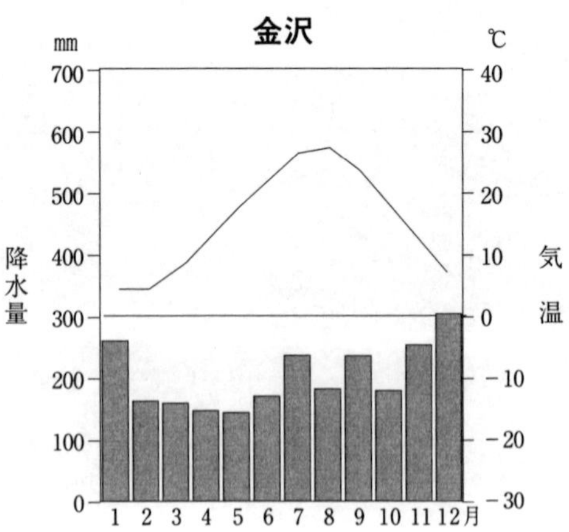

図2

気象庁のホームページより作成

写真２　イルクーツクの住宅（高床式）

A（イルクーツクについて）
イルクーツクは，１年間の気温の差がとても大きい。金沢の１年間の気温の差がおよそ25度であるが，イルクーツクは30度以上となる。

B（金沢について）
金沢は，冬の降水量が大きい。これは，冬に吹く季節風の影響を強く受けるためであり，雪雲の原因となる湿った風が南西方向から吹き込む。

C（イルクーツクの住宅について）
イルクーツクは夏場に気温があがり，冬に気温がとても低くなる。この住宅が高床式なのは，夏は涼しく暮らす工夫として，風通しをよくするためであり，また冬は豪雪になる日が多いので，建物出入り口を高くするためである。

	ア	イ	ウ	エ	オ	カ	キ	ク
A	正	正	正	正	誤	誤	誤	誤
B	正	正	誤	誤	正	正	誤	誤
C	正	誤	正	誤	正	誤	正	誤

問8　ツバサさんは2022年に起こったウクライナ侵攻が日本・ロシア間の貿易にどのような影響が出ているのかについて調べてみました。レポート中にある空らん**X**〜**Z**に当てはまる言葉の組み合わせとして**正しいもの**を，以下の選択肢**ア**〜**ク**のなかから一つ選び記号で答えなさい。

欧米諸国を中心にロシアに対する大規模な経済制裁が行われています。日本も高級車に限って輸出を禁止するなどの制裁を行いました。一方で，ロシアでは経済制裁の影響で輸入車が減少しつつあったため，表2にあるように日本からロシアへの中古車輸出が（　**X**　）しました。これを受けて日本政府は2023年にはロシアに対する中古車を含む自動車輸出に制限をかけることにしました。表3と図3で示したとおり，日本のロシアに対する（　**Y**　）依存は全体の約1割であるため，さらなる関係悪化が進めば，今後私たちの光熱費にも影響が出てくるかもしれません。また，輸入品目第5位の魚介類では，鳥取県の水揚げ漁港である（　**Z**　）でも有名な**A**カニに変化が現れています。アメリカやEUがロシア産の水産物を禁輸にしましたが，日本では国内産業への影響が大きいため禁輸にはなっていません。そのため，ロシア産のカニが今まで以上に日本に流通するようになってきています。

表2　中古車輸出台数（2022年）

	国	台　数	前年比
1 位	ロシア	213,617	131.7%
2 位	アラブ首長国連邦	150,734	113.1%
3 位	ニュージーランド	84,109	80.1%

「e-Stat 普通貿易統計」より作成

表３　ロシアからの輸入品目（2021年）

	品　目	金額（百万円）
１位	（　Y　）	371,586
２位	石炭	153,376
３位	原粗油	286,279
４位	非鉄金属	257,771
５位	魚介類	137,443

「日本国勢図会」　第81版より作成

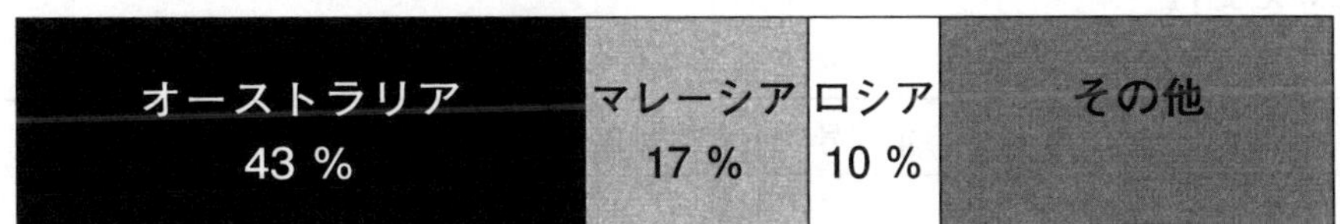

総輸入量 7,200 万トン

図３　（　Y　）の輸入先（2022年）

「財務省貿易統計」をもとに作成

	X	Y	Z
ア	減 少	液化天然ガス	境　港
イ	減 少	液化天然ガス	敦賀港
ウ	減 少	石　油	境　港
エ	減 少	石　油	敦賀港
オ	増 加	液化天然ガス	境　港
カ	増 加	液化天然ガス	敦賀港
キ	増 加	石　油	境　港
ク	増 加	石　油	敦賀港

問９　下線部**A**の漁獲量（2022年農林水産統計）が日本一の都道府県の名称を**漢字で**答えなさい。

問10　2022年２月に始まったロシアのウクライナ侵攻によって，日本をはじめとする各国はロシアに対する経済制裁を行っています。こうした状況のなかで，日露関係に様々な影響が出始めています。ツバサさんは最初に漁業の分野での状況を調べてみました。ツバサさんのレポートを読んで，空らん**X**〜**Z**に当てはまる魚介類の組み合わせとして**正しいもの**を，以下の選択肢**ア**〜**エ**のなかから一つ選び記号で答えなさい。

日本とロシアの間で結ばれている漁業に関するルールについて調べ，表４にまとめました。これらの協定では，漁獲量や資源保護のための協力金の支払いなどに関する細かい内容を毎年ロシアとの協議で決定することになっています。しかし，2023年の１月にロシアは毎年行われている日露漁業協定についての操業条件を決める政府間交渉に応じない姿勢を示しました。表５にあるようにこれらの魚介類は海外からも輸入しており，日本にとっては重要な問題といえます。

表４

協　定	年　号	対象魚	内　容
日ソ地先沖合漁業協定	1984年〜	サンマ，イカ（　**Z**　）など	互いの排他的経済水域である（　**Y**　）海里水域内（北西太平洋）での漁業を認める。
日ソ漁業協定	1985年〜	（　**X**　）など	母川国主義（生まれた川がある国に権利がある）を採用する。
日露漁業協定	1998年〜	ホッケ，タコ（　**Z**　）など	北方四島周辺の海域での日本の漁業者の操業の安全を確保する。

表５　２種類の魚介類の輸入先（2020年度）

	X	**Z**
１位	チリ	アメリカ
２位	ノルウェー	ニュージーランド
３位	ロシア	ロシア

農林水産省ホームページより作成

	X	**Y**	**Z**
ア	サケ	200	タラ
イ	サケ	12	タラ
ウ	タラ	200	サケ
エ	タラ	12	サケ

問 11　国際社会の平和と安全のためには国家間の協調が重要になりますが，ツバサさんはどのようにすれば平和や安全が実現できるか，次の表であらわされるゲームを考えてみました。このゲームでは，**X** 国と **Y** 国の代表が，互いに相談できない状況で，「協調」か「非協調」のいずれか一方の戦略を１回のみ同時に選択します。その結果として，両国は表中に示された点数を得ることになります。なお両国は，自国の得る点数の最大化をめざすものとします。このゲームの表から読みとれる内容として**最も適当なもの**を以下の選択肢**ア～エ**のなかから一つ選び記号で答えなさい。

		Y国	
		協調	非協調
X国	協調	X国に10点 Y国に10点	X国に3点 Y国に15点
	非協調	X国に15点 Y国に3点	X国に5点 Y国に5点

ア　**X** 国にとって，最も高い点数を得るには，「協調」を選択する必要があるが，それには **Y** 国が「非協調」を選択するという条件が必要である。

イ　**X** 国が「協調」を選択する場合，**Y** 国がより高い点数を得るには「協調」を選択する必要がある。

ウ　**X** 国と **Y** 国がともに「協調」を選択すれば，両国の点数の合計は最大化されるが，相手の行動が読めない以上，「協調」を選択できない。

エ　**X** 国と **Y** 国がともに「非協調」を選択すれば，両国の点数の合計は最大化されるため，「協調」に踏み切ることはできない。

【理　科】〈第２次試験〉（30分）〈満点：60点〉

1　こうじ君は、鏡にうつるものの見え方について、疑問に思ったことを先生に質問することにしました。以下はそのやり取りです。次の会話文を読み、あとの問いに答えなさい。

こうじ君：「先生、鏡にうつるものは、どうして鏡に対して［ア］対称の位置にあるように見えるんですか。」

先　　生：「それをちゃんと理解するためには、そもそも私たちがものの位置をどうやって感じとっているのかを説明しないとね。まずは鏡なしで光っている豆電球を直接見るとしよう。豆電球からは四方八方に光がひろがっているね。その光の一部がまっすぐ私たちの両目にとどき、ものの位置を感じとっている。右目と左目では目の位置が少しずれているから見え方もほんの少しちがって見える。これを両眼視差というんだ。このわずかな見え方のちがいから、ものの見える前後の奥行きを脳で判断することができるんだ。片目をつぶると針の穴に糸を通しづらくなるのは奥行きがわからなくなるからなんだよ。このことをもっとわかりやすくすると、図１の左右の目にとどくそれぞれの光線を逆にたどっていった交点で、見ているものの上下、左右の位置だけでなく、奥行きもきちんとわかるということなんだ。」

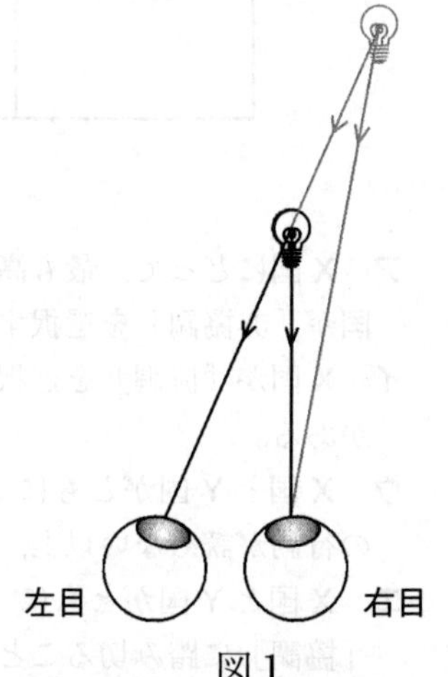

図１

こうじ君：「ものの位置を目で見て知るには、目にとどく光線が最低２本は必要なんですね。」

先　　生：「その通り。では、今度は豆電球を鏡にうつして見てみよう。反射の法則は知っているかな。鏡は光を①入射角と反射角が等しくなるように反射するね。図２は、図中のＡ点に置いた豆電球からひろがる光のうち、②鏡に反射して右目にとどく光の道筋を実線で書いたものだよ。③図２に習って、豆電球から鏡に反射して左目にとどく光の道筋を書くと、どうなるかな。この図は床に垂直に立てた平面鏡を真上から見た図だよ。」

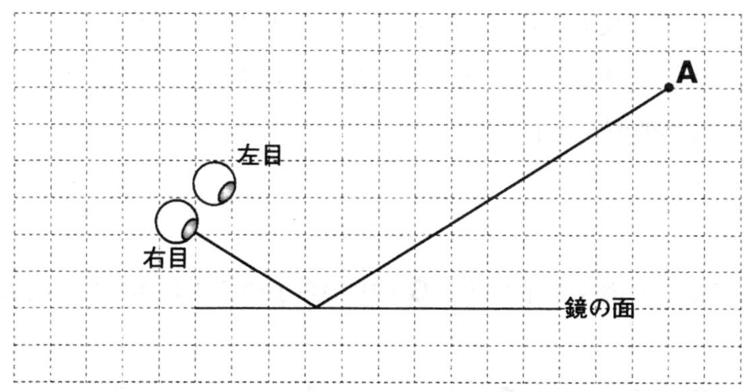

図２　※(3)で補う矢印は除いている

こうじ君：　「反射の法則を使って考えればいいんですね。」

先　　生：　「書けたら、次に図２の右目にとどく光線を逆向きに点線で延長すると図３のようになるね。④図３に習って、左目にとどく光線を逆向きに点線で延長すると、どうなるかな。」

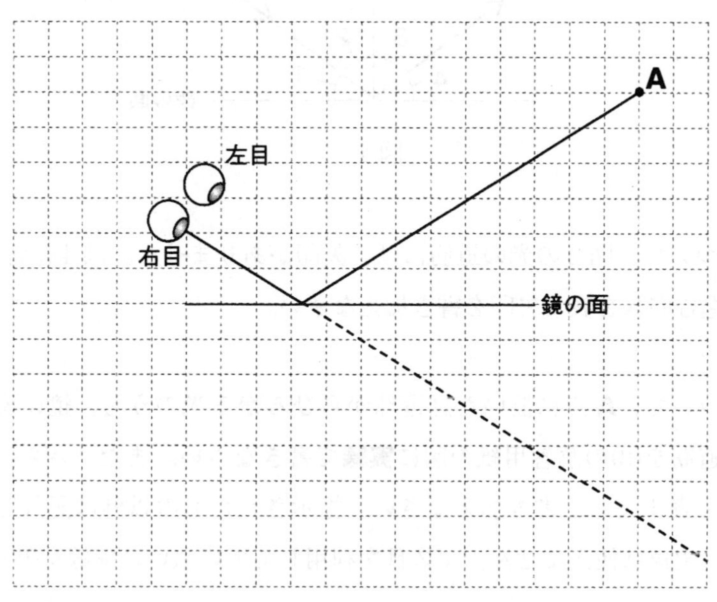

図３　※(3)で補う矢印は除いている

こうじ君：　「これも反射の法則を使って考えればいいんですよね。・・・・・・・できました。先生、２つの点線の交点がちゃんと **ア** 対称の位置になっています。すごい！」

先　　生：　「結局、鏡は反射の法則にしたがって、光を反射しているだけなんだ。そうした光を両目で見ると、結果的に［ア］対称の位置に見えるってことなんだよ。これで疑問解決だね。」

(1) ［ア］にあてはまる漢字を下の**1**～**6**の中から１つえらび番号で答えなさい。

1　光　　**2**　交　　**3**　点　　**4**　転　　**5**　線　　**6**　選

(2) 下線部①について、光の反射の法則では、入射角は下の図のどの角度のことですか。図中の**1**～**4**の中から１つえらび番号で答えなさい。

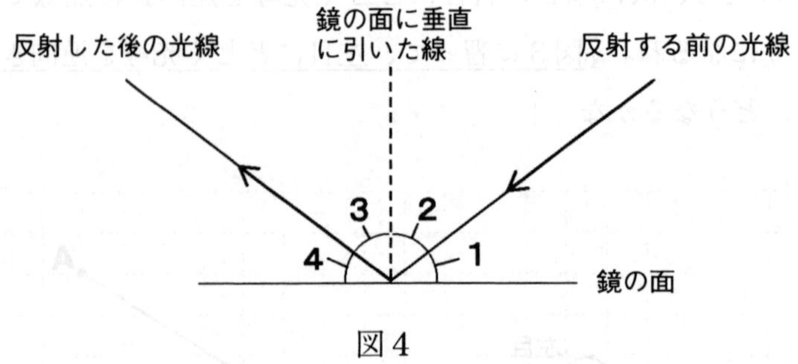

図４

(3) 下線部②について、図２の光の道筋には、矢印がありません。図４に習って、解答用紙の図に光の進む向きを表す矢印を書き加えなさい。

(4) 下線部③について、**A**点に置いた豆電球からひろがる光のうち、鏡に反射して左目にとどく光の道筋を(3)の解答用紙の図に**実線**で書きなさい。また、さらにその実線に光の進む向きを表す矢印を書き加えなさい。指示されたもの以外は記入しないように注意すること。定規は使えません。マス目を利用してていねいに実線を書くこと。

(5) 下線部④について、左目にとどく光線を逆向きに延長する**点線**を(3)の解答用紙の図に書き加えなさい。指示されたもの以外は記入しないように注意すること。定規は使えません。マス目を利用してていねいに点線を書くこと。

2　炭酸水素ナトリウムは重そうともよばれます。炭酸水素ナトリウムは加熱すると気体を発生する性質があるため、料理のときに使うベーキングパウダー（ふくらし粉）の原料として使われています。この性質を調べるために〔**実験１**〕を行いました。次の問いに答えなさい。

〔**実験１**〕

下の図のように、試験管**A**に炭酸水素ナトリウムを入れて加熱し、発生する気体を石灰水の入った試験管**B**に通した。

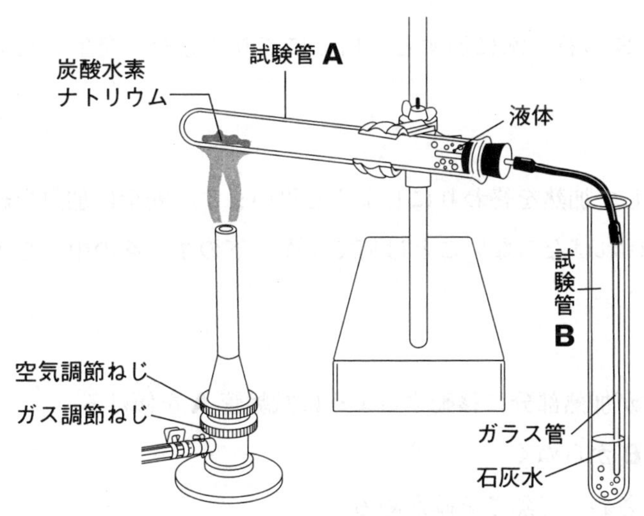

(1)　試験管**A**を加熱するためにガスバーナーに点火すると、黄色い炎（ほのお）になってしまいました。黄色い炎を青白い炎にするためには、どのような操作をすればよいですか。下の**１**～**４**の中から１つえらび番号で答えなさい。

１　ガス調節ねじを手でおさえながら、空気調節ねじを上から見て右回りに回す。
２　ガス調節ねじを手でおさえながら、空気調節ねじを上から見て左回りに回す。
３　ガス調節ねじを上から見て右回りに回す。
４　ガス調節ねじを上から見て左回りに回す。

(2) 炭酸水素ナトリウムを加熱後に試験管**A**を観察すると、試験管**A**の口の内側に液体がついていることが確認できました。この液体に塩化コバルト紙をつけると、塩化コバルト紙の色が変わったため、液体は水であることが分かりました。このとき、塩化コバルト紙は何色から何色へ変化しましたか。下の**1**～**6**の中から1つえらび番号で答えなさい。

1 黄色から緑色　**2** 緑色から黄色　**3** 赤色から青色
4 青色から赤色　**5** 白色から青紫(むらさき)色　**6** 青紫色から白色

(3) 発生した気体を試験管**B**の石灰水に通すと、白くにごりました。発生した気体は何ですか。**漢字**で答えなさい。

(4) ガスバーナーの火を消して加熱を終わりにしようと思います。安全に加熱を終えるために、火を消す前にしなければならないことは何ですか。下の**1**～**4**の中から1つえらび番号で答えなさい。

1 試験管**A**内の液体が加熱部分に移動するように試験管**A**を傾(かたむ)ける
2 ガラス管を試験管**B**からぬく
3 試験管**A**を素手でさわって熱さを確かめる
4 燃えがら入れが近くにあるか確認する

(5) 炭酸水素ナトリウムを水に溶(と)かして炭酸水素ナトリウム水溶(よう)液をつくりました。この水溶液にフェノールフタレイン溶液を数滴(てき)加えると水溶液は何色になりますか。下の**1**～**5**の中から1つえらび番号で答えなさい。

1 うすい緑色　**2** うすい赤色　**3** うすい黄色　**4** 無色
5 うすい青色

金属を空気中で十分に加熱すると、金属が空気中の酸素と結びついて別の物質ができます。例えば、銅の粉末を空気中で十分に加熱すると、酸化銅ができます。この反応を使って〔**実験２**〕を行いました。次の問いに答えなさい。また、必要であれば下のグラフ用紙を使いなさい。

〔**実験２**〕

銅の粉末を十分に加熱し、加熱前後の重さの変化を調べる実験を行いました。下の表は、実験によって求められた加熱前の銅の重さと加熱後の酸化銅の重さをまとめたものです。ただし、十分に加熱したことにより、すべての銅が酸素と結びついて黒色の酸化銅になっているものとします。

加熱前の銅〔g〕	0.2	0.4	0.6	0.8	1.0
加熱後の酸化銅〔g〕	0.25	**ア**	0.75	1.00	1.25

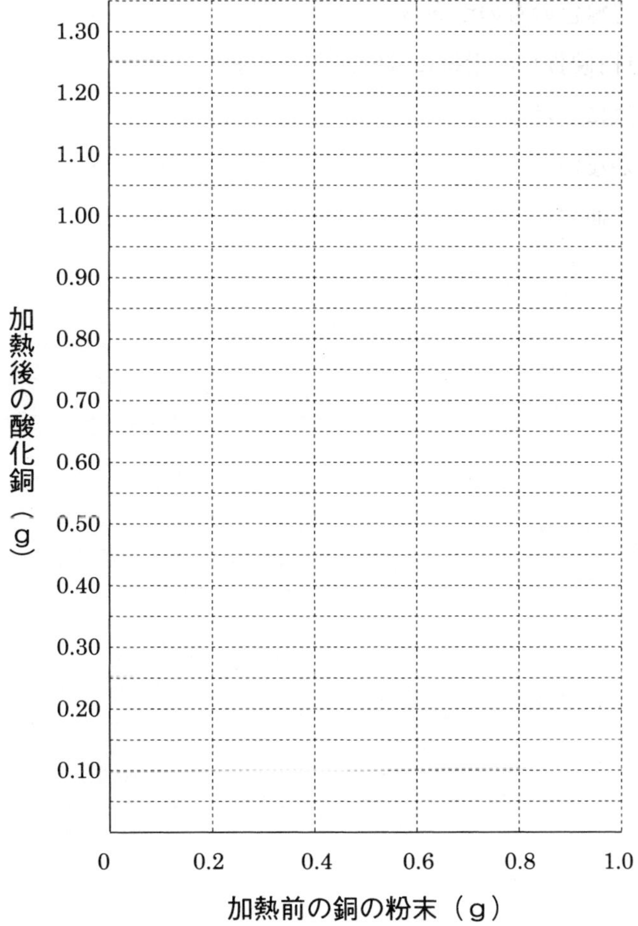

(6) 表中の**ア**にあてはまる数値は何ですか。下の**1**～**9**の中から１つえらび番号で答えなさい。

1 0.30　**2** 0.35　**3** 0.40　**4** 0.45　**5** 0.50
6 0.55　**7** 0.60　**8** 0.65　**9** 0.70

(7) 1.6ｇの銅と結びつく酸素の重さは何ｇですか。答えは**小数第１位**まで書きなさい。ただし、すべての銅が酸素と結びついて黒色の酸化銅になっているものとします。

(8) 銅についての説明として**まちがっている**ものはどれですか。下の**1**～**5**の中から１つえらび番号で答えなさい。

1 銅のさびには青緑色のものがある
2 100円玉（100円硬貨(こう)）の素材には銅が含(ふく)まれる
3 銅はうすい塩酸にとける
4 銅は磁石につかない
5 銅は電気をよく通す

3 次の文章を読み、あとの問いに答えなさい。

わたしたちヒトが食べ物を食べると、食べ物はさまざまな場所で消化され、体内に取り入れられます。消化を行っているのは消化酵素(こうそ)と呼ばれるものですが、この消化酵素にはさまざまな種類があります。表1は、一部の消化酵素をまとめたものです。

表1

酵素の名前	説明
アミラーゼ	だ液に含(ふく)まれ、(**ア**)を分解する。 中性付近の環境(かんきょう)でよくはたらく。
ペプシン	(**イ**)に含まれ、タンパク質を分解する。 酸性の環境でよくはたらく。
トリプシン	(**ウ**)に含まれ、タンパク質を分解する。 ややアルカリ性の環境でよくはたらく。
リパーゼ	すい液に含まれ、脂肪を(**エ**)と(**オ**)に分解する。

酵素とは、ある特定の化学反応を行うためのもので、タンパク質でできているという特徴(ちょう)があります。タンパク質は、アミノ酸が鎖(くさり)状に多数つながってできており、それらが立体的に折りたたまれて完成します。

タンパク質をつくるためのアミノ酸は全部で20種類あります。どのアミノ酸がどんな順番でいくつつながるかによってタンパク質の種類が変わるので、①<u>タンパク質の種類の数は、とてもたくさん存在する</u>ことがわかります。

タンパク質は、熱によって形が変わりやすいという性質があります。温度が上がると、立体的な形が変わってしまい、酵素などのタンパク質はそのはたらきを失ってしまいます。タンパク質によって形が変わってしまう温度はちがいますが、ほとんどのタンパク質は50℃～70℃をこえると形が変わってしまいます。またタンパク質は、一度熱によって形が変わってしまうと温度を下げてももとにもどらないという性質があります。なま卵の白身にはたくさんのタンパク質が含まれていますが、一度加熱してゆで卵にしてしまうと、白く固まってしまいもとの透明な状態にもどすことができないのはそのためです。

また、酵素には「最適ｐＨ」というものがあります。ｐＨとは、酸性やアルカリ性の度合いを示す数値であり、「最適ｐＨ」とはその酵素がもっともよくはたらくことができるｐＨを指します。そのため、酸性の環境でよくはたらく酵素は、アルカリ性の環境ではたらくことができず、また中性付近でよくはたらく酵素は、強い酸性や強いアルカリ性の環境ではたらくことができません。ヒトの消化器では、それぞれの環境に合う「最適ｐＨ」を持つ消化酵素がはたらくことによって、効率よく消化を行っています。

(1) 表１の（　**ア**　）～（　**オ**　）にあてはまるものを下の**1**～**9**の中からそれぞれ１つずつえらび番号で答えなさい。

1　脂肪酸　　**2**　だ液　　**3**　胃液　　**4**　すい液
5　デンプン　　**6**　モノグリセリド　　**7**　ポリペプチド
8　アンモニア　　**9**　尿素

(2) 表１でまとめられている消化酵素がはたらくことで、わたしたちは消化されたものを体内に取り入れることができますが、具体的になぜ取り入れることができるようになるのでしょうか。その説明として正しいものを下の**1**～**4**の中から１つえらび番号で答えなさい。

1　消化酵素が分解する前のものはからだにとって毒性を持っているが、分解することによって安全なものに変化するから。
2　消化酵素が分解する前のものは大きすぎるので、分解することによって吸収されやすい大きさに変化するから。
3　消化酵素が分解する前のものの一部を消して量を減らすことで、吸収できるようにしているから。
4　消化酵素が消化器のはたらきを高めることで、吸収できるようにしているから。

(3) 下線部①について、アミノ酸が４つつながってできるタンパク質の種類は全部で何通り考えられますか、**数字**で答えなさい。ただし、以下の図１のような例も別の種類と見なし、それぞれ数えること。

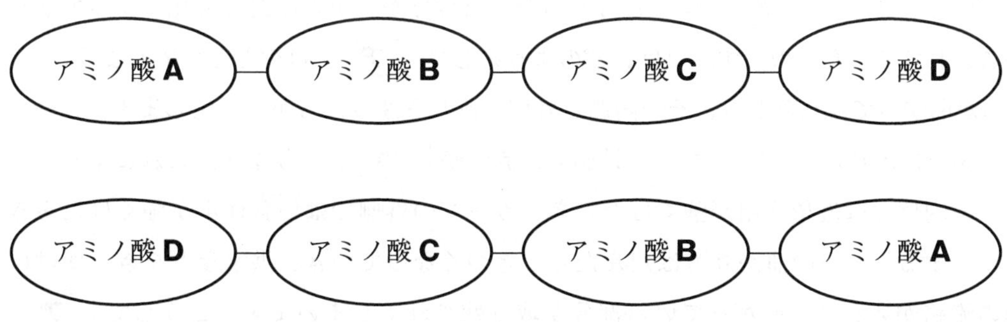

図１

(4) 試験管**A**〜**D**を用意しすべてに水を入れた後、表２の実験を行い、最後にヨウ素液を数滴入れました。表２の（　**カ**　）、（　**キ**　）にあてはまる、試験管**C**、**D**にヨウ素液を数滴入れたときの色として正しいものを下の**1**〜**3**の中からそれぞれ１つずつえらび番号で答えなさい。

表２

試験管	実験	ヨウ素液を入れたときの色
A	デンプンをとかした。	青紫色
B	デンプンをとかした後、アミラーゼを入れて混ぜ合わせた。	黄色
C	アミラーゼを入れて90℃で５分間加熱したあと、すぐにデンプンをとかした。	（　**カ**　）
D	アミラーゼを入れて90℃で５分間加熱したあと、20℃まで温度を下げてからデンプンをとかした。	（　**キ**　）

1　無色　　**2**　黄色　　**3**　青紫色

4 次の文章を読み、あとの問いに答えなさい。

下の図１は、北海道にある石狩川の一部とその周辺の地図です。石狩川の周辺には、新沼、三軒屋沼など、弧状の沼や池が多数存在します。このような地形は［ア］と呼ばれています。［ア］はもともと川だった部分が、川の流路の変化によって取りのこされてできたものです。では、どのようにして［ア］は生じるのでしょうか。

川が曲がって流れるとき、その内側と外側で流れる速さにちがいが生じます。カーブの内側では流れが［イ］なり、外側では流れが［ウ］なります。これによってカーブの内側では堆積(たいせき)作用が強くはたらき、カーブの外側では侵食(しんしょく)作用が強くはたらきます。すると、川の曲がり方はだんだんときつくなっていき、洪水などをきっかけに川の流路が変わり、曲がっている部分が取り残されてしまいます。こうして［ア］は生じるのです。

図１

また川のもつ作用には、堆積作用や浸食作用の他に運搬(うんぱん)作用があります。次の図2はある川の河口を表した図です。この川は運搬作用によって小石、砂、粘土(ねんど)を河口まで運搬します。運ばれた小石、砂、粘土はその重さごとに一定の場所につもっていきます。図2の点線はそのつもっているものの種類ごとの境界線をあらわしています。次の問いに答えなさい。

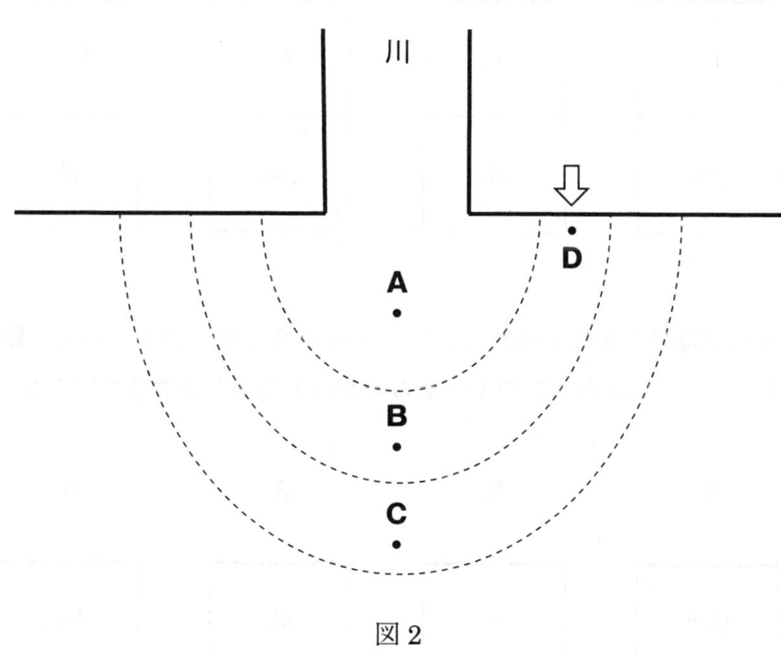

図2

(1) [ア]、[イ]、[ウ] にあてはまる言葉を**ひらがな**で書きなさい。ただし、[イ]、[ウ] は「はやく」か「おそく」のどちらかで答えること。

(2) 図2の **C** の場所の上層には何がつもっていると考えられますか。下の **1**～**3** の中から1つえらび番号で答えなさい。

1 小石　　**2** 砂　　**3** 粘土

(3) 図２の川の流れが時間をかけて変化し、河口が矢印の場所まで移動したとすると、**D**の場所の地層はどのようになりますか。下の**1**～**4**の中から１つえらび番号で答えなさい。

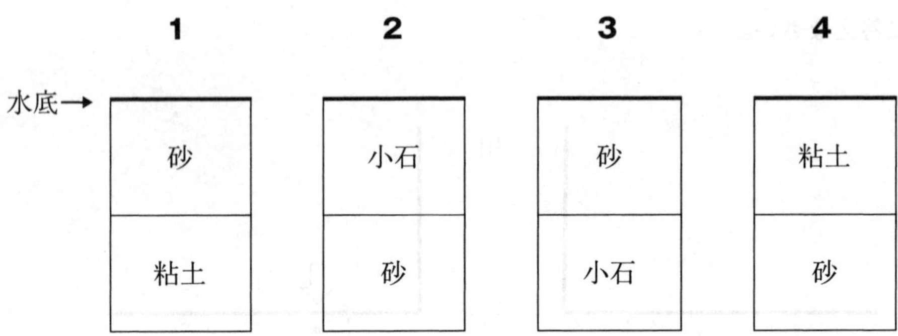

(4) 図２の川の流れが時間をかけて変化し、川の流れが速くなったとすると、**B**の場所の地層はどのようになりますか。下の**1**～**4**の中から１つえらび番号で答えなさい。

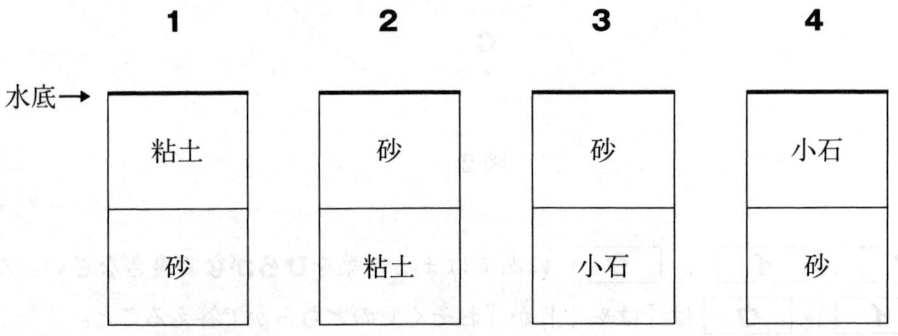

六　次の文章は、国民の所得について話し合う中学一年生の鎌太郎と先生とのやり取りである。これを読んで、後の問いに答えなさい。

先生　二〇二二年の国民生活基礎調査によると、二〇二一年の一年間の平均所得金額は五百四十五万七千円だったそうだ。

鎌太郎　まだお金をかせいだことがないから想像がつかないなあ。五〇〇万円も一年間にもらえたら何でも買えそうですね。

先生　中学生にとっては想像がつかないくらいの大金だよね。でも、暮らしていくには色々なことにお金がかかるんだよ。ちなみに中央値は四百二十三万円だったそうだ。

鎌太郎　中央値ってなんですか？　平均値とはちがうの？

先生　中央値とは「数値の高いものから低いものへと順に並べてちょうど真ん中に位置する値」のことだ。

鎌太郎　おかしいですね。平均値は「すべての数字を合計して数値の個数で割って出した値」だから、大体真ん中くらいの数字になりますよね。中央値も同じように見えるのにどうして一〇〇万円以上も差がついているんでしょう？

先生　例を出して説明しよう。五人の会社員がいて、それぞれ所得が「三〇〇万円／四〇〇万円／五〇〇万円／六〇〇万円／七〇〇万円」だとしよう。平均値と中央値はどうなる？

鎌太郎　それなら平均値も中央値も［A］万円です。

先生　そうだよね。では、「一五〇万円／二〇〇万円／二五〇万円／三〇〇万円／二一〇〇万円」ならどうだろう。

鎌太郎　中央値は［B］万円です。平均値は、えーと、「六〇〇万円」だ。あれ？　平均値と中央値が全然ちがう数字になった上に、平均値が見た目の印象とは外れて見えるなあ。

先生　気づいたね。調査対象の中に、大きく外れた数値がふくまれる場合、平均値が実情を示さないことがあるんだ。

鎌太郎　そうなんですね。データを見るときは平均値を見ればまちがいないと思っていました。

先生　今回の所得の調査では、平均値を下回る世帯数は全体の［C］％だったそうだ。

鎌太郎　なるほど。ということは、今回平均値が中央値よりも一〇〇万円以上も高かった理由は［D］からなんですね。データの見方が一つわかりました。

先生　平均値と中央値、二つの数値の性質を正しく理解して使いこなしていきたいね。

問一　［　］A・Bに入るものをそれぞれ数字で答えなさい。

問二　［　］Cに入る数字として最も適切なものを次から選び、記号で答えなさい。

ア　六一・六　　イ　四九・六　　ウ　二七・七　　エ　八・二

問三　［　］Dに入る「平均値が中央値よりも一〇〇万円以上も高かった理由」の説明を二十字以上三十字以内で答えなさい。

イ　世界の様々な文学や哲学の著作を読むことによって、文化の多様性を受け入れているということ。

ウ　世界の著作を通じて、世界でも類を見ない教養の高さや知識の豊かさを獲得(かくとく)しているということ。

エ　国内の著作よりはむしろ世界の文学から影響を受け、それが自己形成に繋(つな)がっているということ。

問六　――線部3「日本人の読書力の高さがいわば含み資産として考えられているのではないだろうか」とありますが、これを説明したものとして最も適切なものを次の中から選び、記号で答えなさい。

ア　日本人の読書力の高さは、潜在的な経済力として国際的に評価されているということ。

イ　日本人の読書力の高さそのものが、日本の国際的な経済力の豊かさを表しているということ。

ウ　日本人の読書力の高さが、日本の教育水準の高さに直結していると評価されているということ。

エ　日本人の読書力の高さは、積極的に公言しなくとも世界各国の人々に理解されているということ。

問七　――線部4「『強力な』読者」とありますが、これを説明している部分を「〜人」につながる形でこれより前の本文中から四十七字で抜き出し、その初めの五字で答えなさい。

問八　――線部5「the Book of Books がないから、たくさんの本を読む必要があった」とありますが、それはなぜですか。「the Book of Books」を持つ国をA、「the Book of Books」を持たない国をBと表記し、AとBの違いがわかるように、五十字以上六十字以内で説明しなさい。

問九　本文の内容に合致するものを次の中から一つ選び、記号で答えなさい。

ア　江戸時代から高い読書力を誇(ほこ)った日本は、読書で培った向学心や情報処理能力の高さを現代まで衰(おとろ)えることなく維持し続けている。

イ　明治時代に近代化が求められるようになって以来、日本は海外のものをより高く評価するようになり、現代でも外国の詩に対する評価は高い。

ウ　読書力は倫理観や人間理解力と密接な関係があり、大量の読書を通じてすぐれた知識を学ぶことでしか自己形成を図ることはできない。

エ　学校教育における規律訓練によって読み書きのベースを築いていたことも、日本が高い読書力を維持してきた要因の一つである。

る背景となっている。

高い読書力が日本において倫理観や人間理解力の養成を下支えしていたとすると、現在の倫理観の低下といわれる現象は、読書力の低下と関係づけて考えられるのではないだろうか。現実的に言って、内容のある本をたくさん読んでいる人間は、ある程度の知性があると想定しうる。その知性の中には、物事に対する判断力や向学心、広い意味での倫理観といったものが含まれる。本を大量に読めば自己形成がすべて保証されるというわけではもちろんない。しかし、本から学び、そこからコミュニケーションが発展していく意味はとても大きい。

（齋藤 孝『読書力』による）

＊識字率——一定の地域において、文字の読み書きができる人の割合。
＊寺子屋——江戸時代に、庶民の子供に読み書きの初等教育を施(ほどこ)した学問施設。
＊メーチニコフ——ロシアの革命家。東京外国語学校のロシア語教師をやっていた。
＊上田敏——明治から大正にかけて活躍(かつやく)した日本の詩人・評論家。

問一 [ ]Ａには打消の意味を持つ漢字一字が入る。これと同じ漢字が入るものを次の中から選び、記号で答えなさい。

ア □常識　イ □勉強　ウ □発見　エ □神経

問二 [ ]ａ～ｄにはそれぞれ接続語が入る。この中で「しかし」が入るものを**すべて**選び、記号で答えなさい。

問三 波線部Ｘ「義務」の対義語を漢字二字で答えなさい。

問四 ——線部１「私は総ルビ文化は、復権すべき価値のある文化だと考えている」とありますが、この理由を説明したものとして最も適切なものを次の中から選び、記号で答えなさい。

ア　ルビを振る作業は簡単ではないものの、それによって文章に対する独自の解釈(かいしゃく)を手に入れられるため。
イ　ルビによって多くの人が難しい漢字を読めるようになり、質の高い読書を行う助けになるため。
ウ　多くの人に本が読まれ親しまれるためには、子どもでも読めるように総ルビであるべきだと考えているため。
エ　ルビを振ることで本を音読することができるようになり、結果的に学力の向上が期待できるため。

問五 ——線部２「日本文化の大きな特徴」とありますが、これを説明したものとして最も適切なものを次の中から選び、記号で答えなさい。

ア　世界の名作や思想系の全集の売り上げが高く、一家に一セット百科事典を置いているということ。

うに、日本の場合は特殊である。『日いづる国』には、『強力な』読者が知られるかぎりもっとも高密度に集中している。これには近代的な出版産業、高度に整備され洗練された出版業が供給を行なっており、年間およそ四万種類、十五億冊の本が生産・印刷されている。出版社の数も約五〇〇〇企業にのぼる。

日本の読者は、たくさんの読書を行なう。それというのも、日本の読者の文化受容度は高く、書物文化から情報を得、また書物文化によって育成されることが義務と考えられているからなのである。この国ではまた、大学や学校の威信も絶対性を帯びている。」（シャルティエ、カヴァッロ編『読むことの歴史』田村毅他訳、大修館書店）

日本人はこれまで高い読書力をキープしてきた。幅広い読書力を支えていたのは、何だったのだろうか。明治維新以降を言えば、それは近代化の要請であった。急速に情報や思想を吸収しなければ、政治も経済も文化も危うい状況に日本はおかれていた。そこに立身出世主義や教養主義が相まって、読書を中核とした向学心の伝統が培われた。学校教育、とくに初等教育の読み書きの規律訓練が、読書力のベースを築いていたことも大きな要因だ。

このことに加えて、二一世紀を生きる私たちにとって、考えておいてよいポイントがある。

先頃、英米文学を中心とした古書店の下井草書店の店主さんと話していた際に、日本には聖書のような唯一絶対の本、すなわちthe Book of Books がないから、たくさんの本を読む必要があった、という話が出てきた。これは、おもしろい観点だ。

唯一絶対の価値を持つ本があれば、場合によってはその本一冊を読めばよいことになる。[c]、そういった the Book と言われる特別な本がないとするならば、できるだけ多くの本、つまり Books から、価値観や倫理観を吸収する必要がある。はっきりした宗教を共有している状況ならば、国民の基礎的な倫理観はそこで養成される。毎週教会に行って説教を聞くことによって、基本的な倫理観が培われる。

日本では、大量の読書が、いわば宗教による倫理教育の代わりをなしていたと言えるのではないだろうか。倫理観や志は、文化や経済の大元である。素晴らしいものをつくりたい、世の中をよくしたいといった強い思いが、文化や経済活動を活性化させる。その大元になるある種の倫理観や人間理解力を、日本人は多量の読書を通じて培ってきたと言える。唯一絶対のものを持たないが故に、それをいわば逆手にとって、雑多とも言えるほどの大量の読書を積極的に行ってきたのではないだろうか。『声に出して読みたい日本語』（草思社）を出版したときに、読者カードの多くに、外国の詩の訳詩をもっと載せるべきだという意見があった。日本語の本に、*上田敏のような名訳にせよ、外国の詩をもっと入れるべきだという意見が多数、とりわけ高齢者から寄せられるのは、日本人の読書の幅が広いことを示している。

the Book にこだわらず、大量の Books によって自己形成を図り、価値観を形成し、人間理解力をも身につけてきた歴史が日本にはある。[d] 内外の本を積極的に読んできた。洋の東西のすぐれた知識を学ぼうとしてきた。多くの読書を推奨するのは別に日本ばかりではないが、聖書にあたる本がない事情は、より切実に多量の読書を推奨すあっても、ルビが振ってあるので庶民にも読める。かつての雑誌や読み物には、ルビが振ってあり、子どもでも大人が読むレベルのものを読むこともできた。

現在の文庫本では、ルビは少ない。小学生が文庫本を読むことは、実質的にはかなり難しい。1私は総ルビ文化は、復権すべき価値のある文化だと考えている。 a 、自分の本に採録するテキストは、総ルビにすることが多い。ルビを振るという作業は簡単ではないが、その文章に対する解釈を含むこともあり、意外に楽しい作業だ。声に出して読むためには、字の読み方がわかっている必要がある。そのためにもルビは、どうしても必要だ。

日本人のかつての読書力の高さを示すものとして、世界名作全集や思想系の全集の売れ行きの高さを挙げることができる。最も盛んな時の、全集の第一巻の発売部数は、現在では考えられないほど高かった。「百科事典を一家には一セット」という教養主義の現れでもあるが、現在の七十代以上の方にうかがうと、子どもの頃に名作全集を読んだことのある人が多いので驚いた。とくに世界文学の影響は大きい。ゲーテやスタンダールといった世界文学を、現在年齢の高い方ほど多く読んでいるのだ。

世界文学を読む習慣が減っていることは、2日本文化の大きな特徴を一つ失うことになる。ドストエフスキーやトルストイといったロシアの作家は、アメリカではあまり読まれていない。それどころか、ロシア国内でも必ずしも皆に読まれているわけではないと聞く。しかし、ある時期の日本では、ロシアの文豪たちは異常な人気があった。ゲーテやトーマス・マン、ヘッセなどのドイツの作家たちやカントやニーチェといったドイツの哲学者の著作も学生の基本図書となっていた。世界文学・哲学を通して、文化の多様性を受容してきたのだと言える。

経済を国際的に評価する場合に、ファンダメンタルズという言葉がよく使われる。基礎条件といった意味だが、日本の経済にはこれまでの蓄積があり、下支えがあると評価されてきた。日本の文化だけでなく経済の評価の中に、3日本人の読書力の高さがいわば含み資産として考えられているのではないだろうか。

日本の教育の高さが経済の評価に含み込まれて語られるのは通例だ。その教育の高さの現れの一つが、読書力だ。平均的な読書力の高さが、日本の情報処理能力や向学心の高さを対外的にも示してきた。 b 、現実的には読書力は低下してきている。本を読む率は減ってきている。現在の五十代、六十代の人たちが大学生の頃に本を読んだ量と、現在の大学生が本を読んだ量とでは、前者の方が多い。「日本は読書力が高い」という対外的なイメージが維持されている間に、読書力を復活させる必要があるのではないだろうか。私は日本の地盤沈下を食い止める最良の手だては、読書力の復活にあると考えている。読書は向学心そのものであり、向学心をよりいっそう加速させるものでもある。誰でもが高い読書力を持っている国は、潜在力があるし、迫力がある。情報処理能力もさることながら、読書を通じて自己形成をしていたり、読書を基礎にした高いコミュニケーション能力を培っていたりすることは、日本に対する長期的な評価を高めるものである。

このような対外評価の一例を紹介しておきたい。「すでに述べたよ

問八　——線部７「おじいちゃんの声は不思議と明るかった」とありますが、この理由を説明したものとして最も適切なものを次の中から選び、記号で答えなさい。

ア　自分の心の中の「怪物」の存在を自覚して理解しようともがくトモミの姿が、苦しみ抜いた今までの自分と重なっているように感じられて、嬉しかったから。

イ　トモミがずっと心の内にとどめていたおばあちゃんの死に関する悩みを打ち明けてくれたことに対して、二人の信頼関係が強まったように感じ、嬉しかったから。

ウ　子どものままであれば自覚できない自分の中の「怪物」に向き合って思い悩むトモミの様子を見て、大人の世界に足を踏み入れつつあると感じ、嬉しかったから。

エ　自分の中の「怪物」に気づいた話を聞かせたことがトモミの悩みを整理するきっかけとなり、わざわざ話してあげた甲斐があったと感じ、嬉しかったから。

五　次の文章を読んで、後の問いに答えなさい。（字数指定がある場合、句読点・かぎかっこ等の記号は一字として数えること。）

　私はこの本で、日本にとって［Ａ］経験の読書力を強調しているのではなく、かつて日本が読書力において、世界最高レベルにあったことを背景にしている。江戸時代の日本の*識字率が、当時の世界水準と比較して、著しく高かったことはよく知られている。農民や町民の識字率も高かった。*寺子屋の果たした役割も大きい。明治七年から翌年末まで日本に滞在した*メーチニコフの回想記（『回想の明治維新』岩波文庫）によれば、当時のロシアや西欧のラテン系諸国に比べて、日本人の識字率は高く、人力車夫や茶屋で見かける娘などが暇を見つけて本を読んでいたということだ。

　江戸から明治へかけては、識字率が高かっただけではなく、読書の質も高かった。漢文を中心にした難しい書物が教科書とされていた。福沢諭吉の『学問のすゝめ』は、当時として爆発的な売れ行きを示したベストセラーであった。現在読んでみればわかるように、決してやさしくはない。それでも福沢は、多くの人に読まれるように、極めてやさしく書いたと言っている。漱石の小説も、多くが新聞連載小説である。当時の庶民は、難しい漢字に対するアレルギーが、現在よりはずっと少なかった。

　もちろん学力自体が今とくらべて非常に高かったというわけではない。総ルビ文化が、この質の高い読書を助けていた。難しい漢字が

イ　タカシが家とも呼べないようなところで病気の母と幼い妹と一緒に暮らしている様子をみて、同情の念を抱いたから。

ウ　もしタカシの言うことを聞かずに言い返してしまえば、後でそのことを知った先生がきっと悲しむと思ったから。

エ　自分の言動のせいでタカシが学校に来なくなったのだと思っており、後ろめたい気持ちがあったから。

問四　――線部３「目が油をひいたばかりのノミの先みたいで」とありますが、この様子を説明したものとして最も適切なものを次の中から選び、記号で答えなさい。

ア　おろおろとして焦点が定まっていない様子

イ　怒りのあまり目を大きく見開いている様子

ウ　相手をにらみつける眼光がするどい様子

エ　あふれた涙によって目を開けられない様子

問五　――線部４「どぎまぎしてしまう」とありますが、この様子を説明したものとして最も適切なものを次の中から選び、記号で答えなさい。

ア　うろたえまごまごしている様子

イ　興奮して心臓がどきどきする様子

ウ　うれしくてわくわくする様子

エ　冷静でてきぱきしている様子

問六　――線部５「タカシには見向きもしないで妹をぶった」とありますが、この理由を三十字以上四十字以内で答えなさい。

問七　――線部６「私は何も言えず、ただ体を固くしていた」とありますが、このときのトモミを説明したものとして最も適切なものを次の中から選び、記号で答えなさい。

ア　おじいちゃんの話を聞いて、今まで見てきた姿からは想像もつかない「怪物」がおじいちゃんの心の中にもいることを知って驚き、思案をめぐらせている。

イ　おじいちゃんの話を聞いて、「怪物」を心の中に抱えて生きてきたおじいちゃんを前にして緊張が走るとともに、自分はどうすればよいかを決めあぐねている。

ウ　おじいちゃんの話を聞いて、普段の温厚さとかけ離れた「怪物」のような一面をおじいちゃんが持っていることがわかり、恐怖のあまり身動きできなくなっている。

エ　おじいちゃんの話を聞いて、「怪物」は誰の心の中にでもいるものなのだと理解する一方、自分の中に「怪物」がいることは受け入れられず、悲しんでいる。

どこかちがっていたんだろうか。

「おばあちゃんが病院にいるとき」

おじいちゃんは、私の言葉の続きを待っている。

「あの機械*の音、とめてほしいって思った。そんなこと思うつもりじゃなかったのに、もう死んだほうがいいって思った。そしたら……」

「トモミは何も悪いことなんかない」おじいちゃんは静かに言った。「おばあちゃんだって、それはわかってるよ」

長い間、おじいちゃんも私も口をきかなかった。私はもう自分のことでなく、子供だったおじいちゃんのことを、タカシくんのことを、タカシくんの妹のことを考えていた。おじいちゃんは、どうだったのだろう。次に口を開いたとき、おじいちゃんの声は不思議と明るかった。「トモミがもっと小さかったら、そういうふうには思わなかっただろうな」

それが病院でのことなのは、もちろんすぐにわかった。そう、たぶん、おじいちゃんの言うことはほんとうだ。そんなふうに考えたことはなかったけれど。

（湯本 香樹実著『春のオルガン』（新潮文庫刊）より　※一部改変あり）

＊機械――おばあちゃんが治療（ちりょう）のために取り付けていた装置。病気によって、お腹に水がたまり悪臭（あくしゅう）を放つ悲惨（ひさん）な様子を見て、トモミはもう装置をとめた方が良いと思った。

問一　[　] A・Bに入る体の部位を表す漢字一字として最も適切なものを次の中から一つずつ選び、それぞれ記号で答えなさい。

ア　肩　　イ　首　　ウ　頭　　エ　腹

問二　――線部１「まるできのうの出来事を振り返るみたいに」とありますが、この表現からわかることを説明したものとして最も適切なものを次の中から選び、記号で答えなさい。

ア　おじいちゃんは、この出来事をいつかトモミに話そうとずっと考えていたということ。

イ　おじいちゃんは、この出来事を数十年経（た）った今でも鮮明（せんめい）に覚えているということ。

ウ　おじいちゃんは、この出来事をうまく伝えようと言葉を探しているということ。

エ　おじいちゃんは、この出来事を忘れていて思い出すのに時間がかかるということ。

問三　――線部２「言われるままにした」とありますが、この理由を説明したものとして最も適切なものを次の中から選び、記号で答えなさい。

ア　タカシが靴を盗んだ証拠はまだ見つかっておらず、確たる証拠が見つかるまでは下手に出ようと決めていたから。

を使って、おじいちゃんはていねいに火をもみ消した。吸殻を捨てると灰皿をきちっと閉め、両手をまた毛布の中に入れる。

「おじいちゃんは最初、運動靴しか目に入らなかったんだ。だからその女の子につかみかかって運動靴をぬがせようとしたんだが、ものすごいいやがりようでね。こんな細い子がどうしてってくらい、カメみたいに強情に体をこう、まるめてた。それでも無理にぬがせようとすると、今度はやみくもにけりあげてくる。おじいちゃんはかっとして、その子をぶった。タカシはおじいちゃんの背中にしがみついて、『やめろ、やめろ』って叫んでる。ちくしょう、どろぼうは自分じゃないか。人に土下座なんかさせて、きたないのはそっちじゃないか……おじいちゃんはものすごくおこってた。だけど」

おじいちゃんはまたひとりで、うんうん、とうなずいた。止まってしまいそうな自分の口を、はげますみたいに。

「だけど、おじいちゃんはそのとき、その小さい女の子ばかりをせめたんだ。やるんならタカシだ。それなのに、5タカシには見向きもしないで妹をぶった。どうしてだか、わかるか」

「その子が、運動靴を履いてたから?」

ちがう、とおじいちゃんは言った。

「おじいちゃんには、わかったんだ。タカシをやっつけるには、この子を痛めつけるほうがきくんだってね」

おじいちゃんはじっと私を見た。

「だからその女の子を、ぶった。ぶっただけじゃない。『おまえのにいちゃんはどろぼうだ!』って何度も叫んだ。タカシの『やめろ、やめろ』って声がだんだん泣き声になって、女の子はきゅうに足をバタバタさせるのをやめると言ったんだ。『ほんとなの、にいちゃん』って。タカシが泣いたのを見たのは、あれが最初で最後だった。その後、あいつは学校に来ないままだったからね」

「あんな後味の悪いことはなかった。なんにも知らない、小さい妹を痛めつけたりして。なぐるならタカシをなぐればよかったんだ。たかが運動靴のために、自分があんなに卑怯になれるなんて思ってもみなかったよ」

おじいちゃんはまた黙りこんでしまう。

「運動靴は……」

「取り返したよ」

履けるわけがない、とでもいうように、おじいちゃんは首を振った。

「ずっと下駄箱の奥に入れたままで、ある日、思いたって川に捨てにいった」

川の水に、運動靴の落ちる音が私の耳にも聞こえた。

「あんなことは二度とするまい、持ってるもので争うくらいなら何も持たずにいるんでかまわない、おじいちゃんはあれからずっと、そういうふうにやってきたんだ」

6私は何も言えず、ただ体を固くしていた。おじいちゃんがそういう人だってことは、わかってる。でも、そのおじいちゃんの中にも、自分では思ってもいなかったことをしたり考えたりする何かがいるのだ。その小さな子をぶったとき、おじいちゃんは怪物だったんだろうか……もしそのことがなかったら、おじいちゃんは今のおじいちゃんとだろうな、横になってたおかあさんらしい女の人が起きあがろうとして、それをかばうみたいに、おこった顔をしたあいつが立ちあがった。びっくりして見てたおじいちゃんを、タカシは小突くようにして外に追いだすと、『なんね』とにらみつけた。その声には耳慣れないなまりがあって、タカシがあんまり口をきかなかったのは、そのせいだったのかもしれない。だけどおじいちゃんはそのことに、そのとき初めて気づいたんだ」

おじいちゃんは口をつぐむと、寝ているテツを起こさないように、のどの奥で押し殺したような咳をした。

「のどあめもうひとつ、出そうか」

「いや、けっこう」

「おじいちゃん、その子にあやまったの」

ああ、と言った拍子に、おじいちゃんは大きく咳きこんだ。うーん、とテツが身動きする。おじいちゃんはテツの首もとの毛布を直してやりながら、また話しだす。

「あやまった。学校に来い、先生も待ってるからって言った。タカシはおじいちゃんをじっと見てる。もうこれでいいんだな、とおじいちゃんは思ったんだが、そうじゃなかった。あやまるなら、ちゃんとあやまれって言うんだ。両手をついて、あやまれって。この野郎、と思ったけれど、頭の中に先生の顔が浮かんだから、2言われるままにしたよ。川原の石の上に正座して『申しわけありませんでした』って。もっと大声で言え、なんて言うあいつの顔を見ると、3目が油をひいたばかりのノミの先みたいでね。逆らったりなんか、とてもできない感じだった」

「そのとき、ムシロの奥からタカシの妹が出てきたんだ。まだ五つくらいの子だったけど、おそろしく痩せてた。顔も体つきも、ふつうの人間じゃないみたいに、うすっぺらい感じなんだ。それでも目はまんまるで、地べたにすわりこんでるおじいちゃんを見て、『にいちゃんのお友だち』なんて言ってにこにこしてる。かわいい子だな、とおじいちゃんは思ったんだが、その子を振り返ったタカシのようすがへんだった。それでおじいちゃんは気づいたんだ。その子はぶかぶかの運動靴を履いてるじゃないか。爪先がエンジ色のゴムの運動靴を、その子が履いてたんだ」

「おじいちゃんの」

「そう」おじいちゃんはちょっとため息をついた。「タバコを吸ってもいいかな」

「どうぞ」そんなことをきかれたのは初めてなので、4どぎまぎしてしまう。

おじいちゃんは、少し体を起こして毛布から両腕を出すと、セーターの下のシャツのポケットからとりだしたタバコを、じれったくなるくらいゆっくり吸った。話はそこで途切れてしまったかのようだった。火がぽうっと明るくなっておじいちゃんの角張った指を照らし、煙がひろがっていく。ごそごそ音がして、前のほうにいた猫が一匹、バスの外へ出ていった。タバコの煙がきらいなのかもしれない。

「それで、どうしたの」

がまんできなくなって、私はきいた。座席の後ろについている灰皿のに、その子に履かれるのはいやだったんだ」

「どうして」

「さあ、どうしてかな……」

少しの間、おじいちゃんは考えた。1まるできのうの出来事を振り返るみたいに。

「その子は組の中でもとくに貧しい子で、いつもぼろぼろの上着を着てた。弁当を持ってこられないから、昼になるとどこかにいなくなった……その子は……」

お弁当を持ってこれなかったのか、かわいそうに。そう私が思ったのと同時に、おじいちゃんの体がゆれて、うなずいているのがわかった。

「……その子はいつも目をぴかぴか光らせて、みんなを馬鹿にしてるみたいな顔をしていた。ふだんは決して自分から声をかけてくるような子じゃなかった。いばってるって言われてたな。きらわれてたんだ、みんなに」

「その子がほんとに……」

私の声が少し大きくなったので、おじいちゃんは、しいっとくちびるをすぼめた。

「盗んだの、ほんとに」私は声をひそめた。

さあ、というように、おじいちゃんは［A］をかしげた。

「おじいちゃんは、運動靴がなくなったってさわぎになったときのその子の顔を見て、ぴんときてた。だから友だちに言ったんだ、その子が盗んだって」

「証拠もないのに」

「そう、証拠もないのに。もともときらわれてる子だったから、おじいちゃんがそう言うと、みんなすぐ信じた。そしてその子は、学校に来なくなった」

いつのまにか、外の猫たちもしずまりかえっていた。おじいちゃんの体から心臓の音が、どきんどきんと伝わってくる。

「そのときの担任の先生がね、おじいちゃんを呼びだした。その子はタカシっていったんだが、おじいちゃんにタカシの家に行って学校に来るように言えって言うんだ。おまえのせいでタカシは学校に来なくなったんだぞって。おじいちゃんは、ちょっと良心が痛んでいたときだっただけに、こっちが悪者あつかいされて、よけい腹が立ったよ。先生があんなみすぼらしくて、勉強もできない子の［B］を持つんだと思うと、それもくやしかった。だけど行ったんだ。その日、学校が終わってからタカシの家に。やっぱり先生の言うことは正しいと思ったからね」

「ひどいもんだったなあ、あの家は。実はさっきここに来たとき、おじいちゃんはふいにタカシのことを思い出してね。なぜだろうって思ったんだが……わかったよ、あの家を思い出したんだ。タカシの家も川原にぽつんと建ってて……しかしあれは家なんてもんじゃなかった。板切れとぼろ布を寄せ集めて、風に飛ばされないように石でおさえただけみたいなもんだった。たれさがったムシロをめくって『タカシくん、おられますか』って声をかけたら、ぼろを着て、なんだかだるそうにごろごろしている小さい子たちといっしょに、病気だったん

四 次の文章を読んで、後の問いに答えなさい。（字数指定がある場合、句読点・かぎかっこ等の記号は一字として数えること。）

小学校を卒業した春休み、家出をしたトモミが弟のテツとともに野良猫のたまり場となった川原のおんぼろバスで一夜を過ごしていると、心配したおじいちゃんがやってくる。その日は三人で一緒にバスで寝ることになった。

「あたしの夢に、おばあちゃんはあんまり出てきてくれないな」
おじいちゃんも私も、ちょっと黙った。
「でもおばあちゃんが死んじゃってから、よく見る夢がある」
「こわい夢か」
「どうして」
「うん？」
「こわい夢ってわかったの」
「べつにわかったわけじゃないよ……こわい夢なのか」
「どんな怪物だかよくはわからないけど」私は肩をすくめた。「夢の中で怪物になっちゃうのよ」
「それは悪いやつか」
「うん」
「トモミがその悪いやつになるのか」
「うん」
「それは、困ったな」

おじいちゃんの乾いた指先が、私の左手の甲をとんとんとたたく。やがておじいちゃんは手をひっこめ、毛布の中で姿勢を直した。ほうーっと長いため息。それから、もっともっと長い沈黙。
眠ってしまったのかな、と思ったとき、ふいにおじいちゃんはしゃべりだした。
「おじいちゃんが、今のトモミとちょうど同じくらいの頃だったな。上海におじさんがいたことがあってね」
「上海って中国の」
「うん。母方のおじさんで、なかなかおもしろい人だったようだが、早死にしてしまった……そのおじさんが、上海からおじいちゃんに運動靴を送ってくれたんだ。あの頃の日本ではとてもお目にかかれない、素晴らしい運動靴だったよ。爪先にエンジ色のゴムがついていて、足に吸いつくようで、底がしっかりしてて、ほんとに飛ぶように走れた。みんなにうらやましがられたよ。ふつうの運動靴さえ持ってない子が、まだたくさんいた時代だったんだ……」
おじいちゃんたら、なんの話をしてるんだろう。おじいちゃんのざらざらした声が、夜の空気にとけていく。
「ある日、学校の下駄箱に入れて置いたその運動靴がなくなった」
「……盗まれたの？」
おじいちゃんは、うむ、とうなずいた。「おじいちゃんは、犯人に心あたりがあった。その子はおじいちゃんの運動靴を、よくじっと見つめていたんだ。それに、履かせてくれってたのまれたのを、おじいちゃんは断ったことがあった。ほかの子に言われると履かせてやった

2024年度

鎌倉学園中学校

【国　語】〈第二次試験〉（五〇分）〈満点：一〇〇点〉

一　次の――線部を漢字に直して答えなさい。

1　国家ソンボウの危機がせまる。
2　シュウモクを集める。
3　ゼイリツをあげる。
4　今日はあたたかい陽気だ。
5　森の中でくまを発見した。

二　次の漢字の白抜きになっている字画の筆順を漢数字で答えなさい。

1

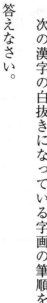

2　俳

3　密

4　右

三　次の四字熟語の□に当てはまる漢数字をそれぞれ答えなさい。また、適切な意味を後のア～エから選び、それぞれ記号で答えなさい。

1　海□山□
2　□□時中
3　□転□起

ア　一日を通してずっと。
イ　失敗してもへこたれないでがんばること。
ウ　経験豊かで、世間の裏も表も知り尽(つ)くしていること。
エ　その時が来るのを待ち遠しく思うこと。

2024年度 鎌倉学園中学校 ▶解説と解答

算　数 ＜第２次試験＞（50分）＜満点：100点＞

解　答

[1] (1) 4　(2) $7\frac{1}{4}$　(3) $\frac{124}{625}$　(4) 2950　[2] (1) $\frac{4}{7}$　(2) ５時間45分36秒　(3) 42才　(4) 1200m　[3] (1) 14.13cm^2　(2) 70度　[4] (1) 11個　(2) 17個　(3) 76個　[5] (1) 21個　(2) 35個　(3) 12個　[6] (1) 20番目　(2) $\frac{8}{57}$　(3) 1985番目　[7] (1) 450cm　(2) 289cm　(3) 272cm　[8] (1) 16.8cm　(2) 24cm　(3) 1920cm^3

解　説

[1] 四則計算，計算のくふう

(1) $148\div\{59-(7\times6-5\times4)\}=148\div\{59-(42-20)\}=148\div(59-22)=148\div37=4$

(2) $\left(4-\frac{3}{4}\right)\times\left(0.5-\frac{5}{13}\right)+2\frac{1}{2}\times2.75=\left(\frac{16}{4}-\frac{3}{4}\right)\times\left(\frac{1}{2}-\frac{5}{13}\right)+\frac{5}{2}\times2\frac{3}{4}=\frac{13}{4}\times\left(\frac{13}{26}-\frac{10}{26}\right)+\frac{5}{2}\times\frac{11}{4}=\frac{13}{4}\times\frac{3}{26}+\frac{55}{8}=\frac{3}{8}+\frac{55}{8}=\frac{58}{8}=\frac{29}{4}=7\frac{1}{4}$

(3) $\frac{1}{10}+\frac{1}{50}+\frac{7}{100}+\frac{1}{125}+\frac{1}{2500}=\frac{250}{2500}+\frac{50}{2500}+\frac{175}{2500}+\frac{20}{2500}+\frac{1}{2500}=\frac{496}{2500}=\frac{124}{625}$

(4) $A\times B+A\times C=A\times(B+C)$となることを利用すると，$8\times6+8\times17+11\times23+19\times36+31\times59=8\times(6+17)+11\times23+19\times36+31\times59=8\times23+11\times23+19\times36+31\times59=(8+11)\times23+19\times36+31\times59=19\times23+19\times36+31\times59=19\times(23+36)+31\times59=19\times59+31\times59=(19+31)\times59=50\times59=2950$

[2] 逆算，単位の計算，年齢(ねんれい)算，速さと比

(1) $\frac{1}{6}+\frac{1}{21}=\frac{7}{42}+\frac{2}{42}=\frac{9}{42}=\frac{3}{14}$より，$\frac{1}{4}\times\left(\frac{6}{7}-\square\right)\div\frac{3}{14}=\frac{1}{3}$，$\frac{6}{7}-\square=\frac{1}{3}\times\frac{3}{14}\div\frac{1}{4}=\frac{1}{3}\times\frac{3}{14}\times\frac{4}{1}=\frac{2}{7}$　よって，$\square=\frac{6}{7}-\frac{2}{7}=\frac{4}{7}$

(2) １日は24時間だから，１日の24％は，24×0.24＝5.76(時間)である。また，１時間は60分なので，0.76時間は，60×0.76＝45.6(分)となる。さらに，１分は60秒だから，0.6分は，60×0.6＝36(秒)とわかる。よって，１日の24％は５時間45分36秒である。

(3) ６年前の２人の年齢の和は，54－６×２＝42(才)である。このときの父と子どもの年齢の比が６：１なので，６年前の父の年齢は，$42\times\frac{6}{6+1}=36$(才)とわかる。よって，現在の父の年齢は，36＋６＝42(才)と求められる。

(4) 分速100mと分速60mの比は，100：60＝５：３だから，分速100mで行くときと分速60mで行くときの時間の比は，$\frac{1}{5}:\frac{1}{3}=3:5$となる。この差が，３＋５＝８(分)なので，比の１にあたる時間は，８÷(５－３)＝４(分)となり，分速100mで行くときにかかる時間は，４×３＝12(分)と求められる。よって，駅から学校までの道のりは，100×12＝1200(m)である。

3 平面図形─面積，角度

(1)　右の図１で，㋐と㋑を合わせると半円になり，㋒と㋑を合わせても同じ大きさの半円になるから，㋐と㋒の部分の面積は等しいことがわかる。よって，㋒の部分を㋐の部分に移動すると，斜線(しゃせん)の部分の面積は㋐と㋓を合わせた部分の面積と等しくなる。つまり，半径が，３×２＝６(cm)で中心角が45度のおうぎ形の面積と等しくなるので，$6\times6\times3.14\times\frac{45}{360}=4.5\times3.14=14.13(\text{cm}^2)$と求められる。

図１
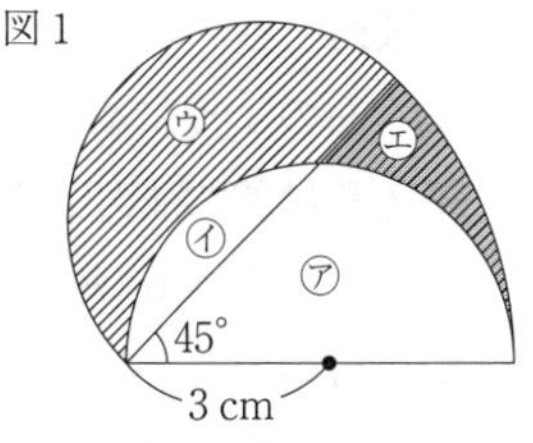

(2)　右の図２で，三角形ABCは直角二等辺三角形だから，角ACBの大きさは45度である。よって，三角形FECに注目すると，角DFCの大きさは，25＋45＝70(度)とわかる。また，三角形CDFと三角形CBFは合同なので，角xの大きさも70度である。

図２
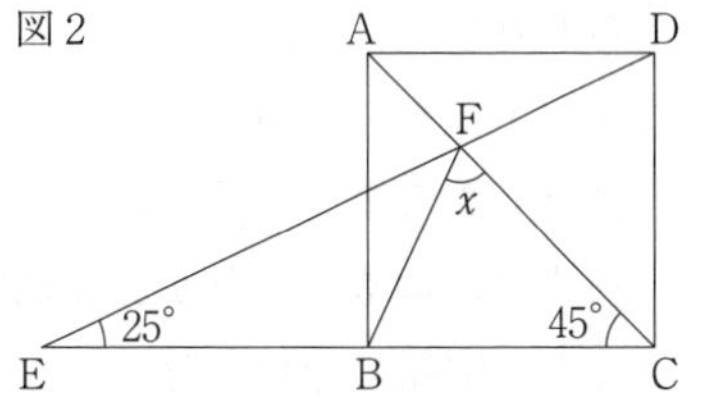

4 整数の性質，集まり

(1)　500÷10＝50より，１から500までに10で割り切れる整数は50個ある。また，399÷10＝39余り９より，１から399までに10で割り切れる整数は39個ある。よって，400から500までに10で割り切れる整数は，50－39＝11(個)あることがわかる。

(2)　(1)と同様に考えると，500÷６＝83余り２より，１から500までには83個，399÷６＝66余り３より，１から399までには66個あることがわかる。よって，400から500までには，83－66＝17(個)ある。

(3)　６と10の最小公倍数は30だから，はじめに400から500までの30の倍数の個数を求める。500÷30＝16余り20より，１から500までには16個，399÷30＝13余り９より，１から399までには13個あることがわかるので，400から500までには，16－13＝３(個)ある。よって，右の図のようにまとめることができるから，６と10の少なくとも一方で割り切れる整数の個数は，11＋17－３＝25(個)と求められる。また，400から500までの整数は全部で，500－399＝101(個)あるので，６でも10でも割り切れない整数の個数は，101－25＝76(個)である。

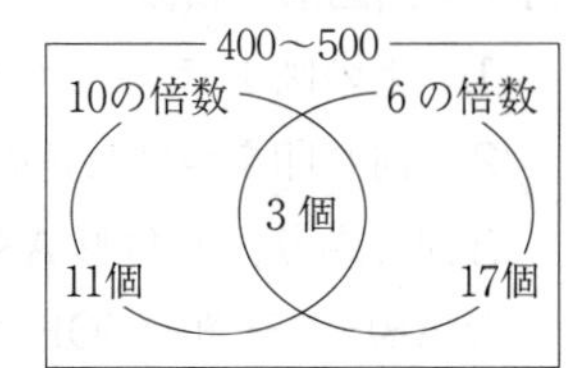

5 平面図形─構成，場合の数

(1)　右の図で，Aを除いたB～Hの７個の点の中から，残りの２個の点を選べばよい。そのような２個の点の選び方は，$\frac{7\times6}{2\times1}=21$(通り)ある。この中には３点が一直線上に並ぶものはないので，Aを含(ふく)む三角形は21個ある。

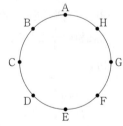

A　B　H　C　G　D　F　E

(2)　Aを除いたB～Hの７個の点の中から，残りの３個の点を選べばよい。そのような３個の点の選び方は，$\frac{7\times6\times5}{3\times2\times1}=35$(通り)ある。(1)と同様に，この中には３点が一直線上に並ぶものはないから，Aを含む四角形は35個ある。

(3)　上底がAHの場合，下底は{BG，CF}の２通り考えられる。上底がABの場合も同様に２通りある。次に，上底がAGの場合，下底は{BF}だけであり，上底がACの場合も同様に１通りとなる。また，上底がAFの場合，下底は{HG，CD}の２通り考えられ，上底がADの場合も同様に２通りとなる。さらに，上底がAEの場合，下底は{HF，BD}の２通りあるので，全部で，（２＋１

＋２)×２＋２＝12(個)と求められる。

6 数列

(1)　右のように組に分けることができる。１組を除くと，分母と分子の和は組の番号よりも１大きくなるから，$\frac{5}{2}$があらわれるのは，２＋５－１＝６(組)とわかる。また，各組の分子は１から順に並んでいるので，$\frac{5}{2}$は６組の５番目の数となる。さらに，１組から５組までの個数の合計は，１＋２＋３＋４＋５＝15(個)だから，$\frac{5}{2}$があらわれるのは，はじめからかぞえて，15＋５＝20(番目)である。

１組	1
２組	$\frac{1}{2}$，$\frac{2}{1}$
３組	$\frac{1}{3}$，$\frac{2}{2}$，$\frac{3}{1}$
４組	$\frac{1}{4}$，$\frac{2}{3}$，$\frac{3}{2}$，$\frac{4}{1}$
５組	$\frac{1}{5}$，$\frac{2}{4}$，$\frac{3}{3}$，$\frac{4}{2}$，$\frac{5}{1}$

(2)　１組から□組までの個数の合計は，(１＋□)×□÷２と表すことができるので，この値が2024に近くなるような□を求める。□＝63とすると，(１＋63)×63÷２＝2016となるから，１組から63組までの個数の合計が2016個であり，2024番目の数は64組の，2024－2016＝８(番目)の数とわかる。また，64組の分母と分子の和は，64＋１＝65なので，８番目の数の分母は，65－８＝57となり，64組の８番目の数は$\frac{8}{57}$と求められる。

(3)　約分すると１になる数は，３組の真ん中の$\frac{2}{2}$，５組の真ん中の$\frac{3}{3}$，…のように，組の番号が奇数の組の真ん中にあらわれる。よって，2024番目(64組の８番目)までで最後に１になるのは，63組の真ん中とわかる。ここで，１組から62組までの個数の合計は，(１＋62)×62÷２＝1953(個)であり，63組の真ん中の数は63組の中で，(63＋１)÷２＝32(番目)の数である。よって，63組の真ん中の数は，はじめからかぞえると，1953＋32＝1985(番目)と求められる。

7 平面図形―相似

(1)　下の図１で，BCの長さは510cmだから，BPの長さは，510－60＝450(cm)である。

(2)　同じ印をつけた角の大きさはそれぞれ等しいので，４つの三角形AOR，AOS，POR，POSは合同であり，四角形ASPRはひし形になる。また，RからABに平行な直線REを引くと，三角形ABPと三角形SOPと三角形SERは相似になる。ここで，三角形ABPの直角をはさむ２辺の比は，AB：BP＝240：450＝８：15だから，三角形SERの直角をはさむ２辺の比も，SE：ER＝８：15となり，SEの長さは，$240\times\frac{8}{15}$＝128(cm)とわかる。さらに，三角形ABSと三角形REPは合同なので，BSとEPの長さはどちらも，(450－128)÷２＝161(cm)となり，SPの長さは，128＋161＝289(cm)と求められる。したがって，PRの長さも289cmである。

(3)　三角形SERの面積は，128×240÷２＝15360(cm^2)であり，三角形SOPの面積は四角形ASPRの面積の$\frac{1}{4}$だから，$289\times240\times\frac{1}{4}$＝17340(cm^2)と求められる。よって，三角形SERと三角形SOP

図１
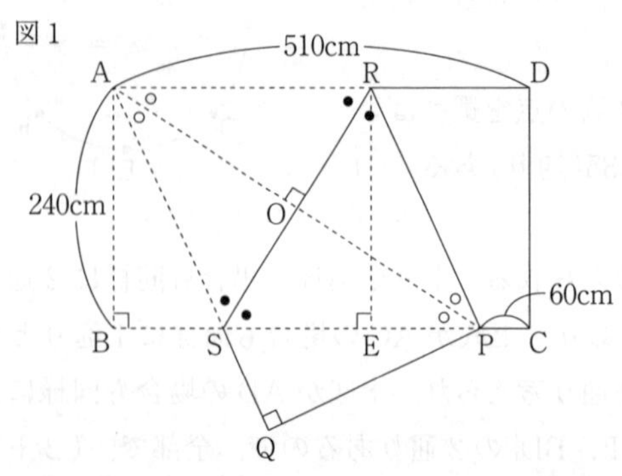

図２
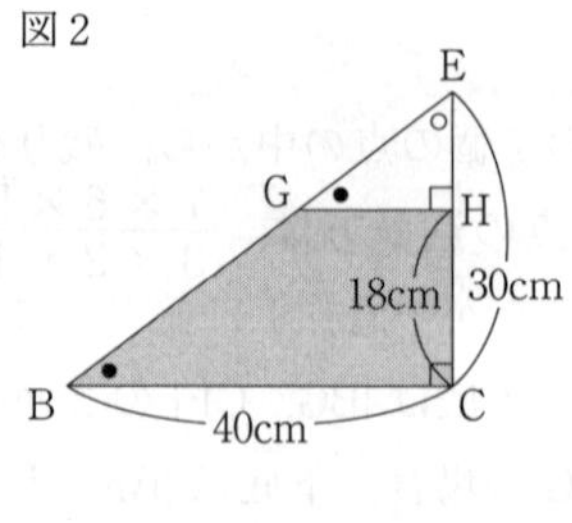

図３
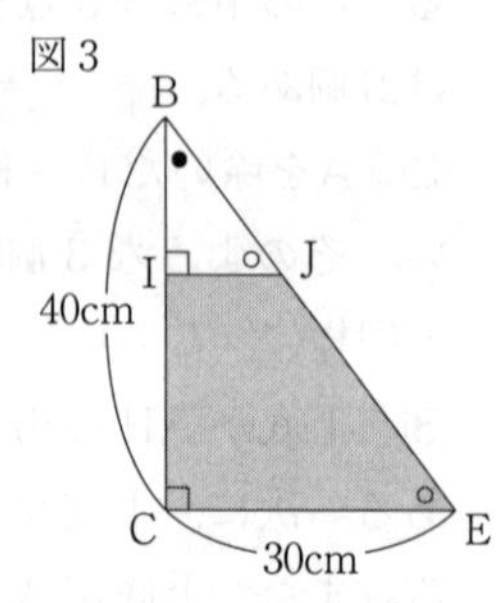

は，面積の比が，15360：17340＝256：289＝(16×16)：(17×17)なので，相似比は16：17とわかる。したがって，RS：PS＝16：17だから，RSの長さは，$289\times\frac{16}{17}$＝272(cm)と求められる。

8 水の深さと体積

(1) 正面から見ると上の図２のようになる。図２で，三角形EBCと三角形EGHは相似であり，相似比は，EC：EH＝30：(30－18)＝５：２だから，GHの長さは，$40\times\frac{2}{5}$＝16(cm)とわかる。よって，台形GBCHの面積は，(16＋40)×18÷２＝504(cm^2)なので，水の体積は，504×20＝10080(cm^3)と求められる。また，三角形BCEの面積は，40×30÷２＝600(cm^2)だから，この面を底面としたときの水面の高さは，10080÷600＝16.8(cm)とわかる。

(2) 面CEFDを底面とすると上の図３のようになる。図２と図３で水が入っていない部分の面積は同じであり，同じ印をつけた角の大きさは等しいので，図２の三角形EGHと図３の三角形JBIは合同になる。よって，図３のBIの長さは図２のGHの長さと等しく16cmだから，図３の水面の高さは，40－16＝24(cm)と求められる。

(3) 三角形BCEの面積は600cm^2なので，この容器の容積は，600×20＝12000(cm^3)である。よって，容器を満水にするには，12000－10080＝1920(cm^3)の水を追加すればよい。

社　会　＜第２次試験＞（30分）＜満点：60点＞

解　答

1 **問１** (1) ウ　(2) イ　**問２** (1) イ　(2) 富岡製糸場　(3) イ　**問３** (1) エ　(2) ウ　(3) オ　**問４** (1) 刑事補償請求権　(2) イ　(3) こども家庭庁　**問５** イ　**問６** (1) カ　(2) 霞ケ浦　(3) (例) 八郎潟が干拓されたこと　**2** **問１** ア　**問２** エ　**問３** C　**問４** 三国干渉　**問５** 日ソ中立条約　**問６** (1) ア　(2) イ　(3) エ　(4) **A** 択捉　**B** 国後　**問７** エ　**問８** オ　**問９** 北海道　**問10** ア　**問11** ウ

解　説

1 関東地方の歴史や地理についての問題

問１ (1) 武家諸法度は大名を統制するために定められた法令で，1615年に江戸幕府第２代将軍の徳川秀忠が初めて発した(ウ…×)。　(2) 水戸藩が水戸県となったのは，廃藩置県によってである。1869年に行われた版籍奉還では，これまで大名が支配していた領地と領民が天皇に返還された。明治政府は，1871年に廃藩置県を行い，藩を廃止して全国に府県を置き，中央から府知事・県令(後の県知事)を派遣した。こうして，天皇を中心とする中央集権体制が確立した(イ…○)。なお，ア，ウ，エは版籍奉還の説明である。

問２ (1) 冬の北西の季節風は，越後(えちご)山脈を越(こ)えるとき，新潟県側に多くの雪を降らせ，風下にあたる関東地方に乾いた風として吹(ふ)きおろす。そのため，関東地方の冬は晴れた日が多い(イ…○)。なお，奥羽山脈は東北地方を南北に走る山脈である。　(2) 群馬県にある富岡製糸場は，明治政府の殖産(しょくさん)興業政策の一環(いっかん)として，1872年に開設された官営工場である。フランス製の機械とフランス人技師ブリューナの指導により，近代的熟練工を養成した。工場は閉鎖(へいさ)された後も，建物や機械が大切に保存され，2014年に「富岡製糸場と絹産業遺産群」として，ユネスコ(国連教育科学文化機関)の世界文化遺産に登録された。　(3)　資料の法律に，「日本国有鉄道の改革に関する基本方針」として，「その事業の経営を分割するとともに」，「経営組織を株式会社とする」とある。これは1987年の日本国有鉄道(国鉄)の分割・民営化を表し，実施はイの中曽根康弘内閣のときである。なお，アの福田赳夫はこれ以前，ウの小渕恵三とエの福田康夫はこれ以後の首相である。

問３　(1)　資料にドイツ人捕虜が収容されていたとあるので，日本がドイツと戦った戦争である，第一次世界大戦(1914～18年)中の出来事であるとわかる。第一次世界大戦では，日本は日英同盟を理由に連合国側で参戦し，戦勝国となった(エ…○)。なお，アは第二次世界大戦(1939～45年)，イは日中戦争(1937～45年)，ウは太平洋戦争(1941～45年)が始まるきっかけについての説明である。
(2)　鎌倉時代の1221年，後鳥羽上皇は政治の実権を幕府から朝廷に取り戻そうとして，承久の乱を起こした。しかし，源頼朝の妻であり「尼将軍」と呼ばれた北条政子や，執権の北条氏が率いる幕府軍に敗れ，上皇は隠岐(島根県)に流された(ウ…○)。なお，アの壬申の乱(672年)は飛鳥時代，イの藤原純友の乱(939～941年)は平安時代，エの山城国一揆(1485～93年)は室町時代の出来事である。　(3)　北海道は米の収穫量が全国有数であるが，稲作より畑作が中心で，小麦・大豆・たまねぎの収穫量が全国で最も多い。小麦は，九州北部の筑後川流域の平野でもさかんに栽培されていて，福岡県や佐賀県で収穫量が多い(…Z)。大豆は，全国で栽培されるが，北海道・宮城県・秋田県の上位３県で全体の収穫量の約６割近くを占めている(…X)。たまねぎは，すずしい気候を好み，佐賀県や兵庫県では秋から春にかけてさかんに栽培されている(…Y)。

問４　(1)　刑事裁判において，被告人の無罪が確定したとき，拘束されていた期間の補償を国に求めることができる権利を刑事補償請求権という。　(2)　地方公共団体の政治では，地方税収入などの自主財源の大きさによって，地方公共団体間で行政サービスに格差が生じる。そこで，この格差を是正するため，国から地方交付税交付金が給付される。交付金の使い道は各地方公共団体が自由に決めることができる。ただし，東京都は人口が多く大企業の本社などの事業所も多いので，自主財源が豊富であることから，この給付を受けていない。なお，アの地方債は地方公共団体の借金，ウの国庫支出金は地方公共団体に支給される使い道が決まっている国の補助金，エの地方譲与税は国が徴収する税のうち地方に譲り渡す税である。　(3)　こども家庭庁は，少子化対策や子育て支援などを目的とする機関で，2023年４月に内閣府の下に設置された。

問５　表１において，関東地方の全ての都県で，「最低賃金時間額」が令和３年度と比べて令和４年度は増加している(イ…○)。なお，令和３年度と令和４年度を比べたときの「最低賃金時間額」の上昇額は，都県により30～32円とばらつきがある(ア…×)。表１において，政令指定都市が置かれている県は，埼玉県(さいたま市)，千葉県(千葉市)，神奈川県(横浜市・川崎市・相模原市)であり，そのうち令和４年度の「最低賃金時間額」が最も低い千葉県と最も高い神奈川県の差額は87円で，100円に満たない(ウ…×)。表１において，政令指定都市が置かれていない県は茨城県，栃木県，群馬県であり，そのうち令和４年度の「最低賃金時間額」が最も低い群馬県と最も高い栃木県の差額は18円で，50円に満たない(エ…×)。

問６　(1)　暗号の数字は，「50音図」のア段からオ段を表している。例の「きょうと」の場合，「き」はカ行のイ段→２，「ょ」はヤ行のオ段→５，「う」はア行のウ段→３，「と」はタ行のオ段→５で，2535となる。Ａ～Ｃは全て，ひらがなで表すと４字になるので，関東地方では茨城県，埼玉県，神奈川県のいずれかである。Ａはア段だけなので「かながわ」，Ｂはア段が３つなので「さいたま」，Ｃはア段が２つなので「いばらき」になる。３県のうち，面積は茨城県が最も大きく，神奈川県が最も小さいので，大きい順にＣ→Ｂ→Ａとなる。　⑵　茨城県南部にある霞ケ浦は，琵琶湖(滋賀県)に次ぐ，面積が日本で２番目に大きい湖である。　⑶　秋田県の八郎潟はかつて２番目に面積が大きい湖であったが，国の事業により干拓され，干拓地に大潟村が形成された。現在では，わずかに調整池が残るだけとなっている。

２　日本とロシア・ソ連との外交関係についての問題

問１　日本への仏教伝来は古墳時代の538年(一説に552年)のことで，遣唐使の最初の派遣は飛鳥時代の630年である(ア…×)。

問２　資料の文章の冒頭に，鎌倉時代の北九州を襲撃したとあるので，元(中国)の軍団が北九州を襲った元寇について述べているとわかる。また，文章の終わりに「対外的危機感をあおることで民衆の不満を外国に向ける役割を果たした」とあることから，記念碑の建設には，対立していた清(中国)やロシアを元と重ね合わせることで，愛国心や敵対国への対抗心を刺激する目的があったと考えられる(エ…○)。

問３　史料Ⅲは日露戦争(1904～05年)の講和条約であるポーツマス条約の内容の１つで，韓国(朝鮮)に対する日本の指導権，優越権について述べている(Ｃ…○)。

問４　史料Ⅰは，日本が遼東半島の領有を放棄することを勧告する内容である。日清戦争(1894～95年)の講和条約である下関条約において，日本は清から遼東半島などの領土を得たが，ロシアはフランス・ドイツを誘い遼東半島の返還を求める三国干渉を行った(年表中のＢ)。

問５　史料Ⅳは，どちらか一方の国が第３国と戦争状態になっても，他方の国は中立を守るとする内容であることから，1941年に結ばれた日ソ中立条約である(年表中のＤ)。その後，1945年にソ連はこの条約を一方的に破棄し，日本に宣戦布告した。なお，史料Ⅱは1875年に結ばれた樺太・千島交換条約である(年表中のＡ)。

問６　⑴　1956年，当時の鳩山一郎首相がソ連の首都モスクワを訪問し，日ソ共同宣言に調印してソ連との国交を回復した。これにより，日本は国際連合への加盟を果たした(ア…○)。　⑵　平和的生存権は，日本国憲法前文で述べられている(Ａ…×)。憲法第９条は，平和主義の原則を述べたもので，１項で戦争の放棄，２項で戦力の不保持・交戦権の否認の内容が明記されている(Ｂ…○)。非核三原則は，1967年に佐藤栄作首相が国会で答弁した核兵器に対する日本の基本姿勢を表す原則であるが，憲法には定められておらず，日本国憲法はこれまで改正されていない(Ｃ…×)。　⑶　日ソ共同宣言では，日ソ間で平和条約が結ばれたとき，北方領土の一部である色丹島と歯舞群島を返還するとした。よって，図１中では，エの線が当てはまる。　⑷　図１中のＡは択捉島，Ｂは国後島である。日本政府は，この２島に色丹島と歯舞群島をふくめて北方領土とし，ロシアに対して返還を求めている。

問７　図２の雨温図で，金沢市(石川県)の１年間の気温の差は約５度から約30度までの25度程度であるが，イルクーツクの雨温図を見ると，夏は20度近く，冬は０度を約15度下回っており，その差は35度以上となる(Ａ…正)。金沢市は日本海側の気候に位置し，冬は北西の季節風の影響で降水量(降雪量)が多い(Ｂ…誤)。図２の雨温図を見ると，イルクーツクの冬の降雪量は少ないので，写真２のように住宅が高床なのは，豪雪が理由ではないとわかる。イルクーツクの住宅が高床となっているのは，建物の熱によって凍土が解けて地盤がゆるむことで，家が傾いてしまうのを防ぐためである(C…誤)。

問８　X　表２を見ると，中古車の輸出台数の第１位はロシアで，前年にくらべ30％以上も増加していることがわかる。　Y　表３でロシアからの輸入品目の第１位であり，図３のグラフで日本の輸入量のうちオーストラリアが最も大きい割合を占めているのは，液化天然ガスである。なお，日本の石油の輸入先はサウジアラビアやアラブ首長国連邦など中東の産油国が多くを占め，ロシアの割合は４％程度である(2021年)。　Z　カニの水揚げ漁港として知られる鳥取県の漁港は境港である。なお，敦賀港は福井県にある。

問９　カニの漁獲量は，全体の４分の１を占める北海道が全国第１位で，以下鳥取県，兵庫県と続く。

問10　X　日本のサケ類の輸入先は，チリとノルウェーの２か国で輸入額全体の約８割を占める。　Y　排他的経済水域は，沿岸から200海里(約370km)の範囲内の，領海の外側の海域で，沿岸国が水産資源や海底の地下資源を独占的に管理できる海域をいう。なお，沿岸から12海里(約22km)は，沿岸国が領海として設定できる範囲である。　Z　日本のタラ類の輸入先は，アメリカとロシアの２か国で輸入額全体の約８割を占める。

問11　表において，X・Yの両国が「協調」を選択すれば，両国の合計は20点で最大化する。しかし，どちらか一方が「協調」を，片方が「非協調」を選択した場合，「非協調」を選択した方が15点と最も大きい点数を得られる一方で，「協調」を選択した方が３点と最も小さい点数しか得られないため，自国の得る点数の最大化を目指し，点数の最小化をさけようとすると，両国とも「協調」を選択できない(ウ…〇)。なお，X国にとっても最も高い点数である15点を得られるのは，X国が「非協調」を，Y国が「協調」を選択したときである(ア…×)。X国が「協調」を選択する場合，Y国は「協調」を選択して10点を得るより，「非協調」を選択して15点を得る方が，得られる点数は高い(イ…×)。X・Yの両国が「非協調」の場合，両国の点数の合計は10点で，両国が「協調」を選択したときよりも点数の合計は低くなる(エ…×)。

理　科　＜第２次試験＞（30分）＜満点：60点＞

解　答

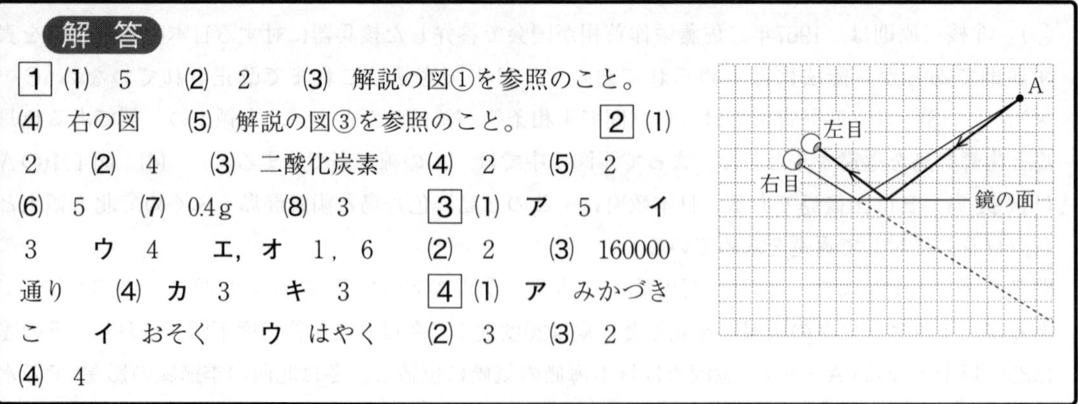

[1] (1) 5　(2) 2　(3) 解説の図①を参照のこと。　(4) 右の図　(5) 解説の図③を参照のこと。　[2] (1) 2　(2) 4　(3) 二酸化炭素　(4) 2　(5) 2　(6) 5　(7) 0.4g　(8) 3　[3] (1) **ア** 5　**イ** 3　**ウ** 4　**エ，オ** 1，6　(2) 2　(3) 160000通り　(4) **カ** 3　**キ** 3　[4] (1) **ア** みかづきこ　**イ** おそく　**ウ** はやく　(2) 3　(3) 2　(4) 4

解　説

1 鏡にうつる像についての問題

(1)　鏡にうつる像は，鏡に対して鏡にうつるもの（実物）と反対側の同じ距離のところにできる。つまり，鏡の真上や真横から見たとき，鏡にうつる像と実物は鏡に対して線対称の位置にある。

(2)　反射する前の光線と鏡の面に垂直に引いた線のなす角を入射角といい，反射した後の光線と鏡の面に垂直に引いた線のなす角を反射角という。

(3)　図２で，Ａ点に置いた豆電球から出た光は，鏡の表面で反射して右目にとどく。このようすを，図４のように反射する前の光線と反射した後の光線に矢印を書き加えて表すと，下の図①のようになる。

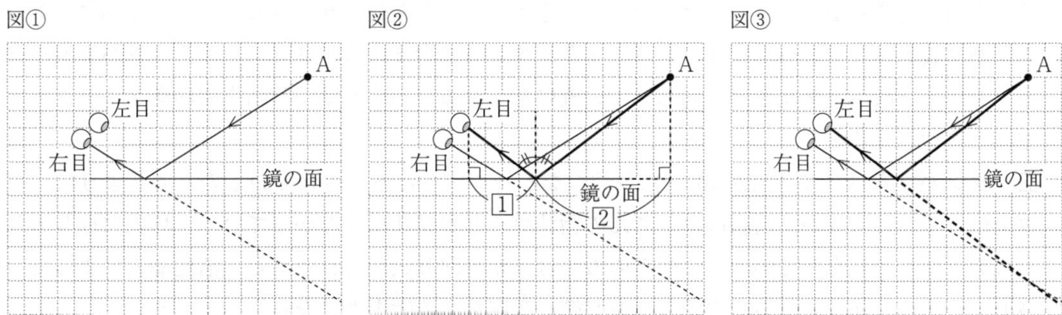

(4)　鏡の面で光が反射する点をさがし，図２のようにＡ点と鏡の面で反射する点，反射する点と左目がつながるように直線を引き，(3)のように矢印を書き加えると左目にとどく光の道すじとなる。図２で，左目は鏡の面から垂直に３目もり上にあり，Ａ点は鏡の面を延長した線から垂直に６目もり上にある。そのため，上の図②のように，左目とＡ点から垂直に下ろした線と鏡の面や鏡の面を延長した線の交点の間を，３：６＝１：２に分けた点で光が反射すると，入射角と反射角が等しくなるので，この点が左目にとどく光の反射する点とわかる。すると，図②の太線のように左目にとどく光の道すじを書くことができる。

(5)　図３の点線のように，鏡の面で反射した点から左目にとどく光線を逆向きに延長すると，上の図③の太点線のようになる。この２つの点線の交点はＡ点に置いた豆電球の像ができる位置で，鏡の面に対してＡ点と線対称の位置になっている。

2 炭酸水素ナトリウムの加熱，金属の燃焼についての問題

(1)　ガスバーナーの炎が黄色いのは，ガスの燃焼に必要な酸素が不足していて，不完全燃焼していることが原因である。このようなときは，ガス調節ねじを手でおさえながら，空気調節ねじを上から見て左回り（反時計回り）に回して，ガスと混合する空気を増やせばよい。

(2)　乾燥した塩化コバルト紙は青色をしているが，水を含むと赤色に変化する。

(3)　石灰水に二酸化炭素がとけると，水にとけにくい白色固体の炭酸カルシウムができるため，液が白くにごる。

(4)　実験１では，ガスバーナーの火を消す前にガラス管を石灰水の入った試験管Ｂからぬく必要がある。ガラス管が石灰水に入った状態で火を消すと，試験管Ａ内は気体が冷えて体積が小さくなることで圧力が下がる。すると，ガラス管を通って温度の低い試験管Ｂ内の液体が逆流し，試験管Ａが急に冷やされて割れてしまうおそれがある。

(5)　炭酸水素ナトリウム(重そう)を水にとかした水溶液はアルカリ性なので，フェノールフタレイン溶液を数滴加えると，無色からうすい赤色に変化する。

(6)　実験２の表より，加熱後の酸化銅の重さは加熱前の重さに比べて，0.25÷0.2＝1.25(倍)になっている。したがって，0.4ｇの銅を十分に加熱すると，0.4×1.25＝0.50(ｇ)の酸化銅になる。

(7)　1.6ｇの銅を空気中で十分に加熱すると，1.6×1.25＝２(ｇ)の酸化銅になることから，２－1.6＝0.4(ｇ)の酸素が銅に結びついたとわかる。

(8)　アルミニウムや鉄はうすい塩酸に入れるととけて水素が発生するが，銅はうすい塩酸に入れてもとけない。

3　消化についての問題

(1)　だ液に含まれるアミラーゼは，デンプンを麦芽糖へと変化させ，胃液に含まれるペプシンは，タンパク質をペプトンへと変化させる。また，すい液に含まれるトリプシンは，タンパク質やペプトンをアミノ酸へと変化させ，同じくすい液に含まれるリパーゼは，脂肪を脂肪酸とモノグリセリドへと変化させる。

(2)　タンパク質はアミノ酸が鎖状に多数つながっていると述べられているのと同じように，デンプンはたくさんの糖が，脂肪はたくさんの脂肪酸などが鎖状につながっていて，体内に取り入れるには大きなつくりをしている。これらのものは口から取り入れられたあと，消化酵素によって分解され，小腸のじゅう毛にある血管やリンパ管に吸収できる大きさになる。

(3)　タンパク質をつくるためのアミノ酸は全部で20種類あると述べられている。したがって，図１のようにアミノ酸が４つつながってできるタンパク質の種類は，４つそれぞれについて20種類のアミノ酸から１つを選ぶことになるため，20×20×20×20＝160000(通り)考えられる。

(4)　試験管Ａではデンプンがあるので，ヨウ素液を入れると青紫色になるが，試験管Ｂではアミラーゼのはたらきによりデンプンが分解されているので，ヨウ素液を入れても青紫色にはならず，ヨウ素液の色のまま黄色くなっている。試験管Ｃと試験管Ｄでは，アミラーゼを入れたあと，どちらも90℃で５分間加熱している。タンパク質は熱によって形が変わってしまい，酵素などのタンパク質はそのはたらきを失うと述べられているように，試験管Ｃと試験管Ｄではアミラーゼが加熱によってそのはたらきを失うため，その後デンプンを加えても，デンプンは分解されずにそのまま残り，ヨウ素液を入れたときの色はどちらも青紫色になる。

4　流水のはたらきについての問題

(1)　川の曲がっているところの，カーブの内側では流れがおそいため，堆積作用が強くはたらき，土砂がつもりやすい。一方，カーブの外側では流れが速く，浸食作用が強くはたらき，川底や川岸がけずられていく。すると，川の曲がり方がだんだんきつくなっていき，洪水などをきっかけに川の流路がまっすぐになると，川の曲がっていた部分が三日月形(弧状)に取り残される。このようにしてできた湖や沼，池のことを三日月湖とよぶ。

(2)　川から運ばれてきた土砂は，粒の大きなものから堆積していく。粒の大きさは大きい順に小石，砂，粘土となっていて，図２では河口にもっとも近いＡに小石がつもり，Ｂに砂がつもる。そして，河口からはなれたＣには粘土が堆積する。

(3)　図２のように川の河口があるとき，ＤはＢの範囲内にあるため，(2)で述べたように，砂がつもっている。その後，川の流れが変化して河口が矢印の場所まで移動したとすると，Ｄは河口にかなり近づくことになる。すると，Ｄには粒の大きな小石が堆積することになるので，Ｄの場所の地層は２のようになる。

⑷　図２で，Ｂには砂がつもっている。その後，川の流れが速くなると運搬作用が強まるため，河口からの距離が変わらなくても，粒の大きなものが運ばれて堆積するようになる。したがって，Ｂの場所の地層は４のようになると考えられる。

国　語　<第２次試験>（50分）<満点：100点>

解　答

一　下記を参照のこと。　二　1　三　2　七　3　四　4　二　三　1　（海）千（山）千　意味…ウ　2　四六（時中）　意味…ア　3　七（転）八（起）　意味…イ
四　問1　A　イ　B　ア　問2　イ　問3　エ　問4　ウ　問5　ア　問6　（例）　タカシをやっつけるには，タカシの妹を痛めつけるほうがきくと思ったから。　問7　ア　問8　ウ　五　問1　ウ　問2　b，c　問3　権利　問4　イ　問5　イ　問6　ア　問7　読書を通じ　問8　（例）　Ａでは唯一絶対の価値を持つ本を読めばよいが，Ｂでは大量の読書を通じて基礎的な価値観や倫理観を培う必要があったから。　問9　エ
六　問1　A　五〇〇（500）　B　二五〇（250）　問2　ア　問3　（例）　平均値を上回る所得を持つ少数の世帯が平均値を引き上げていた（から。）

●漢字の書き取り

一　1　存亡　2　衆目　3　税率　4　暖（かい）　5　熊

解　説

一　漢字の書き取り

1　そのまま残るかほろびるかということ。　2　多くの人の見る目。　3　税金を計算するときの割合。　4　音読みは「ダン」で，「暖冬」などの熟語がある。　5　音読みは「熊胆（ゆうたん）（薬に用いるくまのきものこと）」などの「ユウ」。

二　漢字の筆順

1　筆順は左から右，上から下の原則に沿い，最初は左はらいを書く。上のたてぼうが二画目，白抜き部分は三画目となる。　2　最初ににんべんを二画で書き，次に「非」の左部分を左はらいから順に四画で書く。白抜き部分はその次なので，七画目にあたる。　3　最初にうかんむりを三画で書き，その次が白抜き部分になるので，四画目である。　4　左はらいが一画目で，白抜き部分は二画目になる。

三　四字熟語の完成と意味

1　「海千山千」は，いろいろな経験を積んでいてしたたかなこと。　2　「四六時中」は，一日中。明けても暮れても。　3　「七転八起」は，「七転（ななころ）び八起（やお）き」と同じ意味で，何度失敗してもあきらめずにがんばること。

四　出典：湯本香樹実（ゆもとかずみ）『春のオルガン』。自分の中の怪物（かいぶつ）の存在に悩（なや）むトモミに，おじいちゃんは子どものころ，やはり自分の中に怪物を感じたときのことを話す。

問１　Ａ「首をかしげる」は，“疑問に思って首をかたむける”という意味。　**Ｂ**「肩を持つ」は，“味方をする”という意味。

問２　それはおじいちゃんが「今のトモミと同じくらいの頃」の出来事なので，数十年前のことだったが，まるで「きのう」のことのようにおじいちゃんははっきりと覚えていたことをいっている。

問３　おじいちゃんがタカシの家に行ったのは，「おまえのせいでタカシは学校に来なくなった」から「学校に来るように言え」と先生に言われ，「先生の言うことは正しいと思ったから」だと前にある。そのため，タカシに「ちゃんとあやまれ」と言われたとき，おじいちゃんの「頭の中に先生の顔が浮か」び，タカシに謝ったのである。

問４「ノミ」は，木や石などに穴をあけるための工具。ノミのような工具に油をひくと働きがよくなることから，「油をひいたばかりのノミの先」にたとえられた目は，するどい眼光を持っていたといえる。このような目で見られたおじいちゃんが，とても逆らえないと感じたことからも，ウが選べる。

問５「どぎまぎ」は，うろたえてあわてるようすをいう。

問６　ぼう線部５の理由を，この後おじいちゃんは自分で説明している。おじいちゃんは，「タカシをやっつけるには，この子(＝タカシの妹)を痛めつけるほうがきく」と思ったのである。

問７　続く部分に注意する。次の文の「そういう人」とは，「持ってるもので争うくらいなら何も持たずにいるんでかまわない」と考えるおだやかな人である。そんなおじいちゃんの中にも，ふだんの姿とは似ても似つかない「怪物」がいると知り，驚いてあれこれ考えをめぐらせているのだから，アが合う。

問８　病気のおばあちゃんの悲惨な様子に，トモミは，もう装置を止めて死なせたほうがいいと思った。その後，トモミは，自分が怪物になる夢をよく見るようになった。トモミは，自分が「あの機械の音，とめてほしいって思った」ことに悩んでいた。ぼう線部７に続く言葉からは，トモミがそういう悩みをかかえるようになったのは，大きくなったからだというおじいちゃんの考えがうかがわれる。したがって，ウがあてはまる。

五　**出典：齋藤孝『読書力』**。かつて日本人は高い読書力を持っており，倫理観や人間理解力の養成も下支えされてきたが，現在はその読書力は低下していると述べられる。

問１　打ち消しの意味を持つ漢字には，「無」，「非」，「不」，「未」があり，熟語によってどの字を使うかは決まっている。「未経験」は，経験していないようす。なお，アには「非」，イには「不」，ウには「未」，エには「無」が入る。

問２　ｂの前では日本の「読書力の高さ」が取り上げられているが，後では「読書力は低下してきている」と述べられる。また，ｃでは，前で，唯一絶対の価値を持つ本がある場合について書かれているが，後では，そういった本がない場合について述べられる。よって，ｂとｃに，前のことがらを受けて，それに反する内容を述べるときに用いる「しかし」があてはまる。なお，ａには，前のことがらを受けて，順当に次のことが起こるさまを表す「したがって」が，ｄには，前のことがらを受けて，さらに別のことを加えるときに使う「しかも」が入る。

問３　必ずしなければならないつとめを意味する「義務」の反対の意味の語は，してよい，あるいはしなくてよいという資格をいう「権利」である。

問４　ルビとはふりがなのこと。前の部分に注目する。現在の文庫本にはルビが少なく，小学生が読むことは難しい。だが，かつての日本は読書の質が高く，それを助けていたのは「総ルビ文化」であり，ルビのおかげで「子どもでも大人が読むレベルのものを読むことができた」というのだから，イがふさわしい。

問５　「世界文学を読む習慣」が「日本文化の大きな特徴(とくちょう)」の一つになっていたのである。かつての日本は，ロシアやドイツの作家の作品やドイツの哲学者(てつがくしゃ)の著作を読むことで，「文化の多様性を受容してきた」と同じ段落に述べられている。よって，イが選べる。

問６　「含(ふく)み資産」は，保有しているが価値が確定していない財産のこと。「読書力の高さがいわば含み資産として考えられている」のは，日本の経済(けいざい)を評価する場合においてである。ぼう線部３の直後の部分からも，経済力を評価するうえで，日本人の「読書力の高さ」も経済に好影響(こうえいきょう)を与える要素としてプラスに働いているとある。よって，アが適当といえる。

問７　ぼう線部４は，読書力が高い人のこと。直前の段落は，読書力の高い国民を持つ日本の対外評価の高さについて述べている。つまりぼう線部４は「読書を通じて自己形成をしていたり，読書を基礎(きそ)にした高いコミュニケーション能力を培(つちか)っていたりする」人と説明できる。

問８　次の段落からまとめる。「the Book of Books」は「唯一絶対の価値を持つ本」のことで，それを持つ国Ａではその一冊を読めばよい。だが，そういった価値を持つ本がない国Ｂでは，大量の読書を通じて基礎的な「価値観や倫理観」を培う必要があったのである。

問９　ぼう線部５の二段落前に，エの内容はある。なお，現在，日本の「読書力は低下している」こと，最後から二番目の文に，「本を大量に読めば自己形成がすべて保証されるというわけではない」と書かれていることから，アとウは合わない。現代でも外国の詩に対する評価は高いとは書かれていないので，イも誤り。

六　平均値と中央値についての会話を読んで答える問題

問１　**Ａ**　「平均値」は「すべての数字を合計して数値の個数で割って出した値(あたい)」なので，（300万＋400万＋500万＋600万＋700万）÷５＝500万円，「中央値」は「数値の高いものから低いものへと順に並べてちょうど真ん中に位置する値」なので，やはり「五〇〇」万円になる。　**Ｂ**　ちょうど真ん中に位置するのは「二五〇」万円になる。

問２　今回の所得調査では，平均値が約五百四十六万円だったのに対し，中央値は四百二十三万円と開きがあった。所得が四百二十三万円以下の世帯が半数なのだから，平均値の約五百四十六万円を下回る世帯数は半数より多くなることになるので，アが選べる。

問３　先生は，「調査対象の中に，大きく外れた数値がふくまれる場合，平均値が実情を示さないことがある」と発言している。平均値が中央値に比べてだいぶ多く見えたのは，平均値を上回る所得を持つ少数の世帯が平均値を引き上げていたからだと考えられる。

2024年度 鎌倉学園中学校

【算　数】〈算数選抜試験〉(60分)〈満点：150点〉

※ (1), (2)は，答えのみでも可とします。
(3), (4)は，途中の計算もすべて書きなさい。図や表や考え方がわかるようなこともできるだけ書きなさい。

1

次の図のようにA，B，C，D，E，A，B，C，D，E，A，…… とアルファベットを規則的に1段目から並べていきます。

［図］

【1段目】	A
【2段目】	B　C
【3段目】	A　E　D
【4段目】	B　C　D　E
【5段目】	E　D　C　B　A
【6段目】	A　B　C　D　E　A
⋮	

(1)　10段目の一番左のアルファベットは何ですか。

(2)　15段目までにBはいくつありますか。

(3)　50番目のAは何段目の左端から何個目にありますか。

(4)　100段目までに「C B」と並ぶ文字列はいくつありますか。

2

平面で囲まれた立体を「多面体」といい，へこみのない多面体を「凸(とつ)多面体」といいます。また，各面がすべて合同な正多角形で，各頂点に集まる面の数がすべて等しい凸多面体を「正多面体」といいます。

正多面体は全部で5種類あり，そのうち4種類の面の数，面の形，1個の頂点に集まる面の数，頂点の数，辺の数は下の表のとおりです。

［表］

正多面体	面の数	面の形	1個の頂点に集まる面の数	頂点の数	辺の数
正四面体	4	正三角形	3	4	6
正六面体(立方体)	6	正方形	3	8	12
正八面体	8	正三角形	4	6	12
正十二面体	12	正五角形	3	20	30

また，多面体において，次のような【操作】を行います。

【操作】
① 多面体をAとし，Aの頂点の1個をPとする。
② 頂点Pから出ているすべての辺をそれぞれ3等分し，各辺において，Pに近い方の点をQとする。
③ すべての点Qを通る平面で多面体Aを切断し，頂点Pを含む部分を切り落とす。
④ ①～③を，多面体Aの残りのすべての頂点で行い，最後に残った立体を多面体A′とする。

例えば，下の図のように，正四面体をAとしてこの操作を行うと，多面体A′ができます。

［図］

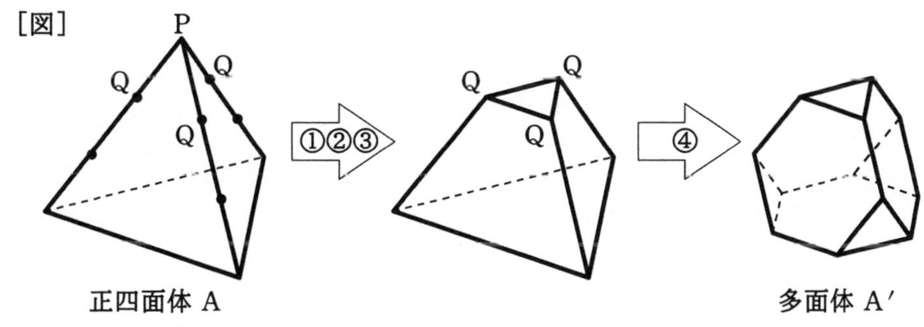

(1) 正四面体 A に【操作】を行ってできる多面体 A′ の，頂点の数と辺の数はそれぞれいくつですか。

(2) 正六面体 B に【操作】を行ってできる多面体 B′ の，頂点の数と辺の数はそれぞれいくつですか。

(3) 正八面体 C に【操作】を行ってできる多面体 C′ の，頂点の数と辺の数を，太郎さんはそれぞれ次のように考えて求めました。

［太郎さんの考え方］

正八面体 C の 1 個の頂点を切り落とした断面は四角形となるから，
多面体 C′ は 6 枚の四角形と 8 枚の六角形からできている。
1 個の頂点には四角形 1 枚と六角形 2 枚が集まっているので，
多面体 C′ の頂点の数は　$(4\times 6+6\times 8)\div 3=24$　(個)
1 本の辺は 2 枚の面が重なってできるので，
多面体 C′ の辺の数は　$(4\times 6+6\times 8)\div 2=36$　(本)

正十二面体 D に【操作】を行ってできる多面体 D′ の，頂点の数と辺の数はそれぞれいくつですか。ただし，太郎さんの考え方と同じ方法で答えなさい。

(4) 正四面体 A に【操作】を行ってできる多面体 A′ において，もう一度この【操作】を行ってできる多面体 A″ の，頂点の数と辺の数はそれぞれいくつですか。

3

バスケットボールの試合について考えます。バスケットボールの試合では，10 分間の Q（クォーター）を 4 回行い，その合計得点で勝敗を決めます。シュートには 2 点入る「2 pt シュート」，3 点入る「3 pt シュート」があります。

ここでは，それぞれの Q での得点を表 1 に表し，第 1 Q からそれぞれの Q までの合計のシュート成功率を表 2 に表します。

［表 1］　A チーム 対 B チーム

各 Q	第 1 Q	第 2 Q	第 3 Q	第 4 Q	合計
A 対 B	22－15	ア －31	27－28	□－□	□－□

［表 2］　シュート成功率は
（その Q までに入った合計の本数）/（その Q までに打った合計の本数）
で表記します。

A チームの成功率	第 1 Q	第 2 Q	第 3 Q	第 4 Q
2 pt シュート	イ / 7	9 / 19	15 / 28	□ / 37
3 pt シュート	ウ / 8	6 / 15	11 / 25	□ / 35

B チームの成功率	第 1 Q	第 2 Q	第 3 Q	第 4 Q
2 pt シュート	3 / 8	エ / 21	19 / 32	□ / 39
3 pt シュート	3 / 7	オ / 14	12 / 22	□ / 31

(1) 表 1 の ア に当てはまる数は何ですか。

(2) 表 2 の イ，ウ に当てはまる数はそれぞれ何ですか。ただし，第 1 Q で A チームは合計 9 本のシュートが入ったとします。

(3) 表 2 の エ，オ に当てはまる数はそれぞれ何ですか。ただし，B チームは第 2 Q，第 3 Q ともに 2 pt シュートの方が多く入ったとします。

(4) 第4Qを終えて，Aチームが9点差で勝利しました。第4Qでの以下の①～③の条件を考えると，結果は何対何ですか。

① Aチームは合計14本のシュートが入った。

② Bチームの2ptシュートと3ptシュートの入った本数は同じであった。

③ 2ptシュートも3ptシュートもAチームとBチームの入った本数の差は5本以下であった。

2024年度

鎌倉学園中学校　▶解　答

※　編集上の都合により，算数選抜試験の解説は省略させていただきました。

算　数　＜算数選抜試験＞（60分）＜満点：150点＞

解　答

1 (1)　A　(2)　24個　(3)　22段目の左端から15個目　(4)　500個　2 (1)　**頂点の数**…12個，**辺の数**…18本　(2)　**頂点の数**…24個，**辺の数**…36本　(3)　**頂点の数**…60個，**辺の数**…90本　(4)　**頂点の数**…36個，**辺の数**…54本　3 (1)　14　(2)　**イ**　5　**ウ**　4　(3)　**エ**　11　**オ**　8　(4)　98対89

Memo

2023
年度

鎌倉学園中学校

【算　数】〈第１次試験〉(50分)〈満点：100点〉

1 次の計算をしなさい。

(1) $(5\times6-3\times8+1)\times(9-2)$

(2) $1\frac{2}{3}\times0.75-\frac{5}{4}\div(3\div2)\times1.125+0.0625$

(3) $\frac{2}{3\times5}+\frac{8}{10\times14}+\frac{2}{7\times9}+\frac{8}{18\times22}$

(4) $81\times33-7\times99+81\times99$

2 次の □ に適する数を求めなさい。

(1) $100\div\left\{\frac{1}{7}-\left(\frac{\square}{17}-\frac{7}{289}\right)\right\}=2023$

(2) 長さ30 cmのテープが25本あります。つなぎ目を2 cmずつ重ねてはると，全体の長さは □ cmです。

(3) 2つの整数a，bに対して，$\left[\bullet\right]_b^a$ は $\left[\bullet\right]_b^a=a-b$ と計算を表すものとします。例えば，$\left[3\times\bullet\right]_1^4=3\times4-3\times1=9$，$\left[\bullet-2\right]_3^{19}=(19-2)-(3-2)=16$ となります。このとき，$\left[\bullet\times\bullet\div3-5\div\bullet\right]_3^5$ を計算すると □ です。

(4)　一定の割合で水がわき出している小さな池があります。この池をそうじするために，ポンプを使って水をくみ出します。4台のポンプでは75分かかり，6台のポンプでは45分かかります。このとき，10台のポンプでは［　　］分かかります。

3　次の［　　］に適する数を求めなさい。

(1)　図において，印のついたすべての角の大きさの和は［　　］度です。

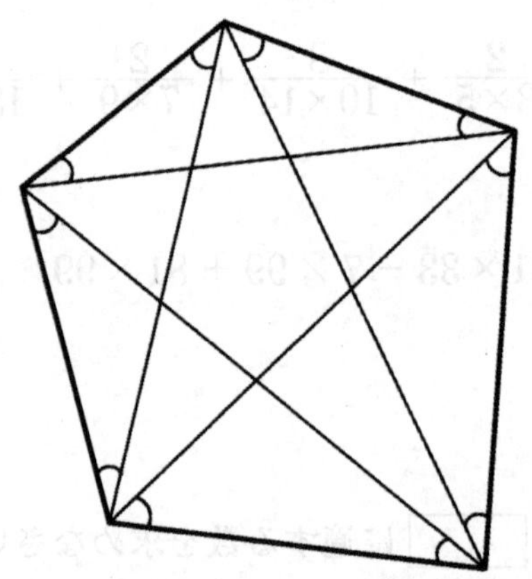

(2)　図のように，中心角が45°，半径が6 cmのおうぎ形と，半径が3 cmの半円が重なっています。このとき，斜線(しゃ)部分の面積は［　　］cm^2 です。ただし，円周率は3.14とします。

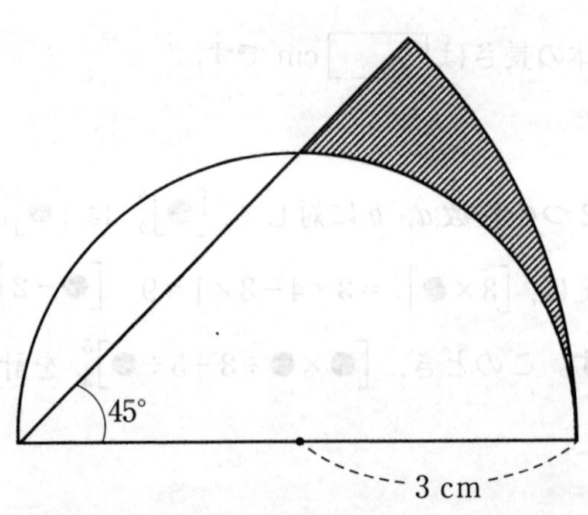

4 図のように，整数を１から順に規則的に並べます。

１だけを並べた図

1 1
1 1

１と２だけを並べた図

2 2 2 2
2 1 1 2
2 1 1 2
2 2 2 2

１と２と３を並べた図

3 3 3 3 3 3
3 2 2 2 2 3
3 2 1 1 2 3
3 2 1 1 2 3
3 2 2 2 2 3
3 3 3 3 3 3

次の問いに答えなさい。

(1) １から４までの整数を並べたとき，数字４は何個ありますか。

(2) １から５までの整数を並べたとき，数字５をすべて足すといくつですか。

(3) １から７までの整数を並べたとき，数字をすべて足すといくつですか。

5 [0], [2], [3], [4], [6], [9], [10] の７枚のカードがあります。この中から何枚か取り出して数を作ります。

例えば, [2][6] は 26, [6][10] は 610, [10][9][2] は 1092 とします。

また，１番大きい位には０は入りません。

次の問いに答えなさい。

(1) この７枚のカードの中から２枚取り出すとき，２桁(けた)の偶数は何個できますか。

(2) この７枚のカードの中から２枚取り出すとき，３桁の偶数は何個できますか。

(3) この７枚のカードの中から３枚取り出すとき，３桁以上の偶数は何個できますか。

6 $\frac{1}{41}$ を小数で表すと

$$\frac{1}{41} = 0.0243902439024\cdots\cdots$$

となり，５桁(けた)ごとに同じ数字をくり返す小数になります。

次の問いに答えなさい。

(1) 100 を 41 で割ったとき，余りはいくつですか。

(2) 100000 を 41 で割ったとき，余りはいくつですか。

(3) $\frac{1}{41}$ のように，分母が素数で，分子が１であるような分数を小数で表したとき，５桁ごとに同じ数字をくり返す，$\frac{1}{41}$ 以外の分数を求めなさい。

7　１辺の長さが32 cmの正方形ABCDを，頂点Aが辺DC上の点Eに重なるように折り曲げました。辺BCと辺EFの交わった点をGとします。また，DEの長さは8 cmです。

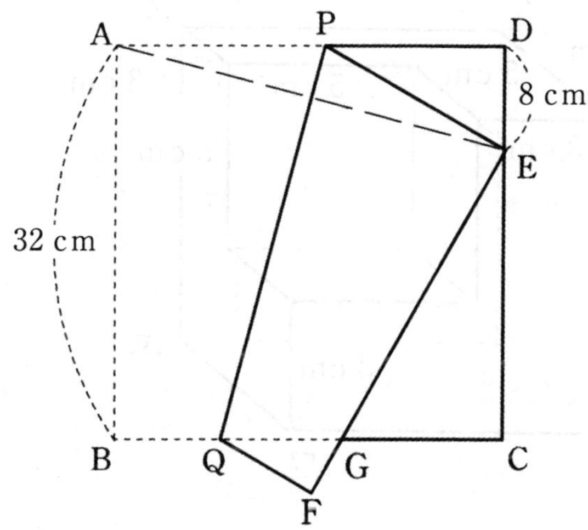

次の問いに答えなさい。

(1)　APの長さを求めなさい。

(2)　CGの長さを求めなさい。

(3)　四角形PQGEの面積を求めなさい。

8 図のように，１辺８cmの立方体から１辺５cmの立方体を取り除いた立体があります。

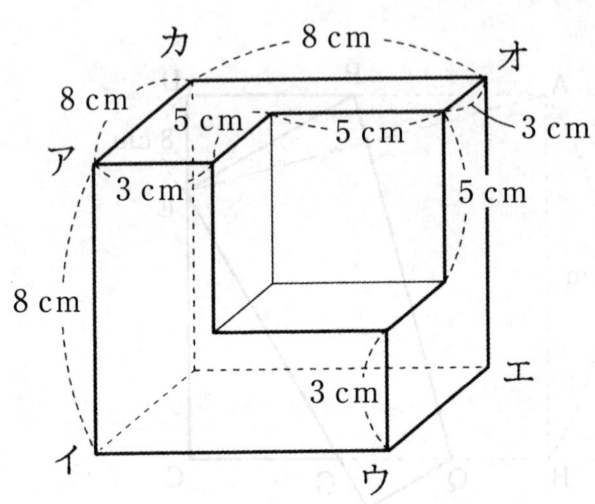

次の問いに答えなさい。

(1) 立体の体積を求めなさい。

(2) 底面から高さ４cmの高さで，底面に平行な面で立体を切ったとき，頂点アを含む立体と，頂点イを含む立体の体積比を最も簡単な整数の比で表しなさい。

(3) 頂点イ，ウ，オを通る平面で立体を切ったとき，頂点アを含む立体と，頂点エを含む立体の体積比を最も簡単な整数の比で表しなさい。

【社　会】〈第１次試験〉(30分)〈満点：60点〉

1　中学生のタロウさんは，東海地方の社会科に関する地域調査を行いました。次の図１を見て，この地域調査に関するあとの問いに答えなさい。

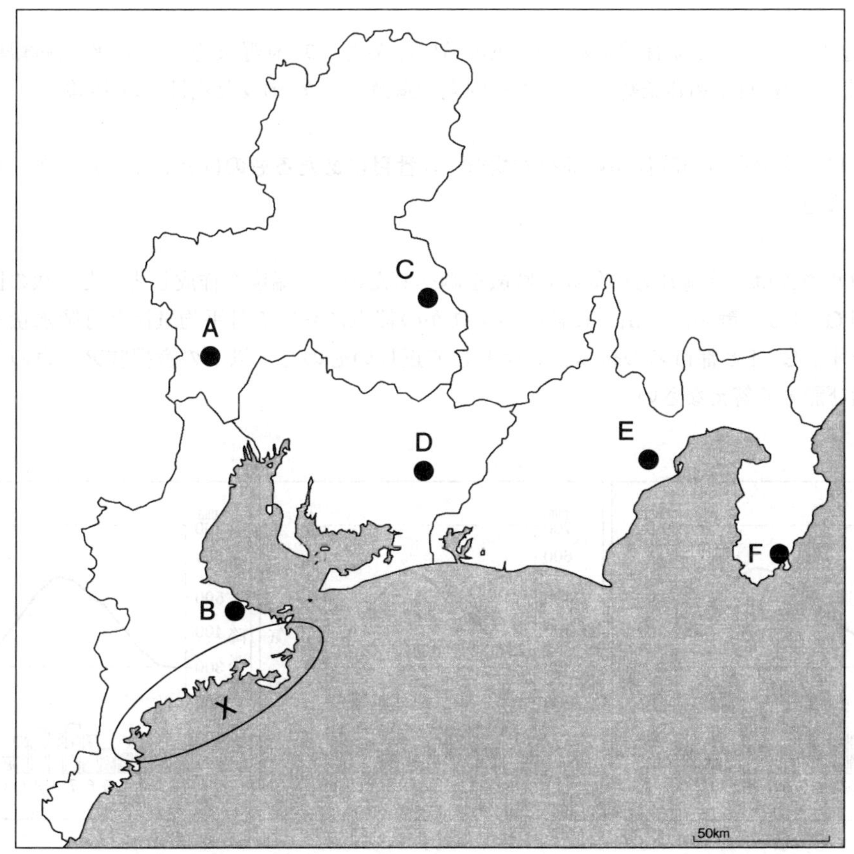

図１

問１　東海地方には，日本の歴史上の重要な出来事の舞台となっている場所が数多くあります。次の文章Ⅰ～Ⅳは東海地方に関する歴史的な事柄を説明したものです。あとの問いに答えなさい。

Ⅰ　天下布武(てんかふぶ)を目指す織田信長は，騎馬の突進を防ぐ柵や大量の鉄砲を有効に使用して，対立していた甲斐(山梨県)国の戦国大名である武田勝頼の軍隊をこの場所で破りました。

Ⅱ　この場所からは，1947～50年にわたる発掘調査によって，分厚い板や杭で囲まれた大規模な水田の跡，竪穴住居や高床倉庫の跡が発掘され，当時の集落の様子が明らかになりました。

Ⅲ　幕府とアメリカのペリーとの間で結ばれた条約では，箱館(函館)とこの場所が開港されることとなり，アメリカ船への燃料や食料の供給や，領事を置くことが決められました。

Ⅳ　この場所には，皇室の祖先神とされる天照大神(あまてらすおおみかみ)が祀(まつ)られている大きな神社がありますが，この時代には「おかげ参り」と呼ばれる，大勢の熱狂的な民衆がこの神社にお参りする現象が周期的に発生しました。

(1)　Ⅰ～Ⅳの各文章の中で，この場所とされるのは図１中の**A～F**のうちのどこを指していますか。また，Ⅰ～Ⅳの文章で説明している時代と関連する事柄を以下の選択肢**ア～コ**のなかからそれぞれ選び記号で答えなさい。

ア 石包丁　**イ** 日米安全保障条約　**ウ** 東海道中膝栗毛　**エ** 狩野永徳　**オ** 平等院鳳凰堂
カ 雪舟　**キ** 日米和親条約　**ク** 三内丸山遺跡　**ケ** 御成敗式目　**コ** 埴輪（はにわ）

(2)　Ⅰ～Ⅳの文章を古い時代順に並べた場合，**3番目にあたるもの**はどれですか。Ⅰ～Ⅳの番号で答えなさい。

問２　タロウさんは，東海地方の気候の特徴を調べるために雨温図を作成しました。次の図２中の雨温図**G～I**は，静岡，富山，長野のいずれかの都市における月平均気温と月降水量を示したものです。**G～I**と都市名の組み合わせとして**正しいもの**を，以下の選択肢**ア～カ**のなかから一つ選び記号で答えなさい。

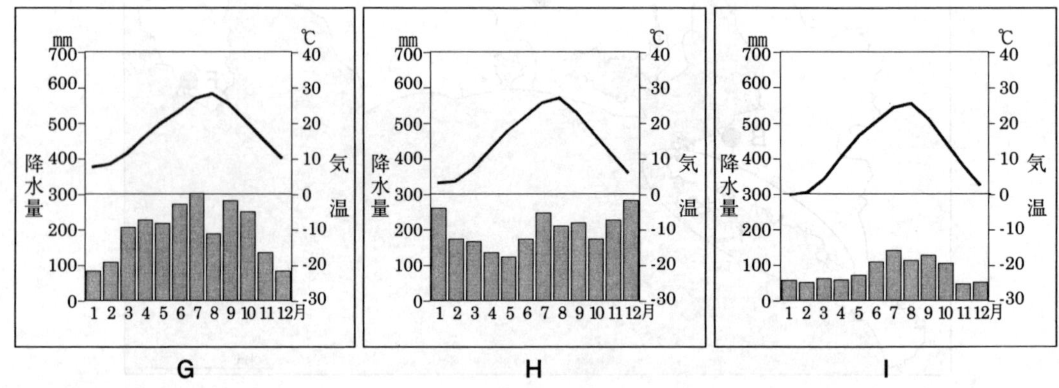

気象庁の資料より作成。

図２

	ア	イ	ウ	エ	オ	カ
静岡	G	G	H	H	I	I
富山	H	I	I	G	G	H
長野	I	H	G	I	H	G

問３　７ページの図１中の**X**の範囲で見られる地形について調べたタロウさんは，この地形について文章でまとめることにしました。次の文章中の**J**～**L**に当てはまる語句の組み合わせとして**正しいもの**を，以下の選択肢**ア**～**ク**のなかから一つ選び記号で答えなさい。

＜**X**の範囲の地形について＞

この地形はリアス海岸と呼ばれ，日本では福井県の若狭湾や青森県から宮城県の太平洋岸でみられる。入り組んだ湾内では海面が穏やかであるため，三重県の英虞湾では真珠の養殖が盛んに行われてきた。リアス海岸は，河川によってできた（　**J**　）が，海面の（　**K**　）によって発達した地形である。一般的にリアス海岸の海岸線は，湾が奥の方に向かって（　**L**　）なっているため，津波の被害が大きくなりやすい。

	J	**K**	**L**
ア	V字谷	上昇	広く
イ	V字谷	上昇	狭く
ウ	V字谷	低下	広く
エ	V字谷	低下	狭く
オ	三角州	上昇	広く
カ	三角州	上昇	狭く
キ	三角州	低下	広く
ク	三角州	低下	狭く

問４　三重県四日市市は，日本における四大公害病のひとつである「四日市ぜんそく」が起こった場所として知られています。その原因に挙げられている物質として**適当なもの**を以下の選択肢**ア**～**エ**のなかから一つ選び記号で答えなさい。

ア　有機水銀　　**イ**　カドミウム　　**ウ**　ダイオキシン　　**エ**　亜硫酸ガス

問５　愛知県出身の海部俊樹は1989年から1991年にかけて内閣総理大臣を務めました。在任中にはイラクのクウェート侵攻による湾岸戦争の終結後，ペルシャ湾へ自衛隊の掃海艇（そうかいてい）を派遣しましたが，その際の日本の国際貢献のあり方が課題となりました。それを受けて，我が国が国際平和のための努力に積極的に寄与することを目的とした法律が1992年に制定されました。その法律の名称を解答欄に合わせて答えなさい。

問６　タロウさんは，愛知県名古屋市には写真１のような「名古屋めし」と呼ばれる独特の食文化があることに気がつき，それぞれの料理の原材料について調べることにしました。次の表１は，それぞれの料理の主要な原材料である，大豆，鶏肉*，あずき，ウナギの県別生産量上位５位までをまとめたものです。ウナギに当てはまるものとして**正しいもの**を，表１中選択肢**ア～エ**のなかから一つ選び記号で答えなさい。

*肉用若鶏（ブロイラー）を指す

名古屋市公式観光情報サイトより。

写真１

表１

	ア	イ	ウ	エ
１位	北海道	北海道	宮　崎	鹿児島
２位	宮　城	兵　庫	鹿児島	宮　崎
３位	秋　田	京　都	岩　手	愛　知
４位	滋　賀	滋　賀	青　森	静　岡

統計年次は，大豆・鶏肉・あずきが2021年，ウナギが2020年。

大豆・あずきは作物統計調査，鶏肉は畜産統計調査，ウナギは日本養鰻漁業協同組合連合会資料より作成。

問７　静岡県浜松市では，2020年８月17日に41.1℃を観測し，埼玉県熊谷市のもつ国内観測史上最高気温の記録に並びました。これはフェーン現象をはじめとして，複合的な要因が重なったことによるものだと考えられています。タロウさんのクラスでは，高温を引き起こしやすいヒートアイランド現象とフェーン現象を比較してみることにしました。それぞれの現象について述べた文として，**誤っているもの**を，以下の選択肢**ア**～**エ**のなかから一つ選び記号で答えなさい。

ア　ヒートアイランド現象は，都市部の気温が周囲の郊外に比べ高温を示す現象である。

イ　ヒートアイランド現象は，夏季よりも冬季の朝の方がはっきりと現れやすい。

ウ　フェーン現象は，水蒸気を含む空気が山を越えたときに，山の風上側の気温が上昇する現象である。

エ　日本では，台風や低気圧などが日本海を通過すると，太平洋側から湿った空気が山を越えて日本海側に吹きおりたときにフェーン現象が発生しやすい。

問８　第五福竜丸は静岡県焼津港所属の遠洋マグロ漁船です。1954年にマーシャル諸島ビキニ環礁でアメリカが行った水爆実験により，「死の灰」を浴びた船とその乗組員は全員被ばくしました。こうしたことをきっかけとして，核軍縮や核実験禁止が国際世論として高まりました。そのひとつとして1968年に調印された，核兵器の保有を当時の核保有国に限り，非核保有国が核保有国から受け取ることなどを禁止した条約の名称を解答欄に合わせて**漢字**で答えなさい。

問９　岐阜県にある白川郷は富山県にある五箇山(ごかやま)とともに，「合掌(がっしょう)造り集落」としてユネスコの世界文化遺産に登録されています。これに関連して，日本における世界文化遺産として**誤っているもの**を以下の選択肢**ア**～**エ**のなかから一つ選び記号で答えなさい。

ア　紀伊山地の霊場と参詣道(さんけいどう)

イ　富士山－信仰の対象と芸術の源泉－

ウ　小笠原諸島

エ「神宿る島」宗像(むなかた)・沖ノ島と関連遺産群

問10　タロウさんは，岐阜市商工会議所の取り組みとして，「岐阜シャツプロジェクト」というものを知り，岐阜市のアパレル産業について調べることにしました。次の文章は，タロウさんがまとめたものです。空欄**M・N**に当てはまる語句の組み合わせとして**正しいもの**を，以下の選択肢**ア**～**エ**のなかから一つ選び記号で答えなさい。

写真２ 岐阜シャツの商品例

Gifu Shirt Project HP より。

●アパレル産業の発展

・戦争の空襲で焼け野原になった岐阜市では，満洲から引き揚げてきた人々が駅前で古着を売るようになる。
戦争からの復興がすすむと，大量生産された既製服が売られるようになる。

・岐阜の既製服を生産，卸売するアパレル産業は全国で有名になり，岐阜駅前には全国で最も大きなアパレル問屋街が形成された。

●工場の海外移転と繊維・アパレル産業の衰退

・1970年代：岐阜市のアパレル産業は，（　**M**　）な海外製品の輸入が急増したのに対抗して，品質がよく，高級なものを作ることで生き残りをはかった。

・1990年代：長引く不況や，多くの衣料販売店がデザインから生産まで自社で行う体制をとるようになったことから，岐阜市のアパレル産業の出荷額は減少した。

●アパレル産業の再生

・アパレル産業の問屋が減少した問屋街でも売り上げ回復のためにさまざまな試みが行われている。

・美濃和紙の原料を取り入れ，夏も涼しく過ごせる「岐阜シャツ」など，新しい技術と伝統工芸で使用される技術が融合することで，（　**N**　）をはかっている。

	M	N
ア	高級	大衆化
イ	高級	ブランド化
ウ	安価	大衆化
エ	安価	ブランド化

2 2022年は鎌倉時代を題材とした大河ドラマが放映されました。ドラマの舞台となった鎌倉では，その関連の史跡を訪れる多くの観光客でにぎわいました。1963年に第1回が放映されてから，60年余り61作品が放映されており，これまで様々な時代や人物がとり上げられてきています。ドラマで使用する衣装や建物などは，歴史学者の考証もとり入れて史実をできるだけ再現しようとしていますが，ドラマである以上，フィクションが加えられている部分もあります。あとの問いに答えなさい。

①女性を題材にしたもの	②鎌倉に関連しているものや鎌倉時代を題材にしたもの
1967年　三姉妹	1966年　源義経
1981年　おんな太閤記（たいこうき）	1972年　新・平家物語
1985年　春の波涛（はとう）	1979年　草燃える
1986年　いのち	1991年　太平記
1989年　春日局	1993年7月～1994年3月　炎（ほむら）立つ
1994年4月～12月　花の乱	2001年　北条時宗
2008年　篤姫（あつひめ）	2005年　義経
2011年　江（ごう）～姫たちの戦国～	2012年　平清盛
2015年　花燃ゆ	2022年　③鎌倉殿の13人
2017年　おんな城主 直虎	

問1　下線部①について，女性の権利や法整備等に関連した説明として，**正しいもの**を以下の選択肢**ア**～**エ**のなかから一つ選び記号で答えなさい。

ア　我が国で女性が初めて選挙に参加したのは，第二次世界大戦後に日本国憲法が制定されてからである。

イ　男女雇用機会均等法では，妊娠・出産等に関するハラスメント防止措置義務が定められている。

ウ　男女共同参画社会基本法には，男女同一賃金の原則が定められている。

エ　我が国は日本国憲法において「両性の本質的平等」を定めているが，国際的な条約である女子差別撤廃条約を批准していない。

問2　下線部②に関連する以下の問いに答えなさい。

(1)　鎌倉市には，自然の風光と豊かな文化財を後世に伝えることを目的とした鎌倉風致保存会という団体が設立されています。それに関連する以下の文章中の空欄**X**に入る最も適当な語句を**カタカナ**で答えなさい。

> 1964年に鎌倉の鶴岡八幡宮の裏にある山林「御谷（おやつ）」にも宅地造成計画が持ち上がりました。これに対して地元住民を中心に市民や文化人らが反対運動を推進し，財団を設立するとともに，集まった寄付金で御谷山林1.5haを買収しました。このように「市民が自分たちのお金で身近な自然や歴史的な環境を買い取って守るなどして，次の世代に残すという運動」のことを（　**X**　）・トラスト運動といいます。

(2) 鎌倉市には，下級裁判所のひとつである簡易裁判所が設置されています。それに関連する以下の条文中の空欄**Y**に当てはまる最も適切な語句を**漢字**で答えなさい。

> 日本国憲法第80条
> 下級裁判所の裁判官は，（ Y ）の指名した者の名簿によって，内閣でこれを任命する。その裁判官は，任期を10年とし，再任されることができる。但（ただ）し，法律の定める年齢に達した時には退官する。

問3　下線部③について，大河ドラマのなかでも数字がタイトルに入っているものは数えるほどしかありません。2022年に放映された「鎌倉殿の13人」では，平安末期から鎌倉時代における政治の舞台でのかけ引きが見どころでした。以下の説明**A**～**C**は政治分野における数字についての説明です。内容が正しいものをすべて選び，その組み合わせとして**最も適当なもの**を以下の選択肢**ア**～**キ**のなかから一つ選び記号で答えなさい。

A　衆議院が解散されたときは，解散の日から40日以内に衆議院議員の総選挙を行い，その選挙の日から30日以内に国会を召集しなければならない。
B　参議院が衆議院の可決した法律案を受け取った後，国会休会中の期間を除いて60日以内に議決しないときは，衆議院は，参議院がその法律案を否決したものとみなすことができる。
C　内閣は，衆議院で不信任の決議案を可決し，又は信任の決議案を否決したときは，10日以内に衆議院が解散されない限り，総辞職をしなければならない。

ア　A　　**イ**　B　　**ウ**　C　　**エ**　AとB
オ　AとC　　**カ**　BとC　　**キ**　AとBとC

問4　2024年の大河ドラマは，平安時代の紫式部を主人公とした「光る君へ」が放映されることが発表されました。平安時代の衣装や建物について述べた次の文**X**・**Y**について，その正誤の組み合わせとして**正しいもの**を以下の選択肢**ア**～**エ**のなかから一つ選び記号で答えなさい。

X　平安時代の貴族の女性の正装は，何枚も綿の着物を重ね着する束帯で，これは中国の唐の影響を大きく受けたものであった。
Y　平安時代の貴族の邸宅は，寝殿造と呼ばれ，主人の居所である寝殿を中心に周囲を土塁や板塀で囲み，敵の襲来に備える工夫がなされていた。

ア　X正Y正　　**イ**　X正Y誤　　**ウ**　X誤Y正　　**エ**　X誤Y誤

問５　次の①～④の写真は，これまで放映した大河ドラマの主人公が活躍した時代にかかわりが深い歴史的建築物です。①～④に対応するものとして，以下の選択肢**ア～カ**からそれぞれ選び記号で答えなさい。

① 首里城

② 慈照寺銀閣

③ 中尊寺金色堂

④ 円覚寺舎利殿

ア『八代将軍吉宗』・主人公 徳川吉宗
イ『花の乱』・主人公 足利義政の妻 日野富子
ウ『炎立つ』・主人公 奥州藤原氏
エ『おんな太閤記』・主人公 豊臣秀吉の妻 ねね
オ『琉球の風』・主人公 琉球国王尚氏
カ『北条時宗』・主人公 北条時宗

問６　2021年に放映された「青天を衝（つ）け」は，日本の資本主義の父と呼ばれる渋沢栄一の生涯を描いたドラマです。明治時代の日本の近代産業について述べた文のうち，**誤っているもの**を以下の選択肢**ア～エ**のなかから一つ選び記号で答えなさい。

ア　日清戦争前後の19世紀後半から繊維工業を中心とする軽工業が発展した。
イ　日露戦争前後の20世紀初めから鉄鋼業を中心とする重工業が盛んとなった。
ウ　三井・三菱などの資本家は，金融や鉱業など様々な業種に進出して財閥に成長した。
エ　工業の主動力として電力が中心となり，東京湾岸に火力発電所が建設された。

問7　歴代の大河ドラマで，年間の平均視聴率が最も高かったのは，伊達政宗の生涯を描いた「独眼竜政宗」でした。以下は政宗の生涯を年表にしたものです。伊達政宗の活躍した時代に出された政策の史料Ⅰ～Ⅲについて，古いものから年代順に**正しく**並べたものを，以下の選択肢**ア**～**カ**のなかから一つ選び，記号で答えなさい。

1567年　出羽（山形県）米沢城主伊達輝宗の長男として生まれる
1584年　伊達家を継ぐ
1589年　会津の蘆名（あしな）氏を滅ぼして，東北最大の大名となる
1590年　豊臣秀吉に臣従する
1600年　関ケ原の戦いで徳川方に属する
1603年　居城を仙台に移し，仙台藩62万石の藩主となる
1613年　家臣の支倉常長をローマに派遣する
1636年　江戸にて死去

史料Ⅰ
学問と武芸の道を常に心がけて親しむこと。
自国の城を修理する場合には幕府に届出ること。
大名の家同士で勝手に結婚をしてはならない。

史料Ⅱ
安土城下が楽市の地と決定した以上は，座を認めず，一切の税や負担を禁止する。

史料Ⅲ
取り集めた武器は，無駄に捨ててしまうのではなく，今度の大仏建立のための釘などに使うつもりである。

ア　Ⅰ―Ⅱ―Ⅲ　　**イ**　Ⅰ―Ⅲ―Ⅱ　　**ウ**　Ⅱ―Ⅰ―Ⅲ
エ　Ⅱ―Ⅲ―Ⅰ　　**オ**　Ⅲ―Ⅰ―Ⅱ　　**カ**　Ⅲ―Ⅱ―Ⅰ

問８　大河ドラマの舞台となった場所には，多くの観光客が訪れます。観光についてあとの問いに答えなさい。

(1)　次の図１は，1975年から2021年までの日本人海外旅行者数と訪日外国人旅行者数の推移を示したものです。文章中の空欄**Ｄ**～**Ｆ**に入る語句の組み合わせとして**正しいもの**を以下の選択肢**ア**～**ク**のなかから一つ選び記号で答えなさい。

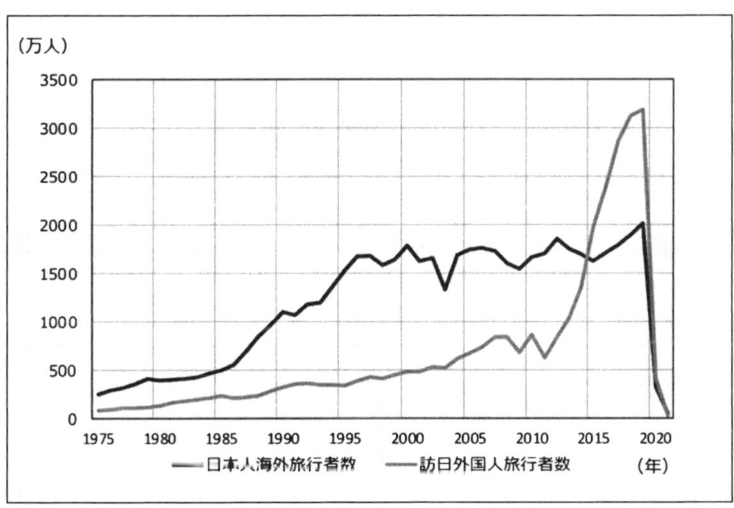

日本政府観光局（JNTO）資料より作成。

図１

日本では1980年代から90年代半ばにかけては（　**Ｄ**　）を背景に日本人海外旅行者数が急増した。2008年ごろには（　**Ｅ**　）などの影響で，日本人海外旅行者数と訪日外国人旅行者数が一時的に減少した。一方，政府は観光産業の発展を目指し，2008年に観光庁を設立した。これにより，外国から観光客が訪れてくる旅行である（　**Ｆ**　）が推進されるようになり，2015年には訪日外国人旅行者数が，日本人海外旅行者数を上回り，2018年には3000万人を突破した。

しかし，2020年に新型コロナウィルス感染症が世界的に流行すると，渡航・入国制限などにより，日本では観光客数が激減し，観光産業に大きな影響がおよんだ。

	Ｄ	Ｅ	Ｆ
ア	円　高	アメリカ同時多発テロ	インバウンド・ツーリズム
イ	円　高	アメリカ同時多発テロ	アウトバウンド・ツーリズム
ウ	円　高	世界金融危機	インバウンド・ツーリズム
エ	円　高	世界金融危機	アウトバウンド・ツーリズム
オ	円　安	アメリカ同時多発テロ	インバウンド・ツーリズム
カ	円　安	アメリカ同時多発テロ	アウトバウンド・ツーリズム
キ	円　安	世界金融危機	インバウンド・ツーリズム
ク	円　安	世界金融危機	アウトバウンド・ツーリズム

(2) 観光地はいくつかのパターンに分けることができます。次の文章**X**〜**Z**は，観光地のパターンについて説明したものであり，下のグループ**G**〜**I**は，**X**〜**Z**のいずれかに当てはまります。**X**〜**Z**と**G**〜**I**の組み合わせとして**正しいもの**を以下の選択肢**ア**〜**カ**のなかから一つ選び記号で答えなさい。

X　温泉療養（湯治）を起源とし，大衆化により宿泊施設の大規模化が進んだ。近年は小規模施設の温泉地が台頭している。

Y　スキーや登山のブームを背景に発達。現在も避暑地や通年型のリゾート地として人気である。

Z　世界自然遺産への登録などにより，自然に触れながら環境保全の意識を高め，地域振興にもつながる。

グループ**G**

グレートバリアリーフ（オーストラリア）
知床（北海道）
白神山地（青森県・秋田県）
小笠原諸島（東京都）

グループ**H**

バーデンバーデン（ドイツ）
湯布院（大分県）
修善寺（静岡県）
黒川（熊本県）

グループ**I**

インターラーケン（スイス）
インスブルック（オーストリア）
軽井沢（長野県）
清里（山梨県）

	ア	イ	ウ	エ	オ	カ
X	グループ**G**	グループ**G**	グループ**H**	グループ**H**	グループ**I**	グループ**I**
Y	グループ**H**	グループ**I**	グループ**I**	グループ**G**	グループ**G**	グループ**H**
Z	グループ**I**	グループ**H**	グループ**G**	グループ**I**	グループ**H**	グループ**G**

(3) 日本の観光の歴史について調べてまとめたメモ中の空欄**L**に当てはまる都市名として，**正しいもの**を以下の選択肢**ア**〜**エ**のなかから一つ選び記号で答えなさい。

<メモ>

●日本の観光の歴史
・江戸時代には神社や仏閣などへの参拝を目的にした旅行が行われるようになる……(J)
・明治に入ると，鉄道網の整備が進んだことから，修学旅行をはじめとする学校旅行制度が始まる
・大正の末には，新婚旅行が一般の人々の間でも広まる…熱海・湯河原
またこの頃から社員・団体旅行なども始まる
・高度経済成長を遂げると，日本人の観光行動に変化がみられるようになる
→1980年代〜90年代にかけて，スキーリゾートが多く建設される…(K)
また全国各地にテーマパークが相次いで建設される…(L)
・2000年代以降は，アニメ作品のロケ地をめぐる「聖地巡礼」という観光形態が浸透する…(M)

ア 志摩・佐世保　**イ** 長野・成田　**ウ** 白馬・湯沢　**エ** 大洗・秩父

(4) 日本では外国人観光客を多く受け入れるために，様々な取り組みをすすめてきました。次の図2は空港などでみられるマークです。このマークが示す設備は，誰が何の目的のために利用するのですか。解答欄に適する形で答えなさい。

図2

【理　科】〈第１次試験〉（30分）〈満点：60点〉

1　ゆうき君は光の屈折について興味を持ち、いろいろと調べてみました。次の問いに答えなさい。

(1)　水の中にまっすぐなストローをななめに入れてその屈折のしかたを観察しました。そのときのようすを最もよく表している図を下の**1**～**4**の中から１つえらび番号で答えなさい。

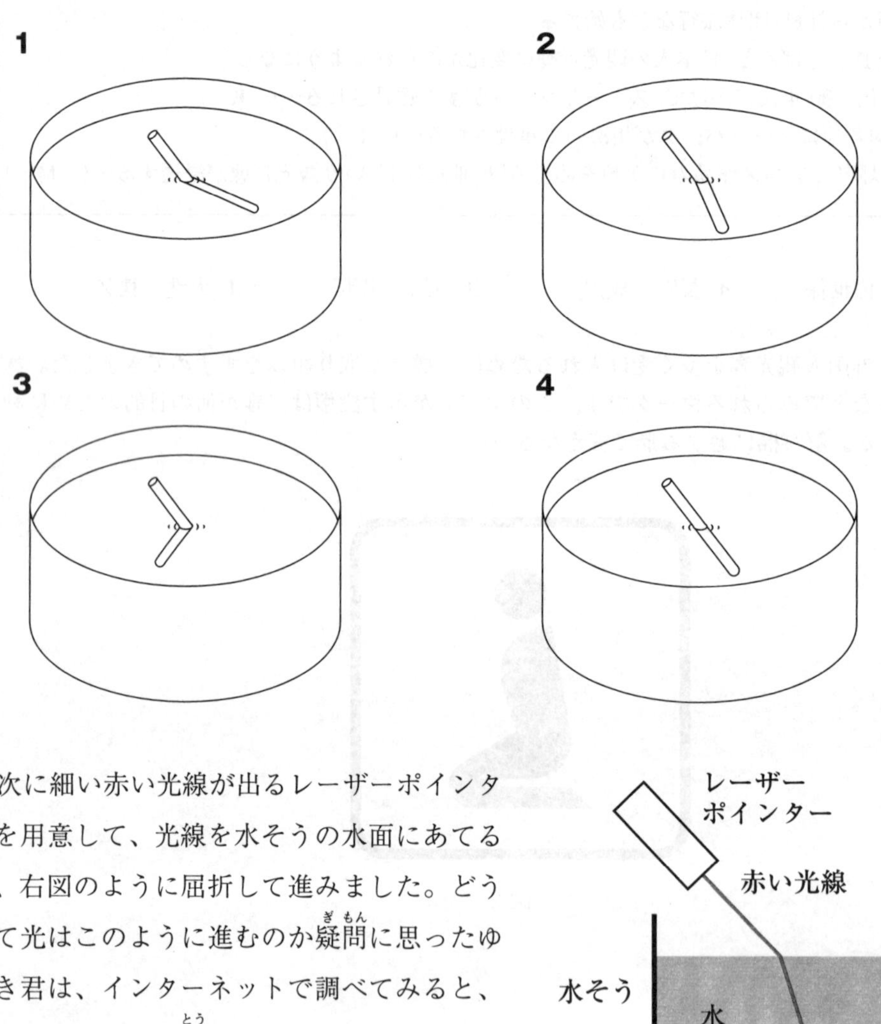

次に細い赤い光線が出るレーザーポインターを用意して、光線を水そうの水面にあてると、右図のように屈折して進みました。どうして光はこのように進むのか疑問に思ったゆうき君は、インターネットで調べてみると、「<u>光は最短時間で到達できる道すじをたどって進む。</u>」という説明を見つけました。まだよく理解できなかったゆうき君は先生に質問することにしました。以下はそのやり取りです。

レーザーポインター
赤い光線
水そう
水

ゆうき君：　「『光は最短時間で到達できる道すじをたどって進む。』というのは、どういう意味ですか？」

先生：　「光の進む速さは、伝わる物質によって変化するんだよ。でも光の速さはものすごく速くてイメージしにくいから、こんな例えはどうかな。かたい地面とやわらかい砂場を人が走るんだ。人が地面を走るときの速さは秒速４mで一定、砂場を走るときの速さは秒速３mで一定であるとしよう。次の図の８通りの道筋を通って、かたい地面の**A**点から砂場の**B**点まで人が走るとき、かかる時間をそれぞれ計算で求めてみよう。」

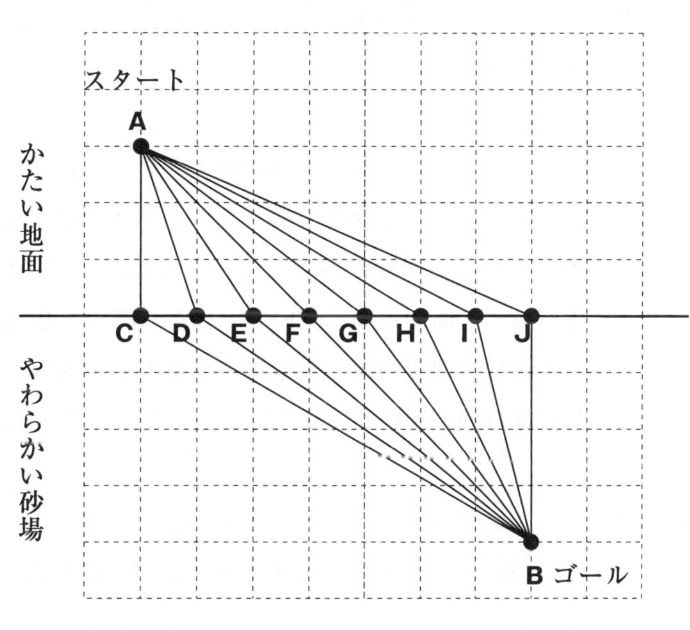

縦横ともにマス目１目もりは1mの長さを表す。

(2)　次の表は**C**～**J**の各地点について**A**点からの距離(きょり)と**B**点までの距離、さらに各区間を走るときの時間を表にまとめたものです。表の**ア**～**ウ**の空らんを数値でうめなさい。答えに小数がでるときは、小数第３位を四捨五入して第２位まで求めなさい。

	A点からの距離〔m〕	**B**点までの距離〔m〕	**A**点からの時間〔秒〕	**B**点までの時間〔秒〕	時間の合計〔秒〕
C点	3.00	8.06	0.75	2.69	3.44
D点	3.16	7.21	0.79	2.40	3.19
E点	3.61	6.40	0.90	2.13	3.03
F点	4.24	5.66	1.06	1.89	2.95
G点	5.00	5.00	**ア**	1.67	**イ**
H点	5.83	4.47	1.46	**ウ**	2.95
I点	6.71	4.12	1.68	1.37	3.05
J点	7.62	4.00	1.91	1.33	3.24

(3) ゆうき君は数値でうめた表をもとにさらに先生とやり取りを続けました。やり取りの中の［エ］～［キ］の空らんをうめなさい。［オ］は(2)の**C**～**J**の中から１つえらび記号で答え、［エ］と［カ］と［キ］は**ひらがな**で答えなさい。

ゆうき君：　「先生、一番時間が短いのは、最短［エ］の**F**点ではなく、［オ］点なんですね。」

先　　生：　「そうなんだ。走る速さがおそくなってしまう砂場の距離は、なるだけ短い方がいいけれど、あまり短くしすぎると地面を走る距離の方が長くなりすぎて、かえって時間がかかってしまうからね。今回は８通りの道筋だけで考えたけど、本当はその間の道筋についても細かく調べる必要があるんだよ。そうした場合でも最短時間で到達できる道筋が必ず１つ見つかるはずなんだ。光の屈折は、光の進む速さが伝わる物質によってちがうからおこるってことだね。」

ゆうき君：　「なるほど・・・ってことは、光の進む速さは空気よりも水の中の方が［カ］いってことですか？それで光の屈折がおこるんですね。」

先　　生：　「その通り。水の中のものの深さが実際よりも［キ］く見えるのもこのことに関係しているんだよ。」

2　次の実験**ア**を行いました。

アルミニウム0.2gをそれぞれに入れた試験管①～⑤があります。これらの試験管に塩酸（塩酸**A**とします）を加えて発生する気体の体積を調べる実験を行いました。実験結果は下の表のようになりました。

試験管の番号	試験管①	試験管②	試験管③	試験管④	試験管⑤
加えた塩酸**A**の体積(cm^3)	3	6	9	12	20
発生した気体の体積(cm^3)	62.5	125	187.5	250	250

この表の値をグラフにしたものを下に示します。

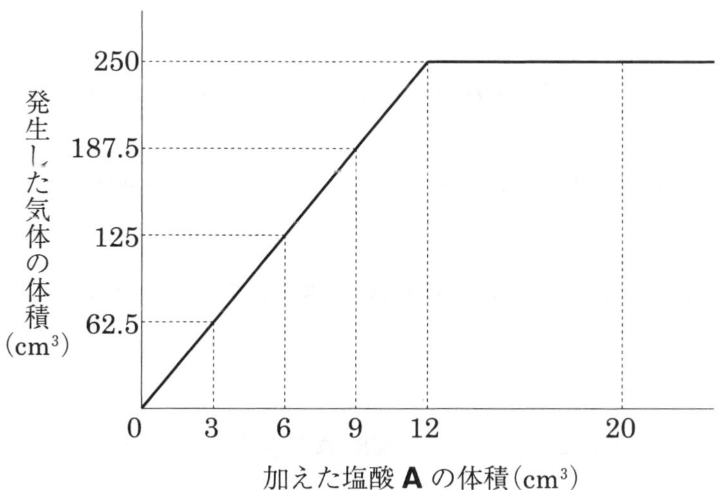

次の問いに答えなさい。

(1) この実験で発生した気体は何ですか。**漢字**で答えなさい。

(2) この実験で発生する気体は、右の図のような方法で集めます。この方法は、どのような性質の気体を集めるときに用いられますか。下の**1**～**4**の中から１つえらび番号で答えなさい。

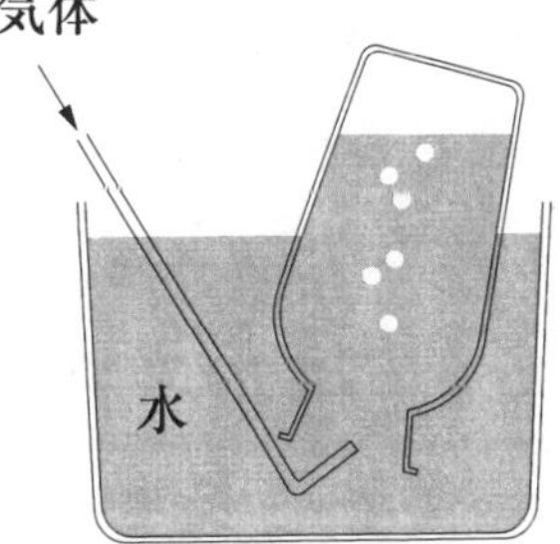

1　空気よりも軽い　　**2**　空気よりも重い

3　水に溶(と)けにくい　　**4**　水によく溶ける

(3) 塩酸は、何という気体が水に溶けたものですか。気体の名前を**漢字**で答えなさい。

(4) 塩酸と反応しない金属はどれですか。下の**1**～**4**の中から１つえらび番号で答えなさい。

1 亜鉛(あえん)　**2** 鉄　**3** 銅　**4** マグネシウム

(5) 試験管⑤の中のようすはどのようになっていますか。下の**1**～**4**の中から１つえらび番号で答えなさい。

1 アルミニウムは溶けきれないで残っている。さらにアルミニウムを入れてもこれ以上溶けない。

2 アルミニウムは溶けきれないで残っている。さらにアルミニウムを入れると溶けて気体を発生する。

3 アルミニウムはすべて溶けて残っていない。さらにアルミニウムを入れてもこれ以上溶けない。

4 アルミニウムはすべて溶けて残っていない。さらにアルミニウムを入れると溶けて気体を発生する。

(6) 0.3ｇのアルミニウムを完全に溶かすとき、塩酸**A**は少なくとも何cm^3必要ですか。

(7) 0.4ｇのアルミニウムに塩酸**A**を６cm^3加えて反応させたところ、アルミニウムが溶け残りました。溶け残ったアルミニウムは何ｇですか。

(8) 塩酸**A**の２倍の濃さにした塩酸**B**を用意しました。次に、実験**ア**の内容を塩酸**A**の代わりに塩酸**B**を使って行いました。加えた塩酸**B**の体積と発生した気体の体積のグラフはどれになりますか。下の**1**～**5**の中から１つえらび番号で答えなさい。

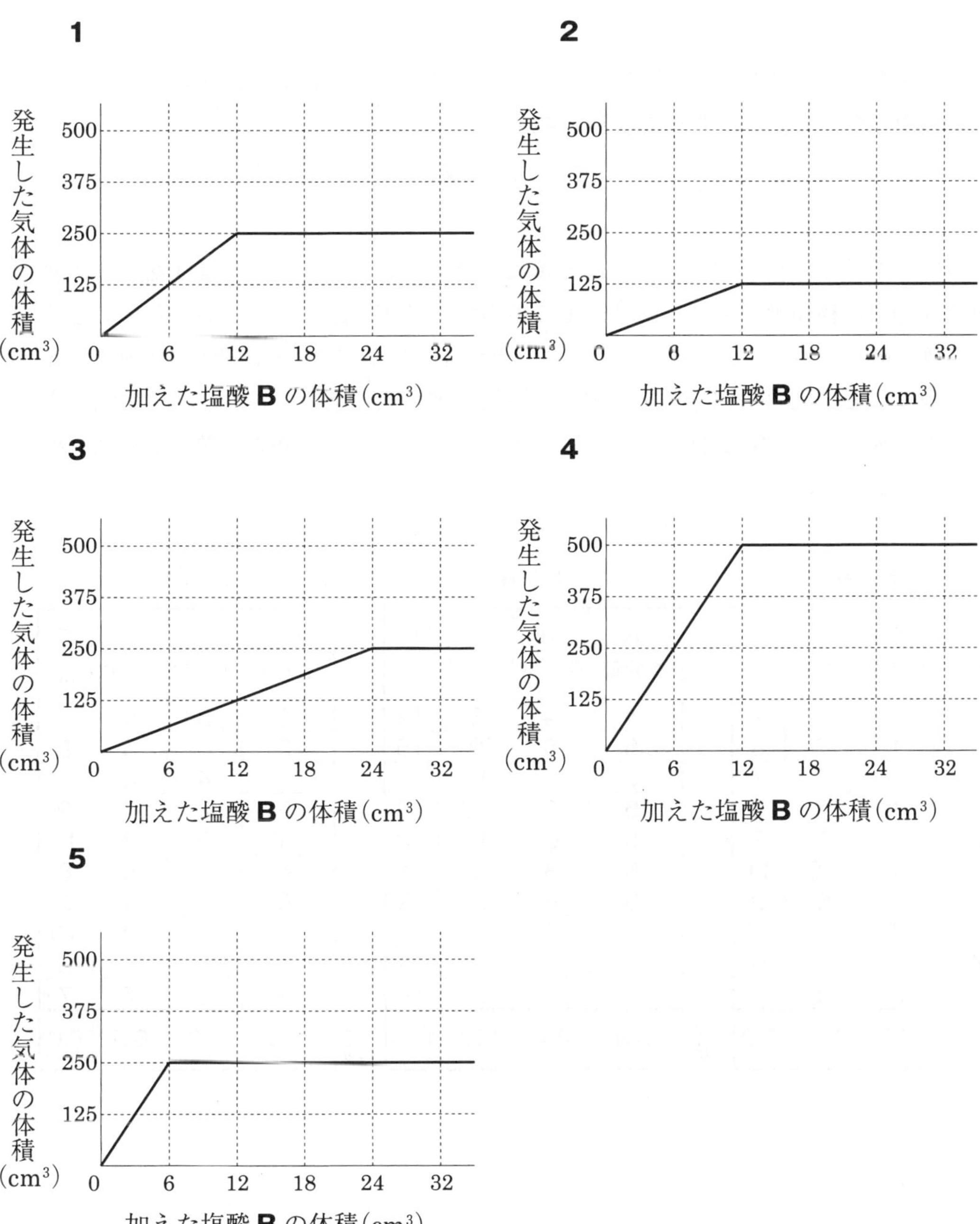

3 陸にすんでいる貝のことを陸貝といいます。カタツムリは陸貝で、軟(なん)たい動物のなかまです。次の問いに答えなさい。

(1) 軟たい動物ではないものを下の**1**～**5**の中から１つえらび番号で答えなさい。

1 サザエ　**2** イカ　**3** ナメクジ　**4** ミミズ　**5** シジミ

(2) 軟たい動物は無せきつい動物です。すべての無せきつい動物が持たないものを下の**1**～**4**の中から１つえらび番号で答えなさい。

1 背骨　**2** あし　**3** 神経・脳　**4** 筋肉

いろいろな林で陸貝を調べてみたら種類数に違いがありました。陸貝は乾そうに弱い動物なので、種類数がちがうのは、土の中の水分量が原因ではないかと考えました。それを確かめるために３つの林、コナラ林、ナシ林、スギ林で、それぞれ10地点をえらび、地点ごとに区画(100m²)を設定し、陸貝の種類数と土の中の水分量を記録しました。水分量は最大の値を10として表しています。また、陸貝類の種類数を大型と小型に分けて示しています。

コナラ林

	土の中の水分量	大型の種類数	小型の種類数	貝合計
	2	2	5	7
	2	1	7	8
	2	2	5	7
	2	1	7	8
	3	2	5	7
	3	1	10	11
	3	3	6	9
	3	4	9	13
	4	2	7	9
	6	2	5	7
平均	3.0	2.0	6.6	9.0

ナシ林

	土の中の水分量	大型の種類数	小型の種類数	貝合計
	4	4	8	12
	5	6	9	15
	5	3	11	14
	5	5	13	18
	5	6	14	20
	6	3	8	11
	6	6	13	19
	6	3	15	18
	6	5	14	19
	9	3	13	16
平均	5.8	4.4	11.8	16.0

スギ林

	土の中の水分量	大型の種類数	小型の種類数	貝合計
	3	3	8	11
	3	3	5	8
	6	4	6	10
	9	2	7	9
	10	3	8	11
	6	3	5	8
	5	1	4	5
	3	1	9	10
	4	0	6	6
	4	0	7	7
平均	5.3	2.0	6.5	9.0

(3) 調査結果をもとに説明した次の文章中の［ア］、［イ］、［ウ］にあてはまるものを下の**1**～**5**の中から１つずつえらび番号で答えなさい。ただし、種類数の平均値で 1.0 以上の差がない場合は等しいものとします。また、同じものをえらんでもよいです。

陸貝類の種類数を３つの林で比べると、大型の種類では［ア］、小型の種類では［イ］となった。この陸貝の大きさ別の結果は、「林がちがうと陸貝の種類数に違いが生じる。」という考えと［ウ］。

1　ナシ林＞コナラ林＞スギ林
2　ナシ林＞コナラ林＝スギ林
3　ナシ林＝コナラ林＝スギ林
4　一致(いっち)する
5　一致しない

(4) 調査結果をもとに説明した下の文章中の［エ］、［オ］にあてはまるものを下の**1**～**5**の中から１つずつえらび番号で答えなさい。ただし、土の中の水分量と陸貝の種類数の平均値で 1.0 以上の差がない場合は等しいものとします。

土の中の水分量の平均値をそれぞれの林で比べると、［エ］となった。この結果とそれぞれの林での大型の陸貝の種類と小型の陸貝の種類を合計した結果は、「土の中の水分量が多い林ほど陸貝の種類数が多い。」という考えと［オ］。

1　ナシ林＞コナラ林＞スギ林
2　ナシ林＞コナラ林＝スギ林
3　ナシ林＝スギ林＞コナラ林
4　一致(いっち)する
5　一致しない

(5) それぞれの林での土の中の水分量と大型、小型の陸貝の合計の種類数との関係を図で表しました。コナラ林とナシ林にあてはまる図を下の**1**～**3**の中から1つずつえらび番号で答えなさい。

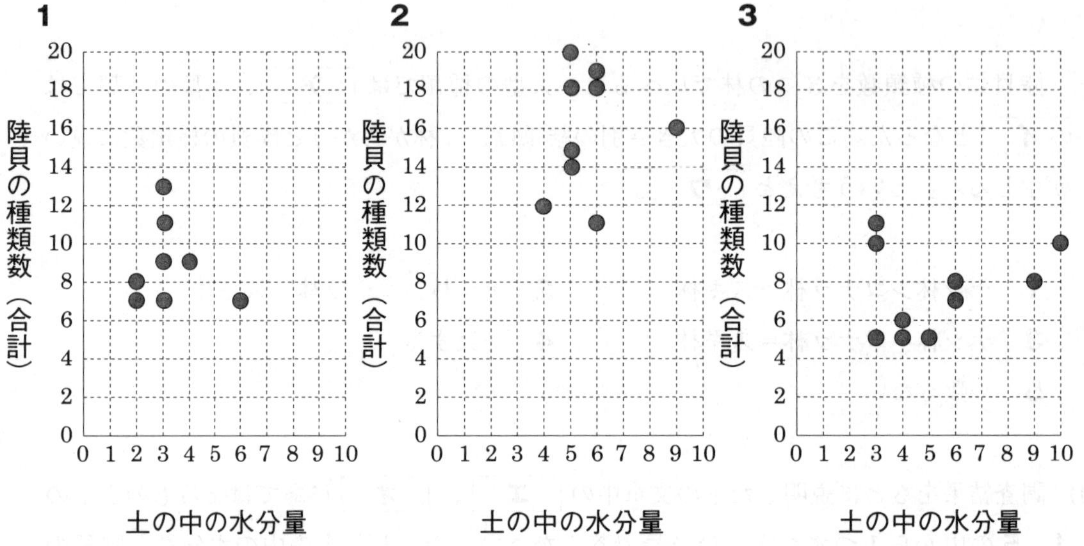

(6) 調査結果をもとに説明した次の文章中の **カ** 、 **キ** にあてはまるものを下の**1**～**6**の中から1つずつえらび番号で答えなさい。

それぞれ3つの林について大型の種類と小型の種類を合計した貝の種類数と土の中の水分量との関係を調べてみると **カ** 。この結果は「同じ林でも土の中の水分量が多い場所ほど貝の種類数が多い。」という考えと **キ** 。

1　3つの林とも比例関係にあった

2　3つの林のうち2つは比例関係にあった

3　3つの林のうち1つのみ比例関係にあった

4　3つの林とも土の水分量と貝の種類数の間に関連性はみられなかった

5　一致する

6　一致しない

4 次の文章は毎週金曜日に一緒に釣(つ)りに行くリョウタ君とタカシ君が、実際に釣りに行ったときの月に関する会話文です。この会話文に関連する次の問いに答えなさい。

リョウタ君：今日の潮(しお)の状況を調べるのを忘れてしまったな。潮が大きく動けばたくさんの魚が釣れると思うのだけど。

タカシ君：潮といえば、大潮(おおしお)と中潮(なかしお)と小潮(こしお)があったよね。大潮は月による引力の関係で1日の中で最も潮の満ち引きがはげしい日だね。小潮は、最も潮の動きがおだやかな日で、大潮と小潮のちょうど中間になる状態は中潮だね。

リョウタ君：その通り。今日が大潮ならいつもより潮がたくさん動いて海底のえさが舞い上がり、魚がえさに食いつきやすくなるので釣れる可能性も高くなるからね。

タカシ君：それでは今日の潮について予想してみよう。そういえば先週金曜日の夕方の早い時間に部活動をしているとき、空を見上げると南の空に<u>A右側半分だけ輝(かがや)く半月</u>が見えたよ。

リョウタ君：だとすると1週間後の金曜日である今日の月は［ア］になっている可能性があるね。

タカシ君：今日の月が［ア］ならば今日の潮は［イ］の可能性があるから、魚がたくさん釣れそうだね。

(1) 文章中の下線部**A**のように空を見上げたときに右半分だけ輝いて見える半月を何といいますか。**ひらがな**で答えなさい。

(2) 文章中の下線部**A**は図の中の**1**～**8**のどの状態のときに見える月ですか。下の**1**～**8**の中から1つえらび番号で答えなさい。

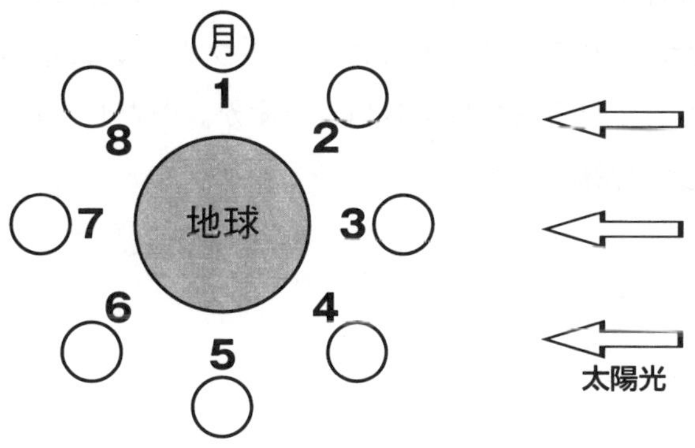

(3) 文章中の ア にあてはまる月を何といいますか。**漢字**で答えなさい。

(4) 文章中の イ にあてはまる潮の状態を下の**1**～**3**の中から１つえらび番号で答えなさい。

1 大潮　　**2** 中潮　　**3** 小潮

(5) 釣りをした日の１週間後、月はどのように見えますか。下の**1**～**5**の中から１つえらび番号で答えなさい。

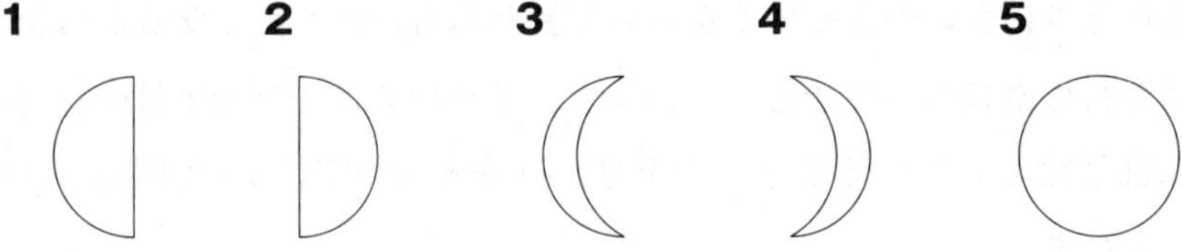

(6) リョウタ君とタカシ君が釣りをした日と同じくらい潮が引くのは釣りをした日の約何日後ですか。最も近い日を下の**1**～**4**の中から１つえらび番号で答えなさい。

1 ３日後　　**2** ７日後　　**3** 10日後　　**4** 14日後

(7) 一日のうち、月の引力の影響で海水が一番満ちた状態を満潮といい、一番引いた状態を干潮といいます。月と地球の位置から考えると、満潮と干潮はそれぞれ１日何回ずつありますか。その回数を**数字**で答えなさい。

(8) 2023 年１月７日は満月です。この日の満月はウルフムーンといい、１年で月が地球から最も遠ざかる日です。2024 年の１月にもウルフムーンになる日があります。2024 年の１月に満月として見える日は１月何日ですか。ただし、月齢（げつれい）（月の満ち欠けの周期）を 29.5 日として計算しなさい。

になり、体力が奪われて衰弱し、死に直結するケースが多いという。

厚生労働省は令和二年に作成した「診療の手引き」で、コロナ重症の定義を「集中治療室（ICU）に入室、もしくは人工呼吸器が必要」と提示。その後の改訂版でもこの定義は変更されていない。手引きでは「死因に呼吸不全が多い」ことを理由にしている。

重症の定義が実態に即していないとの指摘に対し、脇田氏は「臨床医に検討してもらい、議論したい」とし、死者を減らす方策として感染機会の削減やワクチン接種の他に治療薬を挙げる。

岡氏は「手引きに従うと、衰弱して動けなくても肺炎症状がなければ定義上は『軽症』だ。『重症』を経ずに亡くなる高齢者が多く、状況を的確に把握し、死者の抑制につなげられる重症度分類に改める必要がある」と要望。治療についても「どれを選べばよいか分かりにくい。最も有効な米ファイザー社のパキロビッドを処方しやすくする必要がある」と述べた。

＊乖離＝かけはなれていること。

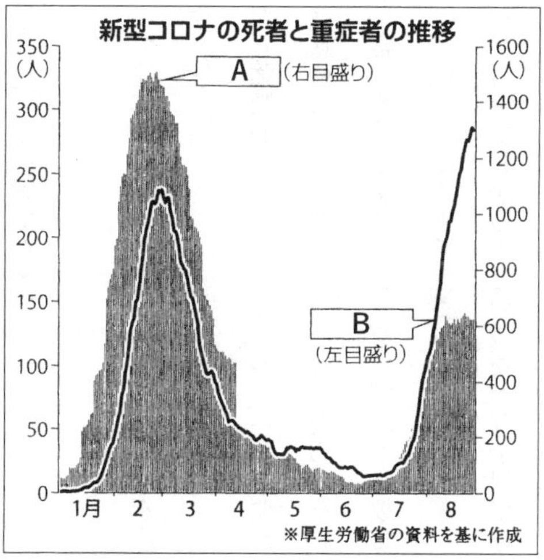

新型コロナの死者と重症者の推移

A（右目盛り）

B（左目盛り）

※厚生労働省の資料を基に作成

問一　グラフ中の［　　］AとBに入ることばの組み合わせとして最も適切なものを次の中から選び、記号で答えなさい。

ア　A 第6波　B 第7波　　イ　A 第7波　B 第6波

ウ　A 重症者　B 死者　　エ　A 死者　B 重症者

問二　新型コロナの流行「第7波」で重症者数が「第6波」を下回っているにもかかわらず、死者数が「第6波」を上回りました。この理由について次の［　　］にあてはまるよう、四十字以上、五十字以内で答えなさい。

ワクチン接種が進んだことで、［四十字以上、五十字以内］

問十 ［　］2に入ることばを漢字二字で答えなさい。

問十一 この文章の内容について述べたものとして最も適切なものを次の中から選び、記号で答えなさい。

ア 社会の規範が緩くなり強制的に誰かとつながっている必要がなくなった現代では感情によって他人とつながるため、それを維持するためには常に相手の感情を害さない配慮が必要であり、「人それぞれ」という考え方が重宝される。

イ 社会の規範が緩くなりお金でしか他人とのつながりを保てなくなった現代ではコミュニケーションに不安を抱く人が多いため、自分の考えをはっきりと表明しない「人それぞれ」という考え方が多用される。

ウ 社会の規範が緩くなり他人と気楽に付き合えるようになった現代では感情を直接的に表す傾向が強くなるため、その分相手の気分を悪くしてしまうことについて気を配らなければならず結局「人それぞれ」という考え方に落ち着いてしまう。

エ 社会の規範が緩くなり人びとの選択が尊重されるようになった現代では閉鎖的なムラ社会に参加しなくても密接に交流することができるようになったため、「人それぞれ」という表現が流行し強引な勧誘はすたれていった。

六

次の文章とグラフは八月二十九日の産経新聞（朝刊）の記事を編集したものである。これらを読んで以下の問いに答えなさい。

新型コロナウイルスの流行「第7波」で死者が連日二百人を超え、二十三日に三百四十三人と過去最多を更新した。ワクチン接種の進展で肺炎の悪化が防がれ、重症者は六百人台と第6波の半数程度にとどまる一方、全身状態の悪化で「衰弱死」する高齢者が多いことが要因とみられる。国内流入初期に肺炎症状を基準に設定された重症度分類がコロナ死の実態と＊乖離しているとして、分類を見直し、死者の抑制につなげるべきだとの声が高まっている。

今回の流行で重症者が抑えられている背景について、厚生労働省にコロナ対策を助言する専門家組織の脇田隆字座長は今月二十四日の会合後、「高齢者のワクチン接種の進み具合が影響している」と指摘した。六十五歳以上の三回目接種は第7波前の六月中に九割が済ませ、五月下旬に始まった四回目接種も六十歳以上で五割まで進んでいる。死者に関しては、持病の種類など十分な分析ができていないとしつつも「体力が落ちている高齢者にとっては感染によるダメージをきっかけに死亡に至るという現象が起きている」と述べた。

埼玉医科大総合医療センターの岡秀昭教授によると、第7波では爆発的な感染増加の割にウイルス性肺炎の悪化症例が少ない。高齢者で深刻なのは感染による発熱や喉の痛みで、食事が取れず水分補給ができなくなることだ。結果、持病の悪化や心臓・腎臓の機能低下が顕著

問三　――線部３「ひと悶着ある」の意味として最も適切なものを次の中から選び、記号で答えなさい。

ア　誰かを一方的に責め立てる　　イ　とあるもめ事が起こる
ウ　十分に議論をする　　エ　激しい言い争いをする

問四　――線部４「今の人びとが見ると、この映画に対してかなりの違和感を抱くでしょう」とありますが、この理由を「現代は……」で始まる形で二十字以内で答えなさい。

問五　次の一文はある段落の最後に入ります。その場所として最も適切なものを本文中の【一】～【四】の中から選び、数字で答えなさい。

つまり、人と無理に付き合わなくても良いつながりは、ふとしたことで解消されてしまう不安定なつながりとも言えるのです。

問六　□１に入ることばとして最も適切なものを次の中から選び、記号で答えなさい。

ア　ですから　　イ　また　　ウ　しかし　　エ　なぜなら

問七　――線部５「希薄」とありますが、この熟語の構成について説明したものとして最も適切なものを次の中から選び、記号で答えなさい。

ア　同じような意味の漢字を重ねている。
イ　反対の意味を表す漢字を重ねている。
ウ　前の字が後ろの字を修飾（しゅうしょく）している。
エ　後ろの字が前の字を修飾している。

問八　――線部６「このような状況」とありますが、これはどのような状況ですか。「……状況。」に続く形で三十字以内で答えなさい。

問九　――線部７「コミュニケーションにまつわる人びとの不安を物語っています」とありますが、これについて説明したものとして最も適切なものを次の中から選び、記号で答えなさい。

ア　コミュニケーション能力に自信がない人は相手の心理に気づきにくいため指南書が不安をあおるとつい買ってしまう。
イ　コミュニケーションのとりかたは人それぞれなので一番多くの人がとっている方法を指南書から学ぼうとしてしまう。
ウ　コミュニケーションをとる相手の心を読むことはできないので指南書に書いてある内容をうのみにしてしまう。
エ　コミュニケーションしだいで他人との関係が左右されてしまうので指南書の内容をたよりにしてしまう。

考え方を緩やかに認めることが肝要なのです。

このような環境では、たとえ、ある考え方がよいと思っていたとしても、それを表明すると、考えの押しつけになってしまいます。「人それぞれ」のコミュニケーションは、このようなときにも重宝されます。というのも、「人それぞれ」という言葉を使っておけば、自らの立ち位置を守りつつ、相手の意思を尊重することも可能だからです。不安定なつながりのなかを生きる私たちは、「人それぞれ」という言葉を使って、お互いの意見のぶつかり合いを避けています。このようななかで率直に意見を交わし、論を深めるのは、そう簡単ではありません。

（石田光規『「人それぞれ」がさみしい』による）

＊コミュ力＝コミュニケーション能力。

＊コミュ障＝コミュニケーションがうまくとれない様子。

問一 ――線部１「今や、人と人を結びつける材料を、生活維持の必要性に見出すことは難しくなりました」とありますが、これを説明したものとして最も適切なものを次の中から選び、記号で答えなさい。

ア　今は生活に必要な条件がなくても温かい感情で他人と接することができる人々が増えたということ。

イ　今は生活のために誰かと無理してつながっていなくてもよい社会になったということ。

ウ　今は生活が豊かになり個人の自由な判断を尊重されるようになったということ。

エ　今は生活をする上で他人とのつながりに価値を求めない選択をする人が多くなったということ。

問二 ――線部２「小津安二郎監督の作品に、『長屋紳士録』という短い映画があります」とありますが、筆者がこの例を用いたことについての説明として最も適切なものを次の中から選び、記号で答えなさい。

ア　昔は現代とはちがい、長屋の住人同士で温かい感情のやりとりがあったということをあらわしている。

イ　終戦直後において現代と同様、すでに感情的な交流は乏しくなっていたということをあらわしている。

ウ　昔は人びとが密接に交流していたものの、感情によってはつながっていなかったということをあらわしている。

エ　終戦直後においては「人情」と呼ばれたものでさえ、現代の感覚とは大きくずれているということをあらわしている。

[1]、感情に補強されたつながりは、それほど強いものにはなりません。私たちは、相手とのつながりを「よい」と思えば関係を継続させるし、「悪い」と思えば関係から退くこともできます。この特性のおかげで、私たちは、無理して人と付き合わなくてもよい気楽さを手にしました。理不尽な要求や差別的な待遇から逃れやすくなったのです。しかし、人と無理に付き合わなくてもよい気楽さは、つながりから切り離される不安も連れてきてしまいました。お互いに「よい」と思うことで続いていくつながりは、どちらか、または、両方が「悪い」と思えば解消されるリスクがあります。放っておいても行き来がある長屋の住人とは違うのです。6このような状況で関係を継続させるには、お互いに「よい」状況を更新してゆかねばなりません。つまり、つながりのなかに「よい」感情を注ぎ続けねばならないのです。【 二 】

この特性は、その人にとって大事なつながりであればあるほど強く発揮されます。私たちは、大事なつながりほど「手放したくない」と考えます。しかし、あるつながりを手放さないためには、相手の感情を「よい」ままで維持しなければなりません。大事な相手とつながり続けるためには、関係がマイナスからの要素を徹底して排除する必要があるのです。【 三 】

とはいえ、個々人の心理に規定される「よい」状況は、社会に共有される規範ほどには安定していません。社会のルールはなかなか変わりませんが、個人の感情は日によって変わることもあります。何かの拍子に、ふと、「悪い」に転じてしまうこともあるのです。【 四 】

かといって、目の前のつながりを安定させる最適解は、そう簡単に見つかりません。人の心を覗くことはできませんから。

コミュニケーションの指南書が書店に並び、「＊コミュ力」や、「＊コミュ障」といった俗語が流布する現状は、7コミュニケーションにまつわる人びとの不安を物語っています。私たちは、人間関係を円滑に進めてゆく行動様式がはっきり見えないまま、相手の心理に配慮しつつ、コミュニケーションを行う厄介な状況にさらされているのです。

この厄介な状況に対処するにあたって重宝されてきたのが、「人それぞれ」を前提としたコミュニケーションです。私たちは、たとえ相手の見解が、自身の見解と異なっていたとしても、「人それぞれ」と解釈することで、対立を回避することができます。あるいは、相手の行動が自身にとって理解できないものであっても、「人それぞれ」とすることで、問題化することを避けられます。

たとえば、「一人のほうがラク」と語る友人に対して、「一人でいるなんて寂しくない？　結婚した方がいいよ」と答えるのは、あまり望ましくありません。というのも、結婚を勧める言葉は、「一人でいる」という友人の決断を損なう可能性があるからです。友人の決断を損なう行為は、相手の意思の尊重という意味ではあまり望ましくありません。かといって、慰めるのも、友人を下に見ているように思われる可能性があります。こうしたときに、「人それぞれ」と無難に収めておけば、とりあえず[2]は立ちません。

また個の尊重を前提とした「人それぞれの社会」では、相手を否定しないことに加え、自らの考えを押しつけないことも求められます。

それぞれの意思を尊重する社会では、意見を押しつけず、それぞれのは難しくなりました。人と人を結びつける接着剤は、着実に弱くなっているのです。

では、このような社会で、つながりを維持するにはどうすればよいのでしょうか。生活維持の必要性という、人と人を強固に結びつけてきた接着剤は弱まっています。そうであるならば、私たちは、目の前の関係をつなぎ止める接着剤を新たに用意しなければなりません。そこで私たちは、弱まってきた関係をつなぎ止める新たな補強剤として、つながりに大量の「感情」を注ぎ込むようになりました。

　このような傾向はメディアからも読み取ることができます。2日本映画界の巨匠、小津安二郎監督の作品に、『長屋紳士録』という短い映画があります。この映画は、終戦から二年後の一九四七年に公開されました。当時は、東京下町を舞台にした人情劇と評価されています。簡単にあらすじを紹介しましょう。

　おもな登場人物は、長屋の住人と少年です。物語は、長屋に住む女性のところに、実の親とはぐれてしまった3子どもが届けられるところから始まります。そのさい、長屋のその他の住人とひと悶着あるのですが、結局、女性が少年の面倒を見ることになります。最初は子どもの世話を嫌がっていた女性も、だんだんと情が移り、子どもをかわいらしく思ってきます。しかし、その矢先に、子どもを探していた実の親が登場し、女性と子どもの間に別れが訪れます。子どもが去った後、女性はあらためて親子のつながりのよさに気づく、というのが大まかなあらすじです。

　長屋の住人は、鍵もかけず、お互いの家にしょっちゅう行き来をし、何かにつけ雑談をします。親子のつながりや、長屋の住人どうしの密接な交流。こういった言葉からは、「昔ながらの温かなつながり」を想像することができます。

　しかし、4今の人びとが見ると、この映画に対してかなりの違和感を抱くでしょう。その理由は、登場する人びととの感情的な交流の少なさにあります。

　人情劇であるこの映画のなかで、スキンシップと言いうる場面は、少年が女性の肩をたたくシーン以外、いっさいありません。感情的な交流の少なさは、実の親と子どもの再会のシーンに集約されます。

　物語のクライマックスである親子の再会、および、少年と女性との別れは、現在の感覚からすると、さぞ感動的に演出されるのではないかと思います。しかし、『長屋紳士録』において、そのような表現はまったくありません。再会を果たした親子は、互いに駆け寄ることも、抱き合うこともありません。それどころか親は、近寄る子どもを手で押しのけ、女性にお詫びと御礼の挨拶をすることを優先させます。つまり、儀礼を優先しているわけです。子どもと女性の別れのシーンでも、涙や抱擁はいっさい見られません。少年が「オバチャンサヨナラ」とぶっきらぼうに述べ、別れのシーンは終わります。ここから、「人情」と言われた映画でさえも、感情表現は非常に乏しいことがわかります。

　この映画を見た学生は、5「昔のつながりは濃密だけど感情や気遣いが薄く、今のつながりは希薄だけど、感情や気遣いが濃い」と述べていました。この言葉は、感情に満たされた今の人間関係をよく表しています。【　一　】

問十一　――線部７「敏也は、胸の熱くなるような、涙のこみ上げて来るような気持を感じながら、見送っていた」とありますが、このときの敏也を説明したものとして最も適切なものを次の中から選び、記号で答えなさい。

ア　自分の意志を貫き従軍する隼太の勇ましい態度を見て嫉妬し、母に止められて参加できない自分をふがいなく思っている。

イ　自分の意志を貫き隊列に参加した隼太の堂々とした態度を見て感動し、母の制止もものともしないほど興奮している。

ウ　自分の意志を貫き他人からの嘲笑にも負けなかった隼太の姿を見て敬服し、母の注意にも負けるまいと強く決意している。

エ　自分の意志を貫いた隼太のいでたちを見て仰天し、外見にこだわらず従軍した隼太を近くで応援したいと思っている。

五　次の文章を読んで、後の問いに答えなさい。なお、字数指定がある場合、句読点・かぎかっこ等の記号は一字として数えること。

「一人」になれる条件が整い、人びとの選択や決定が尊重されるようになった社会では、さまざまな物事を「やらない」で済ませられるようになります。ある行為を「やらねばならない」と迫る社会の規範は緩くなり、何かを「やる」「やらない」の判断は、個々人にゆだねられます。

この傾向は人間関係にも当てはまります。私たちが生きる時代は、閉鎖的な集団に同化・埋没することで生活が維持されてきたムラ社会の時代と違います。生活の維持は、身近な人間関係のなかにではなく、お金を使って得られる商品やサービスと、行政の社会保障にゆだねられるようになったのです。

このような社会では、誰かと「付き合わなければならない」と強制される機会が、徐々に減っていきます。会社やクラスの懇親会への参加はもはや強制される時代ではありません。趣味のサークルを続けるか続けないかは、任意性が強くなりました。地域の自治会への加入も、まさに「人それぞれ」でしょう。

誰と付き合うか、あるいは、付き合わないかは、個々人の判断にゆだねられています。俗っぽく言えば、私たちは、（嫌な）人と無理に付き合わなくてもよい気楽さを手に入れたのです。

1 今や、人と人を結びつける材料を、生活維持の必要性に見出すこと

問八　[　　]Ａ・Ｂに入ることばの組み合わせとして最も適切なものを次の中から選び、記号で答えなさい。

ア　Ａ気の毒にもなった　　Ｂ可哀そう
イ　Ａ気がかりになった　　Ｂ不用心
ウ　Ａ不安が募ってきた　　Ｂ軽はずみ
エ　Ａ不びんに思われた　　Ｂ無神経

問九　[　　]で区切られた文章の特徴を表したものとして最も適切なものを次の中から選び、記号で答えなさい。

ア　「兄の姿が見えた。」「次に父の姿が。」「その兄も、その父も微笑している。」などと短文をくり返し用いることによってだんだんと高まっていく隊の士気を表現している。
イ　「次から次へと、眼の前を通って行く」「戦士らの顔は微笑している」などと現在行われているということを示す表現をところどころで用いていくことで出陣の臨場感を表現している。
ウ　「白鉢巻」「緋羅紗の陣羽織」「青貝摺りの槍」などと戦士たちのいでたちを細かく表現することで敏也がいかに武士というものに興味を持っているかを表現している。
エ　「『父さーん！』父は深くうなずいた」「『兄さーん！』兄もうなずいた」というように敏也の言葉と父や兄の対応を交互に述べることで両者の対照的な心情を表現している。

問十　――線部６「母は恐ろしい眼で敏也をにらんで、ぎゅっと手を抓った」とありますが、このときの母を説明したものとして最も適切なものを次の中から選び、記号で答えなさい。

ア　命をかける覚悟で夫と息子は戦争におもむいているというのに、生死の重さを軽んじて武士へのあこがれだけではしゃいでいる敏也の態度をきつくたしなめている。
イ　命をかけて戦争におもむく夫と息子を見て彼らと別れる覚悟を決めているのに、敏也までをも戦場に送るのはたえられないと必死で引きとめている。
ウ　命をかけて戦争におもむく夫と息子を覚悟して見送らなくてはならない場面で、勇ましい気持ちだけで無邪気に興奮している敏也を厳しくいさめている。
エ　命をかける覚悟で夫と息子は従軍しているというのに、武士として未熟な敏也が若さにまかせて軽はずみに付いていかないよう強くけん制している。

問三 ――線部２「武士はそうなくてはならん」とありますが、「そう」とは武士のどういう態度を表しますか。最も適切なものを次の中から選び、記号で答えなさい。

ア　貧乏で錆びた刀しか持っていなくてもよく砥いで戦に備えておくこと。

イ　体が小さくても他人からのからかいに負けないような心の強さを持つこと。

ウ　体力がなくて従軍にたえられないことがわかっていてもあきらめずに体をきたえること。

エ　体が小さかったり力が弱かったりしても強い気持ちで戦う意思を示すこと。

問四 ［　］３に入ることばとして最も適切なものを次の中から選び、記号で答えなさい。

ア　腕　　イ　腰　　ウ　腹　　エ　胸

問五 ――線部３「矢継早に」の意味として最も適切なものを次の中から選び、記号で答えなさい。

ア　とても早口に　　　イ　われを忘れて

ウ　たいへんあせって　エ　次から次へと

問六 ――線部４「母の顔が真青になっている」とありますが、このときの母の心情を最もよく表した部分を十字以上、十五字以内で本文中より抜き出して答えなさい。

問七 ――線部５「大きな声で周太は笑い出した」とありますが、このときの周太を説明したものとして最も適切なものを次の中から選び、記号で答えなさい。

ア　突風をきっかけとしてみんなが不安になったと思い、気をまぎれさせようとしている。

イ　自分のせいで食事の場面を重苦しくしてしまったので、みんなを楽しませてばん回しようとしている。

ウ　話が途切れてしまったので、とりあえず隼太の話をして次の誰かが話し始めるのを待っている。

エ　突風が吹いたことをきっかけとして隼太の面白い話に切りかえ、話を戦争の話題から遠ざけようとしている。

＊仰山げ＝おおげさ。　＊汝＝おまえ。　＊左様＝そのとおり。
＊官＝ここでは西郷軍の敵となる官軍のこと。
＊一薙に斬っぱろて＝勢いよく横にふって一気に切りたおして。
＊貴下＝おまえ。　＊嘲弄かす＝あざけり、ばかにする。
＊狼狽＝あわてふためくこと。
＊私学校＝西郷隆盛が創設した学校。ここに通う士族の子弟らが挙兵の中心となった。
＊どぎどぎと＝刃物などがするどいさま。
＊唐薯＝サツマイモ。　＊評定＝相談。
＊～もした＝～ました。　＊具足＝鎧一式。
＊陣羽織＝武士が陣中で鎧の上に着用した上着。
＊～ごわす＝～ございます。　＊全で＝まるで。　＊難儀な＝苦労するような。
＊懇々と＝心をこめて。　＊パルチザン＝労働者や農民による非正規軍。
＊武者押し＝武者が隊を組んで進んでいくこと。
＊天保銭＝明治二十四年まで使われていた銅銭。
＊緋羅紗＝緋色の毛織物。
＊青貝摺り＝木地に青貝をはめこんでみがいたもの。
＊怒濤＝荒れ狂う大波。
＊昂然＝意気盛んで自信にあふれているさま。

問一　――線部１「依然として、隼太は黙っている」とありますが、このときの隼太を説明したものとして最も適切なものを次の中から選び、記号で答えなさい。

ア　敏也や仲平の皮肉たっぷりの挑発には決して乗るまいと必死にこらえている。
イ　敏也や仲平の言葉が本心によるものであるのか慎重に確かめようとしている。
ウ　敏也や仲平にいつ斬りかかれば自分の力を示せるか機会をうかがっている。
エ　敏也や仲平のような子どもっぽい態度は武士には無関係だと完全に無視している。

問二　□１・２に入ることばとして最も適切なものを次の中から選び、それぞれ記号で答えなさい。

１　ア　縦横無尽に　　イ　単刀直入に
　　ウ　理路整然と　　エ　泰然自若と
２　ア　すごすごと　　イ　おめおめと
　　ウ　おずおずと　　エ　のこのこと

兄の姿が見えた。
次に父の姿が。
その兄も、その父も微笑している。
敏也はもうたまらなかった。覚えず叫んでいた。
「父さーん！」
父は深くうなずいた。
「兄さーん！」
兄もうなずいた。
「わしも連れて行ってーッ！」
周囲に起る歓呼の声に圧せられて、その声は二人には届かなかったらしく、ただにこやかに微笑むだけだった。
「わしも連れて行ってーッ！」
敏也は躍り出そうとしたが、途端に、その手を後ろからきびしく摑まれた。
敏也は腹立たしげにふりかえった。母だった。

（お黙り！）
と言うように、6母は恐ろしい眼で敏也をにらんで、ぎゅっと手を抓った。痛かった。覚えず悲鳴を上げたほど邪慳な抓りようであったが、それよりも、その眼が恐ろしかった。これまで敏也の見たことのないほど凄い母の眼だった。そのくせ、母は真青になってふるえていた。
水を浴びせられたように、興奮は去った。

その時だった。
もう通り過ぎて背中を見せている最終の戦士のうしろからついて行く隼太の姿を見た。
隼太は隊列から五六間も遅れていたが、武者押しの足どりに合わせて、短い足を精一杯に踏みひらいてついて行くのだ。
いつものぼろぼろの着物の裾をはし折って、素足に草鞋がけ、鉢巻をしめて、背中に朱鞘の刀を斜めに背負っている。
「隼太どん！」
敏也はいきなり母の手をふりはなして追っかけた。
「隼太どん！」
息をきらして、追いついて、また声をかけると、隼太はふりかえった。にやりと微笑して、刀の束を叩いた。
「戦さに行くんじゃ。許されんじゃったが、わしはついて行くんじゃ」
人が違ったように＊昂然とした声で言って、くるりと向きかえると、また、武者押しの足どりに合わして歩き去った。
7敏也は、胸の熱くなるような、涙のこみ上げて来るような気持を感じながら、見送っていた。
敏也には、隼太の姿が、途方もなく堂々としたものに見えた。

（海音寺潮五郎「唐薯武士」による）

突然だった。大きな声で周太は笑い出した。

「母さん、面白かことが今日はごわした。皆がいろいろと評議しとる場に隼太が来もしてね。第一、隼太の恰好が良ごわした。あん細かからだに長げ刀を差して、肩をいからせて、のそっと庭に入って来たんで、もう吃驚しもした。*全で金串にさされた雀の様な姿でごわした」

そんな姿で出て来て、隼太は、ぜひ連れて行ってもらいたいと申し出た。もちろん、許さなかった。

「志のほどは感心にたえんが、戦争というものは、子供の考えるように勇ましいばかりのものではなか。随分*難儀なこともあるのじゃから、とても、お前の体力ではたえきれるまいから、許すわけには行かん」

と、*懇々と言ったのだが、隼太は、自分は士族で、そして十五歳に達している。応募の資格において欠くる所はないではないか、ぜひ従軍を許してもらいたいと言い張って、頑強を極めたので、それでは、相談の上で改めて何分の通知をすると言って帰した――というのである。

敏也は、金串にさされた雀のようだったという兄の譬喩がいかにもぴったりして、そのまま隼太の帯刀姿を見るような気がして、おかしさがこみあげて来たが、評議の結果がどうなったか気になったので聞いてみた。

周太は笑った。

「許すもんか。あんな者を連れて行っちゃ、いかにも兵が不足しているように敵に見られる恐れがあるちゅうんで、許可せんことになったのじゃ」

そう聞くと［A］。

「［B］じゃごわはんか」

「［B］でもしかたはなか。しかし、隼太のやつ、戦さちゅうものをどう考えとるんじゃろうな。おかしかやつじゃ」

暗いうちから私学校支部に集合した二百人の戦士らは、午前八時、吹雪をつン裂いて響き渡る法螺貝の音を合図に、行進を起した。

服装は、思い思いだった。

敏也は母や妹と並んで見送りに出た。

この不整頓な*パルチザンのような人々の姿でも若い敏也を興奮させるに十分だった。胸をわくわくさせて、ほとんど寒気を感じなかった。

三度、*武者押しの声を上げると、脛を没する雪の中を粛々と歩き出した。

敏也は、全身の血が一時にかっと湧き立つように感じた。凛々とした勇気がからだ中をふるわした。

*天保銭をつなぎ合わした鉢巻、白鉢巻、*緋羅紗の陣羽織、*青貝摺りの槍、…………

次から次へと、眼の前を通って行く。

歓呼の声が吹雪の中を*怒濤のように捲き起る。

戦士らの顔は微笑している。

見送りの父母・妻子・兄弟に、言葉のないうなずきを送りながら歩いて行くのだ。

斬られたほどに驚いて、敏也はわっと叫んで逃げ出した。

恐ろしくはなかった。

無暗におかしかったので、はアはア笑いながら走った。

隼太はすこしの間追いかけて来るようだったが、門のところまで来てふりかえって見ると、姿は見えなかった。

ぎいぎい鳴るはねつるべの音だけが聞えて来た。

隼太どんは武士じゃ。　*唐薯ばっかり食うちょっても、武士じゃ。

そいで戦さにおじゃるげな。　刀をかついでおじゃるげな。

強か隼太どん。　強か隼太どん。

ははは、ははは　ははは、ははは

大きな声で唄って、わっと叫んで逃げて帰った。

それから二三日経って、また夕方だった。

その日は、父は重大な*評定があるとかで、兄が一人だけ早く帰って来た。

「母さん、とうとうきまりもした*」

玄関を入るや、兄はこう言った。興奮しきって叫ぶような声だった。

「きまった？　いつが出立な」

敏也は囲炉裏の側から飛び出して行って兄にぶら下った。そして、兄がまだそれに答えないさきに、どの鉄砲を持って行くか？　刀は？　槍を持って行くか？　服装はどうするのか？　*具足をつけて行くか？

3 *陣羽織を着て行くつもりか？

矢継早に問いかけた。

母はたしなめた。

「そげん一ぺんに聞いたって、兄さんは返事が出来やらん。こっちにおじゃれ」

敏也は首を振って、なおも兄にまつわりついていたが、ふと 4 母の顔が真青になっているのに気づくと、急におとなしくなって離れた。

「鹿児島の私学校本部に集った者は、今月の十三日に出発します。二手にわかれて、一手は出水路から、一手は大口街道から出て、肥後の佐敷で一緒になることになっていもす。西郷先生は、大口街道をお通りになることになっていもすから、わしらは十四日までに大口に集合して、そこで一緒になることになっているのでごわす*」

十三日というと、あともう五日ほどしかないのだ。

「支度は出来もすか」

と、つづけたが、母は何かに気を取られて、その言葉が聞えなかったらしい。遠い所を見ているような奥深い眼で、黄色くなった行灯を見つめていた。

周太はまた聞いた。

「母さん。支度は出来もすか。あともう五日しかごわはんが」

「もう出来ています。いつ出立があっても差しつかえなかようにしておきもした」

母は微笑して答えた。その時になって、周太ははじめて、深い悲しみをこらえているらしい母の表情に気づいた。

周太は急に黙りこんで、こしらえてあった膳に向った。

皆黙って、まずそうにぼそぼそと飯をかきこんでいた。

風が出たと見えて、ごうと棟をゆすって吹き過ぎた。

が、これは隼太としては必死の努力だったらしく、言ってしまうと、また弱々しくうつ向いてしまった。

「用がなかのなら帰ってもらいたか。俺どんは相手になっているひまがなか」

そして、また刀を砥ぎにかかった。

しゅッしゅッしゅッ……と。

二人は言いまかされたような敗北感を感じて、［２］立去った。

門のところまで来ると無暗に腹が立った。

その晩、夕食の時、敏也はその話をした。

母も、妹も、給仕の女中も腹を抱えて笑ったので、敏也は得意になった。

調子に乗ってしゃべっていると、父と兄が帰って来た。この頃、毎日のように*私学校分校で開かれる寄合から帰って来たのだった。

「何を笑うとる」

兄の周太は十九歳で、賑やかな性質だったので、もうにこにこしていた。

敏也はくすくす笑いながら説明した。

「はははは、こら面白か。こら面白か。隼太が戦さに行くちゅうのか。はははは、あんやつ、戦さちゅうものを、どげんもんと思うとるんじゃろ」

と周太はおかしがったが、父の周左衛門はにこりともしないで、しずかにたしなめた。

「笑うてよかことかな。わしは感心なもんと思う。[2]武士はそうなくてはならんもんじゃないかな。笑うなんど、武士としての心掛に足らんところがあるじゃなかかな。よく考えてみるがよか」

周太も敏也もすっかり恐縮してしまった。なるほど、言われてみると、そうに違いなかった。

その翌日、敏也はまた隼太の家に行った。

例の井戸端で、その日も隼太は刀を砥いでいた。

作業は随分進んでいた。

昨日までは錆が落ちたというだけで、鈍い光を放っているだけだった刀が、今日は冴えた光を深くしずめて、*どぎどぎといかにも斬れそうだった。

敏也は、昨日の無礼をわびるつもりだったのだが、敵意をふくんで、何しに来たと言うような相手の眼を見たり、どう見てもひよわそうな体格に接したりすると、知らず知らずのうちにまた軽蔑せずにおられなくなった。

「貴下、ほんの事、戦さに行くとな」

「行くが、それがどうした」

今日の隼太ははじめから喧嘩［３］だった。

「貴下は人が斬れるか。人が斬れんようじゃ、行っても邪魔になるばかりじゃぞ」

すると、隼太は凄い眼になって、じっと敏也を見つめていたが、いきなり立上った。

「斬れるか、斬れんか、斬って見せてやろか！」

四 次の文章を読んで、後の問いに答えなさい。なお、字数指定がある場合、句読点・かぎかっこ等の記号は一字として数えること。

明治十年、鹿児島では新政府に不満のある若い士族たちが西郷隆盛を総大将として、京に向け軍を進める寸前の状態にあった。

「ほんの事な。ほんの事、戦争に行くとな」
敏也は*仰山げに驚いて見せる。
1 依然として、隼太は黙っている。しゅッしゅッしゅッと砥ぎつづけていた。
「そらほんの事にきまっちょる、さっき隼太どんがそげん言うたんじゃもの」
「しかし、隼太どんに戦さが出来ッじゃろかい」
「敏也、*汝は隼太どんが強かことは知っちょるはずじゃが。御無礼様な事言うな」
「*左様、左様、隼太どんは強かのじゃったな。角力を取っても強かし、喧嘩をしても強かし、そいで、その刀を持ったなら*官の十人二十人、*一薙に斬っぱろてしまうじゃろな」
互いに目と目で笑いかわしながらからかっていると、突然、隼太が顔を上げた。
「*貴下達は俺どんを*嘲弄かすために来やったのか」
静かな低い声だったが、はげしい怒りを内につつんだ声だった。唇がふるえて、細い真黒な瞳が射るような鋭さをもって見つめていた。

敏也はどきんとした。*狼狽に似たもの、恐れに似たものが胸を騒がせた。隼太がこんな態度に出て来るなど、思いもかけないことだった。何を言っても怒り得ないでうじうじと黙りこんでいるはずの隼太だったのである。
いったんの狼狽が去ると敏也は腹が立って来た。生意気なと思った。
「妙な事を貴下は言うな。貴下が強かことは村中で誰でも知らん者はなか。角力を取っても誰よりも強かし、喧嘩をしても誰よりも強かし。そいで、あたり前の事を言うただけじゃ。何を貴下は怒っとるとな」
と、せせら笑うような態度で言いまくった。
かっとした色が隼太の顔を染めた。右手にさげた刀がぶるぶるとふるえた。
斬りかかるかもしれん――つめたい手で心臓をつかまれたような恐れを感じながらも、敏也は虚勢を張って、真向から相手の眼を見つめた。
ふるえる声で隼太は言った。
「敏也どん。仲平どん。俺どんは戦さに行くつもりじゃ。十五から上の士族なら出陣の願いが出来るちゅうことじゃ。俺どんは体も小さかし、力も弱か。が、年は十五じゃ。願い出て、是が非でも連れて行ってもらおうと思うとる。貧乏でも、子供でも、俺どんは武士じゃ。武士が戦争に行こうというのに、何がおかしかとな。笑う貴下達が間違っていやせんか」
これも意外だった。［ 1 ］押して来るのである。
敏也も仲平も黙ってしまった。

2023年度

鎌倉学園中学校

【国語】〈第一次試験〉（五〇分）〈満点：一〇〇点〉

一 次の――線部のカタカナを漢字に直して答えなさい。

1 合格のシュクガ会を開く。
2 相手のうそをカンパする。
3 モゾウ紙に絵をえがく。
4 友人の意見に異をトナえる。
5 ココロヨく引き受ける。

二 次の□に入る漢字一字を答えなさい。

1 □水の陣（じん）　意味：決死の覚悟（かくご）で臨むこと。
2 □をくくる　意味：大したことはないとみくびる。
3 一線を□す　意味：境目をはっきりさせる。
4 □に受ける　意味：本気にして信じる。
5 猫の□　意味：面積がせまいことのたとえ。

三 次に挙げた語のうち、――線部の字の意味が他とちがうものを選び、記号で答えなさい。なお、すべて同じ意味である場合は「エ」と答えなさい。

1 ア 対面　イ 対立　ウ 対談
2 ア 興亡　イ 興奮　ウ 興味
3 ア 過失　イ 過大　ウ 過信
4 ア 報復　イ 報道　ウ 報恩
5 ア 負荷　イ 負担　ウ 負傷

2023年度

鎌倉学園中学校　▶解説と解答

算 数　＜第１次試験＞（50分）＜満点：100点＞

解 答

[1] (1) 49　(2) $\frac{3}{8}$　(3) $\frac{8}{33}$　(4) 9999　[2] (1) 2　(2) 702cm　(3) 6　(4) 25分　[3] (1) 360度　(2) 2.565cm^2　[4] (1) 28個　(2) 180　(3) 1008　[5] (1) 17個　(2) 9個　(3) 130個　[6] (1) 18　(2) 1　(3) $\frac{1}{271}$　[7] (1) 17cm　(2) 12.8cm　(3) 394.4cm^2　[8] (1) 387cm^3　(2) 52：77　(3) 47：82

解 説

[1] 四則計算，計算のくふう

(1) $(5\times6-3\times8+1)\times(9-2)=(30-24+1)\times7=7\times7=49$

(2) $1\frac{2}{3}\times0.75-\frac{5}{4}\div(3\div2)\times1.125+0.0625=\frac{5}{3}\times\frac{3}{4}-\frac{5}{4}\div\frac{3}{2}\times1\frac{1}{8}+\frac{1}{16}=\frac{5}{4}-\frac{5}{4}\times\frac{2}{3}\times\frac{9}{8}+\frac{1}{16}=\frac{5}{4}-\frac{15}{16}+\frac{1}{16}=\frac{20}{16}-\frac{15}{16}+\frac{1}{16}=\frac{6}{16}=\frac{3}{8}$

(3) $\frac{8}{10\times14}=\frac{2\times2\times2}{2\times5\times2\times7}=\frac{2}{5\times7}$，$\frac{8}{18\times22}=\frac{2\times2\times2}{2\times9\times2\times11}=\frac{2}{9\times11}$となる。さらに，$\frac{2}{N\times(N+2)}=\frac{1}{N}-\frac{1}{N+2}$だから，$\frac{2}{3\times5}+\frac{2}{5\times7}+\frac{2}{7\times9}+\frac{2}{9\times11}=\frac{1}{3}-\frac{1}{5}+\frac{1}{5}-\frac{1}{7}+\frac{1}{7}-\frac{1}{9}+\frac{1}{9}-\frac{1}{11}=\frac{1}{3}-\frac{1}{11}=\frac{11}{33}-\frac{3}{33}=\frac{8}{33}$

(4) $A\times C+B\times C=(A+B)\times C$となることを利用すると，$81\times33-7\times99+81\times99=27\times3\times33-7\times99+81\times99=27\times99-7\times99+81\times99=(27-7+81)\times99=101\times99=9999$

[2] 逆算，植木算，約束記号，ニュートン算

(1) $100\div\left\{\frac{1}{7}-\left(\frac{□}{17}-\frac{7}{289}\right)\right\}=2023$より，$\frac{1}{7}-\left(\frac{□}{17}-\frac{7}{289}\right)=100\div2023=\frac{100}{2023}$，$\frac{□}{17}-\frac{7}{289}=\frac{1}{7}-\frac{100}{2023}=\frac{289}{2023}-\frac{100}{2023}=\frac{189}{2023}=\frac{27}{289}$，$\frac{□}{17}=\frac{27}{289}+\frac{7}{289}=\frac{34}{289}=\frac{2}{17}$　よって，□＝2

(2) 30cmのテープ25本の長さの合計は，30×25＝750(cm)である。また，つなぎ目の数はテープの本数よりも１少ない，25－１＝24(か所)だから，つなぎ目によって短くなる長さの合計は，２×24＝48(cm)とわかる。よって，全体の長さは，750－48＝702(cm)になる。

(3) ●に５をあてはめて［　］の中を計算した値から，●に３をあてはめて［　］の中を計算した値をひくと，$(5\times5\div3-5\div5)-(3\times3\div3-5\div3)=\left(\frac{25}{3}-1\right)-\left(3-\frac{5}{3}\right)=\frac{22}{3}-\frac{4}{3}=\frac{18}{3}=6$となる。

(4) １分間にわき出る水の量を①，１台のポンプが１分間にくみ出す水の量を[1]とする。４台のポンプでくみ出すとき，75分で，①×75＝⑺⑸の水がわき出て，その間に，[1]×４×75＝[300]の水をくみ出して空になる。また，６台のポンプでくみ出すとき，45分で，①×45＝㊺の水がわき出て，その間に，[1]×６×45＝[270]の水をくみ出して空になる。よって，下の図１のように表すことができる。図１で，⑺⑸－㊺＝㉚にあたる量と，[300]－[270]＝[30]にあたる量が等しい。つまり，①にあたる量と[1]にあたる量が等しいので，最初の水の量は，[300]－[75]＝[225]とわかる。また，10台のポンプを使うとき，１分間に，[10]－[1]＝[9]の割合で水が減るから，空になるまでの時間は，225÷９＝25(分)と求められる。

図１

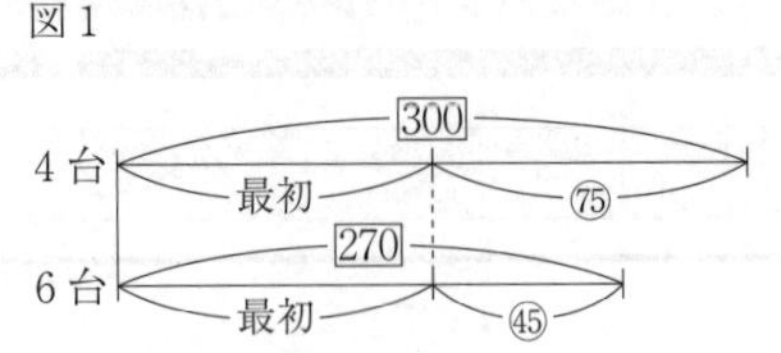

図２

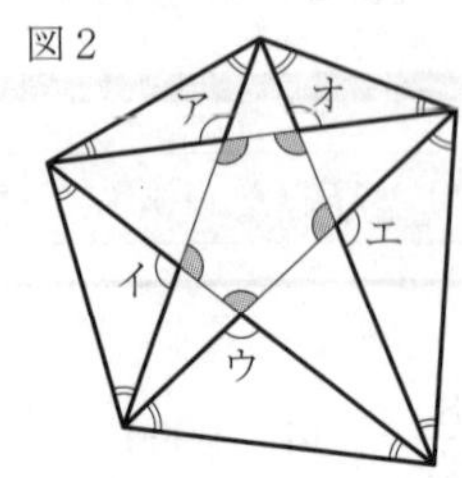

図３

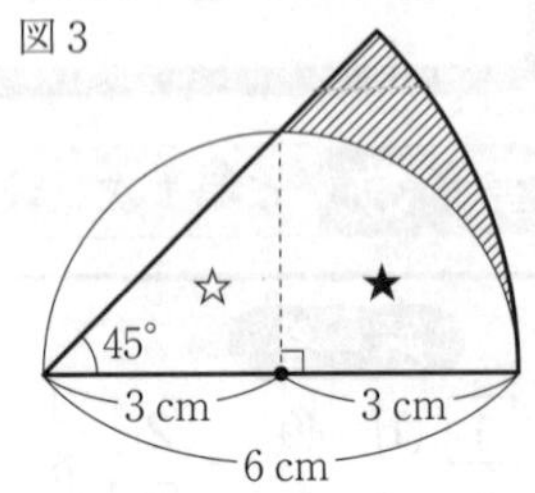

3 平面図形―角度，面積

(1)　N角形の内角の和は，180×(N－２)で求められるから，五角形の内角の和は，180×(５－２)＝540(度)である。よって，上の図２でかげをつけた５つの角の大きさの和は540度である。また，向かい合う角(対頂角)の大きさは等しいので，ア～オの５つの角の大きさの和も540度になる。さらに，太線で囲んだ５つの三角形の内角の和は，180×５＝900(度)だから，二重線のついた角の大きさの和は，900－540＝360(度)と求められる。

(2)　上の図３で，太線で囲んだおうぎ形の面積は，$6\times6\times3.14\times\frac{45}{360}=4.5\times3.14$(cm²)である。また，★印をつけたおうぎ形の面積は，$3\times3\times3.14\times\frac{90}{360}=2.25\times3.14$(cm²)，☆印をつけた三角形の面積は，３×３÷２＝4.5(cm²)なので，斜線(しゃせん)部分の面積は，4.5×3.14－2.25×3.14－4.5＝(4.5－2.25)×3.14－4.5＝2.25×3.14－4.5＝7.065－4.5＝2.565(cm²)とわかる。

4 方陣算

(1)　下の図１のように区切ると，１つの区切りに含(ふく)まれる４の個数は７個になる。よって，４は全部で，７×４＝28(個)ある。

(2)　２と３についても４と同じように区切ると，１つの区切りに含まれる個数は，２の場合は３個，３の場合は５個になる。つまり，１つの区切りに含まれる個数は２個ずつ増えるから，５の場合は９個になることがわかる。よって，５の個数は全部で，９×４＝36(個)なので，５をすべて足すと，５×36＝180になる。

図１

4	4	4	4	4	4	4	4
4	3	3	3	3	3	3	4
4	3	2	2	2	2	3	4
4	3	2	1	1	2	3	4
4	3	2	1	1	2	3	4
4	3	2	2	2	2	3	4
4	3	3	3	3	3	3	4
4	4	4	4	4	4	4	4

図２

整数	1	2	3	4	5	6	7
１つの区切りに含まれる個数	1	3	5	7	9	11	13
個数の合計	4	12	20	28	36	44	52
和	4	24	60	112	180	264	364

(3)　１から７までについてまとめると，上の図２のようになる。よって，和の合計は，４＋24＋60＋112＋180＋264＋364＝1008と求められる。

5 場合の数

(1)　２枚取り出して２桁(けた)になるから，{0，2，3，4，6，9} の中から２枚取り出すことになる。また，偶数(ぐうすう)になるのは一の位が｛0，2，4，6｝の場合である。一の位が0のとき，十の位は残りの5通りが考えられる。さらに，一の位が2のとき，十の位は残りのカードから0を除いた4通りが考えられる。一の位が4，6の場合も同様なので，全部で，5＋4×3＝17(個)とわかる。

(2)　2枚取り出して3桁になるから，必ず10を取り出すことになる。よって，右の図1の2つの場合が考えられる。①の場合，ア に入る数字は0を除いた5通りある。また，②の場合，イ に入る数字は｛0，2，4，6｝の4通りあるので，合わせて，5＋4＝9(個)となる。

図1

① ア10
② 10イ

図2

③ ウエオ
④ 10カキ
⑤ ク10ケ
⑥ コサ10

(3)　右上の図2の4つの場合に分けて求める。③の場合，オ が0のときの ウ エ の入れ方は，5×4＝20(通り)，オ が2のときの ウ エ の入れ方は，4×4＝16(通り)ある。オ が4，6のときも同様だから，③の場合は，20＋16×3＝68(個)と求められる。また，④の場合，キ の入れ方は4通り，カ の入れ方は5通りなので，4×5＝20(個)となる。さらに，⑤の場合，ケ が0のときの ク の入れ方は5通り，ケ が2のときの ク の入れ方は4通りある。ケ が4，6のときも同様だから，⑤の場合は，5＋4×3＝17(個)である。最後に，⑥の場合，コ の入れ方は5通り，サ の入れ方は5通りなので，5×5＝25(個)となる。よって，全部で，68＋20＋17＋25＝130(個)と求められる。

6 整数の性質

(1)　100÷41＝2余り18より，100を41で割ったときの余りは18とわかる。

(2)　100000÷41＝2439余り1より，100000を41で割ったときの余りは1となる。

(3)　求める分数をXとすると，$X=0.ABCDEABCDE\cdots$と表すことができる。下の図1のように，

図1

$$\begin{array}{rl} 100000\times X= & ABCDE.ABCDEABCDE\cdots \\ -\quad X= & \quad\;\; 0.ABCDEABCDE\cdots \\ \hline 99999\times X= & ABCDE \end{array}$$

図2

$$\begin{array}{r} 3\,)\underline{99999} \\ 3\,)\underline{33333} \\ 41\,)\underline{11111} \\ 271 \end{array}$$

Xを100000倍した数からXをひくと，小数点以下が消されて$ABCDE$だけが残る。よって，$X=\dfrac{ABCDE}{99999}$となる。また，Xは約分すると分子が1になるから，$ABCDE$は99999の約数である。さらに，上の図2の計算から，99999＝3×3×41×271となるので，5桁ごとにくり返す$ABCDE$の値は｛00001，00003，00009，00041，00123，00271，00369，00813，02439｝とわかる。このとき，Xはそれぞれ，$\dfrac{1}{99999}$，$\dfrac{1}{33333}$，$\dfrac{1}{11111}$，$\dfrac{1}{2439}$，$\dfrac{1}{813}$，$\dfrac{1}{369}$，$\dfrac{1}{271}$，$\dfrac{1}{123}$，$\dfrac{1}{41}$となり，このうち$\dfrac{1}{41}$以外で分母が素数であるのは$\dfrac{1}{271}$である。

7 平面図形―相似，面積

(1)　下の図1のように，AEとPQの交点をHとする。またQからADに垂直な線QIを引き，AEと交わる点をJとすると，かげをつけた3つの角の大きさはすべて等しくなる。すると，5つの三角形EDA，PHA，JIA，JHQ，PIQは相似になる。また，ED：DA＝8：32＝1：4だから，これらの三角形の直角をはさむ2辺の比はすべて1：4になる。さらに，ADとQIの長さは等しいので，三角形EDAと三角形PIQは合同であり，IP＝8cmとわかる。そこで，PH＝[1]とすると，HA＝[4]となる。また，三角形PHAと三角形PHEは合同だから，AE＝PQ＝[4]＋[4]＝[8]，HQ＝[8]－[1]＝[7]となり，下の図2のようになる。さらに，図2で，HJ＝[7]×$\dfrac{1}{4}$＝$\boxed{\dfrac{7}{4}}$より，AJ＝[4]－$\boxed{\dfrac{7}{4}}$

$=\boxed{\frac{9}{4}}$となり，三角形EDAと三角形JIAの相似比は，AE：AJ＝8：$\frac{9}{4}$＝32：9とわかる。よって，AI＝32×$\frac{9}{32}$＝9(cm)なので，AP＝9＋8＝17(cm)と求められる。

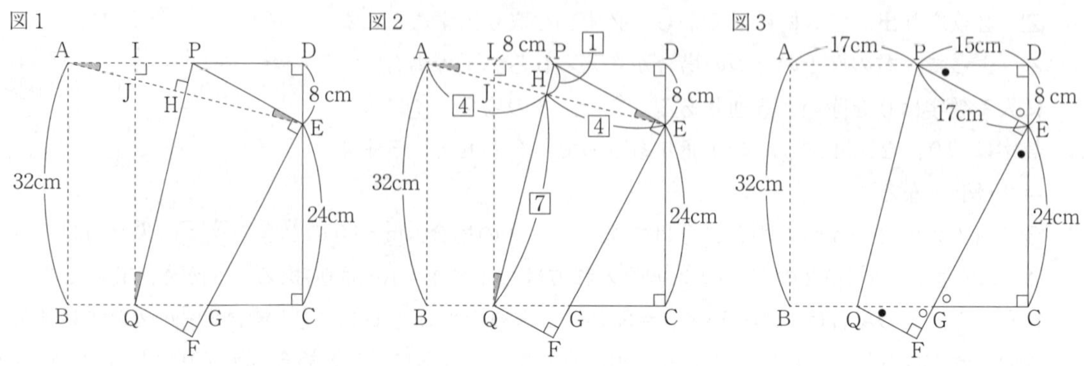

(2)　PD＝32－17＝15(cm)より，上の図3のようになる。図3で同じ印をつけた角の大きさはそれぞれ等しいから，3つの三角形DPE，CEG，FQGは相似であり，これらの三角形の3辺の比はすべて8：15：17になる。よって，CG＝24×$\frac{8}{15}$＝12.8(cm)とわかる。

(3)　図2から，AI＝BQ＝FQ＝9cmとわかる。また，FE＝32cmなので，台形FEPQの面積は，(9＋17)×32÷2＝416(cm^2)と求められる。また，FG＝9×$\frac{8}{15}$＝4.8(cm)だから，三角形FQGの面積は，9×4.8÷2＝21.6(cm^2)とわかる。よって，四角形PQGEの面積は，416－21.6＝394.4(cm^2)である。

8　立体図形―分割，体積

(1)　下の図1で，もとの立方体の体積は，8×8×8＝512(cm^3)，取り除いた立方体の体積は，5×5×5＝125(cm^3)となる。よって，この立体の体積は，512－125＝387(cm^3)とわかる。

(2)　切り口は下の図2の太線のようになる。図2で，取り除いた立方体を含めて考えると，頂点イを含む直方体の体積は，8×8×4＝256(cm^3)となる。このうち取り除いた部分(かげをつけた直方体)の体積は，5×5×(5－4)＝25(cm^3)だから，頂点イを含む立体の体積は，256－25＝231(cm^3)とわかる。すると，頂点アを含む立体の体積は，387－231＝156(cm^3)と求められるので，頂点アを含む立体と頂点イを含む立体の体積の比は，156：231＝52：77となる。

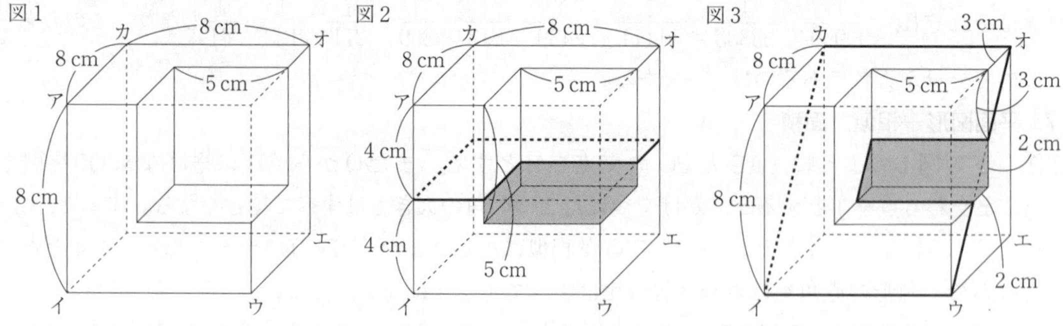

(3)　三角形アイカは直角二等辺三角形だから，切り口は上の図3の太線のようになる。図3で，取り除いた立方体を含めて考えると，頂点エを含む三角柱の体積は，8×8÷2×8＝256(cm^3)となる。このうち取り除いた部分(かげをつけた三角柱)の体積は，2×2÷2×5＝10(cm^3)なので，

頂点エを含む立体の体積は，256−10＝246(cm³)と求められる。すると，頂点アを含む立体の体積は，387−246＝141(cm³)になるから，頂点アを含む立体と頂点エを含む立体の体積の比は，141：246＝47：82である。

社 会 ＜第１次試験＞（30分）＜満点：60点＞

解 答

1 **問１** (1) Ⅰ D，エ Ⅱ E，ア Ⅲ F，キ Ⅳ B，ウ (2) Ⅳ **問２** ア **問３** イ **問４** エ **問５** PKO協力(国際平和協力)(法) **問６** エ **問７** ウ **問８** 核拡散防止(核兵器不拡散)(条約) **問９** ウ **問10** エ 2 **問１** イ **問２** (1) ナショナル (2) 最高裁判所 **問３** キ **問４** エ **問５** ① オ ② イ ③ ウ ④ カ **問６** エ **問７** エ **問８** (1) ウ (2) ウ (3) ア (4) **誰が利用するのか**…イスラム教徒(ムスリム，イスラーム)／**利用する目的**…(例) 礼拝を行うため。

解 説

1 **東海地方の地域調査を題材とした問題**

問１ (1) Ⅰ 織田信長は1575年，長篠(D)の戦いで，大量の鉄砲を用いて武田勝頼の騎馬隊を破った。この戦いにより，鉄砲が実戦兵器として極めて有効であることが証明された。また，狩野永徳(エ)は信長と豊臣秀吉に仕えた絵師で，安土城や聚楽第，大坂(大阪)城の障壁画を描き，狩野派の基礎を築いた。 Ⅱ 登呂遺跡(E)は弥生時代の遺跡で，水田・竪穴住居・高床倉庫などの跡や，多くの木製農具などが発掘されている。当時の稲作では，稲穂を刈り取るために石包丁(ア)が使われた。 Ⅲ 1854年に江戸幕府がアメリカ合衆国の使節ペリーとの間で結んだ日米和親条約(キ)では，蝦夷地(北海道)の箱館(函館)と伊豆半島の下田(F)の２港が開かれた。 Ⅳ 伊勢神宮(B)は天照大神をまつった神社で，江戸時代には集団でこの神社に参詣する「おかげ参り」が流行した。また，江戸時代後半の化政文化のなかで，こっけい本作家として活躍した十返舎一九が伊勢神宮への参拝を題材に，『東海道中膝栗毛』(ウ)を著した。 なお，イの日米安全保障条約が調印されたのは昭和時代の1951年のこと(1960年改定)，オの平等院鳳凰堂は平安時代に藤原頼通が建てた阿弥陀堂(1053年創建)，カの雪舟は室町時代に日本風の水墨画を大成した絵師，クの三内丸山遺跡は縄文時代の大規模集落の跡，ケの御成敗式目は鎌倉時代の武家法(1232年制定)，コの埴輪は古墳時代の素焼きの土器。 (2) Ⅰは安土桃山時代，Ⅱは弥生時代，Ⅲは江戸時代終わり，Ⅳは江戸時代である。よって，時代の古い順に，Ⅱ→Ⅰ→Ⅳ→Ⅲになる。

問２ 静岡市は太平洋側の気候で夏の降水量が多く，富山市は日本海側の気候で冬の降水量(積雪量)が多い。長野市は中央高地(内陸性)の気候で，年間降水量が少なく，夏と冬の寒暖の差が大きい。よって，雨温図Gは静岡市，Hは富山市，Iは長野市になり，アが正しい。

問３ Xの志摩半島南部(三重県)の海岸は典型的なリアス海岸で，河川によってできたＶ字谷が海面の上昇(陸地の沈下)によって形成され，入り江は水深が深く，陸地の奥まで入りこんで狭くなっているため，津波の影響を受けやすい。よって，組み合わせはイになる。

問４　三重県四日市市で発生した四日市ぜんそくは，化学工場から排出されたばい煙にふくまれる亜硫酸ガスが原因である。四大公害病はこのほか，有機水銀を原因とする水俣病(熊本県水俣市)・新潟(第二)水俣病(新潟県阿賀野川流域)，カドミウムを原因とするイタイイタイ病(富山県神通川流域)がある。

問５　国連平和維持活動の略称をPKOといい，地域紛争の解決を平和的にはかったり，停戦状況を監視したりするなどの活動が行われている。日本では，1992年にPKO協力(国際平和協力)法が成立したことにより，自衛隊が平和維持活動に参加することが可能になり，同年９月にはカンボジアへ派遣された。

問６　ウナギは鹿児島県・宮崎県などの九州地方南部と，愛知県・静岡県などの東海地方が主産地なので，エが正しい。なお，アは大豆，イはあずき，ウは鶏肉。統計資料は『データでみる県勢』2023年版などによる。

問７　水蒸気をふくんだ風が山にぶつかって上昇するときに，温度が下がって雨を降らせ，山を越えて下るさいに乾燥した高温の風となって吹き下ろす現象をフェーン現象という。フェーン現象が起きると，風下では猛暑になることが多い。よって，ウが誤っている。

問８　1968年，当時５か国であった核保有国(アメリカ合衆国・イギリス・フランス・ソ連・中国)を，これ以上増やさないようにすることを目的として，核拡散防止(核兵器不拡散)条約(NPT)が結ばれた。

問９　東京の南方約1000kmの海上に位置する小笠原諸島(東京都)は，かつて一度も大陸とつながったことがなく，独自の進化をとげた動植物が多いことが評価されて，2011年にユネスコ(国連教育科学文化機関)の世界自然遺産に登録された。世界文化遺産ではないので，ウが誤っている。

問10　アパレル産業に限らず，海外から安価な商品が大量に輸入されることで経営が苦しくなる日本企業は多い。しかし，近年では，もっと高品質なものをつくったり他業種の技術を取り入れたりして付加価値をつけ，ブランド化し，高くても売れる商品開発を進める企業が増えている。

２　大河ドラマを題材とした問題

問１　男女雇用機会均等法は，企業の雇用における男女の機会均等，待遇の確保を目的とした法律で，1985年に制定された。その第11条で，職場における妊娠・出産・育児休業等に関するハラスメントについて，事業主に防止措置を講じることを義務づけている。よって，イが正しい。なお，アの女性の参政権は1945年の選挙法改正で実現することになり，翌46年４月の衆議院議員総選挙では39人の女性議員が誕生したが，これは日本国憲法が制定される1946年11月より前のことである。ウの男女同一賃金の原則は，1947年に制定された労働基準法の第４条に定められている。男女共同参画社会基本法は，男女が対等な立場で活動できる社会づくりのための法律で，1999年に制定された。エの女子差別撤廃条約は，1979年に国連総会で採択され，日本は1985年に批准(国会の承認を得ること)している。

問２　(1)「鎌倉風致保存会」のように，貴重な文化財や自然環境を守るため，市民が中心となって募金を集めるなどして土地を買い取り，開発を防ごうとする運動を「ナショナル・トラスト運動」という。　(2)　下級裁判所の裁判官は，最高裁判所が指名した名簿にもとづき，内閣が任命する。

問３　Ａは衆議院の解散と特別国会の召集，Ｂは法律案の議決，Ｃは衆議院の内閣不信任案(信任案)の議決についての文で，いずれも正しく述べられている。

問４　Ｘについて，平安時代の貴族の女性の正装は「十二単」で，日本独自のものである。なお，「束帯」は男性の正装。Ｙについて，平安時代の貴族の住まいは「寝殿造」とよばれるが，邸宅を外敵から守るために土塁や板塀で囲むのは，鎌倉時代の「武家造」の特徴である。

問５　①　首里城は，15世紀前半から19世紀後半にかけて沖縄県に存在した，琉球王国の王城である。よって，オがあてはまる。なお，2019年の火災により，写真の正殿をふくむほとんどの建物が焼失した。　②　慈照寺銀閣は，室町幕府の第８代将軍足利義政が京都東山に建てた山荘で，和風住宅の原型となる「書院造」の建物として知られる。よって，イがあてはまる。　③　中尊寺金色堂は，平安時代後半に奥州藤原氏が根拠地とした平泉(岩手県)に建てられた阿弥陀堂で，清衡・基衡・秀衡３代のミイラが安置されている。よって，ウがあてはまる。　④　円覚寺は，鎌倉幕府の第８代執権北条時宗が創建した臨済宗の寺で，国宝の舎利殿は「禅宗様」の代表的な建物として知られている。よって，カがあてはまる。

問６　明治時代の産業革命では動力源に電力が用いられるようになったが，当時は水力発電が中心であった。よって，エが誤っている。

問７　史料Ⅰは江戸幕府が1615年に制定した武家諸法度，史料Ⅱは織田信長が1577年に出した楽市令，史料Ⅲは豊臣秀吉が1588年に出した刀狩令である。よって，年代は古い順に，Ⅱ→Ⅲ→Ⅰとなる。

問８　(1)　Ｄ　1980年代から90年代半ばにかけて「円高」が進んだことで，日本人の海外旅行者数が増えた。円高になると貿易では日本からの輸出が不利になるが，海外旅行は航空運賃や宿泊費などが安くなり有利になる。　Ｅ，Ｆ　2008年ごろには，リーマンショックによる「世界金融危機」などの影響で旅行者数は減少したが，観光庁の設置などで外国人旅行者を誘致する政策が行われ，「インバウンド・ツーリズム」の推進で日本を訪れる外国人旅行者が増えた。　(2)　グループＧについて，知床(北海道)・白神山地(青森県・秋田県)・小笠原諸島(東京都)は日本の世界自然遺産で，世界最大のサンゴ礁地帯であるグレートバリアリーフはオーストラリアの世界自然遺産。グループＨについて，湯布院(大分県)・修善寺(静岡県)・黒川(熊本県)は古くからの温泉地として知られる場所で，バーデンバーデンはドイツにあるヨーロッパ有数の温泉地である。グループⅠについて，軽井沢(長野県)・清里(山梨県)は夏でも冷涼な気候を生かした避暑地・リゾート地となっており，スイスのインターラーケンは登山の町として，オーストリアのインスブルックはウインタースポーツの町として知られている。　(3)　Ｊ　「神社や仏閣などへの参拝」をする都市としては，イの善光寺のある長野市，成田山新勝寺のある成田市(千葉県)があてはまる。　Ｋ　「スキーリゾート」が多く建設された都市としては，ウの白馬村(長野県)，湯沢町(新潟県)がふさわしい。　Ｌ　「テーマパーク」がある都市なので，アの「志摩スペイン村」などがある志摩市(三重県)，「ハウステンボス」などがある佐世保市(長崎県)が選べる。　Ｍ　アニメ作品の「聖地巡礼」をする都市としては，エの大洗町(茨城県)が『ガールズ＆パンツァー』，秩父市(埼玉県)が『あの日見た花の名前を僕達はまだ知らない。』の舞台になっている。　(4)　図２はイスラム教の礼拝所を表すピクトグラム(誰にでも情報が伝わるようにデザインされた記号)である。イスラム教の信者(ムスリム)は，１日５回聖地メッカ(サウジアラビア)に向かって礼拝することになっており，そのための礼拝所が日本の空港などにも設置されている。

理 科 ＜第１次試験＞（30分）＜満点：60点＞

解 答

1 (1) 1 (2) **ア** 1.25 **イ** 2.92 **ウ** 1.49 (3) **エ** きょり **オ** G **カ** おそ **キ** あさ 2 (1) 水素 (2) 3 (3) 塩化水素 (4) 3 (5) 4 (6) 18cm^3 (7) 0.3g (8) 5 3 (1) 4 (2) 1 (3) **ア** 2 **イ** 2 **ウ** 5 (4) **エ** 3 **オ** 5 (5) **コナラ林**…1 **ナシ林**…2 (6) **カ** 4 **キ** 6 4 (1) じょうげんのつき (2) 1 (3) 満月 (4) 1 (5) 1 (6) 4 (7) 2回 (8) 26日

解 説

1 光の進み方についての問題

(1) 水面から出た光は水面に近づくように屈折(くっせつ)して進む。見ている人には届いた光の先に物体があるように見えるので，水中にある部分は実際よりも浅いところにあるように見える（右の図）。

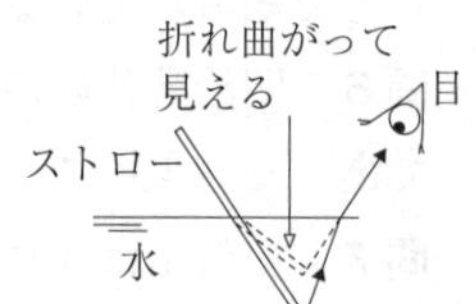

(2) **ア** A点からG点までの距離(きょり)は５mなので，５÷４＝1.25（秒）とわかる。 **イ** A点からG点までの時間とG点からB点までの時間の和は，1.25＋1.67＝2.92（秒）である。 **ウ** H点からB点までの距離は4.47mなので，4.47÷３＝1.49（秒）となる。なお，時間の合計とA点からの時間の差を求めて，2.95－1.46＝1.49（秒）としてもよい。

(3) **エ** F点はA点とB点を直線で結んだ直線上にあるから，F点を通る経路が最短距離となる。 **オ** (2)の表で，時間の合計が最も短いのは，G点を通る経路の2.92秒となっている。 **カ** G点を通る経路は，レーザーポインターから出た赤い光線が水面で屈折して進むようすと同様になっている。よって，空気中をかたい地面，水中をやわらかい砂場にたとえていることがわかるから，光の進む速さは空気中よりも水中の方がおそいとわかる。 **キ** (1)で述べたように，水面上から水中をのぞくと，水中のものの深さは実際よりも浅く見える。

2 気体の発生についての問題

(1)，(4) アルミニウムは塩酸に溶(と)けて水素を発生する。亜鉛(あえん)や鉄，マグネシウムなどの金属も塩酸に溶けて水素を発生する。ただし，金や銅などの金属は塩酸に溶けない。

(2) 図の気体の集め方は水上置換(ちかん)法で，空気より軽いか重いかに関係なく，水に溶けにくい気体を集めるときに用いる。なお，水によく溶ける気体の場合は，空気より軽いものは上方置換法，重いものは下方置換法で集める。

(3) 塩酸は塩化水素という気体の水溶液(すいようえき)である。塩化水素は刺激(しげき)の強いにおいをもち，水に溶けやすい有毒な気体である。

(5) 実験結果の表とグラフより，アルミニウム0.2gは塩酸A12cm^{3}と過不足なく反応し，このとき気体を250cm^{3}発生することがわかる。試験管⑤では，アルミニウム0.2gに対して塩酸Aを20cm^{3}加えているので，このうち12cm^{3}はアルミニウムと反応するが，20－12＝８（cm^3）が反応せずに残っている。したがって，アルミニウムはすべてなくなっていて，さらにアルミニウムを入れると，そのアルミニウムが残った塩酸に溶けて気体を発生する。

(6)　アルミニウム0.3gを完全に溶かすには，12×0.3÷0.2＝18(cm^3)の塩酸Aが必要である。

(7)　塩酸A 6cm^{3}に溶けるアルミニウムは，0.2×6÷12＝0.1(g)である。したがって，0.4−0.1＝0.3(g)のアルミニウムが溶け残る。

(8)　塩酸の濃さを２倍にすると，同じ重さのアルミニウムを完全に溶かすのに必要な塩酸の体積は$\frac{1}{2}$になる。よって，アルミニウム0.2gと過不足なく反応する塩酸Bの体積は，12×$\frac{1}{2}$＝6(cm^3)である。また，発生する気体の体積は溶けたアルミニウムの重さに比例する。つまり，塩酸Bを6cm^{3}加えた時点でアルミニウム0.2gはすべて溶け，このとき気体は250cm^{3}発生し，塩酸Bをこれ以上加えても，発生する気体の体積は250cm^{3}のまま変わらない。以上より，５のグラフになる。

3　陸貝の種類と土の水分量の関係についての問題

(1)　タコやイカ，貝のなかま，ナメクジやカタツムリは軟たい動物のなかまである。ミミズは環形動物のなかまで軟たい動物ではない。

(2)　無せきつい動物とは，背骨を持たない動物のなかまである。こん虫類や甲かく類などの節足動物，軟たい動物，環形動物，ヒトデなどのきょく皮動物，イソギンチャクやサンゴなどのしほう動物などが無せきつい動物に属する。

(3)　**ア**　大型の種類数の平均値は，ナシ林が4.4で最も多く，コナラ林とスギ林はともに2.0でナシ林より少ない。　**イ**　小型の種類数の平均値も，ナシ林が11.8で最も多く，コナラ林とスギ林(6.6と6.5なので等しいと見なせる)はともにナシ林より少ない。　**ウ**　大型の種類数も小型の種類数もコナラ林とスギ林では等しくなっている。このことは，林が違うと陸貝の種類数に違いが生じるという考えとは一致しない。

(4)　**エ**　土の中の水分量の平均値は，ナシ林が5.8，スギ林が5.3で，これらは等しいと見なせる。それに対してコナラ林は3.0となっていて少ない。　**オ**　ナシ林とスギ林は土の中の水分量が同じと見なせるが，大型の種類数と小型の種類数の合計の平均値はナシ林が16.0，スギ林が9.0と大きく異なっている。よって，土の中の水分量が多い林ほど陸貝の種類数が多いとはいえない。

(5)　土の中の水分量の範囲に着目すると，コナラ林は２～６，ナシ林は４～９，スギ林は３～10となっているので，１がコナラ林，２がナシ林，３がスギ林である。

(6)　**カ**　土の中の水分量が多い場所ほど貝の種類数が多ければ，(5)の１～３では●の並び方(分布)が右上がりの線をえがくようになるはずである。ところがそのようにはなっていないので，土の中の水分量と貝の種類数には関連性が見られないと考えられる。　**キ**　カより，土の中の水分量が多い場所ほど貝の種類数が多いとはいえない。

4　月の位置や見え方，潮の満ち引きについての問題

(1)　日没ごろの南の空で右半分だけが輝いて見える半月を上弦の月という。

(2)　上弦の月が見られるのは，地球から見て，太陽の方向から左側(東側)に90度はなれた方向に月があるときである。よって，図(北極側から見たものとする)では１があてはまる。なお，太陽と同じ方向の３にあるときは新月，太陽と反対の方向の７にあるときは満月となる。

(3)　月の満ち欠けは，およそ１週間ごとに新月→上弦の月→満月→下弦の月→新月と変化する。先週金曜日が上弦の月だったから，その１週間後の金曜日である今日(釣りをした日)は満月である。

(4)　潮の満ち引きはおもに月の引力によって起こり，月がある方向とその反対の方向では海水がもり上がって満潮となり，それらから90度はなれた方向では干潮となる。また，潮の満ち引きは太陽

の引力の影響も受ける。満月のときと新月のときは，太陽と地球と月がほぼ一直線上に並び，太陽の引力の向きと月の引力の向きが直線状になるため，潮の満ち引きの差が大きくなる。一方，上弦の月と下弦の月のときは，太陽の引力の向きと月の引力の向きが直角になるため，潮の満ち引きの差が小さくなる。このような現象によって起こる，潮の満ち引きが大きい期間を大潮，小さい期間を小潮という。今日(釣りをした日)は満月なので大潮の期間と考えられる。

⑸　満月から１週間後の月は，日の出のころの南の空で左半分だけが輝いて見える下弦の月である。

⑹　次に大潮になるのが何日後かを考える。⑷で述べたように，大潮は満月のころと新月のころにあたり，釣りをした日は満月だったから，次の大潮は新月になる２週間後，つまり14日後となる。

⑺　⑷で述べたように，月がある方向とその反対の方向では満潮，90度はなれた方向では干潮となる。たとえば日本のある地点では，地球が１日に１回自転する間に，満潮となるところを２回，干潮となるところを２回通過するので，一般に満潮と干潮は１日に２回ずつある。なお，潮の満ち引きの周期は24時間より少し長いため，満潮または干潮が１日に１回しかない日もある。

⑻　29.5×13＝383.5，383.5－365＝18.5より，2024年１月の満月の日は，2024年１月７日から18.5日後である。よって，７＋18.5＝25.5より，2024年１月26日が満月となる。

国語　＜第１次試験＞（50分）＜満点：100点＞

解答

□一　１～５　下記を参照のこと。　□二　１　背　２　高　３　画　４　真　５　額
□三　１　エ　２　ウ　３　ア　４　イ　５　エ　□四　問１　ア　問２　１　ウ　２　ア　問３　エ　問４　イ　問５　エ　問６　深い悲しみをこらえている(らしい)　問７　エ　問８　ア　問９　イ　問10　ウ　問11　イ　□五　問１　イ　問２　ウ　問３　イ　問４　(例)　(現代は)人間関係が感情に満たされているから。　問５　【四】　問６　ウ　問７　ア　問８　(例)　相手とのつながりが相手の感情しだいで切れてしまう不安のある(状況。)　問９　エ　問10　波風　問11　ア　□六　問１　ウ　問２　(例)「重症」の定義にあてはまらないまま，感染による全身状態の悪化で「衰弱死」するケースが増えたため。

●漢字の書き取り

□一　１　祝賀　２　看破　３　模造　４　唱(える)　５　快(く)

解説

□一　漢字の書き取り

１　めでたいできごとを祝うこと。　２　真実や正体を見破ること。　３　あるものを手本として作ること。　４　音読みは「ショウ」で，「合唱」などの熟語がある。　５　音読みは「カイ」で，「快活」などの熟語がある。

□二　慣用句の完成

１「背水の陣」は，追い込まれて後がないこと。　２「高をくくる」は，“難易度や相手の実力を低く見積もり，軽んじる”という意味。　３「一線を画す」は，“違いをはっきりとさせ

る”という意味。　**4**　「真に受ける」は，“言われたことを疑わず，素直に信じ込む”という意味。　**5**　「猫の額」は，せまい空間のこと。

三　熟語の意味

1　「対面」「対立」「対談」の「対」はいずれも，二つのものが向かい合うさま。　**2**　「興亡」「興奮」の「興」は，新しくわき起こること。「興味」の「興」は，心をひきつける面白み。　**3**　「過大」「過信」の「過」は度を越しているさま。「過失」の「過」は，過ちのこと。　**4**　「報復」「報恩」は，人からされた分をお返しすること。「報道」の「報」は広く知らせること。　**5**　「負荷」「負担」「負傷」はいずれも，自分のものとして負うこと。

四　出典は海音寺潮五郎の『唐薯武士』による。明治初期の鹿児島で生きる少年・敏也は，体が小さく弱いのに戦さに出陣するつもりの隼太を笑っていたが，次第に見方が変わっていく。

問１　続く部分で隼太は，自分をからかい続ける敏也と仲平に，静かな声で突然はげしい怒りをあらわにしている。隼太は二人のばかにした態度に腹を立てながらこらえていたとわかるので，アがよい。

問２　**1**　隼太が言葉を尽くして自分の思いや意見を語る場面なので，筋が通っていてわかりやすいさまを表す「理路整然」がふさわしい。　**2**　敏也と仲平が「言いまかされたような敗北感を感じて」立去る場面なので，元気や勢いをなくして去るようすを表す「すごすごと」がよい。

問３　前の部分で隼太は，自分は体が小さく力も弱いが，それでも戦争に行きたいと話しており，敏也の父はその意志の強さに「感心」していると想像できる。よって，エがよい。

問４　「喧嘩腰」は，今にも相手につっかかっていきそうな挑戦的な態度。

問５　「矢継早」は，休む間もなく立て続けに物事を行うさま。

問６　戦争が始まると聞いた母は，周太を質問攻めにする敏也をたしなめながら「真青」になったり，周太の言葉も聞こえないようすで遠い目をしたりしている。その心情は「深い悲しみをこらえているらしい」表情からうかがえる。

問７　前の部分で周太たち家族は戦争を話題にして雰囲気が暗くなり，黙々と食事している。周太は強い風をきっかけに食卓の空気を変えようと，努めて明るくふるまったと想像できるので，エがよい。周太は家族を気づかってはいるが，自分を責めたりばん回を図ったりするようすはないので，イは合わない。

問８　隼太が戦争に行きたいと直談判したようすを周太から聞いた敏也は，その姿を想像して「おかしさ」を感じながらも「評議の結果」を気にしている。隼太の決意のかたさを知っている敏也は，結局従軍できないとなれば隼太が気の毒だと感じたことが想像できる。また，周太も敏也の感想に理解を示しながらもしかたがないと言っているので，アがふさわしい。周太は，隼太の従軍を許可しないという結論は道理に合うと考えているので，イ～エの「無用心」「軽はずみ」「無神経」などは合わない。

問９　破線で区切られた部分では，大勢の戦士が行進するようすが，敏也と家族のやりとりも交えてテンポよくえがかれている。「通って行く」「微笑している」といった文末表現によって，行列が敏也の「眼の前」で進んでいくさまが強調されているので，イがよい。ここでは戦士たちというより敏也の気持ちのたかぶりがえがかれているので，アは合わない。敏也は武士に興味を持っているというより，本物の隊列を前に興奮している状態なので，ウは合わない。敏也たち家族の対照的な心情は読み取れないので，エは正しくない。

問10　母は，「わしも連れて行ってーッ！」と叫ぶ敏也を黙らせるように手をきつく抓っており，そんな母の恐ろしい「眼」や「真青」なようすを見た敏也は急速に心が冷えていくのを感じている。母は家族が戦争に行くことを重く受け止めており，行列にはしゃぐ敏也の能天気さを「きびしく」とがめていると想像できるので，ウがよい。敏也が生死の重さを軽んじるようすはないので，アは合わない。母が敏也の手を抓ったのは，戦場に行かないよう引き止める意図ではないので，イやエは合わない。

問11　従軍できないはずの隼太が，みすぼらしい格好で精一杯隊列について行くようすを見て，敏也は思わず母の制止もふりきりかけ寄っている。何を言われても「堂々と」信念を貫く隼太に，敏也が心を動かされたとわかるので，イがよい。敏也が隼太を見て胸を熱くするさまから嫉妬の気持ちは読み取れないので，アは合わない。敏也が母の注意に負けないよう決意するようすはないので，ウは正しくない。敏也が驚いたのは，隼太の外見というより自分の意志を貫く姿勢や生き様なので，エは合わない。

五　出典は石田光規の『「人それぞれ」がさみしい―「やさしく・冷たい」人間関係を考える』による。現代の人間関係やコミュニケーションの特徴について，終戦直後の映画を例にあげながら論じている。

問１　前の部分には，現代は以前のように生活の維持のために人との付き合いを「強制される」時代ではなくなり，「人と無理に付き合わなくてもよい気楽さ」が生まれたと書かれている。よって，イがよい。

問２　続く部分には，映画では長屋の住人たちが「鍵もかけず」しょっちゅうやりとりしているものの，「感情的な交流」は少ないと書かれているので，ウが合う。筆者は登場人物の「感情的な交流の少なさ」を例示しているので，アは合わない。現代の人間関係は「感情に満たされ」ていると筆者は主張しているので，イは正しくない。筆者は感覚のずれというより人間関係の変化を論じているので，エは合わない。

問３　「ひと悶着」とは，人々の間で起こるちょっとした論争や波乱のこと。

問４　続く部分で筆者は，映画を見た学生の感想として，「昔」に比べて「今のつながり」は弱いが「感情や気遣いが濃い」とする言葉を引用し，「感情に満たされた今の人間関係」の表れだと主張している。

問５　もどす文では，人と無理に付き合わなくてもよい気楽さは，つながりの不安定さの裏返しだと述べられている。【四】に入れると，「個人の感情」はその時々で変わるものだと説明された後，感情が悪化に転じれば簡単につながりは解消されると論じられる形になり，文意が通る。

問６　筆者は，「弱まってきた関係をつなぎ止める新たな補強剤として，つながりに大量の『感情』を注ぎ込むように」なったことを，小津安二郎の映画との対比で説明した後，「感情に補強されたつながりは，それほど強いものには」ならないと否定的な意見を述べている。よって，前のことがらを受けて，それに反する内容を述べるときに用いる「しかし」がよい。

問７　少ないことやまれなことを表す「希」と，厚みに欠けるさまを表す「薄」の組み合わせなので，似た意味の漢字を重ねてできた熟語である。「希薄」ははっきりと感じられないほど薄く弱いこと。

問８　前の部分には，現代において「私たち」は「お互い」の感情次第で関係を「継続させる」か解消するか決められるので，相手がマイナスの感情を持てば「つながりから切り離される不安」やつながりを「解消されるリスク」もあると書かれている。

問９　相手の感情を害せばつながりを解消されるという状況は「不安」を生じさせ，こうした不安により人はコミュニケーションの指南書に手をのばしてしまうと筆者は論じている。この内容にエが合う。コミュニケーション能力への自信と，相手の心理に気づきやすいかどうかの関連は述べられていないので，アは合わない。

問10　空らん２の前で筆者は，友人と意見をぶつけ合ったり反感を招いたりせず「無難に収める方法，すなわち「波風」を立てない方法を説明している。

問11　筆者は，社会の規範が緩くなり，人付き合いも強制ではなくなった結果，人間関係の維持に感情が重要となったこと，相手の感情次第でつながりを解消される不安の中で，「人それぞれ」を前提としたコミュニケーションが「重宝されて」いることなどを述べており，アが適する。お金でしかつながりを保てなくなったという記述はないので，イは不適。感情を直接的に表す傾向が強いとは書かれていないので，ウは合わない。強引な勧誘については述べられていないので，エは正しくない。

六　**出典は二〇二二年八月二十九日付「産経新聞」朝刊掲載の記事による。**新型コロナウイルスの流行と当時の死者数・重症者数の傾向について，有識者の意見も交えて書かれている。

問１　グラフのタイトルが「新型コロナの死者と重症者の推移」なので，Ａ・Ｂには「死者」「重症者」のいずれかが入る。記事には，八月「二十三日」に死者数が「三百四十三人」と「過去最多を更新した」一方で重症者数は「今回の流行」では「抑えられている」とあるので，Ａが重症者，Ｂが死者とわかる。

問２　記事において有識者は，「第７波」では高齢者が「感染による発熱や喉の痛み」といったダメージをきっかけに「全身状態の悪化」で「衰弱死」するケースが多いが，こうした場合も「肺炎症状がなければ」あくまで「軽症」に分類されており，「重症者」数が少なく算出されていると説明している。記事ではこのこともふまえ，以前設定された「重症の定義が実態に即していない」ので見直すべきだとする「声」があると論じられている。

2023年度 鎌倉学園中学校

【算　数】〈第２次試験〉（50分）〈満点：100点〉

1 次の計算をしなさい。

(1) $40-(5+8)\times 3+\{(5-2)\times 11-3\}\div 6$

(2) $0.75-\dfrac{7}{8}\times 0.5+0.625\div 2$

(3) $\dfrac{1}{2\times 3}+\dfrac{1}{3\times 4}+\dfrac{1}{4\times 5}-\dfrac{1}{5\times 6}$

(4) $2.6\times 3.14+1.57\times 3.8-6.28\div 0.8$

2 次の $\square$ に適する数を求めなさい。ただし，(4) は漢字１字を答えなさい。

(1) $3\times\left\{\square\times\left(\dfrac{1}{3}+\dfrac{1}{5}\right)-\dfrac{1}{3}\right\}=1$

(2) $\dfrac{1}{3}$ から $\dfrac{11}{12}$ の間にある分母が 30 の分数のうち，約分できないものは $\square$ 個あります。

(3) Ａくん，Ｂくんの２人でみかんを分けました。Ａくんは全体の $\dfrac{2}{5}$ と１個，Ｂくんは全体の $\dfrac{1}{2}$ と２個もらいました。みかんは全部で $\square$ 個あります。

(4)　A くんは本を毎日決まったページ数読みます。月曜日から木曜日までは 1 日 6 ページずつ，金曜日から日曜日までは 1 日 13 ページずつ読みます。A くんは 498 ページある本を読み始めて，水曜日にちょうど読み終えました。このとき，この本を読み始めたのは □ 曜日です。

3　次の □ に適する数を求めなさい。

(1)　図のように，正方形の中に半径 4 cm と半径 5 cm のおうぎ形が 2 つあります。このとき，斜(しゃ)線部分の面積は □ cm^2 です。ただし，円周率は 3.14 とします。

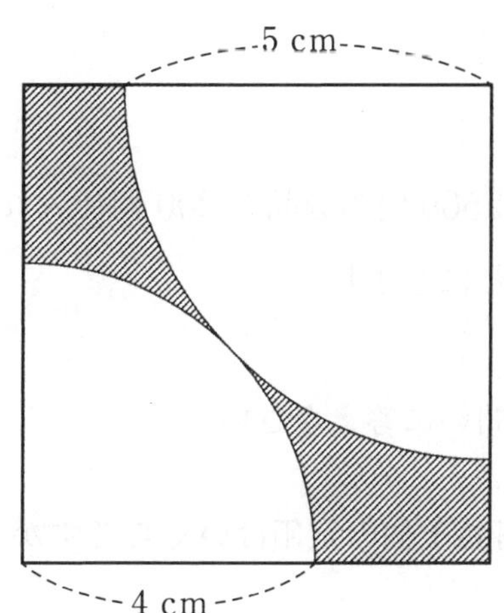

(2)　図のように，正三角形と正五角形があります。このとき角 x の大きさは $\square$ 度です。

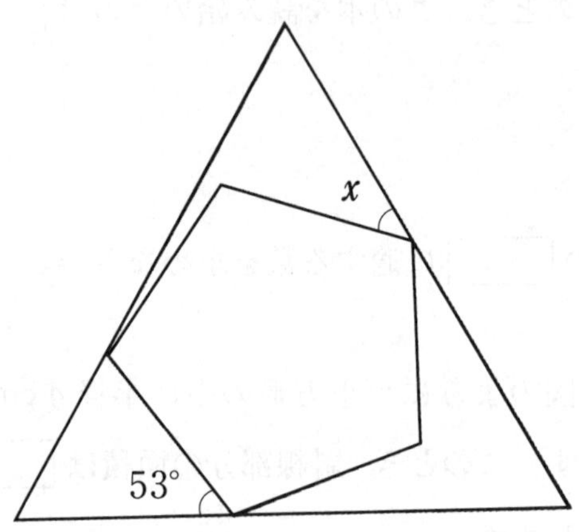

4　原価2500円の商品を200個仕入れ，2割5分の利益をみこんで定価をつけて売ることにしました。

次の問いに答えなさい。

(1)　商品1個の定価はいくらですか。

(2)　すべて売ったときの売り上げはいくらですか。

(3)　すべての商品を定価の何％か割り引き，さらに250円引きして売ったところ，すべて売り切れました。利益が原価の5％となったとき，何％割り引きましたか。

5 次のように，１を１個，２を２個，３を３個，……，９を９個並べます。９を９個並べたら，再び１を１個，２を２個，……とくり返し並べていきます。

1，2，2，3，3，3，4，4，4，4，5，5，5，5，5，……，9，1，2，2，……

次の問いに答えなさい。

(1) はじめから100番目の数字は何ですか。

(2) はじめから200番目までに「6」は何個ありますか。

(3) 500番目から1000番目までに「3」は何個ありますか。

6 ある整数に次のような操作を行います。

３の倍数ならば３で割る。
３で割って１余る数ならば，２をかけて１を加える。
３で割って２余る数ならば，２をかけて２を加える。

次の問いに答えなさい。

(1) 「5」にこの操作を５回くり返すといくつになりますか。

(2) 「50」にこの操作を50回くり返すといくつになりますか。

(3) この操作を２回くり返したとき，「7」になる整数は何個ありますか。

7 図のように，直線上に図形ＡとＢがあります。Ｂを動かさずに，Ａを毎秒1.5 cmの速さで右へ動かしたとき，２つの図形ＡとＢが重なった部分の面積をＳとします。

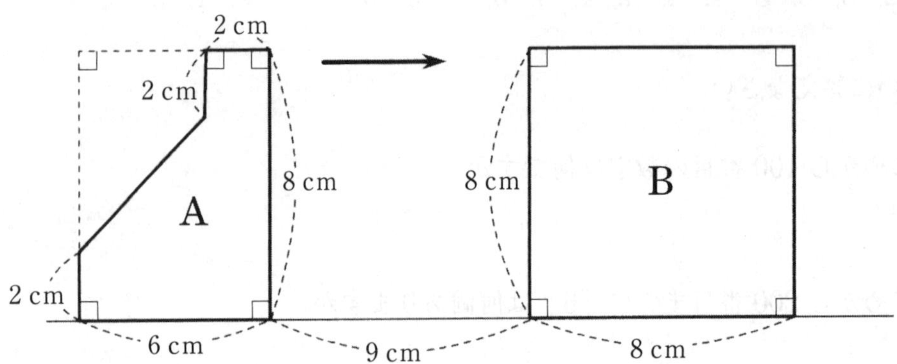

次の問いに答えなさい。

(1) 図形Ａの面積を求めなさい。

(2) 動き始めてから７秒後の面積Ｓを求めなさい。

(3) 面積Ｓが２回目に６ cm^2 になるのは，動き始めてから何秒後ですか。

8 図のように，２枚の長方形のしきり板ア，イがついた，直方体と半円柱２個を組み合わせた容器があります。しきり板は底面にまっすぐに立っていて，A，B，C の３つの部分に分けられています。A の部分に水を毎分 15.7 cm³ で入れていきます。

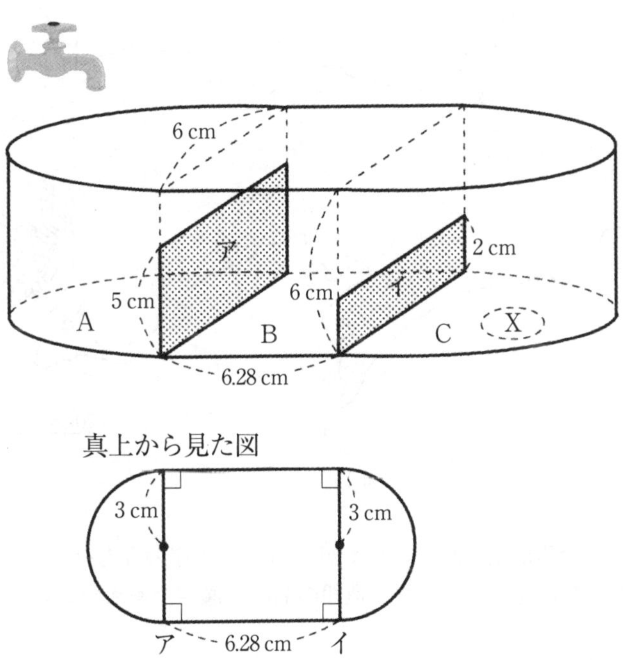

次の問いに答えなさい。ただし，容器としきり板の厚さは考えないものとし，円周率は 3.14 とします。

(1) この容器の容積を求めなさい。

(2) 水面の高さがしきり板アの高さと初めて同じになるのは，水を入れ始めてから何分何秒後ですか。

(3) 容器の C の部分にある X の部分に穴をあけると毎分 62.8 cm³ で排(はい)水されます。水を入れ始めてから 15 分後に，穴をあけました。このとき，容器 C の部分の水面の高さが 1 cm になるのは，水を入れ始めてから何分何秒後ですか。

【社　会】〈第２次試験〉(30分)〈満点：60点〉

1　ユリコさんは，東京都について調べてみました。これに関する次の問いに答えなさい。

図１

問１　東京都には様々な行政機関が置かれていますが，１府12省庁のうち社会福祉，社会保障，公衆衛生の向上・増進などを推進している行政機関の名称を**漢字**で答えなさい。

問２　次の文章Ⅰ～Ⅳは，東京都の中で日本の歴史上，重要なことが起きた場所や史跡について説明したものです。あとの問いに答えなさい。

Ⅰ　1884年に現在の東京都文京区のこの遺跡から，薄手で高温で焼かれた赤褐色のつぼ型の土器が発見されると，この地名から（　**ア**　）土器と後に命名し，これが広く定着してこの土器のつくられた時代を（　**ア**　）時代と呼称するようになりました。

Ⅱ　東京多摩地域の中央に位置する国分寺市は，かつてこの地に（　**イ**　）天皇が出した国分寺建立の詔により，武蔵国の国分寺がこの地に建てられたことに由来しています。他国の国分寺に比べ規模が大きく，東西約900m・南北約500mとされ，七重塔が建っていたとされています。

Ⅲ　東京都に所属する伊豆大島は，古代から江戸時代まで流刑の地として位置づけられていました。後白河天皇と崇徳上皇の対立から起きた（　**ウ**　）の乱で，上皇方に味方して敗れた源為朝は，この伊豆大島に流刑となりました。

Ⅳ　外務大臣の小村寿太郎が調印した日露講和条約（ポーツマス条約）で，賠償金などが得られないなどの条約内容に不満を高めた群衆たちは，東京都千代田区にある日比谷公園で講和の反対集会を開催していましたが，やがて暴動に発展して警察署や新聞社などを襲撃しました。

(1) 文章Ⅰについて，この土器がつくられていた時代の説明として，**正しいもの**を以下の選択肢**ア～エ**のなかから一つ選び記号で答えなさい。

ア 打製石器を用いてナウマンゾウなどの大型動物を狩猟した。
イ クニとよばれる小国が，各地で発生して争った。
ウ 体を強く折り曲げた姿勢で死者を埋葬するようになった。
エ 王の権威を示すために近畿地方で巨大な古墳がつくられた。

(2) 文章Ⅱについて，国分寺の建立が各地で行われていたのと同じ時代に建てられたと思われる建築物として，**正しいもの**を以下の選択肢**ア～エ**のなかから一つ選び記号で答えなさい。

ア 唐招提寺金堂　**イ** 延暦寺根本中堂　**ウ** 厳島神社社殿　**エ** 建長寺三門

(3) 文章Ⅲについて，江戸時代の後半に，この源為朝を主人公とした『椿説弓張月(ちんせつゆみはりづき)』や『南総里見八犬伝』などの読本(よみほん)（歴史的伝奇小説）を次々と発表した作者として，**正しいもの**を以下の選択肢**ア～エ**のなかから一人選び記号で答えなさい。

ア 与謝蕪村　**イ** 曲亭(滝沢)馬琴　**ウ** 林子平　**エ** 井原西鶴

(4) 文章Ⅳについて，小村寿太郎が外務大臣に就任していたころの出来事として**誤っているもの**を以下の選択肢**ア～エ**のなかから一つ選び記号で答えなさい。

ア 関税自主権の回復が達成された。　**イ** 日本が韓国を併合した。
ウ 日英同盟協約を締結した。　**エ** ワシントン会議に参加した。

(5) 文章Ⅰ～Ⅳ中の空らん（　ア　）～（　ウ　）に当てはまる最も適当な語句を**漢字**で答えなさい。

問３　ユリコさんは，東京都内にある市区町村で，人口構成が異なることに気がつきました。次の図２中の**A～C**は，中央区，葛飾区，檜原村のいずれかの区村における人口ピラミッドを示したものです。**A～C**と区村名の組み合わせとして**正しいもの**を，以下の選択肢**ア～カ**のなかから一つ選び記号で答えなさい。

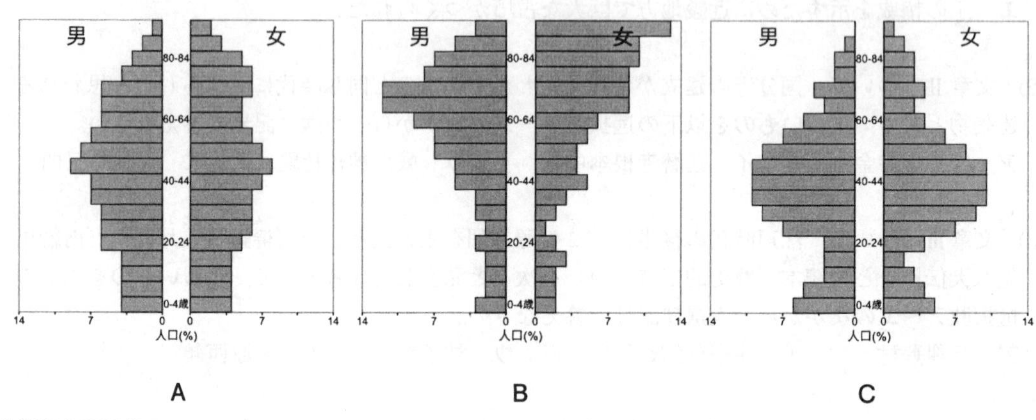

統計年次は2020年。

国勢調査より作成。

図２

	ア	イ	ウ	エ	オ	カ
中央区	A	A	B	B	C	C
葛飾区	B	C	C	A	A	B
檜原村	C	B	A	C	B	A

問４　小笠原諸島は，世界自然遺産に指定されています。国内の世界遺産について述べた文章として**正しいもの**を，以下の選択肢**ア～エ**のなかから一つ選び記号で答えなさい。

ア　国内で世界自然遺産に初めて登録されたのは，知床である。

イ　小笠原諸島は2011年６月に国内で４番目に世界自然遺産に登録された。

ウ　2013年６月に登録された富士山は，国内で初めて自然遺産と文化遺産の両方に登録された。

エ　2021年６月には，国内で２件が文化遺産として登録された。

問5　東京都東部では，海抜ゼロメートル地帯とよばれる地域が広がっています。次の写真1は，東京都葛飾区で1960年ごろに撮影された，井戸の様子を写したものです。もともとは，男性の肩のあたりに地面がありましたが，地盤が1mも沈下したため，井戸が抜け上がってしまいました。この地盤沈下の原因と，それによって考えられる災害のリスクについて述べたものの組み合わせとして**正しいもの**を，以下の選択肢**ア**～**エ**のなかから一つ選び記号で答えなさい。

写真1

東京都環境局HPより。

（原因）

D　地震などの地殻変動によって地盤が大きく沈下した。

E　大正時代からの工業化によって地下水や天然ガスなどが過剰にくみあげられ，地盤が大きく沈下した。

（考えられる災害のリスク）

F　台風などにより気圧が高くなると，海面が上昇する高潮が発生し，その被害を受けやすい。

G　広い範囲に大雨が降ると，川の上流部で降った雨が下流部のゼロメートル地帯に集まり，氾濫のリスクが高まる。

	ア	イ	ウ	エ
原　因	D	D	E	E
考えられる災害のリスク	F	G	F	G

問６　ユリコさんは，東京都には多くの貴重な文化財があることに気づき，全国の国指定重要文化財の件数について調べてみることにしました。次の図３は，都道府県別の国指定重要文化財*の件数を示したものであり，図中の**H**～**J**は，京都，奈良，東京のいずれかが当てはまります。**H**～**J**と都府県名の組み合わせとして**正しいもの**を，以下の選択肢**ア**～**カ**のなかから一つ選び記号で答えなさい。

*美術工芸品（絵画・彫刻・工芸品・書跡・典籍・古文書・考古資料・歴史資料），建造物

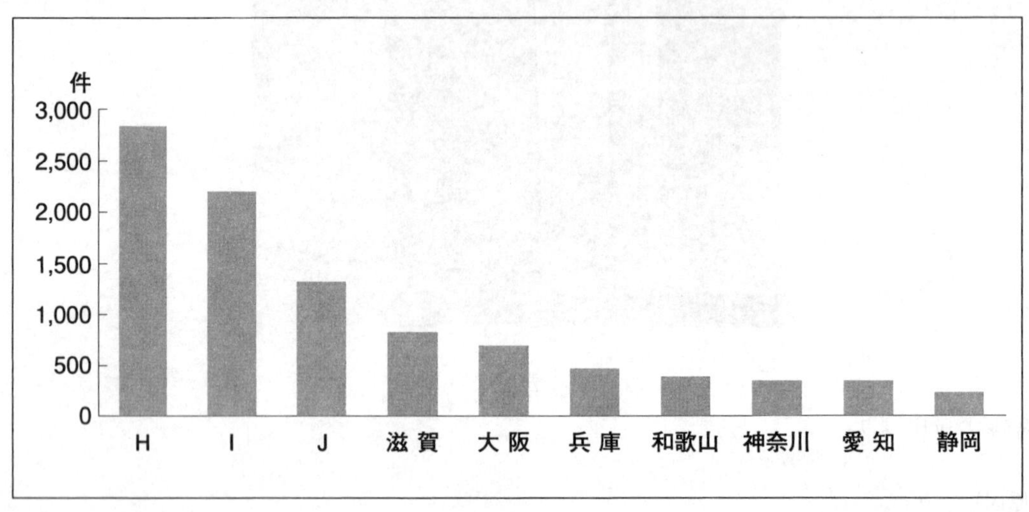

2022年２月現在。
上位10位の都府県を掲載。
文化庁「文化財指定等の件数」および東京都総務局統計部ＨＰより。

図３

	ア	イ	ウ	エ	オ	カ
H	京　都	京　都	奈　良	奈　良	東　京	東　京
I	奈　良	東　京	東　京	京　都	京　都	奈　良
J	東　京	奈　良	京　都	東　京	奈　良	京　都

問７　東京都には東京高等裁判所の特別支部として，知的財産権に関する訴訟を専門的に扱う知的財産高等裁判所が置かれています。それに関連して，知的財産権のなかでも特に「発明を保護するための権利」を何といいますか。解答欄に合わせて**漢字**で答えなさい。

問８　ユリコさんは，東京都の隣県のマスコットキャラクターについて調べることにしました。次の図４中の**K**～**M**は埼玉県，千葉県，神奈川県のいずれかのマスコットキャラクターです。**K**～**M**と各県名との組み合わせとして**正しいもの**を，以下の選択肢**ア**～**カ**のなかから一つ選び記号で答えなさい。

〔編集部注…ここには埼玉県・千葉県・神奈川県の公式マスコットキャラクターのイラストがありましたが，著作権上の都合により掲載できません。掲載内容につきましては，以下と解説をご参照ください。〕

K　横から見た姿が県の形をしている，いきものをモチーフにしたキャラクター
L　㊎と描(えが)かれた腹掛(はらが)けを身につけた男の子をモチーフにしたキャラクター
M　県民の鳥をモチーフにしたキャラクターとその相棒(あいぼう)のキャラクター

図４

	ア	イ	ウ	エ	オ	カ
K	埼　玉	埼　玉	千　葉	千　葉	神奈川	神奈川
L	千　葉	神奈川	神奈川	埼　玉	埼　玉	千　葉
M	神奈川	千　葉	埼　玉	神奈川	千　葉	埼　玉

問９　国権の最高機関であり，唯一の立法機関である国会は東京都に置かれています。我が国では二院制の仕組みを採用していますが，その**長所**と**短所**を**一つずつ**挙げて簡潔に説明しなさい。なお箇条書きではなく，文章として答えること。

2 次の年表は，幕末から現代にかけての日米関係の年表です。あとの問いに答えなさい。

年号	日米関係の出来事	
1853	ペリーが浦賀に来航する	A
1854	日米和親条約	A
1858	①日米修好通商条約	A
1919	パリ講和会議でアメリカ・日本は戦勝国として調印する	B
1921	ワシントン海軍軍縮条約に調印する	B
1929	アメリカから世界恐慌が世界に波及する	B
1941	②日米アジア・太平洋戦争がはじまる	B
1945	③アメリカ軍を中心とするGHQの占領がはじまる。GHQは日本政府に大日本帝国憲法改正の必要性を示唆(しさ)*し，松本烝治を委員長とした（ Z ）が発足した	
1949	④コロンビア大学の財政学者であるシャウプが来日した	C
1951	サンフランシスコ平和条約・日米安全保障条約が結ばれた	C
1960	日米安全保障条約の改定	D
1985	⑤プラザ合意により，円高ドル安が進行した	D
2017	⑥アメリカがTPP（環太平洋パートナーシップ協定）からの離脱を表明した	D

*それとなく知らせること。ほのめかすこと

問1　下線部①に関連して，あとの問いに答えなさい。

(1)　この条約が締結された後の日本国内の状況について述べた以下の文章**ア**～**カ**について，**正しいもの**を選択肢のなかから**三つ**選び記号で答えなさい。

ア　貿易の開始によって海外に生糸や茶を輸出した。

イ　貿易の開始によって海外に毛織物や武器を輸出した。

ウ　最大の貿易港は長崎で，相手国はアメリカが中心であった。

エ　最大の貿易港は横浜で，相手国はイギリスが中心であった。

オ　日本国内は，品不足によって国内の物価が上がり，庶民の不満が広がった。

カ　貿易不振により国内に品物が余り，物価の下落が続いた。

(2)　この条約によって，箱館(函館)，新潟，横浜，神戸，長崎の５つの港が開港することが決まりました。次の図１中の雨温図 **E**～**G** は，函館，新潟，長崎のいずれかであり，図２中の **H**～**J** はこれらの都市の市旗とその説明です。函館にあてはまるものの組み合わせとして**正しいもの**を，以下の選択肢**ア**～**ケ**のなかから一つ選び記号で答えなさい。

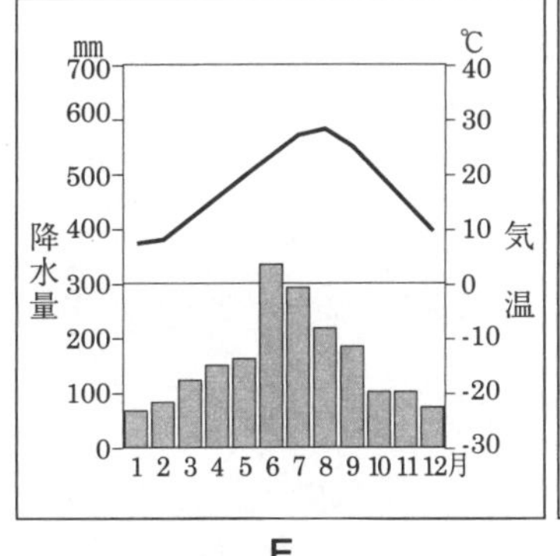

E

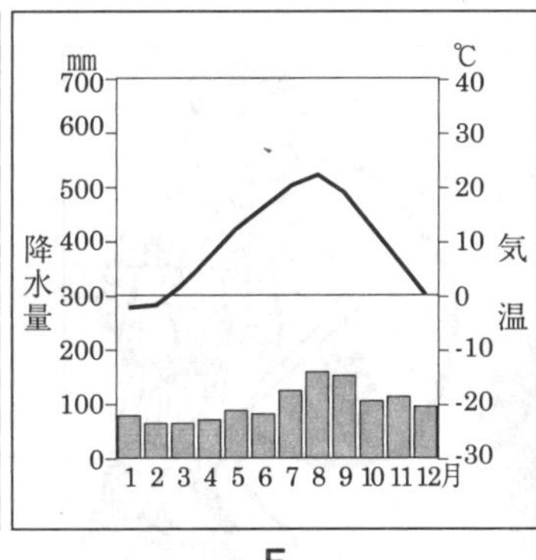

F

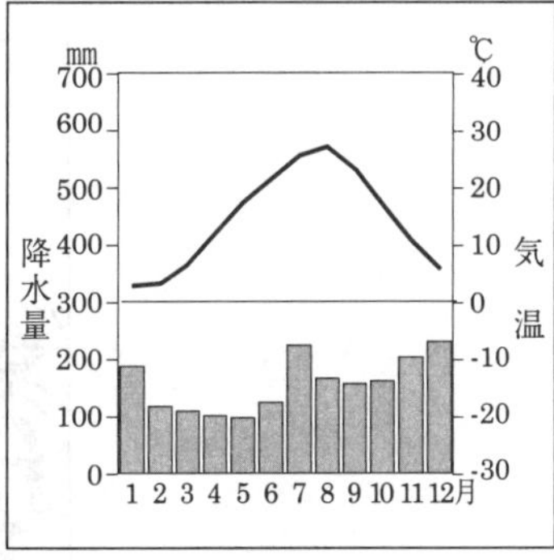

G

気象庁の資料より作成。

図１

H

港のしるしである，いかりと中央の五をもって，安政５年通商条約により指定された５港を意味し，これに雪環(ゆきわ)を頂かせて５港の一つを表しています。

I

上空から眺めてみると，鶴が翼を広げているように見えることから，「鶴の港」と呼ばれてきました。そのため象徴して折り鶴の形を星状に配しています。中の５つの市の字は，安政年間に開港した５港の一つであることを表しています。

J

海峡に突出した岬の角に抱かれた形をしており，海水が深く湾入して巴状になっているところから，俗に「巴の港」といわれています。

明治初期に市の象徴として用いられていた五稜星と現在の市章を合わせ現代的に表現したものです。

図２

	ア	イ	ウ	エ	オ	カ	キ	ク	ケ
図１	E	E	E	F	F	F	G	G	G
図２	H	I	J	H	I	J	H	I	J

問２　次の図３は，アメリカに渡った日本人の移民が，アメリカ人の職を奪うという批判をこめて描かれた風刺画です。アメリカによる日本人移民の排斥(はいせき)が激しかった時期は，年表中の**A**～**D**の期間のどの時期ですか。最も適当なものを年表中の**A**～**D**のなかから一つ選び記号で答えなさい。

図３

問３　下線部②に関連して，アジア・太平洋戦争について述べた文Ⅰ～Ⅲについて，古いものから年代順に**正しく**並べたものを，以下の選択肢**ア**～**カ**のなかから一つ選び記号で答えなさい。

Ⅰ　ミッドウェー海戦がおこなわれ，日本海軍が大敗した。

Ⅱ　ソ連が日本に宣戦布告して，満州や南樺太に攻め込んだ。

Ⅲ　サイパン島が陥落して，本格的な日本への本土空襲がはじまった。

ア　Ⅰ―Ⅱ―Ⅲ　　**イ**　Ⅰ―Ⅲ―Ⅱ　　**ウ**　Ⅱ―Ⅰ―Ⅲ

エ　Ⅱ―Ⅲ―Ⅰ　　**オ**　Ⅲ―Ⅰ―Ⅱ　　**カ**　Ⅲ―Ⅱ―Ⅰ

問４　下線部③に関連して，日本の民主化と非軍事化が図られることとなりました。これについて述べた文**X**・**Y**について，その正誤の組み合わせとして**正しいもの**を以下の選択肢**ア**～**エ**のなかから一つ選び記号で答えなさい。

X　思想・言論の自由が国民に保障され，GHQへの批判も認められるようになった。

Y　国が地主から一定面積以上の土地を買い上げ，農地の無い小作人に安く売り渡した。

ア　**X**正**Y**正　　**イ**　**X**正**Y**誤　　**ウ**　**X**誤**Y**正　　**エ**　**X**誤**Y**誤

問５　年表中の空らん**Z**に入る組織の名称として，**正しいもの**を以下の選択肢**ア**～**エ**のなかから一つ選び記号で答えなさい。

ア　憲法研究会　　**イ**　憲法調査会　　**ウ**　憲法審査会　　**エ**　憲法問題調査委員会

問６　下線部④に関連して，シャウプをはじめとする税制の専門家が来日し，日本の税制についての勧告書を作成しました。それにより我が国では直接税中心の税制にすることなどが盛り込まれました。2022年８月現在の税の分類について説明した文**K**～**M**のうち，正しいものをすべて選び，その組み合わせとして**最も適当なもの**を以下の選択肢**ア**～**キ**のなかから一つ選び記号で答えなさい。

K　所得税は，国税であり直接税である。
L　住民税は，地方税であり直接税である。
M　法人税は，国税であり直接税である。

ア　**K**　　**イ**　**L**　　**ウ**　**M**　　**エ**　**K**と**L**
オ　**K**と**M**　　**カ**　**L**と**M**　　**キ**　**K**と**L**と**M**

問７　下線部⑤に関連して，プラザ合意によって我が国は急速に円高ドル安が進行しました。円高ドル安における状態を表す内容として，**誤っているもの**を以下の選択肢**ア**～**エ**のなかから一つ選び記号で答えなさい。

ア　日本では，アメリカからの輸入品の価格が低下する。
イ　アメリカから日本への旅行者が増加する。
ウ　日本はアメリカからの安い輸入品に対抗するために，海外へ生産拠点を移転する動きがみられる。
エ　日本からアメリカへの輸出品の価格が上昇して，日本の輸出が減少する。

問８　下線部⑥に関連して，あとの問いに答えなさい。

(1)　アメリカ合衆国の貿易に興味を持ったジョウさんは，アメリカ合衆国がどのような国々と貿易をしているのかを調べ，表にまとめました。次の表１は，金額による輸出・輸入相手国の割合の上位５位をまとめたものであり，**N**～**P**にはアメリカ合衆国，カナダ，日本のいずれかがあてはまります。**N**～**P**と国名との組み合わせとして**正しいもの**を，以下の選択肢**ア**～**カ**のなかから一つ選び記号で答えなさい。

表１

N				
順位	輸出相手国	割合（%）	輸入相手国	割合（%）
１位	中国	22.0	中国	25.8
２位	P	18.5	P	11.3
３位	韓国	7.0	オーストラリア	5.6
４位	香港	5.0	韓国	4.2
５位	タイ	4.0	タイ	3.7
O				
順位	輸出相手国	割合（%）	輸入相手国	割合（%）
１位	P	73.4	P	48.7
２位	中国	4.8	中国	14.1
３位	イギリス	3.8	メキシコ	5.5
４位	N	2.4	ドイツ	3.2
５位	メキシコ	1.2	N	2.5
P				
順位	輸出相手国	割合（%）	輸入相手国	割合（%）
１位	O	17.8	中国	19.0
２位	メキシコ	14.9	メキシコ	13.7
３位	中国	8.7	O	11.5
４位	N	4.5	N	5.1
５位	イギリス	5.5	ドイツ	4.9

統計年次は2020年。

『データブックオブ・ザ・ワールド』より作成。

	ア	イ	ウ	エ	オ	カ
アメリカ合衆国	N	N	O	O	P	P
カ　ナ　ダ	O	P	P	N	N	O
日　　　本	P	O	N	P	O	N

(2)　TPP は物品及びサービスの貿易並びに投資の自由化及び円滑化を進めるとともに，幅広い分野で新たなルールを構築することが目的とされている協定です。近年，WTO（世界貿易機関）によるものではなく，FTA（自由貿易協定）や EPA（経済連携協定）などによる新たな貿易協定が増えた要因として，**誤っているもの**を以下の選択肢**ア**～**エ**のなかから一つ選び記号で答えなさい。

ア　条約を結んだ当事国同士の国内状況に対応しやすいから。
イ　知的財産権などのルールが，その貿易国同士で統一化できる可能性があるから。
ウ　関税がかからないことにより，輸入される食料が増えて食料自給率が上がる可能性があるから。
エ　関税がかからないことにより，輸出産業にとって売り上げの増加が望めるから。

問９　授業でアメリカ合衆国の自然環境を学んだジョウさんは，アメリカ合衆国の気候の違いに注目し，調べてみることにしました。授業中にまとめたノートと，次の図４・５・表２をみてあとの問いに答えなさい。

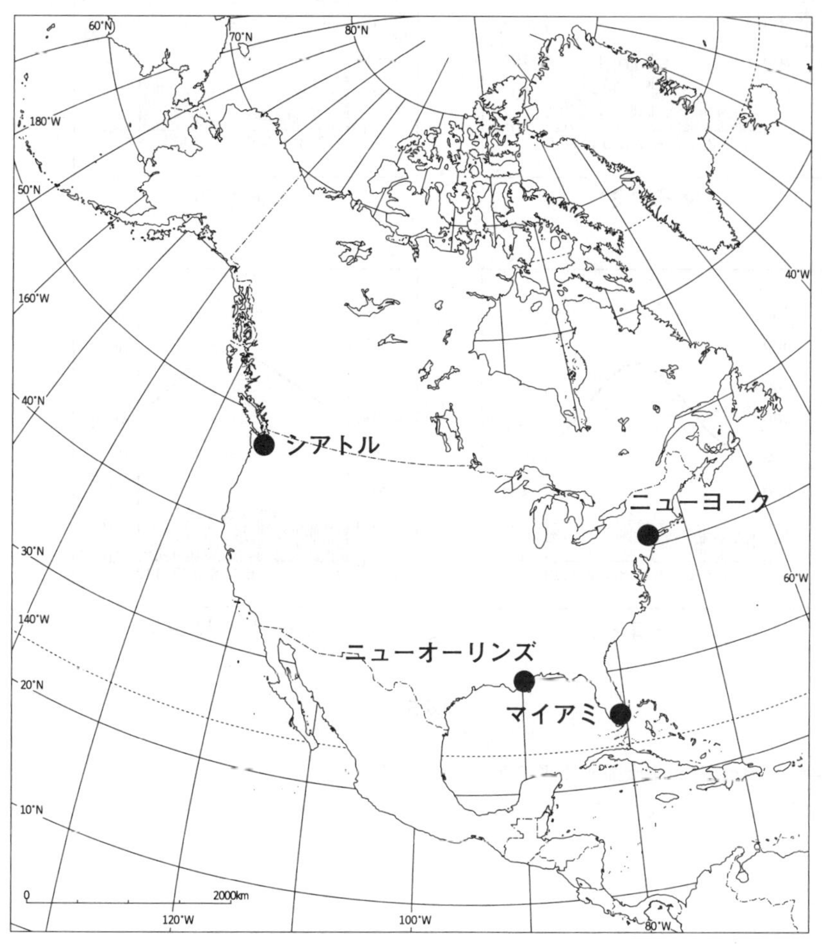

図４

<ジョウさんのノート>

●世界のさまざまな気候

・世界の気候は，熱帯，乾燥帯，温帯，亜寒帯（冷帯），寒帯の５つの気候帯に分けられる

→アメリカ合衆国には，熱帯から寒帯までのさまざまな気候がみられる

<気候帯の分類>

熱帯：最も暖かい月の平均気温が 10℃以上，かつ最も寒い月の平均気温が 18℃以上

温帯：最も暖かい月の平均気温が 10℃以上，かつ最も寒い月の平均気温が-3℃以上 18℃未満

亜寒帯（冷帯）：最も暖かい月の平均気温が 10℃以上，かつ最も寒い月の平均気温が-3℃未満

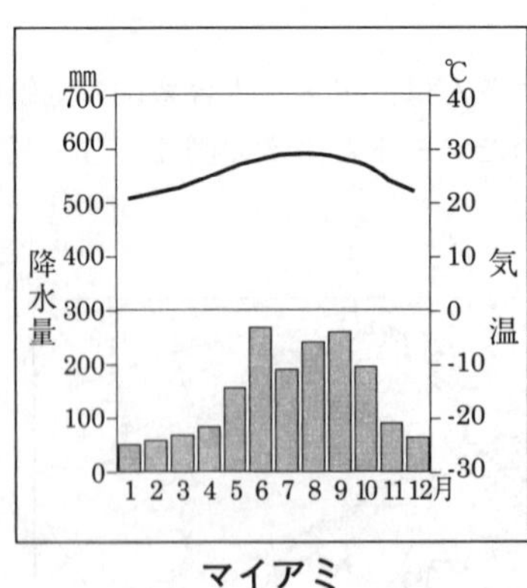

マイアミ

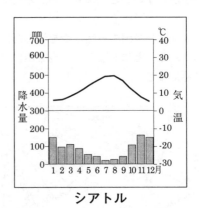

シアトル

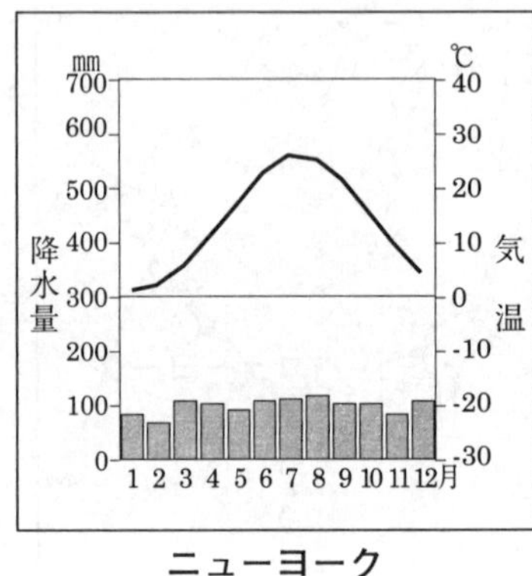

ニューヨーク

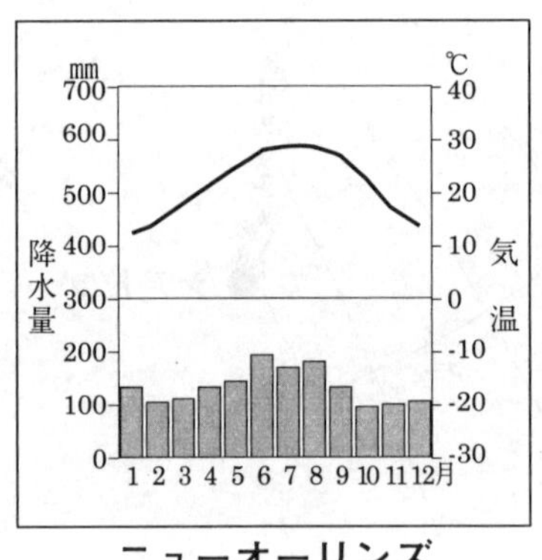

ニューオーリンズ

図5

データは 1991 年から 2020 年までの観測値の平年値。

気象庁の資料より作成。

表２

（気温＝℃　降水量＝mm）

		1月	2月	3月	4月	5月	6月	7月	8月	9月	10月	11月	12月
マイアミ	気温	20.4	21.6	22.9	24.9	26.8	28.2	29.0	29.0	28.3	26.8	23.8	21.8
	降水量	46.6	54.5	63.1	84.9	157.0	266.9	188.0	241.8	259.3	192.6	89.9	62.0
シアトル	気温	5.7	6.3	8.0	10.4	13.8	16.3	19.2	19.3	16.6	11.7	7.7	5.2
	降水量	146.8	96.0	106.2	81.1	49.0	36.8	15.1	24.6	40.6	99.2	159.5	148.4
ニューヨーク	気温	1.2	2.2	5.9	11.8	17.4	22.7	26.0	25.2	21.4	15.1	9.3	4.3
	降水量	82.7	74.1	102.1	97.4	91.3	102.8	107.3	111.9	97.8	97.0	79.8	104.6
ニューオーリンズ	気温	12.2	14.3	17.5	20.9	24.9	27.7	28.6	28.6	26.9	22.3	16.7	13.5
	降水量	131.6	103.9	111.1	131.6	142.5	193.5	168.9	179.8	132.4	93.8	98.4	104.0
東　京	気温	5.4	6.1	9.4	14.3	18.8	21.9	25.7	26.9	23.3	18.0	12.5	7.7
	降水量	59.7	56.5	116.0	133.7	139.7	167.8	156.2	154.7	224.9	234.8	96.3	57.9

データは1991年から2020年までの観測値の平年値。
気象庁の資料より作成。

(1)　アメリカ合衆国の４つの都市のうち，温帯にあてはまる都市はいくつありますか。あてはまるものとして**正しいもの**を，以下の選択肢**ア**～**オ**のなかから一つ選び記号で答えなさい。

ア 温帯にあてはまる都市はない　　**イ** １つ　　**ウ** ２つ　　**エ** ３つ　　**オ** 全てあてはまる

(2)　ジョウさんは，授業の中で，東京は温暖湿潤気候にあてはまることを学び，温暖湿潤気候の定義についてまとめることにしました。アメリカ合衆国の４つの都市のうち，温暖湿潤気候にあてはまる都市はいくつありますか。ジョウさんのノートを参考に，あてはまるものとして**正しいもの**を，以下の選択肢**ア**～**オ**のなかから一つ選び記号で答えなさい。

＜ジョウさんのノート＞

●温暖湿潤気候とは
・温帯に広がる気候のうち，一般的に緯度30度から40度の大陸の東岸に広がりやすい
・夏は気温が高く，降水量が多い一方で，冬は気温が低くなり，四季がはっきりする
●表２にある都市の中でどのように温暖湿潤気候を判定するのか
①温帯の定義にあてはまるかを確認する（前回のノートを確認!）
②最多雨月の降水量が，最少雨月の降水量の**３倍未満**であること
③最も暖かい月の平均気温が**22℃以上**であること

ア 温暖湿潤気候にあてはまる都市はない　　**イ** １つ　　**ウ** ２つ　　**エ** ３つ　　**オ** 全てあてはまる

【理　科】〈第２次試験〉（30分）〈満点：60点〉

1　乗り物やその中のものの運動について次の問いに答えなさい。

(1) ゆうき君は270 km/h の速さで走り続けている新幹線の中で読書をしていると、ついうっかり居眠り（いねむり）をして、本を落としてしまいました。手からそっとはなれて落ちた本は、新幹線の車内から見てどのように運動しますか。もっともふさわしいものを下の**1**～**4**の中から１つえらび番号で答えなさい。ただし、270 km/h の速さとは１時間（1hour）あたり 270 km の割合で進む速さを表します。

1　車内を後ろ向きに 270 km/h の速さで動きながら落ちていく。

2　車内を下向きに落ちはじめ、だんだん後ろ向きの速さを増していく。

3　そのまま足元に落ちる。

4　車内を後ろ向きに 270 km/h の速さで動きながら落ちはじめ、だんだん後ろ向きの速さがおそくなっていく。

(2) 270 km/hの速さとは、時速 270 km の速さを意味します。それは秒速何 m に等しいですか。答えに小数が出るときは、小数第１位を四捨五入して整数で答えなさい。

ゆうき君は、新幹線の平らなテーブル上にペットボトルを立てても１度も倒れたことがないのに、自家用車の中では深くくぼんだホルダーに置かないと、よく倒れてしまうことに気づきました。そこで新幹線と自家用車の運動をスマホを使って測定してみることにしました。

(3) 次のグラフはそのときの速さと時間の関係を表したものです。このグラフから下の表の **ア** ～ **エ** の空らんにあてはまる数値を読み取って答えなさい。

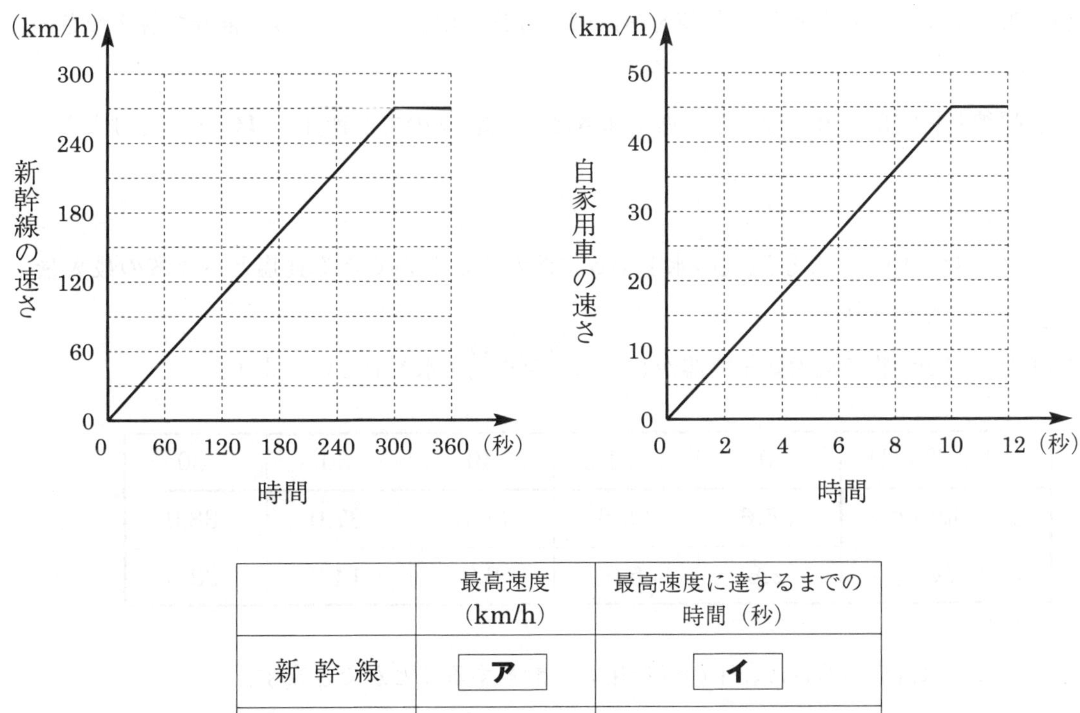

	最高速度 (km/h)	最高速度に達するまでの時間 (秒)
新 幹 線	**ア**	**イ**
自家用車	**ウ**	**エ**

(4) 新幹線は、走り出してから最高速度に達する間に、1秒間ごとに何 km/h の割合で速さが増していますか。 (3)の表の数値をもとに計算して、もっとも近い数値を下の **1**～**10** の中から1つえらび番号で答えなさい。

1 1　**2** 0.25　**3** 0.5　**4** 0.9　**5** 1.25
6 2.5　**7** 5　**8** 12.5　**9** 9　**10** 10

(5) 自家用車は、走り出してから最高速度に達する間に、1秒間ごとに秒速何 m の割合で速さが増していますか。(3)の表の数値をもとに計算して、必要であれば単位を換算して、もっとも近い数値を(4)の **1**～**10** の中から1つえらび番号で答えなさい。

(6) 走り出してから最高速度に達する間に１秒間ごとに増す速さはどちらがどれだけ大きいですか。次の文の空らんをうめなさい。[A] には新幹線と自家用車のどちらかをえらびなさい。[B] にはあてはまる数値を(3)の表の数値をもとに、必要であれば単位を換算して、もっとも近い数値を(4)の **1**～**10** の中から１つえらび番号で答えなさい。

新幹線と自家用車の１秒ごとに増す速さは、[A] の方が秒速 [B] mだけ大きい。

2 下の表は、いろいろな温度の水100ｇに溶(と)かすことのできる食塩とホウ酸の最大量（ｇ)を示しています。

また、溶かす物を最大量まで溶かした水溶(よう)液を飽(ほう)和水溶液といいます。

水の温度(℃)	0	20	40	60	80
食　塩（ｇ）	35.6	35.8	36.3	37.0	38.0
ホウ酸（ｇ）	2.8	5.0	8.9	14.9	23.6

さらに、水溶液の濃(こ)さは、下の式を用いて計算することができます。

$$\text{水溶液の濃さ（\%）} = \frac{\text{溶けている物の重さ（g）}}{\text{水溶液の重さ（g）}} \times 100$$

次の問いに答えなさい。ただし、水の蒸発は考えなくてよいものとします。

(1) 20℃の水100ｇにホウ酸を３ｇ溶かして、ホウ酸の水溶液をつくりました。この水溶液のようすを正しく表しているものを下の **1**～**4** の中から１つえらび番号で答えなさい。

1　水溶液は全体がにごっている
2　水溶液の上の方はとう明で下の方はにごっている
3　水溶液の上の方はにごっていて下の方はとう明である
4　水溶液は全体がとう明である

(2) 40℃での食塩の飽和水溶液の濃さは何％ですか。ただし、答えに小数がでるときは、小数第１位を四捨五入して整数で答えなさい。

(3) (2)の水溶液にBTB液を加えると何色になりますか。下の**1**～**5**の中から１つえらび番号で答えなさい。

1 緑色　**2** 赤色　**3** 青色　**4** 黄色　**5** 無色

(4) 80℃の水50ｇにホウ酸を6ｇ溶かしました。次に、この水溶液を20℃まで温度を下げるとホウ酸の固体が出てきました。何ｇの固体が出ましたか。答えは、小数第１位まで書きなさい。

(5) ろ過の方法としてもっとも正しいものはどれですか。下の**1**～**4**の中から１つえらび番号で答えなさい。

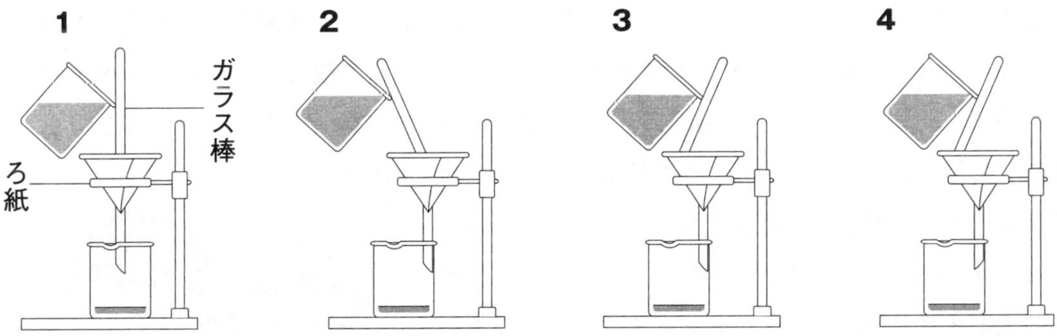

(6) 40℃の水にホウ酸を５ｇ溶かして飽和水溶液をつくるとき、40℃の水は何ｇ必要ですか。下の**1**～**5**の中からもっとも近いものを１つえらび番号で答えなさい。

1 13.8ｇ　**2** 18.8ｇ　**3** 56.2ｇ　**4** 61.2ｇ　**5** 178ｇ

(7) 20℃の食塩の飽和水溶液を250ｇつくりました。この飽和水溶液には何ｇの食塩が溶けていますか。下の**1**～**5**の中からもっとも近いものを１つえらび番号で答えなさい。

1 11.9ｇ　**2** 12.5ｇ　**3** 32.4ｇ　**4** 65.9ｇ　**5** 89.5ｇ

3 生物が子を残すことを繁殖（はんしょく）といいます。繁殖のための行動を繁殖行動といいます。自分の子をより多く残すために、いろいろな繁殖行動が見られます。淡（たん）水魚のブルーギルの繁殖行動について次の問いに答えなさい。

ブルーギルのオスには、２つの異なる繁殖行動があります。ここではそれらを「大型オス」の繁殖行動、「小型オス」の繁殖行動とよぶことにします。大型オスは７～８歳まで大きく成長した後、繁殖が可能な状態になります。繁殖時期になると、大型オスはなわばりをもち、湖底にすりばち状の巣をつくって、メスをさそい入れて産卵をうながします。メスが卵を産むと、大型オスは精子を放出（放精）し受精させます。さらに、大型オスは巣に産みつけられた卵からふ化した「ち魚」をしばらくの間保護します。このような行動が「大型オス」の繁殖行動です。

これに対して、小型オスは体が小さいまま２歳で繁殖可能な状態となります。小型オスはなわばりや巣をもたず、大型オスの巣の近くに隠（かく）れて機会をうかがい、メスが巣に放卵した直後にすばやく巣に突入し、大型オスの精子をひれではらいのけながら放精して泳ぎぬけます。このような繁殖をするオスは「スニーカー（図１）」とよばれます。小型オスはその後、４歳になるとメスによく似た形に変化し、放精する大型オスと放卵するメスの間にまぎれ込んで放精する繁殖行動を行うようになります。このような行動が「小型オス」の繁殖行動です。

図１

群れの中に、繁殖可能な大型と小型のオスがある比率でいた場合、それぞれの型のオスが残せる子の数は、それらのオスの比率によって変わります。それぞれのオスが残せる子の数はおよそ図２のようになります。この図から［ア］オスは［イ］オスが非常に少ない場合は繁殖の機会が大幅に少なくなり、残せる子が非常に少なくなるのに対し［イ］オスは［ア］オスがまったくいなくても、比較的多く子を残せます。**(A)**<u>繁殖可能な大型オスと小型オスが安定して共存する野外の集団では、それぞれのオスの数の比率は、ほぼ両方のグラフが交わる点**P**の比率になると考えられます。</u>

図２

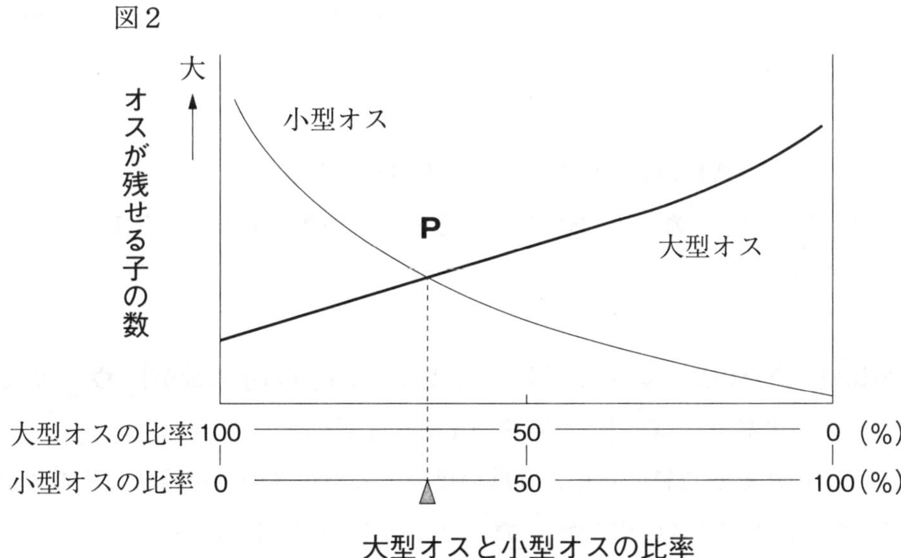

(1) ブルーギルや魚類の繁殖に関して正しく説明したものを下の**1**～**5**の中からすべてえらび番号で答えなさい。

1　大型オスがなわばりをつくるのは、他の種類の魚との競争に有利だからである。

2　ブルーギルなどの魚類を含(ふく)め、すべての魚は体外受精を行う。

3　小型オスが大型オスの放出した精子をひれではらいのける行動をするのは、自分の精子が卵を受精させる割合を高めるためである。

4　４歳になった小型オスがメスによく似た形をとるのは、メスからの攻撃(こうげき)を受けないようにするためである。

5　ブルーギルなど魚類の卵は精子のように泳がずに栄養分を多くため、精子に比べて大きい。

(2) 文中の **ア** と **イ** には「大型」「小型」のどちらかが入ります。「大型」「小型」で答えなさい。

(3) 下の文章は、下線部 **(A)** のようになることを説明したものです。

次の文中の **ウ** ～ **カ** にあてはまるものを下の **1**～**4** の中から1つずつえらび番号で答えなさい。

大型オスの比率が点**P**の比率より高い場合、小型オスが残せる子の数が **ウ** のでしだいに大型オスの比率が **エ** し、点**P**の比率に近づく。

また、大型オスの比率が点**P**の比率より低い場合、大型オスの方が残せる子の数が **オ** のでしだいに大型オスの比率が **カ** し、点**P**の比率に近づく。

1 小さい　**2** 大きい　**3** 増大　**4** 低下

(4) ブルーギルは環境省に特定外来生物として指定され、駆除(くじょ)がすすめられています。特定外来生物は、外来種のうち繁殖力が強く自然環境や人間への被害が高いもので、「外来生物法」により指定されています。**特定外来生物でない生物**を下の **1**～**6** の中から2つえらび番号で答えなさい。

この2つの生物が特定外来生物の指定からはずされていた理由は、大量に飼育されていて、特定外来生物に指定されると飼育に許可が必要になるため、指定後に飼育中のものが大量に自然に放たれて影響がひろがってしまう可能性が大きいと考えられたからです。

1 カミツキガメ　**2** ウシガエル　**3** アメリカザリガニ
4 ヒアリ　**5** ミドリガメ（ミシシッピアカミミガメ）
6 アライグマ

4 図１と図２は富士山周辺のハザードマップを表しています。下の文章を読み、次の問いに答えなさい。

近年、富士山の再噴(ふん)火が心配されています。富士山が最後に噴火したのは 1707 年です。噴火の際には大量の溶(よう)岩が放出し、現在では火成岩として観察することができます。富士山は成層火山という形をしています。富士山の火成岩に含(ふく)まれる成分は、日本国内の他の成層火山とはちがう成分が含まれていることが知られています。

富士山周辺で観察できる火成岩は赤茶色をしているものが多くみられます。これは、鉄分を多く含むためです。また、富士山の火成岩は地上付近で急激に冷やされてできた［ア］岩に分類され、その岩石を観察すると粒(つぶ)の大きい鉱物(こうぶつ)と、その周りには粒の小さな鉱物がたくさん見えます。このような組織を［イ］組織といいます。また、鉱物の種類を調べると、カンラン石やキ石、チョウ石などが含まれていることがわかります。このことから、富士山周辺にもっとも多く存在する火成岩は、ゲンブ岩であることがわかります。

(1) 文章中の［ア］には岩石名が入ります。［ア］に入る岩石名として正しいものを下の**1**～**4**の中から１つえらび番号で答えなさい。

1 シンセイ岩　**2** カザン岩　**3** タイセキ岩　**4** ヘンセイ岩

(2) 文章中の［イ］の組織を何といいますか。**ひらがな**で答えなさい。

(3) 文章中の［イ］の組織を顕微鏡(けんびきょう)で観察するとどのように見えますか。下の**1**、**2**の中から１つえらび番号で答えなさい。

1

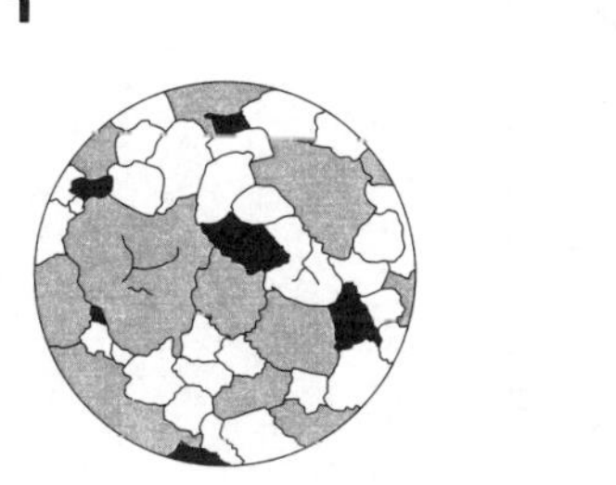

2

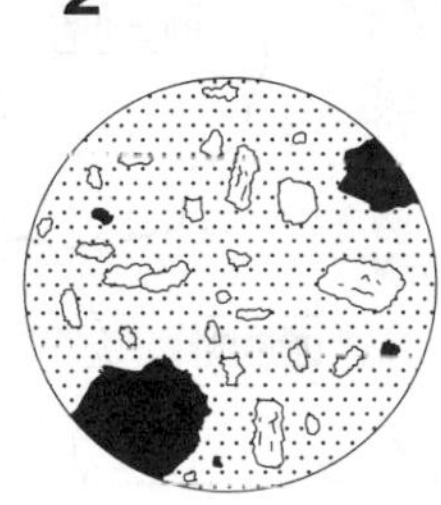

(4) 図１と図２のハザードマップは火山灰の降り方と溶岩の流れの予想に関するものです。溶岩の流れを表す図は図１と図２のどちらですか。

(5) 図１のハザードマップによると、被害が大きいのは、富士山の西側と東側のどちらですか。

(6) (5)の原因として、ある気流の影響が大きいと考えられています。気流の名前を**ひらがな**で答えなさい。

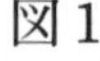

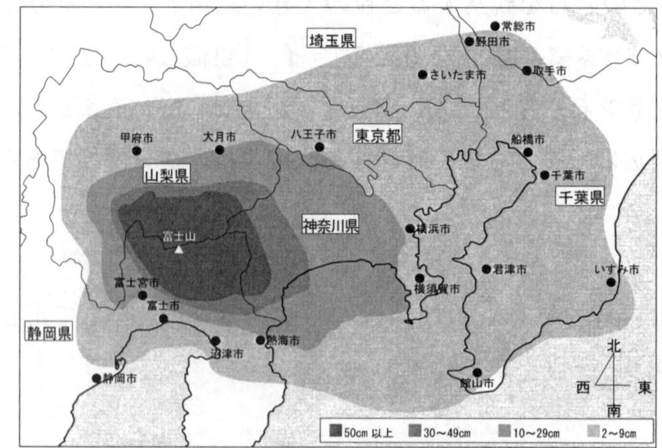

図２

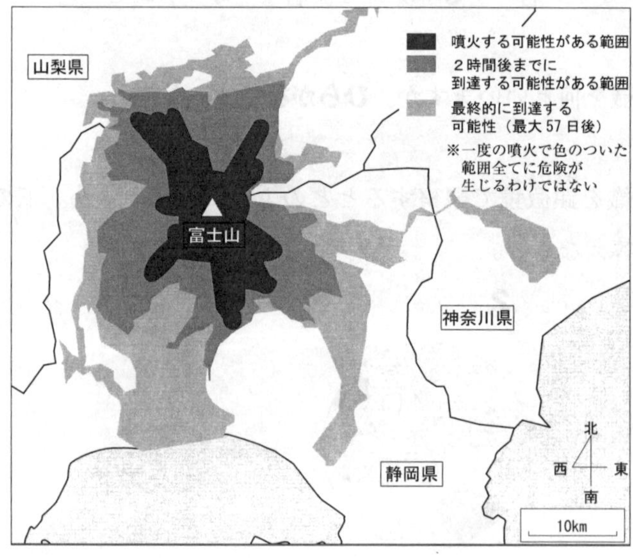

（図１・図２ともに富士山火山防災対策（さく）協議会より）

(7) ある山の斜面にある**地点A**、**B**、**D**の各地点を掘(ほ)って地層を調べたところ、富士山の火山灰の層が見つかりました。図3は地層の並び順と掘った地面の標高を表しています。また、図の中の記号は特定の岩石を表しています。**地点C**では何m掘ると富士山の火山灰が出てきますか。ただし、**地点A〜D**の地層の間に断層などのずれはないものとし、地層は水平面に平行であるものとして考えなさい。

図3

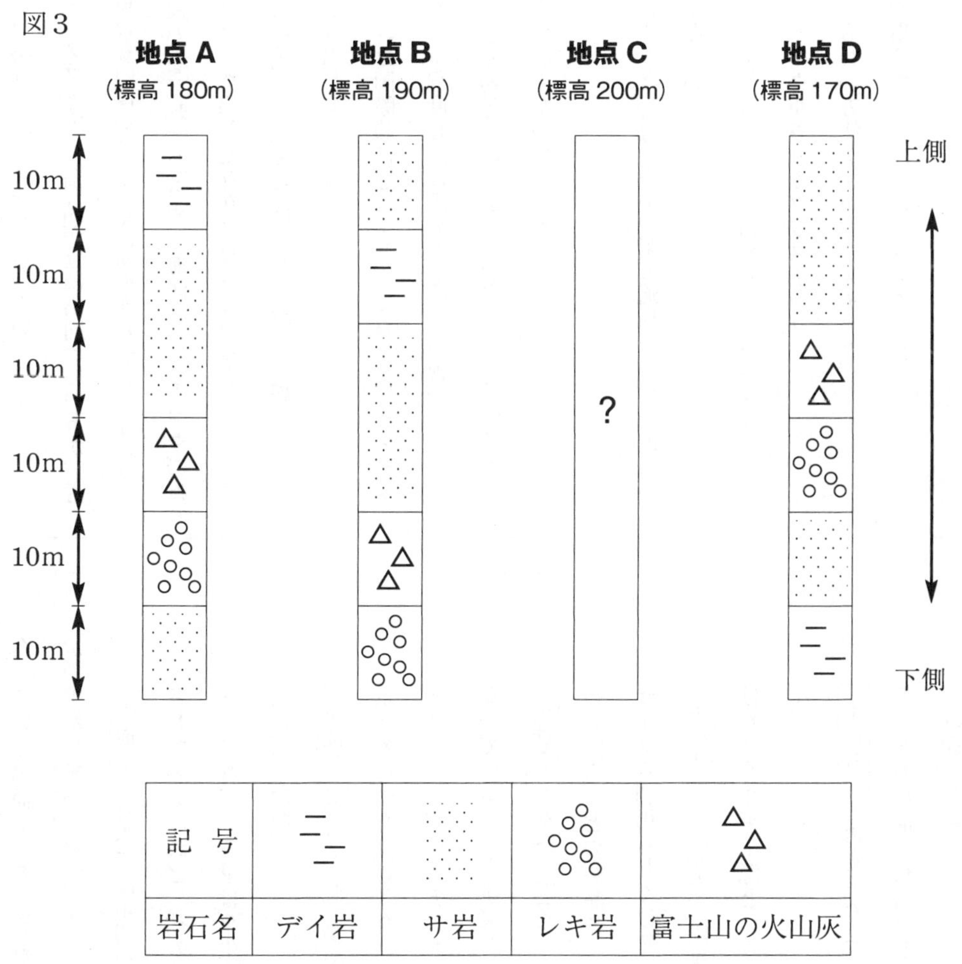

記 号	(デイ岩の記号)	(サ岩の記号)	(レキ岩の記号)	(富士山の火山灰の記号)
岩石名	デイ岩	サ岩	レキ岩	富士山の火山灰

(8) **地点C**で85m掘ると何岩が出てきますか。下の**1**〜**4**の中から1つえらび番号で答えなさい。

1 デイ岩　**2** サ岩　**3** レキ岩　**4** 富士山の火山灰

問一　日本の廃プラスチックに関する問題点を説明したものとして適切なものを次の中から二つ選び、記号で答えなさい。

ア　年間九〇〇万トンのプラスチック製品が世に出回っているが、耐用年数が極端に短いものばかりですぐに廃棄されてしまう点。
イ　適切な廃棄物処理がなされておらず、海洋プラスチックごみの発生源として世界で突出した存在になっている点。
ウ　廃プラスチック全体の約六割を熱回収しており、燃やすことで大気中に炭素を放出している点。
エ　廃棄物回収システムは国際的に遅れをとっており、プラスチックのリサイクルが一割程度しか達成できていない点。
オ　国内リサイクル産業を育成してこなかった結果、リサイクルの海外への依存率が高くなっている点。

問二　【文章A】の［１］に入ることばとして最も適切なものを次の中から選び、記号で答えなさい。

ア　いつかは廃棄物として処分しなくてはならないプラスチック
イ　いずれは国内でリサイクルされるプラスチック
ウ　いずれは熱回収するしか方法がないプラスチック
エ　いつかは国外に輸出せざるを得ないプラスチック

問三　次の文は【文章A】【文章B】を読んだ後に、五人の生徒が話し合っている場面である。資料を踏まえた発言として適切なものを次の中からすべて選び、記号で答えなさい。

ア　［生徒１］日本では年間約九〇〇万トンのプラスチックが使用されているけれど、その使用量に対して実際に国内でリサイクルされている量は全生産量のうち一割以下しかないなんて驚きだったね。
イ　［生徒２］そうだね。環境を守るためにはプラスチックの生産量そのものを減らさないといけないね。そもそも日本で生産されているプラスチックの約半数は製造工程の段階で無駄になっているという事実も見過ごせないよ。
ウ　［生徒３］ただプラスチックを使用する製品のうち耐用年数が短い家電などの製品や食品の容器に関しては、使用後全てリサイクル利用もしくは熱回収されているんだね。
エ　［生徒４］そうかな。廃棄されたプラスチック全体の半数以上は熱エネルギー源という形で再利用されているんじゃないかな。
オ　［生徒５］その通りだよ。日本の「熱回収」の割合は廃プラスチックの総量の八割以上で、国際的に見ても高い水準を保っているんだよ。

【図1】

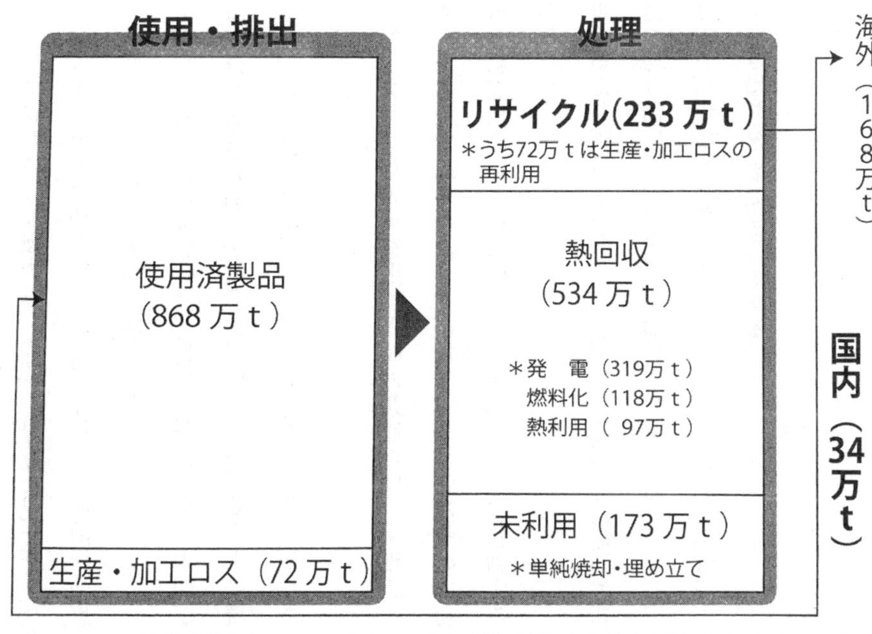

【文章B】

廃プラスチック全体の約六割は燃料として利用されており、残りは単純焼却、または埋め立てという形で処理されています。燃料、つまり熱エネルギー源という形で再利用することを「熱回収」と呼び、リサイクルと熱回収を合わせた有効利用率が八割以上だというのは国際的に見ても高水準です。しかし熱回収では素材としてのプラスチックは消えてしまうことになり、持続可能な循環型社会への移行という観点から見るとさまざまな問題があることが指摘されています。

化石燃料資源は有限ですが、熱回収の比率が高ければその分新たな消費が避けられません。また、燃やすということは、プラスチックの原料である化石燃料に含まれていた炭素が大気中に放出されることを意味します。

リサイクルの海外依存率が高かった点も内外の批判を浴びています。プラスチック廃棄物は名目上「再生資源」として輸出されるため、統計上すべて適切にリサイクルされたものと推定してリサイクル率が計算されていました。しかし、2017年までの最大の輸出先であった中国は、廃棄物処理が適切でなく、海洋プラスチックごみ汚染の発生源として世界的に突出した存在であったことを考えれば、それが実状を反映したものであったかどうかは疑問でしょう。またこの状況は国内リサイクル産業を真剣に育成してこなかった結果だともいえます。

問九　本文の内容として最も適切なものを次の中から選び、記号で答えなさい。

ア　「ポナンザ」がプロ棋士に勝利した時に、圧倒的な情報処理能力の面で人間はＡＩに敵わないと思われるようになったが、藤井聡太竜王や大谷翔平選手などの存在によって創造的思考力で人間がＡＩに勝ることが証明された。

イ　ＡＩが「ネコ」の画像を見つけ出すためには、人間ができるだけたくさんの「ネコ」の詳細な情報をＡＩに読み込ませ、その読み込んだ情報を短時間で解析し照合させる必要がある。

ウ　クリエイティブな成果を出す人間の共通点は、一般的に失敗するだろうと思われることに対して、むしろその成功率の低さに面白みを見出し、純粋(じゅんすい)な興味に従って行動する点である。

エ　物事の当たり前にとらわれず、向上心や探究心に従って新たな道を切り開いていけるのが人間の強みであるのに対し、ＡＩは自らが学習した情報をもとに成功するために最も近い方法を導き出せることが強みである。

六　次の資料を読んで後の問いに答えなさい。

【文章Ａ】

日本国内で生産されるプラスチックは年間およそ一〇〇〇万トン。製品としての輸出入分や、製造工程で無駄(むだ)になってしまう部分も出てくるため、最終的に製品として出回るのは、毎年九〇〇万トン前後と見積もられています。別の見方をすれば、これだけの量のプラスチックが新しく世の中に出回っていることになります。プラスチックは耐久性(たいきゅうせい)が高いことが素材としての特徴(とくちょう)であり、使用目的によっては半永久的に利用可能だといわれています。しかしプラスチックを使用する製品、例えば家電や自動車の耐用年数はもっと短く、また食品容器のように使用後すぐごみになってしまうケースも多いため、廃(はい)プラスチックになるまでの期間はそれほど長くありません。実際に、生産量とほぼ同じ量の廃プラが毎年回収されています。このように製造、販売(はんばい)、使用・消費、廃棄(はいき)といった段階を経つつ、プラスチックという「もの」が全体として社会の中でどのように流れているかを示すのがマテリアルフロー（図１）です。

日本の廃棄物回収システムは国際的にも進んでおり、仮にプラスチックをすべて再生資源、つまり新しいプラスチック製品を製造するための原料としてリサイクルできれば、理屈(りくつ)のうえでは年間使用量のかなりの部分をまかなうことができます。しかし現在リサイクルされているのはマテリアルフローで「リサイクル」とされている部分、ここから生産・加工ロス分のように廃棄物として回収されない部分や国外輸出分を除けば、その比率は一割以下になると推定されています。

問三 ――線部4「AIも決して『万能のコンピューター』ではありません」とありますが、この説明として最も適切なものを次の中から選び、記号で答えなさい。

ア　AIは与えられたデータを瞬時に区別し種類ごとに仕分けることを得意とするが、データにないものを認識し新たに分類することはできないということ。

イ　AIは学習したデータをもとに成功率の高い「解」を一瞬で導き出すことができるが、人間のように状況に合わせた柔軟(じゅうなん)な発想を生み出すことはできないということ。

ウ　AIは人間が持ち合わせていない複雑で高度な計算能力を備えているが、その計算力によって導き出した「解」を別の問題に応用することはできないということ。

エ　AIは膨大な情報量を短時間で処理し瞬時に解決策を導き出すことを得意としているが、前例のないものごとを新たに生み出すことはできないということ。

問四 [ ]a・bに入ることばとして最も適切なものを次の中から選び、それぞれ記号で答えなさい。

ア　さらに　　イ　それゆえに　　ウ　また

エ　それとも　　オ　では　　カ　ところが

問五 ――線部5「誰もがまだ成し遂げたことのない創造的(クリエイティブ)な偉業」を達成するために重要なことは何ですか。三十字以上四十字以内で説明しなさい。

問六 [ ]cに入ることばとして最も適切なものを次の中から選び、記号で答えなさい。

ア　一心不乱　　イ　起死回生

ウ　電光石火　　エ　一刀両断

問七 ――線部6「AIが飛躍的な進歩を遂げた」とありますが、AIが得意とすることを説明している箇所(かしょ)を「～こと」につながる形でこれよりあとの本文中から三十四字で抜き出し、その初めの五字を答えなさい。

問八 次の文が入るのに最も適切な箇所を、本文中の【ア】～【エ】の中から選び、記号で答えなさい。

では、どうすれば創造的思考を身につけることができるのでしょうか。

＊プロセス＝過程。
＊富士通＝日本の電機メーカー。
＊将棋電王戦＝プロ棋士とコンピューター将棋ソフトウェアの棋戦。
＊ニューラルネットワーク＝人間の脳の動きをモデルにしてコンピューターに応用したもの。
＊棋譜＝将棋で対局者が指した手を順番に記録したもの。
＊メジャーリーグ＝アメリカ合衆国のプロ野球リーグ。
＊日本ハムファイターズ＝日本のプロ野球チームの名前。
＊ベーブ・ルース＝一九〇〇年代前半にアメリカで活躍した野球選手。

問一　――線部１「始点」２「思考」の熟語の構成の説明として適切なものをそれぞれ次の中から選び、記号で答えなさい。

ア　同じような意味の漢字を重ねている。
イ　反対の意味を表す字を重ねている。
ウ　前の字が後ろの字を修飾（しゅうしょく）している。
エ　後ろの字が前の字を修飾している。

問二　――線部３「『ついに、人間がコンピューターに勝てない時代が到来した』と騒然となりました」とありますが、「人間がコンピューターに勝てない」と考えられた理由として最も適切なものを次の中から選び、記号で答えなさい。

ア　ＡＩは学習した膨大なデータを参考にし、人間には生み出せない新たな「解」を短時間で導き出すことができる上に、その「解」を利用して新たな情報を学習することができるから。
イ　ＡＩは与（あた）えられた膨大なデータを学習し、そこから瞬時に「解」を導き出すことができる上に、そこに至るまでの過程は人間には理解できないものになっているから。
ウ　ＡＩを搭載した将棋プログラムは、事前に学習したデータを参考に即座に勝率を割り出すことができる上に、人間が絶対に思いつかないような予想外の一手を指すことができるから。
エ　ＡＩを搭載したポナンザは、膨大な情報量を記憶（きおく）することができる上に、その情報を活用して不利だと思われるような状況を一手で優勢に変えてしまう完璧（かんぺき）な正解を割り出すことができるから。

【　イ　】

プロ野球の大谷翔平選手はピッチャーとバッターの「二刀流」で*メジャーリーグでも目覚ましい活躍を見せ、数々の賞を総なめにしました。

【　ウ　】

今でこそ大谷選手の二刀流は称賛されていますが、二〇一三年に*日本ハムファイターズで栗山英樹監督（当時）が大谷選手の意向を汲んでピッチャーとバッターの両方での起用を発表したとき、一部のプロ野球の業界関係者やスポーツ関連の評論家などからは「そんな非常識なことをさせて、逸材である大谷選手の将来を潰す気か！」という内容の激しい批判や非難の声がたくさん上がりました。

【　エ　】

それでも本人の二刀流の決意は変わらず、栗山監督も失敗したときの責任追及を甘んじて受ける覚悟で、ピッチャーとバッターの両方で大谷選手を起用しました。その栗山監督の勇気ある決断に応えて、大谷選手は二刀流で目覚ましい成績を残したあと、新たなチャレンジの場であるアメリカに渡り、大リーグでは一〇〇年も前に*ベーブ・ルースしかできなかった二刀流での偉業を成し遂げたのです。

常識の範囲で考えたときに「正しい」とされる「解」にできるかぎり確実かつ最短で到達しようとする論理的思考に従えば「ピッチングに専念して将来の大投手を目指す」か「バッティングだけに集中して大打者になる」のいずれかを選ぶ方が、「ピッチングにもバッティングにも全力を尽くしてチャレンジする」という茨の道を選ぶよりも、成功する可能性が高くなるでしょう。

しかし、大谷選手はあえて「成功する可能性の高い選択肢」を選びませんでした。大谷選手は自分が「やりたい！」と思ったこと、「なりたい！」と願った姿を目指して、決断し、挑戦したのです。かつては「常識はずれ」や「無謀」などと揶揄され、誰も成功するとは想像すらできなかった大谷選手のチャレンジがなければ、今の素晴らしい活躍を私たちが目にすることはなかったでしょう。そんな大谷選手こそ「クリエイティブな生き方」を実践している若者だと私は思うのです。

スポーツにかぎらず、あらゆる「創造的（クリエイティブ）な偉業」を達成したひとたちは、世間では「絶対に変えられないもの」と考えられていた「常識」の壁を突破した者たちです。そして、当時の常識では無謀とも考えられた挑戦に彼らを駆り立てたものは、純粋に「おもしろそう！」「楽しそう！」という想いであり、その想いこそが最も大きな原動力になったのだろうと私は推測します。

たとえ前例のないモノやコトであったとしても、「そっちの方がなんだかおもしろそう！」とか「ふつうはこんなことやらないのだろうけど、でも、やりたいからやってみよう！」とひらめいたとき、その「ひらめき（アイデア）」を実現するために、自分自身を信じて、一生懸命に努力を続けることが何より大切なのです。

（畑村洋太郎『やらかした時にどうするか』による）

出させるケースを考えてみましょう。

コンピューターには「ネコ」がどんな生き物なのかわかりませんから、最初に人間が「ネコ」の写っている画像や生物としての特徴などの詳細な情報を数多くインプットしなければなりません。

[a]、機械学習の*ニューラルネットワークの分析手法をディープ・ラーニングで拡張したAIは、人間による最初の「ネコ」のデータのインプットを必要としません。AIは、インターネット上から膨大な情報を自ら入手して、「ネコの画像として正しいものと正しくないものの区別」という学習（ラーニング）をくり返し、やがて「この情報（画像）が「ネコ」だ」と判断するようになり、「ネコの画像」という「解」を導き出すのです。このとき、AIは計算能力の高さを発揮して、その膨大な作業を短時間でやり遂げるわけです。

ポナンザが勝てたのも、プロ棋士たちが残してきた過去の膨大な*棋譜（データ）をもとにして、対局中に対戦相手から一手指されるごとに、一致する局面を検索・照合して、そこから先の勝ちパターンへの組み合わせを検討し、「この局面になったら次はこう指して、その次はこう指せば優勢になる（最後は王手にたどり着く）」という指し筋をものすごい速さで計算し読み切ったからです。

「優れたプロ棋士は一手を指すとき、その何十手先までも読んでいる」と言われますが、AIは、これまでに棋士たちによって残された何万という棋譜のデータを参考にしながら、棋士のはるか先まで瞬時に指し手（正解）を計算しているのです。そのような「蓄積されたデータ数と計算速度」を競わなければならないとしたら、人間が将棋でAIに勝つのはほぼ不可能と言えるでしょう。

しかし、だからと言って「何かを思考するとき、もう人間はAIに勝てない」などと嘆き悲しむ必要はありません。

AIが超高速で求めることができるのは、あくまでも「勝つためにすでに実践されたことのある「解」への最短距離」であって、決して5「誰もがまだ成し遂げたことのない創造的（クリエイティブ）な偉業」ではないのです。

6[b]、AIが飛躍的な進歩を遂げた現在に至っても、弱冠一九歳で五冠を達成した藤井聡太竜王のような一流のプロ棋士たちは、AIによってかなりの劣勢と判断された窮地も一気にひっくり返してしまう[c]の一手を指せるのです。だからこそ、ひととひととが死力を尽くして戦う将棋の人気が衰えることはないのです。

ノイマン型のコンピューターが論理的思考を究極まで進歩させてスパコンに発展しようとも、機械学習やディープラーニングという新たな手法で飛躍的に進化したAIが登場しようとも、人間の創造的思考の代わりにはなり得ません。

【ア】

「これはできそうだ」「こうすればうまくいく」という成功・失敗を基準に、論理的に「成功する確率が高められる方法」を求めているだけでは、創造的思考を身につけることなどできません。

創造的思考へのアプローチは「おもしろそう！」「楽しそう！」という素直な気持ちに従うことから始まるのです。

五　次の文章を読んで、後の問いに答えなさい。なお、字数指定がある場合、句読点・かぎかっこ等の記号は一字として数えること。

ひとは何かを考えるとき、一般的には、1その始点となる「課題」から始めて、論理的なプロセス*を踏まえながら、順番に思索を進め、やがて終点となる「解（解決策）」に達します。

2論理的思考は、コンピューターの計算方法にたとえると「ノイマン型」です。この言葉は「コンピューターの父」と呼ばれる米国の数学者、ジョン・フォン・ノイマンの名前に由来します。ノイマン型とは、簡単に説明すれば「プログラムをデータとしてメモリーに格納し、順番に読み込んで演算を実行するタイプ」のことで、現在のコンピューターのほとんどがこのノイマン型です。

第二次世界大戦後に登場したノイマン型のコンピューターは、その後、急速に演算能力を高めていきました。そして現在、理化学研究所と富士通*によって共同開発された世界最速（二〇二〇年一一月現在）の計算速度を誇る日本のスーパーコンピューター「富岳」にまで進歩したわけです。

さらに「機械学習」という新たな技術も登場しました。こちらも簡単に言えば「与えられたデータからコンピューターがなんらかの規則や判断する基準となるものを自動的に学習して、そのデータから予測・判断して求めた「解」を導き出す手法」です。さらに、この機械学習に「ディープ・ラーニング（深層学習）」と呼ばれる新たな手法が加えられたことによって、「AI」という略称で呼ばれる現在の人工知能へと進化したのです。

このAIを搭載したコンピューター将棋のプログラム「Ponanza（ポナンザ）」が、二〇一七年の第二期将棋電王戦*で、将棋のプロ棋士で二十代目名人の佐藤天彦九段に勝利したとき、世間は3「ついに、人間がコンピューターに勝てない時代が到来した」と騒然となりました。

いまの将棋のプロの対戦をテレビやネットで観戦すると、棋士が一手指すごとに、画面の端にAIが計算（予測）したそれぞれの棋士の「勝率（その局面での優勢度合い）」が瞬時に表示されます。実際に対戦している棋士自身が分からなかったとしても、その一手でどれほど勝利（または敗北）に近づいたのか、AIは即座に勝率を割り出して、具体的な数値で表示するのです。しかも、AIがどのようにして「解」にたどり着いたのか、演算のプロセスはブラックボックスになっているので、人間があとから理解しようとしても無理なのですから、誰もが「もう人間はコンピューターに勝てない」と思ったのも当然でしょう。

しかし4AIも決して「万能のコンピューター」ではありません。理由は、機械学習が解を導き出す仕組みにあります。実際はより複雑で高度な計算が行われていますが、ここでは機械学習のごく基本的な部分の仕組みについて、わかりやすい事例で解説しましょう。

たとえば、コンピューターにネット上から「ネコ」の画像を見つけ

問八　——線部７「賢介はぼくのほうを得意そうな顔で見つめ返した」とありますが、このときの賢介の説明として最も適切なものを次の中から選び、記号で答えなさい。

ア　自分が言った通りの内容がアッシーの口から告げられみんなが喜べる結末となったことに対して満足している。

イ　ラグビー大会が行われること以上にアッシーが教師をやめなくて済んだことを心からうれしく思っている。

ウ　ラグビーに対する熱意が母親に認められた喜びを「ぼく」に伝えようとしている。

エ　母親のがんばりによってラグビー大会が中止にならずに済んだので安心している。

問九　本文の内容として最も適切なものを次の中から選び、記号で答えなさい。

ア　他人に対してどこか無関心だった「ぼく」が、熱血教師との出会いやチームスポーツを経験することによって他人に寄り添うことの大切さに気付いた。そんな精神的に成長した兄と、兄の助言に耳を傾けない自分本位な弟の様子が対比的な構図で描き出されている。

イ　向こう見ずな性格から性急な行動をとりがちなアッシーだが、教育者としての情熱は誰よりも熱いものを持っている。その熱心さがもとで周囲とたびたび衝突してしまうが、子どもたちの優しさに助けられながら教師として奮闘する様子が客観的な描写で表現されている。

ウ　子ども思いな性格が原因で周りが見えなくなりがちな一面を持つアッシーだが、一生懸命で何事にもまっすぐ向き合う姿勢から子どもたちに慕われている。そんなアッシーと「ぼく」たちとの良好な関係性がありありと表現されている。

エ　楽観的で目の前の物事から逃げてしまう一面がある「ぼく」だったが、ラグビーを始めたことをきっかけに、物事と真正面から向き合うことの重要性を知った。そんな「ぼく」がラグビーにのめり込んでいく様子が仲間との交流を通して生き生きと描かれている。

問五　――線部４「ぼくは居間のソファに寝転んで、ぼんやりと考えた」とありますが、このときの「ぼく」を説明したものとして最も適当なものを次の中から選び、記号で答えなさい。

ア　アッシーの言葉を思い出しながら、かつていじめに加わっていた自分が今では他人の気持ちを理解し相手を思いやれるようになっていることに気づき、自身の成長を実感している。

イ　アッシーやクラスのみんなと毎日練習するくらいラグビーを好きになったため、弟にゲームをやめさせて体を動かすことの大切さを理解してもらうにはどうすればよいか思案している。

ウ　アッシーにラグビーを教わってから他人の気持ちと向き合うよう努めてきたが、自分が悩み(なや)を抱え(かか)たときに自分のことを理解してくれる人はいるのだろうかと不安になっている。

エ　アッシーと出会いラグビーを始めてから、他人の気持ちを推し量るようになったが、実際に自分は他人の立場や思いを理解できているだろうかと思いをめぐらせている。

問六　――線部５「不承不承」と同じ意味のことばを本文中より四字で抜き出して答えなさい。

問七　――線部６「大きな目がすごく細くなって、まわりに皺が寄っていた」とありますが、このときのアッシーの説明として最も適切なものを次の中から選び、記号で答えなさい。

ア　自分の不用意な発言が子どもたちを困惑(こんわく)させてしまったが、正直な思いを伝えたことで失った信用を取り戻すことができ胸をなで下ろしている。

イ　自分の発言で子どもたちを不安にさせてしまったが、それに対する謝罪が子どもたちに受け入れられて明るい雰囲気(ふんいき)が教室に広がったことをうれしく思っている。

ウ　自分の発言により子どもたちを悲しませてしまったが、それを素直に謝罪したことで子どもたちとの絆(きずな)が生まれ喜びを感じている。

エ　自分の無責任な発言が子どもたちを疑心暗鬼(ぎしんあんき)にさせていたが、思いをまっすぐに伝えたことでようやく担任として認められ安堵(あんど)している。

問一　——線部１「ひとりだけ鬼のように恐い顔をしているやつがいた」とありますが、賢介が「鬼のように恐い顔」をしているのはなぜだと考えられますか。その理由を次の文の空欄に当てはまる形にして三十五字以内で答えなさい。

校長先生や教頭先生が（　　三十五字以内　　）と賢介は思ったから。

問二　——線部２「子どもたちを裏切ってしまったら、わたしはもう教師は続けられません。やめるしかありません」とありますが、アッシーは後に自分のこの発言をどのようにとらえていますか。その説明として最も適切なものを次の中から選び、記号で答えなさい。

ア　その場の勢いとはいえ感情的になってしまい、身勝手なことを言ってしまったことを申し訳なく思っている。

イ　その場しのぎとはいえ、怒りに任せた発言をしてしまったことを恥ずかしく思っている。

ウ　子どもたちを裏切ってしまうことの償いとはいえ、投げやりな発言で子どもたちをがっかりさせてしまったことを後悔している。

エ　理不尽な物言いに対する必死の抵抗とはいえ、本心にはない無責任な発言をしてしまったことに対して反省している。

問三　——線部３「賢介の顔はほこりにまみれていたけど、目だけはぎらぎら光っているように思えた」とありますが、このときの賢介の説明として最も適当なものを次の中から選び、記号で答えなさい。

ア　ラグビー大会が中止になり、その責任をとるために教師をやめると言い出したアッシーの大人気ない態度を責めようとしている。

イ　ラグビー大会が中止になることも、アッシーが教師をやめてしまうこともどちらもつらいことであるため、その思いを必死で伝えようとしている。

ウ　ラグビー大会中止の責任をとって教師をやめようとするアッシーを説得しようとするが、全く取り合ってくれないアッシーの態度に焦りを感じている。

エ　ラグビー大会を中止にし、さらにアッシーを辞めさせようとしている母親に対して、腹立たしさを感じ怒りをあらわにしている。

問四　□Aに入ることばを本文中から十字以内で抜き出して答えなさい。

来た。ぼくが来るのを待ちかまえていたみたいだ。

「ラグビー大会、やれることになったぜ」

「えっ！」

ぼくは訳がわからず、思わず叫んでしまった。でも、よく考えれば、賢介が母さんにやらせてくれと頼んだに違いない。

「たしかか？　どうやったんだよ？」

「まあ、待てよ。アッシーが何か言うはずだから、それを聞いてからにしようぜ」

賢介はこれ以上、何も言おうとせず、スタスタ歩き出した。ぼくもしかたなくあとをついて行った。

教室に入ってきたアッシーを見て、ぼくはすぐに賢介の言ったとおりだとわかった。アッシーはニコニコして、とにかくうれしそうだったんだ。

間違いない、ラグビー大会はできるんだ。

「みんな、喜べ。ラグビー大会ができるようになったぞ」

「ヤッターッ！」

最初に大声を上げたのはブタマだった。椅子から立ち上がって、小躍りしている。みんなはそれを見て、一瞬呆然として黙り込んだが、すぐに「ヤッターッ、ヤッターッ」と大合唱を始めた。

アッシーはざわめいている教室を静かにさせて、言葉を続けた。

「ラグビー大会ができるようになったのは、みんながどうしてもやりたいって思ってくれたからだ。みんなの気持ちが通じたんだよ。みんな、ありがとう」

またまたぼくたちは大歓声を上げた。アッシーはさらに続けた。

「それから、先生はみんなにあやまらなきゃいけないことがある」

いったい何だろう？　教室はシーンと静まった。

「先生は昨日、ラグビー大会ができないのならやめます、なんて言ったよな。あれは教師として、言ってはいけない無責任な言葉だった。みんなに対して申し訳ないと思う。ごめんなさい」

アッシーはぺこりと頭を下げた。どう答えたらよいのかわからず、教室は静まり返ったままだった。すると、ガンモが言った。

「まあ、許してやるか」

教室中が爆笑した。

「ありがとう、藤田」アッシーも笑いながら言った。6大きな目がすごく細くなって、まわりに皺が寄っていた。

「先生はみんなの担任だ。卒業まで面倒を見るのが先生の役割なんだ。先生は絶対にやめない。みんなが卒業するまでちゃんと責任をもつ。約束するぞ！」

「ヤッターッ！」

よかった。ラグビー大会はできるし、アッシーはやめないんだ。そう思ったら本当にうれしくなった。ぼくはまわりを見回した。カズも、ガンモも、ヤッちゃんも、ブタマも、本西も、それから相沢も、みんなすごくうれしそうな顔をしていた。ぼくは賢介の顔を見た。7賢介はぼくのほうを得意そうな顔で見つめ返した。

（上岡伸雄『この風にトライ』による）

のゲーム、人が血を流して死ぬんだぜ。おまえ、何も感じないのか？ゲームばかりやってると、［Ａ］が感じられなくなるんだ。それじゃダメなんだぞ」

　弟はポカンとぼくのことを見つめていた。それを見て、ぼくはなんだかますますムシャクシャしてきた。

「自分の体で汗をかく、自分の体で痛い思いをする、それをしっかりと脳に刻み込む、それが大事なんだよ」

「偉そうに。何言ってんだかわかんないよ」

　弟はふくれっ面をして自分の部屋に行ってしまった。

　4ぼくは居間のソファに寝転んで、ぼんやりと考えた。さっきぼくが弟に言ったのは、アッシーに言われたままのことだ。あれを言われてから、ぼくはあまりテレビゲームをやらなくなった。アッシーに言われたからってだけじゃない。だんだんとラグビーが好きになり、テレビゲームよりおもしろくなったんだ。前に比べれば、ずいぶん自分の体で汗をかくようになったと思う。チームのほかの人たちのことを思いやったり、助け合ったりするようにもなった。でも、どれだけ他人の痛みや苦しみがわかっているだろう。

　ぼくはカズの家で見た、ラグビーの試合を思い出した。アッシーはあのとき、額を切り、血を流しているのに、頭からタックルしに行った。あれはどれくらい痛いものなんだろう。ぼくには想像もつかない。でも、アッシーはチームのみんなのために無我夢中でやったと言っていた。痛みなんて感じなかった、と。

　アッシーは、いじめられている人の気持ちがわからないようではダメだということも言った。いじめられていたときの相沢はどんな気持ちだったんだろう？　とてもじゃないけど、あんなふうにいじめられたら、ぼくならやっていけない。学校に行かなくなるかもしれないし、転校したいと母さんに言うかもしれない。でも、そもそもいじめられているってことを母さんに話せるだろうか……。

　じゃあ、今のアッシーはどういう気持ちなんだろう？　ラグビーを広めたいという一心で小学校の先生になり、ぼくたちもラグビーが大好きになったのに、ラグビー大会をやめさせられそうになっている。さぞ悔しいだろう。ラグビー大会をやめさせようとしているのは賢介の母さんだ。賢介はラグビー大会をやりたいと思っている。いま賢介はどんな気持ちなんだろう……。

「治生！」

　上から声をかけられて、びくっとした。見上げると、母さんの顔が逆さまに見えた。

「何やってるの、勉強しなさい」

「あ、うん」

「塾の宿題、いっぱいあるんでしょ？　せっかく早く帰れたんだから、こういうときにやらなきゃ」

「わかったよ」

　ぼくは立ち上がり、5不承不承、自分の部屋に向かった。でも、机についたものの、ひとつのことばかり考えていた。いったいラグビー大会はどうなるんだろう？

　朝、登校班の集合場所に行くと、賢介がニヤニヤしながら近寄ってアッシーは断固とした声で言った。そして、校長先生たちの前に仁王様のように立っていた。アッシーのジャージを着た背中は実際以上にふくらんでいるみたいに見えた。

ぼくはびっくりした。アッシーがやめる？　そんなのいやだ。

「ダメだよ、先生！」

後ろから大きな声がした。振り返ると、すぐ後ろにカズがいた。ほかの人たちも後ろに集まっていた。

アッシーも振り向いた。そして、ぼくたちが集まっているのに初めて気づき、びっくりしたようだった。「先生、やめないで」

本西、岡、石原たちが泣きそうな顔で言った。

「先生、ラグビー大会、できないならいいよ。先生がやめるほうがいやだよ」

そう言ったのもカズだった。

アッシーは校長先生たちにちょっと会釈すると、小走りでぼくたちのほうに近づいてきた。

「みんな、これは先生たちの問題だから、心配しないでくれ」

「でも、先生がやめちゃうんだったら、ぼくたちにも関係があります」

こう言ったのは賢介だった。[3]賢介の顔はほこりにまみれていたけど、目だけはぎらぎら光っているように思えた。

「やめちゃダメだよ、先生」

カズが言うと、みんなも口々に「やめないで」と言った。

「やめちゃいやだ」

ぼくも言ったけど、あまり大きな声を出せなかった。でも、同じセリフを同時に大声で言ったやつがいた。びっくりして声の主を探したら、ブタマだった。

「わかった、わかった。どうもありがとう」とアッシーは言った。「でもな、このことは先生に任せてくれ。先生はやめない。それは約束する。ただ、今日のところはもう家に帰ってくれ。ラグビー大会のことは、これからじっくり校長先生たちと話し合うから。なっ」

アッシーに真剣な顔でこう言われては、もうどうすることもできなかった。ぼくたちはしぶしぶ校舎に戻り、着替えて、家路についた。家に向かうあいだずっと、賢介は「母さんのせいだ」と言い続けていた。

家に戻ってみると、居間で弟がテレビゲームをしていた。弟の大好きなバトル物だ。男と男が一対一で、空手みたいな勝負をしている。どちらかが血を流して死ねば、ゲームオーバーだ。

「グエッ！」

弟の操作しているほうが空手チョップを食らい、すごく派手な声を出した。でも、弟はすぐに反撃に出た。飛び上がって、蹴りを連続で食らわし、相手は額からブシューッと血を流した。さらにとどめの一撃を食らわして、相手は倒れた。

「あーあ、レベルAでも簡単に勝てるようになっちゃった。ひとりでやっててもおもしろくないや。お兄ちゃん、勝負しない？」

「いやだよ。おまえ、こんなのばっかりやってるとバカになるぞ」

「お兄ちゃんだって、前はさんざんやってたじゃないか。じゃあ、もうバカになっちゃったんだ」

「生意気言うなよ。おれはバカになる前にやめたんだ。だいたい、こスをした。ぼくは相沢にタッチされないように横に走ったけど、追いつかれそうになったので、ヤッちゃんにシザースパスをした。でも、ヤッちゃんは賢介に正面からぶつかってしまった。

「うーん、今のは加島が横に流れすぎだな」

ぼくらの練習を見ていたアッシーが言った。「どうすればよかったんですか?」とカズが訊ねると、アッシーはいくつかのケースを想定して説明してくれた。ラグビー大会が近いということもあって、ぼくたちはみんなすごく真剣に聞いていた。

「堀井、こっちによこせ!」

大きな声が聞こえたので、となりを見たら、富岡が堀井からボールを受け取って走っていた。

へえ、堀井も残ったんだ。ぼくはびっくりした。この程度にはちゃんとやるようになったんだな、とぼくは思った。

そのときだ。

グラウンドに背広姿の男の人が二人入ってきた。こんなところに誰だ、と見ると、校長先生と教頭先生だ。

「熊沢先生!」

教頭先生が大声で呼んだ。アッシーは走って校長先生と教頭先生のところまで行った。そして、ぼくたちから遠ざかる方向に歩きながら、三人で話し始めた。

なんだろう? そう思って、1みんなのほうを振り向くと、気にせずに練習を続けている人たちの中で、ひとりだけ鬼のように恐い顔をしているやつがいた。

それは賢介だった。

「なんだろうな、賢介」

ぼくは訊いてみた。賢介が何か知っているように思えたからだ。

「母さんだ」

「えっ?」

ぼくがよくわからないでいると、賢介はそっとアッシーたちのほうへ近づいて行った。ぼくも後からついて行った。十メートル、五メートルと近づいたけど、話はまだ聞こえてこない。そのとき、アッシーが大声を出し始めた。

「おかしいじゃないですか、それは」

教頭先生が何か答えたが、それは聞き取れなかった。

「おかしいですよ。ひとりの保護者の意見で決まるんですか?」

アッシーはぼくらに背を向けているので、表情は見えない。でも、声の迫力はすごい。きっとぼくや賢介を叱ったときのように、すごく怒った顔をしているんだろう。でも、校長先生たちも負けていない。しかめ面をして何か言い返していた。

「ラグビー大会は子どもたちが楽しみにしてきたことなんです。それをやれなかったら、わたしは子どもたちを裏切ったことになります」

そうか、校長先生たちはラグビー大会をやめろと言っているんだ。そして、ラグビー大会をやめさせようとしているのはきっと賢介の母さんなんだ。

2「子どもたちを裏切ってしまったら、わたしはもう教師は続けられません。やめるしかありません」

三 次の――線部の慣用句の本来の意味として正しいものを一つ選び、記号で答えなさい。

1 彼は浮き足立っている。
ア 不安で逃げ腰になっていること。
イ うれしくて落ち着かないこと。

2 私には役不足です。
ア 役や仕事に対して実力不足であること。
イ 実力に対して役や仕事が軽いこと。

3 会議が煮詰まってきた。
ア 討議が行きづまって結論が出せない状態になっていること。
イ 検討が十分に尽くされて結論が出る状態になっていること。

4 できごとのさわりを話す。
ア 要点を話すこと。
イ 冒頭を話すこと。

5 圧巻の演技を見せる。
ア 圧倒的な力で押さえつけること。
イ 全体の中で最も優れていること。

四 次の文章を読んで、後の問いに答えなさい。なお、字数指定がある場合、句読点・かぎかっこ等の記号は一字として数えること。

小学六年生の「ぼく」は、新しく赴任してきた元ラグビー選手の熊沢敦先生（アッシー）の勧めでクラスのみんなとラグビーを始めた。二学期に行われる予定のラグビー大会に向けて、アッシーの指導のもと日々練習に励んでいたが、保護者会でラグビー大会の開催に否定的な声が上がっていた。

保護者会から土日をはさみ、次の月曜日のことだ。六時間目の体育のあと、残ってラグビーの練習をしようということになった。アッシーに訊いてみると、アッシーはいつもより恐い顔でこう答えた。
「わかった。時間があって、やりたい人は、ラグビーの練習をしていってかまわない。今日は時間があるから、先生も付き合うよ」
「よし、始めるぞ」
掃除の後、カズの号令で、ぼくたちは練習を始めた。校庭にはクラスの三分の二くらいが残っていて、チームのほとんど全員がそろっているAとCが一ヵ所で試合形式の練習をし、残りの人たちがとなりで練習することになった。
「よこせっ！」
大声を出してブタマがカズのすぐとなりに走り込んだ。カズはブタマにパスするふりだけして、自分で少し横に走り、それからぼくにパ

2023年度

鎌倉学園中学校

【国　語】〈第二次試験〉（五〇分）〈満点：一〇〇点〉

一　次の――線部のカタカナを漢字に直して答えなさい。

1　カンチョウで水位が下がる。
2　書類をユウソウする。
3　日本代表のコウホになる。
4　旧友をタズねる。
5　彼(かれ)はいつも的をイた話をする。

二　次の――線部のカタカナに合う漢字を一つ選び、記号で答えなさい。

1　切パ詰まる。
　ア　破　イ　派　ウ　歯　エ　羽
2　一ドウに会する。
　ア　同　イ　堂　ウ　道　エ　動
3　カイ心の一打を放つ。
　ア　会　イ　快　ウ　改　エ　開
4　チームの連タイが大切だ。
　ア　体　イ　対　ウ　帯　エ　隊
5　後セイに名を残す。
　ア　生　イ　世　ウ　正　エ　成

2023年度

鎌倉学園中学校　▶解説と解答

算　数　＜第２次試験＞（50分）＜満点：100点＞

解　答

1 (1) 6　(2) $\frac{5}{8}$　(3) $\frac{4}{15}$　(4) 6.28　2 (1) $1\frac{1}{4}$　(2) 5個　(3) 30個
(4) 金曜日　3 (1) 8.315cm^2　(2) 43度　4 (1) 3125円　(2) 625000円　(3)
8％　5 (1) 4　(2) 29個　(3) 35個　6 (1) 1　(2) 6　(3) 2個
7 (1) 32cm^2　(2) 12cm^2　(3) 14秒後　8 (1) 395.64cm^3　(2) 4分30秒後
(3) 16分36秒後

解　説

1 四則計算，計算のくふう

(1) $40-(5+8)\times3+\{(5-2)\times11-3\}\div6=40-13\times3+(3\times11-3)\div6=40-39+(33-3)\div6=1+30\div6=1+5=6$

(2) $0.75-\frac{7}{8}\times0.5+0.625\div2=\frac{3}{4}-\frac{7}{8}\times\frac{1}{2}+\frac{5}{8}\times\frac{1}{2}=\frac{3}{4}-\frac{7}{16}+\frac{5}{16}=\frac{12}{16}-\frac{7}{16}+\frac{5}{16}=\frac{10}{16}=\frac{5}{8}$

(3) $\frac{1}{N\times(N+1)}=\frac{1}{N}-\frac{1}{N+1}$となることを利用すると，$\frac{1}{2\times3}+\frac{1}{3\times4}+\frac{1}{4\times5}-\frac{1}{5\times6}=\frac{1}{2}-\frac{1}{3}+\frac{1}{3}-\frac{1}{4}+\frac{1}{4}-\frac{1}{5}-\left(\frac{1}{5}-\frac{1}{6}\right)=\frac{1}{2}-\frac{1}{5}-\frac{1}{5}+\frac{1}{6}=\frac{15}{30}-\frac{6}{30}-\frac{6}{30}+\frac{5}{30}=\frac{8}{30}=\frac{4}{15}$

(4) $A\times B+A\times C=A\times(B+C)$となることを利用すると，$2.6\times3.14+1.57\times3.8-6.28\div0.8=2.6\times2\times1.57+1.57\times3.8-1.57\times4\div0.8=1.57\times5.2+1.57\times3.8-1.57\times5=1.57\times(5.2+3.8-5)=1.57\times4=6.28$

2 逆算，分数の性質，相当算，条件の整理

(1) $\frac{1}{3}+\frac{1}{5}=\frac{5}{15}+\frac{3}{15}=\frac{8}{15}$より，$3\times\left(\square\times\frac{8}{15}-\frac{1}{3}\right)=1$，$\square\times\frac{8}{15}-\frac{1}{3}=1\div3=\frac{1}{3}$，$\square\times\frac{8}{15}=\frac{1}{3}+\frac{1}{3}=\frac{2}{3}$　よって，$\square=\frac{2}{3}\div\frac{8}{15}=\frac{2}{3}\times\frac{15}{8}=\frac{5}{4}=1\frac{1}{4}$

(2) はじめに，$\frac{1}{3}<\frac{\square}{30}<\frac{11}{12}$の□にあてはまる整数を求める。分母を60にそろえると，$\frac{20}{60}<\frac{\square\times2}{60}<\frac{55}{60}$となるから，$20\div2=10$，$55\div2=27.5$より，□にあてはまる整数は11以上27以下とわかる。このうち$\frac{\square}{30}$が約分できないのは，$\left\{\frac{11}{30},\ \frac{13}{30},\ \frac{17}{30},\ \frac{19}{30},\ \frac{23}{30}\right\}$の5個ある。

(3) 全体の個数を$\boxed{1}$個とすると，Aくんは$\left(\boxed{\frac{2}{5}}+1\right)$個，Bくんは$\left(\boxed{\frac{1}{2}}+2\right)$個もらったから，合計は，$\left(\boxed{\frac{2}{5}}+1\right)+\left(\boxed{\frac{1}{2}}+2\right)=\boxed{\frac{9}{10}}+3$（個）となる。よって，$\boxed{1}-\boxed{\frac{9}{10}}=\boxed{\frac{1}{10}}$が3個にあたるので，全体の個数は，$3\div\frac{1}{10}=30$（個）と求められる。

(4) 下の図1のようにまとめることができる。最終週に読んだのは，$6\times3=18$（ページ）だから，これを除くと，$498-18=480$（ページ）になる。また，1週間に読むページ数の合計は，$6\times4+13$

×３＝63(ページ)なので，480÷63＝７余り39より，１週間すべて読んだのが７週間あり，第１週に読んだのが39ページとわかる。39÷13＝３より，これは｛金，土，日｝の３日間だから，読み始めたのは金曜日である。

図１

	月	火	水	木	金	土	日
第１週	？	？	？	？	？	？	？
第２週	6	6	6	6	13	13	13
⋮	⋮	⋮	⋮	⋮	⋮	⋮	⋮
最終週	6	6	6				

図２

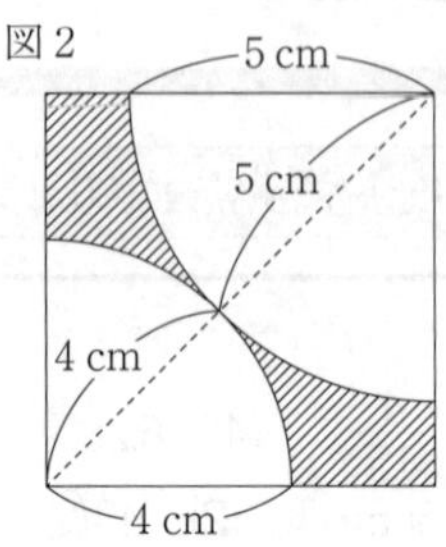

図３

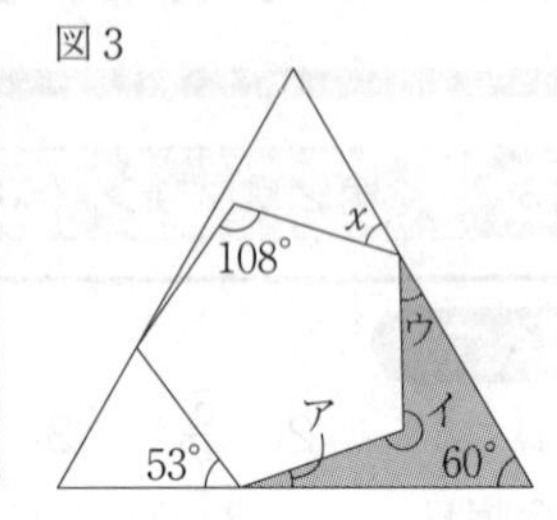

3 平面図形―面積，角度

⑴　上の図２で，正方形の対角線の長さは，４＋５＝９(cm)だから，この正方形の面積は，９×９÷２＝40.5(cm²)とわかる。よって，２つのおうぎ形の面積の合計は，$4\times4\times3.14\times\frac{90}{360}+5\times5\times3.14\times\frac{90}{360}$＝４×3.14＋6.25×3.14＝(４＋6.25)×3.14＝10.25×3.14＝32.185(cm²)なので，斜線(しゃせん)部分の面積は，40.5－32.185＝8.315(cm²)と求められる。

⑵　N角形の内角の和は，180×(N－２)で求められるから，五角形の内角の和は，180×(５－２)＝540(度)であり，正五角形の１つの内角は，540÷５＝108(度)とわかる。すると，上の図３のアの角の大きさは，180－(53＋108)＝19(度)，イの角の大きさは，360－108＝252(度)になる。また，かげをつけた四角形の内角の和は360度なので，ウの角の大きさは，360－(19＋252＋60)＝29(度)と求められる。したがって，角xの大きさは，180－(29＋108)＝43(度)である。

4 売買損益

⑴　定価は原価の，１＋0.25＝1.25(倍)だから，2500×1.25＝3125(円)である。

⑵　200個すべてを定価で売ったときの売り上げは，3125×200＝625000(円)とわかる。

⑶　実際に売った１個あたりの値段は，2500×(1＋0.05)＝2625(円)なので，右の図のように表すことができる。この図から，定価の□％にあたる金額が，3125－(2625＋250)＝250(円)とわかるから，250÷3125＝0.08より，定価から８％割り引いたことになる。

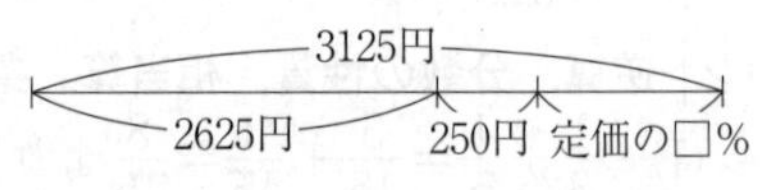

5 周期算

⑴　はじめて９を並び終えるまでを周期と考えると，１周期に並ぶ数字の個数の合計は，１＋２＋…＋９＝(１＋９)×９÷２＝45(個)になる。よって，100÷45＝２余り10より，100番目の数字は３周期目の10番目の数字とわかる。また，１＋２＋３＋４＝10(個)より，周期の中の10番目の数字は４とわかるから，100番目の数字は４である。

⑵　200÷45＝４余り20より，200番目の数字は５周期目の20番目の数字になる。１つの周期の中に６は６個あるので，４周期目までには，６×４＝24(個)ある。また，１＋２＋３＋４＋５＝15(個)，20－15＝５(個)より，５周期目の20番目までには５個あることがわかる。よって，200番目までに６は全部で，24＋５＝29(個)ある。

⑶　⑵と同様に考える。はじめに，1000÷45＝22余り10より，1000番目の数字は23周期目の10番目の数字とわかる。１つの周期の中に３は３個あるから，22周期目までには，３×22＝66(個)ある。

また，１＋２＋３＋４＝10(個)より，23周期目の10番目までにも３個あることがわかるので，1000番目までの３の個数は，66＋３＝69(個)と求められる。次に，499÷45＝11余り４より，499番目の数字は12周期目の４番目の数字とわかり，11周期目までに３は，３×11＝33(個)ある。さらに，１＋２＝３(個)，４－３＝１(個)より，12周期目の４番目までには１個あることがわかるから，499番目までの３の個数は，33＋１＝34(個)となる。よって，500番目から1000番目までの３の個数は，69－34＝35(個)である。

6　数列

⑴　操作を５回行うと，５→12→４→９→３→１となり，１になることがわかる。

⑵　操作を次々と行うと，50→102→34→69→23→48→16→33→11→24→８→18→６→２→６→２→…となる。よって，12回目は６，13回目は２となり，これ以降は｛６，２｝がくり返される。すると，偶数(ぐうすう)回目は６，奇数(きすう)回目は２になるから，50回くり返すと６になることがわかる。

⑶「３をかける」，「１をひいて２で割る」，「２をひいて２で割る」という操作を行って，もとの整数にもどしていく。すると，７になる直前の数は，７×３＝21，(７－１)÷２＝３，(７－２)÷２＝2.5となり，このうち条件に合うのは21だけである(３は３で割って１余る数ではないので，条件に合わない)。また，21になる直前の数は，21×３＝63，(21－１)÷２＝10，(21－２)÷２＝9.5と求められ，このうち条件に合う数は63と10である。よって，操作を２回くり返して７になる整数は２個ある。

7　平面図形─図形の移動，面積

⑴　図形Ａは，下の図１のように長方形と台形に分けることができる。長方形の面積は，８×２＝16(cm²)，台形の面積は，(２＋６)×４÷２＝16(cm²)だから，図形Ａの面積は，16＋16＝32(cm²)とわかる。

⑵　図形Ａは７秒間で，1.5×７＝10.5(cm)動くので，10.5－９＝1.5(cm)より，７秒後には下の図２のようになる。よって，重なった部分の面積は，８×1.5＝12(cm²)と求められる。

図１
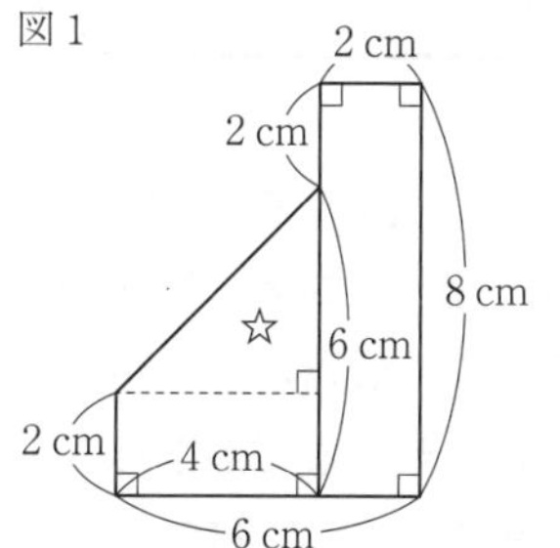

図２
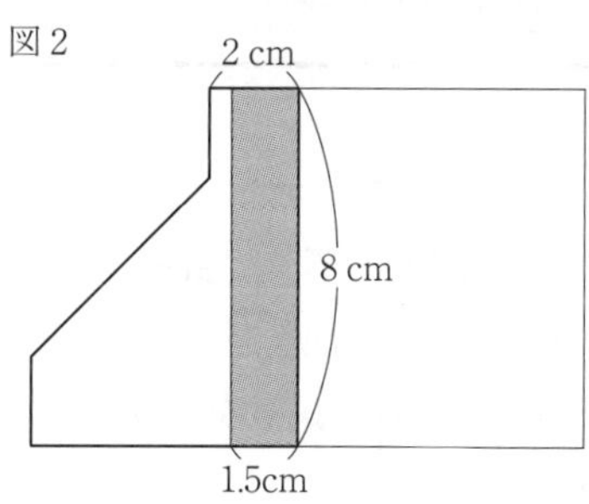

図３
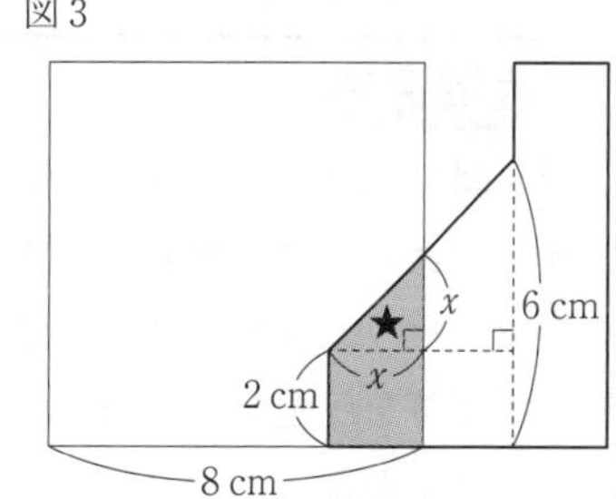

⑶　重なった部分の面積が２回目に６cm²になるのは，上の図３のようなときである。ここで，図１の☆印をつけた三角形は直角二等辺三角形だから，図３の★印をつけた三角形も直角二等辺三角形である。そこで，★印をつけた三角形の直角をはさむ辺の長さをxとすると，重なった部分の面積は，(２＋x＋２)×x÷２＝(x＋４)×x÷２と表すことができる。よって，(x＋４)×x÷２＝６より，(x＋４)×x＝12になり，(２＋４)×２＝12となるので，x＝２とわかる。したがって，図形Ａの左下の頂点に注目すると，図３のようになるのは図形Ａが，６＋９＋(８－２)＝21(cm)動いたときだから，動き始めてから，21÷1.5＝14(秒後)と求められる。

8　水の深さと体積

(1)　直方体の部分の横の長さは(２×3.14)cmだから，直方体の部分の底面積は，２×3.14×６＝12×3.14(cm^2)となる。また，半円柱の部分の底面積はどちらも，３×３×3.14÷２＝4.5×3.14(cm^2)なので，この容器の底面積は，12×3.14＋4.5×3.14×２＝(12＋９)×3.14＝21×3.14(cm^2)とわかる。よって，この容器の容積は，21×3.14×６＝126×3.14＝395.64(cm^3)と求められる。

(2)　Ａの部分に高さ５cmまで水が入る時間を求めればよい。つまり，入れた水の体積が，4.5×3.14×５＝22.5×3.14(cm^3)になる時間を求めればよい。また，水を入れる割合は毎分(５×3.14)cm^3だから，求める時間は，(22.5×3.14)÷(５×3.14)＝22.5÷５＝4.5(分後)とわかる。60×0.5＝30(秒)より，これは４分30秒後となる。

(3)　15分後までに入れた水の体積は，５×3.14×15＝75×3.14(cm^3)である。そのうち，右の図の①の部分の水の体積は(22.5×3.14)cm^3，②の部分の体積は，12×3.14×２＝24×3.14(cm^3)，③の部分の体積は，4.5×3.14×２＝９×3.14(cm^3)なので，④の部分の水の体積は，(75−22.5−24−９)×3.14＝19.5×3.14(cm^3)とわかる。また，Ｃの部分の高さが１cmになるまでに排水(はいすい)する水はかげの部分であり，この部分の体積は，4.5×3.14×(２−１)＋19.5×3.14＝(4.5＋19.5)×3.14＝24×3.14(cm^3)となる。さらに，排水する割合は毎分(20×3.14)cm^3だから，排水を開始するとかげの部分の水は毎分，20×3.14−５×3.14＝(20−５)×3.14＝15×3.14(cm^3)の割合で減る。よって，排水を開始してからかげの部分が排水されるまでの時間は，(24×3.14)÷(15×3.14)＝24÷15＝1.6(分)と求められる。したがって，Ｃの部分の高さが１cmになるのは，水を入れ始めてから，15＋1.6＝16.6(分後)である。60×0.6＝36(秒)より，これは16分36秒後となる。

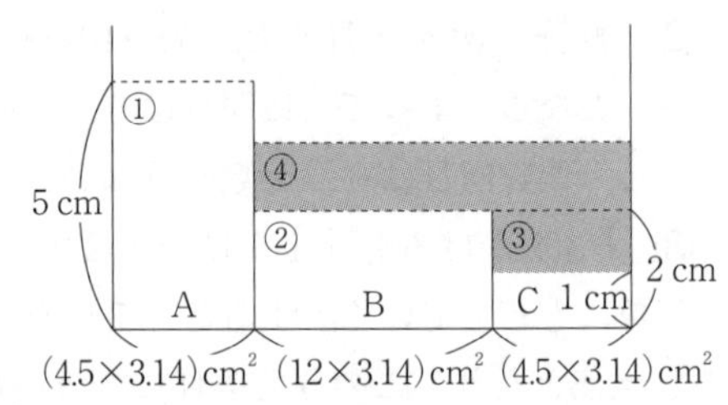

社　会　<第２次試験>(30分)<満点：60点>

解　答

[1] **問１**　厚生労働省　**問２**　(1)　イ　(2)　ア　(3)　イ　(4)　エ　(5)　**ア**　弥生　**イ**　聖武　**ウ**　保元　**問３**　オ　**問４**　イ　**問５**　エ　**問６**　オ　**問７**　特許(権)　**問８**　ウ　**問９**　(例)　慎重な審議で一方の行き過ぎをチェックできるが，費用が多くかかるので予算を圧迫する。(異なる選出方法で多様な民意を反映できるが，「ねじれ」などが生じると政策決定が遅くなる。)　[2] **問１**　(1)　ア，エ，オ　(2)　カ　**問２**　Ｂ　**問３**　イ　**問４**　ウ　**問５**　エ　**問６**　キ　**問７**　イ　**問８**　(1)　カ　(2)　ウ　**問９**　(1)　エ　(2)　ウ

解　説

[1] 東京都を題材とした問題

問１　厚生労働省は国の行政機関の１つで，社会保障制度や労働者の権利保障・労働環境(かんきょう)の整備などを担当している。

問２　(1)　文京区弥生町から出土した土器は「弥生土器」とよばれ，「弥生時代」という時代の名(めい)

称の由来ともなった。この時代には各地に小国が分立し，土地や水，収穫物をめぐる争いがおこった。よって，イが正しい。なお，アの打製石器の使用は旧石器時代，ウの死者の屈葬は縄文時代，エの古墳の築造は古墳時代のこと。　(2)　国分寺の建立は奈良時代のことで，都の平城京には唐(中国)から渡来した鑑真によって，唐招提寺が建立された。なお，イの延暦寺(滋賀県)は平安時代初めに最澄が創建した天台宗の寺，ウの厳島神社(広島県)は平安時代末に平清盛が厚く信仰し，現在の形に造営した神社，エの建長寺は鎌倉幕府の第５代執権北条時頼が創建した禅宗の寺。

(3)　曲亭(滝沢)馬琴は江戸時代後半の化政文化を代表する読本作家で，代表作に『南総里見八犬伝』や『椿説弓張月』がある。なお，アの与謝蕪村は俳人，ウの林子平は経世思想家(政治・経済学者)，エの井原西鶴は浮世草子作家。　(4)　小村寿太郎は，外務大臣として日英同盟の締結(1902年)や日露戦争の講和条約であるポーツマス条約の調印(1905年)に貢献した。また，1911年にはアメリカ合衆国と交渉して関税自主権を回復することに成功し，この年に亡くなった。イの日本が韓国を併合したのは1910年で，小村寿太郎が外務大臣であったころのことだが，エのワシントン会議が開かれたのは1921～22年のことなので，エが誤っている。　(5)　**ア**　(1)の解説を参照のこと。　**イ**　８世紀の中ごろ，仏教を厚く信仰した聖武天皇は仏教の力で国を安らかに治めようと願い，地方の国ごとに国分寺・国分尼寺を建てさせ，都の平城京には総国分寺として東大寺と大仏をつくらせた。　**ウ**　保元の乱(1156年)は兄の崇徳上皇と弟の後白河天皇の対立から生じた乱で，平清盛と源義朝が味方した天皇方が勝利した。

問３　東京都内でも，都心部(中央区)・郊外(葛飾区)・都心から遠く離れた地域(檜原村)では人口構成が異なり，都心部は労働力人口(15～64歳)が多く，遠く離れた地域は過疎化により老齢人口(65歳以上)が多い。よって，人口ピラミッド(年齢階級別人口構成)の組み合わせは，オ(中央区－C，葛飾区－A，檜原村－B)になる。

問４　小笠原諸島(東京都)は2011年に世界自然遺産に登録されたが，これは白神山地(青森県・秋田県)，屋久島(鹿児島県)，知床(北海道)につぐ４番目の登録であった。よって，イが正しい。なお，アの国内で初めて世界自然遺産に登録されたのは，1993年の白神山地と屋久島。ウの富士山(山梨県・静岡県)は，2013年に「富士山－信仰の対象と芸術の源泉」の名称で，世界文化遺産として登録された。エについて，2021年には国内で，自然遺産として「奄美大島，徳之島，沖縄島北部及び西表島」(鹿児島県・沖縄県)と，文化遺産として「北海道・北東北の縄文遺跡群」(北海道・青森県・岩手県・秋田県)の２件の登録があった。

問５　東京都東部の「海抜ゼロメートル地帯」(海面より低い土地)は，明治時代末から昭和時代の高度経済成長期にかけて急速に工業化が進むなかで，地下水や水にとけた天然ガスをくみ上げすぎたことによる，地盤沈下が原因である。水は低いところに集まるので，この地帯は大雨による洪水の被害を受けやすい。よって，組み合わせはエが正しい。

問６　国指定の重要文化財(国宝をふくむ)は全国に１万3377件あり，件数が最も多い都道府県は，首都であり多くの博物館や美術館などが位置している東京都である。以下，古くから日本の都としてさかえてきた京都府，奈良県の順になる。よって，組み合わせはオが選べる。統計資料は文化庁のデータによる。

問７　「知的財産権」とは，著作物や発明・商標などについて，それを創出した人にあたえられる独占権である。このうち，発明を保護するための権利を「特許権」という。

問８　イラストにある県のマスコットキャラクターは，Ｋが千葉県の形からデザインされた「チーバくん」(千葉県)，Ｌが神奈川県南足柄市の金太郎伝説にちなんだ「かながわキンタロウ」(神奈川県)，Ｍが埼玉県の県鳥であるシラコバトをモチーフにした「コバトン(左)」とテレビ番組から生まれた「さいたまっち(右)」(埼玉県)である。よって，組み合わせはウが選べる。

問９　日本の国会は，衆議院と参議院の二院制(両院制)である。二院を置くのは議事を慎重に審議するためで，一方の議院の行き過ぎを他方の議院がおさえることができる。また，議員の選出方法を変えることで，多様な民意を反映させられるという長所がある。しかし，二院であるため，その維持費や議員への歳費(国会議員に支給される手当)がより多くかかることになり，また，政策決定に時間がかかるという短所がある。特に，国会で「ねじれ」(ねじれ国会／衆議院と参議院とで，与党と野党の議席数が逆転している状態)が生じると，衆議院が可決した議案が参議院で否決されるなどして，国会運営が円滑に進まないことが多くなる。

2　日米関係の年表を題材とした問題。

問１　(1)　1858年に結ばれた日米修好通商条約により，箱館(函館，北海道)・新潟・横浜(神奈川県)・神戸(兵庫県)・長崎の５港が貿易港として開かれた。アメリカ合衆国のほか，同時期にイギリス・フランス・オランダ・ロシアとも同様の条約を結んでいる(安政の五か国条約)。日本からは生糸・茶・海産物などが輸出され，綿織物・毛織物・武器などが輸入された。５港のうち貿易額が最も大きかったのは横浜で，最大の貿易相手国はイギリスであった。港が開かれたことで貿易が活発に行われたが，国内では品不足により物価が上がり，庶民に不満が広がった。よって，ア，エ，オが正しい。　(2)　函館市は亜寒帯の気候に属しており，冬の寒さが厳しいから，雨温図はＦがあてはまる。なお，Ｅは長崎市，Ｇは新潟市の雨温図。また，函館市は本州との間の津軽海峡に面し，戊辰戦争(1868～69年)の最後の戦場となった五稜郭があるから，Ｊがあてはまる。なお，Ｈは新潟市，Ｉは長崎市の市旗と説明。よって，組み合わせはカが選べる。

問２　19世紀の終わりごろから，日本人のアメリカ合衆国への移住者が増えていくが，日本人移民は勤勉でよく働くため，アメリカ人の職を奪うといった批判が広がり，図３のような風刺画が描かれた。よって，年表のＢの時期となる。

問３　Ⅰのミッドウェー海戦は1942年，Ⅱのソ連の対日参戦は1945年，Ⅲのサイパン島陥落は1944年のことである。よって，年代は古い順に，Ⅰ→Ⅲ→Ⅱとなる。

問４　戦後の民主化政策はGHQ(連合国軍最高司令官総司令部)の指令にもとづくもので，原則としてこれを批判することはできなかった。また，農地改革では，地主の土地を制限して小作農に安く売り渡し，多くの自作農を創出した。よって，正誤の組み合わせはウになる。

問５　1945年10月，GHQが憲法改正を日本政府に示唆したことにより，憲法問題調査委員会が発足した。なお，政府は憲法改正案を作成したがGHQに拒否された。結局，翌46年２月にGHQが示した草案をもとに改正案が作成され，帝国議会の審議を経て11月に日本国憲法が公布された。

問６　税金は納入先により，国に納める国税と地方公共団体に納める地方税に分けられる。また，納入方法により，税負担者と納入者が同じ直接税と税負担者と納入者が異なる間接税に分けられる。Ｋの所得税は個人の収入(所得)にかかる国税の直接税，Ｌの住民税は地方税の直接税，Ｍの法人税は企業の利益にかかる国税の直接税である。よって，３つの説明はすべて正しい。

問７　「円高ドル安」とは，外国為替相場において日本の通貨(円)の価値が上がり，アメリカ合衆国の通貨(ドル)の価値が下がることをいう。たとえば，１ドル＝120円の交換比率が１ドル＝100円になるような場合である。貿易では日本からの輸出が不利，アメリカ合衆国からの輸入が有利になり，日本からの海外旅行は有利，アメリカ合衆国からの日本旅行は不利になる。よって，イが誤っている。

問８ (1)　Ｎは日本で，輸出入ともに中国が最大の貿易相手となっており，アメリカ合衆国がこれにつぐ。Ｏはカナダで，国境を接しているアメリカ合衆国が最大の貿易相手国となっており，特に輸出の７割以上をアメリカ合衆国が占めている。Ｐはアメリカ合衆国で，北はカナダ，南はメキシコと国境を接しているので，これらの国との貿易がさかんであるほか，中国が最大の輸入相手国となっている。統計資料は『日本国勢図会』2022／23年版による。　(2)　関税は自国の産業を保護することを目的として，おもに輸入品にかけられる税である。関税がかからないと，輸入品が安価なままで国内に入ることになるので，国内産の食料の売れ行きが悪くなり，そのぶん食料自給率が下がる可能性がある。よって，ウが誤っている。

問９ (1)　＜ジョウさんのノート＞と表２より，マイアミは最も暖かい月の平均気温が29.0℃で，最も寒い月の平均気温が20.4℃であることから，熱帯の気候に属していると判断できる。残りの３つの都市は，＜ジョウさんのノート＞にある「温帯」にあてはまるから，エが選べる。　(2)　温帯に属する３つの都市のうち，シアトルは最多雨月の降水量(11月，159.5mm)が，最少雨月の降水量(７月，15.1mm)の３倍以上であり，最も暖かい月の平均気温(８月，19.3℃)が22℃以下であるので，＜ジョウさんのノート＞の②と③にあてはまらないことが表２からわかる。ニューヨークとニューオリンズは②と③のいずれにもあてはまるので，温暖湿潤気候に属しているのは，この２つの都市と判断できる。なお，シアトルは温帯のなかでも降水量が冬に多く，夏に少ないという特徴を持つ地中海性気候に属している。

理　科　＜第２次試験＞(30分)＜満点：60点＞

解　答

[1] (1)　3　(2)　秒速75m　(3)　ア　270　イ　300　ウ　45　エ　10　(4)　4
(5)　5　(6)　A　自家用車　B　1　[2] (1)　4　(2)　27％　(3)　1　(4)　3.5g
(5)　3　(6)　3　(7)　4　[3] (1)　3，5　(2)　ア　小型　イ　大型　(3)　ウ
2　エ　4　オ　2　カ　3　(4)　3，5　[4] (1)　2　(2)　はんじょう(組織)
(3)　2　(4)　図2　(5)　東側　(6)　へんせいふう　(7)　50m　(8)　1

解　説

[1] 物体の運動についての問題

(1)　270km/hで走る新幹線の中では，手に持っている本は人と同じく270km/hの速さで進んでいる。よって，新幹線の中にいる人から見ると，本はそのまま足元に落ちる運動をする。なお，新幹線の外に立っている人からこの運動を見ると，本は新幹線と同じ速さで水平方向に進みながら床に落下していくように見える。

(2)　１時間は，60×60＝3600(秒)なので，270×1000÷3600＝75より，秒速75mである。

(3)　**ア，イ**　新幹線のグラフはたて軸の１目もりが30km/hなので，最高速度は270km/hで，最高速度に達するまでの時間は300秒とわかる。　**ウ，エ**　自家用車のグラフのたて軸の１目もりは５km/hだから，最高速度は45km/hで，最高速度に達するまでの時間は10秒とわかる。

(4)　新幹線は，300秒で０km/hから270km/hまで速さが増しているので，１秒間に，270÷300＝0.9(km/h)の割合で速さが増したことになる。

(5)　自家用車は，10秒で０km/hから45km/hまで速さが増しているので，１秒間に，45÷10＝4.5(km/h)，つまり，4.5×1000÷3600＝1.25より，秒速1.25mの割合で速さが増したとわかる。

(6)　新幹線は，１秒間に，0.9×1000÷3600＝0.25より，秒速0.25mの割合で速さが増えるから，１秒ごとに増す速さは，自家用車の方が，1.25－0.25＝１より，秒速１mだけ大きい。

2　ものの溶け方についての問題

(1)　表より，20℃の水100gにホウ酸は5.0gまで溶けるので，３gのホウ酸はすべて溶けているとわかる。物質が水に溶けて水溶液になると全体がとう明になり，濃さはどの部分も同じになる。

(2)　表より，食塩は40℃の水100gに36.3gまで溶けるので，40℃の食塩の飽和水溶液の濃さは，36.3÷(36.3＋100)×100＝26.6…より，27％である。

(3)　BTB液は酸性で黄色，中性で緑色，アルカリ性で青色を示す。食塩水は中性なので，BTB液を加えると緑色を示す。

(4)　ホウ酸は20℃の水50gに，$5.0\times\frac{50}{100}=2.5$(g)まで溶かすことができるので，６－2.5＝3.5(g)が溶けきれずに出てくる。

(5)　ろ過をするときには，ろうとに取りつけたろ紙の，紙が重なっている部分の上にガラス棒を伝わらせて，液をゆっくりと注ぐ。また，ろうとのとがった方をビーカーのかべに当てて，ろ液がなめらかに流れるようにする。よって，３が適する。

(6)　表より，40℃の水100gにホウ酸は8.9gまで溶けるので，ホウ酸５gを溶かして飽和水溶液をつくるのに必要な水の重さは，$100\times\frac{5}{8.9}=56.17\cdots$より，56.2gと求められる。

(7)　20℃の水100gに食塩は35.8gまで溶けて飽和水溶液となる。よって，135.8gの飽和水溶液中に食塩が35.8g溶けていることになるので，食塩の飽和水溶液250gに溶けている食塩の重さは，$250\times\frac{35.8}{135.8}=65.90\cdots$より，65.9gである。

3　ブルーギルの繁殖行動と外来生物についての問題

(1)　１　ふつう，なわばりをつくるのは，同じ種類の魚のオスを排除するためで，他の種類の魚との競争のためではない。　２　サメなどの軟骨魚類のなかまには体内受精を行うものがいる。　３　小型オスは，大型オスの精子をひれではらいのけて受精をさまたげ，自分の精子でできるだけ多くの卵を受精させるようにしている。よって，正しい。　４　小型オスがそのままの形で大型オスとメスの間に割りこむと，大型オスからの攻撃を受ける可能性が高い。メスによく似た形になれば，攻撃をされにくいと考えられる。　５　魚類に限らず，卵は栄養分も多くふくんでいるので，精子に比べて大きいのが一般的である。よって，正しい。

(2)　図２より，大型のオスの比率が０のときは，小型オスが残せる子の数は０に近くなっているが，小型オスの比率が０のときでも，大型オスが残せる子の数はある程度の数になっていることがわかる。よって，アには小型，イには大型があてはまる。

(3)　**ウ，エ**　図２より，大型オスの比率が点Pの比率より高い場合，小型オスが残せる子の数は大型オスが残せる子の数よりも大きくなっている。そのため，群れの中に繁殖しやすい小型オスの数が増えやすくなり，しだいに大型オスの比率が下がって，点Ｐの比率に近づいていく。　**オ**，**カ**　大型オスの比率が点Ｐの比率よりも低くなると，大型のオスの残せる子の数の方が大きくなるので，群れの中に繁殖しやすい大型魚の数が増え，大型のオスの比率が上がって，点Ｐの比率に近づく。以上より，点Ｐの比率で大型オスと小型オスが安定して共存するようになる。

⑷　アメリカザリガニ，ミドリガメ（ミシシッピアカミミガメ）は，大量に飼育されていて，特定外来生物に指定すると混乱をまねくことから，特定外来生物の指定からはずされていた。しかし，2023年６月１日からは条件付特定外来生物として，飼育は自由だが野外に放すことなどが禁じられることになっている。

4　富士山周辺のハザードマップと地層についての問題

⑴　マグマが固まってできた火成岩のうち，地下のマグマが地表近くや地上にふき出て急に冷やされてできる岩石を火山岩，地下の深いところでマグマがゆっくりと冷やされてできる岩石を深成岩という。なお，たい積岩は土砂などが押(お)し固められてできた岩石，変成岩は地下の熱や圧力により性質が変化してできた岩石である。

⑵，⑶　火山岩は，２のように，比較(ひかく)的大きい鉱物の粒(つぶ)とその鉱物の間をうめる小さな粒からできている。このようなつくり（組織）を斑状(はんじょう)組織という。なお，１は深成岩に見られる組織で，等粒状(とうりゅうじょう)組織という。

⑷　図２では，「２時間後までに到達(とうたつ)する可能性がある範囲(はんい)」とされる場所が，図１と比べると富士山の東西南北にほぼ一様に広がっているので，図２が溶岩の流れを表していると考えられる。

⑸，⑹　図１では，広範囲に広がっていて，富士山のまわりの場所における「厚さ」について示されているので，降り積もる火山灰に関するハザードマップであると考えられる。このマップでは，火山灰の降り積もる地域が，日本付近の上空で一年中ふいている強い西風である偏西風(へんせいふう)の影響(えいきょう)で富士山の東側にかたよっている。よって，富士山の東側の被害(ひがい)の方が西側よりも大きいと予想される。

⑺　富士山の火山灰の層の上面の標高は，地点Ａの地層の重なり方から，180－30＝150(m)である。よって，地層は水平面に平行に積もっていると述べられているので，地点Ｃでも標高150mのところに富士山の火山灰の層の上面があると考えられる。したがって，地点Ｃで，200－150＝50(m)掘(ほ)れば富士山の火山灰が出てくるとわかる。

⑻　地点Ｃで地下85mのところは，火山灰の層の上面からさらに，85－50＝35(m)だけ深い場所になる。よって，地点Ｄの地層の重なり方から，その場所の地層はデイ岩の層である。

国語　＜第２次試験＞（50分）＜満点：100点＞

解答

一　**1～5**　下記を参照のこと。　二　**1**　エ　**2**　イ　**3**　ア　**4**　ウ　**5**　イ

三　**1**　ア　**2**　イ　**3**　イ　**4**　ア　**5**　イ　四　**問1**　（例）　ラグビー大会の中止を伝えにきたと感づいており，その原因は母親にある　**問2**　ア　**問3**　イ　**問4**　他人の痛みや苦しみ　**問5**　エ　**問6**　しぶしぶ　**問7**　イ　**問8**　ア　**問9**　ウ

五 問１　１　ウ　２　ア　問２　イ　問３　エ　問４　a　カ　b　イ　問５　(例)　自分の興味や関心を原動力として，自分自身を信じて一生懸命に努力を続けること。　問６　イ　問７　「正しい」　問８　【ア】　問９　エ　六 問１　ウ，オ　問２　ア　問３　ア，エ

●漢字の書き取り

一 １　干潮　２　郵送　３　候補　４　訪(ねる)　５　射(た)

解　説

一 漢字の書き取り

１　潮が引いて海水面が最も低くなること。　２　郵便物として送ること。　３　ある地位や条件にふさわしい存在として期待されている人や物。　４　音読みは「ホウ」で，「訪問」などの熟語がある。　５　音読みは「シャ」で，「射的」などの熟語がある。

二 熟語の完成

１「切羽詰まる」は，“追い込まれて余裕がなくなる”という意味。　２「一堂に会する」は，“大勢の人が一か所に集まる”という意味。　３「会心」は，満足いくできばえ。　４「連帯」は，同じ目的に向かって団結すること。　５「後世」は，後に続く時代。

三 慣用句の知識

１「浮き足立つ」は，“不安でそわそわと落ち着かなくなる”という意味。　２「役不足」は，実力に対し役割の重さが見合わないさま。　３「煮詰まる」は，“議論が十分に進み，結論が見えてきた状態になる”という意味。　４「さわり」は，話の最も重要なところや面白いところ。　５「圧巻」は，他を上回って最も優れていること。

四 出典は上岡伸雄の『この風にトライ』による。同級生や先生(アッシー)と共にラグビーに夢中な日々を過ごす小学六年生の「ぼく」は，目標としていた大会の開催があやういと知り，自分自身の変化をふり返る。

問１　続く部分では，校長先生と教頭先生がアッシーに対してラグビー大会をやめるよう告げている。その背景には「ひとりの保護者の意見」があるとアッシーの反論から知った「ぼく」は，賢介のようすもふまえ，賢介の母がラグビー大会を「やめさせようとしている」のだろうと察している。

問２　本文の最後でアッシーは自分の発言をふり返り，「あれは教師として，言ってはいけない無責任な言葉だった」と述べ，「申し訳ない」と謝っている。アッシーは，大会の中止を言いわたされた怒りのあまり，教師としての役割を投げ出すような発言をしたことを反省していると考えられるので，アがよい。アッシーの発言はその場しのぎや抵抗というよりも，ラグビー大会への気持ちの強さの表れだと考えられるので，イやエは合わない。アッシーの「断固とした」口調から投げやりさは読み取れないので，ウも合わない。

問３　前の部分で賢介は，母親の主張のせいでラグビー大会が中止になりかけていることにいきどおり，「鬼のように恐い顔」をしていた。一方で，アッシーが教師をやめることも同等に受け入れがたく，反対の意志が表情にあふれていることが想像できるので，イが合う。賢介がアッシーを大人気ないと思うようすもないので，アは不適。アッシーは賢介たちの言葉を受けて「先生はやめない」と約束しているので，ウはふさわしくない。賢介の母はアッシーをやめさせようとしているわ

けではないので，エは正しくない。

問４　「ぼく」は，「自分の体で汗（あせ）をかく，自分の体で痛い思いをする」ことが大事だというアッシーの言葉をそのまま弟に言っている。ゲームよりラグビーが好きになったことで，人への思いやりを持つようになったとふり返り，どれだけ「他人の痛みや苦しみ」がわかっているだろうと自問していることから，空欄（くうらん）Ａには「他人の痛みや苦しみ」があてはまる。

問５　続く部分で「ぼく」は，アッシーに出会ってラグビーが好きになり，思いやりや人との協力を学んだが，実際自分は「どれだけ」他人の気持ちが「わかっているだろう」かと考えこんでいる。この内容にエが合う。

問６　「不承不承」や「しぶしぶ」は，不本意ながらも相手の言葉に従うさま。

問７　アッシーが真剣（しんけん）に頭を下げた後，ガンモが「まあ，許してやるか」と言ったことで教室の空気が一気になごんでいるので，イがふさわしい。大会が中止になるなら教師をやめる，というアッシーの発言は，子どもたちを不安にさせたが，悲しませたとは言えないので，ウは合わない。

問８　賢介は，ラグビー大会は無事開かれると確信をもって「ぼく」に予告していた。アッシーからの正式な発表を受け，賢介は自分の言った通りだっただろうと「ぼく」に目配せしながら，目の前の事実に他のみんなと同じく喜びを感じていると想像できる。よって，アがよい。

問９　アッシーは子どもたちのために何とかラグビー大会を守ろうとし，子どもたちはアッシーがやめるのはいやだと必死にうったえている。本文ではこうしたアッシーと子どもたちの信頼（しんらい）関係が描（えが）かれているので，ウが合う。「ぼく」が他人に無関心だったとは書かれていないので，アは合わない。アッシーは大会の開催をめぐって校長先生たちと対立しているが，周囲とたびたび衝突（しょうとつ）しているかは読み取れないので，イは合わない。「ぼく」が目の前のことから逃（に）げる性格かは書かれていないので，エは正しくない。

五　**出典は畑村洋太郎（はたむらようたろう）の『やらかした時にどうするか』による。**人工知能(AI)の優れている点と弱みについて，人間にしかできない創造的思考を引き合いに出しながら論じている。

問１　**１**　「始点」は物事の始まりとなる点なので，前の字が後の字を修飾（しゅうしょく）する構成である。

２　「思考」は，「思う」「考える」と似た意味の漢字が重なった熟語である。

問２　ぼう線部３に続く部分には，AIは膨大（ぼうだい）な情報をインプットして即座（そくざ）に「解」を導き出すことや，AIがどのように「解」にたどり着いたかは人間に理解できないことが書かれている。よって，イがふさわしい。AIが人間には思いつかない新たな解や，予想外の一手を導き出せるとは書かれていないので，アやウは正しくない。劣勢（れっせい）とされる窮地（きゅうち）も「一気にひっくり返してしまう」一手を指せるのは，AIではなく「一流のプロ棋士（きし）たち」だと筆者は述べているので，エは不適。

問３　AIは「蓄積（ちくせき）されたデータ数と計算速度」が人間よりも優れているが，導き出す「解」は「すでに実践（じっせん）されたことのある」ものにとどまるとある。よって，エがよい。AIは情報を自ら入手して学習できると書かれているので，アは合わない。将棋（しょうぎ）の対戦において，AIは対戦相手が「一手指すごとに」最適な「指し筋」を計算できるとあるので，イは合わない。AIが出した「解」を別の問題に応用できるかについては述べられていないので，ウはふさわしくない。

問４　**ａ**　機械学習では人間による情報のインプットが必要だと述べた後，その作業が必要ないケースを説明している。よって，前のことがらを受けて，それに反する内容を述べるときに用いる「ところが」がよい。　　**ｂ**　前ではAIにできないこととして創造的なことがらをあげ，後では一流のプロ棋士はAIが導き出せないような一手を指すことができるので，人間同士の戦いである将棋の人気が衰えないことを説明している。前のことがらを理由・原因として，後にその結果をつなげるときに用いる「それゆえに」が合う。

問5　本文の最後では，「創造的(クリエイティブ)な偉業」を達成するためには，純粋に「おもしろそう！」「楽しそう！」と感じる気持ちが最大の「原動力」であり，前例がなくてもアイデアを実現しようと「自分自身を信じて，一生懸命に努力を続けることが何より大切」だと書かれている。

問6　プロ棋士の指した一手が「劣勢と判断された窮地も一気にひっくり返してしまう」さまなので，危機的状況を一気に打開することを意味する「起死回生」がよい。

問7　ぼう線部6に続く部分では，AIが得意とする「論理的思考」について，「『正しい』とされる『解』にできるかぎり確実かつ最短で到達しようとする」ものだと説明されている。

問8　【ア】に入れると，筆者が「創造的思考」を「身につける」方法について問いかけた後，成功確率の高さよりも自分の中の「素直な気持ちに従う」アプローチがよいと答える形になり，文意が通る。

問9　本文を通じて筆者は，人間にしかできない「創造的思考」と，AIの「論理的思考」を対比させ，それぞれの強みを説明している。よって，エが正しい。大谷翔平選手について，創造的な生き方を実践する例としてあげており，人間がAIに勝る証拠だとは述べていないので，アは正しくない。ディープ・ラーニングを取り入れれば，人間がAIに情報を読み込ませる必要もないと書かれているので，イは合わない。クリエイティブな偉業を達成したひとたちは「おもしろそう！」というひらめきを大切にしたと筆者は推測しているが，成功率の低さに面白みを見出したとは述べていないので，ウはふさわしくない。

六　資料の読み取り

問1　【文章B】の前半には，日本の廃プラスチックの「約六割」は「燃料として利用」するために「熱回収」されるが，プラスチックを燃やすことで「炭素が大気中に放出される」とある。よって，ウが正しい。また，【文章B】の最終段落には，日本ではプラスチックの「リサイクルの海外依存率が高」いことや，その現状は「国内リサイクル産業を真剣に育成してこなかった結果」であることが書かれている。よって，オが正しい。プラスチック製品の「耐用年数」が極端に短いとは述べられていないので，アは合わない。プラスチックの「廃棄物処理が適切で」ない国としてあげられているのは「中国」なので，イも合わない。日本の「廃棄物回収システム」は「国際的にも進んで」いるとあるので，エは正しくない。

問2　前後の部分には，「毎年九〇〇万トン前後」のプラスチックが「製品」として出回っており，この「生産量とほぼ同じ量」のプラスチックが廃棄物として「毎年回収されて」いるとあるので，アが合う。

問3　日本では「毎年九〇〇万トン前後」のプラスチックが製品に使用されているが，「リサイクルされている」比率は実質「一割以下」だと「推定されて」いることが書かれているので，アは正しい。また，「廃プラ」全体の「約六割」が「燃料」として再利用されていると述べられているので，エも正しい。日本で生産されるプラスチック「およそ一〇〇〇万トン」のうち「九〇〇万トン前後」が製品になるとあるので，イは正しくない。「家電」や「食品の容器」が使用後すべてリサイクル利用または熱回収されているかどうかは書かれていないので，ウは合わない。日本の「熱回収」の割合は「廃プラ」全体の「約六割」だとあるので，オはふさわしくない。

2023 年度 鎌倉学園中学校

【算　数】〈算数選抜試験〉(60分)〈満点：150点〉

※(1), (2)は，答えのみでも可とします。
(3), (4)は，途中の計算もすべて書きなさい。図や表や考え方がわかるようなこともできるだけ書きなさい。

1

[図1]のように，1から800までの数字が1つずつ書かれた800枚のカードと，円形に並べられたA，B，C，D，E，F，Gの7個の箱があります。
最初に，1のカードをAに入れ，次に残っているカードを小さい順に1枚ずつ，
時計回りに　　となりの箱　→　1つとばした箱
　　　　　→　となりの箱　→　1つとばした箱
　　　　　→　…………
とくり返し，すべてのカードを箱に入れます。また，箱の中にすでにカードが入っている場合は，そのカードの上に重ねて入れることとします。

例えば，1のカードはAに，2のカードはBに，3のカードはDに，
4のカードはEに，5のカードはGに，6のカードはAに入れ，
Aの箱の下から2番目のカードの数字は6となります。

[図1]

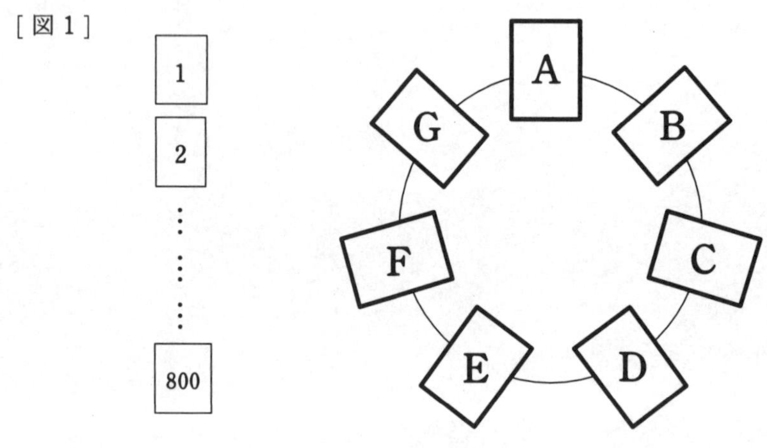

(1) Cの箱の下から5番目のカードの数字はいくつですか。

(2) 800のカードは，A～Gのどの箱に入っていますか。

(3)　A ～ G の 7 個の箱について，各箱の下から30 番目のカードの数字をすべて加えるといくつになりますか。

(4)　A ～ G の 7 個の箱について，箱ごとに入っているカードの数字をすべて加えました。それらの 7 個の和のうち，最小のものはどの箱の和ですか。
また，その和はいくつですか。

2

［図 1］のように，AB から始まるあみだくじに，横線を 1 本加えます。
A が到達（とう）する場所に A，B が到達する場所に B と記入すると，AB という並びだったものが，BA という並びに変わります。
これを AB → BA と表すことにします。
　今回は，このようなあみだくじを用いた文字列の並べかえに最低限必要な横線の本数について考えます。ただし，横線はとなり合う縦線 2 本を結ぶものを 1 本とカウントし，横線どうしが交差しないことにします。
例えば，AB → BA とするために，最低限必要な横線の本数は 1 本です。

［図 1］

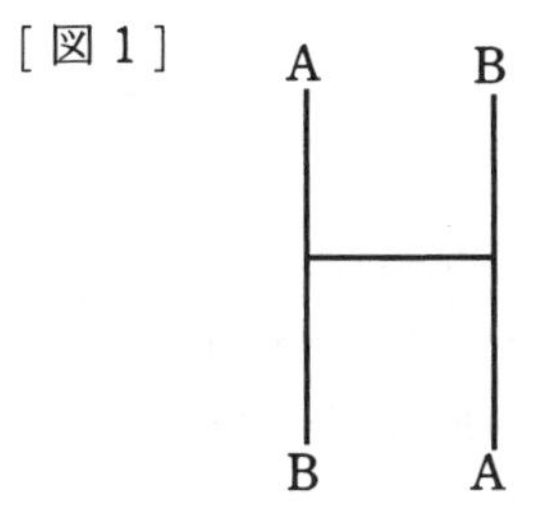

(1)　ABC → CBA とするために，最低限必要な横線の本数は何本ですか。

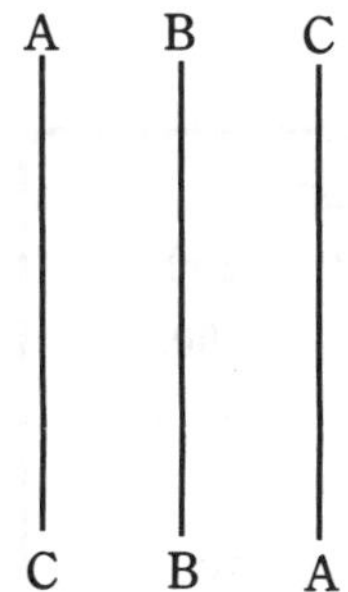

(2) ABCDE → DEACB とするために，最低限必要な横線の本数は何本ですか。

(3) ABCDE → EADCB とするために，最低限必要な横線を下の図のように考えました。ところが，必要のない横線が入っていることに気が付きました。取り除いてもよい横線をすべて ①～⑨ の記号で答えなさい。

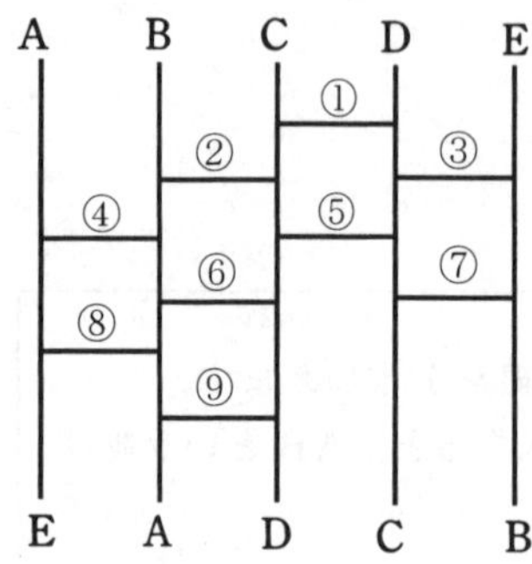

(4) ABCDEFGHIJK → [　　　　　　] を考えます。最低限必要な横線の本数が最も多くなるように [　　] に入る文字列を答えなさい。また，そのときに必要な横線の本数を答えなさい。

3

［図１］のような材料と分量で，ドーナツやマフィンを作ります。作る個数は，1 個，2 個，…… と整数で，1 個分の材料がすべてそろっていない場合は作ることができません。
Aさん，Bさん，Cさん，Dさんは，材料が何もなかったので，それぞれ買いに行きました。
［図２］は，店で売られている商品とその内容量，値段の表です。

［図１］　ドーナツ，マフィンを作るのに必要な材料と分量

ドーナツ（6 個分）	
ホットケーキミックス	240 g
牛乳	60 mL
バター	20 g
砂糖	12 g
卵	60 g

マフィン（4 個分）	
ホットケーキミックス	150 g
牛乳	100 mL
バター	50 g
砂糖	50 g
卵	100 g

[図2] 店で売られている商品と値段(税込み)

商品(内容量)		値段
ホットケーキミックス	1袋 (600 g)	300円
牛乳	1本 (500 mL)	150円
バター	1箱 (200 g)	400円
砂糖	1袋 (250 g)	200円
卵	1個 (60 g)	30円

(1) Aさんは，ホットケーキミックスを1袋，牛乳を1本，バターを1箱，砂糖を1袋，卵を3個買いました。買った材料でできるだけ多くのドーナツを作るとき，ドーナツは何個作れますか。

(2) Bさんは，できるだけ少ない材料費でマフィンを36個作りました。かかった材料費はいくらですか。

(3) Cさんは，4500円以下の材料費で，マフィン36個とできるだけ多くのドーナツを作りました。ドーナツは何個作りましたか。

(4) Dさんは，ドーナツとマフィンを作ったところ，ホットケーキミックスの費用は1800円で，牛乳とバターの費用は合わせて2050円でした。また，牛乳を10本以上買うことはありませんでした。作ったあと，ホットケーキミックスは465 g余り，バターは145 g余りました。このとき，ドーナツとマフィンはそれぞれ何個作りましたか。

2023年度

鎌倉学園中学校 ▶解　答

※　編集上の都合により，算数選抜試験の解説は省略させていただきました。

算　数　＜算数選抜試験＞（60分）＜満点：150点＞

解　答

1 (1)　35　(2)　B　(3)　1446　(4)　Dの箱の和で，その和は45315　2 (1)　3本　(2)　7本　(3)　④，⑨　(4)　**文字列**…KJIHGFEDCBA，**本数**…55本　3 (1)　15個　(2)　3250円　(3)　41個　(4)　**ドーナツ**…39個，**マフィン**…42個

2022年度　鎌倉学園中学校

〔電　話〕　(0467)22－０９９４
〔所在地〕　〒247－0062　神奈川県鎌倉市山ノ内110
〔交　通〕　JR横須賀線 ― 北鎌倉駅より徒歩13分

【算　数】〈第１次試験〉（50分）〈満点：100点〉

1　次の計算をしなさい。

(1)　$10+8\times\{84-20\div4\times(4+6\times2)\}$

(2)　$9.25-\left(1.5+1\frac{19}{20}\div2.6\right)\times1\frac{2}{3}$

(3)　$\frac{1}{5\times6}+\frac{1}{6\times7}+\frac{3}{21\times8}+\frac{5}{8\times45}$

(4)　$4\times7\times9+42\times45-2\times7\times36-7\times54$

2　次の□に適する数を求めなさい。

(1)　$\frac{1}{2}\times\left(\frac{2}{3}+\square\right)-\frac{3}{5}=\frac{4}{7}$

(2)　K商店の３日間の売り上げは，合計34000円でした。３日目の売り上げは，全体の40％であり，２日目の売り上げの1.6倍でした。このとき，１日目の売り上げは□円です。

(3)　８％の食塩水□gから水を20g蒸発させ，食塩を20g入れて混ぜると13％の食塩水になります。

(4)　Kカフェでは，どのドリンクも1杯500円で売っていて，1杯買うごとにスタンプを1個押してくれます。スタンプを⑩までためると，100円割り引き券を1枚もらえます。さらに⑳までためると，スタンプカードと交換で300円割り引き券を1枚もらえます。ただし，割り引き券はもらったときには使えません。また，割り引き券を使ったときも1杯ごとにスタンプを1個押してくれます。このカフェでは，50000円で最大□杯のドリンクを買うことができます。

Kカフェ　　スタンプカード

①	②	③	④	⑤
⑥	⑦	⑧	⑨	⑩
⑪	⑫	⑬	⑭	⑮
⑯	⑰	⑱	⑲	⑳

3　次の□に適する数を求めなさい。

(1)　図のように，正方形の折り紙を2回折りました。このとき，角xの大きさは□度です。

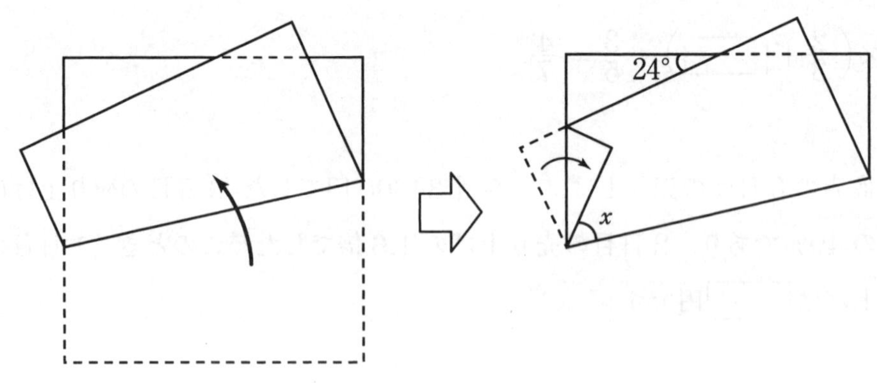

(2)　図のように，１辺 24 cm の正方形の中に，大小２種類の半円があります。小さい半円の直径と大きい半円の半径が等しいとき，斜(しゃ)線部分の面積は［　　］cm^2 です。ただし，円周率は 3.14 とします。

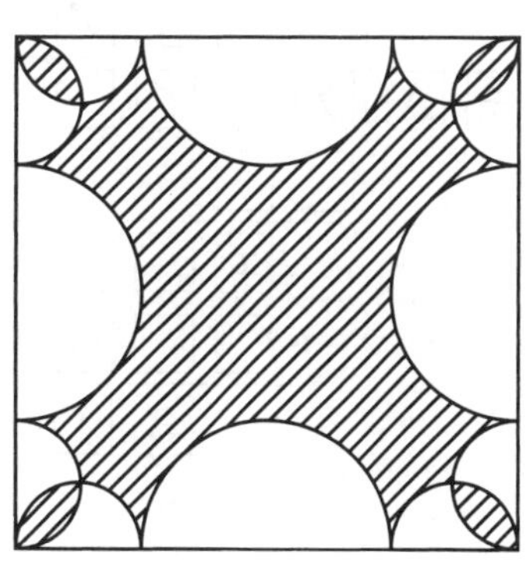

4　アからコの 10 種類の文字に，０から９の数字を１回ずつ使って対応させます。また，文字が３つ並んでいるときは３けたの整数を，文字が２つ並んでいるときは２けたの整数を表します。次のように，①から⑤の計算が成り立っています。

①　［ア］×［ア］×［ア］＝［イウア］
②　［エ］×［エ］＝［オ］
③　［カ］×［カ］＝［キオ］
④　［エク］÷［ア］＝［ケ］
⑤　［カエ］÷［コ］＝［オ］あまり［ウ］

次の問いに答えなさい。

(1)　オは何の数字を表しますか。

(2)　［カ］×［コ］＋［イク］×［ア］の計算結果を整数で答えなさい。

(3)　次のように，4けたの整数を2けたの整数で割ります。AとBが表す数字をそれぞれ求めなさい。ただし，□には同じ数字が入ることもあります。

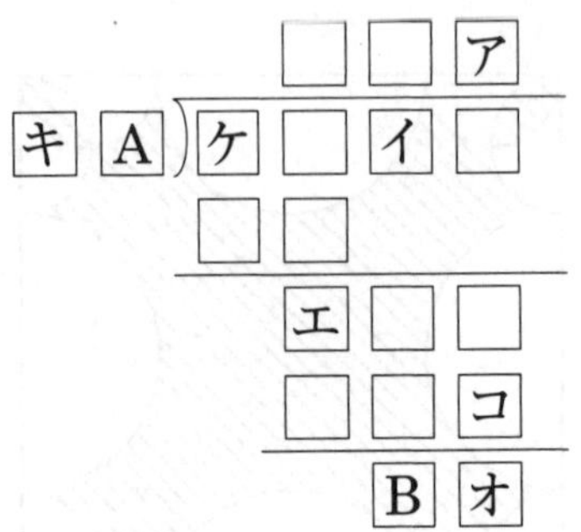

5　図のような五角形Aと長方形Bがあります。Bを動かさずに，Aを毎秒2.5cmの速さで右へ動かしたとき，2つの図形AとBが重なった部分の面積をSとします。

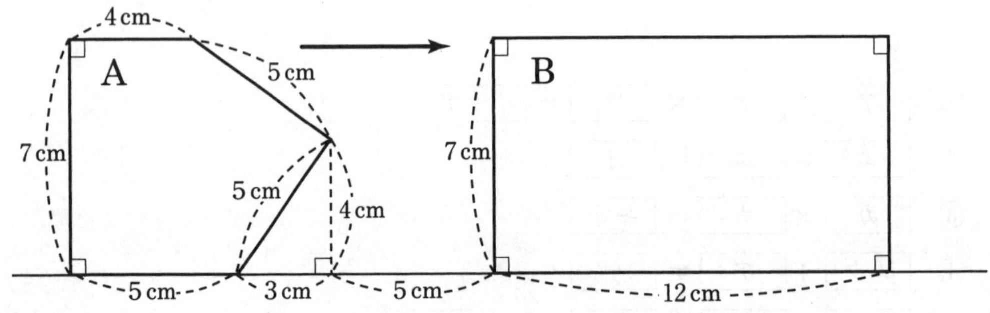

次の問いに答えなさい。

(1)　五角形Aの面積を求めなさい。

(2)　動き始めてから5秒後の面積Sを求めなさい。

(3)　面積Sが2回目に18 cm^2になるのは，動き始めてから何秒後ですか。

6 図のように，○と●の碁石が一定の規則で並んでいます。

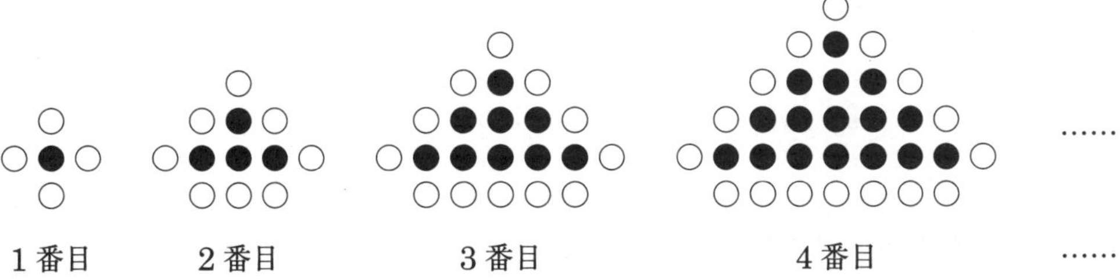

例えば，２番目は，○が８個，●が４個で，碁石の個数は12個です。

次の問いに答えなさい。

(1)　６番目の○の碁石は何個ありますか。

(2)　９番目の●の碁石は何個ありますか。

(3)　碁石の個数が初めて2022個より多くなるのは何番目ですか。

7 お米1.5tを450000円で仕入れ，5kgずつ袋(ふくろ)につめて，仕入れ値の5割の利益をみこんで定価をつけて売ることにしました。

次の問いに答えなさい。

(1) すべて売ったときの利益はいくらですか。

(2) 全体の$\frac{3}{5}$を定価で売り，残りを定価の２割引きですべて売ったとき，利益はいくらですか。

(3) このお店では，夕方までは定価で売り，その後セールを行うと，次のような傾向があります。

(A) 定価の３割引きで売ると，すべて売り切れます。

(B) ２袋を１箱に入れて売ります。１箱を１袋あたりの定価の1.7倍の値段で売ると，５箱売れ残ります。

ただし，夕方までに売れる袋の個数は同じで，売れ残った分は損失となります。(A)と(B)の利益の差が23400円のとき，夕方までに売れた個数は何袋ですか。

8 図１のような台形ABCDを辺CDを軸として１回転させてできる立体の形をした重りを，図２のように水の入った円柱の容器に入れました。このとき，水面の高さは重りの高さの$\frac{1}{2}$になりました。また，この水面の高さは容器の高さの$\frac{3}{8}$にあたります。

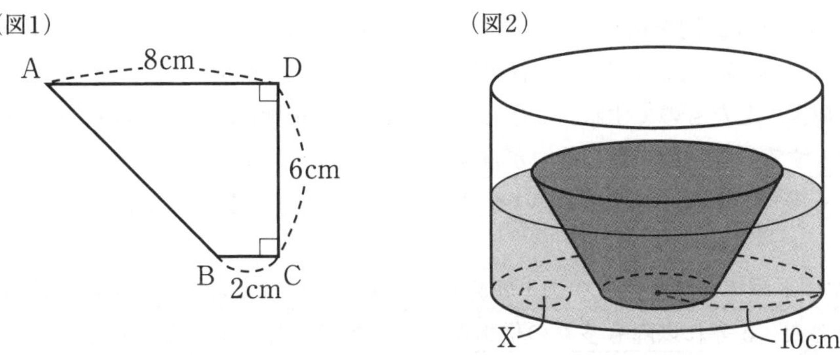

次の問いに答えなさい。ただし，容器の厚さは考えないものとし，円周率は3.14とします。

(1) 重りの体積を求めなさい。

(2) 図２の状態から，水を毎分0.314dLで入れました。このとき，容器が満水になるのは，水を入れ始めてから何分何秒後ですか。

(3) 図２のXの部分に穴をあけると毎分0.628dLで排水されます。図２の状態から，穴をあけたと同時に，水を毎分1.57dLで入れました。このとき，水面の高さが重りの高さと同じになるのは，水を入れ始めてから何分何秒後ですか。

【社　会】〈第１次試験〉（30分）〈満点：60点〉

1　外国人に関する会話文を読んで，あとの問いに答えなさい。

のぞみ　「世界にはさまざまな民族が暮らしているけれども，さまざまな課題があるのも事実。どのような課題があり，**a**それを解決するためにどのような取り組みがあるのか考えてみよう。」

ひかり　「民族問題は大きな課題を抱えていますよね。現在世界各地で起こっている民族問題の多くは，ある国の中で特定の民族が政治や経済で支配的な力を持つために，他の民族との間に起きた対立を原因としたものですね。こうした紛争は，解決困難なことが多いので，**b**国際連合をはじめとする国際機関の調停能力が重要となりますね。」

のぞみ　「日本にも多くの外国人が住んでいるけれども，どのような人々が住んでいるだろうか。」

こだま　「1.古代ヤマト政権の時代には中国・朝鮮から渡来人がやってきて，日本に最新の文化を伝えてきました。**c**それ以降も多くの僧侶（そうりょ）がやってきて，新たな仏教思想を伝えてくれました。16世紀になるとヨーロッパ人が日本にやってきました。しかしながら，［　　　　］ため彼らは日本に定住することはほとんどなかったですね。」

ひかり　「19世紀半ば以降，**d**日本には多くの外国人がやってきました。その中には日本に定住し，2.帰化をする人もいました。**e**1910年に日本が韓国を併合すると，多くの人が朝鮮半島から日本に移り住みました。さらに日本が中国へ進出すると，中国からも多くの人が日本に移り住むようになりました。」

こだま　「現在も多くの外国人が暮らしています。3.1980年代にはフィリピンやイランなどから多くの外国人労働者が流入し，1990年代以降はブラジルなど南アメリカから日本に出稼ぎに来る日系人が増えました。特に，**f**自動車関連工場の多い静岡県浜松市や愛知県豊田市，群馬県大泉町には多くの日系人が工場で働きながら居住しています。」

のぞみ　「日本では，**g**少子高齢化が進むにつれて，不足する労働力を外国人によって補うことは避けられなくなっていますね。そのため厳格な国境管理のもと，外国人が不当に働かされることがないように監視し，合法的に受け入れられた人々には，日本国民と**h**平等な労働条件やさまざまな権利を保障していくことが大切ですね。」

問１　下線部**a**～**e**について，あとの問いに答えなさい。

(1) 下線部**a**に関連して，人権に関する国際条約の説明として，**誤っているもの**を以下の選択肢**ア**～**エ**のなかから一つ選び記号で答えなさい。

ア　難民の地位に関する条約（難民条約）では，難民とは「人種，宗教，政治的な理由により迫害を受けるおそれがある人々」と定められている。

イ　子どもの権利条約では，子どもは18歳未満と定められ，自由に自己の意見を表明する権利をもつ。

ウ　障害者雇用促進法などの法律が定められ，法整備が整った結果，2014年に日本は障害者の権利に関する条約を批准した。

エ　男女雇用機会均等法や男女共同参画社会基本法などの法律が定められ，法整備が整った結果，1985年に日本は女子差別撤廃条約を批准した。

(2) 下線部**b**について，国際連合に関する説明**X**～**Z**のうち，正しいものはどれですか。当てはまるものを全て選び，その組み合わせとして**最も適当なもの**を以下の選択肢**ア**～**キ**のなかから一つ選び記号で答えなさい。

X　安全保障理事会は，現在５カ国の常任理事国と10カ国の非常任理事国を合わせた15カ国で構成され，日本も非常任理事国を務めたことがある。

Y　総会では，安全保障理事会の常任理事国が，重要な問題について拒否権を行使することができる。

Z　国際連合の事務総長は，任期５年で再任が可能である。

ア　**X**　　**イ**　**Y**　　**ウ**　**Z**　　**エ**　**X**と**Y**
オ　**X**と**Z**　　**カ**　**Y**と**Z**　　**キ**　**X**と**Y**と**Z**

(3) 下線部**c**について，正しい僧侶の名前を**X**・**Y**・**Z**から選び，さらにその僧侶の行った内容を①・②・③から選ぶ場合，その組み合わせとして**正しいもの**を，以下の選択肢**ア**～**ケ**のなかから一つ選び記号で答えなさい。

X　空也
Y　鑑真
Z　蘭溪道隆

①　鎌倉時代に日本にやってきて，鎌倉幕府の執権が信仰した曹洞宗を初めて伝えて建長寺を建立した。

②　平安時代に日本にやってきて，末法の世を救う浄土宗をつくって地方に橋や池などを造りながら人々にこれを伝えた。

③　奈良時代に６度目の渡航で日本にやってきて，僧侶が守るべき戒律を伝えて奈良に唐招提寺を建立した。

ア　**X**－①　　**イ**　**X**－②　　**ウ**　**X**－③
エ　**Y**－①　　**オ**　**Y**－②　　**カ**　**Y**－③
キ　**Z**－①　　**ク**　**Z**－②　　**ケ**　**Z**－③

(4) 下線部**d**について，そのきっかけを作った人物の一人としてアメリカのペリーがいます。そのペリーについて下の図１から読み取れる内容として**正しいもの**を以下の選択肢**ア～エ**のなかから一つ選び記号で答えなさい。

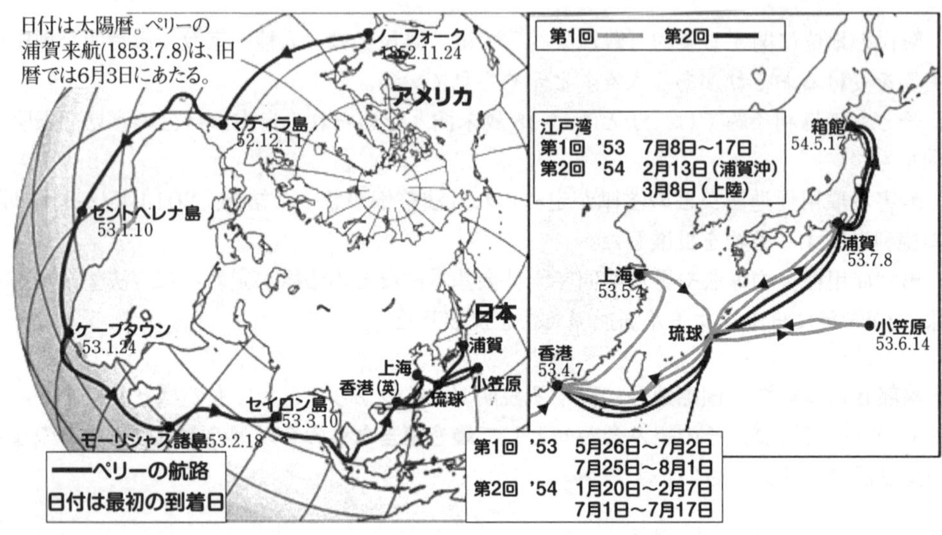

第一学習社『最新日本史図表』より

図１

ア　ペリーの艦隊は獲得したばかりのカリフォルニアから太平洋を越えて日本に来航した。
イ　ペリーの艦隊は７隻であったが，香港に３隻を残して４隻で浦賀に来航した。
ウ　ペリーは那覇から浦賀に来航するおよそ１か月前に小笠原諸島を訪問した。
エ　ペリーは日本からの回答を待つためにいったんアメリカに帰国した。

(5) 下線部**e**について，日本の韓国併合までの日本と朝鮮（韓国）との関係を述べた次の文①～③について，古いものから年代順に配列したものとして**正しいもの**を以下の選択肢**ア～カ**のなかから一つ選び記号で答えなさい。

①　日本は朝鮮を開国させるとともに，朝鮮にとって不平等となる条約を調印した。
②　日本は戦争に勝利をすることで，中国に朝鮮が自主独立国家であることを認めさせた。
③　日本はロシアに朝鮮における優越(ゆうえつ)権を認めさせ，これを受けて朝鮮の外交権を奪った。

ア　①→②→③　　**イ**　①→③→②　　**ウ**　②→①→③
エ　②→③→①　　**オ**　③→①→②　　**カ**　③→②→①

問２　会話文にある［　　　］に当てはまる文として**適当なもの**を以下の選択肢**ア～エ**のなかから一つ選び記号で答えなさい。

ア　江戸幕府はヨーロッパの国々との正式な国交を断絶する方針に変え，外国人を排除した
イ　江戸幕府が外国船打払令を出して，ヨーロッパから来航する黒船を大砲で追いはらった
ウ　江戸幕府が禁教令やいわゆる鎖国(さこく)令を出して，オランダと長崎で貿易を行うのみとした
エ　江戸幕府は尊皇攘夷(そんのうじょうい)運動の高まりのなか攘夷決行を宣言して，ヨーロッパ人を殺害した

問３　会話文にある波線部1.～3.について，あとの問いに答えなさい。

(1) 波線部1.について，日本に伝えられた文化として**誤っているもの**を以下の選択肢**ア**～**オ**のなかから一つ選び記号で答えなさい。

ア　漢字　　**イ**　儒教　　**ウ**　馬具などの金属製品　　**エ**　仏教　　**オ**　貨幣や紙幣

(2) 波線部2.について，日本国籍を取得後に『怪談』を著した人物として**正しいもの**を以下の選択肢**ア**～**オ**のなかから一つ選び記号で答えなさい。

ア　モース　　**イ**　ハーン　　**ウ**　ナウマン
エ　クラーク　　**オ**　モレル

(3) 波線部3.について，イランから多くの外国人労働者が来日した理由の一つとなる出来事として**正しいもの**を以下の選択肢**ア**～**オ**のなかから一つ選び記号で答えなさい。

ア　イラン・イラク戦争　　**イ**　第四次中東戦争　　**ウ**　湾岸戦争
エ　六日間戦争　　**オ**　ペルシア戦争

問４　下線部**f**について，こだまさんは地域の特色をとらえるためには，自然環境，生活・文化，産業の３つの視点が重要であると考え，外国人が多く暮らしている群馬県大泉町についてまとめることにしました。あとの問いに答えなさい。

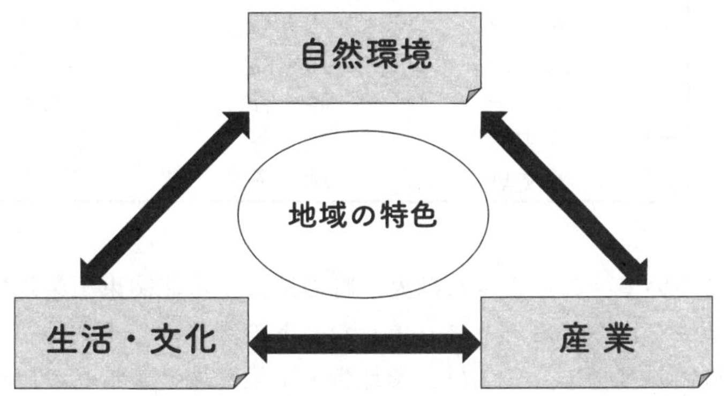

図２ 地域の特色を考える上で大事な３つの視点

図３ 群馬県大泉町の位置

(1) 「自然環境」について，こだまさんは埼玉県熊谷市に隣接している群馬県大泉町の気候の特徴を調べるために，関東地方のいくつかの地点の雨温図を作成しました。下の雨温図**A**～**C**は，熊谷，銚子，八丈島の各地点の雨温図です。**A**～**C**と各地点との組み合わせとして**正しいもの**を，以下の選択肢**ア**～**カ**のなかから一つ選び記号で答えなさい。

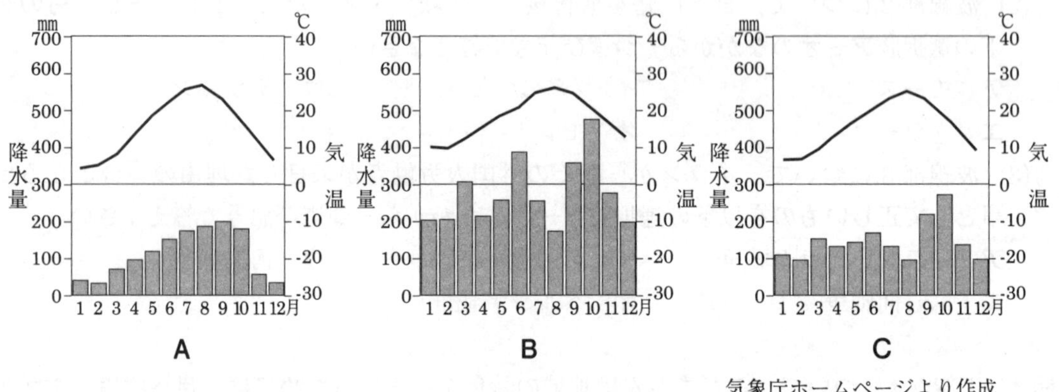

気象庁ホームページより作成

	A	B	C
ア	熊　谷	銚　子	八丈島
イ	熊　谷	八丈島	銚　子
ウ	銚　子	八丈島	熊　谷
エ	銚　子	熊　谷	八丈島
オ	八丈島	熊　谷	銚　子
カ	八丈島	銚　子	熊　谷

(2) 「産業」について，こだまさんは大泉町の位置する北関東工業地域とそのほかの工業がさかんな地域を比較することにしました。下の図４は，工業地帯・工業地域の製造品に占める出荷額の割合を，表１は工業地帯・工業地域の製造品の出荷額を示しており，図４と表１中の**D**～**F**には，北関東工業地域，京浜工業地帯，京葉工業地域のいずれかが当てはまります。**D**～**F**と工業地帯・工業地域名の組み合わせとして，**正しいもの**を，次ページの選択肢**ア**～**カ**のなかから一つ選び記号で答えなさい。

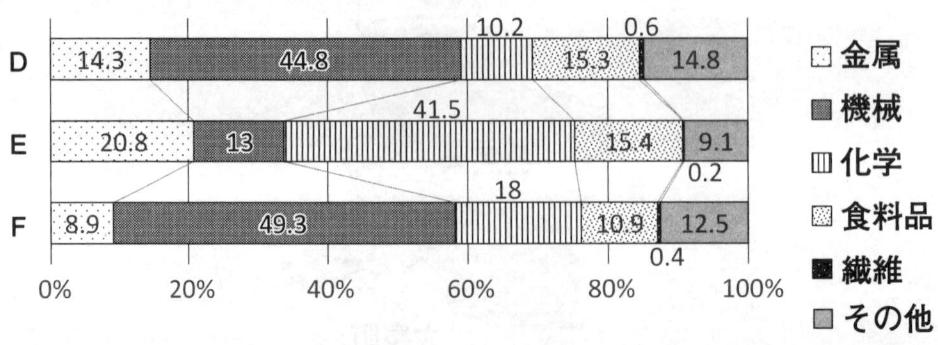

統計年次は2018年

『日本国勢図会』より作成

図４

表１ (単位　億円)

年	1990	2000	2010	2017	2018
D	272 484	266 025	269 328	307 155	315 526
E	122 615	115 188	124 137	121 895	132 118
F	515 908	402 530	257 710	259 961	264 195

『日本国勢図会』より作成

	D	E	F
ア	北関東工業地域	京浜工業地帯	京葉工業地域
イ	北関東工業地域	京葉工業地域	京浜工業地帯
ウ	京浜工業地帯	京葉工業地域	北関東工業地域
エ	京浜工業地帯	北関東工業地域	京葉工業地域
オ	京葉工業地域	北関東工業地域	京浜工業地帯
カ	京葉工業地域	京浜工業地帯	北関東工業地域

(3)　「生活・文化」について，こだまさんは，大泉町の外国人がどこの国からやってきているのかを調べるために，大泉町の資料から下の図５と次ページの表２を作成しました。図５は大泉町における外国人登録の推移と総人口の変化について，表２は大泉町における外国人の総人口の変化を示しています。そしてクラスメイトのこうへいさんとあきこさんとこのグラフから読み取れることを話し合うことにしました。会話文中の下線部**G**～**I**の正誤の組み合わせとして**正しいもの**を，次ページの選択肢**ア**～**ク**のなかから一つ選び記号で答えなさい。

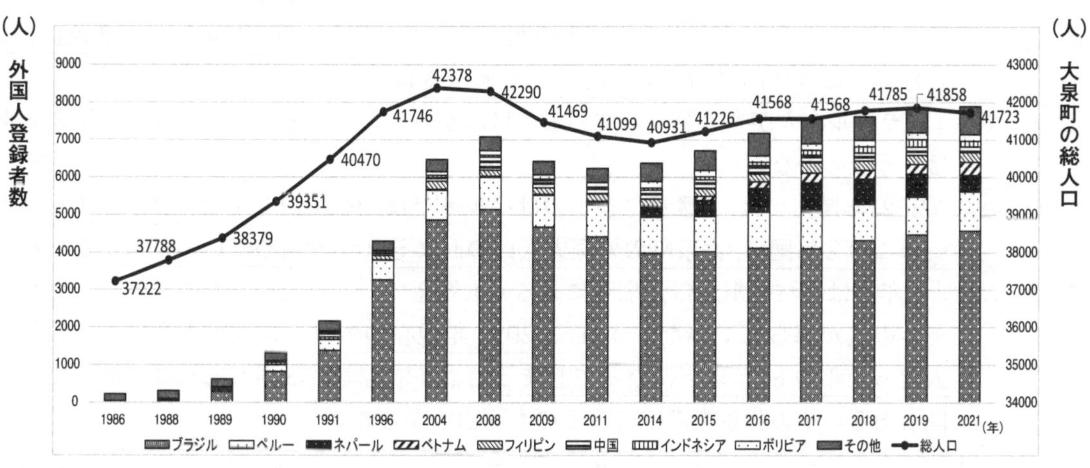

大泉町の資料より作成

図５

2021年のデータは５月末日現在の人数

表２（単位　人）

年	1986	1988	1989	1990	1991	1996	2004	2008	2009	2011	2014	2015	2016	2017	2018	2019	2021
ブラジル	0	36	277	821	1382	3273	4864	5140	4676	4419	3986	4026	4119	4105	4324	4470	4574
ペルー	0	0	51	175	289	521	787	857	844	855	949	933	961	981	965	1008	1044
ネパール	0	0	0	0	0	1	25	30	27	82	243	426	631	769	671	617	435
ベトナム	8	8	8	7	7	6	5	3	3	10	36	114	174	262	230	262	364
フィリピン	25	35	49	62	64	113	212	157	170	188	205	197	208	270	260	241	258
中国	6	14	26	46	130	68	99	348	194	137	242	241	227	219	213	222	148
インドネシア	0	0	0	0	0	51	59	52	38	47	55	80	85	128	166	196	153
ボリビア	0	1	0	0	31	21	94	119	112	125	175	168	177	169	170	180	173
その他	183	218	212	204	263	249	327	376	360	374	486	532	598	682	624	642	747
計	222	312	623	1315	2166	4303	6472	7082	6424	6237	6377	6717	7180	7585	7623	7838	7896

大泉町の資料より作成

こだま　「やっと図表が出来上がった！データを集めるのが大変だったけど，図表にしてみると面白いことがわかるね。統計上，調査年がバラバラなのは仕方ないけど。」

こうへい　「それからでもわかることをいろいろ見てみよう。1986年から2021年までの間で特に多くのブラジル人が大泉町で暮らしていることがわかるね。」

あきこ　「大泉町の総人口に占める外国人の割合をみてみると，G 2004年から2021年にかけて，毎年20%を超えていることがわかるね。」

こだま　「ブラジルの人が多く暮らしているのはわかるのだけれども，それ以外の国の人々はどうなのかな。」

こうへい　「2021年時点では，2番目に多いのはペルーだね。H 2021年では，ブラジルとペルーのこの２カ国で，大泉町の外国人人口のおよそ70%を占めていることになるね。」

あきこ　「近年ではネパールから大泉町に来る人も増えているみたい。ただ一時期はかなり多くの人が暮らしていたようね。I 2021年現在のネパール人の人数は，人数が最大だった年の60%以下になってしまったよ。増えている国もあれば，減っている国もある。その背景を調べてみるのも面白いかもね。」

	ア	イ	ウ	エ	オ	カ	キ	ク
G	正	正	正	正	誤	誤	誤	誤
H	正	正	誤	誤	正	正	誤	誤
I	正	誤	正	誤	正	誤	正	誤

(4) こだまさんは，大泉町の現地調査を進めていくために，具体的な調査方法を考えることにしました。調べたいこと①～③を調査するにあたって，最も適当な調査方法の組み合わせとして**正しいもの**を，以下の選択肢**ア～カ**のなかから一つ選び記号で答えなさい。

調べたいこと①
・大泉町の農業・工業・商業などの産業に関わる最新の統計情報など

調べたいこと②
・大泉町で働いている外国人に，大泉町の魅力や，困っていることなど

調べたいこと③
・大泉町の地名の変化や由来，昔の産業や生活・文化など

<調査方法>

J　大泉町や群馬県，各省庁のウェブサイトを閲覧(えつらん)する
K　現地で聞き取り調査やアンケート調査を実施する
L　図書館や郷土資料館，博物館などで文献調査を行う

	調べたいこと①	調べたいこと②	調べたいこと③
ア	J	K	L
イ	J	L	K
ウ	K	L	J
エ	K	J	L
オ	L	J	K
カ	L	K	J

(5) こだまさんは，大泉町の課題を探るために，大泉町の目指すべき将来像をまとめている「大泉町みらい創造羅針盤(らしんばん) 大泉町総合計画 2019」を手に入れました。そのなかで，商業に関わる課題として，以下のように書かれていました。総合計画の文章中の下線部について，なぜ道路が開通したにもかかわらず，商店街の集客力の向上につながらないのでしょうか。**車社会化**という語句を使って説明しなさい。

町ににぎわいを創出し，商業全体の活性化を目指していくために，店舗のリニューアルをはじめ，商店街の魅力を高めていく取り組みに対して支援を行っていますが，<u>東毛広域幹線道路の開通に伴う交通事情の変化などもあり，商店街への集客力の向上には至っていません。</u>今後も，既存店舗の老朽化や後継者不足などにより，空き店舗が増加していく可能性がある中，安定した商業活動が行われる町を目指すためには，魅力ある商店街を形成するとともに，市街地中心部の商業の活性化を図っていく必要があります。

大泉町みらい創造羅針盤 大泉町総合計画 2019より抜粋

問５　下線部**g**について，以下の問いに答えなさい。

(1)　「高齢化社会」とは，全人口に占める満 65 歳以上の高齢者人口の割合が何％をこえることをいいますか。最も適当な値を**算用数字**で答えなさい。

(2)　日本に住んでいるすべての人および世帯を対象とする国の最も重要な統計調査で，国内の人口や世帯の実態を明らかにするため，５年ごとに行われる調査のことを何といいますか。**漢字**で答えなさい。なお，この調査は最近では 2020 年に行われました。

問６　下線部**h**について，以下の文章中の空らん（　**M**　）･（　**N**　）に当てはまる言葉を**漢字**でそれぞれ答えなさい。

パートタイム・有期雇用労働法や労働者派遣法が改正されたことを受け，同じ企業内における正社員とパートタイム労働者や有期雇用労働者（非正規雇用労働者）との間の不合理な待遇差をなくしていく考え方である「同一（　**M**　）同一（　**N**　）」が目指されることになりました。これにより，労働者の能力・経験・業績・成果・働いてきた年数が同じである場合，雇用形態を問わず同一の基本給を支給しなければならないとされています。また，受けられる福利厚生*，実施される教育訓練に関しても，雇用形態を問わず同一にしなければなりません。

*福利厚生…主に企業が従業員に対して給与の他に提供するサービスなどのこと

2　貿易についてあとの問いに答えなさい。

問１　近代になる前の貿易の歴史をまとめた表１と1902年・1918年・1965年・1985年の日本の主要輸出品のグラフを見て，あとの問いに答えなさい。

表１

時代	主な相手国	主な輸出品	主な輸入品
弥生	中国（漢，魏，晋）	A	B
大和	中国（宋）・朝鮮	みつぎ物	地位・最新文化・鉄
飛鳥	中国（隋，唐）	絹製品	先進技術・政治制度・文化
奈良 平安前期	中国（唐）・朝鮮・渤海	絹織物・銀・油	文化・薬品・香料 中国にもたらされた工芸品
平安中期	中国（宋）	水銀・真珠・硫黄	文物・薬品・陶磁器・絹織物
平安後期 鎌倉	中国（宋，元）	砂金・水銀・硫黄・真珠	銅銭・絹織物・陶磁器・文物
南北朝	中国（元）	砂金・硫黄	銅銭・絹織物・陶磁器・文物
室町	中国（明）・朝鮮・琉球	銅・硫黄・刀剣	銅銭・木綿・絹織物・陶磁器
安土・桃山	ポルトガル・イスパニア（スペイン）	銀・刀剣・漆器	中国製生糸・鉄砲・火薬
江戸初期	ポルトガル・イスパニア（スペイン） オランダ・イングランド 東南アジア（朱印船貿易）	銀・銅・硫黄・刀剣	中国製生糸・鉄砲・火薬 香料・絹織物・砂糖
江戸	中国（清）・オランダ・朝鮮・琉球	銀・銅・俵物	生糸・毛織物・綿織物
江戸末期	イギリス・アメリカ・フランス	生糸・茶	毛織物・綿織物・武器

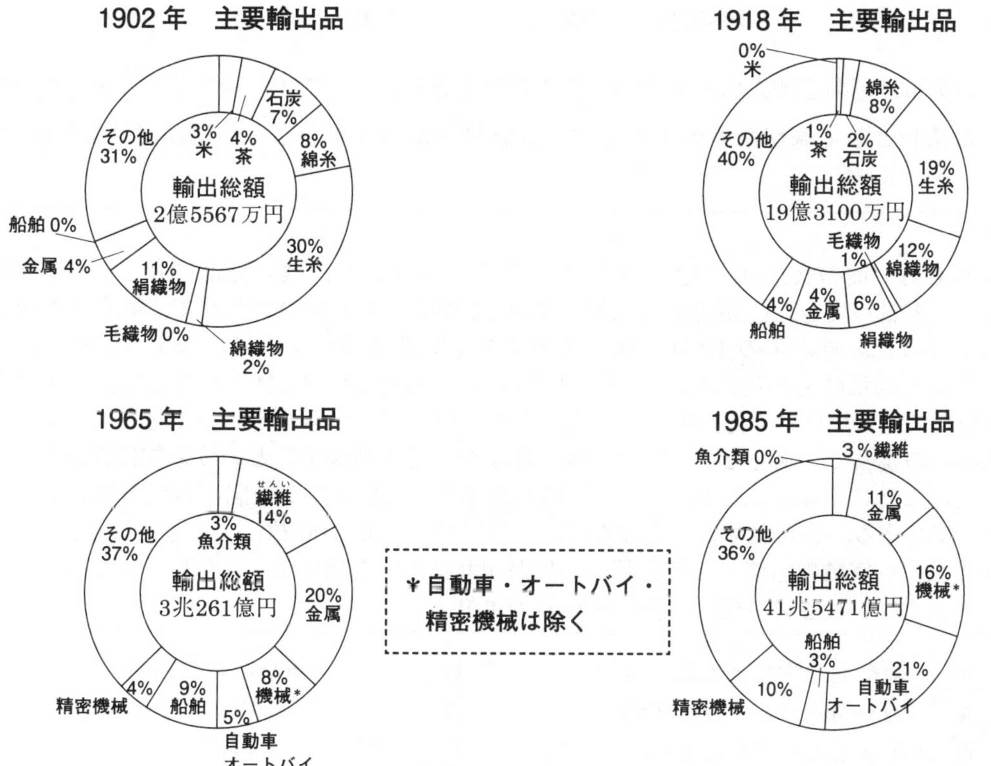

『日本長期統計総覧』より作成

(1) 表1の奈良時代から平安時代前期にかけての主な輸入品にある「中国にもたらされた工芸品」の例として，下の写真1のような物があります。この写真のような工芸品は現在東大寺の正倉院に多くが納められていますが，この正倉院の建築様式を何というかを解答らんに合うように**漢字**で書きなさい。

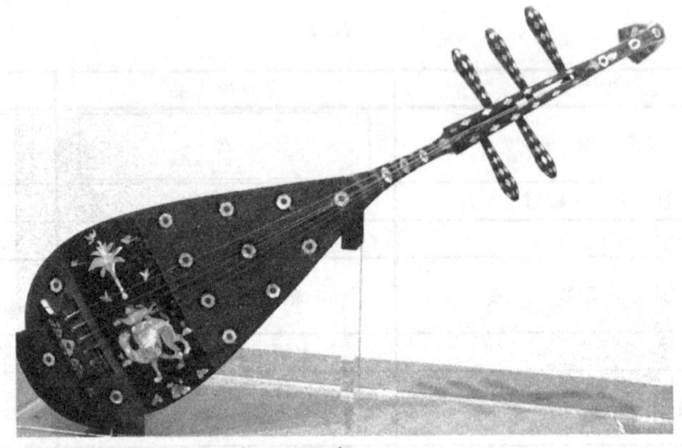

写真1

(2) 表1の安土・桃山時代から江戸時代初期にかけての主な相手国にポルトガル・イスパニア（スペイン）がありますが，これらの国々と行った貿易を何というかを解答らんに合うように**漢字**で書きなさい。

(3) 表1の江戸時代の主な輸出品にある「俵物」として**正しいもの**を以下の選択肢**ア**～**オ**のなかから一つ選び記号で答えなさい。

ア 米　　**イ** 海産物　　**ウ** 茶　　**エ** 小豆　　**オ** 木炭

(4) 次の史料は『魏志倭人伝』を分かりやすく書き直したものです。表1中の[A]と[B]に入る語句として**適切なもの**を以下の選択肢**ア**～**エ**のなかから一つ選び記号で答えなさい。

史料

239年6月，倭の女王は大夫*難升米を帯方郡*につかわし，魏の皇帝に会ってみつぎ物を渡したいと言ってきた。帯方郡の長官である劉夏は，役人をつかわして，難升米を洛陽に連れて行った。その年の12月，魏の皇帝である明帝は倭の女王に次のように述べた。「……あなたは私に男の生口*4人，女の生口6人，綿布2匹2丈*をわたして，洛陽に来た。あなたの国は遠いにもかかわらず，使いをつかわしてみつぎ物を持ってきたことは，私への忠誠心の現れで，感心なことです。今，あなたを『親魏倭王』という地位に任命し，金印を与えることにする。……錦5匹，毛織物10張*……をあなたの国のみつぎ物に対するお礼として与える。またとくに，あなたに……刀2つ，銅鏡100枚……を与えよう。」

＊大夫……官職の名前　　帯方郡……魏が朝鮮に置いた植民地　　生口……生きた人
匹・丈……長さの単位　　張……枚数の単位

ア [A]：錦や毛織物などのみつぎ物　　[B]：刀や銅鏡などのお礼品
イ [A]：刀や銅鏡などのみつぎ物　　[B]：生きた人や綿布などのお礼品
ウ [A]：生きた人や綿布などのみつぎ物　　[B]：中国からの地位，刀や銅鏡など
エ [A]：錦や銅鏡などのみつぎ物　　[B]：中国からの地位，生きた人など

(5) 表１の平安時代後期から室町時代にかけての主な輸入品に「銅銭」がありますが，この時代に日本が中国から貨幣を輸入した理由として**適当ではないもの**を以下の選択肢**ア～エ**のなかから一つ選び記号で答えなさい。

ア 商人という階層が本格的に誕生し，売買の仲立ちのために貨幣を使用する必要性が高まったため。

イ 日本でも銅銭を造っていたが，平安時代中期を最後に造ることをやめてしまったため。

ウ 農業や手工業の生産が急激（きゅうげき）に増加し，余った生産物を必要な地域に移動させるようになったため。

エ 中国との貿易が増えたことで，取り引きのために共通の貨幣を利用しなければならなかったため。

(6) 1902年の主要輸出品と1918年の主要輸出品のグラフを見て，次の文①～④のなかから**正しいもの**の組み合わせを，以下の選択肢**ア～エ**のなかから一つ選び記号で答えなさい。

① 1902年も1918年も生糸は最大の輸出品で，世界最大の輸出国となっていた。しかしながら，1902年の生糸の輸出金額よりも1918年の生糸の輸出金額は下がってしまった。

② 1902年よりも1918年の輸出総額が７倍以上に増えている一つの理由は，ヨーロッパの列強各国が第一次世界大戦で打撃を受け，日本が船舶などの輸出を増やしたためと考えられる。

③ 1902年に比べて1918年の綿織物の輸出金額が増加しているのは，綿織物業の機械化が進み，アジアにあるヨーロッパの列強各国の植民地向けに輸出を増やしていったためと考えられる。

④ 1902年の段階で輸出総額が少ないのは，日本では八幡製鉄所の操業開始などの産業革命をまだむかえていなくて，1918年になって金属などの輸出ができるようになったためと考えられる。

ア ①・③　　**イ** ①・④　　**ウ** ②・③　　**エ** ②・④

(7) 1965年の主要輸出品と1985年の主要輸出品のグラフを見て，**正しいもの**を以下の選択肢**ア～オ**のなかから**二つ選び**記号で答えなさい。

ア 1965年は高度経済成長の時代が終わり，貿易の自由化が進んだことで輸出総額が減った時期だった。

イ 1985年ころは安定成長を続けていた時代で，日本は経済大国として世界経済の中心となった。

ウ 1965年ころはアメリカに対して繊維（せんい）の輸出が増加して摩擦（まさつ）が生じたため，1985年には繊維の輸出金額は減少した。

エ 1985年ころは大きな貿易赤字に苦しむアメリカへ自動車を中心に輸出が増加して摩擦が生じ，ジャパン・バッシングがアメリカで起こった。

オ 日本の貿易黒字が他国に比べて突出していたため1985年にプラザ合意が結ばれて円高が急速に進み，日本は平成不況の時代に入った。

問２　自由貿易に関する文章を読み，あとの問いに答えなさい。

自由貿易を実現するためには，貿易の障害になるような関税を引き下げたり，撤廃(てっぱい)したりすることが欠かせません。GATTは，加盟国間の多国間協議（ラウンド）によって関税やそのほかの貿易障壁をなくそうとする仕組みでした。1986年からの（　C　）ラウンドでは，農産物の関税化，サービス貿易の自由化，特許など知的所有権の扱いが話しあわれ，1995年には，GATTの合意内容を継承・発展させる形で，新たな国際機関として（　D　）が発足しました。（　D　）は，GATTと同じように貿易に関する国際ルールを整備する機能をもち，加盟国間の経済的な紛争も裁定により強制力をもって処理することができます。

第二次世界大戦後にGATTのもとで1貿易が自由化されると，国ごとの貿易量は急激に増加しました。さらに，2 1990年代の社会主義経済体制の崩壊や，アジアを中心とした新興国の経済成長もあり，世界経済がより一体化しました。3 2000年代に入ると，通信技術の発達もあり，多国籍企業が活動を積極的に展開したことで，金融市場は地球規模で拡大しました。さらに，2001年に中華人民共和国が（　D　）に加盟すると，一気に世界経済に組みこまれ，（　E　）といわれるまでになりました。

(1)　文章中の空らん（　C　）〜（　E　）に入る語句として**正しいもの**を以下の選択肢**ア**〜**シ**のなかから一つ選び記号で答えなさい。

ア アルゼンチン　**イ** インドネシア　**ウ** ウルグアイ　**エ** メキシコ
オ 世界の工場　**カ** 世界の市場　**キ** 世界の企業　**ク** 世界の銀行
ケ ILO　**コ** WTO　**サ** IMF　**シ** UNDP

(2)　下線部１について，貿易の自由化は我が国の経済にも重要な影響を与えてきました。我が国においては，1991年以降，牛肉・オレンジの輸入自由化が行われました。そのうち，オレンジについては，輸入枠が撤廃され，関税についても徐々に引き下げられました。この自由化の影響に関する次の①・②の問いに答えなさい。

①　オレンジの輸入自由化で，当時，日本国内で，主に損害を受けたのはどのような人々と考えられますか。一つ挙げなさい。

②　オレンジの輸入自由化で，当時，日本国内で，主に恩恵を受けたのはどのような人々と考えられますか。一つ挙げなさい。

(3)　下線部２に関連して，東西冷戦の終結を宣言した首脳会議のことを何というか，答えなさい。

(4)　下線部３に関連して，我が国を含めた2000年から10年間の世界の経済状況に関する説明として，**正しいもの**を以下の選択肢**ア**〜**エ**のなかから一つ選び記号で答えなさい。

ア　サブプライムローン問題をきっかけとして，世界的な金融危機がおこった。
イ　タイの通貨が暴落したことをきっかけとして，アジア全体で金融危機が高まった。
ウ　中華人民共和国のGDP（国内総生産）がアメリカ合衆国を抜いて世界一となった。
エ　日本では民主党政権によって，消費税が5%から8%への増税が決定した。

問３　下の図１は，日本の主な貿易相手国における相手先別輸出額を示したものであり，図１中**F〜H**には，アメリカ合衆国，中国*，韓国があてはまります。**F〜H**と国名の組み合わせとして**正しいもの**を以下の選択肢**ア〜カ**のなかから一つ選び記号で答えなさい。

*台湾，ホンコン，マカオは含まない

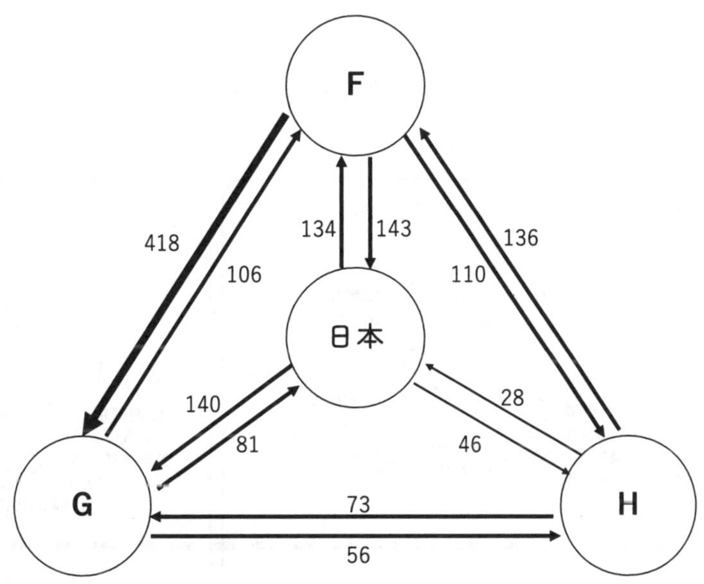

単位は100万ドル
統計年次は2019年
『日本国勢図会』より作成

図１

	F	G	H
ア	アメリカ合衆国	中 国	韓 国
イ	アメリカ合衆国	韓 国	中 国
ウ	中 国	韓 国	アメリカ合衆国
エ	中 国	アメリカ合衆国	韓 国
オ	韓 国	アメリカ合衆国	中 国
カ	韓 国	中 国	アメリカ合衆国

問４　下の図２は，ある年と2020年における日本の主要輸出品を示しており，図２中の①と②は，輸出と輸入のいずれか，**I**と**J**は，ある年と2020年のいずれかです。2020年と輸出に当てはまる記号の組み合わせとして**正しいもの**を以下の選択肢**ア〜エ**のなかから一つ選び記号で答えなさい。

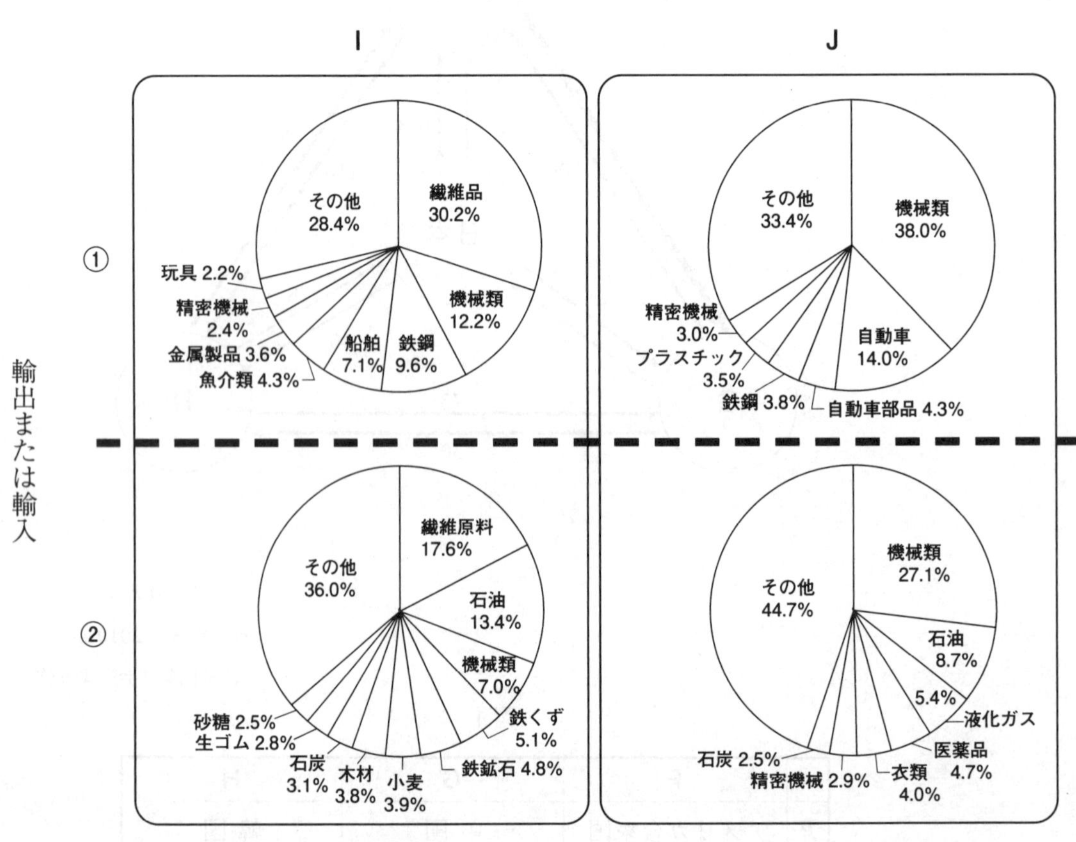

『日本国勢図会』より作成

図２

	ア	イ	ウ	エ
2020年	I	I	J	J
輸出	①	②	①	②

問５　下の表２は，東京港，名古屋港，大阪港，川崎港の輸出入品の上位５品目であり，空らん**K**～**M**には，衣類，自動車部品，石油が当てはまります。**K**～**M**に当てはまる組み合わせとして**正しいもの**を以下の選択肢**ア**～**カ**のなかから一つ選び記号で答えなさい。

表２

	東京港		大阪港	
	輸出品目	輸入品目	輸出品目	輸入品目
１位	**K**	**L**	コンデンサー	**L**
２位	半導体等製造装置	コンピュータ	集積回路	肉類
３位	コンピュータ部品	肉類	プラスチック	家庭用電気機器
４位	プラスチック	魚介類	個別半導体	音響・映像機器
５位	内燃機関	音響・映像機器	電気回路用品	金属製品
	名古屋港		川崎港	
	輸出品目	輸入品目	輸出品目	輸入品目
１位	自動車	液化ガス	自動車	液化ガス
２位	**K**	**L**	有機化合物	**M**
３位	内燃機関	**M**	鉄鋼	肉類
４位	電気計測機器	絶縁電線・ケーブル	石油製品	魚介類
５位	金属加工機械	アルミニウム	鉄鋼くず	鉄鉱石

統計年次は2020年
『日本国勢図会』より作成

	K	**L**	**M**
ア	衣 類	自動車部品	石 油
イ	衣 類	石 油	自動車部品
ウ	自動車部品	石 油	衣 類
エ	自動車部品	衣 類	石 油
オ	石 油	衣 類	自動車部品
カ	石 油	自動車部品	衣 類

問６　下の表３は，肉類，鉄鉱石，アルミニウム，音響・映像機器の日本における輸入先の上位４カ国であり，空らん**N**～**P**には，アメリカ合衆国，中国，オーストラリアが当てはまります。**N**～**P**に当てはまる組み合わせとして**正しいもの**を以下の選択肢**ア**～**カ**のなかから一つ選び記号で答えなさい。

表３

	肉 類	鉄鉱石	アルミニウム	音響・映像機器
１位	**N**	**O**	**P**	**P**
２位	タイ	ブラジル	ロシア	タイ
３位	**O**	カナダ	**O**	マレーシア
４位	カナダ	南アフリカ共和国	アラブ首長国連邦	**N**

統計年次は2020年，アルミニウムは合金も含む。

『日本国勢図会』より作成

	N	**O**	**P**
ア	アメリカ合衆国	中 国	オーストラリア
イ	アメリカ合衆国	オーストラリア	中 国
ウ	中 国	オーストラリア	アメリカ合衆国
エ	中 国	アメリカ合衆国	オーストラリア
オ	オーストラリア	アメリカ合衆国	中 国
カ	オーストラリア	中 国	アメリカ合衆国

【理　科】〈第１次試験〉（30分）〈満点：60点〉

1　ニクロム線について、次の問いに答えなさい。ただし、ニクロム線で生じた熱は、それぞれのビーカーの水の温度上昇にすべて使われるものとします。

(1)　同じ材質、同じ太さの３本のニクロム線**ア**、**イ**、**ウ**を考えます。**イ**の長さは**ア**の長さの２倍、**ウ**の長さは**ア**の長さの３倍です。これらのニクロム線**ア**、**イ**、**ウ**を図１のように同じ電源につなぎ、100ｇの水をそれぞれ温めたところ、水の温度変化が図２のようになりました。ニクロム線**ア**、**イ**、**ウ**を電流が流れやすい順に左から並べるとどのようになりますか。正しいものを次ページの**１**～**６**の中から１つえらび番号で答えなさい。

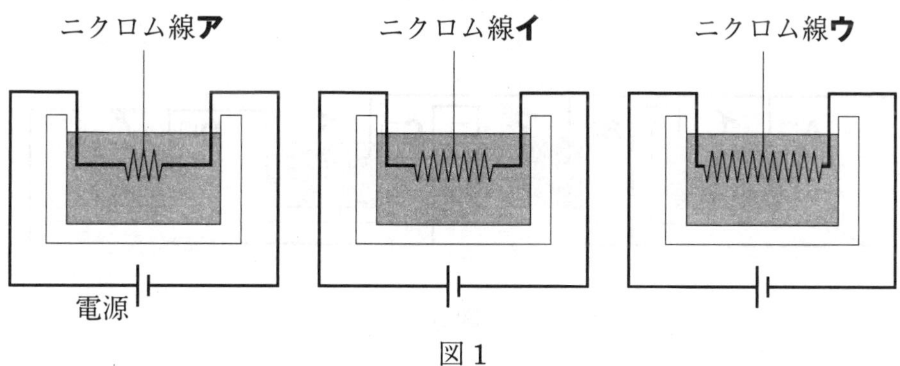

図１

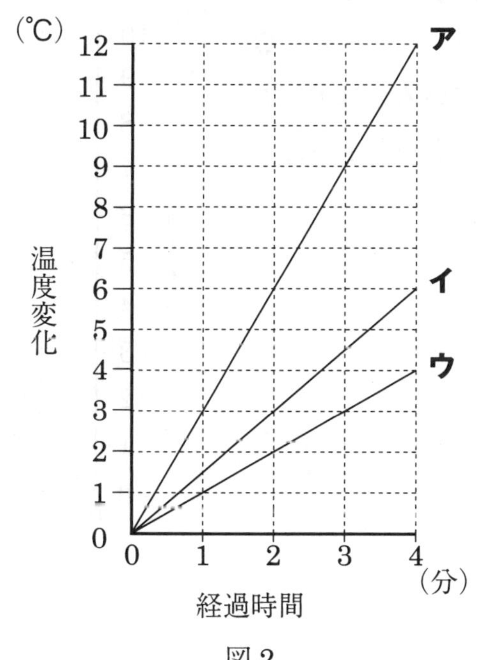

図２

1　ア、イ、ウ　　**2　イ、ウ、ア**　　**3　ウ、ア、イ**
4　ア、ウ、イ　　**5　ウ、イ、ア**　　**6　イ、ア、ウ**

(2)　水１ｇを１℃上昇させるのに必要な熱量を１cal（カロリー）といいます。３分間でニクロム線**ウ**が水に与えた熱量は何cal（カロリー）ですか。

ニクロム線**ア**、**イ**、**ウ**と、図２と同じ電源を用いて、図３のような回路を作りました。ビーカー**A**、**B**、**C**、**D**にはそれぞれ水が入っていて、ビーカー**A**に入っている水の重さは75ｇ、ビーカー**C**、**D**に入っている水の重さはそれぞれ40ｇです。この回路のスイッチをいれて、水の温度上昇を測定します。

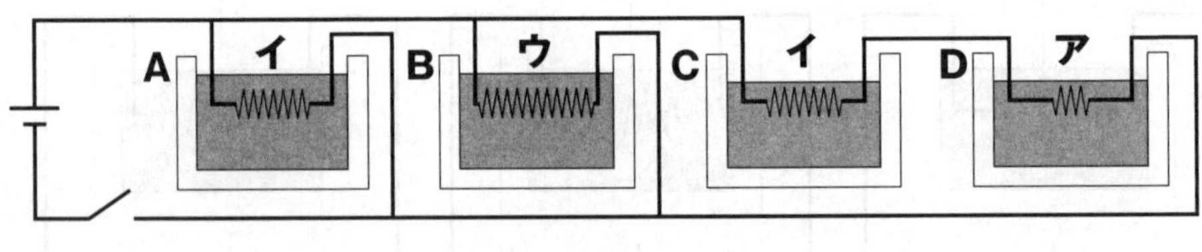

図３

(3)　図４は、ビーカー**C**、**D**の水の温度変化をグラフにしたものです。ビーカー**C**の水の温度変化を表しているのは①、②のどちらですか。正しいものを１つえらび番号で答えなさい。

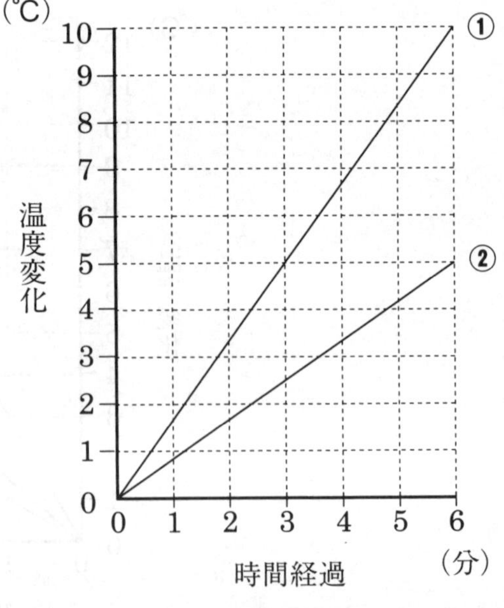

図４

(4) ビーカー**A**に入っているニクロム線**イ**、ビーカー**B**に入っているニクロム線**ウ**、ビーカー**D**に入っているニクロム線**ア**のそれぞれに流れる電流の大きさを比べるとどのようになりますか。正しいものを下の**1**～**6**から１つえらび番号で答えなさい。

1　**ア**＞**イ**＝**ウ**　　**2**　**イ**＞**ウ**＝**ア**　　**3**　**ウ**＞**ア**＝**イ**

4　**ア**＝**イ**＞**ウ**　　**5**　**イ**＝**ウ**＞**ア**　　**6**　**ウ**＝**ア**＞**イ**

(5) ビーカー**B**の水の温度変化を調べると、図４の①と同じグラフになりました。ビーカー**B**に入っている水の重さは何ｇですか。

(6) ビーカー**A**の水は、電流を流してから３分後には何℃上昇していますか。

2 二酸化炭素に関する文について、次の問いに答えなさい。

地球温暖化の原因として考えられるものに温室効果ガスがあります。温室効果ガスには二酸化炭素やメタン、フロンなどがあります。化石燃料を燃やすことで発生する二酸化炭素は、温室効果ガスの中で地球温暖化に及(およ)ぼす影響(えいきょう)が大きいと考えられています。

二酸化炭素の性質を確認するために下のような装置で実験を行いました。

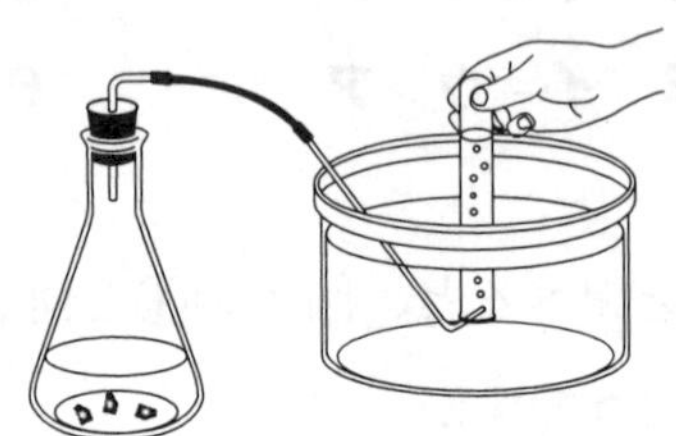

【実験】

① 三角フラスコにうすい塩酸を入れ、そこに小さくくだいたチョークを入れた。

② 発生した気体を試験管(A)に集め、いっぱいになったら試験管(B)で集めた。

③ 試験管(B)の次は試験管(C)、試験管(C)の次は試験管(D)として4本の試験管に気体を集めた。

④ 試験管(B)に石灰水を少し入れ、よく振ると試験管の水は［ **ア** ］。

⑤ 試験管(C)に火のついた線香を入れると火は［ **イ** ］。

⑥ 試験管(D)に少量の水を加えBTB溶液を少し入れると溶液の色は［ **ウ** ］。

(1) 温室効果ガスの1つであるフロンが主な原因として考えられている地球温暖化以外の環境問題を下の**1**～**4**から1つえらび番号で答えなさい。

1 海水面上昇(じょうしょう)　**2** 森林破壊(はかい)　**3** 生物多様性の喪失(そうしつ)　**4** オゾン層の破壊

(2) 図のような気体の集め方の名称を**ひらがな**で答えなさい。

(3) 実験操作④の［ **ア** ］に入る変化として正しいものを下の**1**～**4**から1つえらび番号で答えなさい。

1 変化しなかった　**2** 赤くなった　**3** 青くなった　**4** 白くなった

(4) 実験操作⑤の［ **イ** ］に入る変化として正しいものを下の**1**～**3**から1つえらび番号で答えなさい。

1 そのまま燃えた　**2** ポンと音を立てて燃えた　**3** 消えた

(5) 実験操作⑥の［ **ウ** ］に入る変化として正しいものを下の**1**～**4**から1つえらび番号で答えなさい。

1 黄色くなった　**2** 青くなった　**3** 赤くなった　**4** 無色になった

(6)　二酸化炭素の性質として正しいものを下表中の**1**～**8**からえらび番号で答えなさい。

	色	臭い	重さ
1	無色	なし	空気より軽い
2	黄色	なし	空気より軽い
3	無色	あり	空気より軽い
4	黄色	あり	空気より軽い
5	無色	なし	空気より重い
6	黄色	なし	空気より重い
7	無色	あり	空気より重い
8	黄色	あり	空気より重い

(7)　この実験方法の他にも、身の回りにあるもので二酸化炭素を発生させることができます。下の**1**～**4**のうち、二酸化炭素を発生させる方法として**あやまりであるもの**を１つえらび番号で答えなさい。

1　お湯に発泡入浴剤（はっぽうにゅうよくざい）を入れる
2　酢（す）に重曹（じゅうそう）を入れる
3　オキシドール（過酸化（かさんか）水素水）に切ったジャガイモを入れる
4　炭酸（たんさん）飲料を温める

(8)　二酸化炭素の固体であるドライアイスについて調べると、ドライアイスを温めると、ふつう固体から気体へ変化し、液体にならない事がわかりました。このような変化を何といいますか。正しいものを次の**1**～**5**からえらび番号で答えなさい。

1　融解（ゆうかい）　**2**　蒸発（じょうはつ）　**3**　凝縮（ぎょうしゅく）　**4**　凝固（ぎょうこ）　**5**　昇華（しょうか）

3 横浜市を流れる川に関する資料を見て、次の問いに答えなさい。

下の表1は、2018年度冬季、2019年度夏季に6つの川の43地点で採集を行い、確認できた魚類の数を示したものです。

表1　6つの川で採集できた魚類の数

		生活様式(注)	鶴見川	帷子川	大岡川	境川	宮川	侍従川	合計数
コイのなかま	コイ	**ア**	6	6	＋	10			22
	ギンブナ	**ア**	1	8		8			17
	1. オイカワ	**ア**	403	194	92	1032			1721
	2. アブラハヤ	**ア**	53	5	75	283			416
	3. モツゴ	**ア**	19	50		53			122
ドジョウのなかま	4. ドジョウ	①	48	6	11	33	3		101
	5. ホトケドジョウ	**ア**	5	55	12	9			81
カダヤシのなかま	6. カダヤシ	**ア**	392			30	137		559
メダカのなかま	7. ミナミメダカ	**ア**	188	24	20	102	32		366
サンフィッシュのなかま	オオクチバス	**ア**	5						5
	ブルーギル	**ア**	5						5
アユのなかま	8. アユ	②	＋	2	1	11			14
タイのなかま	クロダイ	**ウ**				1			1
ボラのなかま	ボラ	**ウ**	11	1	6	14	**(あ)**	6	74
カワアナゴのなかま	カワアナゴ	**イ**				4			4
ハゼのなかま	スミウキゴリ	**イ**	12	19	46	26	2	39	144
	シマヨシノボリ	**イ**	1	15	9	125		15	165
	オオヨシノボリ	**イ**				9			9
	9. チチブ	**イ**	3	2	94	18	396	126	639
	ウロハゼ	**ウ**			2		5	9	16
	マハゼ	**ウ**	13	4	4	17	14	7	59
フグのなかま	クサフグ	③				4	2		6
上記以外で採集できた魚類の種類数			23	13	14	17	5	5	

(注) **ア**…真水に生活する魚
イ…川と海を行き来して生活する魚
ウ…河口など海水と淡水が混じりあっている場所で生活する魚
＋は、採集はできなかったが、目撃できたことを示す。

(1) 表1から侍従川では11種類の魚類が確認されたことがわかります。では、境川では合計で何種類の魚類が確認できたか答えなさい。

(2) 自然の中で、バラエティに富んだ生き物たちが複雑に関係しあって生きている状態こそ、本来の姿といえます。この生き物たちの豊かな個性とつながりのことを「生物多様性」とよびます。6つの川のうち、多様な種類の魚類が観察できた川の組合せとして最も適しているものを下の**1**～**6**の中から1つえらび番号で答えなさい。

1 宮川と侍従川　**2** 帷子川と大岡川　**3** 鶴見川と境川
4 帷子川と宮川　**5** 大岡川と侍従川　**6** 鶴見川と侍従川

(3) 表１の**1**～**9**の魚類の中から境川と宮川で採集された数が最も多かったものを、それぞれ１つずつえらび番号で答えなさい。

(4) 表１の（　**あ**　）にあてはまる数字を答えなさい。

(5) 表１の生活様式とは、（注）の**ア**～**ウ**のとおり、どのような環境で生活しているかを示します。表１中の①～③にあてはまるものとして**正しい組合せ**を下の**1**～**6**の中から１つえらび番号で答えなさい。

	①	②	③		①	②	③
1	**ア**	**イ**	**ウ**	**2**	**ア**	**ウ**	**イ**
3	**イ**	**ア**	**ウ**	**4**	**イ**	**ウ**	**ア**
5	**ウ**	**ア**	**イ**	**6**	**ウ**	**イ**	**ア**

(6) 岐阜県を流れる長良川の鵜飼（うかい）は「夏の風物詩」として受（う）け継（つ）がれ、1300年以上の歴史があるそうです。鵜飼とは飼いならした鵜（う）（水鳥のなかま）を使って、食用となる魚を捕（と）る漁法です。この鵜飼で捕られている主な魚は何ですか。表１の**2. アブラハヤ**、**4. ドジョウ**、**7. ミナミメダカ**、**8. アユ**の中から１つえらび番号で答えなさい。

(7) 次の文章の下線部について、**あやまりであるもの**を２つえらび番号の**小さい方**から順に答えなさい。

1 カダヤシとミナミメダカは外見が似ていて、カダヤシは主に<u>おとなのミナミメダカをエサにしている</u>ため、カダヤシが増加するとミナミメダカが減っている。

2 確認された58種類の魚類のうち、外来種は22種類で、いずれも真水に生活する魚であった。確認された真水に生活する魚は33種類だったので、真水に生活する魚のうち<u>７割近く</u>が人の手によって海外や国内の他の地域から横浜の川に持（も）ち込（こ）まれたことになる。

3 表１で、海外からの外来種は、<u>ホトケドジョウ</u>、オオクチバス、ブルーギルである。

4 ホトケドジョウのすむ湧（わ）き水のあるところは近年開発が進み、生息数の減少が見られ、<u>絶滅危惧種（ぜつめつきぐしゅ）</u>になっている。

5 相模湾（わん）に流入する境川では、他の東京湾に流入する５つの川には見られない川と海を行き来して生活する魚である<u>カワアナゴやオオヨシノボリ</u>が特徴（とくちょう）的となっている。

4 次の**ア**～**エ**の文章は、日本の夜空で見える星や星座について説明したものです。あとの問いに答えなさい。

ア 太陽の光を反射して光っている星で、地球との距離(きょり)が非常に近いため、他の星と比べて非常に明るく赤く輝(かがや)いている。2018 年 7 月に地球と大接近した。

イ 1 年を通じて見ることができる 2 等星で、こぐま座のしっぽの先に位置する。日本で一般的に売られている星座早見盤(ばん)の中央に描かれている。オーストラリアでは見ることはできない。

ウ 七夕伝説の「おりひめ星」として有名で、天頂付近に輝く。夏の大三角を形づくる星の 1 つである。

エ 全天で最も明るい 1 等星「シリウス」がある星座で、冬の南の空のやや低い位置で見られる。

(1) **エ**の星座の名前を**ひらがな**で答えなさい。

(2) **ア**と同じく太陽の光を反射して光る星で、地球より内側で太陽の周りを回っている、「明星」とよばれる星の名前を**漢字**で答えなさい。

(3) **イ**の星は赤道付近ではどのように見えますか。下の **1**～**4** の中から 1 つえらび番号で答えなさい。

1 真上（天頂）に見える　　**2** 南の空の地平線ぎりぎりに見える
3 北の空の地平線ぎりぎりに見える　　**4** 見えない

(4) **ウ**の下線部夏の大三角を形づくる残りの 2 つの星の名前をそれぞれ答えなさい。

(5) **エ**の星座の西上空に、3 つ並んだ 2 等星が特徴(とくちょう)の星座があります。この星座には 2 つの 1 等星があることでも有名です。この 2 つの 1 等星のうち、表面の温度が太陽より高い星の名前を答えなさい。

(6) **エ**の星座にある星「シリウス」は、(5)の星座にある星とともに冬の大三角を形づくっています。冬の大三角の残りの 1 つの星がある星座の名前を**ひらがな**で答えなさい。

問二　――線部１「基準が変わったことをしっかり伝えるなど誤解がないように注意を促したい」とありますが、この理由を述べた次の文の［　］１・２に入る語の組み合わせとして正しいものを後のア〜エの中から一つ選び、記号で答えなさい。

旧平年値では「［ 1 ］」とされていた気温が、新平年値だと「［ 2 ］」となることがあり、熱中症の危険性などの判断を誤る可能性があるから。

ア　１　平年並み　　　２　平年より高い
イ　１　平年より高い　２　平年並み
ウ　１　平年より低い　２　平年並み
エ　１　平年より低い　２　平年より高い

六　次の資料Ａ（気象庁「日本の年平均気温偏差の経年変化」）と、これに関する資料Ｂを読んで後の問いに答えなさい。

【資料Ａ】

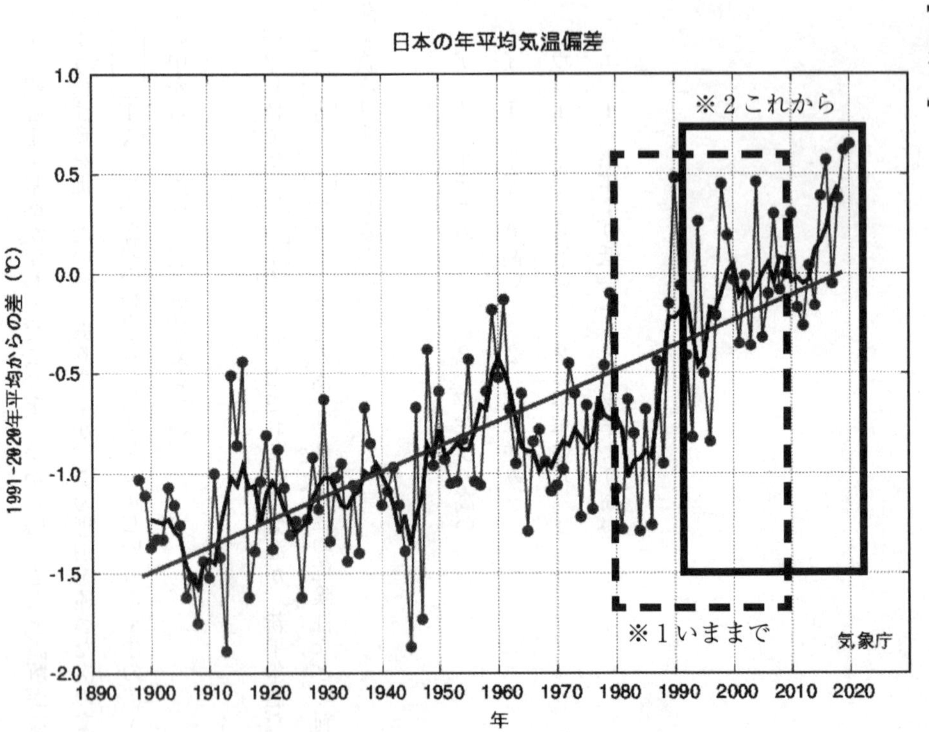

問一　資料Ａのなかの右肩上がりの直線は１００年を平均した上昇の傾きを示しています。１９８０年代後半以降に着目すると、平均気温とのずれを表す折れ線グラフの多くの点がこの線より上にあることに気がつきますが、このことから何がわかりますか。次の文の［　］１・２にそれぞれ漢字二字のことばを入れる形で答えなさい。

気温が［１］に［２］していることがわかる。

【資料Ｂ】

気象庁「平年値」10年ぶり更新

気象庁は19日、気温や降水量などの「平年値」を10年ぶりに更新した。いままでは1981年から2010年までの30年間の観測値（資料Ａ※１）を基に平年値を出していたが、これからは91年から30年間の観測値（資料Ａ※２）を基にする。

平年値は1カ月や3カ月先などの季節予報にも活用される。気象庁の村井統計技術管理官は、「平年差比を用いるような天候の予報やまとめでは、基準が変わったことをしっかり伝えるなど誤解がないように注意を促したい」と話している。

（毎日新聞　令和三年五月二〇日付朝刊をもとに作成）

問九　——線部５「人の変化と名前の間に二つの関係を想定することができる」とありますが、「二つの関係」のいずれかにあてはまる例を次の中から二つ選び、それぞれ記号で答えなさい。

ア　幼なじみと、お互いにニックネームで呼び合う。
イ　結婚したことで相手方と同じ姓になる。
ウ　話し相手に応じて、一人称を「ぼく」や「おれ」、「わたし」と使い分ける。
エ　著名な科学者にあやかって、子どもに同じ名前をつける。
オ　新しく発見された彗星に発見者の名前がつけられる。
カ　学校で使う持ち物に名前を記入する。
キ　初めて会った人にまず名前を覚えてもらうようにする。

問十　次の新聞記事の内容は、本文のテーマである「名前」と関係があります。この記事を読んで、後の各問いに答えなさい。

①　記事の中にある［　　］Ａに五字のことばを入れて、見出しを完成させなさい。

②　——線部「慣れ親しんだ名字を変えることに抵抗がある」・「結婚で姓を変えることになやんでいる」とありますが、抵抗を感じたり、なやんだりするのはなぜだと考えられますか。本文『「自分らしさ」と日本語』の内容をふまえて三十字以上四十字以内で説明しなさい。

夫婦同姓「［　　Ａ　　］しない」

最高裁が判断

日本では、結婚した夫婦は同じ姓（名字）を名乗るように、民法と戸籍法で定められています。23日、この決まりが日本国憲法に違反していないか問われた審判について、最高裁判所大法廷は「合憲」との判断を示しました。夫婦で別の姓を名乗る「夫婦別姓」を求めた原告は「とても残念」と話します。（近藤理恵）

イラスト・かたおか朋子

「国会で決めるべき」

夫婦同姓の制度については、2015年に最高裁判所大法廷が初めて「合憲」と示しました。その後、夫婦別姓を選べるよう求める声は高まっています。２度目となる今回の判断では、社会の変化が反映されるかどうか注目されました。

しかし23日の最高裁判所大法廷も、夫婦同姓を定めた規定は憲法24条の「婚姻の自由」に違反しないとしました。こういった制度のあり方は「国会で話し合って決めるべき」とも指摘しました。

夫婦同姓の義務づけは世界ではめずらしく、アメリカ、イギリス、ドイツ、ロシアなどは同姓か別姓か選べる「選択的夫婦別姓」です。

日本で夫婦が同じ名字になることを義務づけたのは明治時代。女性の社会進出が進み、結婚後も前の名字を名乗ることを希望する人が増えました。仕事上で旧姓の使用を認める会社などは多いですが、それでも二つの姓を使い分ける不便はあります。また、納税や年金の受け取りなど、戸籍名しか認めない分野はまだ多くあります。そもそも慣れ親しんだ名字を変えることに抵抗がある人もいます。

別姓選べる国多い／多様性認めてほしい

最高裁大法廷の決定を受け、記者会見する申立人＝23日、東京都千代田区

厚生労働省の調査によると、15年に結婚した夫婦の96％が夫の姓を選んでいて、名字を変えることによる不利益は多くの場合、妻側が受けています。国連の女子差別撤廃委員会は日本に、夫婦別姓を認めない法律を見直すよう、03年以降くり返し勧告しています。

家族法が専門の早稲田大学教授、棚村政行さんは「選択的夫婦別姓制度を実現することは、一人ひとりが生きやすい社会の実現でもある」と言います。「結婚で姓を変えることになやんでいる人もいます。それなのに『それはわがまま』と言って、がまんを強いるのは、多様性を大事にしていない社会ではないでしょうか。小学生のみなさんにも、困っている人たちへの思いやりを持ってほしいです」

（「令和三年六月二五日『朝日小学生新聞』による）

問五 [　] a・bに入る接続詞として最も適切なものを次の中から選び、それぞれ記号で答えなさい。

ア　なぜなら　　イ　つまり　　ウ　あるいは
エ　しかし　　オ　そこで　　カ　ところで

問六 ――線部３「現代の私たちは名前に関して名実一体観と名前符号観の両方をあわせもつにいたった」とありますが、この説明として**適切でないもの**を次の中から一つ選び、記号で答えなさい。

ア　状況に応じてひとりが複数の名前を持つことも、ひとつの名前で個人を識別することも、名前と人格の結びつきを尊重しているという点で共通している。

イ　名前を識別のための符号のようにみなす考えは国家が国民の名づけを規制するという形で現れるが、これは人びとの社会生活が円滑(えんかつ)に機能することに役立っている。

ウ　ひとりの人間が複数の名前を持つことは名実一体観のあらわれだが、国民を把握して管理しようとする国家にとっては不都合な事態であった。

エ　名実一体観を有している日本人にとって立場や状況の変化に即(そく)して名前が変わることは本来自然なことであり、一人一名主義の定着は日本の近代化に伴(ともな)う変化であった。

問七 [　] Bに入ることばを、これより後の本文中から五字以内で抜き出して答えなさい。

問八 ――線部４「名実一体観の強さ」とありますが、この説明として最も適切なものを次の中から選び、記号で答えなさい。

ア　同じ名前をもつという一体感には、職業や立場が異なる人同士の心理的な距離感を解消する強い力があるということ。

イ　名前がもたらすイメージには、見知らぬ人であったとしてもその人の印象を決定づける強い力があるということ。

ウ　名前から連想されるイメージを利用する方法には、知らない人とのつながりを構築する強い力があるということ。

エ　名前を新しく創り出していく日本の名づけ方には、他の国と比べて相互(そうご)理解を促進(そくしん)する強い力があるということ。

別の名前を用意する。*美空ひばりの本名が加藤和枝だと聞いて驚く人もいるだろう。

このように、名前を変えることによって、名前を付けられたものも変更してしまうという現象は、一般的なことばの働きにもひんぱんに観察されるものである。たとえば、それまで「中村アパート」と呼んでいた建物を「リバーサイドパレス」と呼び直すと、同じ建物でもかなり異なって認識される。商品名が重要なのは、ネーミングによって売り上げが変わってくるからなのである。

さらに、こうなってほしいという願いを名前に託す、親が子どもに命名する場合がある。親は、姓名判断や字画を考慮して、子どもが幸せになるように命名する。美しくなってほしければ「美」をつけ、大きく飛び立ってほしければ「翔」をつける。名前という「ことば」には、指している人を作り上げ、時として、*アイデンティティを与える力があるのだ。

（中村 桃子『「自分らしさ」と日本語』による）

*アイデンティティ＝自分が自分であるという確信。
*美空ひばり＝昭和期に人気を博した女性歌手。

問一 □Aに共通して入る、「あ」ではじまる副詞をひらがな四字で答えなさい。

問二 □1・2に漢字を一字ずつ入れて、慣用句を完成させなさい。

問三 ――線部1「『実名敬避』の伝統」とありますが、これについて説明した次の文の□に入る十三字の語句を本文中から抜き出し、その最初の五字で答えなさい。

神様や天皇、目上の人の名前を呼ぶことを避けるのは、日本人が「□」という考え方になじんでいて、目下の人間がその名前を口にするのはおそれ多いという感覚を持っているためである。

問四 ――線部2「先日公園に行ったら、『シロ！』と呼ぶ声がした。すると、声の主をめがけて真っ黒な犬が走り寄ってきた」とありますが、この光景に筆者が心を動かされた理由として最も適切なものを次の中から一つ選び、記号で答えなさい。

ア 名実一体観は人間同士が関係を結ぶためには欠かせない考え方だが、これにとらわれない自由な名づけの可能性を飼い犬という身近な存在が教えてくれたから。

イ 名実一体観は日本人の意識の中に古くから根付いている考え方だが、これを意図的に裏切る命名の方が印象に残りやすいことに気がついたから。

ウ 名実一体観は名づけられた人やモノに名前と同様のイメージを重ねようとするものだが、この性質を裏切る命名が犬と飼い主の結びつきを強調する結果となっていたから。

エ 名実一体観は名前によって名づけられた人やモノを他と区別しようとするものだが、この原則を無視した名づけを施された犬が飼い主を一途に慕う様子を目の当たりにしたから。

名前なのか、わからないときがある。[b]、そんなアーティストも、税金を納めるときや、健康保険に加入するときには、戸籍に登録した氏名を使っているはずだ。

一人一名主義は、名前を、個人を識別する符号のようにみなす考え方に結び付いた。その結果、[3]現代の私たちは名前に関して名実一体観と名前符号観の両方をあわせもつにいたったのだ。

ちなみに、日本で子どもに名前を付けるときと、アメリカなどのキリスト教圏で子どもに名前を付けるときでは、大きな違いがある。

日本では、漢字やひらがなの意味や音、字画を意識して組み合わせることで、新しい名前を作ることが多い。一方、キリスト教圏では、いくつかある聖人の名前から選ぶほうが一般的だ。だから、私のアメリカ人の友人には、ジョンがやたら多い。ジョンは、ヨハネを起源とし、キリストの人間の父もヨハネだ。

このような命名方法の違いは、同じ名前を持つ人に対する感覚にも影響を与えている。新しい名前を作る日本では、同じ名前、しかも、漢字まで同じだと、その人に[B]を持つことが多い。また、たくさんの「ジョン」がいるアメリカでは、相手も「ジョン」だと分かっても、苦笑いするだけだ。

ある日、私のもとに、きれいな絵ハガキが届いた。だれから来たのかと差出人を見ると、「中村桃子」と書いてある。自分が旅先から絵ハガキを出した覚えはないが、宛名も中村桃子だ。読むと、本屋で私の本を見つけた方が、たまたま、私と同じ中村桃子という名前の人で、うれしくなって、わざわざハガキをくださったそうだ。これも、名実一体観が生み出した縁だろう。もちろん、私もうれしくなってお返事を出した。

先日、出会った人は、もっと徹底していて、自分と同じ名前の人の会を作ったそうだ。たしか、「ひろゆき」だった。漢字も同じでなくてはならない決まりにしたが、全国各地から、さまざまな職業や立場の人が参加しているという。同じ名前を持つという親近感があったので、はじめから親戚のように話すことができたそうだ。このような感想も、[4]名実一体観の強さを示している。

このように、名実一体観と名前符号観が混在している地域では、[5]人の変化と名前の間に二つの関係を想定することができる。

ひとつは、人が変化したから名前を変えるという関係だ。名実一体観によれば、人物が変われば、それに合わせて名前も変わらなければいけないことになる。実際、先に見たように、明治時代までは、多くの日本人が一生にたびたび改名していた。

もうひとつは、名前を変えることで、自分も変化しようとするという関係だ。最初の考え方では、人物が変身したので名前も変更しているが、この考え方では、人物はまだ変身していないのに、先に名前を変えることによって、人物にも何らかの変化が起きることが期待されている。

これは、病気・厄除けのげん直しのための改名に見られる。滝沢馬琴も六一歳の厄年に篁民と改名した。現在でも、事故や病気の後に改名する人がいる。

また、ペンネームや芸名など、個人のイメージが重要な職業の人はと呼ぶ先生はいない。

それ以外にも、名実一体観は、さまざまな所に顔を出してくる。私たちは名前の言い間違い、読み間違い、書き間違いは、他のことばの間違いと比べて、失礼なことだと認識している。卒業式で、名前を読み間違えられたら、がっかりだ。「スマホ」「パソコン」など、なんでも省略して短く言う時代でも、人の名前は本人の承諾がなければ省略しない。

2 先日公園に行ったら、「シロ！」と呼ぶ声がした。すると、声の主をめがけて真っ黒な犬が走り寄ってきた。ちぎれるほどにしっぽを振って飼い主に頭をなでてもらっている黒い犬を見て、飼い主のユーモアに、ほっこりした。そして、「シロ」の意味など関係なく、自分の名前に反応する犬をかわいらしく思った。これも、「シロという名前ならば白い犬だろう」という名実一体観を裏切る命名だったからこその感慨だろう。

名実一体観は、日本に限ったことではない。ファンタジー文学のベストセラー『ハリー・ポッター』シリーズでも、多くの魔法使いが、闇の帝王「ヴォルデモート」を「名前を言ってはいけないあの人」と呼び、その名前を口にしないばかりか、ハリーがその名前を言うと、[A]、名前そのものが本人であるかのように恐ろしがる。

グリム童話の中には、自分の名前を当てられると怒って自分自身を引き裂いてしまう小人が出てくる。『がたがたの竹馬こぞう』という話がある。

名実一体観を大きく変更させたのが、明治五（一八七二）年に明治政府が発布した改名禁止令と複名禁止令である。それまでの日本では、元服、襲名、出家、隠居など立場が変わるごとに改名していた。元服をすれば幼名から成人名へ（伊達梵天丸→伊達政宗）、隠居をすれば改名（滝沢馬琴→滝沢笠翁）、出家をすれば俗名から戒名へ、職業、立場、地位の変更が必然的に改名をともなっていた。このうち、戒名は現在でも機能している。仏壇の中の位牌に書いてある名前だ。

さらに、官名や国名など一人の人が同時に複数の名前を使うこともまれではなかった。「赤穂浪士」で有名な大石内蔵助の「内蔵助」は官職を指し、元の名は、大石良雄だ。宮本武蔵の武蔵は、武蔵の国からきている。

江戸時代まで日本は多くの藩に分かれていた。しかし、明治時代になって、日本をひとつの国に統合しようとしていた明治政府にとっては、国民を把握してしっかり徴兵・徴税することが重要であった。そのためには、国民が名前を変えたり、同じ人が複数の名前を使っていたのでは困る。[a]、一人がひとつの名前を使って戸籍を編製するように定めたのだ。改名するためには、国に届けて承認してもらわなければならなくなった。

私たちにとって当たり前になっている「一人にひとつの名前」が生まれた背景には、国家が国民を管理する目的があった。以降、国家は国民の名前をさまざまな形で規制していくようになる。

これを読んで、「そんなことはない。私の好きなアーティストは、みんな、個性的な名前で活躍している」と、思った人がいるかもしれない。その通りだ。私など、どちらが歌の題名で、どちらが歌手の

問九 [　] Bに共通して入る漢字一字を答えなさい。

問十 [　　] Cには武男が光彦に告げたであろうことばが入ります。この内容を考えて、二十五字程度で答えなさい。なお、必ず「伝馬くらべ」ということばを用いること。

問十一 本文の内容として最も適切なものを次の中から選び、記号で答えなさい。

ア　年に一度の伝馬くらべという真剣(しんけん)勝負を通して、それまで反目しあっていたもの同士がわだかまりを解消し、互(たが)いに許しあう様子を細やかな心情描写(びょうしゃ)とともに表現している。

イ　漁師町に受けつがれてきた伝統的な催しである伝馬くらべを題材として、その荒々(あらあら)しい勝負が無邪気(むじゃき)な少年を一人前の漁師に成長させていく過程を克明(こくめい)に描(えが)きだしている。

ウ　生い立ちや性格、得手不得手が正反対の夏生と二郎が互いの個性を認めあって意外な力を発揮していく様子が、刻一刻と変化する展開の中でていねいに表現されている。

エ　理知的で分析(ぶんせき)力に優れた夏生と、海に親しみ、船のこぎ手として優れた腕前(うでまえ)をもつ二郎が力を合わせて伝馬くらべに挑(いど)む様子が臨場感あふれる筆致(ひっち)で描かれている。

五 次の文章を読んで、後の問いに答えなさい。なお、字数指定がある場合、句読点・かぎかっこ等の記号は一字として数えること。

＊アイデンティティを示すことばの代表は、名前だろう。「あなたは、だれですか」と聞かれれば、名前を答える。[A]、名前こそが、私が私であることを証明してくれているようだ。

私たちの名前に対する考え方は、大きく二つに分けることができる。ひとつは、[1]は[2]を表す、名前はその人そのものであるという「名実一体観」。もうひとつは、名前は人物を特定する符号(ふごう)に過ぎないという「名前符号観」とでも呼べる考え方。私たちの名前に対する感覚は、この二つの考え方の間をさまざまな程度で行き来している。

日本の「名実一体観」は、すでに古代から神々、ミカド、天皇の名を書いたり口に出すことを避(さ)ける<u>「実名敬避(じつめいけいひ)」</u>[1]の伝統にみられる。さらに、古代・中世においては、自分の名前を知らせることが、その人の弟子や従者になる、あるいは、敵に降伏(こうふく)する意味を持っていた。

実名敬避の伝統は、現代でも、目上の人を名前で呼ぶことを避けるという形で残っている。会社では、下の人は上の人を名前ではなく職名で呼ぶが、上の人は下の人を名前で呼ぶ。社員は、社長を「社長」と呼ぶ。しかし、社員に、「社員」と呼びかける社長はいない。「中村さん」と名前で呼ぶ。目上の人は下の人を名前で呼んでも良いのだ。家庭でも、弟は兄を「兄さん」と呼ぶが、弟を「弟さん」と呼ぶ兄はいない。学校でも、生徒は先生を「先生」と呼ぶが、生徒を「生徒」

理解できず途方に暮れている。

エ　夏生にかわったところで状況は好転しないと考えているのに、交代をせまる夏生におしきられる形となってしまい、不満を感じながらもどうすることもできないでいる。

問四　――線部３「二郎は夏生の顔をしみじみと見てしまった」とありますが、この理由を説明したものとして最も適切なものを次の中から選び、記号で答えなさい。

ア　平気な顔で競走相手を失格に追いこむ夏生の勝負へのこだわりを目の当たりにして、見た目からは想像できない冷酷さに呆然としたから。

イ　かわいい女の子だとばかり思っていた夏生に負けず嫌いな一面があることを知って、頼れる仲間として認めたい気持ちが芽生えたから。

ウ　勝つために手段を選ばない夏生の気質はその見た目に似つかわしくないもので、にわかには受け入れられない意外な心持ちがしたから。

エ　ルールに反することでなければ何をしても良いという夏生の考え方は恐ろしさを感じさせるもので、仲間として認めることに抵抗を感じたから。

問五　――線部４「いわんばかりだ」について、この中に含まれている動詞を言いきりの形に直して答えなさい。

問六　――線部５「そうか。そのほうがよかったかもしれない……。」とありますが、夏生がこう言った理由について説明した次の文の［　］に、本文中の五字のことばを補いなさい。

卑怯な手を使ってレースに勝ったという事実はいつまでも思い出されるはずで、結果的に［　］が武男たちを苦しめるということに気づいたから。

問七　次の文が入るのに最も適切な箇所を、本文中の【ア】～【エ】の中から選び、記号で答えなさい。

夏生が伝馬くらべのルールにくわしいことで、もう二郎はおどろかなかった。夏生は、なんだってしらべるのが好きなのだ。

問八　――線部６「ぬきつぬかれつ」に見られる表現について説明した次の文章の［　］１・２にあてはまることばを後のア～クの中から一つずつ選び、それぞれ記号で答えなさい。

「…つ…つ」の形は、何らかの意味で［１］的な動作・作用が［２］的に行われることを表す。

ア　意識　　イ　連続　　ウ　補足　　エ　否定
オ　断定　　カ　自発　　キ　対比　　ク　集中

は反則にならなくてもね。」

夏生はそういうと、しばらくだまりこんだ。それから、やがて、

「だから、もういいじゃない。」

とつぶやいて、また身を海にのりだし、両手を水につっこんだ。

「竜神、見てみたいなあ……。」

夏生は、伝馬くらべのことなど、もうわすれてしまったように、そんなことをいって、両手でチャプチャプ水をたたいている。

二郎は伝馬船を浜にもどした。

(斉藤洋『海にかがやく』による)

＊伝馬船＝木造の小型船。

＊櫓＝船をこぐための、さお状の道具。

＊舳先＝船体の前方の部分。

＊カツオ船＝カツオ漁をするための大型の漁船。

問一 ――線部1「はじめからとばした者が勝ったためしがない」とありますが、これは「伝馬くらべ」のどのような特徴を表していますか。その説明として最も適切なものを次の中から選び、記号で答えなさい。

ア　スタートからゴールまで全力でこぎ続けることはできないため、ペース配分や役割分担などのかけひきも勝敗を分ける要素になるということ。

イ　海という自然を相手にした競走は偶然性に左右される要素が大きいため、腕力よりもレース時の状況判断がものをいうということ。

ウ　高い操縦技術が要求される前半コースよりも、波の影響を受けづらい後半の直線コースでいかにスピードを出すかが勝負の決め手となるということ。

エ　力まかせにこぎ続けても途中で疲れてしまうため、こぎ手を交代する練習を念入りにしたペアでなければ勝ち目のない競技であるということ。

問二 [　] Aに共通して入る、「手遅れになること」を意味する慣用句を五字以内で答えなさい。

問三 ――線部2「二郎は半分ふてくされて、その場にすわった」とありますが、このときの二郎の気持ちを説明したものとして最も適切なものを次の中から選び、記号で答えなさい。

ア　一時の間にあわせとして夏生を船に乗せた時点で勝ち目がないのはわかりきっているのに、おどし文句を口にして交代をせまる夏生の強気な態度にたじろいでいる。

イ　伝馬船をこぐことには自信を持っているのに、無理に休ませようとする夏生の口ぶりからぞんざいな扱いを受けているように感じて憤慨している。

ウ　はじめからとばしたせいで疲れてしまった自分がふがいなく、いたたまれないのと同時に、強引に交代をせまる夏生の思惑が

兄弟の兄さんのしわざよ。きっと、弟のほうは知らなかったんだと思う。」

二郎は夏生がなにをいっているのか、ぜんぜんわからなかった。それで、

「なんのことだよ。」

とたずねると、夏生は答えた。

「あいつ、どうしても勝ちたかったんだろうな。それで、光彦さんを伝馬くらべに出ないように、おどしたんだと思う。」

「おどした?」

「そうよ。」

「いつ?」

「そんなまえじゃないわね。きのう光彦さんは、二郎さんとふつうに練習してたんだから、きっと、おどしたのはきょうの朝早くよ。伝馬くらべの直前になってからじゃないと、二郎さんが、べつのあいかたをさがしちゃうかもしれないから。」

「でも、どうやっておどすんだ。なぐるくらいじゃあ、光彦さんだって、引きさがらないぞ。」

「光彦さん、*カツオ船に乗りたがってるんでしょ。」

「ああ。」

「光彦さんのお父さんって、うちのおじいさんのカツオ船に乗ってるんじゃないよね。」

「うん。池本の船だ。」

「だったら、光彦さんは池本の家の船に乗ることになるんじゃない?」

そこまでいわれて、二郎はやっとわかった。

［　C　］とかなんとかいったんだ。

二郎は怒(いか)りがこみあげてきた。

「あいつら、なんてきたねえことしやがるんだ。」

二郎は伝馬船を桟橋にもどそうとした。

池本兄弟をぶちのめしてやらなけりゃ、気がすまない。

「よしなさいよ。早く舟を浜にあげて、お祭りを見にいこうよ。午後には、竜神のおみこしが出るでしょ。」

「だけど……。」

「わたしたちの舟を追いこしたときの顔を見てわかったんだけど、弟のほうはきっと知らないのよ。知ってれば、あんなまじめな顔はしていられないわ。」

「だけど、武男のやつは……。」

「いいのよ。わたしね、あいつらの舟に追いこされたとき、気づいたことがあるのよ。」

「なにに?」

「あいつ、今はいい気持ちかもしれないけど、これから一生のあいだ、竜神祭がくるたびに、きょうのこと思いだして、いやな気持ちになるに決まってるんだから。心底悪いやつじゃなかったら、後悔(こうかい)するわ。そうに決まってるんだから。二郎さんがしかえしをしなくても、自分にしかえしされるのよ。自分の良心にね。わたしなんてもう、舟をぶつけさせたことで、いやな気分になってるんだから。いくらルールで

戦にひっかかるほどあまくはなかったわね。ほかの舟をやりすごしてから、あいつらの舟にぶつけさせたほうがよかったかもしれないけど、あんな手にはひっかからなかったでしょうね。」

でも、それから夏生はなにかに気づいたように、

5「そうか。そのほうがよかったかもしれない……。」

と、わけのわからないことをいった。

【エ】

上浦の湾のはずれにたどりつくと、最後のカーブコースだ。二郎の舟がそこまできたときには、池本兄弟の伝馬船はゆうゆうと一着でゴールするところだった。

だが、そのうしろの二そうは、ここまできて、もたもたしはじめた。いや、もたついているのではない。なんとか二着に入ろうとして、たがいにもう一そうのじゃまをはじめたのだ。二そうの舟が左右にゆれる。

「よし。一そうだけでも、ぬいてやる。」

二郎はのこっている力をふりしぼって、グイグイこいだ。しだいに、二そうに近づく。一そうが、二郎にぬかれそうになったのに気づき、もう一そうのじゃまをするのをやめた。しかし、そのときにはもう、二郎の舟の舳先が三番手の舟の艫の横をかすめていた。三そうの6ぬきつぬかれつがはじまる。やがて、一そうが大きくおくれだした。もうちょっとで桟橋（さんばし）のゴールというところで、二郎とあらそっていた舟のこぎ手がかわった。たちまち、二郎の舟がひきはなされていく。

そして、ゴール。二郎は三着だった。

足が B のようになるということばがあるが、二郎は足ではなく、手が B のようになっていた。

三着までは賞品が出た。一着は樽酒（たるざけ）ひとつ。なぜ、子どもの競走で酒が賞品なのかふしぎだったが、しきたりでそうなっていた。二着と三着の賞品は毎年変わっていた。

二郎と夏生がもらったのは、ノートとえんぴつだった。

「こんなのもらっても、しょうがねえよな。」

二郎はそういったが、夏生は、

「そんなことないわよ。宝物よ。」

といって、うれしがった。

勝負が終わってしまうと、二郎は光彦のことが心配になってきた。賞品をもらって、伝馬船を浜にもどしにいくとき、二郎は夏生にいった。

「光彦さん、だいじょうぶかな。」

夏生は舟から身をのりだし、右手を水につっこんで答えた。

「だいじょうぶよ。なんともないわ。」

「どうして、そんなことわかるんだよ。」

「だって、病気なんかじゃないんだもの。」

「病気じゃないって?」

「そうよ。おなかがいたいなんて、仮病（けびょう）よ。今ごろきっと、町で映画でも見てるわ。」

二郎はおどろいて、櫓の手をとめた。

「わたし、悪だくみしたやつって、顔見てわかっちゃうのよ。池本

「江坂（えさか）、岡田組、失格！」

夏生がつぶやいた。

「これで、二そうかたづいたわ。」

二郎のうしろの伝馬船は四そうになった。そのなかには池本兄弟組の舟がいる。こいでいるのは兄の武男（たけお）だ。

四そうのうちの一そうが、左から二郎たちを追いぬいた。

二郎の伝馬船はほとんど前進していないのだ。

「さ、かわって。」

夏生はそういうと、櫓からはなれた。

休めたのは短い時間だったが、それでも二郎の力はだいぶ復活していた。

「思いっきりこいじゃだめよ。さきにいった二そうは、いずれバテるわ。うしろにいる三そうは、ぶつかるのがいやだから、こっちがゆっくりいっても、追いこしてこないわよ。直線でブイがなくなったら、ぬきにかかろうと思ってるのよ。ブイがなければ、コースからずれてもいいんだから。」

【　ウ　】

二郎は三位をまもって、上浦（かみうら）の湾をめぐり、下浦（しもうら）の湾に入った。さきを走る二そうの舟は下浦の湾を半分ほど進んでいた。さっきよりだいぶスピードが落ちているのが、二郎の舟からでも見てとれた。

うしろを見ると、池本兄弟の舟が最後から二番目を走っていた。二郎の舟のふたつうしろだ。今は利男（としお）がこいでいる。

下浦の湾ぞいに走り、岬（みさき）をぬけた。

ここからが直線コースだった。

外海（そとうみ）で、波が立っている。

波を横からかぶると、転覆（てんぷく）することがある。

さきの二そうの舟は先頭あらそいで、バテぎみになっていた。二位を走っている舟が横波をかぶった。ゆらりとゆれたが、やっとこさっとこ立てなおす。

波が高ければ高いほど、技がものをいう。力まかせでは、波は乗りきれない。

直線コースに入って四分の一ほどのところで、二郎は二そうを楽に追いぬいた。だが、二人で交代にこぎ、そのうえ、今までそれほどとばしていなかった舟にはかなうはずもない。二郎は直線コースの半分あたりで、二そうに追いこされた。どちらも池本兄弟の舟ではない。

直線コースの四分の三あたりで、池本兄弟の舟が二郎の舟をぬきにかかった。しかし、もう二郎は力がつきていた。ぬかれるままにするしかなくなっていた。

いつのまにか、こぎ手が武男にかわっている。武男はニヤニヤ笑いながら、二郎の舟を追いこしていく。さぞかし利男もうれしそうな顔をしていることだろうと思ったが、利男はまじめな顔をして、こちらを見ているだけだった。

二郎の舟を追いこしたあと、武男は伝馬船の艫を左右にふってみせた。4ざまあ見ろといわんばかりだ。

夏生はくやしそうな顔でそれを見つめていった。

「あいつらに勝って、思い知らせてやりたかったけど、こっちの作夏生がほんとうに、海にとびこむかっこうをした。

「ちぇっ！　どうするってんだ。」

二郎はあきらめて、*櫓(ろ)を夏生にゆずった。

「ちょっと休んでればいいのよ。あとで、くたくたになるまでこいでもらうんだから。」

夏生が櫓をにぎった。2二郎は半分ふてくされて、その場にすわった。

二番手の舟が左から追いこしにかかってきた。

ロープでつながれたブイが波にゆれる。

二番手の舟の*舳先(へさき)が二郎の舟の艫(とも)、最後部にならんだそのとき、二郎の伝馬船が左によった。

「なにやってんだ。ぶつかるぞ！」

二郎がさけんだときにはおそかった。二番手の舟は二郎の舟の横っぱらにぶつかった。衝突(しょうとつ)をさけようと、二番手の舟のこぎ手が舳先を左にむけたが、まにあわなかったのだ。

「右だ。右によせるんだ！」

二郎はさけんだ。だが、二郎の舟はますます左によるいっぽうだ。

「ばかやろーっ！　なにしやがんだっ！」

左の舟から大声でどなられる。

ピピピーッ！

とつぜん、笛が鳴った。

「山本、渡辺(わたなべ)組、失格！」

伴走している漁船から、審判(しんぱん)役の漁師がさけんだ。

二番手の舟は二郎の舟にぶつかり、コースをはずしたのだ。

「な、なんでだ？　こいつらが悪いんじゃねえか。」

二番手の舟のあいかたが審判にもんくをいった。だが、審判はそれをききいれなかった。

「ぶつかったのは、おまえらだ。」

いつのまにか、二郎の舟はまっすぐ前にむきなおっていた。

二郎は夏生の顔を見た。

「どんな競技だって、ルールのなかでなら、なにをやってもいいのよ。プロレスなんて、ものすごい反則でも三秒以内ならいいんだから。」

夏生は小さな声でそういうと、口もとにうっすらと笑いをうかべた。

わざとだ。わざとぶつけさせたんだ……。

3二郎は夏生の顔をしみじみと見てしまった。かわいい顔をしてるくせに、負けないためなら、なんでもする子なんだ……。

二郎は恐(おそ)ろしい気がしてきた。だが、ちょっとたのもしい気もする。

【　イ　】

二そうの伝馬船が左によっているあいだに、三番手の舟が先頭に立った。

四番手にいた舟が右から二郎の舟を追いこそうとした。しかし、夏生はまた同じ手を使った。

「や、やろーっ！　なにしやがる。」

こぎ手がどなったしゅんかん、笛が鳴った。

ピピピーッ！

審判がどなった。

3

ゆ

㈠どのようにして、それが現在まで伝えられて来たかの歴史。
㈡起源を尋ねると、そこまでさかのぼることができること。
「地名の―／中国に―する美術」

（三省堂『新明解国語辞典 第八版』による）

四 次の文章を読んで、後の問いに答えなさい。なお、字数指定がある場合、句読点・かぎかっこ等の記号は一字として数えること。

漁師の息子である二郎は小学六年生。毎年八月の竜神祭で催される「伝馬くらべ」に出場することになっている。伝馬くらべは子どもがふたり一組で＊伝馬船に乗り、湾をひとまわりする競走だが、当日の開始時間がせまっても二郎とペアを組んでいた光彦が現れない。そこで急遽、東京から厳造じいさんの家に遊びにきていた孫娘の夏生が二郎の船に乗って出場することになった。

ドロドロドロ……ドーン！
スタートの合図が鳴った。
いっきに二郎は先頭におどりでた。
1はじめからとばした者が勝ったためしがない。ほかの舟はゆっくりこぎだした。伴走の漁船も走りだす。
ひとりでこぐことになるなら、交代の練習なんてするんじゃなかった。長くこぎつづける練習をしていればよかった。
二郎はそう思ったが、［A］だ。祭りのさいちゅうに［A］じゃ、じょうだんにもならない。
湾にそって大きく左にまわるコースの半分もいかないうちに、二郎は疲れてきた。うしろを見ると、二番目を走っている舟とだいぶ差がついている。しかしその差がなくなるのは時間の問題だ。その証拠にぐいぐいと二番手が近よってきている。
「交代よ。」
夏生が腰をうかせた。
「ばかいうんじゃない。おまえにかわって、どうするんだ。」
「どうするって、わたしがこぐのよ。」
「おまえがこいでも進まない。」
「二郎さんがこいだって、たいして変わらないわ。」
「そんなことはない。」
そうはいったものの、二番手の舟はもうまぢかにせまっていた。二郎の手の動きがにぶくなってきている。
「さ、早く、わたしにかわって！」
夏生が立ちあがった。
「すわってろ。あぶねえじゃねえか！」
二郎はわめいたが、夏生はきかない。
「かわらなけりゃ、わたし、海にとびこむわよ。海に落ちたら、失格なのよ。知ってるでしょ。」
夏生のいうとおりだった。海に落ちたら失格なのだ。

【　ア　】

二〇二二年度　鎌倉学園中学校

【国語】〈第一次試験〉（五〇分）〈満点：一〇〇点〉

一

次の――線部のカタカナを漢字に直して答えなさい。

1　ひと月分のチンギンを支払う。
2　成功の事例はマイキョにいとまがない。
3　ザッコクを主食にする。
4　神仏をオガむ。
5　戦後のマズしさから復興した。

二

次の文について、後の問いに答えなさい。

1それは　ア秋らしい　イ柔らかな　ウ澄んだ　エ陽ざしが、　2紺の　オだいぶ　カはげ落ちた　キ暖簾の　ク下から　ケ静かに　コ店先に　サ差しこんで　シいる　ス時だった。

（志賀直哉「小僧の神様」による）

問一　＝線部1「それは」に対応する述語を――線部ア～スの中から一つ選び、記号で答えなさい。

問二　＝線部2「紺の」が係る分節を――線部ア～スの中から一つ選び、記号で答えなさい。

問三　文中にある形容動詞の数を算用数字で答えなさい。

三

次の国語辞典の解説文を参考にして、□の中に入る「ゆ」で始まることばをそれぞれひらがなで答えなさい。

1　ゆ□□

㊀しめ方や密着の度合が少なくて、そのものとしての機能を十分に果たしていない状況だ。「帯が―」
㊁（期待される）厳正さに欠ける様子だ。「取締り（規制）が―」
㊂変化のしかたが急で（速く）ない様子だ。「―カーブ／―坂」

2　ゆ□□

㊀押されたり引っ張られたりなどして、その物の形が変わる。「ネクタイが―／苦痛で顔が―」
㊁心や行いが正しくなくなる。

2022年度 鎌倉学園中学校 ▶解説と解答

算 数 ＜第１次試験＞（50分）＜満点：100点＞

解 答

1 (1) 42 (2) $5\frac{1}{2}$ (3) $\frac{4}{45}$ (4) 1260 2 (1) $1\frac{71}{105}$ (2) 11900円 (3) 400g (4) 104杯 3 (1) 54度 (2) 277.92cm^2 4 (1) 9 (2) 176 (3) *A* 8 *B* 3 5 (1) 44cm^2 (2) 40.5cm^2 (3) $8\frac{34}{35}$秒後 6 (1) 24個 (2) 81個 (3) 44番目 7 (1) 225000円 (2) 171000円 (3) 174袋 8 (1) 527.52cm^3 (2) 37分６秒後 (3) ５分42秒後

解 説

1 四則計算，計算のくふう

(1) $10+8\times\{84-20\div4\times(4+6\times2)\}=10+8\times\{84-5\times(4+12)\}=10+8\times(84-5\times16)=10+8\times(84-80)=10+8\times4=10+32=42$

(2) $9.25-\left(1.5+1\frac{19}{20}\div2.6\right)\times1\frac{2}{3}=9\frac{1}{4}-\left(1\frac{1}{2}+\frac{39}{20}\div\frac{13}{5}\right)\times\frac{5}{3}=\frac{37}{4}-\left(\frac{3}{2}+\frac{39}{20}\times\frac{5}{13}\right)\times\frac{5}{3}=\frac{37}{4}-\left(\frac{3}{2}+\frac{3}{4}\right)\times\frac{5}{3}=\frac{37}{4}-\left(\frac{6}{4}+\frac{3}{4}\right)\times\frac{5}{3}=\frac{37}{4}-\frac{9}{4}\times\frac{5}{3}=\frac{37}{4}-\frac{15}{4}=\frac{22}{4}=\frac{11}{2}=5\frac{1}{2}$

(3) $\frac{1}{N\times(N+1)}=\frac{1}{N}-\frac{1}{N+1}$となることを利用すると，$\frac{1}{5\times6}+\frac{1}{6\times7}+\frac{3}{21\times8}+\frac{5}{8\times45}=\frac{1}{5\times6}+\frac{1}{6\times7}+\frac{1}{7\times8}+\frac{1}{8\times9}=\frac{1}{5}-\frac{1}{6}+\frac{1}{6}-\frac{1}{7}+\frac{1}{7}-\frac{1}{8}+\frac{1}{8}-\frac{1}{9}=\frac{1}{5}-\frac{1}{9}=\frac{9}{45}-\frac{5}{45}=\frac{4}{45}$

(4) $A\times C+B\times C=(A+B)\times C$となることを利用すると，$4\times7\times9+42\times45-2\times7\times36-7\times54=4\times7\times9+6\times7\times5\times9-2\times7\times4\times9-7\times6\times9=4\times7\times9+30\times7\times9-8\times7\times9-6\times7\times9=(4+30-8-6)\times7\times9=20\times63=1260$

2 逆算，割合と比，濃度（のうど），条件の整理

(1) $\frac{1}{2}\times\left(\frac{2}{3}+\square\right)-\frac{3}{5}=\frac{4}{7}$より，$\frac{1}{2}\times\left(\frac{2}{3}+\square\right)=\frac{4}{7}+\frac{3}{5}=\frac{20}{35}+\frac{21}{35}=\frac{41}{35}$，$\frac{2}{3}+\square=\frac{41}{35}\div\frac{1}{2}=\frac{41}{35}\times\frac{2}{1}=\frac{82}{35}$ よって，$\square=\frac{82}{35}-\frac{2}{3}=\frac{246}{105}-\frac{70}{105}=\frac{176}{105}=1\frac{71}{105}$

(2) ３日目の売り上げは，34000×0.4＝13600(円)である。また，これは２日目の売り上げの1.6倍だから，２日目の売り上げは，13600÷1.6＝8500(円)とわかる。よって，１日目の売り上げは，34000－(8500＋13600)＝11900(円)と求められる。

(3) 水を20g蒸発させてから食塩を20g入れるので，食塩水の重さは変わらない。また，最初の食塩水と最後の食塩水の濃度の比は８：13だから，含（ふく）まれている食塩の重さの比も８：13である。この差が20gなので，比の１にあたる重さは，20÷(13－８)＝４(g)となり，最初の食塩水に含まれていた食塩の重さは，４×８＝32(g)とわかる。これが全体の８％にあたるから，最初の食塩水の重さは，32÷0.08＝400(g)と求められる。

(4) 20杯（ばい）の代金は，500×20＝10000(円)である。このとき，100＋300＝400(円)分の割り引き券をもらうことができるので，10000－400＝9600(円)で20杯買うことができる(300円の割り引き券を20杯目に使ったと考える)。よって，50000÷9600＝５あまり2000より，20杯買うことを５回くり返したとき，2000円あまっていることになる。この2000円で，2000÷500＝４(杯)買うことができるから，全部で，20×５＋４＝104(杯)と求められる。

３ 平面図形―角度，面積

(1) 右の図１で，○印と●印をつけた角の大きさはそれぞれ等しく，●印をつけた角の大きさはすべて24度になる。また，かげをつけた角と斜線(しゃせん)をつけた角の大きさも等しく，これらの和は，180＋24＝204(度)である。よって，かげをつけた角の大きさは，204÷２＝102(度)だから，角xの大きさは，102－24×２＝54(度)と求められる。

図１

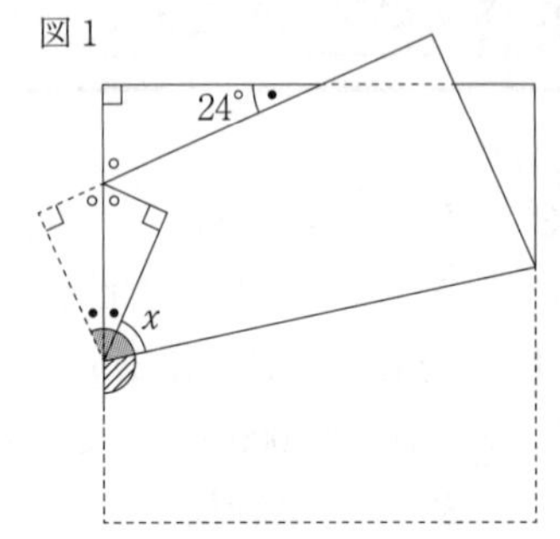

図２

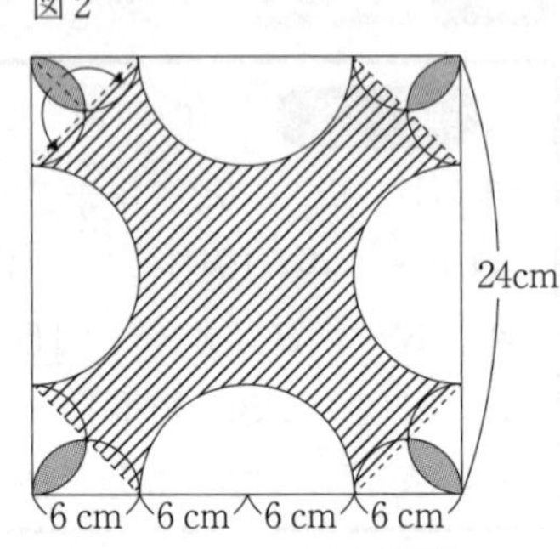

(2) 小さい半円の直径と大きい半円の半径はどちらも，24÷４＝６(cm)なので，上の図２のようになる。また，図２のようにかげの部分を移動すると，斜線部分の面積は，正方形から直角二等辺三角形を４個と半円を４個取り除いた図形の面積と等しくなる。正方形の面積は，24×24＝576(cm^2)であり，直角二等辺三角形４個の面積は，６×６÷２×４＝72(cm^2)，半円４個の面積は，６×６×3.14÷２×４＝72×3.14＝226.08(cm^2)だから，斜線部分の面積は，576－72－226.08＝277.92(cm^2)と求められる。

４ 条件の整理

(1) ①の条件にあてはまるのは，５×５×５＝125，６×６×６＝216，９×９×９＝729の３通りあり，(ア，イ，ウ)はそれぞれ右の図１のようになる。また，②の条件に合うのは，２×２＝４，３×３＝９だから，オは４または９である。このうち③の条件に合うのは，８×８＝64，７×７＝49であり，(エ，オ，カ，キ)はそれぞれ図１のようになる。図１で，(ア，イ，ウ)には必ず２が使われるので，(エ，オ，カ，キ)＝(３，９，７，４)と決まり，オは９となる。

図１

ア	イ	ウ	エ	オ	カ	キ	ク	ケ	コ
5	1	2	2	4	8	6			
6	2	1	3	9	7	4			
9	7	2							

図２

ア	イ	ウ	エ	オ	カ	キ	ク	ケ	コ
6	2	1	3	9	7	4	0	5	8

(2) (1)より，⑤の式は，73÷コ＝９あまりウとなることがわかる。ここで，ウは１または２であるが，ウが２だとすると，コ×９＝73－２＝71となり，コにあてはまる数がなくなってしまう。よって，ウは１であり，(ア，イ，ウ)＝(６，２，１)と決まる。さらに，コ×９＝73－１＝72より，コ＝72÷９＝８となる。すると，残っている数字は０と５だから，④の条件から上の図２のようになる。したがって，カ×コ＋イク×ア＝７×８＋20×６＝176と求められる。

(3) わかっている部分に数字を入れると，右の図３のようになる。図３で，■に入る数字は等しく，どちらも，９＋８－10＝７である。また，▲に入る数字は２なので，右の図４のようになる。よ

図３

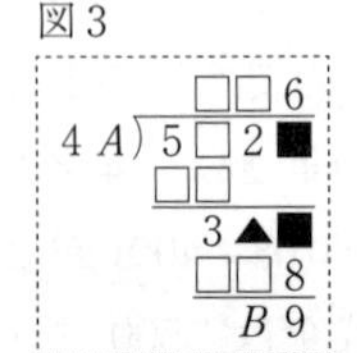

図４

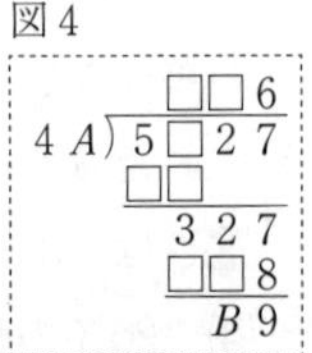

って，$A \times 6$ の一の位が８になるから，A は３または８である。ところが，A が３だとすると，327÷43の商は７になるので，$A = 8$ と決まる。また，327÷48＝６あまり39より，$B = 3$ とわかる。

5 平面図形―面積，図形の移動

⑴　下の図で，長方形CDEIと台形IEGHの面積の和から，三角形HFGの面積をひいて求める。長方形CDEIの面積は，$7 \times 4 = 28(\text{cm}^2)$ である。また，EGの長さは，$5 + 3 - 4 = 4$ (cm)だから，台形IEGHの面積は，$(7 + 4) \times 4 \div 2 = 22(\text{cm}^2)$ とわかる。さらに，三角形HFGの面積は，$3 \times 4 \div 2 = 6$ (cm^2) なので，五角形Aの面積は，$28 + 22 - 6 = 44(\text{cm}^2)$ と求められる。

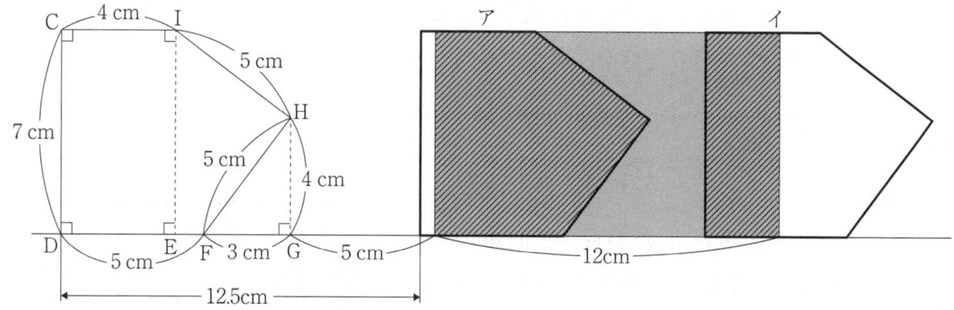

⑵　五角形Aは５秒間で，$2.5 \times 5 = 12.5$(cm)動くから，５秒後には図のアの位置にくる。このとき，五角形Aのうち重なっていない部分の横の長さは，$5 + 3 + 5 - 12.5 = 0.5$(cm)なので，重なっていない部分の面積は，$7 \times 0.5 = 3.5(\text{cm}^2)$ である。よって，$S = 44 - 3.5 = 40.5(\text{cm}^2)$ とわかる。

⑶　２回目に18cm²になるのは，図のイの位置にくるときである。このとき，重なっている部分の横の長さは，$18 \div 7 = \frac{18}{7}$(cm)だから，このようになるのは，$5 + 3 + 5 + 12 - \frac{18}{7} = \frac{157}{7}$(cm)動いたときとわかる。よって，動き始めてから，$\frac{157}{7} \div 2.5 = \frac{314}{35} = 8\frac{34}{35}$(秒後)と求められる。

6 図形と規則

⑴　○は４個，８個，12個，16個，…と４個ずつ増えるから，N番目の○の数は，$4 \times N$(個)と表すことができる。よって，６番目の○の数は，$4 \times 6 = 24$(個)と求められる。

⑵　●の数は，上の段から順に，１個，３個，５個，７個，…となっている。また，１から連続する奇数(きすう)の和は，(個数)×(個数)で求めることができるので，N番目の●の数は，$N \times N$(個)と表すことができる。よって，９番目の●の数は，$9 \times 9 = 81$(個)とわかる。

⑶　⑴，⑵より，N番目の○と●の数の和は，$4 \times N + N \times N = N \times (4 + N)$（個）となることがわかる。ここで，2021＝43×47となることを利用すると，43×47＝2021，44×48＝2112より，初めて2022個より多くなるのは44番目とわかる。

7 売買損益，差集め算

⑴　仕入れ値の５割が利益にあたるから，すべて売ったときの利益は，450000×0.5＝225000(円)である。

⑵　袋(ふくろ)の数は，(1.5×1000)÷５＝300(袋)である。よって，１袋あたりの仕入れ値は，450000÷300＝1500(円)だから，１袋の定価は，1500×(１＋0.5)＝2250(円)となり，定価の２割引きは，2250×(１－0.2)＝1800(円)とわかる。また，定価で売った数は，$300 \times \frac{3}{5} = 180$(袋)，定価の２割引きで売った数は，300－180＝120(袋)になるので，売り上げの合計は，2250×180＋1800×120＝

621000(円)と求められる。したがって，このときの利益は，621000－450000＝171000(円)である。

(3) (A)の場合の１袋の値段は，2250×(１－0.3)＝1575(円)である。一方，(B)の場合，１箱の値段は，2250×1.7＝3825(円)だから，１袋の値段は，3825÷２＝1912.5(円)と考えることができる。次に，(B)で売れ残る数は，２×５＝10(袋)なので，(B)で売れ残りがなかったとすると，(B)の売り上げ(および利益)は，1912.5×10＝19125(円)多くなる。これは23400円よりも少ないから，10袋売れ残ったとしても(B)の利益の方が23400円多いことになる。よって，(B)の売れ残りがすべて売れたとすると，(B)の利益は(A)の利益よりも，23400＋19125＝42525(円)多くなる。これは，1912.5－1575＝337.5(円)の差が，セールのときに売った数だけ集まったものなので，セールのときに売った数は，42525÷337.5＝126(袋)と求められる。したがって，夕方までに売れた数は，300－126＝174(袋)である。

8 水の深さと体積，相似

(1) 水面の高さは，$6\times\frac{1}{2}=3$(cm)であり，容器の高さは，$3\div\frac{3}{8}=8$(cm)だから，正面から見ると右の図のようになる。この図で，３つの三角形OAD，OEF，OBCは相似である。また，AD：BC＝８：２＝４：１なので，DC：CO＝(４－１)：１＝３：１となり，$\text{CO}=6\times\frac{1}{3}=2$(cm)とわかる。すると，３つの三角形の相似比は，DO：FO：CO＝(６＋２)：(３＋２)：２＝８：５：２だから，これらを１回転させてできる円すいの体積の比は，(８×８×８)：(５×５×５)：(２×２×２)＝512：125：８とわかる。よって，重りの体積は三角形OBCを１回転させてできる円すい(㋐)の体積の，(512－８)÷８＝63(倍)になる。さらに，円すい㋐の体積は，２×２×3.14×２÷３＝$\frac{8}{3}$×3.14(cm³)なので，重りの体積は，$\frac{8}{3}$×3.14×63＝168×3.14＝527.52(cm³)と求められる。

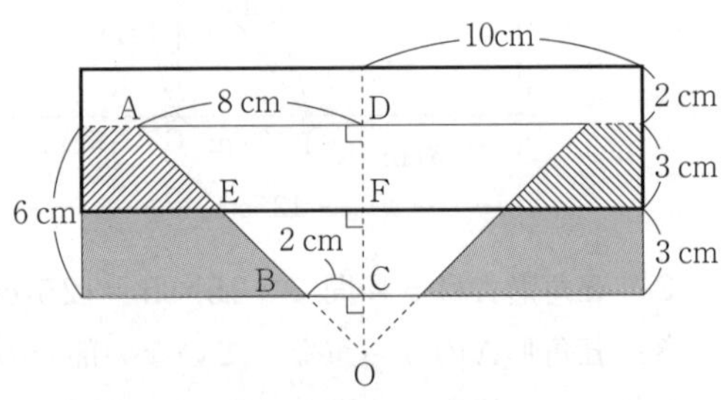

(2) 図の太線部分全体の容積は，10×10×3.14×(３＋２)＝500×3.14(cm³)である。また，台形AEFDを１回転させてできる立体の体積は，円すい㋐の体積の，(512－125)÷８＝$\frac{387}{8}$(倍)だから，$\frac{8}{3}$×3.14×$\frac{387}{8}$＝129×3.14(cm³)となる。よって，水が入る部分の容積は，(500－129)×3.14＝371×3.14(cm³)なので，毎分0.314dL(＝毎分31.4cm³)の割合で水を入れると，(371×3.14)÷31.4＝(371×3.14)÷(10×3.14)＝371÷10＝37.1(分後)に満水になる。60×0.1＝６(秒)より，これは37分６秒後となる。

(3) 図の斜線部分の容積を求める。容器の高さ３cm分の容積は，10×10×3.14×３＝300×3.14(cm³)である。また，台形AEFDを１回転させてできる立体の体積は(129×3.14)cm³だから，斜線部分の容積は，(300－129)×3.14＝171×3.14(cm³)とわかる。さらに，水は毎分，1.57dL－0.628dL＝0.942dL＝94.2cm³の割合で増えるので，水面の高さが重りの高さと同じになるのは，(171×3.14)÷94.2＝(171×3.14)÷(30×3.14)＝171÷30＝5.7(分後)と求められる。60×0.7＝42(秒)より，これは５分42秒後となる。

社　会　＜第１次試験＞（30分）＜満点：60点＞

解　答

1 **問１** (1) エ　(2) オ　(3) カ　(4) ウ　(5) ア　**問２** ウ　**問３** (1) オ　(2) イ　(3) ア　**問４** (1) イ　(2) イ　(3) オ　(4) ア　(5) （例）車社会化によって，人々の買い物に車が利用され，買い物の範囲が拡大したため。　**問５** (1) ７（％）　(2) 国勢調査　**問６** **M** 労働　**N** 賃金　**2** **問１** (1) 校倉(造)　(2) 南蛮(貿易)　(3) イ　(4) ウ　(5) エ　(6) ウ　(7) イ，エ　**問２** (1) **C** ウ　**D** コ　**E** オ　(2) ① （例）オレンジをつくる農家　② （例）オレンジを購入する消費者　(3) マルタ会談　(4) ア　**問３** エ　**問４** ウ　**問５** エ　**問６** イ

解　説

1 **外国人を題材にした問題**

問１ (1) 1979年に国際連合(国連)の総会で女子差別撤廃条約が採択されると，日本はこの条約を批准(国家として承認すること)するために国内の法整備を進めた。その結果，1985年に採用や昇進における女性差別を禁止する男女雇用機会均等法が定められ，これを受けて日本は女子差別撤廃条約を批准した。しかし，男女共同参画社会基本法が制定されたのは1999年のことである。　(2) １国１票で行われる国際連合の総会の決議では，原則として多数決が採用されており，どの国にも拒否権は認められていない。一方，安全保障理事会では，５常任理事国に拒否権の行使が認められている。　(3) 奈良時代，唐(中国)の高僧であった鑑真は，朝廷の招きに応じて来日を決意すると，苦難のすえ，６度目の渡航でようやく来日をはたした。鑑真は，僧が守るべきいましめである戒律を伝え，平城京(奈良県)に唐招提寺を建てるなど，日本の仏教発展に力をつくした。なお，空也は日本の僧で，平安時代に「南無阿弥陀仏」と念仏を唱えることを説いて人々に浄土教を広め，「市聖」とよばれた。①について，蘭渓道隆は宋(中国)から来日した臨済宗の僧で，建長寺を開いた。また，②について，地方に池や橋をつくりながら人々に仏教を広めた僧としては，奈良時代の行基がよく知られる。　(4) ア　図１の左の図より，ペリーの艦隊はアメリカ東海岸のノーフォークを出航し，大西洋を横断するルートを通ったことがわかる。カリフォルニアはアメリカ西海岸の都市で，太平洋に面しているが，ペリーの艦隊は太平洋を横断していない。　イ　艦隊の船の数について，図から読み取ることはできない。　ウ　右の図から，第１回の航海でペリーは那覇のある琉球から小笠原諸島に向かい，1953年６月14日にここに着いたことがわかる。その約１か月後の７月８日には浦賀(神奈川県)に到着しているので，正しい。　エ　右の図で第２回の航路の起点が香港になっていることから，ペリーの艦隊は第１回の来日のあと，アメリカに帰国しなかったとわかる。　(5) ①は1876年に結ばれた日朝修好条規，②は1895年に清(中国)との間で結ばれた下関条約，③は1905年にロシアとの間で結ばれたポーツマス条約について説明した文なので，①→②→③の順となる。

問２ ア　江戸時代の鎖国中も，オランダはキリスト教の布教を行わなかったため，ヨーロッパの国で唯一，幕府との貿易が続けられた。　イ　「黒船」は，アメリカから来たペリーの艦隊をさす。　ウ　江戸時代の鎖国政策について，正しく説明している。　エ　19世紀には，江戸幕府

が開国や外国との貿易の開始にふみきると，尊王攘夷運動(天皇を尊び，外国人を追いはらおうとすること)が高まり，なかには攘夷を強行する藩も出た。

問３ (1) 日本で紙幣が発行されるようになったのは江戸時代のことで，それまでは金属製の貨幣が用いられていた。貨幣については，飛鳥時代になって中国のものを手本とした富本銭がつくられたが，ヤマト政権のころに渡来人がもたらしたものにはあたらないといえる。 (2) ハーンは明治時代に来日した文学者で，日本人と結婚して日本国籍を取得し，小泉八雲と名乗った。『怪談』はハーンの代表作として知られる。なお，モースは大森貝塚を発見したアメリカの動物学者，ナウマンはフォッサマグナを発見するなどしたドイツの地質学者，クラークは札幌農学校の初代教頭を務めたアメリカの教育家，モレルは日本初の鉄道の建設を指導したイギリスの建築家で，いずれも明治政府が日本に招いた「お雇い外国人」である。 (3) 1980年代のできごととして，1980年から1988年まで続いたイラン・イラク戦争があてはまる。なお，第四次中東戦争は1973年，湾岸戦争は1991年，六日間戦争(第三次中東戦争)は1967年，ペルシア戦争は紀元前５世紀のできごと。

問４ (1) １月の平均気温を比べたさい，最も南に位置する八丈島(東京都)が最も高く，最も北に位置する熊谷市(埼玉県)が最も低いと考えられるので，イが選べる。内陸に位置する熊谷市の降水量がほかの２つに比べて少ないと予想されることや，台風の通り道となる八丈島の秋の降水量が多いことなども，手がかりとなる。 (2) 京葉工業地域は化学工業がさかんで，製造品出荷額等に占める割合が機械工業を上回るので，Ｅにあてはまる。また，京浜工業地帯は，かつては製造品出荷額等が全国で最も多かったが，工場が内陸に進出したことなどからその額が減り，近年は北関東工業地域を下回るほどとなった。したがって，Ｄに北関東工業地域，Ｆに京浜工業地帯があてはまる。 (3) Ｇ 図５より，2004年の大泉町の総人口は42378人で，その20％は42378×0.2＝8475.6人となるが，表２によると，2004年の外国人の数はこれに満たない。 Ｈ 表２より，2021年のブラジルとペルーの人数は合計で，4574＋1044＝5618人となる。外国人登録者の合計数は7896人なので，その割合は，5618÷7896×100＝71.1…で，約70％を占めているといえる。よって，正しい。 Ｉ 表２より，ネパール人の人数が最も多かったのは2017年の769人で，その60％は，769×0.6＝461.4人となるが，2021年のネパール人の人数は435人で，これに満たない。よって，正しい。 (4) 調べたいこと①には最新の統計情報が必要となるが，これは各地方自治体や関係省庁のウェブサイトから探すことができる。調べたいこと②は，地域の魅力や困っていることなどを，実際に人から聞く必要があるので，調査方法は聞き取りやアンケート調査が適している。調べたいこと③は昔のことについて知る必要があるので，図書館や郷土資料館で歴史的な資料を探し，これを使って調べる。 (5) 特に，車社会化が進んでいる地方では，幹線道路沿いにつくられた大型の商業施設のほうが買い物に行きやすい場合が多いと考えられる。また，そうした商業施設は，一般的に大きな駐車場を備えているため，車をとめるのにも困らない。一方で，昔からある商店街は車で行きづらかったり，車をとめる場所が十分でなかったりすることもあるため，車社会化が進んだ地域では，集客に苦労することが考えられる。

問５ (1) 総人口に占める満65歳以上の高齢者の割合を高齢化率といい，これが７％をこえる社会を高齢化社会，14％をこえる社会を高齢社会，21％をこえる社会を超高齢社会という。日本は1970年に高齢化社会，1994年に高齢社会となり，2007年には超高齢社会に突入した。 (2) 国勢調査は，人口や世帯などについて行われる国の最も重要な統計調査で，総務省によって５年ごとに行われる。

問６　近年，長時間労働や，正規労働者と非正規労働者の待遇格差などが問題となっている。そのため，働き方改革の一つとして，同じ仕事に対しては同じ賃金を支払うという「同一労働同一賃金」の実現が目指されている。

2　貿易を題材にした問題

問１　⑴　校倉造は，断面が三角形の長材を組んで壁とする建築様式で，東大寺の正倉院はその代表として知られる。なお，写真１は螺鈿紫檀五絃琵琶という，正倉院の宝物の一つである。⑵　16世紀中ごろ，ポルトガル人やイスパニア(スペイン)人が日本に来るようになり，彼らとの間で貿易が始まった。彼らは南から船でやってきたので，南方の外国人という意味で南蛮人とよばれ，彼らとの貿易は南蛮貿易とよばれた。南蛮貿易では日本と中国の間の中継貿易が行われ，中国の生糸や日本の銀などがあつかわれていた。　⑶　「俵物」とは，長崎における中国との貿易で輸出品となった海産物のことで，特に「俵物三品」とよばれた干しあわび・いりこ(なまこを干したもの)・ふかひれは，中華料理の高級食材として需要が高かった。　⑷　史料から，倭の女王が魏(中国)の皇帝に「男の生口４人，女の生口６人，綿布２匹２丈」をわたしたことが読み取れる。「生口」とは「生きた人」のことなのだから，当時の輸出品が「生きた人や綿布などのみつぎ物」だったことがわかる。一方，魏の皇帝は倭の女王を「『親魏倭王』という地位」に任命し，「刀２つ，銅鏡100枚」を与えたのだから，「中国からの地位，刀や銅鏡など」を輸入していたことになる。なお，「倭の女王」は邪馬台国の卑弥呼を指している。　⑸　平安時代後期から室町時代にかけて行われた日本と中国との貿易は，貨幣を使った売買ではなく，物どうしを交換する形式で行われていた。　⑹　1902年の生糸の輸出金額は，25567(万円)×0.3＝7670.1(万円)，1918年の生糸の輸出金額は，193100(万円)×0.19＝36689(万円)で，1918年の輸出金額のほうが多い。また，八幡製鉄所の操業開始は1901年のことである。　⑺　高度経済成長は1950年代後半に始まり，1973年のオイルショック(石油危機)によって終わった。また，1965年に比べて1985年は輸出総額がおよそ14倍に増えているが，繊維の占める割合は５分の１程度しか減っていないので，繊維の輸出金額は増えたと判断できる。さらに，1985年のプラザ合意によって円高が進み，これを一つのきっかけとして1980年代後半にはバブル経済とよばれる好景気が訪れた。バブル経済は1990年代初めに崩壊し，これによって日本経済は平成不況とよばれる停滞の時代に入った。

問２　⑴　**C**　GATTは「関税及び貿易に関する一般協定」の略称で，「ラウンド」とよばれる多国間協議によって自由貿易の推進を目指してきた。1986年から始まったウルグアイラウンドは交渉が難航して1993年まで続き，1994年に合意にいたった。　**D**　WTOは世界貿易機関の略で，GATTのウルグアイラウンドで創設が決まり，GATTを発展的解消する形で1995年に設立された。　**E**　近年，中国は急速な工業化をおし進めて経済発展をなしとげ，さまざまな品目で輸出量を増やして「世界の工場」とよばれるまでに成長した。　⑵　①，②　日本は，自国の農業と農家を保護することをおもな目的として，農産物の輸入を制限してきた。オレンジの輸入自由化によって海外から安いオレンジが大量に輸入されるようになると，オレンジやみかんをつくる日本の農家は競争にさらされ，利益が減少するなど厳しい状況に立たされた。一方で，オレンジを安く買えるようになった消費者は恩恵を受けたと考えられる。　⑶　1989年，地中海に浮かぶマルタ島沖の船上で，アメリカ合衆国のブッシュ大統領とソ連のゴルバチョフ書記長が会談した。このマルタ会談で，長く続いた東西冷戦の終結が宣言された。　(4)　アは2008年，イは1997年，エは2012年(実際に８％になったのは2014年)のできごとなので，アが正しい。ウについて，2021年までで，中国のGDP(国内総生産)がアメリカ合衆国をぬいたことはない。

問３　近年の日本の貿易において，輸出入額を合わせた総額は中国が第１位，アメリカ合衆国が第２位となっている。アメリカ合衆国と中国の間で，中国の輸出超過による貿易摩擦が問題となっていることなども手がかりとなる。

問４　かつて，日本の輸出品の中心は繊維品だったが，高度経済成長をへて機械類と自動車が大きな割合を占めるようになった。一方で，アジア諸国の工業化によって，輸入品目でも機械類が最も大きな割合を占めるようになったが，それでもなお，石油や天然ガスといった天然資源が多く輸入されている。

問５　名古屋港(愛知県)は，自動車工業がさかんな中京工業地帯の輸出港となっており，輸出品目の上位を自動車と自動車部品が占める。また，川崎港(神奈川県)のある川崎市は，京浜工業地帯のなかでも石油化学工業がさかんな都市なので，輸入品目の上位に石油が入る。衣類は，東京港や名古屋港，大阪港など，大消費地に近い港での輸入が多い。

問６　日本はオーストラリアから多くの天然資源を輸入しており，輸入額では鉄鉱石・石炭・液化天然ガスで第１位の輸入先となっている。また，肉類では，牛肉のおもな輸入先となっているアメリカ合衆国が第１位，オーストラリアが第３位である。中国からは，音響・映像機器などの機械類や衣類の輸入が多い。

理　科　＜第１次試験＞（30分）＜満点：60点＞

解　答

1 (1)　1　(2)　300cal　(3)　①　(4)　2　(5)　60g　(6)　６℃　2 (1)　4　(2)　すいじょうちかん(法)　(3)　4　(4)　3　(5)　1　(6)　5　(7)　3　(8)　5
3 (1)　36種類　(2)　3　(3)　**境川**…1　**宮川**…9　(4)　36　(5)　1　(6)　8　(7)　1，3　4 (1)　おおいぬ(座)　(2)　金星　(3)　3　(4)　デネブとアルタイル　(5)　リゲル　(6)　こいぬ(座)

解　説

1 電熱線と発熱についての問題

(1)　電源の電圧が同じ場合，ニクロム線に流れる電流が大きいほど，発熱量は大きくなる。したがって，発熱量の最も大きいニクロム線アが最も電流が流れやすく，ニクロム線ウが最も電流が流れにくい。なお，電流の流れにくさを抵抗(ていこう)といい，抵抗の大きい順にニクロム線ウ，ニクロム線イ，ニクロム線アとなる。

(2)　ニクロム線ウの入った水100gは３分間で３℃上昇(じょうしょう)しているので，この間に水に与(あた)えられた熱量は，１×100×３＝300(cal)である。

(3)　ビーカーCのニクロム線イとビーカーDのニクロム線アは直列につながれているので，同じ大きさの電流が流れる。流れる電流の大きさが同じとき，ニクロム線の抵抗が大きいほど(長さが長いほど)発熱量が大きくなる。よって，長さが長いニクロム線イを入れたビーカーCの方が温度変化は大きくなる。

(4)　並列つなぎのビーカーAのニクロム線イとビーカーBのニクロム線ウを比べると，長さが短いニクロム線イの方が抵抗が小さいので大きな電流が流れる。また，ビーカーCのニクロム線イとビーカーDのニクロム線アは直列つなぎで，その２つを合わせると，長さがニクロム線アの，１＋２＝３(倍)の抵抗と見なすことができるので，抵抗の大きさはニクロム線ウと同じになり，流れる電流の大きさもビーカーBのニクロム線ウと同じになる。よって，流れる電流の大きさは，イ＞ウ＝アである。

(5)　図４の①では，水の温度が３分間で５℃上昇している。また，図２で，ニクロム線ウは100gの水の温度が３分間で３℃上昇している。図２のニクロム線ウと，図３のビーカーBのニクロム線ウには同じ大きさの電流が流れていて，水の温度上昇は水の重さに反比例するので，ビーカーBに入っている水の重さは，$100\times\frac{3}{5}=60$(g)となる。

(6)　ビーカーAにはニクロム線イが入っていて，水が75g入っている。また，図２で，ニクロム線イは100gの水を３分間に，$3\times\frac{3}{2}=4.5$(℃)上昇させている。図２のニクロム線イと，図３のビーカーAのニクロム線イには同じ大きさの電流が流れているので，水の温度は，$4.5\times\frac{100}{75}=6$(℃)上昇する。

2　二酸化炭素についての問題

(1)　オゾン層は，地球のはるか上空を取り巻いており，太陽光にふくまれる生物に有害な紫(し)外線を吸収するはたらきがある。近年，スプレー缶(かん)や冷蔵庫の冷媒(れいばい)などに広く使われていたフロンが原因でオゾン層がうすくなっており，これにより多量の紫外線が地上に降りそそいで，生物のからだを傷めるおそれがあると心配されている。

(2)　気体を水と置き換(か)えて集める方法を水上置換(ちかん)法という。この方法は，水にとけにくい気体や水に少しとける気体を集めるときに用いられる。

(3)　この実験で発生する気体は二酸化炭素である。二酸化炭素が石灰水と反応すると，水にとけない炭酸カルシウムという物質ができるために白くにごって見える。

(4)　二酸化炭素は燃える気体ではなく，ものが燃えるのを助けるはたらきもないので，二酸化炭素の入った試験管に火のついた線香(せんこう)を入れると火は消える。

(5)　二酸化炭素が水にとけた水溶液(すいようえき)は炭酸水とよばれ，炭酸水は酸性を示すので，BTB溶液を加えると黄色になる。

(6)　二酸化炭素は無色で，臭(にお)いがなく，空気の約1.5倍の重さがある。

(7)　オキシドール(うすい過酸化水素水)に切ったジャガイモを入れると，ジャガイモにふくまれるカタラーゼという物質(酵素(こうそ))が過酸化水素を分解して酸素を発生させる。なお，入浴剤(ざい)には重曹(じゅうそう)(炭酸水素ナトリウム)と酸性の物質がふくまれていて，お湯にとけることにより化学反応が起こり二酸化炭素が発生する。また，重曹に酢(す)を加えた場合も同様の反応が起こる。炭酸飲料は二酸化炭素をとかしこんであるため，温めるととけきれなくなった二酸化炭素が気体として出てくる。

(8)　固体が液体にならず直接気体になることを昇華(しょうか)という。

3　横浜市を流れる川の魚の種類と生物多様性についての問題

⑴　境川では，コイのなかまが５種類，ドジョウのなかまが２種類，ハゼのなかまが５種類，カダヤシ，メダカ，アユ，タイ，ボラ，カワアナゴ，フグのなかまがそれぞれ１種類ずつ，それ以外の魚類が17種類確認されており，合計，５＋２＋５＋１×７＋17＝36(種類)の魚類が確認できた。

⑵　宮川と侍従川は，表１に空欄が多いことからも，魚類の種類が少ないと判断できる。確認された魚の種類は，鶴見川で40種類，帷子川で27種類，大岡川で27種類，境川で36種類なので，多様な種類の魚類が観察できた川の組み合わせは，鶴見川と境川といえる。

⑶　１～９の魚類の中で，境川で採集された数が最も多いのは１のオイカワで，宮川では９のチチブである。

⑷　採集されたボラの合計数は74なので，74－(11＋１＋６＋14＋６)＝36と求められる。

⑸　ドジョウは真水で生活し，アユは川と海を行き来して生活する。また，クサフグは海水と淡水が混じり合っている場所や浅い海などで生活している。

⑹　鵜飼は，訓練した鵜を使ってアユなどをとる伝統的な漁法である。鵜の首にはひもが巻かれており，のどにつかえたアユを鵜匠がはき出させてアユをとらえている。

⑺　１　カダヤシもミナミメダカもプランクトンなどをエサとしている。　２　確認された外来種22種類はいずれも真水で生活しており，確認された真水に生活する魚は33種類なので，真水に生活する魚のうち，22÷33＝0.66…より，７割近くが外来種とわかる。　３，４　ホトケドジョウは在来種であり，近年，その数が減少しており，絶滅危惧種に指定されている。　５　表１で，川と海を行き来して生活する魚のうち，カワアナゴやオオヨシノボリは境川だけに見られる。

4　星や星座についての問題

⑴　シリウスはおおいぬ座にふくまれる，星座をつくる星の中で最も明るい１等星である。

⑵　アの文章で説明されている星は，地球より外側で太陽の周りを回っている火星である。地球より内側で太陽の周りを回っていて，明けの明星・宵の明星として知られている惑星は金星である。

⑶　イの文章で説明されている星は，地軸の北側を延長したところにあり，北半球から見ると，いつもほぼ真北の同じ位置にあって動かない北極星で，こぐま座にふくまれる２等星である。北極星は北極点(北緯90度)では真上に見えるが，赤道付近では北の地平線ぎりぎりに見える。

⑷　ウの文章で説明されている星は，こと座の１等星ベガで，ベガとはくちょう座のデネブ，わし座のアルタイルがつくる三角形を夏の大三角という。

⑸　オリオン座は３つ並んだ２等星とそれを囲むように四角形をつくるように並んだ星が目印となる星座である。オリオン座が南の位置にきたときに，四角形の左上に位置するのが赤色に光るベテルギウス，右下に位置するのが青白色に光るリゲルになる。一般に，地球から見える星の色は，その星の表面温度によって決まっており，その温度が高い方から順に，青白色→白色→黄色→オレンジ色→赤色となる。よって，黄色っぽく見える太陽より表面温度が高いのはリゲルとわかる。

⑹　おおいぬ座のシリウス，オリオン座のベテルギウス，こいぬ座のプロキオンがつくる三角形を冬の大三角という。冬の大三角は，冬の午後８時ごろに，オリオン座の３つ星や，全天で一番明るいシリウスを探すと見つけることができる。

国　語　＜第１次試験＞（50分）＜満点：100点＞

解　答

一　下記を参照のこと。　二　問１　ス　問２　カ　問３　２(つ)　三　１　(ゆ)るい　２　(ゆ)がむ　３　(ゆ)らい　四　問１　ア　問２　あとの祭り　問３　エ　問４　ウ　問５　いう　問６　自分の良心　問７　ウ　問８　１　キ　２　イ　問９　棒　問10　(例)　伝馬くらべに出たら自分の家のカツオ船に乗られなくしてやる　問11　エ　五　問１　あたかも　問２　１　名　２　体　問３　名前はその　問４　ウ　問５　a　オ　b　エ　問６　ア　問７　親近感　問８　イ　問９　イ，エ　問10　①　憲法に違反　②　(例)　名前は自分そのもので，名前が変わることで自分が変わってしまうように感じるから。　六　問１　１　急激　２　上昇　問２　イ

●漢字の書き取り

㊀　１　賃金　２　枚挙　３　雑穀　４　拝(む)　５　貧(しさ)

解　説

一　漢字の書き取り

１　労働の対価として，働いた者に支払われる金。　２　一つ一つ数え上げること。　３　米，麦以外の穀類。　４　音読みは「ハイ」で，「拝観」などの熟語がある。　５　音読みは「ヒン」「ビン」で，「貧富」「貧乏」などの熟語がある。

二　言葉のかかり受け，品詞の知識

問１　ことばのかかり受けでは，直接つなげてみて意味のまとまる部分が答えになる。ここでは，「それは」が文全体の主語になっている。

問２　「だいぶ」「紺の」→「はげ落ちた」とつながるので，カがふさわしい。

問３　言い切りの形が「だ」で終わる，ようすや状態を表すことばが形容動詞にあたる。よって，イ，ケの２つが選べる。

三　ことばの知識

１　「ゆるい」にはほかに，“のんびりしている”や“だらしない”などの意味もある。　２　㊁の意味では，「根性がゆがむ」などと使われる。　３　漢字では「由来」と書く。

四　出典は斉藤洋の『海にかがやく』による。二郎は，光彦とペアを組んで出場するはずだった伝馬くらべに，急遽夏生と出ることになった。ひとりでこごうとする二郎だが，夏生はひそかに作戦を立てていた。

問１　伝馬くらべの最後のほうでは，どの舟も「バテぎみに」なったり「もたもたしはじめ」たりしてスピードが落ちていることから，距離も長く，体力を使うことがわかる。よって，アがふさわしい。

問２　続く部分に，「じょうだんにもならない」とあることに注目する。祭りの「さいちゅう」なのに「あとの祭り」とはまったく笑えないというのである。

問３　直前に注目する。二郎は夏生にこぎ手をかわるつもりはなかったが，夏生が「海に落ちたら，失格」なのを知っていて，「かわらなけりゃ，わたし，海にとびこむわよ」と言うので，しぶしぶ

交代したのである。よって，エがふさわしい。

問４　二郎は，夏生の「どんな競技だって，ルールのなかでなら，なにをやってもいいのよ」という言葉を聞いて，初めて「わざとぶつけさせた」のだと気づいた。そして，「夏生の顔をしみじみと見」たのは，「負けないためなら，なんでもする」というのが，「かわいい顔」に似合わず，意外だったからだと考えられる。

問５　「いわんばかり」は，“実際に口には出していってはいないが，ようすや態度にはっきりと表れていること”という意味である。「いわん」は，動詞の「いう」が変化した形。

問６　伝馬くらべが終わったあと，二郎と夏生が話している場面で，「わたしね，あいつらの舟に追いこされたとき，気づいたことがあるのよ」と，夏生が「そのほうがよかったかもしれない」と言った理由が語られている。卑怯な手を使って伝馬くらべに勝った池本兄弟は「今はいい気持ちかもしれないけど〜いやな気持ちになるに決まってる」，つまり自分の良心にしかえしされて苦しむことになる，と夏生は考えたのである。

問７　もどす文に「夏生が伝馬くらべのルールにくわしいことで，もう二郎はおどろかなかった」とあるので，「夏生が伝馬くらべのルールにくわしいこと」がわかるのが初めてではない場面に入れるのが合う。よって，「海に落ちたら，失格」だと知っていたことに加え，「ブイがなければ，コースからずれてもいいんだから」と言ったあとの【ウ】に入れるのがふさわしい。

問８　**１，２**　「ぬきつぬかれつ」は，“ぬいたりぬかれたりする”という意味である。“〜つ〜つ”の形は，ぬくとぬかれるのような対比的な動作が，連続的に行われていることを表す。

問９　長く立ったり歩いたりして足がつかれているようすを表すときに，「足が棒になる」という。ここでは，二郎がずっと手で舟をこいでいたので，手がつかれ果てているようすを表している。

問10　直前の二郎と夏生のやりとりに注目する。光彦がカツオ船に乗りたがっていること，光彦の父は池本の家の船に乗っていることを利用して武男が光彦をおどしたとすると，「伝馬くらべに出たら，自分の家のカツオ船には乗せてやらない」のような言葉が考えられる。

問11　急遽ペアを組むことになった二郎と夏生だが，しだいに力を合わせて勝負に挑むようになっていくようすがえがかれている。

五　**出典は中村桃子の『「自分らしさ」と日本語』による。**筆者は，アイデンティティを示すことばの代表として名前をあげ，私たちの名前に対する考え方について，身近な例とともに説明している。

問１　「あたかも〜ようだ」で，“まるで〜ようだ”という意味になる。

問２　**１，２**　「名は体を表す」で，“名前はそのものの実態を言い表している”という意味になる。

問３　「『実名敬避』の伝統」は，「日本の『名実一体観』」の表れの例としてあげられている。つまり，「名前はその人そのものである」という考え方があるから，「目上の人を名前で呼ぶことを避ける」のである。

問４　続く部分に注目する。筆者は，「名前はその人そのものである」という「名実一体観」を無視して黒い犬に「シロ」と名づけた「飼い主のユーモアに，ほっこりし」，「『シロ』の意味など関係なく，自分の名前に反応する犬をかわいらしく思った」と述べられている。そして，「これも，『シロという名前ならば白い犬だろう』という名実一体観を裏切る命名だったからこその感慨だろう」とまとめている。よって，ウがふさわしい。

問５　**a**　直前の「国民が名前を変えたり，同じ人が複数の名前を使っていたのでは困る」と直後の「一人がひとつの名前を使って戸籍を編製するように定めた」が，原因と結果の関係になっているので，前のことがらを受けて，そこから導かれることがらに移るときに用いる「そこで」が合う。　**b**　「一人にひとつの名前」が当たり前の社会で，本名とは別に「個性的な名前」を持つアーティストもいると述べられた後で，「そんなアーティストも～使っているはずだ」と，彼らも「一人にひとつの名前」から外れてはいないと述べられているので，前のことがらを受けて，それに反する内容を述べるときに用いる「しかし」がふさわしい。

問６　日本人はもともと「名実一体観」を持っていたが，明治時代以降の「一人一名主義」によって「名前を，個人を識別する符号のようにみなす」「名前符号観」が新たに生まれたのである。それは，名前と人格の結びつきを尊重しているとはいえないので，アが合わない。

問７　続いて，ある人が「自分と同じ名前の人の会を作った」ことについて述べられた部分に，参加している人は「同じ名前を持つという親近感があったので，はじめから親戚のように話すことができた」とある。

問８　「名実一体観」とは，「名前はその人そのものである」という考え方であることをおさえる。自分と同じ名前であるということは，自分と同じような人であるはずだという思いがあるからこそ，親近感を持てるのである。よって，イがふさわしい。

問９　直後に，「二つの関係」とは「人が変化したから名前を変えるという関係」と「名前を変えることで，自分も変化しようとするという関係」だと説明されている。そして，後者の例として「こうなってほしいという願いを名前に託す，親が子どもに命名する場合」があげられているので，エが選べる。また，イは立場が変わったことで名前を変えているので前者の例である。

問10　①　記事の中に「夫婦同姓」の制度について「合憲」，「憲法24条の『婚姻の自由』に違反しない」と書かれている。　②　本文では，「名実一体観」と「名前符号観」という日本人の名前に対する二つの考え方が説明されているが，「名字を変えることに抵抗がある」というのは，自分の名前に思い入れがあるからで，「名実一体観」によるものだと考えられる。よって，「名前は自分そのものであり，名前が変わると自分まで変わってしまうように感じるから」のようにまとめる。

六　資料の読み取り

問１　**１，２**　100年を平均した上昇の傾きを示す直線より上に多くの点があるということは，1980年代後半以降に急激に気温が上昇したということである。

問２　問１でみたように，近年気温が急激に上昇しているので，平年値をとる期間が変わることで，気温の「平年値」がこれまでより高くなる。そうすると，実際には注意しなければいけない気温であっても「平年並み」とされる可能性が出てくる。

Dr.福井の

入試に勝つ！脳とからだのウルトラ科学

睡眠時間や休み時間も勉強!?

みんなは寝不足になっていないかな？　もしそうなら大変だ。睡眠時間が少ないと，体にも悪いし，脳にも悪い。なぜなら，眠っている間に，脳は海馬（かいば）という部分に記憶をくっつけているんだから。つまり，自分が眠っている間も頭は勉強しているわけだ。それに，成長ホルモン（体内に出される背をのばす薬みたいなもの）も眠っている間に出されている。昔から言われている「寝る子は育つ」は，医学的にも正しいことなんだ。

寝不足だと，勉強の成果も上がらないし，体も大きくなりにくく，いいことがない。だから，睡眠時間はちゃんと確保するように心がけよう。ただし，だからといって寝すぎるのもダメ。アメリカの学者タウブによると，10時間以上も眠ると，逆に能力や集中力がダウンしたという研究報告があるんだ。

睡眠時間と同じくらい大切なのが，休み時間だ。適度に休憩するのが勉強をはかどらせるコツといえる。何時間もぶっ続けで勉強するよりも，50分勉強して10分休むことをくり返すようにしたほうがよい。休み時間は，散歩や体操などをして体を動かそう。かたまった体をほぐして，つかれた脳を休ませるためだ。マンガを読んだりテレビを見たりするのは，頭を休めたことにならないから要注意！

頭の疲れに関連して，勉強の順序にもふれておこう。算数の応用問題や理科の計算問題，国語の読解問題などを勉強するときには，脳のおもに前頭葉という部分を使う。それに対して，国語の知識問題（漢字や語句など）や社会などの勉強では，おもに海馬（かいば）という部分を使う。したがって，それらを交互に勉強すると，１日中勉強しても疲れにくい。

Dr.福井（福井一成（ふくいかずしげ））…医学博士。開成中・高から東大・文Ⅱに入学後，再受験して翌年東大・理Ⅲに合格。同大医学部卒。さまざまな勉強法や脳科学に関する著書多数。

2022年度　鎌倉学園中学校

〔電　話〕　(0467)22－０９９４
〔所在地〕　〒247－0062　神奈川県鎌倉市山ノ内110
〔交　通〕　JR横須賀線 ― 北鎌倉駅より徒歩13分

【算　数】〈第２次試験〉（50分）〈満点：100点〉

1　次の計算をしなさい。

（1）　$1\times1+5\times5+7\times7+19\times19+25\times25+31\times31$

（2）　$2\frac{1}{4}\div1\frac{1}{2}+\frac{4}{9}\times3\frac{3}{5}$

（3）　$\frac{1}{2\times4\times5}+\frac{1}{4\times5\times6}+\frac{1}{5\times6\times8}$

（4）　$1.46\times3.14+1.54\times6.28-9.42\times1.36$

2　次の□に適する数を求めなさい。

（1）　$1\frac{1}{7}-\left(\square+2.25\right)\div3\frac{9}{16}=\frac{10}{21}$

（2）　K君はある本を読むのに，1日目は全体の$\frac{2}{5}$を読み，2日目は残りの$\frac{1}{3}$より12ページ多く読み，3日目は残りの$\frac{5}{8}$を読んだところ，まだ27ページ残っています。この本のページ数は□ページです。

(3) 車でP地点からQ地点までの間を時速55kmで移動して，15分間の休けいをしました。その後，20kmはなれたR地点まで時速60kmで移動しました。P地点を出発してからR地点に着くまでに1時間20分かかったとき，P地点からQ地点までの道のりは[　　]kmです。

(4) ホットコーヒーが1杯(ぱい)200円，アイスコーヒーが1杯250円の店があります。最高気温が15℃の日には，ホットコーヒーが130杯，アイスコーヒーが40杯売れます。売れる数は，最高気温が1℃上がるごとに，ホットコーヒーが15杯ずつ減り，アイスコーヒーが20杯ずつ増えます。最高気温が[　　]℃の日は，両方の売り上げが同じです。

3 次の[　　]に適する数を求めなさい。

(1) 図のように，直角三角形ABCにおいて，辺ABを2等分する点をDとします。また，辺ABの延長上で，AD=CEとなる点をEとします。このとき，角xの大きさは[　　]度です。

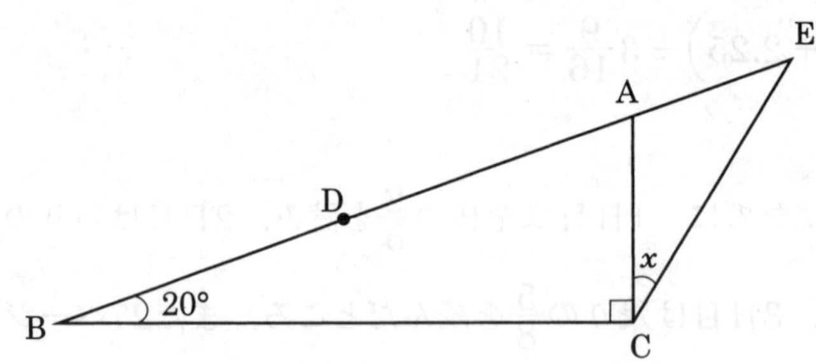

(2)　図のように，底面の半径が5cm，高さが10cmの円柱をななめに切って２つの立体に分けました。このとき，２つの立体の体積の差は［　　］cm^3 です。ただし，円周率は3.14とします。

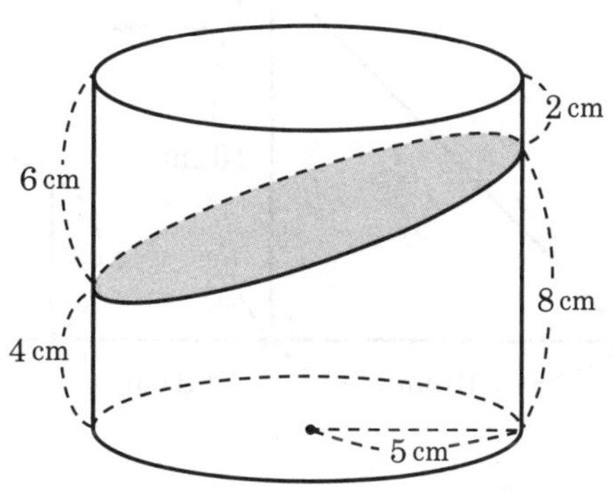

4　[0]，[1]，[2]，[3]，[5]，[7] の６枚のカードがあります。

次の問いに答えなさい。

(1)　この６枚のカードの中から２枚を取り出して２けたの整数をつくるとき，奇数は何個できますか。

(2)　この６枚のカードの中から３枚を取り出して３けたの整数をつくるとき，偶数または５の倍数は何個できますか。

(3)　この６枚のカードの中から４枚を取り出して４けたの整数をつくるとき，３の倍数は何個できますか。

5 図のように，直線上に直角二等辺三角形と台形があります。図の位置から台形は動かさずに，直角二等辺三角形を毎秒0.5cmの速さで右へ動かしたとき，２つの図形の重なった部分の面積をＳとします。

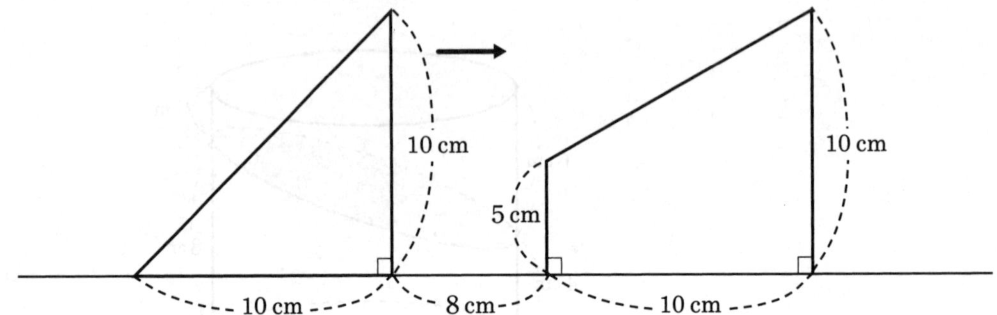

次の問いに答えなさい。

(1) 動き始めてから20秒後の面積Ｓを求めなさい。

(2) 動き始めてから26秒後の面積Ｓを求めなさい。

(3) 面積Ｓが２回目に18cm^2になるのは，動き始めてから何秒後ですか。

6 次のように，３の倍数を小さい順にすきまを空けずに左からつめて書き並べます。

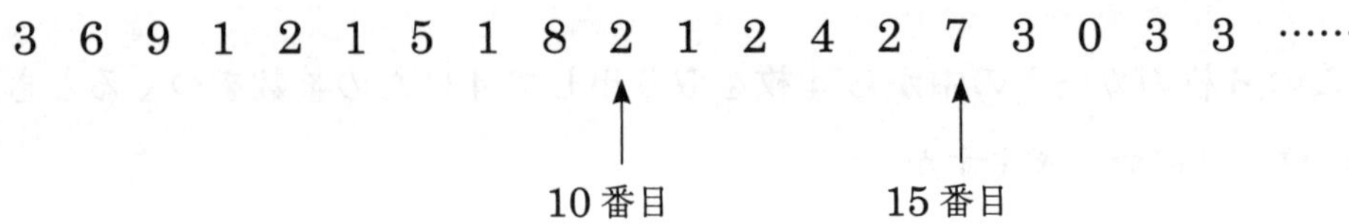

例えば，10番目の数字は２で，15番目の数字は７です。

次ページの問いに答えなさい。

（1） 35番目の数字はいくつですか。

（2） 100番目の数字はいくつですか。

（3） 1番目から275番目までの275個の数字の中に，3は何個ありますか。

7 選手が，最初に2km泳ぎ，次に40km自転車をこぎ，最後に10km走るトライアスロン大会があります。スタートしてからゴールするまでにかかった時間を記録とします。ただし，自転車の乗り降りにかかる時間は考えず，各選手の3種類の速さはそれぞれ一定とします。

次の問いに答えなさい。

（1） A君は時速2.4kmで泳ぎ，時速30kmで自転車をこぎました。記録が3時間だったとき，最後に時速何kmで走りましたか。

（2） B君は，C君の$\frac{2}{3}$の速さで泳ぎ，時速25kmで自転車をこぎ，最後に時速6kmで走ったところ，記録は3時間56分でした。C君は，B君と同じ速さで自転車をこぎ，最後に時速8kmで走りました。このとき，C君の記録は何時間何分何秒でしたか。

（3） D君は，E君より泳いだ時間が10分長くかかり，最後に分速200mで走ったところ，記録は2時間50分でした。E君は，泳ぐ速さ，自転車をこぐ速さ，走る速さの比が1：4：2で，D君と同じ記録でした。このとき，D君の泳ぐ速さ，自転車をこぐ速さ，走る速さの比を最も簡単な整数の比で表しなさい。

8　半径４cmの鉄球があります。図１のように，ふたのついた直方体の容器の中に５個の鉄球を入れたところ，一番上の鉄球がふたにぴったりつきました。また，図２のように，直方体の容器の中に３個の鉄球を入れた状態で容器の高さまで水を入れたところ，水の量は 384×3.14 cm^{3}でした。

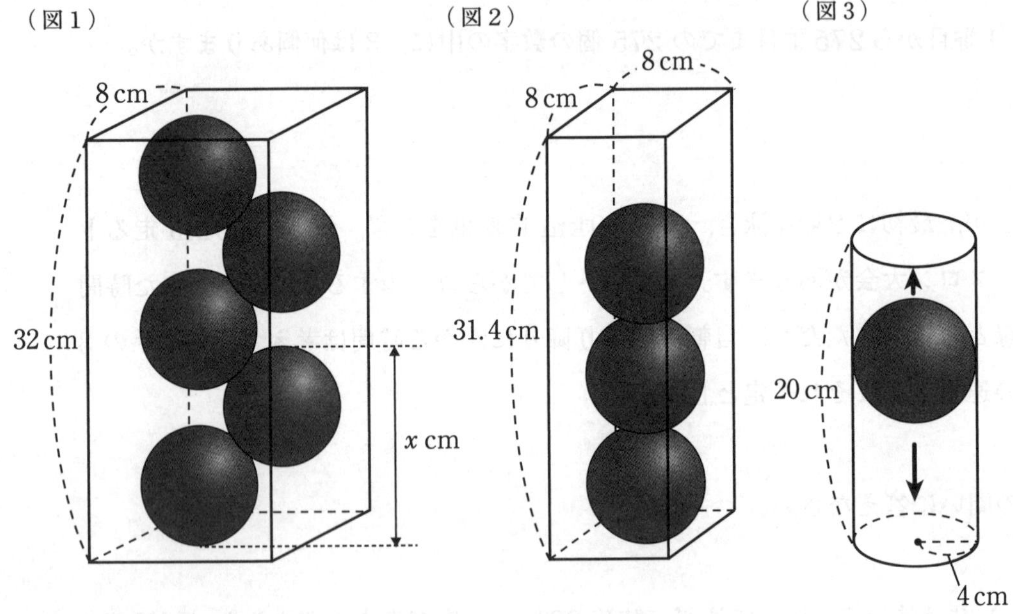

次の問いに答えなさい。ただし，容器の厚さは考えないものとし，円周率は3.14とします。

(1)　図１において，鉄球２個分の高さは x cmです。x の値を求めなさい。

(2)　鉄球の１個の体積は，$y \times 3.14$ cm^{3}です。y の値を求めなさい。

(3)　図３のように，ふたのついた円柱の容器の中に１個の鉄球を入れました。この鉄球は，上下に移動することができます。鉄球が移動することができる部分の体積は，鉄球１個の体積の何倍ですか。

【社　会】〈第２次試験〉（30分）〈満点：60点〉

1　写真１～３はマナブくんが夏休みに旅行した際に撮影した山口県・広島県・島根県の世界遺産の写真と説明文です。この３県について，あとの問いに答えなさい。

写真１

写真１は江戸幕府末期の藩主毛利敬親(もうりたかちか)の時代に試験的に造られた反射炉です。反射炉とは純粋な鉄を造るための施設で，この時代の反射炉としてはａ静岡県の伊豆韮山(にらやま)にあるものと２つのみです。

写真２

写真２はもともと「産業奨励(しょうれい)館」という建物で，地域の文化拠点(きょてん)でした。1945年８月６日午前８時15分にアメリカ軍が原子爆弾を投下し，写真のような姿となりました。その後，焼け野原となったこの地域全体の復興が進みましたが，ここは平和記念公園の一部として1966年に永久保存されることが決まりました。

写真３

写真３は戦国時代に本格的に開発を進めた石見(いわみ)銀山です。安土桃山時代から江戸時代初期にかけて最盛期をむかえ，このころ日本は世界の銀の３分の１を産出していたが，その大部分はここから産出された銀であると言われました。

問１　今回旅行したこの３県について調べるために，マナブくんは，各県の県章などについてまとめることにしました。図１中の**A～C**は，山口県，広島県，島根県の県章と，県の花，県の木について説明したものです。**A～C**と県名の組み合わせとして**正しいもの**を，次ページの選択肢の**ア～カ**のなかから一つ選び記号で答えなさい。

A

●県章について

この県の頭文字のカタカナを図案化し，県章としています。円によって県民の和と団結を表現し，その重なりによって伸びゆくこの県の躍進と発展を象徴しています。
（昭和43年７月16日制定）

●県の木と花「モミジ」

モミジは県全域に分布し，県内にはモミジの名所も数多いことから，県の木に制定されました。

なお，県の花は正式には決められていませんが，県民になじみ深いモミジを県の花としています。
（昭和41年９月12日制定）

B

●県章について

この県の漢字を図案的に組み合わせ，県民の団結と飛躍を太陽に向かって羽ばたく飛鳥に託し，この県の姿を表現したものです。（昭和37年制定）

●県の花「夏みかん」

夏みかんはこの県が原産で，毎年５月になると白い花が咲き，周囲には香水をまいたような甘酸っぱい香りが漂います。
（昭和29年NHKが選定）

●県の木「アカマツ」

県内に広く分布するアカマツは，どんなやせ地でも育ち，干ばつにも強いことから「根性の木」として評価されています。800年前の東大寺大仏殿の復興材や昭和40年の皇居新宮殿「松の間」の内装材に使われています。
（昭和41年選定）

C

●県章について

中心から放射線状に伸びる四つの円形が雲形を構成して，この県の調和ある発展と躍進を象徴し，円形はこの県の２文字目のカタカナを図案化し，四つ組み合わせて県民の団結を表しています。
（昭和 43 年制定）

●県の花「ボタン」

県内には日本一のボタンの産地があり，300 年前から栽培され多くの人に親しまれてきました。四月下旬から五月上旬にかけて，300 種以上，数万株の大輪の花を楽しむことができます。
（昭和 28 年制定）

●県の木「クロマツ」

海岸部から里山地帯に広く分布しています。県内の平野や各地の景勝地で見られるように，防風林，経済林，庭園樹などとして県民に古くから親しまれてきた県を代表する木です。
（昭和 41 年制定）

全国知事会ウェブサイトより作成

図１

	A	B	C
ア	山口県	広島県	島根県
イ	山口県	島根県	広島県
ウ	広島県	島根県	山口県
エ	広島県	山口県	島根県
オ	島根県	山口県	広島県
カ	島根県	広島県	山口県

問２　以下の文章は，マナブくんがこの３県の政治と司法について調べたものです。あとの問いに答えなさい。

山口県・広島県・島根県出身の政治家について調べてみたところ，2021 年 7 月現在，山口県からは１岸信介・佐藤栄作・安倍晋三の３名，島根県からは竹下登の１名，広島県からは池田勇人・宮澤喜一の２名，合わせて６名が第二次世界大戦後の総理大臣に選ばれていることがわかりました。

せっかくなので司法についても調べてみると，２裁判所についても違いがありました。（　D　）裁判所は，広島県のみに設置され，島根県にはその支部が置かれています。ただし，山口県には置かれていないことがわかりました。

(1)　内閣総理大臣の職務や権限に当たるものを以下の選択肢**ア**～**オ**のなかから**二つ選び**記号で答えなさい。

ア　臨時国会を召集する権限
イ　閣議を主宰（しゅさい）する権限
ウ　外交関係を処理し，条約の締結をおこなう権限
エ　下級裁判所の裁判官を任命する権限
オ　国務大臣を任命する権限

(2) 下線部１の人物を総理大臣になった順番で並べ替えたときに，**４番目に来る人物に関連する説明**として，**正しいもの**を以下の選択肢**ア～カ**のなかから一つ選び記号で答えなさい。

ア 日米安全保障条約を改定したが，政治的混乱の責任をとり，退陣した。

イ 「大胆(だいたん)な金融政策」・「機動的な財政政策」・「民間投資を喚起(かんき)＊する成長戦略」の３つを中心とする経済政策を打ち出した。

ウ PKO協力法を成立させたが，内閣不信任決議案が可決され，衆議院を解散した。

エ 消費税を導入したが，政治とカネの問題の影響で退陣した。

オ 公害対策基本法を制定し，環境庁を創設した。

カ 国民所得倍増計画を発表し，OECD（経済協力開発機構）への加盟を果たした。

＊喚起…呼び起こすこと。

(3) 文章中の空らん（　**D**　）に入る語句を**漢字**で答えなさい。

(4) 下線部２に関連して，裁判所が憲法違反であるとの判決を下した裁判がいくつかありますが，**最高裁判所が憲法違反であるとの判断を下していないもの**を以下の選択肢**ア～エ**のなかから一つ選び記号で答えなさい。

ア 衆議院議員選挙の際の「一票の格差」が，憲法に違反していないかどうかが争われた裁判。

イ 女性だけに再婚禁止期間を定めた民法の規定が，憲法に違反していないかどうかが争われた裁判。

ウ 日本人と外国人との間に生まれた子どもに日本国籍をあたえないことが，憲法に違反していないかどうかが争われた裁判。

エ 低すぎる生活保護の基準が，憲法に違反していないかどうかが争われた裁判。

問３ 写真１の説明文を読んで，あとの問いに答えなさい。

(1) 写真１のある県で生じた出来事を述べた次の文①～③について，古いものから年代順に配列したものとして**正しいもの**を以下の選択肢**ア～カ**のなかから一つ選び記号で答えなさい。

① 中国との戦争の講和条約が結ばれ，日本は中国から台湾などを手に入れるとともに賠償(ばいしょう)金をもらった。

② 守護大名大内氏の城下町が栄え，フランシスコ＝ザビエルや雪舟などが訪れた。

③ 治承(じしょう)・寿永(じゅえい)の乱の最終決戦地となり，安徳天皇が平清盛の妻平時子に抱(かか)えられて自害した。

ア ①→②→③　　**イ** ①→③→②　　**ウ** ②→①→③

エ ②→③→①　　**オ** ③→①→②　　**カ** ③→②→①

(2) 説明文中の下線部ａは江川坦庵(たんあん)（英竜(ひでたつ)）により建設が始められました。江川坦庵（英竜）は水野忠邦に認められ，天保の改革でも活やくしましたが，天保の改革の内容として**適当なもの**を以下の選択肢**ア～エ**のなかから一つ選び記号で答えなさい。

ア 物価が激しく上がっていたので物価を引き下げ，さらに新たに台頭してきた商人を幕府の統制のもとに置くため，株仲間の解散を行った。

イ 商業を活発にさせて商人から税を徴収(ちょうしゅう)するために株仲間を積極的に認めたり，幕府が直接商売を行う専売制を広げたりした。

ウ 軽犯罪者を石川島に作った人足寄場(にんそくよせば)に強制的に収用して職業訓練を行わせ，改心した者はその職業を行うための資金をもらうことができる制度を始めた。

エ 大名から１万石につき100石の割合で米を幕府に納入させ，代わりに参勤交代で江戸にいる期間を半年にする上げ米の制を行った。

問４　萩での観光を終えたマナブさんは，路線バスを乗り継ぎ，同じ県の周南市にある徳山駅前まで移動しました。そして徳山駅から次の目的地である広島駅に移動するのに３つの移動手段を検討することにしました。下の表１は，徳山駅における，広島方面の時刻表です。表１中の**E**〜**G**には，新幹線，高速バス，在来線が当てはまります。その組み合わせとして**正しいもの**を以下の選択肢**ア**〜**カ**のなかから一つ選び記号で答えなさい。

表１

	E	F	G
時	分	分	分
6	15	51　59	0　26　52
7	15	14　44　59	21　51
8	30	22　59	11
9	25	22　27	12
10	40	22　59	8
11		22	11
12		22　27	8
13	15	22　49	8
14	40	22　59	8
15	35	22　59	5　56
16		22　59	26
17	30	22　55	4　36
18		22　31　38　44	5　29　48
19		25　47	18　51
20		32　57	33
21		5　40	20　56
22		38　52	43
23			30

2021年８月現在，平日の時刻表である。

ＪＲ西日本，防長交通ウェブサイトより作成

	E	F	G
ア	新幹線	高速バス	在来線
イ	新幹線	在来線	高速バス
ウ	高速バス	在来線	新幹線
エ	高速バス	新幹線	在来線
オ	在来線	新幹線	高速バス
カ	在来線	高速バス	新幹線

問5　写真2の説明文を読んで，あとの問いに答えなさい。

(1) 写真2が永久保存されることとなったきっかけの一つに，1960年に16歳で被爆（ひばく）による急性白血病で亡くなった楮山（かじやま）ヒロ子の日記の一文があります。この日記の一文を読んで，永久保存が決まった原因として**適当なもの**を以下の選択肢**ア～エ**のなかから一つ選び記号で答えなさい。

> 「あの，痛々しい，産業奨励館だけがいつまでも恐るべき原爆を後世にうったえてくれるであろう」
>
> （1959年8月6日の日記，分かりやすく書き直したもの）

ア　中華人民共和国が水素爆弾の実験に成功したことで，核兵器の保有国への批判を強めるため。

イ　原子力発電所の開発を進めていた日本政府に対し，「非核三原則」を表明させるため。

ウ　核兵器の開発が広がっていくなか，核兵器が引き起こす破壊の怖さを全人類に知らせるため。

エ　第四次中東戦争で再び核兵器が使用されたことで，世界に核兵器の製造を禁止することをうったえるため。

(2) 写真2の県に関して述べた文**X・Y・Z**について，その文章の内容の正誤の組み合わせとして**正しいもの**を以下の選択肢**ア～ク**のなかから一つ選び記号で答えなさい。

X　平安時代に平氏一門がその繁栄（はんえい）を願って，華やかな絵を描いた写経を厳島（いつくしま）神社に奉納（ほうのう）した。

Y　鎌倉時代に浄土宗を開いた一遍が芦（あし）田川の河口にある福岡市（ふくおかのいち）にやってきて，布教を行った。

Z　江戸時代に活躍した近松門左衛門の『浮世草子』によると，福山には芝居小屋が建てられていた。

	ア	イ	ウ	エ	オ	カ	キ	ク
X	正	正	正	正	誤	誤	誤	誤
Y	正	正	誤	誤	正	正	誤	誤
Z	正	誤	正	誤	正	誤	正	誤

問6　石見銀山のある大田市に到着したマナブさんは，家族とともに男三瓶山(おさんべさん)に登山することを計画し，大田市観光協会のホームページから登山マップを手に入れました。下の図2は，男三瓶山の主な登山道を示しています。マナブさんは，主な登山道の経路断面図を作成しました。次ページの図3中の**H～J**は，図2中の❶～❸の登山道の経路断面図です。❶～❸の登山道と**H～J**との組み合わせとして**正しいもの**を次ページの選択肢**ア～カ**のなかから一つ選び記号で答えなさい。

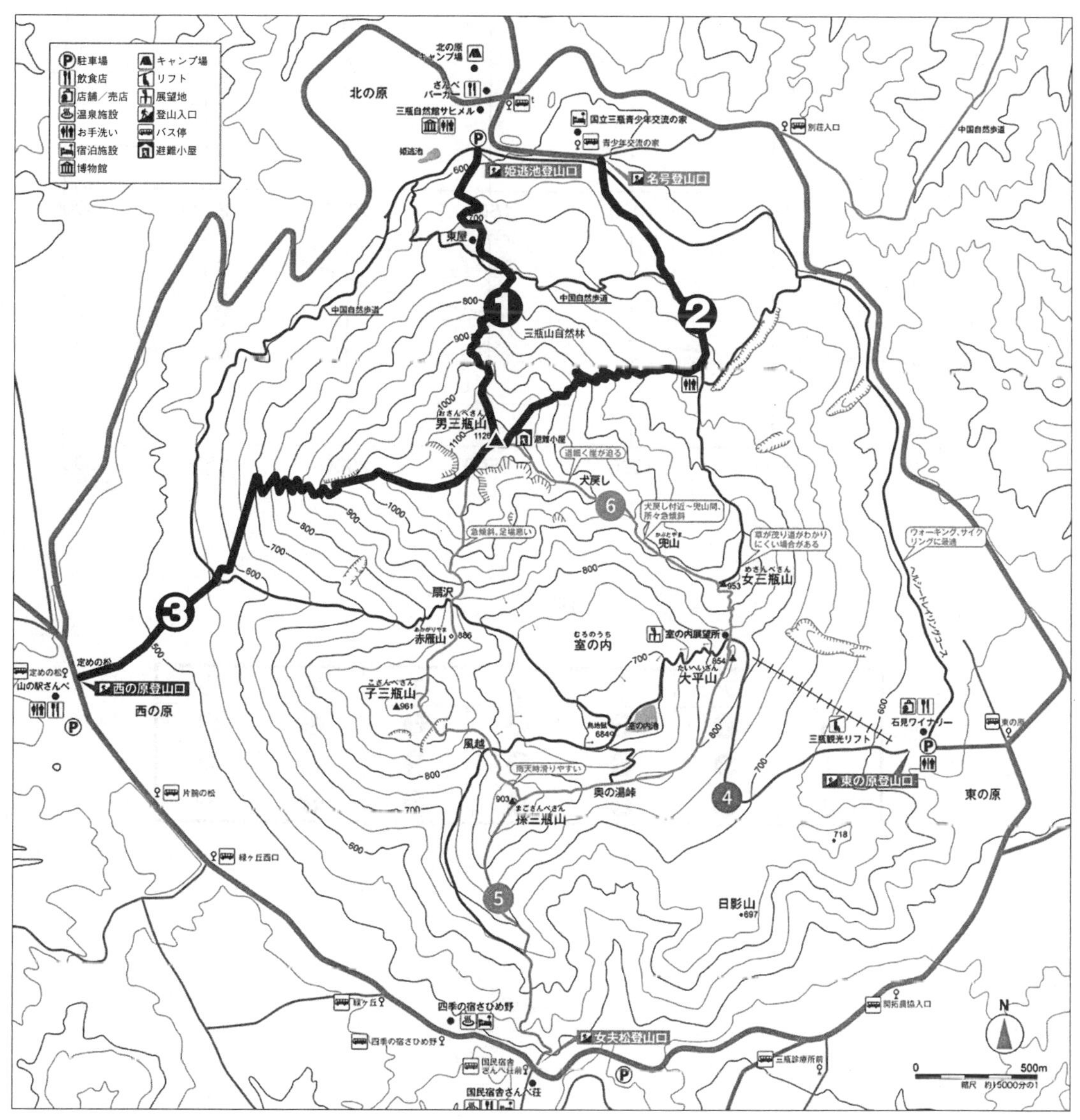

大田市観光協会ウェブサイトより

図2

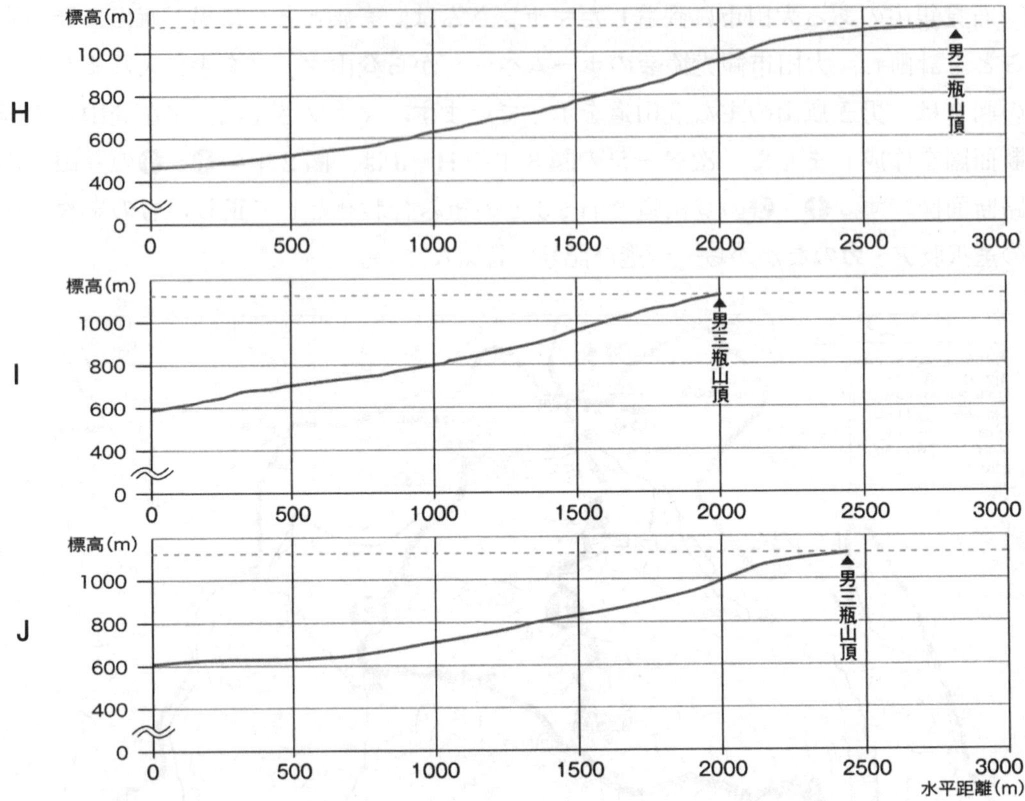

図３

	ア	イ	ウ	エ	オ	カ
H	❶	❶	❷	❷	❸	❸
I	❷	❸	❸	❶	❶	❷
J	❸	❷	❶	❸	❷	❶

問７　石見銀山に到着したマナブさんは，図４の石見銀山まちあるきマップを手に入れました。そしてまちあるきマップだけではわからないことを，地理院地図を使って調べることにしました。次ページの図５は，代官所ゾーン周辺の地理院地図です。マナブさんは図４と図５を見比べて，その地域がどのような土地利用がされているか読み取り，付せん**K**～**M**にまとめました。付せん**K**～**M**について，内容の正誤の組み合わせとして**正しいもの**を次ページの選択肢**ア**～**ク**のなかから一つ選び記号で答えなさい。

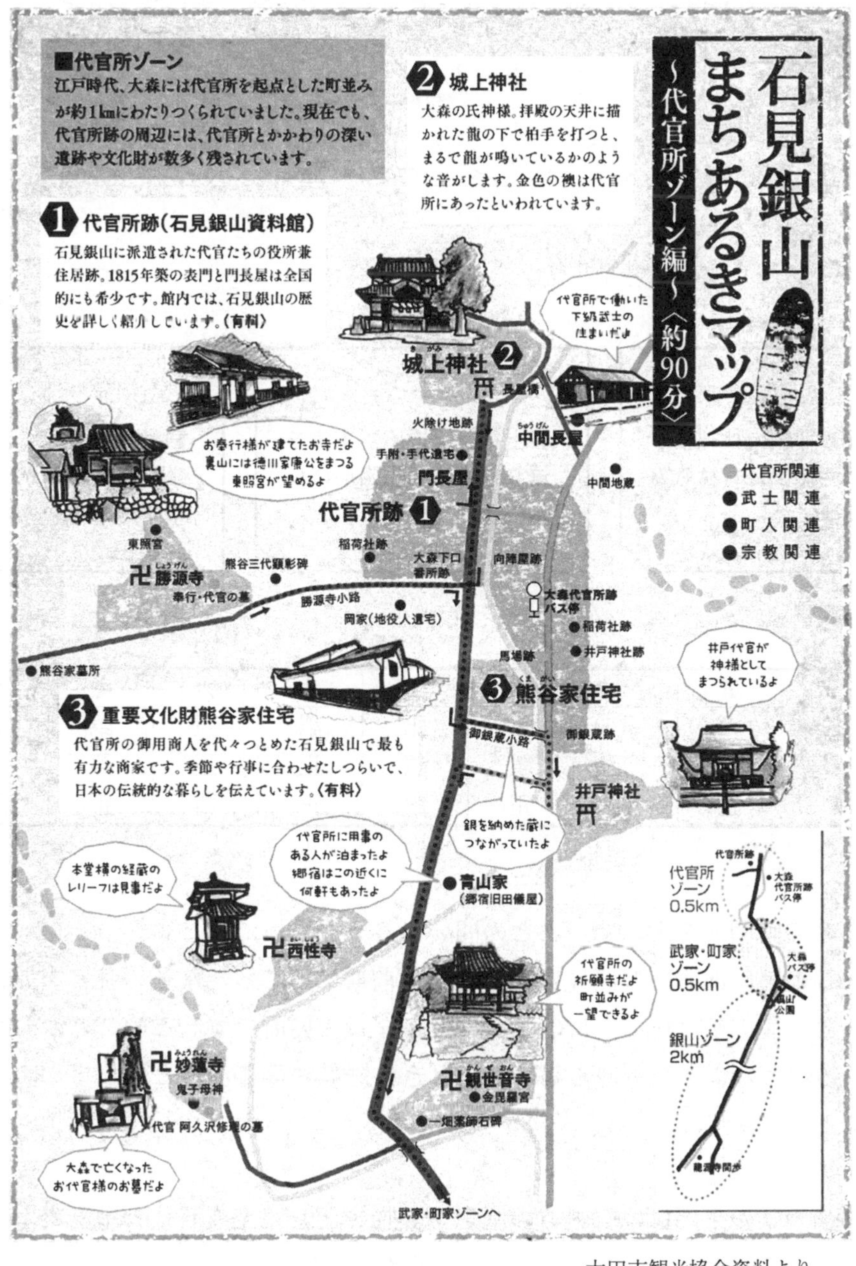

大田市観光協会資料より

図４

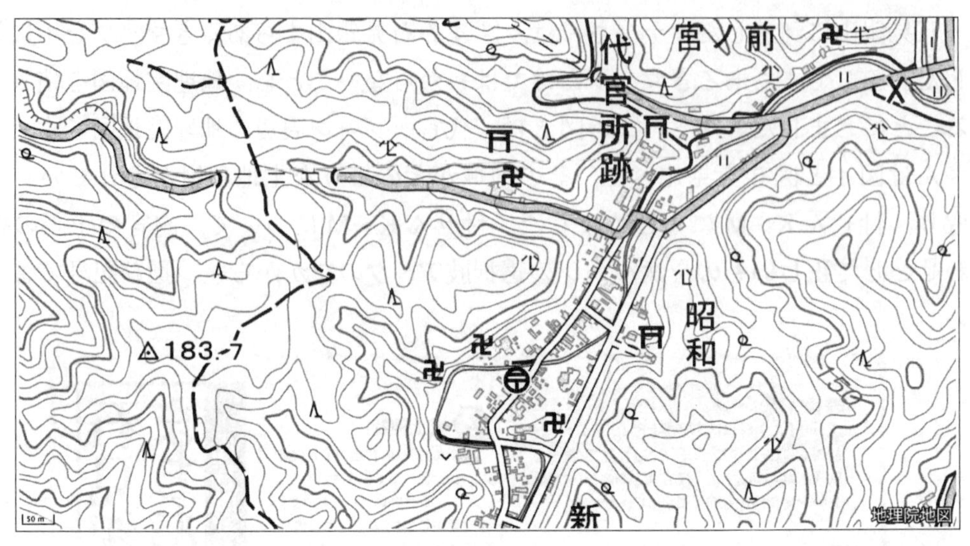

地理院地図より

図5

K

勝源寺の北側には神社があり，西側には竹林もみられるはずだ。

L

城上神社の近く，東側を流れている河川沿いには水田がみられるはずだ。

M

観世音寺の近くの斜面では果樹園が広がっているはずだ。

	ア	イ	ウ	エ	オ	カ	キ	ク
K	正	正	正	正	誤	誤	誤	誤
L	正	正	誤	誤	正	正	誤	誤
M	正	誤	正	誤	正	誤	正	誤

問8　写真3の説明文を読んで，あとの問いに答えなさい。

(1)　写真3の県にある隠岐(おき)諸島は，鎌倉時代前期に起こった承久の乱と末期に起こった元弘の変（乱）で敗れた人物の流罪の地となった場所です。このことから当時どのような人物がどのような事件を起こしたときに隠岐諸島に流罪となっていたと考えられますか，解答らんに合うように35字以内で答えなさい。

(2)　写真3の県の東部には，地方の歴史や文物を記した奈良時代の地誌(ちし)書が完全な形で唯一(ゆいいつ)残されています。この書物を何というかを**漢字**で書きなさい。

問９　出雲市に立ち寄ったマナブさんは，写真４のような独特な景観の家屋を発見し，これについて調べてみることにしました。ウェブサイトなどで調べてみると築地松（ついじまつ）と呼ばれるものであることがわかりました。下の文章は，築地松景観保全対策推進協議会による築地松の説明をしたものです。写真と文章の内容から考えられるものとして，**適当ではないもの**を以下の選択肢**ア～エ**のなかから一つ選び記号で答えなさい。

島根県公式観光情報サイト
築地松（ついじまつ）景観保全対策推進協議会（出雲市建築住宅課）ウェブサイトより

写真４

> 出雲平野に点在する築地松（ついじまつ）は，四季を通じてまるで絵のように美しい景観を作っています。春から夏にかけては，緑の稲田の絨毯（じゅうたん）の中に，秋には黄金の穂波の中に，そして冬には真っ白い雪景色の中に，季節と共に移り変わる築地松（ついじまつ）の風景は，とても風情があります。
>
> 屋敷の西側と北側に植えられた松が，一定の高さに刈り整えられた姿には，単なる自然そのままではなく，人の手も加わった見事な造形美が感じられます。
>
> 築地松（ついじまつ）の起こりは定かではありませんが，郷村社会の成り立ちのころ，この地方の豪族が河川の洪水時に浸水を防ぐため，屋敷の土地の高さを数メートル高くしたうえ，屋敷周りに土居（築地）を築き，その土居を固めるため水に強い樹木や竹を植えたのが，築地松（ついじまつ）のはじまりと言われています。もともとこの出雲平野は，日本でも有数の湿地であったため水はけが悪く，畑地の作物づくりには高畝（たかうね）式という独特なやり方が近年まで行われてきました。そういった土地環境も築地松（ついじまつ）誕生の一因になったともいえるでしょう。
>
> 当初植えられていた木は松以外の木だったようですが，痩（や）せた土地にも耐え，根張りも良く強風にも強い松などが植えられるようになったようです。松が成長するにつれ，防風効果が認められ，家屋の周囲に築地松（ついじまつ）を植えることが定着していったようです。

築地松景観保全対策推進協議会（出雲市建築住宅課）ウェブサイトより引用
問題の都合上，一部文章を改変した。

ア　家屋の西側と北側に植えられた松は，北西方向から吹く，夏の季節風から家屋を守るためであると考えられる。

イ　家屋の周囲は水はけが悪く，洪水による被害を少なくするために土地のかさ上げが行われた。

ウ　この地域で畑作を行うための工夫として，近年まで高畝式と呼ばれる農法が行われていた。

エ　写真４のように家屋がまばらに点在している景観は，富山県の砺波平野でも見ることができる。

2 以下の表1は，平成の30年間の政治・経済の主な出来事，主な災害についてまとめたものです。表1を見てあとの問いに答えなさい。

表1

西暦	政治・経済の主な出来事	主な災害
1991	平成不況の始まり	
1993		平成5年8月豪雨（鹿児島水害）
1995	オウム真理教による地下鉄サリン事件	阪神・淡路大震災
	村山談話（戦後50年の談話）	
1997	男女雇用機会均等法改正公布	
1999	基礎自治体の行政基盤確立のため，全国的に①市町村合併が推進される	
	男女共同参画社会基本法の公布	
2001	中央省庁が再編，②1府12省庁の体制へ	
2004		平成16年7月新潟・福島豪雨
2006		平成18年豪雪
2009	③裁判員制度が実施される。	平成21年7月中国・九州北部豪雨
	国際金融危機（リーマンショック）による不況の始まり	
2010	④国民投票法が施行される。	
2011		平成23年7月新潟・福島豪雨
		東日本大震災
2012		平成24年7月九州北部豪雨
2014		平成26年8月豪雨（広島豪雨災害）
2015		平成27年9月関東・東北豪雨
2017		平成29年7月九州北部豪雨
2018	⑤民法が改正，成人年齢が見直され，2022年4月より18歳へ引き下げ	平成30年7月豪雨（西日本豪雨）

問1 1991年5月に始まる平成不況(ふきょう)や2009年3月に始まる国際金融危機による不況は，日本の経済に長い不景気の時代を到来させるきっかけとなりました。同じように1920年～30年の間，日本は長い不景気の時代が続きました。1920年～30年の間の不況についての説明として**誤っているもの**を以下の選択肢**ア**～**エ**のなかから一つ選び記号で答えなさい。

ア 第一次世界大戦後のヨーロッパ諸国の経済復興により輸出が大きく減少したため，中小企業を中心に打撃(だげき)を受けた。

イ 関東大震災は日本経済の中心部をおそうものであったため，金融(きんゆう)を中心に全国の経済がまひした。

ウ 物価と地価が急激(きゅうげき)に下がったことで金融機関の経営が悪化したため，北海道拓殖(たくしょく)銀行など多くの銀行が倒産した。

エ ニューヨーク株式市場の大暴落(ぼうらく)によりアメリカの経済が悪化したため，日本は生糸の輸出が激減(げきげん)して深刻な不況におちいった。

問2　1995年1月の阪神・淡路大震災や2011年3月の東日本大震災など日本は数多くの自然災害に見舞われ，その後の復興のために多くの人たちが力を尽(つ)くしてきました。江戸時代の1783年3月に青森の岩木山が，7月には群馬と長野にある浅間山があいついで噴火をし，それが一つの原因となって天明(てんめい)のききんと呼ばれる江戸時代最大のききんが起こりました。こうしたなか1787年から松平定信が寛政の改革を行いました。寛政の改革の説明として**正しいもの**を以下の選択肢**ア**～**エ**のなかから一つ選び記号で答えなさい。

ア　大名に対してききんに備(そな)えて生産高1万石につき50石ずつ米を貯蔵(ちょぞう)するように命じた。
イ　新たな田を作って米の生産高を増やすために，印旛(いんば)沼と手賀(てが)沼の干拓(かんたく)工事を始めた。
ウ　ききんの時の食物の確保のために，青木昆陽(こんよう)がサツマイモを作ることをすすめた。
エ　農民の没落(ぼつらく)を防(ふせ)ぐために，農民に土地を与えて年貢を徴収(ちょうしゅう)するという均田(きんでん)制を行った。

問3　自然災害にはさまざまなものがあり，想定される被害や避難のポイントもそれぞれ違います。下の図1の**A**～**C**の各グループは，地震，津波，台風・竜巻が発生した際に考えられる被害と，避難のポイントをまとめたものです。**A**～**C**のグループと自然災害との組み合わせとして**正しいもの**を以下の選択肢**ア**～**カ**のなかから一つ選び記号で答えなさい。

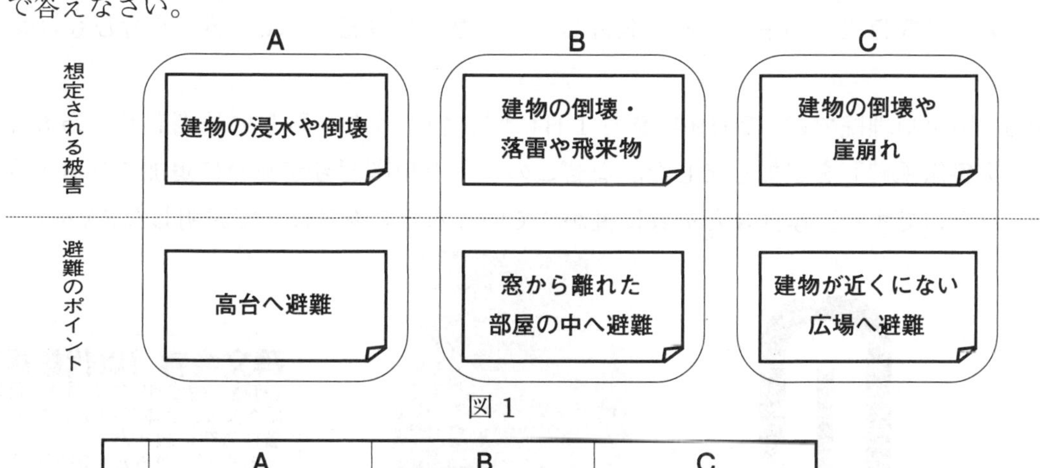

図1

	A	B	C
ア	地震	津波	台風・竜巻
イ	地震	台風・竜巻	津波
ウ	津波	台風・竜巻	地震
エ	津波	地震	台風・竜巻
オ	台風・竜巻	地震	津波
カ	台風・竜巻	津波	地震

問4　自然災害による被害を減らすための施設は全国各地に建設されています。下の写真1・2は，自然災害による被害を防ぐ，あるいは減らすための施設を撮影したものであり，下の生徒たちの発言**D**・**E**は，この写真について考えられることを述べたものです。生徒たちの発言**D**・**E**の内容について**誤りを含むものをすべて選び**，その組み合わせとして**正しいもの**を以下の選択肢**ア**～**エ**のなかから一つ選び記号で答えなさい。

写真1

写真2

内閣府資料，神奈川県資料より

生徒たちの発言

発言**D**　「写真1の施設の周囲はやわらかい地盤なため，地震の発生による液状化を防ぐ目的で設置されました。」

発言**E**　「写真2の施設は，大雨などにより土石流が発生した際に，下流に流れ込まないようにする目的で建設されました。」

ア　発言**D**と発言**E**　　**イ**　発言**D**　　**ウ**　発言**E**　　**エ**　誤りを含むものはない

問5　国土地理院では，2019年9月1日に図2のような，新しい地図記号である「自然災害伝承碑」を追加しました。なぜこのような地図記号が新たに追加されるようになったのですか。写真3とそれに書かれている内容を参考にして説明しなさい。

図2

自然災害伝承碑の地図記号

国土地理院ウェブページより

写真3

広島県坂町の水害碑

碑文内容【現代語訳】
（前略）明治40年7月15日に大雨が降り，2本の川が氾濫した。氾濫は唐突に起きたため，人々は逃げる暇がなかった。被害が大きかったのはそのためである。雨がやみ，水が引いた後の河岸に家々はなく，一面見渡す限り土石流で埋め尽くされた。

問６　近年では，一人ひとりの状況に合わせた避難時の計画をたてる，「マイ・タイムライン」という考え方が広まっています。下の図３は，台風が接近し，河川の氾濫を想定して作成したタイムラインの例です。それぞれの状況になった際の主な備えの①～④に当てはまる内容として**適切なもの**を，以下の選択肢**ア～エ**のなかからそれぞれ選び記号で答えなさい。

氾濫までのおおよその時間	雨や川の状況	川の様子	行政からの情報	テレビやラジオからの情報	主な備え
３日前	台風が発生		警戒レベル１ 早期注意情報	早めに買い物を済ませるようにと情報が出ていた	①
					避難するときに持っていくものを準備する
	台風が近づいて，雨や風がだんだんと強くなる			不要不急の外出は控えるように気象庁から呼びかけがあった	
２日前			警戒レベル２ 大雨注意報・洪水注意報		
１日前			大雨警報・洪水警報		②
	水防団待機水位到達				
	雨が集まって，川の水がどんどん増える			上流ではかなり雨が降っているらしい	
半日前	氾濫注意水位到達		▲氾濫注意情報		
	激しい雨で，川の水がどんどん増えて，河川敷にも水が流れる			近くの川の水位が急上昇しているらしい	③
５時間前	避難判断水位到達		大雨特別警報（上流域で） ▲氾濫注意情報 警戒レベル３高齢者等避難	早めに避難するように呼びかけがあった	④
	川の水がいっぱいであふれそう				安全なところへ移動を開始する
３時間前	氾濫危険水位到達		▲氾濫危険情報 ▲緊急速報メール （河川氾濫の恐れ） 警戒レベル４避難指示		避難完了
０時間	氾濫が発生		▲氾濫発生情報 警戒レベル５緊急安全確保	自宅周辺で大きな被害が出ているらしい	
	川の水が氾濫				

国土交通省関東地方整備局水災害対策センターウェブページより作成

図３

ア　避難しやすい服装に着替える
イ　台風情報で今後の進路を確認する
ウ　上流部と現在地付近の雨量を調べる
エ　現在地付近の川の水位を調べる

問7　1995年3月のオウム真理教という新興宗教が起こした地下鉄サリン事件は，人々に大きな衝撃を与えました。このようなテロリズムではないにしろ，かつて宗教集団がさまざまな出来事を起こしてきました。次の宗教集団が起こした出来事に関する文①～③について，古いものから年代順に配列したものとして**正しいもの**を以下の選択肢**ア**～**カ**のなかから一つ選び記号で答えなさい。

①　弥勒菩薩を信仰する白蓮教系の宗教集団が外国の中国進出に対して反乱を起こし，日本とロシアを中心とした連合軍によって鎮圧された。

②　浄土真宗を信仰する農民の集団が作られ，加賀国の守護大名であった富樫政親を自害させて，農民がその領域を支配するようになった。

③　かつてキリシタンであった農民たちが，圧政をしいていた大名松倉勝家と寺沢堅高に対して，天草四郎をかかげて反乱を起こした。

ア　①→②→③　　**イ**　①→③→②　　**ウ**　②→①→③
エ　②→③→①　　**オ**　③→①→②　　**カ**　③→②→①

問8　1995年8月に当時の首相であった日本社会党の村山富市は，日本が戦争を終えてちょうど50年が経つことにあたり世界に向けて声明を発表しました。日本が今まで経験した戦いや戦争の後にどのようなことをしたかに関して述べた文**X**・**Y**・**Z**について，その文章の内容の正誤の組み合わせとして**正しいもの**を以下の選択肢**ア**～**ク**のなかから一つ選び記号で答えなさい。

X　1回目の元寇である文永の役の後，鎌倉幕府は2回目の元寇に警戒をして北九州に防人を設置したり，防備のために水城と呼ばれる土塁を建造したりした。

Y　豊臣秀吉が中国を征服しようと朝鮮侵略を行った後，江戸幕府は中国との国交回復や貿易再開を要求しましたが，最初は戦いの影響でうまくいかなかった。

Z　第一次世界大戦後，日本の東アジアでの力をおさえこむためにアメリカは国際連盟を作り，ここで四か国条約や九か国条約，海軍軍縮条約を日本と締結した。

	ア	イ	ウ	エ	オ	カ	キ	ク
X	正	正	正	正	誤	誤	誤	誤
Y	正	正	誤	誤	正	正	誤	誤
Z	正	誤	正	誤	正	誤	正	誤

問9　1997年6月の男女雇用機会均等法の改正，1999年6月の男女共同参画社会基本法の公布により，日本はようやく女性の社会進出が本格化することになりました。歴史上日本で活やくをした女性について述べた次の文①～④のなかから**正しいもの**の組み合わせを以下の選択肢**ア～エ**のなかから一つ選び記号で答えなさい。

①　初の女性天皇である推古天皇は厩戸王（うまやどおう）（聖徳太子）を摂政とした。推古天皇の助けを受け，厩戸王は遣隋使を送ったり，十七条の憲法を制定したりした。

②　ひらがなの誕生により，平安時代中期には多くの女流作家が生まれた。そのなかでも54帖からなる長編物語である『源氏物語』の作者とされる清少納言は有名である。

③　源頼朝の妻であった北条政子は，子である3代将軍源実朝が暗殺されると「尼将軍」と呼ばれるようになった。承久の乱では御家人の動揺（どうよう）をおさえ，幕府の勝利に力を尽（つ）くした。

④　1871年に6歳でアメリカに留学することとなった津田梅子は，雑誌『青鞜（せいとう）』を創刊するとともに女性の政治的・社会的自由を求める新婦人協会を設立した。

ア　①・③　　**イ**　①・④　　**ウ**　②・③　　**エ**　②・④

問10 下線部①について，平成の市町村合併によって，約3,200あった市町村数は2021年7月現在，どの程度になっていますか。**最も適当なもの**を以下の選択肢**ア～エ**のなかから一つ選び記号で答えなさい。

ア　1700　　**イ**　1900　　**ウ**　2100　　**エ**　2300

問11 下線部②について，あとの問いに答えなさい。

(1)　省庁再編の際，「大蔵省」のほとんどが「財務省」に再編されました。この「大蔵省」という名前は701年に制定された大宝律令の中央政府の1つとしても使われており，およそ1300年間使われてきた名前でした。「大蔵省」が最初に出てくる大宝律令を中心的に編さんし，天武天皇の皇子である人物は誰かを解答らんに合うように**漢字**で書きなさい。

(2)　2001年以降に設置された行政機関として**誤っているもの**を選択肢**ア～エ**のなかから一つ選び記号で答えなさい。

ア　消費者庁　　**イ**　社会保険庁　　**ウ**　復興庁　　**エ**　スポーツ庁

問12 下線部③についての説明として，**正しいもの**を以下の選択肢**ア**～**エ**のなかから一つ選び記号で答えなさい。

ア 裁判員制度で対象となる裁判は，全ての刑事事件の第一審で行われる。

イ 日本国籍がなくても裁判員に選ばれることがある。

ウ 裁判員のみで事実の認定を行い，被告人の有罪か無罪かを決め，その後は裁判官と共に有罪だとしたらどのような刑にするべきかを議論し，決定する。

エ 裁判員や裁判員であった人には，法律により，一定の秘密を守る義務が課されており，その違反に対しては罰そくが定められている。

問13 下線部④についての説明として，**正しいもの**を以下の選択肢**ア**～**エ**のなかから一つ選び記号で答えなさい。

ア 日本国民で年齢満20歳以上の者は，国民投票の投票権を有する。

イ 国会の発議には，衆議院および参議院にて出席議員の3分の2以上の賛成が必要である。

ウ 国会の憲法改正の発議後30日から60日以内の間に国民投票が行われる。

エ 国民投票の対象は，憲法改正のみとされている。

問14 下線部⑤について，民法が改正されたことで18歳（成年）になったら新たにできることとして，**誤っているもの**を以下の選択肢**ア**～**オ**のなかから一つ選び記号で答えなさい。

ア 親の同意なしに，クレジットカードをつくることができる。

イ 男女ともに18歳で結婚することができる。

ウ 10年有効のパスポートを取得することができる。

エ 親の同意のもと，競馬や競輪の投票券を買うことができる。

オ 親の同意なしに，携帯電話の契約をすることができる。

【理　科】〈第２次試験〉（30分）〈満点：60点〉

1　電流の大きさと、豆電球の明るさを調べるために、図１のような回路を作成し、**ア**の位置に電流計をつないで、豆電球**C**に流れる電流の大きさを計る実験を行いました。次の問いに答えなさい。ただし、豆電球**A**、**B**、**C**は同じ種類の豆電球とします。

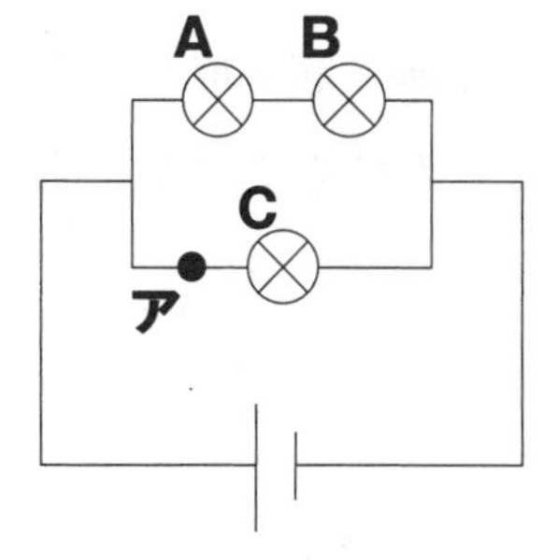

図１

(1) 図１の回路を実際に組み立てます。**(例題)**を参考にして、解答用紙の図に導線を交差させずに書きなさい。ただし、豆電球**A**と**B**をつなぐ導線はすでに書かれており、これ以外に７本の導線が使われているものとします。

(例題) 導線を６本書いて<例図>の回路を組み立てる

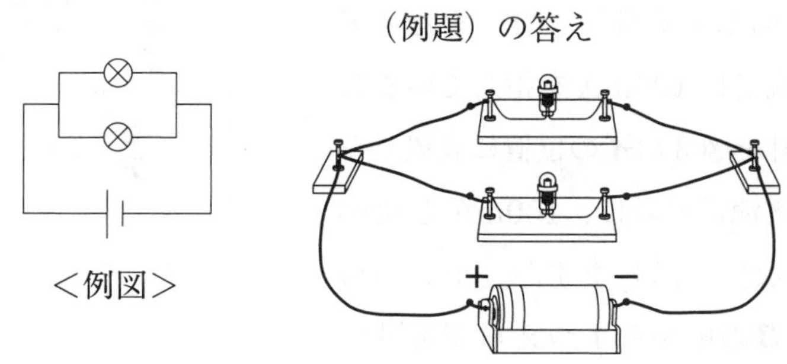

<練習用>

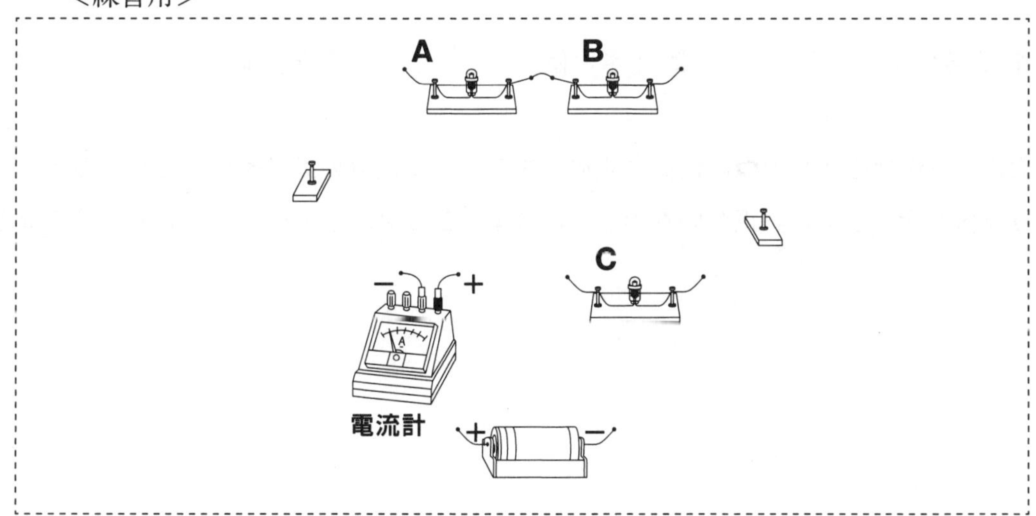

(2) 図２のように、電流計のマイナス端子(たんし)は5Aを使用したところ、針のふれが小さく、目盛りが正確に読み取れませんでした。この場合、どのようにすればより正確な値を読み取ることができますか。簡単に答えなさい。

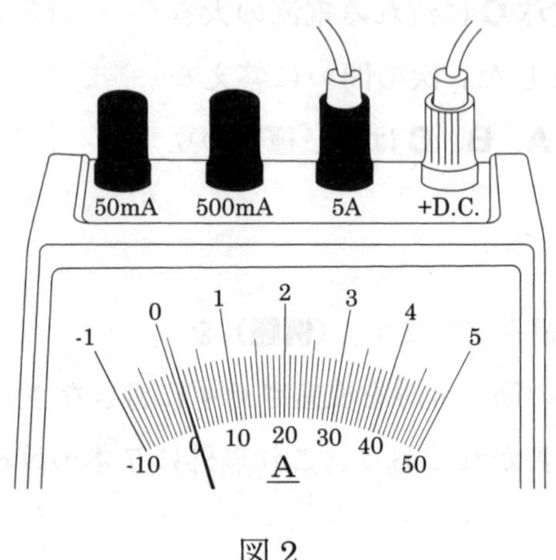

図２

(3) この実験では、豆電球**C**が最も明るく光り、**A**と**B**は同じ明るさでした。また、**ア**につないだ電流計は100mAを指していました。この電流計を図３の**イ**の位置に設置しなおした場合、電流計の針は、100mAと比べるとどのような値を指しますか。正しいものを下の**1**～**3**の中から１つえらび番号で答えなさい。

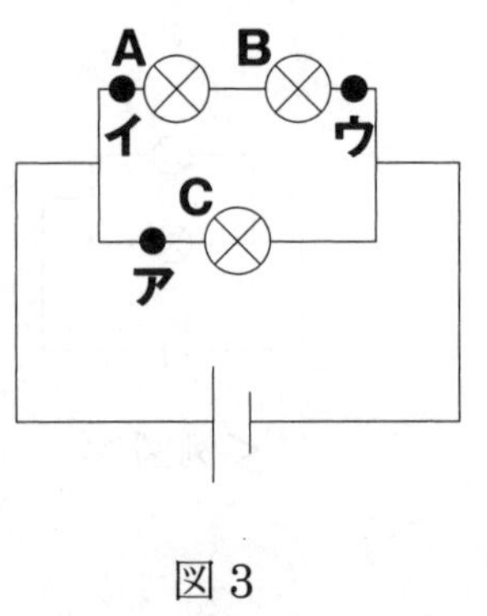

図３

1 大きい値　　**2** 小さい値　　**3** 同じ値

(4) 次に、電流計を図３の**ウ**の位置に設置しました。電流計の針は**イ**の値と比べるとどのような値を指しますか。正しいものを (3) の**1**～**3**の中から１つえらび番号で答えなさい。

豆電球**A**、**B**、**C**を使って、図４のような装置を作りました。この装置の中で**A**、**B**、**C**がどのようにつながれているかは見ただけではわかりません。そこで、図５のような回路を使って、この装置を調べることにしました。なお、豆電球**P**は**A**、**B**、**C**と同じ種類の豆電球です。

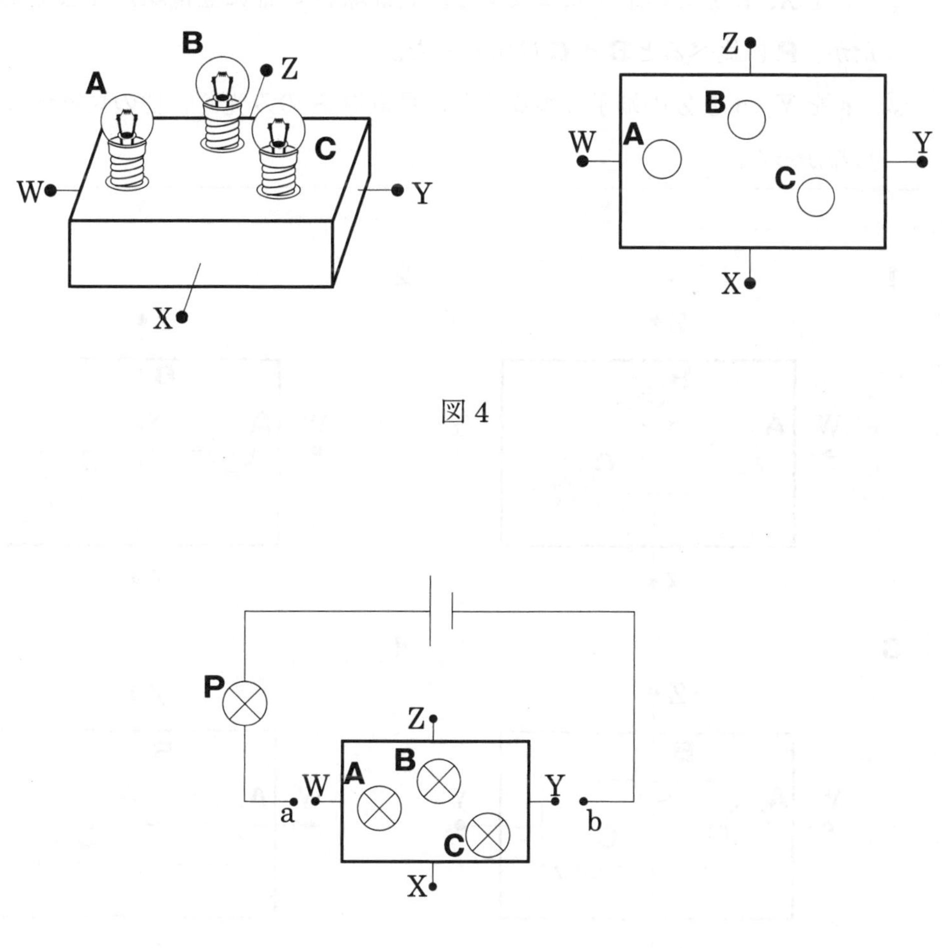

図４

図５

(5)　豆電球**A**、**B**、**C**は装置の内部でどのように接続されていますか。次の<実験結果>をもとに、正しいものを**1**～**4**からえらび番号で答えなさい。

<実験結果>

①　aをW、bをXの端子につなぐと、豆電球**P**の他に豆電球**A**が光り、この２つの豆電球は同じ明るさだった。

②　aをX、bをZの端子につなぐと、豆電球**P**の他に豆電球**B**と**C**が光ったが、**P**に比べると**B**と**C**は暗かった。

③　aをY、bをZの端子につなぐと、豆電球**P**のみ光り、他の豆電球は光らなかった。

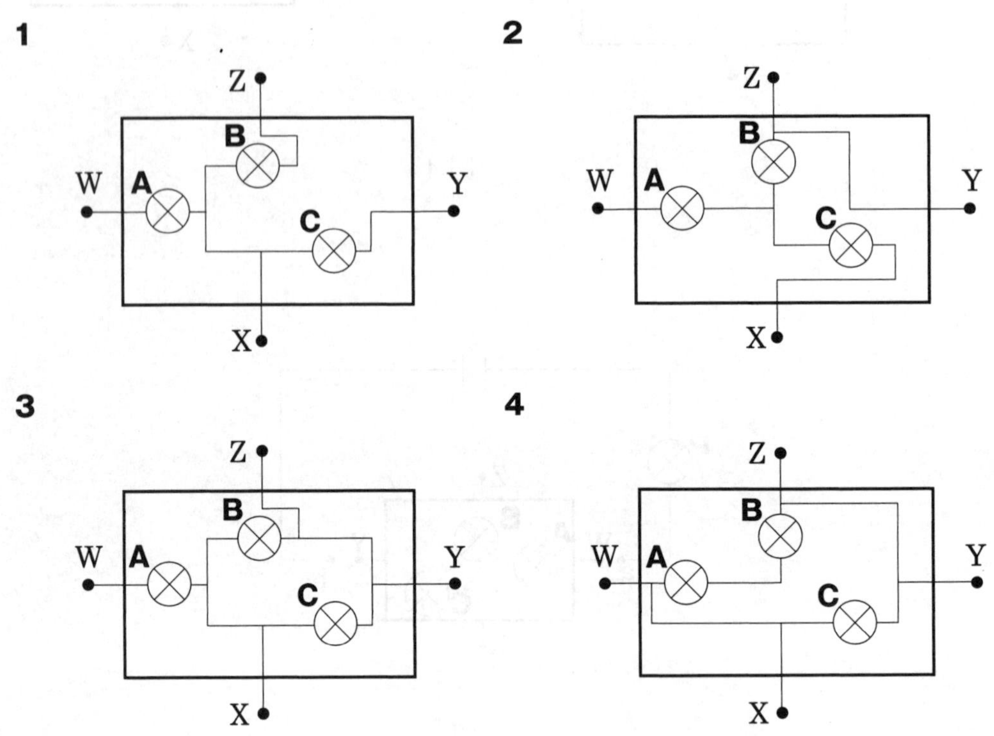

(6)　図５の回路で、装置のaをW、bをZの端子につなぎました。このとき、**P**の他にどの豆電球が光りますか。**A**、**B**、**C**からすべてえらび記号で答えなさい。

2 水に関する文について、次の問いに答えなさい。

水は、飲み水や生活用水、農業、畜産業、工場などさまざまな場所で利用されています。私たちの生活に欠かせない水について考えてみましょう。

ある量の氷をホットプレートに乗せて熱を加え、水蒸気に変化するまでの温度変化を調べると下のグラフのようになりました。このグラフの縦軸は温度、横軸は時間を表しています。

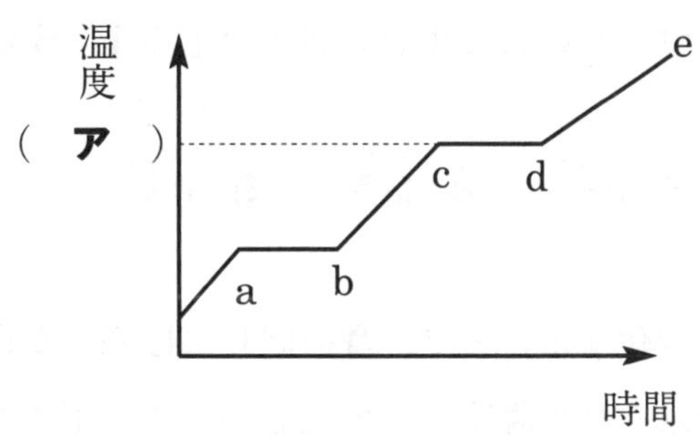

つぎに氷と水の重さをくらべてみます。水が入ったコップに氷を入れると氷は浮きます。これは氷と同じ体積の水をくらべると氷のほうが軽いためです。したがって、容器いっぱいに飲み物が入ったペットボトル容器を冷凍庫に入れて放置すると、飲み物が凍り［　①　］ので容器がこわれてしまう可能性があります。

海水から水を取り出す方法としてつぎのようなものがあります。

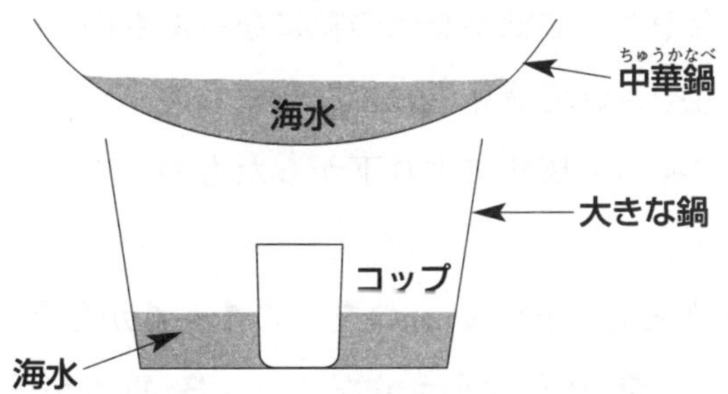

図のように、大きな鍋の底に冷たい海水と空のコップを入れ、大きな鍋の上に冷たい海水が入った中華鍋を乗せます。大きな鍋の方をしばらく熱すると、コップに水がたまります。これは、熱せられた大きな鍋の海水の水が（　イ　）し、水蒸気は中華鍋にあたることで（　ウ　）し、水がコップに集まる仕組みです。

(1) グラフ中の（　**ア**　）の温度を何といいますか。**ひらがな**で答えなさい。

(2) グラフ中のab 間の水はどのような状態ですか。次の**1**～**5**から正しいものをえらび番号で答えなさい

1 固体のみ　**2** 固体と液体　**3** 液体のみ　**4** 液体と気体　**5** 気体のみ

(3) 文中の（　**イ**　）、（　**ウ**　）に入る正しい語句を下の**1**～**5**からそれぞれえらび番号で答えなさい。

1 融解(ゆうかい)　**2** 蒸発(じょうはつ)　**3** 凝縮(ぎょうしゅく)　**4** 凝固(ぎょうこ)　**5** 昇華(しょうか)

(4) 水が固体、液体、気体と変化することで、身の回りには様々な自然現象が起きます。次の**(A)**～**(C)**について、それぞれの説明として正しいものを下の**1**～**4**からえらび番号で答えなさい。

(A)霜(しも)　**(B)**霜柱(しもばしら)　**(C)**霧(きり)

1 土の中の水が冷やされて固体に変化したもの
2 空気中の水蒸気が冷やされて細かな氷の粒(つぶ)になったもの
3 空気中の水蒸気が冷やされて液体の水になったもの
4 水がしたたるときに凍って棒状に垂れ下がったもの

(5) 文中の［①］に入る文として正しいものを下の**1**～**4**からえらび番号で答えなさい。

1 体積が大きくなる　**2** 体積が小さくなる　**3** 重さが重くなる
4 重さが軽くなる

3 横浜市を流れる川に関する資料を見て、次の問いに答えなさい。

下の表１は、1976年度から2019年度まで６つの川のいろいろな場所で、夏季と冬季にどんな魚が見られたかをまとめたものです。表中の数字は、夏季と冬季に調査した地点の合計数とそれぞれの魚が観察された地点が占める割合（%）を示しています。ただし、2008年度と2011年度の調査は夏季だけ行われました。

表１　調査地点に対して魚が確認できた地点数の割合（%）

	魚	調査年度													
		1976	1979	1984	1987	1990	1993	1996	1999	2002	2005	2008	2011	2015	2019
ア	コイ	6.0	4.8	18.6	25.0	22.4	31.8	32.3	32.6	41.8	37.4	46.3	31.7	36.6	39.3
ア	フナのなかま	24.0	27.4	28.4	42.5	35.7	36.4	35.5	21.7	13.2	8.8	12.2	9.8	3.7	8.3
ア	キンギョ		1.6	2.5	1.3	2.0	3.7	2.2	2.2		2.2			1.2	1.2
ア	オイカワ	13.9	3.2	3.8	7.5		5.5	7.5	22.8	24.2	31.9	46.3	53.7	54.9	57.1
ア	アブラハヤ	8.0	4.8	0.1	10.0	18.4	21.8	18.3	19.6	24.2	24.2	34.1	36.6	36.6	36.9
ア	タカハヤ								2.2	5.5	6.6	4.9	7.3	8.5	6.0
ア	ウグイ					1.0	3.7	1.1	2.2	2.2	3.3	22.0		4.9	1.2
ア	モツゴ	24.0	25.8	21.0	32.5	14.3	20.9	31.2	22.8	20.9	22.0	31.7	31.7	18.3	21.4
ア	タモロコ	1.9	8.1	4.9	7.5	5.1	5.5	9.7	12.0	5.5	11.0	29.3	19.5	15.9	10.7
ア	ドジョウ	38.0	24.2	27.2	32.5	29.6	21.8	25.8	19.6	16.5	17.6	39.0	46.3	31.7	31.0
ア	カラドジョウ												2.4	1.2	1.2
ア	ホトケドジョウ	20.0	12.9	17.3	13.8	15.3	19.1	16.1	16.3	19.8	19.8	12.2	12.2	13.4	9.5
ア	カダヤシ	16.0	6.5	1.3	2.5	3.1		2.2	5.4	2.2	8.8	14.6	14.6	13.4	22.6
ア	ミナミメダカ	12.0	1.6	6.2	5.0	11.2	4.6	11.8	18.5	16.5	27.5	39.0	39.0	42.7	41.7
ア	オオクチバス			1.3		1.0	2.8	1.1	3.3	1.1	4.4	2.4	2.4	6.1	2.4
イ	ニホンウナギ		1.6		1.3	3.1	4.6	1.1	1.1	2.2	1.1	4.9	12.2	4.9	
イ	アユ						5.5	6.5	2.2	12.1	3.3	26.8	36.6	13.4	9.5
イ	ウキゴリのなかま					1.0	2.8	3.2	7.6	13.2	24.2	26.8	26.8	31.7	27.4
イ	ビリンゴ					1.0	0.9		4.3	3.3	7.7	9.8	9.8	9.8	11.9
イ	ゴクラクハゼ										1.1	4.9	7.3	8.5	14.3
イ	ヨシノボリのなかま	12.0	8.1	13.6	11.3	13.3	18.1	15.1	20.6	23.1	26.4	51.2	48.8	47.6	52.4
イ	チチブのなかま				1.3	4.1	10.9	9.7	14.1	15.4	17.6	29.3	29.3	31.7	36.9
	調査地点合計	50	62	81	80	98	110	93	92	91	91	41	41	82	84

（注）**ア**…真水に生活する魚　　**イ**…川と海を行き来して生活する魚
※2008年度と2011年度の調査は夏季のみ

(1) 表１の**ア**の魚類の中から①1976年度と②2019年度に最も多くの地点で観察されたものは何ですか。下の**1**～**6**の中からそれぞれえらび番号で答えなさい。

1 コイ　　**2** オイカワ　　**3** アブラハヤ

4 モツゴ　　**5** ドジョウ　　**6** ホトケドジョウ

(2) 表１の**ア**のカダヤシは、海外から日本に持ち込まれ、分布が拡大した生物で、自然環境や人間の生活に害をおよぼしています。また、2011年度以降の調査で、カラドジョウが見られるようになったことは気になるところです。これら以外で、表１の**ア**の魚類の中で海外から日本に持ち込まれたものはどれですか。下の**1**～**6**の中から１つえらび番号で答えなさい。

1 オイカワ　　**2** アブラハヤ　　**3** ウグイ

4 モツゴ　　**5** ホトケドジョウ　　**6** オオクチバス

(3) 2019年度にミナミメダカが観察できたのは、調査地点84か所中何か所ですか。整数で答えなさい。

(4) アユが1993年度以降観察されるようになった理由として適するものを下の**1**～**4**の中から１つえらび番号で答えなさい。

1 天敵になる魚類が減ってきたため。

2 下水の流入により、エサになる生き物が増えてきたため。

3 川よりも海の汚染が進んできたため。

4 川の水質が年々よくなってきたため。

(5) 次の文章中の下線部が正しいときは○を、あやまっているときは正しい語句や数字を書きなさい。

① アユは、冬の間は海で過ごし、春になると川をさかのぼるために、夏季しか調査が行われなかった2008年度と<u>2015</u>年度については、表１中の割合が高くなっている。

② フナのなかまは調査開始から増加傾向にあったが、水田の減少や用水路の整備などによって生育環境が悪化したためにしだいに減少傾向となっている。<u>1987</u>年度には前回調査から10%以上割合が減少した。

③ <u>モツゴ</u>が確認できた地点数の割合は、20～30%を中心に多少の変動が見られるものの、おおむね一定で変化している。

4 次の文について、問いに答えなさい。

熱気球は、風船に入った空気をガスバーナーなどで熱することで浮かびます。高く上がるときはガスバーナーで強く熱し、下がるときはガスバーナーの火を弱くしたり、止めたりします。つまり、温かい空気は上に移動し、冷たい空気は下に移動すると考えることができます。

陸と海の温まり方を比べると陸は（　**ア**　）です。下図のような場所で考えてみましょう。太陽が出ている昼間は、海の上にある空気は下へ移動し、陸の上にある空気は上に移動します。その結果、（　**イ**　）。また夜は（　**ウ**　）。なお、海風から陸風にかわるとき、または陸風から海風にかわるときに風が止(や)むことがあり、これを（　**エ**　）といいます。

これらのことから日本列島をみるとき、ユーラシア大陸を陸、太平洋を海として考えると、日本列島へ向かう季節風は、夏は（　**オ**　）から吹(ふ)き、冬は（　**カ**　）から吹くことがわかります。

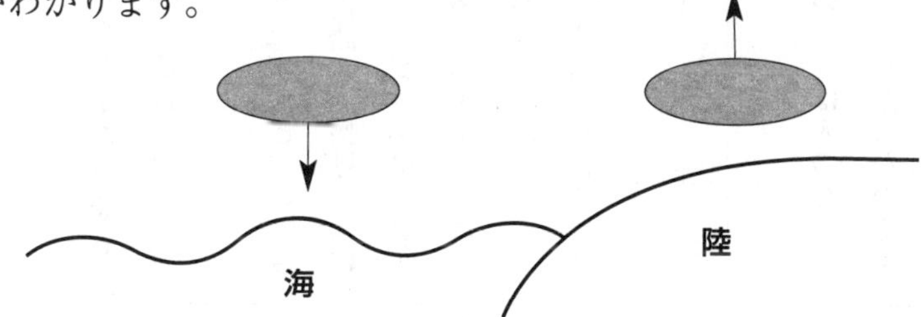

(1) 文中の（　**ア**　）に入る語句を下の**1**～**4**の中から１つえらび番号で答えなさい。

1 温まりやすく、冷えやすい
2 温まりやすく、冷えにくい
3 温まりにくく、冷えやすい
4 温まりにくく、冷えにくい

(2) 文中の（　**イ**　）、（　**ウ**　）に入る語句を下の**1**～**4**の中から１つえらび番号で答えなさい。

1 海側から陸側に向かって風が吹き、これを海風といいます
2 海側から陸側に向かって風が吹き、これを陸風といいます
3 陸側から海側に向かって風が吹き、これを海風といいます
4 陸側から海側に向かって風が吹き、これを陸風といいます

(3) 文中の（　**エ**　）に入る名称を**ひらがな**で答えなさい。

(4) 文中の（　**オ**　）、（　**カ**　）に入る方角を下の**1**～**4**の中から１つえらび番号で答えなさい。

1 北東　　**2** 南東　　**3** 北西　　**4** 南西

【実際のスピーチ原稿】

みなさんは「情けは人のためならず」という言葉を知っていますか。この言葉を使ったことはありますか。

では、こちらの資料を見てください。《提示資料を聞き手に見せる》

この資料にあるように、60代を除く全ての年代で、間違った使い方を選んだ人の割合が多くなっています。

そこで、私はこの言葉をもう少し調べてみました。すると、この言葉は鎌倉時代を起源とすることわざであることと古語の「情け」には「情愛・思いやり」という意味があることがわかりました。「情けをかける」と聞くと、「同情する」というイメージもありますが、もともとは「思いやる」という意味合いが強いことがわかりました。

さらに、「情けは人のためならず」の「ならず」は「ならない」ではなく、「ではない」という意味だそうです。

間違った使い方をしている人は「［　A　］」と解釈しているのだと思います。

「情けは人のためならず」の正しい意味は「思いやりは人のためではなく、めぐりめぐって自分に戻ってくる」ということだったのです。

このように、言葉の意味や由来を調べることで、正しい意味を理解できるだけでなく、その言葉を通して日本の文化も知ることができます。よって、先入観をもったまま、間違った意味で言葉を使い続けるべきではないといえます。

問一　【提示資料】から読み取れることとして、正しいものを次の中から一つ選び、記号で答えなさい。

ア　回答者の年齢が若年になるにしたがって、本来の意味と異なった理解のされ方が広がる一方である。

イ　年を重ねるにしたがって、「分からない」と答えることに抵抗が生じてくることが分かる。

ウ　正しく理解している者の割合が誤っている者と最も大きく開いているのは20代である。

エ　正しく理解している者の割合が「分からない」と答えた者と最も差が開いているのは20代である。

問二　【実際のスピーチ原稿】の［　］Aに入ることばを、十五字以内で書きなさい。

問三　【実際のスピーチ原稿】の［　］の内容のおかしな点を説明した次の文の［　］にあてはまることば二字で答えなさい。

一文目で示された前提から導かれる［　］が食い違っているため、説得力の欠けるスピーチ原稿となっている。

［　　］Ⅱ

ア　凡兆の俳句も芭蕉の俳句と同じように、上五で切れて間を作っていますね。そしてどちらも体言止めを使って、余韻を出しているのかな。

イ　芭蕉の句と同じで「鷺や」で切れるとすると、「鷺」と「下駄の歯に〜」の「間」ですね。これは芭蕉の句と違って二つとも現実のものとの取り合わせになるのかな。

ウ　この二つの俳句はどちらも言葉の取り合わせ方が似ていますね。でも、蛙が飛びこむ姿と対照的に鷺が飛び上がっていくようなイメージが浮かびます。

エ　凡兆の句も芭蕉の句と同じで「鷺」を心の中で思い浮かべたということになるのかな。田んぼ一面に響き（ひび）わたるように鳴いてほしいと思ったのかな。

六　鎌学太郎さんは、国語の授業でスピーチすることになりました。【提示資料】と【実際のスピーチ原稿（げんこう）】を読んで後の問いに答えなさい。

【提示資料】

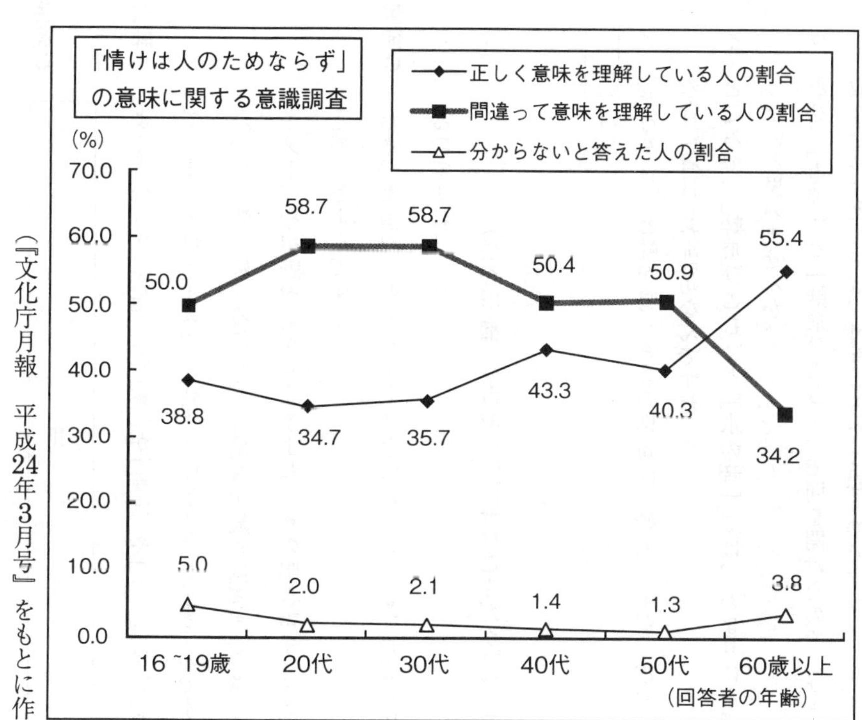

(『文化庁月報　平成24年3月号』をもとに作成)

問十一　次に示すのは【文章Ｂ】を読んだ後に、三人の生徒と教師が話し合っている場面である。本文の趣旨を踏まえ、［　］Ⅰ・Ⅱに入る会話文として最も適切なものを次の中から選び、それぞれ記号で答えなさい。

教師　この文章は俳句における「間」についてでしたね。もう少し読みや考えを深めてみましょう。「古池や蛙飛びこむ水の音」の「古池や」の「や」で切れて、「間」が生まれていますね。

生徒Ａ　この「や」は俳句でよく使われる切れ字だね。他に「かな」「けり」があるよね。句の切れ目や感動を表すときに使う技法だよね。

教師　その通り。よく学習しているね。

生徒Ｂ　［　Ⅰ　］

教師　なかなか良い視点だね。この芭蕉の「古池や～」の句はもともと「蛙飛びこむ水の音」という後半の部分が先に出来上がったそうです。その後、上五に何をつけるかで迷ったそうですよ。だから、「古池」というのは、芭蕉が心の中で浮かべた景色ということになります。

生徒Ｂ　なるほど、だから文章中の「現実と心という次元の異なる二つのものが互いに調和し、共存できる」につながるわけですね。その背景を知っていると俳句の印象が変わりますね。

教師　では、凡兆の「鶯や～」の句と比較してみると、どうでしょうか？

生徒Ｃ　［　Ⅱ　］

教師　よく気づきました。この「鶯」が「春雨」や「たんぽぽ」になってしまうと付きすぎで、理屈っぽくなってしまうのですね。だから「鶯」にすることで、近過ぎず離れ過ぎずで、さらに、イメージや視野が広がりますよね。鶯の鳴き声までも聞こえてくるようです。

生徒Ｃ　わぁ、本当だ。たった十七音なのに、ここまで世界が広がるのですね。

（長谷川　櫂『古池に蛙は飛びこんだか』による）

［　］Ⅰ

ア　「ケロケロ」と蛙が鳴くさまの俳句は一般的ですが、古池に入る音に着目した俳句なんですね。

イ　ところで、「蛙飛びこむ」と「水の音」では、あまりにも理屈っぽいと思いませんか。

ウ　なぜ、「古池」と「蛙飛びこむ～」で間を開けたのでしょうか。取り合わせとしては、付きすぎだと思うのですが。

エ　蛙が飛びこんだあと、池の水面に波紋が浮かぶ様子を想像できます。

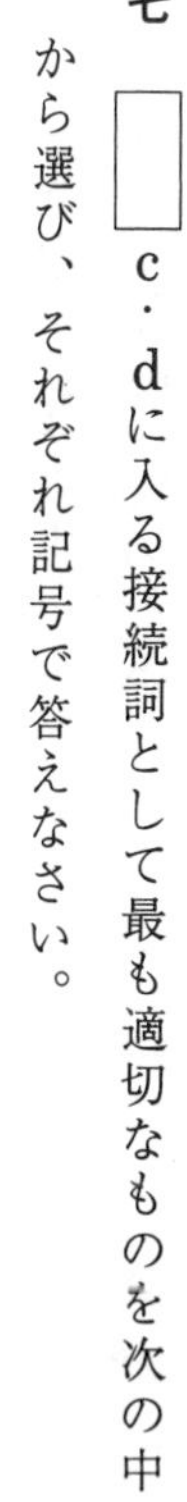

問七 　c・dに入る接続詞として最も適切なものを次の中から選び、それぞれ記号で答えなさい。

ア　しかし　　イ　例えば　　ウ　つまり
エ　では　　オ　さらに　　カ　なぜなら

問八 【文章A】の段落構成として最も適切なものを次の中から選び、記号で答えなさい。

ア
1
9｜6 7 8｜2 3 4 5
10
11
12

イ
1
6 7 8｜2 3 4 5
10｜9
11
12

ウ
1
3 4 5｜2
7 8｜6
9
10
12｜11

エ
1
8 9｜6 7｜2 3 4 5
10
12｜11

問九 　eに入ることばを、【文章A】の中から漢字二字で抜き出して答えなさい。

問十 ――線部6「名句といわれる句は決してそんな窮屈な印象を与えない」とありますが、この理由として最も適切なものを次の中から選び、記号で答えなさい。

ア　素人(しろうと)は言葉の意味のつながりを気にするあまり、付きすぎの言葉を選んで理屈っぽい句になってしまうが、名人は言葉のもつ意味の広がりさえも上手く使いこなすから。

イ　素人は十七音の言葉で全てを伝えようとするあまり、その俳句の味わいが失われてしまうが、名人は切れを使い、言葉のまわりの豊かな間を表現できるから。

ウ　素人は切れを使って間を作ることを重視するので、とりとめもない句になりがちだが、名人は次元の異なる言葉を巧みな間で調和させて豊かな味わいをもたせることができるから。

エ　素人は視覚情報を言葉にすることを重視するので、情緒(じょうちょ)のないものになってしまうが、名人はそれだけでなく、心の中に想像するものも表現することで趣(おもむき)のある句を作ることができるから。

う。6名句といわれる句は決してそんな窮屈な印象を与えない。等伯(とうはく)の描いた屏風(びょうぶ)の松のように豊かに広がる余白のあいだに静かにのびのびとたたずんでいるものなのだ。

＊凡兆＝江戸中期の俳人。
＊等伯＝長谷川等伯。安土桃山～江戸時代初期の画家。

問一 ――線部1「重厚」と同じ構成の熟語を次の中から一つ選び、記号で答えなさい。

ア 収支　イ 築城　ウ 清流　エ 願望

問二 ――線部2「はかなさ」のここでの意味として最も適切なものを次の中から選び、記号で答えなさい。

ア 簡素でこだわりのない様子。
イ 不確かであてにならない様子。
ウ 中身がなくとりとめがない様子。
エ 機能性が低くて使いものにならない様子。

問三 ――線部3「段」とありますが、ここでの「段」と同じ用法のものを次の中から一つ選び、記号で答えなさい。

ア 段違(ちが)いの実力を見せる。
イ 文章を三つの段に分ける。
ウ 出発の段で逃(に)げ出す。
エ 引越(ひっこ)しの費用を算段する。

問四 ――線部4「時間的な間」とありますが、これを説明するために具体的に比較(ひかく)しているものを本文中から二つ抜き出して答えなさい。なお、それぞれ十字以内で答えること。

問五 □a・bに入る言葉として最も適切なものを次の中から選び、それぞれ記号で答えなさい。

ア 間に合う　イ 間を配る　ウ 間がない
エ 間延び　オ 間無し　カ 間ぬるい

問六 ――線部5「基本的な掟」とありますが、これを説明したものとして最も適切なものを次の中から選び、記号で答えなさい。

ア 日本人は他者との間を適度に保つことで日々の暮らしを円滑なものにしており、それが日本で守るべき決まりであるということ。
イ 日本人は生活や文化の中で間を上手に活用し、それが日本での根本的な規範(きはん)となっているということ。
ウ 間は日本人にとってなくてはならないものであり、社会全体の規律として人々が重んじてきたということ。
エ 間は次元の異なるものを調和させる日本文化の根幹をなすものであり、暗黙の了解(りょうかい)として日本人が受け継(つ)いできたということ。

＊個人主義＝一人ひとりの意見や価値観を尊重しようとする立場。
＊王朝時代＝奈良・平安両時代の総称。
＊蔀戸＝寝殿造りの建物で外部と内部とを仕切る板戸。
＊几帳＝室内の仕切りや目隠しに使うついたて。
＊やおら＝おもむろに。しずかに。
＊間遠＝時間・距離の間隔が離れているさま。

【文章B】

古池や蛙飛びこむ水のおと　　芭蕉

芭蕉の古池の句は「古池に蛙が飛びこんで水の音がした」という句ではなく、「蛙が水に飛びこむ音を聞いて、心の中に古池の面影が広がった」という現実の音と心に浮かんだ古池の面影の取り合わせの句だった。

では、なぜ、俳句という小さな器の中で現実と心という次元の異なる二つのものが互いに調和し、共存できるのかというと、この句が「古池や」のあとで切れて、ここに間が深々と開けているからである。この間の働きによって「蛙が水に飛びこむ音を聞いて、心の中に古池の面影が広がった」という現実から心の世界への奇跡的な転換が楽々と果たされる。

これに対して、古池の句が「古池に蛙が飛びこんで水の音がした」という句であるとするならば、いくら「古池や」で切れるといっても、それは形だけの切れにすぎず、ここに間はない。＊凡兆の鶯の句についても同じことがいえる。

鶯や下駄の歯につく小田の土　　凡兆

この句は「鶯や」のあとで切れているが、この切れによってここに間が生まれ、その間が鶯の声と下駄の歯についた田んぼの柔らかな土という［ｅ］のものを抱きかかえ、この二つを和音のように共鳴させてしっとりと潤う春の田園を描き出す。

この句が「鶯や」ではなく、「春雨や」「たんぽぽや」では付きすぎになってしまう。なぜ付きすぎがよくないかというと、それでは「下駄の歯につく小田の土」と理屈でつながってしまって、ここに間が生まれないからである。付きすぎの句とは間のない句のことであり、逆に離れすぎの句は間が拡散してしまった、とりとめのない句のことである。取り合わせの俳句で付きすぎや離れすぎを戒めるのはそのどちらも間をとらえそこねているからである。

俳句はわずか十七音しかないので、いちばん短い文芸であるなどといわれるが、それは言葉だけに目を奪われるからそうなのであって、ほんとうは俳句の言葉のまわりに言葉よりはるかに雄弁な間が広がっている。俳句を詠むということは言葉だけでなく、言葉のまわりの間を切れを使って使いこなすことなのだが、俳句をはじめたばかりの人は間がみえないので、いきおい、言葉だけでものをいおうとする。その結果、俳句という小さな器に言葉を詰めこみ、窮屈な句にしてしま

5 しかも、このような建具はすべて季節のめぐりとともに入れたりはずしたりできる。冬になれば寒さを防ぐために立て、夏になれば涼を得るためにとりはずす。それだけでなく、住人の必要に応じて、ふだんは座敷、次の間、居間と分けて使っていても、いざ、大勢の客を迎えて祝宴を開くという段になると、すべてをつないで大広間にすることもできる。このように日本人は昔から自分たちの家の中の空間を自由自在につないだり切ったりして暮らしてきた。

6 次に時間的な間がある。「間がある」「間を置く」というように、こちらは何もない時間のことである。芝居や音楽では声や音のしない沈黙の時間のことを間という。

7 バッハにしてもモーツァルトにしても西洋のクラシック音楽は次から次に生まれては消えてゆくさまざまな音によって埋め尽くされている。たとえば、モーツァルトの「交響曲二十五番」などを聞いていると、息を継ぐ暇もなく、ときには息苦しい。モーツァルトは沈黙を恐れ、音楽家である以上、一瞬たりとも音のない時間を許すまいとする衝動に駆られているかのように思える。

8 それにひきかえ、日本古来の音曲は琴であれ笛であれ鼓であれ、音の絶え間というものがいたるところにあって長閑なものだ。その音の絶え間では松林を吹く風の音がふとよぎることもあれば、谷川のせせらぎが聞こえてくることもあるだろう。ときには、この絶え間があまりにも長すぎて、一曲終わってしまったかと思っていると、*やおら次の節がはじまるということも珍しくない。そんなふうに、いくつもの絶え間に断ち切られていても日本の音曲は成り立ってしまう。

9 空間的、時間的な間のほかにも、人やものごととのあいだにとる心理的な間というものもある。誰でも自分以外の人とのあいだに、たとえ相手が夫婦や家族や友人であっても長短さまざまな心理的な距離、間をとって暮らしている。このような心理的な間があってはじめて日々の暮らしを円滑に運ぶことができる。

10 こうして日本人は生活や文化のあらゆる分野で間を使いこなしながら暮らしている。それを上手に使えば「[a]」「間がいい」ということになり、逆に使い方を誤れば「間違い」、間に締まりがなければ「[b]」、間を読めなければ「間抜け」になってしまう。間の使い方はこの国のもっとも基本的な掟であって、日本文化はまさに間の文化ということができるだろう。

11 では、この間は日本人の生活や文化の中でどのような働きをしているのだろうか。そのもっとも重要な働きは異質なもの同士の対立をやわらげ、調和させ、共存させること、[c]、和を実現させることである。早い話、互いに意見の異なる二人を狭い部屋に押しこめておけば喧嘩になるだろう。[d]、二人のあいだに十分な間をとってやれば、互いに共存できるはずだ。狭い通路に一度に大勢の人々が殺到すれば、たちまち身動きがとれなくなってパニックに陥ってしまうが、一人ずつ*間遠に通してやれば何の問題も起こらない。

12 和とは異質のもの同士が調和し、共存することだった。この和が誕生するためになくてはならない土台が間なのである。和はこの間があってはじめて成り立つということになる。

エ　金村の助言に納得はしながらも、素直にそれを認めたくない思いと鳴島への怒りとが入り混じった気持ちでいる。

問八　本文の特徴を説明したものとして**適切でないもの**を次の中から一つ選び、記号で答えなさい。

ア　「白い顔」や「黒一色にふくれ上がって」といった対照的な色彩表現により、登場人物の心情や人柄の違いを際立たせている。

イ　勇の自問自答や独白を多く用いることによって、読者が感情移入しやすくなるように描かれている。

ウ　登場人物の行動や態度を短文を重ねて表現することで、それぞれの場面における臨場感を増している。

エ　剣道の一つ一つの動作をていねいに表現していることで、迫力あふれる試合展開を克明に描き出している。

問九　勇は「趣味」をどのようなものだと考えていますか。四十字以上五十字以内で答えなさい。

五　次の文章A・Bはともに長谷川櫂『和の思想』の一部です。これらを読んで、後の問いに答えなさい。なお、字数指定がある場合、句読点・かぎかっこ等の記号は一字として数えること。

【文章A】

1　日本語の間という言葉にはいくつかの意味がある。

2　まずひとつは空間的な間である。「すき間」「間取り」というときの間であるが、基本的には物と物のあいだの何もない空間のことだ。絵画で何も描かれていない部分のことを余白というが、これも空間的な間である。

3　日本の家は本来、床と柱とそれをおおう屋根でできていて、壁というものがない。これは部屋を細かく区分けし、壁で仕切り、そのうえ、鍵のかかる扉で密閉してしまう西洋の家とは異なる。西洋の個人*主義はこのような個室で組み立てられた家に住んできたからこそ生まれたというのはよくわかる話である。

4　それでは、壁や扉で仕切る代わりに日本の家はどうするかというと、障子や襖や戸を立てる。「源氏物語」などに描かれた王朝*時代の宮廷や貴族たちの屋敷を見ると、その室内は板戸や*蔀戸、襖や*几帳などさまざまな間仕切りの建具で仕切られてはいるものの、いたるところすき間だらけである。西洋の1重厚な石や煉瓦や木の壁に比べると、何という軽やかさ、2はかなさだろうか。

問三 ——線部3「礼をしたあとも、勇は脳を抜かれたようになって座っていた」とありますが、このときの勇を説明したものとして最も適切なものを次の中から選び、記号で答えなさい。

ア　自分が破った三年生が選手に選ばれたことに納得できず、結果ありきの選考会を行った先輩たちにひどく腹を立てている。

イ　試合の内容では布施を圧倒(あっとう)していたにもかかわらず、自分ではなく布施が選ばれたことに動揺(どうよう)して気力を失っている。

ウ　木次の気迫あふれる剣道に圧倒されたことや布施との激戦を戦い抜いたことで力を使い果たし、放心している。

エ　勝ち抜き戦で先輩を破る奮闘(ふんとう)を見せたにもかかわらず、選手に選ばれなかったことに衝撃(しょうげき)を受けて、呆然(ぼうぜん)としている。

問四 ——線部4「だが、止められなかった」とありますが、このときの勇を説明したものとして最も適切なものを次の中から選び、記号で答えなさい。

ア　選手選考に対して異を唱えることは出過ぎたことだと思いながらも、実力を伴(ともな)わない選考への不満や試合に出たい思いをぶつけずにはいられなかった。

イ　最後の試合となる三年生が選手に選ばれることは同意できるが、自分の実力や剣道に対する熱意を認めてもらいたいという気持ちを抑(おさ)えられなかった。

ウ　選考会で自分の実力がついてきていることを実感したからこそ、自分より実力のない三年生が選手に選ばれることを容認できず、先輩に喧嘩(けんか)をしかけずにはいられなかった。

エ　後がない三年生を差し置いて自分が試合に出ようとすることに申し訳なさを感じながらも、選手に選ばれる資格があるのは自分だと主張する気持ちを抑えることができなかった。

問五 ——線部5「主将、今度の試合に僕を出して下さい」とありますが、勇をこのように突き動かす思いが端的(たんてき)に表されている箇所(かしょ)をこれより前の本文中から二十二字で抜き出し、最初の五字で答えなさい。

問六 ——線部6「主将と副主将を除いた三年生の人たちは、もう剣道をやめているのと同じです」とありますが、勇が「主将と副主将を除いた三年生の人たち」を別のことばで表現している箇所をこれより後の本文中から十五字以内で二つ抜き出して答えなさい。

問七 ——線部8「ドアをにらみ続けていた」とありますが、このときの勇を説明したものとして最も適切なものを次の中から選び、記号で答えなさい。

ア　自分の剣道に対する熱意や価値観に理解を示さずに考えを改めようとしない鳴島に敵意をむき出しにしている。

イ　いくら自分の正当性を訴えても聞く耳を持たない鳴島に失望して、やり場のない悲しみを向けている。

ウ　自分の思いが鳴島に伝わって考えを改めてくれるのではないかと、期待を抱きながら待ち続けている。

「趣味は気分転換とは違うんだ。あの人たちのは、心をなごませるための剣道なんだ、単なる、夢なんだ」

「それは違う。やってきたことへの総決算だ。趣味だと言いきるおまえの気持とは全然別のものだ」

「趣味にだって、命をかけることだってありうる。それ以外にないんだから」

もう一度掛け合ってくる、といって勇は前に進み出た。金村は襟をとって引き戻した。勇の顎が前に浮き上がった。

「よせ、今はよせ。おれだってくやしいんだ。だがな、おれたちには、我慢することだって必要なんだ」

金村は勇の眼の奥をのぞき込んで、下唇を噛んだ。勇は、部室のドアを見つめていた。鳴島が現われて、勇に向かって手を振りかざすのを待つように、勇は遠くから、8ドアをにらみ続けていた。

（高橋三千綱『九月の空』による）

＊布施＝勇の先輩である剣道部の二年生。
＊鳴島＝勇の所属する剣道部の主将。
＊切っ先＝竹刀の最先端部。
＊鍔迫合い＝竹刀を握る手を守る役目の鍔もとで互いに受け止めたまま押し合うこと。
＊石渡＝実力のある他校の一年生。
＊金村＝勇と同じ一年生部員。

問一　――線部１「錐で胸を突き刺されたような痛みを感じた」、７「なまった風が勇の横顔をなめた」とありますが、ここで用いられている表現技法を次の中からそれぞれ選び、記号で答えなさい。

ア　直喩法　　イ　隠喩法　　ウ　反復法　　エ　省略法
オ　擬人法　　カ　倒置法

問二　――線部２「勇は黙って顔を伏せた」とありますが、このときの勇を説明したものとして最も適切なものを次の中から選び、記号で答えなさい。

ア　木次の乱暴な仕打ちを不服に思って抵抗していたが、布施の思わぬ擁護に安堵したことで力が抜けて顔を上げられないでいる。
イ　布施の言葉によって剣道が好きで熱中していたということに改めて気づいたが、素直に認めることができずに表情を読み取られないようにしている。
ウ　木次にひどい扱いを受けていた中、布施の言葉に助けられた格好となったが、その言い分には納得できずに心を閉ざしている。
エ　布施が自分の剣道に対する姿勢を認めてくれたことを嬉しく思いながらも、木次とのやりとりの手前、明るい表情を見せまいとしている。

「三年生にとっては、今度は恐らく最後の試合になる。弱いかもしれないが、一生懸命、丸二年間の成果を生み落すつもりでやるだろう」

「僕もやります」

「おまえにはまだ先がある。何度でも試合に出る機会がある」

「だから、だから今度も出たいんです」

鳴島は足を止めて勇を見下した。この人の胴を抜くのは、そうむずかしいことではない、と勇は思った。

「連中には最後の試合だといっているのがわからないのか」

「それはわかります。受験勉強があるのも知っています。でも、試合を、剣道を、思い出にされたくないんです」

自分だったら、剣道をやめた時点で、剣道のことは全て忘れてしまうのだろうという予感が、勇にはあった。何かは分からない、不明瞭だったが、そのときには、別のものに熱中し、溺れきっているのだろうと信じた。

「思い出……」

「僕は今剣道をやっているんだし、金村だってそうです。打ち込んでいるんです。毎日そればっかしです。満足してます。それ以上に夢中です。でも、遊びとも違うんです。いまはそれしかやっていないんです。ぜひ、試合に出たいんです」

鳴島は白い顔をして勇を見ていた。7なまった風が勇の横顔をなめた。

気色悪い、と勇は思った。

「おまえの気持は分かった。だが、今度の試合は、おれたち三年生が出る。精一杯戦う。おまえは、力一杯応援しろ」

鳴島は大股に歩き去った。校庭に取り残された勇は、くやしさでいっぱいになった。遠ざかっていく鳴島の後姿が涙でぼやけてきた。やがて、黒一色にふくれ上がってまぶたにたまった。金村が勇の肩を叩いた。勇は剣道衣の袖で眼をこすった。

「がっかりするな。先輩たちだって勝つかもしれないさ」

「勝てるものか」

「精一杯やるっていっていたじゃないか」

「惨敗する。色目を使って試合に出るやつらなんか、惨敗するにきまっている」

試合に出るために、おれは練習してきたのだと勇はつぶやいた。練習には、床にたたずんで静かに竹刀を構え、透明な固い膜に包まれた相手を突き破る凍てついた緊張感がなかった。試合には、それがあった。

「小林みたいに、おかしなことばかりいってるやつの、どこからそんな情熱が出てくるんだろうな、不思議だよ」

「おまえは、剣道をお遊戯と間違えている人を、うちの高校の代表として出したいのか、先輩ってのは、そんなに勝手なものなのか」

金村はあきれた面持で勇を見つめた。いつもは人の好い彼の表情に真摯なものが張りつめた。

「いい過ぎだよ。あの人たちだって、三年になるまでちゃんとやってきたんだ。おまえにしたって、剣道は趣味だと、朝いっていたじゃないか」

勇は頭を振った。唇を噛んだ。

三年生の肩が不意に盛り上がりを見せた。殴られるかもしれないと勇は思った。たとえ殴られても、試合に出ることが可能ならばそれでよかった。自分がまだ未熟なのは分かっていた。石渡という一年生にすら完敗した。だが、彼一人に刺激を求めることよりも、広い、もっと熱い、燃焼できるぶつかり合いの中に身を投じてみたい気持の方が強かった。そうしなくてはならないと思ってたたずんでいた。

「これは鳴島が決めたことだ。主将に文句をつけるのは早すぎる」

「文句じゃないんです。そうしてほしいんです」

「おまえは確かに強くなった。だが、今度の大会はおれにとって最後の公式戦なんだ。おれだって、おまえ以上に出たい」

彼は足早に体育館を出ていった。歩み去っていく姿が横揺れして勇には見えた。あの人は先輩だ、勇は思った。だが、鍛練することを忘れた人は、単なる先輩で、剣道の先輩ではない。そのとき、勇は三年生になった自分が、どのような道を歩んでいるかとは考えなかった。ちらりと頭をかすめたその思いも、すぐに消えた。竹刀を持ちたがっている、試合に出ようとしている自分しか、そこにはいなかった。

鳴島は金村たち一年生部員数名の中に混じって、洗い場で足を洗っていた。勇は少しきつい眼をして鳴島の名を呼んだ。自分はむきになりすぎているのではないかとも考えたが、鳴島の前に立つと、そんなためらいなど消えていった。

5「主将、今度の試合に僕を出して下さい」

笑い顔で振り向いた鳴島は、勇の意外な視線に出会って中途半端な表情に変った。

「僕は最後の四人に残ったんです。今日は出場選手の審査会だと前にいっていたじゃないですか」

「ああ、そうだ」

「どうして僕がはずされるんですか。あれでは、初めから練習試合などないのと同じです」

鳴島は片方の足を手拭いで拭って、上履きに乗せた。

「そうだよ、あれはあくまでも練習試合だ、だから参考にはならん。小林は始めから員数外だ」

「一年生だからですか」

「そうだ」

6「でも、主将と副主将を除いた三年生の人たちは、もう剣道をやめているのと同じです」

「おまえが代わりに出れば勝つというのか」

「できれば勝ちたいと思っています」

鳴島は両方の足を拭き終ると、洗い場を離れて、部室に向かって歩き出した。勇は鳴島から半歩遅れるようにして歩く。

「おまえは、おれに対しても、剣道をやめているのと同じだと本当は言いたいんじゃないのか」

しばらくたって、勇はそうですと返事をした。鳴島は低い声で笑った。朝稽古は、三年生に代わって布施が主に指揮をとっていたのだ。でも主将はまだましです、と勇はいった。生意気なことをいったと思った。だが、ためらいはなかった。鳴島は強く鼻息を吐いた。まだましか、とつぶやいた。

ときの試合では、三人の二年生と二人の三年生を続けて破った。三年生の二人に一本も取らせないで勝ったときなどは、*鳴島がとんできて、このやろう、よくもやりやがったとあきれ顔でいって笑った。勇は次に控えていた木次と対戦して敗れた。疲れを吹きとばし、*切っ先に神経を置いて精一杯戦ったが及ばなかった。木次の気迫が勇に勝っていた。

布施と戦ったとき、*鍔迫合いになった。勇は先日行なわれた*石渡の試合を見て以来、今まで何気なくやっていた鍔迫合いに、注意を注ぐようになっていた。*金村を相手に何度となく、鍔迫合いから面を抜く練習をした。布施を相手に、勇はそれを試した。

布施の竹刀を寝かせた瞬間、跳びすさって面を打った。きれいに入った。ポコーンと音が体育館に響いた。やった。勇は部長の旗を見た。上ってはいなかった。まさか、と思ったとき、布施のメンが勇をとらえていた。

二本目は正攻法で出た。二度飛び込んでかわされたが、三度目はじっくりと布施の呼吸を計り、彼が眼を一回り大きくさせて突っ込もうとする隙をとらえて踏み込んだ。布施の竹刀は虚空を打ち、勇は長い竹を真っぷたつに割ったような爽快感を抱きながら、布施の傍をすり抜けた。いいメンだ、と背後で鳴島がいった。三本目は出合いがしらに、布施得意の出ゴテを決められた。それでも勇は胸の内で、布施さんに勝った、と思っていた。それを裏付けるように、席に戻ると金村が、おまえの勝ちだといった。最後の一人に残ったのは、予想通り木次だった。部長は試合が終ると、目礼をして引き上げていった。

鳴島が出てきて、稽古終了の掛け声をかける前に、簡単に日曜日の集合場所をいい、三年生四人と二年生の布施が都大会に出場するので、部員はしっかり応援するようにとつけ加えた。それから、礼をした。

3 礼をしたあとも、勇は脳を抜かれたようになって座っていた。体育館の入口の向こうにある、四角い世界に納まっている古い校舎をぼんやりと眺めていた。みんながひき上げてしまうと、こんな馬鹿な、と思った。からだが熱くなった。こんなのは剣道じゃない、ままごとだと叫んだ。頭の血が逆流しているかのように、勇をせきたてていた。勇は確かに、何ものかにいそいでいる自分を感じていた。4 だが、止められなかった。

防具を傍に持って、体育館から出ようとしている三年生の一人に勇は声をかけた。七校対抗戦でBチームの主将をつとめた人だった。彼は勇を振り返って、さっきはまいったな、とまぶし気な眼付きをした。勇は勢い込んでいった。

「先輩、都大会の出場を辞退してもらえませんか」

「辞退？　なぜだ」

「僕が代わりに出たいんです」

彼の眼が細められ、開かれたときには険悪な色合いが深まっていた。

「おまえ、のぼせているのか」

「僕は試合に出たいんです」

「誰だってそうだ、おれもだ。そのためには春休みまで合宿をしたんだからな」

「でも、新学期からの練習には、ほとんど出ていないではないですか」

四　次の文章を読んで、後の問いに答えなさい。なお、字数指定がある場合、句読点・かぎかっこ等の記号は一字として数えること。

　高校一年生の小林勇は剣道部に所属している。大会を間近に控える中、出場選手には三年生しか選ばれないということを知った一年生部員の半分以上は朝稽古に参加しなかった。そんな一年生のやる気のなさを三年生の木次が叱る。

「てめえら、趣味で剣道をやってるんじゃねえんだろうな」
　勇はその言葉を聞いて、1錐で胸を突き刺されたような痛みを感じた。
　趣味？　趣味って何だ。
「趣味で剣道をやっているやつが、いるか、いたら、前へ出ろ！」
　趣味ではないかもしれない。違うのかもしれない。勇は胸の内でつぶやき続けていた。顔を上げると、木次の鋭い視線と往き合った。趣味だけではないのかもしれない。しかし――。
「趣味です」
　勇はいった。全員が勇の方を向いた。言ってしまったあとで、勇の足が震えた。趣味でなかったとしたら、いったい、なんだ。一生、剣道だけをやればいいというのか。おれは、今だからこそ、現在の自分だからこそ、すべての途中にいるからこそ、剣道をやっているのではないのか。
「おまえのようなやつがいるから、他の部員がなまけるんだ、鍛え直してやる、こい」
　木次は勇の襟首をつかんで、部室のドアに向けて押した。勇はよろけた。歯を食いしばって、顔を上げた。木次が見返してきた。
「木次さん待って下さい。こいつは本気じゃないんです」
　＊布施が立ち上がってきて、木次の腕をとった。木次の眼から怒りの色が消えた。布施は勇に向き直った。
「な、小林。おまえは冗談でいったんだろう、おまえのように熱心なやつが、趣味で剣道をやるはずはないものな、冗談なんだろ」
　2勇は黙って顔を伏せた。おれは好きなんだ、床にたたずんで、強い相手と、離れた空間を挟んで向かい合う剣道が好きなんだ。それだけだ。戦いたいんだ。胸は吹き上がってくるつぶやきで、息苦しくさえなった。剣道だけがすべてじゃないかもしれない。違うはずだ。だが、今はこいつに熱中すればいい。とことん燃焼すればいい。そうさ、おれは、好きなだけなんだ。
「強くなりたくて猛稽古をしているんじゃないか、それがおまえなんだ。木次さんに、あやまれ」
　布施は勇の頭をつかんで、下に引き下した。強い力が勇の首筋に張った。趣味かもしれないが、いや、それだからこそ、強くなりたいんだ。勇はそう思っていた。勇の頭が下がると、木次は朝稽古は中止するといい、解散と怒鳴った。勇は一番あとから部室を出た。
　趣味でいいさ、充分さ、勇は思った。放課後の勝ち抜き戦では、何が何でも、五人の中に残ってやろうと思っていた。初夏の匂いを含んだなま暖い風が、勇の眼にからみついてきた。
　午後の勝ち抜き戦で、勇は二十三名中四位に残った。それを決めた

二〇二二年度　鎌倉学園中学校

【国語】〈第二次試験〉（五〇分）〈満点：一〇〇点〉

一　次の――線部のカタカナを漢字に直して答えなさい。

1　ダンチョウの思いで別れを告げる。
2　セイジツな人柄（ひとがら）が伝わるスピーチだった。
3　鎌倉の寺社仏閣（ぶっかく）をサンサクする。
4　彼の練習熱心な姿勢に舌をマく。
5　全国大会にノゾむ。

二　次の1～5の□に漢字一字を入れて類義語の組み合わせを完成させなさい。

1　民意――世□
2　内心――胸□
3　形見――□品
4　便利――重□
5　消息――音□

三　次の――線部の意味に合うことばを後からそれぞれ選び、文に合うように活用させて答えなさい。

1　世知辛（せちがら）い世を【強くて、容易に屈（くっ）しないさま】生きる。
2　【恥（はじ）知らずなさま】お願いで恐縮（きょうしゅく）ですが、
3　人目を【さしさわりがあるとしてつつしむ】ずに大声で叫（さけ）ぶ。
4　集中して取り組んだので仕事が【順調にすすむ】た。
5　彼の【いかにも本当らしく見えるさま】嘘（うそ）にだまされた。

そこはかとない	おごそかだ	はかどる	へつらう
あつかましい	したたかだ	はばかる	まことしやかだ

2022年度

鎌倉学園中学校 ▶解説と解答

算 数 ＜第２次試験＞（50分）＜満点：100点＞

解 答

1 (1) 2022 (2) $3\frac{1}{10}$ (3) $\frac{3}{80}$ (4) 1.4444 2 (1) $\frac{1}{8}$ (2) 210ページ (3) $41\frac{1}{4}$km (4) 17℃ 3 (1) 30度 (2) 157cm^3 4 (1) 16個 (2) 52個 (3) 96個 5 (1) 11cm^2 (2) 31.25cm^2 (3) 44秒後 6 (1) 7 (2) 1 (3) 26個 7 (1) 時速12km (2) 3時間17分40秒 (3) 3：20：9 8 (1) 14 (2) $85\frac{1}{3}$ (3) $3\frac{1}{4}$倍

解 説

1 四則計算，計算のくふう

(1) $1\times1+5\times5+7\times7+19\times19+25\times25+31\times31=1+25+49+361+625+961=(1+49)+(25+625)+(361+961)=50+650+1322=700+1322=2022$

(2) $2\frac{1}{4}\div1\frac{1}{2}+\frac{4}{9}\times3\frac{3}{5}=\frac{9}{4}\div\frac{3}{2}+\frac{4}{9}\times\frac{18}{5}=\frac{9}{4}\times\frac{2}{3}+\frac{8}{5}=\frac{3}{2}+\frac{8}{5}=\frac{15}{10}+\frac{16}{10}=\frac{31}{10}=3\frac{1}{10}$

(3) $\frac{1}{2\times4\times5}+\frac{1}{4\times5\times6}+\frac{1}{5\times6\times8}=\frac{1}{40}+\frac{1}{120}+\frac{1}{240}=\frac{6}{240}+\frac{2}{240}+\frac{1}{240}=\frac{9}{240}=\frac{3}{80}$

(4) $A\times C+B\times C=(A+B)\times C$となることを利用すると，$1.46\times3.14+1.54\times6.28-9.42\times1.36=1.46\times3.14+1.54\times2\times3.14-3\times3.14\times1.36=1.46\times3.14+3.08\times3.14-4.08\times3.14=(1.46+3.08-4.08)\times3.14=0.46\times3.14=1.4444$

2 逆算，相当算，速さ，差集め算

(1) $1\frac{1}{7}-(\square+2.25)\div3\frac{9}{16}=\frac{10}{21}$より，$(\square+2.25)\div3\frac{9}{16}=1\frac{1}{7}-\frac{10}{21}=\frac{8}{7}-\frac{10}{21}=\frac{24}{21}-\frac{10}{21}=\frac{14}{21}=\frac{2}{3}$，$\square+2.25=\frac{2}{3}\times3\frac{9}{16}=\frac{2}{3}\times\frac{57}{16}=\frac{19}{8}$ よって，$\square=\frac{19}{8}-2.25=\frac{19}{8}-2\frac{1}{4}=\frac{19}{8}-\frac{9}{4}=\frac{19}{8}-\frac{18}{8}=\frac{1}{8}$

(2) 全体のページ数を１，１日目に読んだ後の残りのページ数を①，２日目に読んだ後の残りのページ数を[1]として図に表すと，下の図１のようになる。図１で，$[1]-\left[\frac{5}{8}\right]=\left[\frac{3}{8}\right]$にあたるページ数が27ページだから，$[1]=27\div\frac{3}{8}=72$(ページ)とわかる。よって，$①-\left(\frac{1}{3}\right)=\left(\frac{2}{3}\right)$にあたるページ数が，12＋72＝84(ページ)なので，$①=84\div\frac{2}{3}=126$(ページ)となる。したがって，$1-\frac{2}{5}=\frac{3}{5}$にあたるページ数が126ページだから，この本のページ数は，$126\div\frac{3}{5}=210$(ページ)と求められる。

(3) 下の図２で，QR間にかかった時間は，$20\div60=\frac{1}{3}$(時間)，$60\times\frac{1}{3}=20$(分)なので，PQ間にかかった時間は，１時間20分－(15分＋20分)＝45分とわかる。よって，PQ間の道のりは，$55\times\frac{45}{60}=\frac{165}{4}=41\frac{1}{4}$(km)である。

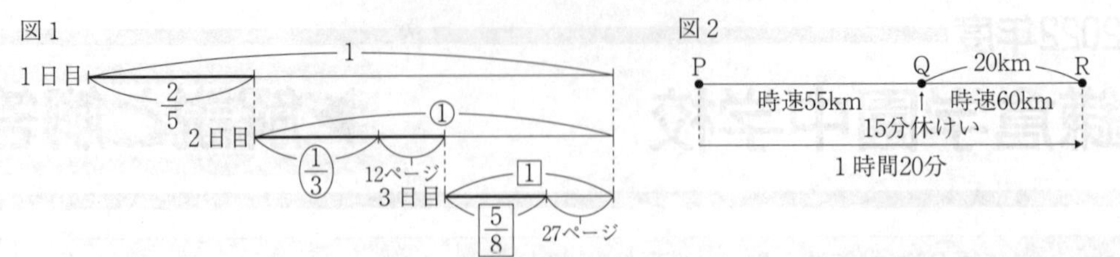

(4)　最高気温が15℃のとき，ホットコーヒーの売り上げは，200×130＝26000(円)，アイスコーヒーの売り上げは，250×40＝10000(円)だから，売り上げの差は，26000－10000＝16000(円)である。最高気温が１℃上がるごとに，ホットコーヒーの売り上げは，200×15＝3000(円)ずつ減り，アイスコーヒーの売り上げは，250×20＝5000(円)ずつ増えるので，売り上げの差は，3000＋5000＝8000(円)ずつ縮まる。よって，売り上げが同じになるのは，最高気温が，16000÷8000＝２(℃)上がったときだから，最高気温が，15＋２＝17(℃)のときとわかる。

3 角度，体積

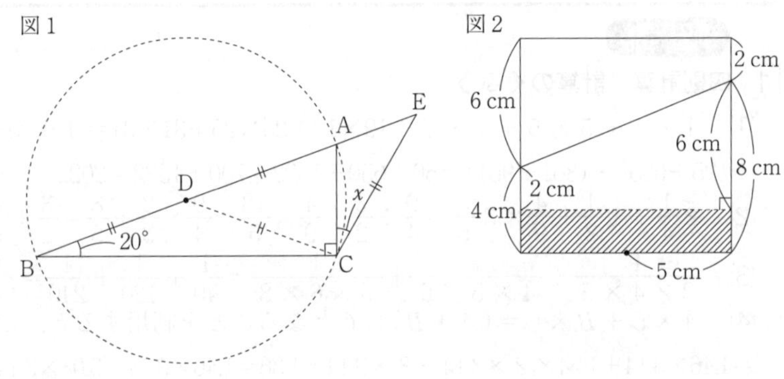

(1)　右の図１で，ADとBDの長さは等しく，角ACBは直角だから，Dを中心とする直径がABの円をかくと，円周はCを通ることがわかる。つまりCDは円の半径になるので，AD，BD，CD，CEの長さはすべて等しくなる。よって，三角形DBCは二等辺三角形だから，角DCBの大きさは20度となり，角CDE＝角DBC＋角DCB＝20＋20＝40(度)とわかる。また，三角形CEDも二等辺三角形なので，角DCE＝180－40×２＝100(度)となり，角x＝20＋100－90＝30(度)と求められる。

(2)　右上の図２のように区切ると，２つの立体の体積の差は斜線(しゃせん)部分の体積と等しくなる。また，斜線部分は，底面の円の半径が５cm，高さが，４－２＝２(cm)の円柱だから，２つの立体の体積の差は，５×５×3.14×２＝50×3.14＝157(cm³)とわかる。

4 場合の数

(1)　奇数(きすう)になるとき，一の位には{1，3，5，7}の４枚のカードを使うことができる。どの場合も，十の位には残りの５枚から０を除いた４枚のカードを使うことができるから，２けたの奇数は，４×４＝16(個)できる。

(2)　一の位が{0，2，5}になればよい。一の位が０のとき，百の位には残りの５枚，十の位には残りの４枚のカードを使うことができるので，３けたの整数は，５×４＝20(個)できる。また，一の位が２のとき，百の位には残りの５枚から０を除いた４枚，十の位には残りの４枚のカードを使うことができるから，３けたの整数は，４×４＝16(個)できる。一の位が５の場合も同様なので，全部で，20＋16×２＝52(個)と求められる。

(3)　３の倍数は各位の数字の和が３の倍数になる。はじめに，４枚の和が３の倍数になる組み合わせを調べると，下の図１の５通りあることがわかる。０を含む場合，４つの数字を並べると４けたの整数は，３×３×２×１＝18(個)でき，０を含まない場合，４つの数字を並べると４けたの整数は，４×３×２×１＝24(個)できる。よって，全部で，18×４＋24＝96(個)と求められる。

図１

和が６（０，１，２，３）
和が９（０，１，３，５）
和が12（０，２，３，７）
和が15（０，３，５，７）
和が15（１，２，５，７）

図２

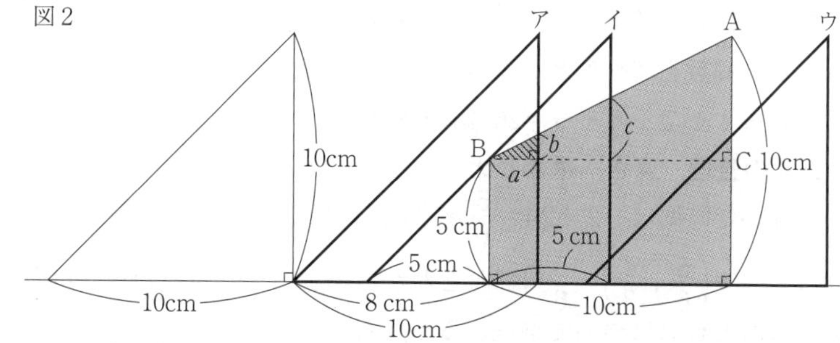

5 平面図形―図形の移動，面積，相似

(1)　20秒間で，0.5×20＝10(cm)動くから，20秒後には上の図２のアの位置にくる。ここで，斜線をつけた三角形と三角形ABCは相似なので，$a:b=10:(10-5)=2:1$となる。また，$a=10-8=2$(cm)だから，$b=2\times\frac{1}{2}=1$(cm)とわかる。よって，$S=(5+1+5)\times2\div2=11$(cm²)と求められる。

(2)　26秒間で，0.5×26＝13(cm)動くので，26秒後にはイの位置にくる(ちょうど，直角二等辺三角形のななめの辺と台形の頂点Bが重なる)。(1)と同様に考えると，$c=5\times\frac{1}{2}=2.5$(cm)とわかるから，$S=(5+2.5+5)\times5\div2=31.25$(cm²)と求められる。

(3)　Sが２回目に18cm²になるのは，ウの位置にきたときである。このとき，重なっている部分の三角形の底辺と高さを□cmとすると，□×□÷２＝18(cm²)と表すことができるので，□×□＝18×２＝36＝６×６より，□＝６とわかる。よって，ウの位置にくるのは，10＋８＋(10－６)＝22(cm)動いたときだから，動き始めてから，22÷0.5＝44(秒後)である。

6 場合の数，数列

(1)　１けたの３の倍数は{３，６，９}の３個ある。また，99以下の３の倍数の個数は，99÷３＝33(個)だから，２けたの３の倍数の個数は，33－３＝30(個)になる。同様に，999以下の３の倍数の個数は，999÷３＝333(個)なので，３けたの３の倍数の個数は，333－33＝300(個)とわかる。また，２けたの整数には２個，３けたの整数には３個の数字が使われているから，まとめると上の図１のようになる。よって，35番目の数字は，２けたの中で，35－３＝32(番目)の数字なので，32÷２＝16より，２けたの中で16番目の整数の一の位の数字とわかる。また，２けたの中で16番目の整数は，９＋３×16＝57だから，35番目の数字は７である。

図１

	３の倍数	個数	数字の個数
１けた	３，６，９	３個	１×３＝３(個)
２けた	12，15，…，99	30個	２×30＝60(個)
３けた	102，105，…，999	300個	３×300＝900(個)

(2)　100番目の数字は，３けたの中で，100－(３＋60)＝37(番目)の数字なので，37÷３＝12余り１より，３けたの中で，12＋１＝13(番目)の整数の百の位の数字とわかる。また，３けたの中で13番目の整数は，99＋３×13＝138だから，100番目の数字は１である。

(3)　275番目の数字は，３けたの中で，275－(３＋60)＝212(番目)の数字なので，212÷３＝70余り２より，３けたの中で，70＋１＝71(番目)の整数の十の位の数字とわかる。また，３けたの中で71

番目の整数は，99＋３×71＝312だから，３から312までに使われている３の個数を求めればよい。右の図２のように，けたごとに分けて，□に入る数字と各位に３が使われている整数の個数を調べると，３の個数は全部で，１＋３＋４＋７＋６＋５＝26(個)とわかる。

図２

１けた…３		(１個)
２けた…□３	→３，６，９	(３個)
３□	→０，３，６，９	(４個)
３けた…□□３	→12，15，18，21，24，27，30	(７個)
□３□	→12，15，18，21，24，27	(６個)
３□□	→00，03，06，09，12	(５個)

7 条件の整理，速さ，速さと比

(1) 泳いだ時間は，$2\div2.4=\frac{5}{6}$(時間)，自転車をこいだ時間は，$40\div30=\frac{4}{3}$(時間)だから，走った時間は，$3-\left(\frac{5}{6}+\frac{4}{3}\right)=\frac{5}{6}$(時間)とわかる。よって，走った速さは時速，$10\div\frac{5}{6}=12$(km)である。

(2) Ｂ君とＣ君について整理すると，右の図１のようになる。Ｂ君が自転車をこいだ時間は，$40\div25=\frac{8}{5}$(時間)，走った時間は，$10\div6=\frac{5}{3}$(時間)なので，Ｂ君が泳いだ時間は，$3\frac{56}{60}-\left(\frac{8}{5}+\frac{5}{3}\right)=\frac{2}{3}$(時間)とわかる。また，Ｂ君とＣ君が泳ぐ速さの比は，$\frac{2}{3}:1=2:3$だから，Ｂ君とＣ君が泳いだ時間の比は，$\frac{1}{2}:\frac{1}{3}=3:2$となり，Ｃ君が泳いだ時間は，$\frac{2}{3}\times\frac{2}{3}=\frac{4}{9}$(時間)と求められる。さらに，Ｃ君が自転車をこいだ時間はＢ君と同じ$\frac{8}{5}$時間であり，Ｃ君が走った時間は，$10\div8=\frac{5}{4}$(時間)なので，Ｃ君の記録は，$\frac{4}{9}+\frac{8}{5}+\frac{5}{4}=3\frac{53}{180}$(時間)と求められる。$60\times\frac{53}{180}=17\frac{2}{3}$(分)，$60\times\frac{2}{3}=40$(秒)より，これは３時間17分40秒となる。

図１

	泳ぎ(２km)	自転車(40km)	走り(10km)	記録
Ｂ君	$\frac{2}{3}$	時速25km	時速６km	３時間56分
Ｃ君	1	時速25km	時速８km	

(3) Ｄ君とＥ君について整理すると，右の図２のようになる。Ｅ君が，泳ぎ，自転車，走りにかかった時間の比は，$\frac{2}{1}:\frac{40}{4}:\frac{10}{2}=2:10:5$であり，この合計が，$60\times2+50=170$(分)だから，Ｅ君が泳いだ時間は，$170\times\frac{2}{2+10+5}=20$(分)とわかる。よって，Ｄ君が泳いだ時間は，$20+10=30$(分)なので，Ｄ君が泳ぐ速さは時速，$2\div\frac{30}{60}=4$(km)と求められる。また，Ｄ君が走る速さは時速，$200\times60=12000$(m)，$12000\div1000=12$(km)だから，Ｄ君が走った時間は，$10\div12=\frac{5}{6}$(時間)，$60\times\frac{5}{6}=50$(分)となる。すると，Ｄ君が自転車をこいだ時間は，$170-(30+50)=90$(分)となるので，Ｄ君の自転車の速さは時速，$40\div\frac{90}{60}=\frac{80}{3}$(km)とわかる。したがって，Ｄ君の泳ぐ速さ，自転車をこぐ速さ，走る速さの比は，$4:\frac{80}{3}:12=3:20:9$と求められる。

図２

	泳ぎ(２km)	自転車(40km)	走り(10km)	記録
Ｄ君			分速200m	２時間50分
Ｅ君	①	④	②	２時間50分

8 立体図形―長さ，体積

(1) 問題文中の図１を真横から見ると，下の図①のようになる。アの部分１か所の長さは４cmだから，イの部分１か所の長さは，$(32-4\times2)\div4=6$(cm)とわかる。鉄球２個分の高さは，アの部分２か所とイの部分１か所の長さの合計なので，$4\times2+6=14$(cm)と求められる。

(2) 問題文中の図２を真横から見ると，下の図②のようになる。図②で，容器の容積は，$8\times8\times31.4=64\times10\times3.14=640\times3.14$(cm^3)である。また，容器に入れた水の体積は(384×3.14)cm^{3}だから，鉄球３個分の体積は，640×3.14−384×3.14＝(640−384)×3.14＝256×3.14(cm^3)とわかる。よって，鉄球１個の体積は，256×3.14÷３＝$\frac{256}{3}$×3.14＝85$\frac{1}{3}$×3.14(cm^3)と求められるので，y＝85$\frac{1}{3}$となる。

(3) 鉄球が移動することができるのは，右の図③のかげと斜線をつけた部分である。かげをつけた部分は高さが，20−４×２＝12(cm)の円柱なので，体積は，４×４×3.14×12＝192×3.14(cm^3)となる。また，斜線をつけた部分を合わせると１個の鉄球になるから，体積は$\left(\frac{256}{3}\times3.14\right)$cm^{3}とわかる。よって，合わせると，$192\times3.14+\frac{256}{3}\times3.14=\left(192+\frac{256}{3}\right)\times3.14=\frac{832}{3}\times3.14$(cm^3)となるから，鉄球１個の体積の，$\left(\frac{832}{3}\times3.14\right)\div\left(\frac{256}{3}\times3.14\right)=\frac{832}{3}\div\frac{256}{3}=\frac{13}{4}=3\frac{1}{4}$(倍)と求められる。

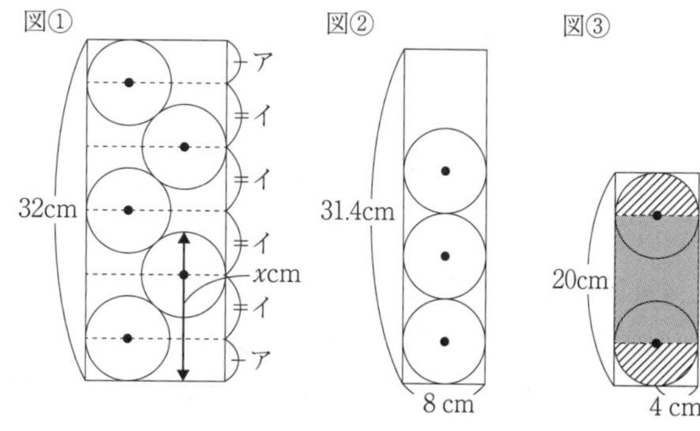

社 会 ＜第２次試験＞（30分）＜満点：60点＞

解 答

1 **問１** エ　**問２** (1) イ，オ　(2) エ　(3) 高等(裁判所)　(4) エ　**問３** (1) カ　(2) ア　**問４** エ　**問５** (1) ウ　(2) エ　**問６** オ　**問７** イ　**問８** (1) (例) 後鳥羽上皇や後醍醐天皇ら皇族が鎌倉幕府を倒そうとする事件を起こした(とき。)　(2) 風土記　**問９** ア　2 **問１** ウ　**問２** ア　**問３** ウ　**問４** イ　**問５** (例) 過去の災害の教訓を人々に伝え，防災意識を高め，被害を減らすため。　**問６** ① イ　② ウ　③ エ　④ ア　**問７** エ　**問８** カ　**問９** ア　**問10** ア　**問11** (1) 刑部(親王)　(2) イ　**問12** エ　**問13** エ　**問14** エ

解 説

1 山口県・広島県・島根県を題材にした問題

問１ Ａの県章は「頭文字のカタカナを図案化」したもので，その形はカタカナの「ヒ」に近いものであることから，広島県だとわかる。Ｂの県は山口県で，「県の漢字を図案化」したという県章の形が，山口県の「山」の字と同様，下部の左右が広がっていることと，「口」の字と同様，中が空いた形になっていることから判断できる。残ったＣは島根県で，県章は島根県の２文字日のカタカリである「マ」を図案化し，四つ組み合わせたものになっている。

問２ (1) ア 臨時国会をふくめ，国会の召集(しょうしゅう)は内閣が決定し，天皇が国事行為としてこれを行う。　イ 閣議は内閣総理大臣が主宰(しゅさい)し，すべての国務大臣が出席して行われる。　ウ 外交関係を処理し，条約を締結(ていけつ)するのは，内閣総理大臣や外務大臣などをふくむ内閣の職務である。エ ト級裁判所の裁判官の任命は，最高裁判所の作成した名簿(めいぼ)にもとづいて内閣が行う。　オ 国務大臣を任命したり罷免(ひめん)(やめさせること)したりする権限は，内閣総理大臣が持っている。

(2)　内閣総理大臣になった順に，岸信介(1957年)→池田勇人(1960年)→佐藤栄作(1964年)→竹下登(1987年)→宮澤喜一(1991年)→安倍晋三(2006年)となる(それぞれ最初に就任した年)。竹下登内閣のときの1989年には，税率３％で初めて消費税が導入された。なお，アは岸信介，イは安倍晋三，ウは宮澤喜一，オは佐藤栄作，カは池田勇人に関連する説明。　(3)　高等裁判所は全国に８か所，各地方の中心となる都市に置かれ，北海道地方では札幌市(北海道)に，東北地方では仙台市(宮城県)に，関東地方では東京都に，中部地方では名古屋市(愛知県)に，近畿地方では大阪市に，中国地方では広島市に，四国地方では高松市(香川県)に，九州地方では福岡市に置かれている。

(4)　アは1976年，イは2015年，ウは2008年に，最高裁判所によって憲法違反であるという判断が下された事例だが，エは裁判が起こされたものの，憲法違反にはあたらないという判断が下された。

問３　(1)　写真１の反射炉は，山口県にある。①は明治時代後半の1895年，②は室町～戦国時代，③は平安時代末の1185年のできごとなので，古いものから順に③→②→①となる。なお，①は下関条約について説明した文。③の治承・寿永の乱は一般に「源平の合戦」などとよばれ，1185年には現在の下関市で，最後の戦いである壇ノ浦の戦いが行われた。　(2)　水野忠邦は1841年に江戸幕府の老中になると，天保の改革とよばれる幕政改革に取り組んだ。その一つとして，物価を引き下げるために株仲間(商工業者の同業者組合)の解散を命じたが，かえって経済は混乱し，そのほかの政策も各身分からの反発を招いたため，改革はわずか２年ほどで失敗に終わった。なお，イは田沼意次の政治，ウは老中松平定信が行った寛政の改革，エは第８代将軍徳川吉宗が行った享保の改革の内容。

問４　最も本数が少ないＥには，高速バスがあてはまる。ＦとＧのうち，始発が早く，最終が遅いＧが在来線で，Ｆが新幹線と判断できる。徳山駅は山陽新幹線の駅だが，新大阪駅行きの九州新幹線や，東京駅行きの東海道新幹線直通列車も通るため，在来線よりも本数が多くなっている。

問５　(1)　写真２は広島市にある原爆ドームで，核兵器が引き起こす破壊の恐ろしさや平和の大切さを後世に伝えるための「負の遺産」として，1996年にユネスコ(国連教育科学文化機関)の世界文化遺産に登録された。　(2)　Ｘ　広島県にある厳島神社について，正しく説明している。なお，「華やかな絵を描いた写経」は「平家納経」とよばれる。　Ｙ　福岡市は，現在の岡山県西部にあたる備前国で開かれていた。Ｙの文に書かれたようすは，時宗の開祖である一遍の伝記を描いた絵巻物「一遍上人絵伝」に描かれている。なお，浄土宗は法然が開いた。　Ｚ　近松門左衛門は人形浄瑠璃や歌舞伎の脚本家で，浮世草子作家としては井原西鶴がよく知られる。

問６　一番低い場所が標高500m以下で，最も距離が長いＨが❸だとわかる。❶と❷のうち，距離が短いＩに❶が，長いＪに❷があてはまる。

問７　Ｋ　図４と図５を照らし合わせると，図５で「代官所跡」の左にある(卍)が勝源寺にあたるとわかる。その北側(上)には神社(⛩)があり，西側(左)には竹林(竹林の地図記号)があるので，正しい。　Ｌ　城上神社は，図５の「代官所跡」の文字のすぐ右にある神社(⛩)で，その東側(右)の河川沿いには水田(||)がみられるので，正しい。　Ｍ　観世音寺は郵便局(〶)の斜め右下にある寺院(卍)で，その近くの斜面には果樹園(果樹園の地図記号)ではなく広葉樹林(広葉樹林の地図記号)がみられる。

問８　(1)　島根県の北方沖合に浮かぶ隠岐諸島は，かつておもに政治犯の流刑地(流罪となった人が送られる場所)とされていた。鎌倉幕府を倒そうとして1221年に承久の乱を起こした後鳥羽上皇や，1331年に鎌倉幕府の討幕計画を立てたものの発覚し，捕らえられたという元弘の変(乱)を起こした後醍醐天皇が流罪となり，隠岐諸島に送られた。　(2)　写真３の石見銀山は，島根県にある。奈良時代の713年，元明天皇は諸国に特産物・地名の由来・伝説などを記すよう命じ，これにもとづいて『風土記』がつくられた。５か国のものが現存しているが，ほぼ完全な形で残っているのは，現在の島根県東部にあたる出雲国でつくられた『出雲国風土記』のみである。

問９　「屋敷の西側と北側に植えられた松」は，冬の冷たい北西の季節風から家屋を守るための工夫であると考えられる。なお，夏の季節風は南東から吹いてくる。

2　現代の社会や災害などを題材とした問題

問１　ウは，1990年代はじめにバブル経済が崩壊し，平成不況とよばれる不景気が続いたときに起こったできごとである。なお，アについて，第一次世界大戦が1918年に終結すると，日本は1920年に戦後恐慌とよばれる不景気に見まわれた。イの関東大震災は1923年に発生した。エは1929年に始まった世界恐慌と，その影響について述べた文。

問２　江戸幕府の老中松平定信は，1787年から寛政の改革とよばれる幕政改革に取り組んだ。そのなかで，ききんに備えて１万石につき50石の米をたくわえさせる囲米を命じた。なお，イは老中田沼意次の政策，ウは江戸幕府の第８代将軍徳川吉宗が行った享保の改革の中の政策。エについて，均田制は古代中国で行われた土地制度で，日本の班田収授法の手本となった。

問３　浸水から身を守るために高台に避難する必要があるのだから，Ａには津波があてはまる。落雷や飛来物といった被害が想定されているＢは台風・竜巻，建物の倒壊や崖崩れが起きるというＣは地震である。

問４　写真１は「津波避難タワー」などとよばれる施設で，津波のさいの一時的な避難場所として，津波の被害が想定される沿岸部につくられている。地震のさい，砂が多く地盤のやわらかい場所では液状化(現象)が発生し，建物が傾くなどの被害が出る恐れがあるが，その対策としては地盤を強化したり，建物を支える杭を地中深くまで埋めたりすることが考えられる。写真２は「透過型砂防えん堤」などとよばれる施設で，生徒Ｅの発言はその説明として正しい。

問５　図２は，過去に発生した自然災害の情報を伝える自然災害伝承碑の地図記号で，記念碑の地図記号に碑文を示す縦線を加えてつくられた。災害があったことを後世の人々に伝えて教訓とし，防災・減災に役立ててもらうため，2019年に国土地理院によって制定された。

問６　①　３日前なので，台風情報を確認して今後の避難計画を立てることが大切である。　②　１日前で，大雨・洪水警報も出されているので，どのくらいの雨が降ったのかを調べ，今後，具体的にどう行動するかを考えておくことが必要といえる。　③「近くの川の水位が急上昇しているらしい」という情報を受けて，現在地付近の川の水位を調べる。この場合，危険なので，実際に川を確認しに行ってはならない。　④　早めの避難がよびかけられているのだから，避難しやすい服装に着替えて持ち物の最終確認をし，いつでも移動できる態勢を整える。

問７　①は1900年に起こった義和団事件，②は1488年に始まった加賀の一向一揆，③は1637年に起こった島原・天草一揆について説明した文なので，古いものから順に②→③→①となる。

問８　Ｘ　663年の白村江の戦いで敗れた日本の朝廷は，唐(中国)や新羅が攻めてくることを警戒して北九州に防人という兵士を設置したり，水城とよばれる防衛施設をつくったりした。なお，１回目の元寇である1274年の文永の役のあとには，博多湾沿岸に石塁という石の壁がつくられた。Ｙ　豊臣秀吉の朝鮮出兵とその影響について，正しく説明している。　Ｚ　第一次世界大戦後に結ばれた四か国条約や九か国条約，海軍軍縮条約は，国際連盟の場ではなく，関係各国が集まって開かれたワシントン会議(1921～22年)で結ばれた。

問９　②は「清少納言」ではなく「紫式部」が正しい。④の後半は，津田梅子ではなく平塚らいてうの説明になっている。

問10　財政基盤を強化する，行政を効率化するといった目的から，1999年以降，およそ10年にわたって「平成の大合併」とよばれる市町村合併が行われた。これによって，約3200あった市町村は，半分近い約1700にまで減少した。

問11　(1)　刑部親王は天武天皇の皇子で，中臣（藤原）鎌足の子である藤原不比等とともに，唐(中国)のものを手本として律令の制定に取り組み，701年に大宝律令として完成させた。なお，律は現在の刑法，令は現在の民法や行政法などにあたる。　(2)　消費者庁は2009年，社会保険庁は1962年，復興庁は2012年，スポーツ庁は2015年に設置された。社会保険庁は，健康保険や年金に関する事業を行っていたが，2009年に廃止され，年金に関する業務は日本年金機構に引き継がれた。

問12　ア　裁判員裁判は，殺人などの重大な刑事事件の第一審で採用されている。　イ　裁判員は，満18歳以上の有権者の中から抽選で選ばれるので，日本国籍のない人は裁判員になれない。　ウ　裁判員裁判は，３名の裁判官と６名の裁判員の合議制で行われ，事実の認定や有罪か無罪かの判定なども一緒に行う。　エ　裁判員の守秘義務についての説明として正しい。

問13　国民投票について定めた国民投票法の第１条には，この法律が，日本国憲法改正のさいに行われる国民投票に関する手続きを定めたものであることが明記されている。なお，アは「満20歳以上」ではなく「満18歳以上」，イは「出席議員」ではなく「総議員」，ウは「30日から60日以内」ではなく「60日以後180日以内」が正しい。

問14　2018年に民法が改正され(施行は2022年)，成年年齢が満18歳以上に引き下げられたが，競馬や競輪の投票券を買うことや，飲酒，喫煙ができる年齢などは満20歳以上のままとされた。

理　科　＜第２次試験＞（30分）＜満点：60点＞

解　答

[1] (1)　右の図　(2)　(例)　マイナス端子を500mAに変える。　(3)　2　(4)　3　(5)　3　(6)　A，B，C
[2] (1)　ふってん　(2)　2　(3)　イ　2　ウ　3　(4)　(A)　2　(B)　1　(C)　3　(5)　1
[3] (1)　①　5　②　2　(2)　6　(3)　35か所　(4)　4　(5)　①　2011　②　1999　③　○
[4] (1)　1　(2)　イ　1　ウ　4　(3)　なぎ　(4)　オ　2　カ　3

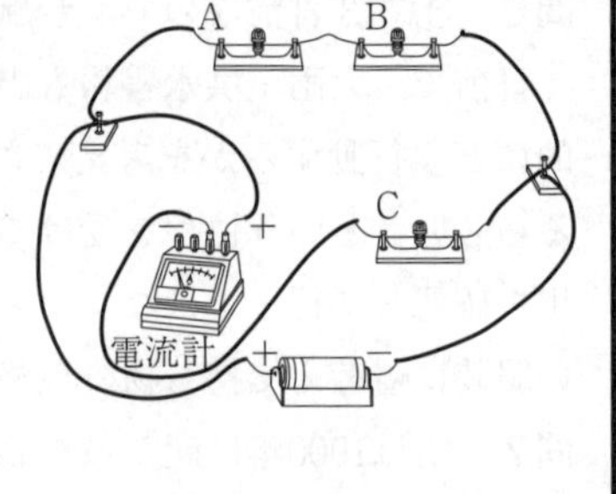

解　説

[1] 電流回路についての問題

(1)　豆電球Cと電流計を直列につないだ部分と豆電球A，豆電球Bを直列つなぎにした部分を並列につなぐ。このとき，電流計のプラス端子には電池のプラス極側の導線をつなぎ，電流計のマイナス端子には電池のマイナス極側の導線をつなぐ。

(2)　５Ａのマイナス端子を使ったときに針のふれが図２のように小さすぎるときは，次に大きな値をはかれる500mAのマイナス端子につなぎ変えてみる。

(3)　豆電球Ａ，豆電球Ｂが直列つなぎになっている部分の電気抵抗(ていこう)は，豆電球Ｃの電気抵抗より大きいので，豆電球Ａ，豆電球Ｂに流れる電流の大きさは，豆電球Ｃに流れる電流の大きさより小さくなる。よって，イの位置に設置した電流計の針は100mAより小さい値を示す。

(4)　イの位置を流れる電流はすべてウの位置を流れるので，イの位置での電流の大きさとウの位置での電流の大きさは同じである。

(5)　実験結果の①のようになるのは１と３，②のようになるのは３のみ（２は豆電球Ｂ，豆電球Ｃ，豆電球Ｐがみな同じ明るさになる)，③のようになるのは２，３，４である。

(6)　装置の内部が(5)の３のとき，Ｗの端子から入った電流は豆電球Ａを流れたあと，豆電球Ｂと豆電球Ｃに分かれて流れ，再び合流してＺの端子から出ていく。よって，豆電球はすべて光る。

2　水のすがたについての問題

(1)　氷を熱していくと，氷の温度が上がっていき，０℃になると氷がとけ始める(グラフのａ点)。氷は少しずつとけていき，すべてとけるまでは０℃のまま一定となる(ab 間)。氷がすべてとける(ｂ点)と水の温度は上がっていき(bc 間)，100℃に達すると沸(ふっ)とうし始める(ｃ点)。沸とうしている間は100℃のまま一定である(cd 間)。グラフのアは，水が沸とうする温度であるが，この温度のことを沸点(ふってん)という。

(2)　ab 間は氷がとけている間で，このとき固体の氷と液体の水が混じった状態となっている。

(3)　大きな鍋(なべ)の海水が熱せられると，水が蒸発して上昇(じょうしょう)し，その水蒸気が冷たい中華(ちゅうか)鍋にふれると，水蒸気が冷やされて水てきとなり，中華鍋につく。そして，中華鍋についた水てきが集まって大きな水てきとなり，やがてコップに流れ落ちる。液体の水が気体の水蒸気に変化することを蒸発(気化)，逆に気体の水蒸気が液体の水に変化することを凝縮(ぎょうしゅく)(液化)という。なお，融解(ゆうかい)は固体が液体に変化すること，凝固は液体が固体に変化すること，昇華は固体が気体(もしくは気体が固体)に変化することである。

(4)　(A)　霜(しも)は，夜間に低温となった物体に空気がふれ，空気中の水蒸気が冷やされて細かな氷の粒(つぶ)となって物体に付着したものである。　(B)　霜柱は，低温下で土の中の水が地表に向けて上昇しながら次々と凍(こお)っていくためにできる，地表に現れた細かい柱状の氷である。　(C)　空気中の水蒸気が冷やされて細かい水てきとなったものの集まりが，上空に浮(う)かんでいると雲となり，地上付近でただようと霧(きり)になる。

(5)　水は氷になると，体積が約1.1倍に増える。そのため，液体で満たされたペットボトルを冷凍(れいとう)庫に入れておくと，ペットボトル内の液体が凍るときに体積が増え，ペットボトルを内側から強くおすため，容器がこわれてしまうおそれがある。

3　川にすむ魚の生息調査に関する資料についての問題

(1)　表中の数値は観察された地点が多いほど大きくなるので，最も数値が大きいものを選べばよい。すると，1976年度は38.0％のドジョウ，2019年度は57.1％のオイカワになる。

(2)　オオクチバスは，北アメリカ大陸原産の魚だが，1925年に芦(あし)ノ湖(神奈川県)に放流されて以来，各地で放流があいついで生息地を広げた。もともとすんでいる生物(魚，エビ，水生こん虫など)を食いあらし，その地域の生態系に害をおよぼしているため，特定外来生物に指定されている。

⑶　表で，2019年度のミナミメダカの数値は41.7である。これは，その年の調査地点84か所のうち，41.7％の地点で観察できたことを意味するので，観察できたのは，84×0.417＝35.028より，35か所と求められる。

⑷　アユは上流から中流にかけての水質がきれいな川などに生息する。かつては工業排水(はいすい)や生活排水などにより川の水質が悪化していたり，川を整備したかわりに自然環境(かんきょう)がこわされたりしたため，アユが生息できない状況であった。しかし，水質や自然環境の改善が進められた結果，アユが確認されるようになったと考えられる。

⑸　①　はじめの文章には，2008年度と2011年度の調査は夏季だけ行われたと述べられている。

②　フナのなかまの数値をたどっていくと，前回調査から10％以上割合が減少した(数値が10以上減った)のは1999年度で，前回の1996度から，35.5－21.7＝13.8(％)減少している。　③　モツゴの数値をたどると，20.0以下が２回(1990年度の14.3％，2015年度の18.3％)あるが，ほかは20％台から30％台前半に収まっていて，多少の変動が見られるものの，おおむね一定で変化しているといえる。

4　陸と海の温まり方と風についての問題

⑴　たとえば砂と水を同じように加熱すると，砂の方が水よりも温度の上がり方が速い。また，同じ温度の熱い砂と水を放置しておくと，砂の方が水よりも温度の下がり方が速い。このことからも考えられるように，陸は海に比べてあたたまりやすく，冷えやすい。

⑵　昼間は，太陽からの熱によって陸の方が海よりあたたまりやすいため，陸の上にある空気の方が海の上にある空気よりも温度が高くなる。すると，陸の上の空気は上昇，海の上の空気は下降して，陸の上には海の上の空気が流れこむため，海側から陸側に向かって風が吹(ふ)く。これを海風という。一方，夜間は，陸の方が海より冷えやすいため，海の上にある空気の方が陸の上にある空気よりも温度が高くなる。すると，海の上の空気は上昇，陸の上の空気は下降して，海の上には陸の上の空気が流れこむ。このようにして陸側から海側に向かって吹く風を陸風という。

⑶　海風と陸風が入れかわる朝と夕方には風が止むことがあり，これをなぎという。

⑷　夏は，ユーラシア大陸の上の空気が上昇，太平洋の上の空気が下降して，太平洋からユーラシア大陸の方へ空気が移動する。これが夏の南東からの季節風となる。一方，冬は，太平洋の上の空気が上昇，ユーラシア大陸の上の空気が下降して，ユーラシア大陸から太平洋の方へ空気が移動し，これが冬の北西からの季節風になる。

国　語　＜第２次試験＞（50分）＜満点：100点＞

解　答

一　下記を参照のこと。　二　**1**　論(相)　**2**　中　**3**　遺　**4**　宝　**5**　信

三　**1**　したたかに　**2**　あつかましい　**3**　はばから　**4**　はかどっ　**5**　まことしやかな　四　**問1**　**1**　ア　**7**　オ　**問2**　ウ　**問3**　エ　**問4**　ア　**問5**　燃焼できる　**問6**　色目を使って試合に出るやつら／剣道をお遊戯と間違えている人　**問7**　ア　**問8**　ア　**問9**　(例)　一生続けるかどうかわからないが，取り組んでいる時は単なる

気分転換ではなく，命をかけて取り組むもの。　五 問１　エ　問２　ア　問３　ウ　問４　西洋のクラシック音楽／日本古来の音曲　問５　a　ア　b　エ　問６　イ　問７　c　ウ　d　ア　問８　ア　問９　異質　問10　イ　問11　Ⅰ　ウ　Ⅱ　イ

六 問１　ウ　問２　（例）同情は人のためにならない　問３　結論

●漢字の書き取り

一 1　断腸　2　誠実　3　散策　4　巻(く)　5　臨(む)

解説

一 漢字の書き取り

1「断腸の思い」は，ひどく悲しみ苦しむこと。　2　まじめで，真心をもって人や物事に対するようす。　3　特に目的もなく，あちこち歩きまわること。　4　音読みは「カン」で，「圧巻」などの熟語がある。　5　音読みは「リン」で，「臨海」などの熟語がある。

二 類義語の完成

1　世間一般の人々の意見。　2　表に出さず心の中で思っていること。　3　亡くなった人が残した物。　4　あることをするのに役に立つこと。　5　状況などを知らせること。

三 ことばの知識

1「したたかだ」は，ねばり強くて，ほかからの圧力に屈しないようす。　2「あつかましい」は，ずうずうしくて遠慮がないようす。　3「はばかる」は，事情を考えてためらうこと。　4「はかどる」は，物事が順調にどんどん進むこと。　5「まことしやかだ」は，本当でないのに，いかにも本当らしく見せるようす。

四 出典は高橋三千綱の『九月の空』による。

勇は，夢中になって剣道に取り組んでいるが，一生懸命やっていないように見える三年生が試合に出ることになり，自分を試合に出してほしいとかけ合う。

問１　1　木次の言葉を聞いたときの勇の気持ちをたとえている。「ようだ(な)」「みたい」などを用いた比ゆの表現なので，アがふさわしい。　7「風」という人ではないものを人に見立てた表現なので，オが選べる。

問２　勇が剣道を「趣味」といったことを，布施は「冗談でいった」として木次からかばってくれたが，勇にとってそれは本気の言葉だった。だからこそ，布施の言葉に納得できず，流されまいと「顔を伏せた」のだと考えられる。

問３「脳を抜かれたようになって」というのは，直前の鳴島の言葉が受け入れられず，勇が呆然としているようすを表している。大会の出場選手を決めるというこの日の練習試合で，勇は最後の四人に残った。それなのに自分は選手に選ばれず，自分に負けた三年生が出場すると聞き，大きなショックを受けていることが読み取れる。

問４　直前の「何ものかにいそいでいる自分を感じていた」というのは，勇に冷静な考えもあったことを表している。それでも，それ以上にいかりや自分が試合に出られないことに納得できない気持ちが大きかったのだと想像できる。

問５　勇が熱くなった自分を止められずに，三年生の一人に声をかけた場面に注目する。「たとえ殴られても，試合に出ることが可能ならばそれでよかった」とあることから，勇はどうしても試合

に出たかったことがわかる。それは「燃焼できるぶつかり合いの中に身を投じてみたい」という気持ちがあったからである。

問６　「もう剣道をやめているのと同じ」というのは，勇から見て，三年生が本気で剣道に向き合っていないということを表している。勇が金村と話している場面では，そんな三年生のことを「色目を使って試合に出るやつら」，「剣道をお遊戯と間違えている人」と言っている。

問７　金村は「おれたちには，我慢することだって必要なんだ」と勇を止めたが，その言葉を聞いてもなお「鳴島が現われて，勇に向かって手を振りかざすのを待つように」「ドアをにらみ続けて」いるようすから，勇が，まだ自分の思いを曲げず鳴島に敵意を向けていることがわかる。

問８　鳴島の「白い顔」，勇の「黒一色にふくれ上がって」という表現は心情や人柄を表しているわけではないので，アが合わない。

問９　勇は剣道を「趣味」だと言ったが，その意味合いはほかの部員たちとはちがっていることをおさえる。木次に「趣味で剣道をやっているやつが，いるか」と言われた後の場面，布施にかばわれた場面，最後に金村と話している場面に，勇の剣道に対する思いが書かれている。勇は，剣道が好きで好きでたまらず，剣道だけがすべてではないし一生やるかどうかもわからないが，今は熱中していて命をかけてやっている。それを「趣味」だと言ったのである。

五　**出典は長谷川櫂の『和の思想』による。**日本人が大事にしてきた「間」について，いろいろな種類のものをあげて説明している。

問１　「重厚」は，似た意味の漢字を重ねた熟語なので，エが同じ。

問２　「はかない」は，ここでは「西洋の重厚な石や煉瓦や木の壁」に対して「すき間だらけ」の日本の家の建具のようすを表している。よって，アがふさわしい。なお，次の段落で，「このような建具は～はずしたりできる」とあり機能性は高いといえるので，エは合わない。

問３　「段」は，ここでは“局面”という意味で使われている。

問４　続く部分に注目する。「西洋のクラシック音楽」が「音によって埋め尽くされている」のと比較して，「日本古来の音曲」では「音の絶え間というものがいたるところに」あると説明されている。

問５　**a**　直前に「上手に使えば」とあるので，“役に立つ”や“時間におくれない”という意味のアがふさわしい。　**b**　「間に締まりが」ないということは，緊張感がなくズルズルと延びているということなので，エが合う。

問６　これまでの段落で説明されていたように，「日本人は生活や文化のあらゆる分野で間を使いこなしながら」生活している。「間」を上手に使えるかどうかが，いかに日本人にとって重要かということを，「この国のもっとも基本的な掟」という言葉で表している。よって，イがふさわしい。

問７　**c**　直前で述べた「異質なもの同士の対立をやわらげ，調和させ，共存させること」を直後で「和を実現させること」と言いかえているので，前に述べた内容を“要するに”とまとめて言いかえるときに用いる「つまり」が合う。　**d**　「互いに意見の異なる二人を狭い部屋に押しこめておけば喧嘩になる」と述べた後で，「二人のあいだに十分な間をとってやれば，互いに共存できる」と反対の結果を述べているので，前のことがらを受けて，それに反する内容を述べるときに用いる「しかし」があてはまる。

問８　「日本語の間という言葉」の持つ意味として，②～⑤段落では「空間的な間」，⑥～⑧段落では「時間的な間」，9段落では「心理的な間」をあげて説明している。よって，アがふさわしい。

問９　この段落では，「切れによって」俳句に「間が生まれ」，「鶯(うぐいす)の声」と「下駄(げた)の歯についた田んぼの柔(やわ)らかな土」の二つを「和音のように共鳴させて」いると述べられている。【文章Ａ】の11段落にも，「間」が「異質なもの同士の対立をやわらげ，調和させ，共存させる」という似たような表現がある。

問10　直前に注目する。「俳句をはじめたばかりの人」は，「言葉だけでものをいおうと」し，「言葉のまわりの間を切れを使って使いこなすこと」ができないので「窮屈(きゅうくつ)な句」になると述べられている。よって，イがふさわしい。

問11　Ⅰ　続く部分に注目する。教師が「『古池』というのは，芭蕉(ばしょう)が心の中で浮(う)かべた景色ということになります」と説明し，生徒Ｂが納得している。これは，「古池」が実際の景色だとすると，「古池」と「蛙(かわず)」は「付きすぎ」だということに対する説明だと考えられるので，ウが選べる。　　Ⅱ　芭蕉の句は「現実の音と心に浮かんだ古池の面影(おもかげ)」という取り合わせだったが，凡兆(ぼんちょう)の句では，「鶯」と「下駄の歯につく小田の土」はどちらも現実のものと考えられる。

六　資料の読み取り

問１　20代では，言葉の意味を正しく理解している人の割合が34.7％で，間違(まちが)って理解している人の割合が58.7％と，その差が最も大きく開いている。

問２　直前で，間違った使い方をする原因として，「情けをかける」を「同情する」という意味でとらえていることと，「ならず」を「ならない」と解釈(かいしゃく)していることが説明されている。よって，「同情は人のためにならない」のようにまとめる。

問３　一文目では，「言葉の意味や由来を調べること」のよさを述べている。この後，前のことがらを受けて結論を導く働きの「よって」という接続詞に続けて，「先入観をもったまま，間違った意味で言葉を使い続けるべきではない」と述べられているために，つながりがおかしくなっている。

Memo

2022年度　鎌倉学園中学校

〔電　話〕　(0467)22－０９９４
〔所在地〕　〒247－0062　神奈川県鎌倉市山ノ内110
〔交　通〕　JR横須賀線 ― 北鎌倉駅より徒歩13分

【算　数】〈算数選抜試験〉（60分）〈満点：150点〉

※(1), (2)は，答えのみでも可とします。
(3), (4)は，途中の計算もすべて書きなさい。図や表や考え方がわかるようなこともできるだけ書きなさい。

1　2種類の記号(　　)と[　　]を次のように定めます。

(　　)は，記号の中の数の整数部分を表します。
例えば，$(2)=2$，$(0.14)=0$，$\left(\frac{7}{2}\right)=3$ です。

[　　]は，記号の中の数の分母と分子を入れ替(か)えた数の整数部分を表します。
例えば，$\left[\frac{2}{3}\right]$ は $\frac{2}{3}$ の分母と分子を入れ替えた数 $\frac{3}{2}$ の整数部分なので
$\left[\frac{2}{3}\right]=1$ です。

以下，分数 $\frac{b}{a}$ に対して $\left(\frac{b}{a}\right)$ や $\left[\frac{b}{a}\right]$ を考えます。
ただし，a は2以上9以下の整数，b は1以上9以下の整数として，
$\frac{4}{2}$ や $\frac{9}{3}$ などのように，約分すると整数になるような $\frac{b}{a}$ も分数として考えます。

(1)　$\left[\frac{1}{5}\right]+\left[\frac{2}{5}\right]+\left[\frac{3}{5}\right]+\left[\frac{4}{5}\right]+\left[\frac{5}{5}\right]$ を計算するといくつですか。

(2)　$\left[\frac{b}{a}\right]=3$ となるような分数 $\frac{b}{a}$ をすべて求めなさい。
ただし，答えとなる $\frac{b}{a}$ にはこれ以上約分できないものだけを答えなさい。

(3)　$\left[\frac{b}{a}\right]=1$ となり，同時に $\left(\frac{b}{a}\right)=0$ となるような分数 $\frac{b}{a}$ の中で，
最小のものを求めなさい。

(4)　$\left(\frac{b}{a}+\frac{1}{2}\right)=1$ となり，同時に $\left[\frac{b}{a}\right]=0$ となるような分数 $\frac{b}{a}$ の中で，
最大のものを求めなさい。

2 [図1]のように,
1辺の長さが1cmの立方体を27個合わせて作った立方体から,
かげをつけた部分を反対側までまっすぐにくり抜いた立体Aがあります。

また,[図2]のように,
1辺の長さが1cmの立方体を64個合わせて作った立方体から,
かげをつけた部分を反対側までまっすぐにくり抜いた立体Bがあります。
ただし,かげをつけた円の直径は1cmとし,円周率は3.14とします。

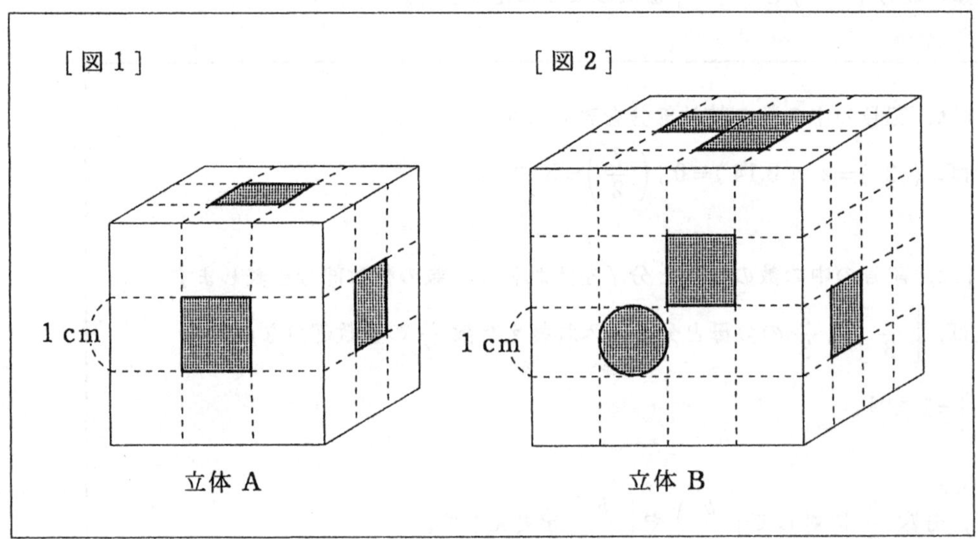

(1) 立体Aの体積は何cm^3ですか。

(2) 立体Aの表面積は何cm^2ですか。
(くり抜かれた内側の部分も含みます)

(3) 立体Bの体積は何cm^3ですか。

(4) 立体Bの表面積は何cm^2ですか。
(くり抜かれた内側の部分も含みます)

3 [図1]，[図2]のカレンダーは新暦（れき）2022年の1月，2月のものです。
下に新暦の日付と六曜（先勝，友引，先負，…），
次のページに旧暦の年月日が書いてあります。
六曜とは旧暦にしたがって決まっているものです。
旧暦の毎月1日の六曜のスタートが[表1]のように決められていて，そこから

→ 先勝 → 友引 → 先負 → 仏滅 → 大安 → 赤口 ─┐（先勝へ戻る）

の順でくり返していきます。
また，[表2]は新暦2022年と旧暦2022年の月ごとの日数です。

[図1]　新暦2022年　1月のカレンダー（1/1 ～ 1/15）

日	月	火	水	木	金	土
						1 先負 旧暦 2021/11/29
2 仏滅 旧暦 2021/11/30	3 [赤口] 旧暦 [2021/12/1]	4 先勝 旧暦 2021/12/2	5 友引 旧暦 2021/12/3	6 先負 旧暦 2021/12/4	7 仏滅 旧暦 2021/12/5	8 大安 旧暦 2021/12/6
9 赤口 旧暦 2021/12/7	10 先勝 旧暦 2021/12/8	11 友引 旧暦 2021/12/9	12 先負 旧暦 2021/12/10	13 仏滅 旧暦 2021/12/11	14 大安 旧暦 2021/12/12	15 赤口 旧暦 2021/12/13

[図2]　新暦2022年　2月のカレンダー（2/1 ～ 2/7）

日	月	火	水	木	金	土
		1 [先勝] 旧暦 [2022/1/1]	2 友引 旧暦 2022/1/2	3 先負 旧暦 2022/1/3	4 仏滅 旧暦 2022/1/4	5 大安 旧暦 2022/1/5
6 赤口 旧暦 2022/1/6	7 先勝 旧暦 2022/1/7					

［表1］ 旧暦の毎月1日の六曜

旧暦	1月	2月	3月	4月	5月	6月	7月	8月	9月	10月	11月	12月
六曜	先勝	友引	先負	仏滅	大安	赤口	先勝	友引	先負	仏滅	大安	赤口

［表2］ 新暦2022年と旧暦2022年の月ごとの日数

2022年	1月	2月	3月	4月	5月	6月	7月	8月	9月	10月	11月	12月
新暦	31日	28日	31日	30日	31日	30日	31日	31日	30日	31日	30日	31日
旧暦	30日	29日	30日	29日	30日	30日	29日	30日	29日	30日	29日	30日

(1) 新暦2022年の1月31日は，旧暦2021年の12月何日ですか。

(2) 新暦2022年の4月7日は，旧暦2022年の何月何日ですか。

(3) 新暦2022年の6月の日曜日で，大安の日は6月何日ですか。

(4) 新暦2022年中に，先勝は何回ありますか。

2022年度

鎌倉学園中学校

▶解　答

※　編集上の都合により，算数選抜試験の解説は省略させていただきました。

算　数　<算数選抜試験>（60分）<満点：150点>

解　答

[1] (1) 10　(2) $\frac{1}{3}$, $\frac{2}{7}$　(3) $\frac{5}{9}$　(4) $\frac{7}{5}$　[2] (1) 20cm³　(2) 72cm²　(3) 45.43cm³　(4) 135.14cm²　[3] (1) 12月29日　(2) 3月7日　(3) 6月5日　(4) 61回

Memo

2021年度　鎌倉学園中学校

〔電　話〕　(0467)22－０９９４
〔所在地〕　〒247－0062　神奈川県鎌倉市山ノ内110
〔交　通〕　JR横須賀線 ― 北鎌倉駅より徒歩13分

【算　数】〈第１次試験〉（50分）〈満点：100点〉

1　次の計算をしなさい。

（1）　$45-\{(20-12)\times 3-(13+2)\div 5\}\times 2$

（2）　$3\frac{2}{3}+\left(4\frac{1}{6}-2\frac{7}{8}\right)\div 4\frac{3}{7}-2.625$

（3）　$\frac{1}{43\times 44}+\frac{1}{44\times 45}+\frac{1}{45\times 46}+\frac{1}{46\times 47}$

（4）　$6.78\times 79+678\times 0.57-860\times 0.678$

2　次の□に適する数を求めなさい。

（1）　$3\frac{1}{35}-1.56\div(\square-1.6)+\frac{4}{7}=1.2$

（2）　分母と分子の和が198で，約分すると$\frac{5}{13}$になる分数は□です。

（3）　K君は，国語，算数，理科，社会の４科目のテストを受けました。それぞれの点数は，国語は理科よりも11点低く，算数は理科よりも８点高く，国語と社会は同じ点数でした。４科目の平均点が79.5点のとき，算数の点数は□点です。

(4)　図のように，たて，横，ななめの３つの数の積が，どの列もすべて等しくなるように異なる数を書きます。xにあてはまる数は[　　]です。

4		64
	32	
16	x	

3　次の[　　]に適する数を求めなさい。

(1)　図のように，辺ABと辺ACの長さが等しい二等辺三角形ABCを，頂点Aが辺BC上にくるように折ります。角xの大きさが，角yの大きさの1.4倍のとき，角xの大きさは[　　]度です。

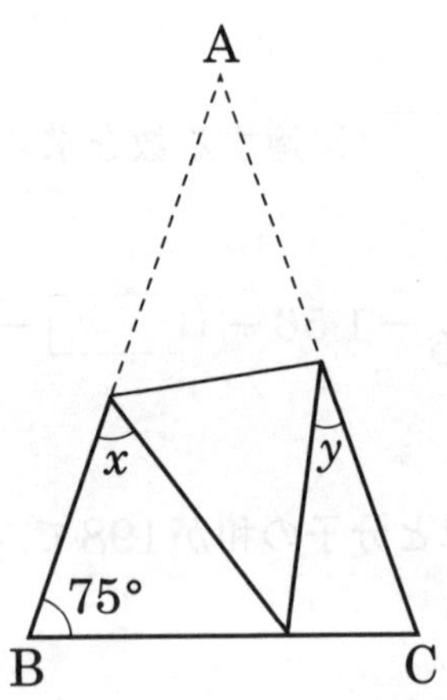

(2)　図のように，外側から正方形，円，正六角形，正三角形を組み合わせた図形があります。正方形の面積が８cm^2のとき，斜(しゃ)線部分の面積は［　　］cm^2です。ただし，円周率は3.14とします。

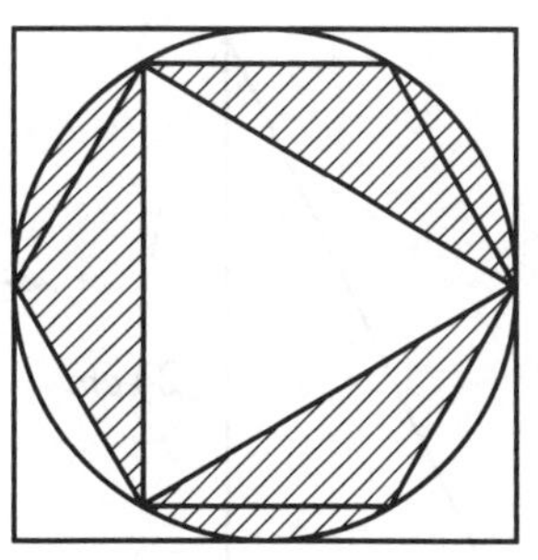

4　図のように，○と●の碁(ご)石が一定の規則で並んでいます。

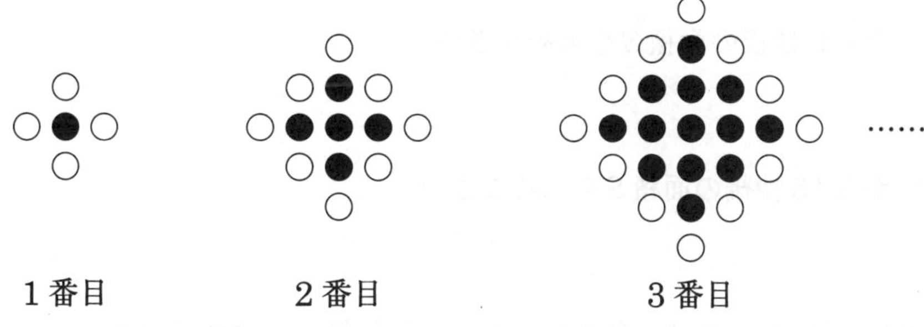

次の問いに答えなさい。

(1)　４番目の○の碁石は何個ありますか。

(2)　９番目の●の碁石は何個ありますか。

(3)　●の碁石が初めて2021個より多くなるのは何番目ですか。

5 図のように，直線上に直角三角形と平行四辺形があります。図の位置から直角三角形は動かさずに，平行四辺形を毎秒 $2\,cm$ の速さで左へ動かしたとき，２つの図形の重なった部分の面積を S とします。

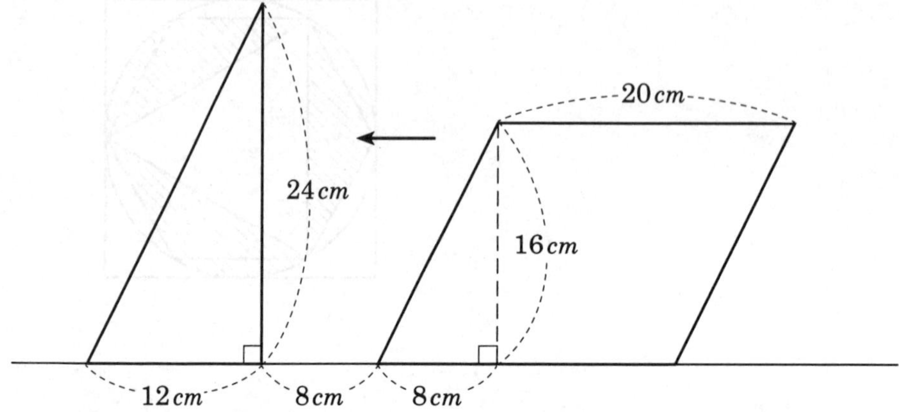

次の問いに答えなさい。

(1) 動き始めてから９秒後の面積 S を求めなさい。

(2) 動き始めてから15秒後の面積 S を求めなさい。

(3) 面積 S が $64\,cm^2$ になるのは，動き始めてから何秒後と何秒後ですか。

6 整数Ａを，偶数ならば２で割り，奇数ならば３倍して１をたすという計算を１になるまでくり返し行います。このとき，記号［Ａ］を初めて１になるまでの計算の回数とします。

例えば，［５］を求めるには，

	１回目		２回目		３回目		４回目		５回目	
5	⟶	16	⟶	8	⟶	4	⟶	2	⟶	1

と計算して，［５］＝５となります。

次の問いに答えなさい。

(1) ［12］を求めなさい。

(2) ［23］を求めなさい。

(3) ［□］＝８のとき，□にあてはまる整数をすべて加えるといくつになりますか。

7 一定の速さで流れている川にそって水上バスが運航されていて，下流から上流に向かって４kmごとにＡ，Ｂ，Ｃ，Ｄ，Ｅ，Ｆの６つの船着き場があります。普通船は，Ａを出発して途中のすべての船着き場と折り返しのＦに５分ずつ停はくして，ＡとＦの間を往復します。急行船は，Ｆを出発して途中のＤと折り返しのＡに５分ずつ停はくして，ＦとＡの間を往復します。また，普通船と急行船の静水時の速さは同じです。

図１は，これらの２せきの船が９時に出発したときの時刻と，Ａからのきょりの関係を表したグラフです。

（図１）

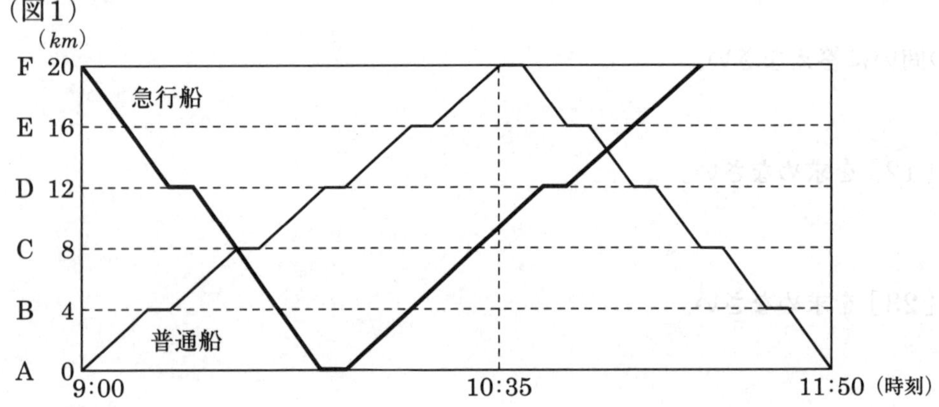

次の問いに答えなさい。

(1) これらの２せきの船が，この川を上流に向かって進むときの速さは毎時何kmですか。

(2) この川の流れの速さは毎時何kmですか。

(3) これらの２せきの船が，復路ですれちがう時刻は何時何分ですか。

8　図１のように，水の入った直方体の水そうと，１辺の長さが９*cm*の立方体の重りが３個あります。図２のように，３個の重りを水そうに入れたところ，水そうの底面から水面までの高さが15*cm*になりました。ただし，水そうの厚さは考えないものとします。

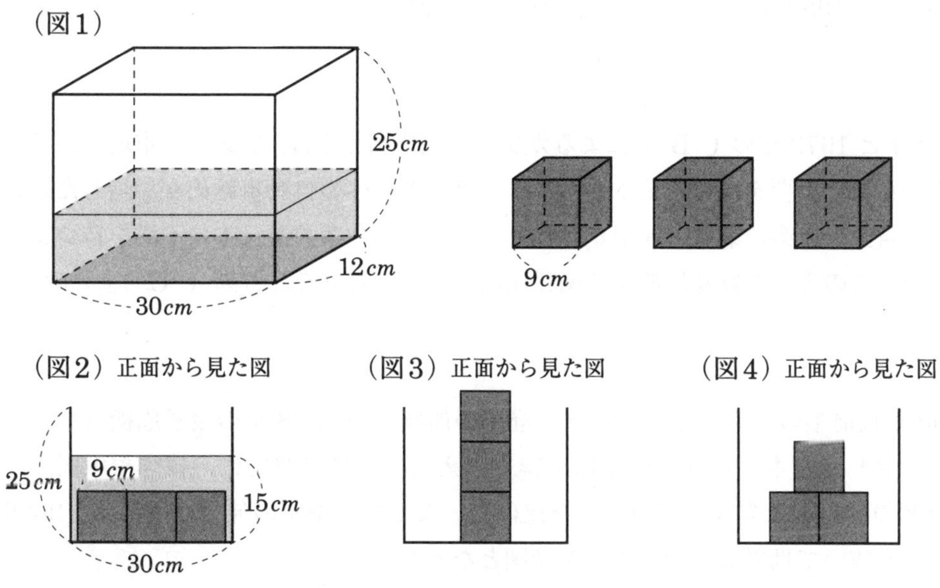

次の問いに答えなさい。

(1)　水そうに入っている水の量は何cm^3ですか。

(2)　図３のように，３個の重りを水そうに入れたときの水そうの底面から水面までの高さは何*cm*ですか。

(3)　図４のように，３個の重りを水そうに入れたときの水そうの底面から水面までの高さは何*cm*ですか。

【社　会】〈第1次試験〉（30分）〈満点：60点〉

1　次の文章 Ⅰ～Ⅳを読み，あとの問いに答えなさい。

Ⅰ　日本の自動車工業は，経済が飛躍的に成長した（ A ）期に生産台数を増やし，世界第2位の生産国となった。1970～80 年代は輸出が盛んになるにともなって生産台数を伸ばし，1980 年にアメリカ合衆国を抜いて世界一になった。

Ⅱ　1973 年と 1979 年の（ B ）によるガソリン価格高とうは，アメリカ市場における日本の小型車の需要を高め，日本からアメリカ合衆国への自動車輸出が急増した。この結果，自動車産業の業績と雇用が悪化したアメリカ合衆国が日本に不満を持つようになった。このような貿易に関する関係国間の利害の対立を「貿易（ C ）」と呼ぶ。

Ⅲ　1990 年代前半の景気後退期（バブル経済の崩壊）や 2008 年の金融危機（リーマンショック）が日本の自動車生産に影響を与えたのとは対照的に，韓国や中国，インドなどの自動車工業は急激な成長を遂げた。なかでも中国の伸びは著しく，2009 年に日本を抜いて世界最大の自動車生産国となった。

Ⅳ　日本の工業地帯では，特に自動車工業の盛んな（ D ）工業地帯の伸びが大きく，1999 年には東京都と神奈川県を中心とする（ E ）工業地帯を抜いて製造品出荷額が全国1位となった。

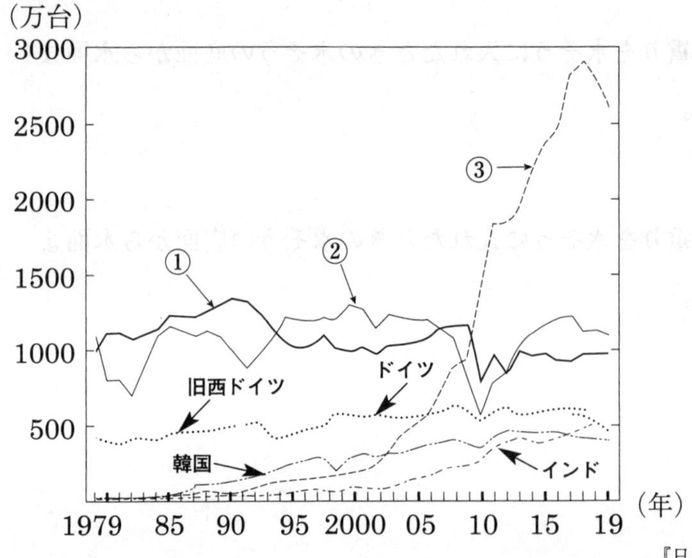

『日本国勢図会　2020/21』を元に作成

図1

問1　文章中の空らん（　A　）～（　E　）に当てはまる語句を答えなさい。

問2　図1は主要国における自動車生産の推移を示しています。図1中の①～③に当てはまる国名を答えなさい。

問3　図2～4は何の工場の分布を示していますか。組み合わせの**正しいもの**を**ア**～**カ**の中から一つ選びなさい。

	図2	図3	図4
ア	自動車工場	セメント工場	半導体工場
イ	自動車工場	半導体工場	セメント工場
ウ	セメント工場	自動車工場	半導体工場
エ	セメント工場	半導体工場	自動車工場
オ	半導体工場	自動車工場	セメント工場
カ	半導体工場	セメント工場	自動車工場

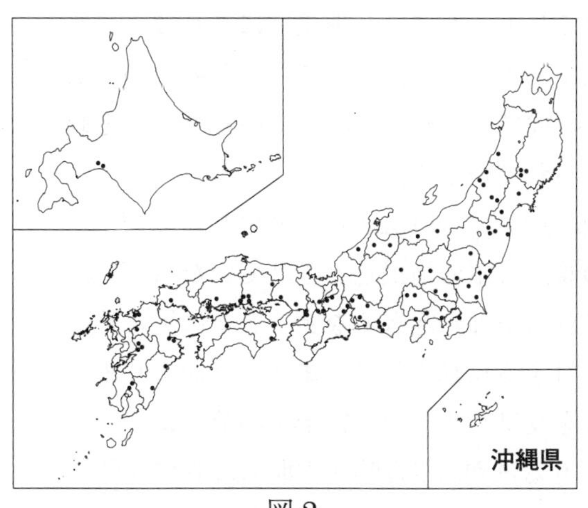

図2

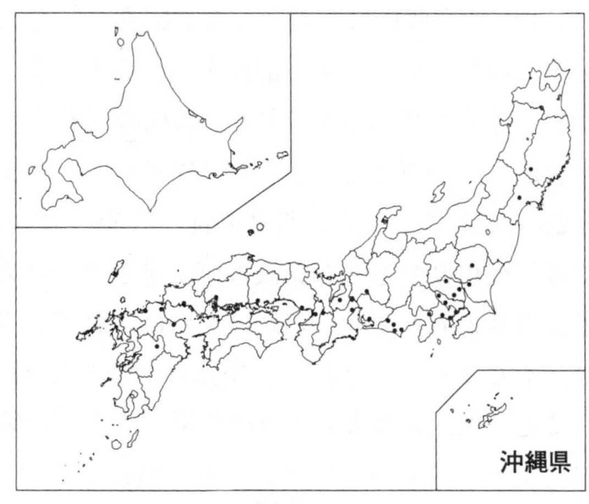

図3

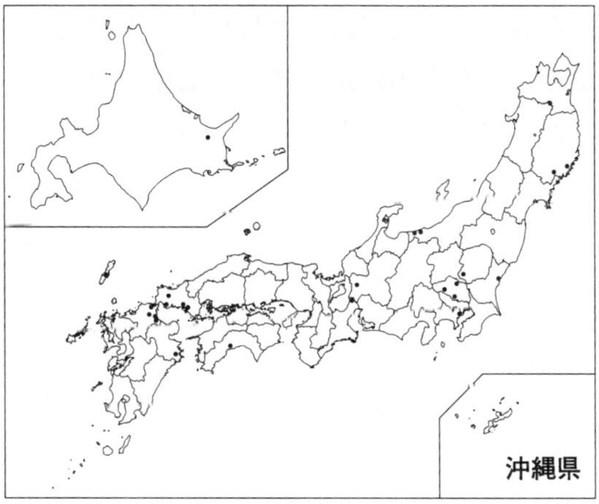

沖縄県

図4

図2，図3，図4は『日本国勢図会　2020/21』より
統計年次は2019年。

問４　文章Ⅱ中の「貿易（ Ｃ ）」について，これを解決するために日本の自動車会社はどのようなことを行いましたか。簡潔に答えなさい。

問５　文章Ⅳ中の「（ Ｄ ）工業地帯」について，ここに立地するわが国最大の自動車工業都市の名前を**漢字**で答えなさい。

2　次の文章を読んで，あとの問いに答えなさい。

日本列島で暮らしてきた人々は，様々な自然災害にさらされてきました。歴史資料には当時の情景が記録されています。12 世紀後半から 13 世紀中頃までの出来事が書かれた(a)『吾妻鏡（あずまかがみ）』には①鎌倉時代の地震のときの様子が，また国難を予言した仏教書『（ Ａ ）』を著した人物の絵巻である『日蓮聖人註画讃（にちれんしょうにんちゅうがさん）』にも 1257 年の大地震が描写され，被害の様子を今に伝えています。こうした大地震とそれによる被害に対して，当時の②武家政権はどのような対応をとったのでしょうか。『吾妻鏡』によれば，自然災害に対しては，祈祷（きとう）と徳政を行うことが得策であるとされたようです。そのため，武士の法律として編さんされた③御成敗式目も，時代に合わせて改訂していく際に，徳政（善政）の一環となるように考慮されたと考えられています。

20 世紀になっても，地震の前に人間の力は無力でした。1923 年に発生した（ Ｂ ）では神奈川県でも大きな被害が出ました。この時，日本の植民地とされていた（ Ｃ ）半島出身の人々があらぬ疑いをかけられて殺される事件が起きるなど，とくに災害時には，不安にかられた人々が社会的少数の人々に対する攻撃をしてしまうことがあります。

また，火山の噴火も人々の生活に大きな影響を及ぼしました。富士山の噴火について，年代がわかっていないながらも，噴火を連想させる歌が④奈良時代末期の成立で大伴家持がまとめたとされる『（ Ｄ ）』に載せられています。富士山周辺や火山活動等に関する記録を集めてみると，次ページの表のようになります。近年に発生した火山の噴火活動としては，東京都の（ Ｅ ）諸島の西之島で起こったものがあります。地球という惑星の地殻変動にどのように対処していくか，私たちに与えられた課題の一つと言えるでしょう。

富士山周辺や火山活動等に関する記録

年　代	記　録
不　詳	『（　D　）』に噴火を連想させる歌が載った。
781年	『続日本紀（しょくにほんぎ）』に(b)駿河国からの報告が記載されている。
800年	『日本後紀（にほんこうき）』に箱根路が開設されたことが記載されている。
864年	青木ヶ原樹海が形成された。
1707年	武家政権の中枢がおかれた江戸にも数センチの降灰がみられた。

問１　文章中の空らん（　A　）〜（　E　）に当てはまる語句を**漢字**で答えなさい。

問２　下線部①の説明として**誤っているもの**を次の**ア**〜**エ**から選び記号で答えなさい。

ア．武士は，武芸をみがき戦いにそなえていた。

イ．市場での取引に銅銭が使用された。

ウ．農民は，肥料を使って収穫を増やした。

エ．将軍は，同業者組合を解散させた。

問３　下線部②に関連して，日本の歴史上の武家政権に関わった一族について述べた文章として**正しいもの**を，次の**ア**〜**エ**から選び記号で答えなさい。

ア．北条氏は，武家政権の執権として活躍した。

イ．足利氏は，代々関白の位を世襲した。

ウ．平氏は，京都に幕府を開いた。

エ．徳川氏は，全ての藩に譜代大名を配置した。

問４　下線部③がつくられた時期として**正しいもの**を次の年表中の**ア**〜**エ**から選び記号で答えなさい。

	ア
1221年	承久の乱が起こる
	イ
1274年	文永の役が起こる
	ウ
1318年	後醍醐天皇が即位する
	エ

問５　下線部④の時期の説明として**誤っているもの**を次の**ア**～**エ**から選び記号で答えなさい。

ア．全国を県に分け，知事を派遣した。

イ．６歳以上の男女に口分田が与えられた。

ウ．鑑真が来日し，唐招提寺が建てられた。

エ．三世一身の法で，土地の私有が部分的に認められた。

問６　波線部 (a) に関連して，歴史上の書物についての説明として**誤っているもの**を次の**ア**～**エ**から選び記号で答えなさい。

ア．『源氏物語』は，軍記物で源平の合戦を記録したものである。

イ．『風土記』は，諸国の産物・伝説などを記したものである。

ウ．『大日本史』は，歴史書で水戸藩の命で編さんされたものである。

エ．『たけくらべ』は，樋口一葉が著した小説である。

問７　波線部 (b) に関連して，駿河国の領域では，１世紀ごろから稲作が行われていたことが確認されています。この発見につながった代表的な遺跡として**正しいもの**を次の**ア**～**エ**から選び記号で答えなさい。

ア．三内丸山遺跡

イ．登呂遺跡

ウ．大塚・歳勝土遺跡

エ．吉野ヶ里遺跡

3　次の日本国憲法の条文㋐～㋗を読んで，あとの問いに答えなさい。なお，条文は読みやすいように一部仮名づかいを改めたところがある。

条文㋐

すべて国民は，個人として尊重される。①生命，自由及び（　A　）に対する国民の権利については，公共の福祉に反しない限り，立法その他の国政の上で，最大の尊重を必要とする。

条文㋑

すべて国民は，②法の下に平等であって，人種，信条，性別，社会的身分又は門地により，政治的，経済的又は社会的関係において，差別されない。

条文㋒

何人も，現行犯として逮捕される場合を除いては，権限を有する*司法官憲が発し，且(か)つ理由となっている犯罪を明示する（　B　）によらなければ，逮捕されない。

条文㋓

（ C ）の自由は，何人に対してもこれを保障する。③いかなる宗教団体も，国から特権を受け，又は政治上の権力を行使してはならない。

条文㋔

すべて国民は，法律の定めるところにより，その保護する子女に普通教育を受けさせる義務を負う。（ D ）は，これを無償とする。

条文㋕

刑事被告人は，いかなる場合にも，資格を有する（ E ）を依頼することができる。被告人が自らこれを依頼することができないときは，国でこれを*附(ふ)する。

条文㋖

集会，結社及び言論，出版その他一切の（ F ）の自由は，これを保障する。

条文㋗

国は，すべての生活部面について，社会福祉，④社会保障及び公衆衛生の向上及び増進に努めなければならない。

＊司法官憲…裁判官のこと。

＊附する…つけること。

問1　条文中の空らん（ A ）～（ F ）に当てはまる語句をそれぞれ**漢字**で答えなさい。なお，（ A ）･（ D ）は四文字，（ E ）は三文字，（ B ）･（ C ）･（ F ）は二文字で答えること。

問2　下線部①に関連して，人権に対する考え方や社会・経済の変化から人間の生活と権利を守るために生まれたのが「新しい人権」です。以下のX～Zはそれに関する説明です。**正しいもの**をすべて選び，その組み合わせとして適当なものを以下の選択肢**ア～キ**から一つ選び記号で答えなさい。

X. プライバシーの権利とは，個人の私的な生活をみだりに公開されない権利であると同時に，自己に関する情報をコントロールする権利として考えられている。

Y. 知る権利とは，国民が必要な情報を自由に知ることができるという権利であり，情報公開制度が確立されることにもつながっている。

Z. 環境権とは，人間にとって必要な生活環境を受けることができる権利であり，新しい人権として最高裁判所の判決によって認められた権利である。

ア. X　**イ**. Y　**ウ**. Z　**エ**. XとY

オ. XとZ　**カ**. YとZ　**キ**. XとYとZ

問３　下線部②に関連して，現実の状況を踏まえると，積極的に機会を与えることによって社会的な格差を是正しようとする考え方があります。この考え方に沿った事例として**誤っているもの**を以下の選択肢**ア**～**エ**から一つ選び記号で答えなさい。

ア．障がいのある人が働くことができるように，企業に対して一定割合以上の雇用を義務付ける法律を制定する。

イ．歴史的に差別を受けてきた人々に対して，教育の機会を確保するため，入学金や授業料を払わなくてよいことを認める。

ウ．国によって不当な扱いを受けていた人々に対して，裁判所の判決をふまえて，名誉回復のため国が優先的に賠償金を支払う。

エ．国会議員に対する女性の割合が低いので，一定の割合を女性議員に割り当てる仕組みを導入する。

問４　下線部③と関連して，日本国憲法の第二十条３項には「国及びその機関は，宗教教育その他いかなる宗教的活動もしてはならない」と定められています。このように，国がいかなる宗教活動にも支援や関与をしてはならないという原則を何といいますか。解答欄にしたがって**漢字**で答えなさい。

問５　下線部④について，令和二年度の一般会計予算の歳出のうち，社会保障関係費は約何％を占めていますか。最も近い値を以下の選択肢**ア**～**エ**の中から一つ選び，記号で答えなさい。

ア．約25％　　**イ**．約35％　　**ウ**．約45％　　**エ**．約55％

問６　12，13ページの各条文の後ろの記号㋐～㋗について，これらの記号が対応する条文を基本的人権の種類別に分けたときに，「社会権」の内容に関する条文として適当なものを㋐～㋗の中から**すべて**選び，記号で答えなさい。

【理　科】〈第１次試験〉（30分）〈満点：60点〉

1　下のグラフは、ばね**1**、ばね**2**のそれぞれにおもりをつり下げたときの長さを示したものです。次の問いに答えなさい。

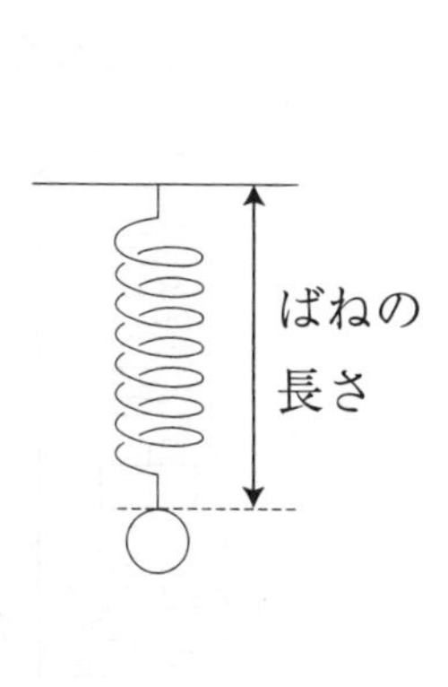

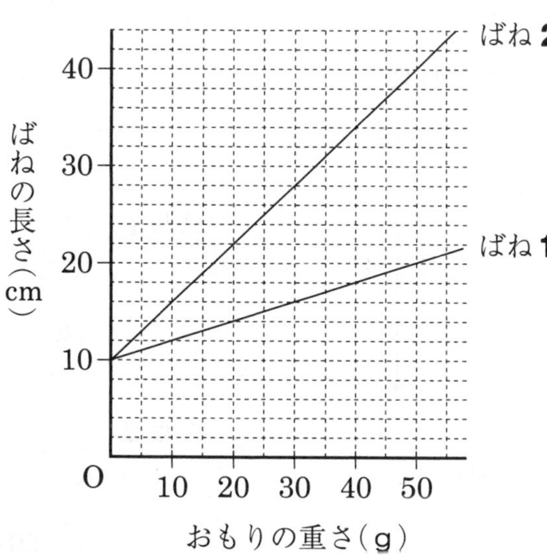

(1)　ばね**1**はおもりを10ｇ増やすごとに何cm伸びますか。

(2)　ばね**1**とばね**2**を比べてわかったことを次のようにまとめました。
空らん（　**ア**　）～（　**イ**　）に入る数字を答えなさい。

１ｇあたりのばねののびを比べるとばね（　**ア**　）の方がのびやすく、そののびやすさはもう一方のばねの（　**イ**　）倍である。

図１～３のように、ばね**1**とばね**2**を組み合わせておもりをつり下げました。おもり以外の重さは考えないものとします。

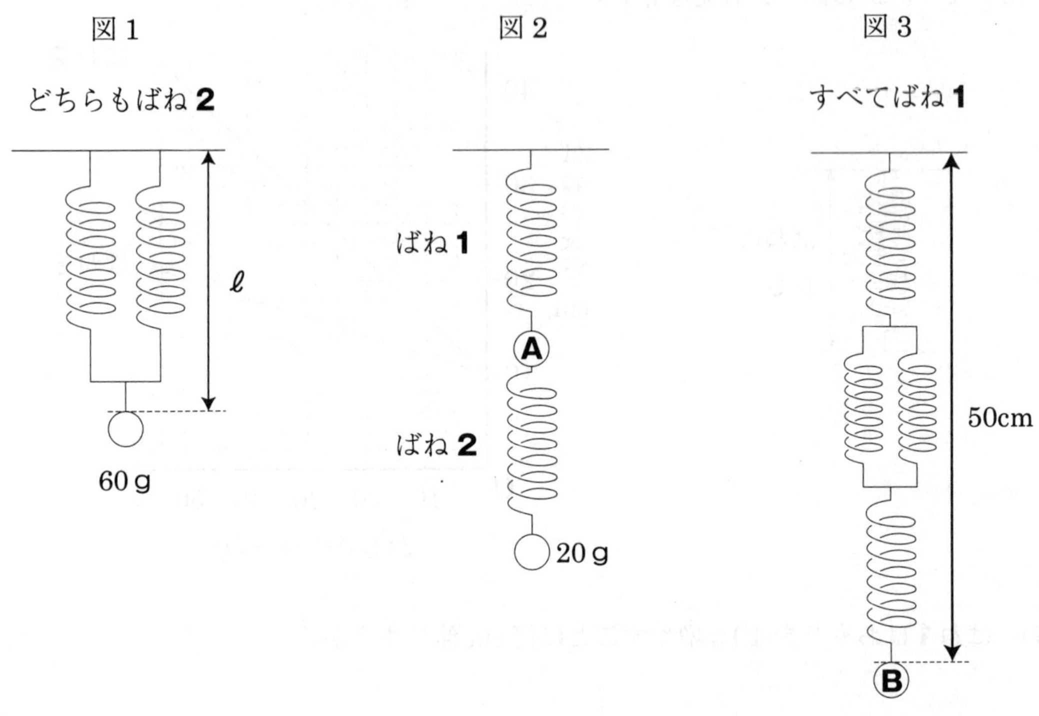

(3) 図１のばねはどちらもばね**2**です。ばねの長さℓは何cmになりますか。

(4) 図２のとき、ばね**1**の長さとばね**2**の長さが等しくなりました。おもり**A**の重さは何ｇですか。下の**1**～**4**の中から１つえらび番号で答えなさい。

1 10ｇ　　**2** 20ｇ　　**3** 30ｇ　　**4** 40ｇ

(5) 図３のばねはすべてばね**1**です。ばね全体の長さを測ったら50cmでした。おもり**B**の重さは何ｇですか。

2 下の表は一般にペットボトルの材料として用いられている３種類のプラスチックについてまとめたものです。表中の密度とは1cm³あたりのものの重さ(g)のことです。水は1cm³あたりの重さが１gなので、この場合の密度は１g/cm³と表します。次の問いに答えなさい。

プラスチックの名称	密度(g/cm³)	性質
ポリエチレンテレフタラート	1.34～1.39	透明で強い
ポリプロピレン	0.90～0.91	熱に強い
ポリスチレン	1.04～1.09	接着や着色がしやすい

上の表のプラスチックは主に（　**ア**　）を原料として人工的につくられたものです。これらのプラスチックは軽くて丈夫であり、加工もしやすく、電気を通さないなどの特徴があり、たくさんのプラスチック製品として利用されています。私たちの身の回りにはたくさんのプラスチック製品がありますが、ほとんどのプラスチック製品は、自然に分解するものではありません。捨てられたプラスチック製品の多くは陸から海に流れ出ていて、その量は全世界で年間800万トン程あり、2050年にはごみの量が魚の量より多くなってしまうといわれています。

身近なプラスチック製品にペットボトルがあります。一般にペットボトルは容器とキャップ、ラベルでそれぞれ種類の違うプラスチックが使われています。ここでは容器とキャップの材料になっているプラスチックの性質を調べるために次の実験をおこないました。

実験１　水をはった水槽に容器とキャップを入れると、容器は沈み、キャップは浮いた。
実験２　容器とキャップの質量と体積を測った。
実験３　小さく切りとった容器にガスバーナーで火をつけるとススを出しながら燃えた。このとき二酸化炭素と水蒸気が発生していることがわかった。

(1) 文中の（　**ア**　）に入る語句を**漢字**２文字で答えなさい。

(2) 上の表のプラスチックのように電気を流しにくい性質のものを、下の**1**～**4**の中から１つえらび番号で答えなさい。

1 十円玉　　**2** ダイヤモンド　　**3** アルミホイル　　**4** 鉛筆の芯

(3) 実験から、ペットボトルの容器とキャップに使われている材料は、上の表のどのプラスチックですか。正しい組み合わせを次の表中の**1**～**5**の中からえらび番号で答えなさい。

	容　器	キャップ
1	ポリエチレンテレフタラート	ポリプロピレン
2	ポリエチレンテレフタラート	ポリスチレン
3	ポリプロピレン	ポリエチレンテレフタラート
4	ポリプロピレン	ポリスチレン
5	ポリスチレン	ポリエチレンテレフタラート

(4) 実験２で体積を測るときには、水を入れたメスシリンダーにキャップを入れ、水が増加した分をキャップの体積とします。メスシリンダーの目盛りを読むときのキャップの状態として正しいものを下の**1**～**4**の中からえらび番号で答えなさい。

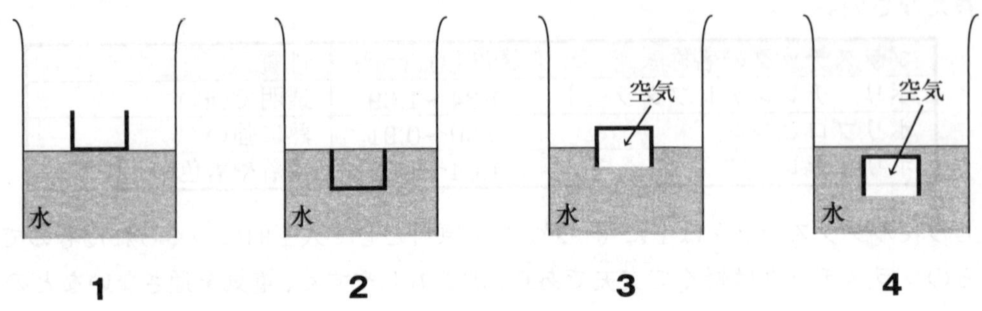

(5) 実験３で発生した気体から、ペットボトルの容器には**1**～**5**のどの成分がふくまれますか。下の**1**～**5**の中からすべてえらび、番号の**小さい方**から順に答えなさい。

1 炭素　　**2** ちっ素　　**3** 水素　　**4** 鉄　　**5** 銅

(6) 次の(A)、(B)、(C)は資源ごみのリサイクル方法について説明したものです。(A)、(B)、(C)で説明されている資源ごみを下の**1**～**5**の中からそれぞれえらび番号で答えなさい。

(A) 高温にして溶(と)かした後、成形して利用する。もとの容器として再利用するだけでなく、建物や橋の材料、自動車の部品としても利用される。

(B) 温水と薬品で溶かしてから成形する。トイレットペーパーやティッシュペーパーとして再利用される。

(C) 細かく砕いたあと熱処理したものを利用する。容器や衣類などとして再利用するだけでなく、燃やしたときの熱エネルギーを発電や温水プールなどにも利用する。

1 ガラス瓶(びん)　　**2** スチール缶　　**3** 紙パック　　**4** 生ゴミ
5 プラスチック

3 カマガクくんの家のベランダには、いろいろな生き物がやってきます。それらの生き物をデジカメで撮影(さつえい)した写真**A**、**B**を見て、次の問いに答えなさい。

A

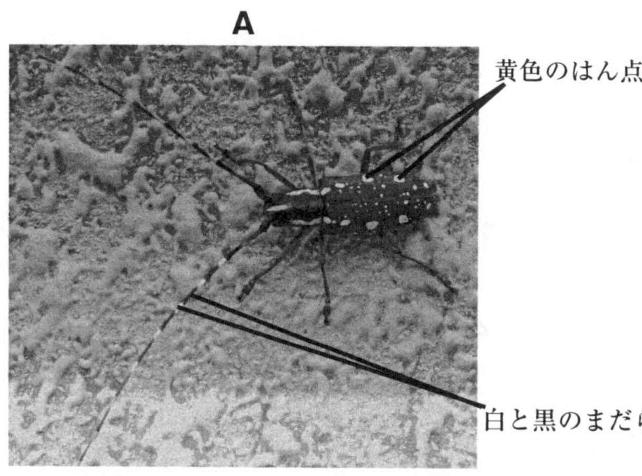

B

(1) 写真**A**の昆(こん)虫は、からだ全体が黒っぽい色をしていました。インターネットを使ってこの昆虫のくわしい名前を調べるとき、どのようなことばを入力したら、効率よく名前を調べることができますか。下の**1**～**6**の中から１つえらび番号で答えなさい。

1　クワガタムシ　白いはん点　アゴ
2　クワガタムシ　黄色の触(しょっ)覚
3　クワガタムシ　黒いアシ
4　カミキリムシ　黄色のはん点　ハネ
5　カミキリムシ　白いはん点　アゴ
6　カミキリムシ　黒いアシ

(2) インターネットで調べると、写真**A**の昆虫はイチジクやクワの害虫であることがわかりました。最近では、クワ畑が減ったこととも関係して、見る機会が減っているようです。クワ畑は、ある昆虫の幼虫を飼育するためのものですが、この昆虫を下の**1**～**5**の中から１つえらび番号で答えなさい。

1　ミツバチ　**2**　イナゴ　**3**　カイコガ　**4**　カブトムシ
5　スズムシ

(3) 写真**A**の昆虫の特徴として**あやまりであるもの**を、下の**1**～**5**の中から１つえらび番号で答えなさい。

1　長い触覚をもつ　**2**　ノコギリ状のアゴをもつ
3　硬(かた)い２枚のハネの下に軟(やわ)らかい２枚のハネをもつ
4　３個の複眼をもつ　**5**　捕(つか)まると「キイキイ」という音を出す

(4) 写真**A**の昆虫のなかまの多くは、森の枯(か)れた木を掃除(そうじ)してくれます。森の落ち葉を食べて掃除してくれる生き物を、下の**1**～**6**の中からすべてえらび番号の**小さい方**から順に答えなさい。

1 ミミズ　**2** カブトムシの成虫　**3** ダンゴムシ
4 モンシロチョウの成虫　**5** トンボの幼虫　**6** フクロウ

(5) 写真**B**の昆虫を撮影したのはいつでしょうか。下の**1**～**4**の中から１つえらび番号で答えなさい。

1 １月　**2** ４月　**3** ８月　**4** 10月

(6) 写真**B**の昆虫のハネは全体に茶色をしています。この昆虫の鳴き声を、下の**1**～**6**の中から１つえらび番号で答えなさい。

1 シャワシャワシャワシャワ
2 カナカナカナカナ
3 ミーンミンミンミンミー
4 ツクツクオーシ
5 ジージー、ジリジリジリ
6 チーニー

(7) 右の図は、写真**B**を拡大したものです。この昆虫の食べ物について正しいものを下の**1**～**5**の中から１つえらび番号で答えなさい。

1 動物の血液を吸う
2 樹液を吸う
3 ほかの昆虫をかみちぎる
4 葉をかみくだく
5 花のみつをなめる

(8) 写真**B**の昆虫の幼虫から成虫への変化と同じものを下の**1**～**6**の中からすべてえらび番号の**小さい方**から順に答えなさい。

1 ミツバチ　**2** カブトムシ　**3** ショウジョウバエ
4 トノサマバッタ　**5** オニヤンマ　**6** モンシロチョウ

4 次の文章は太平洋沖にある西之島(にしのしま)という火山について書いたものです。次の問いに答えなさい。

西之島は2013年に太平洋沖で大きな噴火(ふんか)をした火山です。現在でも火山活動が活発で、2020年8月にも火山灰や①火山ガスをふき出しています。西之島は海底から噴火し、その大半が海中にあります。西之島の海上に出ている部分は、②成層火山の山頂部になっています。また、西之島では③安山岩が採取されます。

(1) 下線部①火山ガスは、火山の火口から出る気体のことです。火山ガスにふくまれている気体のうち、もっとも多いものは何ですか。**漢字**で答えなさい。

(2) 下線部②成層火山は、火山の形の一種です。成層火山の説明として、正しいものを下の**1**～**4**の中から1つえらび番号で答えなさい。

1 溶岩(ようがん)を流し出すようなおだやかな噴火をし、すそ野の広い平べったい形をしている。

2 激しいばく発をともなう噴火になりやすく、溶岩が火口の上に盛り上がった形をしている。

3 ほぼ同一の火口から何度も噴火をすることで、溶岩や火山灰などが層状に積み重なることで、円すいのような形をしている。

4 大規模な噴火により、火山の中心部が空どう化し、そこに地表が落ちこむことで、へこんだ形になっている。

(3) 下線部③安山岩を顕微鏡(けんびきょう)で見ると、右の図のような組織が見えました。このような組織を何といいますか。**ひらがな**で答えなさい。

(4) (3)の図で**A**の部分は何といいますか。**ひらがな**で答えなさい。

(5) 安山岩はなぜ(3)のようなつくりになったのですか。下の文章に当てはまるように空らんを10字以上15字以内で答えなさい。

「マグマが（　　　　　　　　　　）かたまったため。」

(6) 安山岩と同じ成分で違うかたまり方をした場合、何という岩石になりますか。正しいものを下の**1**～**5**の中から１つえらび番号で答えなさい。

1　せん緑岩　　**2**　流もん岩　　**3**　花こう岩　　**4**　はんれい岩　　**5**　げん武岩

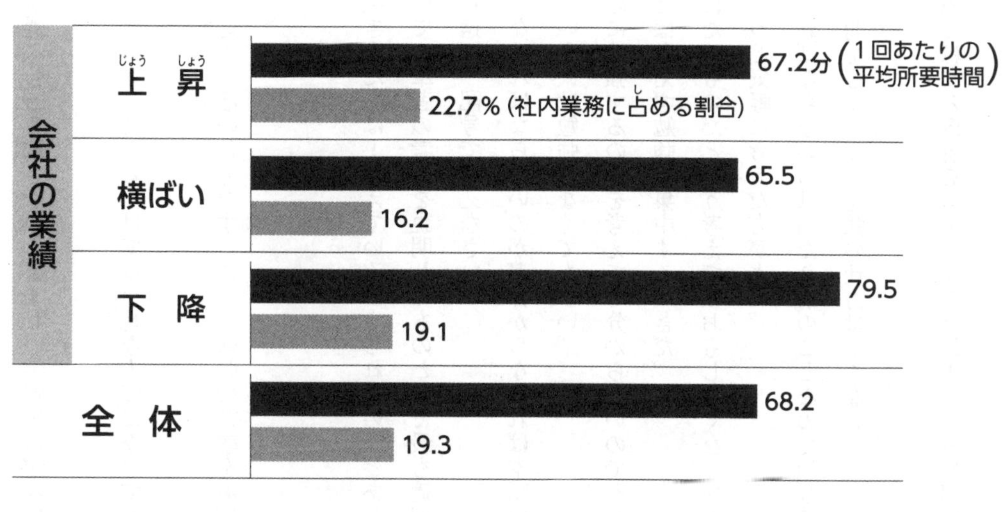

（令和元年五月十二日付『朝日新聞』を一部改変）

問一　会議の実施と会社の業績とに相関関係があると仮定した場合に、この二つの関係についてグラフから読み取れることを五十字以内で説明しなさい。

問二　文章の内容に合うものとして最も適切なものを次の中から選び、記号で答えなさい。

ア　欧米のリーダーシップ型企業は一度決まったことをすぐに実行に移せるが、合意形成を大事にする日本の企業は実行が遅いため今後も発展しないことが予想される。

イ　合意形成を軸とした運営形態は迅速に意思決定できる点でリーダーシップ型より発展性があるが、そのためには合意形成のためのルール作りが不可欠である。

ウ　欧米の伝統的な大企業はリーダーに明確な責任と権限を与えることで迅速な意思決定を実現するが、リーダー以外の社員は意見を述べることができない。

エ　欧米ではリーダーシップを軸とした運営をする伝統的な企業と合意形成を軸とした運営形態をとる新興企業とが存在するが、どちらにも利点と欠点が存在する。

ア　意欲があるときにとことんやった方がその物事を好きになれるから。

イ　いろいろな過ごし方を試さないと望ましい学習習慣が身につかないから。

ウ　規則的な生活を送っているだけでは平凡な人間になってしまうから。

エ　ふだんとは違う生活の仕方をすることで勉強の効率をあげられるから。

問六　――線部６「きみたちは～考えているかもしれない」とありますが、これについての筆者の考えを説明したものとして最も適切なものを次の中から選び、記号で答えなさい。

ア　なぜ勉強しなければならないのかが分からなければ本物ではないのでそういう人は勉強しなくてもよい。

イ　なんのために勉強するのかを考えても分からないのでそういう余計なことは考えず勉強に集中するべきだ。

ウ　勉強は役にたつものだという考えではおもしろくなくなってしまうのでもっと気軽に考えた方がよい。

エ　勉強しなければならないのは当たり前のことなので勉強の意味について疑問をもつような勉強の仕方はよくない。

問七　［　］Ａに当てはまる内容を考えて十五字以上二十五字以内で書きなさい。

六　次の文章およびグラフを読んで後の問いに答えなさい。（字数指定がある場合、句読点・かぎかっこ等の記号は一字として数えること。）

会議とは、明瞭かつダントツに、その企業の体質が見える場所です。国内十九企業の会議を調査し、目的は明確か、どこまで決めるかを設定しているか、決定事項がその後きちんと執行されるかなど、六十七項目について採点し二〇一四年に発表しました。その結果は見事に業績と比例しました。

欧米の伝統的な大企業では、リーダーシップを軸にした運営が主流です。社内の各階層に明確な責任と権限を与えたリーダーを配置。各リーダーは部下から情報と提言を広く集め、最後は個人の責任で取捨選択する。意思決定は迅速で、リーダーが有能なら機能的です。

一方、米シリコンバレー*のＩＴ*企業に象徴される新興企業に、合意形成を軸とした運営形態が出てきました。彼らの勢いを見れば、リーダシップ型より発展性が高いと考えられます。ただ、合意を重んじる運営は一歩間違えれば何も決まらず、迷走します。実際、日本では合意形成が尊重されてきましたが、そのためのルールも社員の自覚も足りず、停滞する企業が多いように思います。

（平成三十一年四月二十八日付『朝日新聞』による）

＊米シリコンバレー＝アメリカカリフォルニア州のＩＴ企業が集中する地帯。
＊ＩＴ企業＝情報技術に関連した事業をおこなう企業。

ることもある。もちろん、これは人によることで、だれにでもすすめられることではないが。しかし、三か月の空白は不安だろうが、それぐらい、いつでもとりもどせる。そうした気分のほうがよいと思う。

［　A　］、そう考えているとしたら、勉強を定期バスのように思っているのではないか。勉強というのは本来、森かげの散歩道のようなものだ。暑いので木かげで昼寝する人間もあるかもしれないが、目がさめてから歩きだしたってかまわない。

若さには、バネがある。いまちぢんでいても、このあとのびればいいんだ。

（森　毅『まちがったっていいじゃないか』による）

問一　――線部１「テストで急ぐためには、テスト以外では急がないほうがよいのである」とありますが、この理由を説明したものとして最も適切なものを次の中から選び、記号で答えなさい。

ア　たっぷり時間を使った方が効率的に勉強の成果を上げることができるから。

イ　じっくりと問題に取り組むことによって本当の実力をつけることができるから。

ウ　安定した気持ちで取り組んだ方がテストで実力を発揮することができるから。

エ　テスト以外のときに急いでしまうと勉強の目的を見失ってしまうから。

問二　――線部２「そうした連中は、あまり規則的に勉強しているように見えない」とありますが、「そうした連中」の勉強のしかたを説明したものとして最も適切なものを次の中から選び、記号で答えなさい。

ア　手を抜いて勉強しているように見えるが、じつは集中して勉強している。

イ　全く勉強しないときもあるが、一度はじめると時間を忘れて勉強する。

ウ　ふだんはあまり勉強しないが、する時は時間を決めて集中して勉強する。

エ　規則的に勉強しているわけではないが、本人なりに計算して勉強している。

問三　――線部３「規則的な勉強というのは、自己満足のためにある」とありますが、筆者がこのように述べる理由を五十字以内で説明しなさい。

問四　――線部４「結局は、時間よりは密度だと思う」とありますが、「密度」の内容を具体的に述べたものとして最も適切な部分をこれより前の文章中より十二字で抜き出しなさい。

問五　――線部５「たまには、徹夜したってよいじゃないか」とありますが、この理由を説明したものとして最も適切なものを次の中から選び、記号で答えなさい。

入ったらやるものだと思う。たとえば、きみたちのなかには、ギターが好きな子がいるだろう。あんなもの、べつに役にたたない。コード進行なんて、けっこう難しい。楽譜が読めると将来に役にたちますとか、音楽は人の情操をゆたかにします、なんて学校の先生は言うかもしれないが、音楽を好きになるのに、そんなことは関係ない。

よく、「やる気を出せ」などと言うが、身がまえして「やる気」などと言わねばならないのは、まず本物ではない。やるなと言われたって、のめりこんでしまうのが本物だ。

その点では、学校の勉強というのは、あまり効能を言われすぎるから、いやになるのではないだろうか。マンガだって、毎週宿題で感想文かなんか書かされて、学期末にテストがあって内申書に点がついたりしたら、いやになることがあると思う。それを考えると、数学なんかそんな目にあいながら、それでも数学ずきな子もいるのだから、ケナゲなものだと思う。

ぼくは、案外とリラックスして、マンガやテレビのようなつもりになったほうが、勉強とだってつきあえるのじゃないか、と考えている。どうせやるのなら、楽しまなきゃソンだから、勉強をマジメに考えるより、面白半分ぐらいの気分でつきあったらどうだろう。

そうすると、案外といいところが見えてくるものだ。小学校のころにダメだと、中学校でもダメだなどと、言うおとながよくいるが、そんなことはない。若い間は、のびちぢみがあったほうがよい。小学校でダメで中学校で急によくなったりするのも、おもしろい。

それに、たとえば数学についてなら、いまは気分がのらなくても、いったん調子が出はじめたら、中学校の数学ぐらい、アッという間に追いつくことを保証する。調子が出るまであせったり絶望したりしなくとも、調子が出たときにやるのでよい。

じつは、数学というものには、困ったところがあって、わかってしまえば易しいのに、易しいことほど、なかなかわからない、というところがある。いっそ難しいことだと、それなりにがんばって征服できるものだが、易しいことをわかるのは難しい。世のなかの真理というのは、たいてい単純でやさしく、そして単純でやさしいものほど、複雑で難しいことにくらべて、とらえにくいものだ。数学では、そうした性格がきわだっている。

そのかわりに、わかりはじめると、スルスルとわかるものだ。いまわからないからといって、できるようになる道がふさがっているわけではない。理学部あたりの大学生に聞いてみると、小学校でダメで中学校から好きになったとか、中学校までダメで高校から得意になった、なんてのもある。中学がダメでも、高校があるさ。

もしもきみが、いまは勉強ができなくても、勉強のできる人を「別の人」のように思うものではない。それは、できる時期がずれてるだけのことだ。人間というものは変わるもので、中学のときに数学大きらいで、おとなになったころに、数学大好きになることだってありうる。

それには、勉強というものを、固定して考えないほうがよい。どうしてもイヤというのなら、いっそ二月か三月ほど、目にふれないようにする手もある。人によっては、それでそのあと、また気が向いてく考えるのに、机に向かってというタイプの人もあるが、歩きながらとか、草原に寝ころがってとかいった、タイプの人も多い。

ただ、机の前でいくらか過ごしたりすると、自分にとって、勉強したという安心感が持てる。安心感を持ちすぎるのも問題だが、だいたいは、自分の気持ちを安定させるのはよいことだ。規則的な勉強のよさは、むしろそっちではないだろうか。

それが裏目に出て、できそうもないような予定表を作って、それが実行できないといって、わが身のふがいなさを責めてはいらいらする、そんなバカバカしいことはない。3規則的な勉強というのは、自己満足のためにあるのであって、アセリのためではない。

人によって、効率はさまざまだが、本当に集中して頭を使うのは、一日に二時間ぐらいが限度ではないか、とぼくは考えている。少なくとも、ぼくの経験では、一日に二時間ぐらいを一週間続けたら、幻聴が出たりして、神経症ぎみになった。これは、ぼくの頭が弱いのかもしれない。

もっとも、一日に三十分が限度という奴もいて、そいつは数学者仲間で一番さえてる男だから、きっと集中がぼくなんかより、強いのだと思う。ただし、山をボケーと眺めたりしているときも、なにかの考えを準備したりすることもあるから、集中だけではかることもできまい。徹夜しているときだって、本当に考えているのは、そのうちの一時間ぐらいのものだ。

4結局は、時間よりは密度だと思う。一日に六時間なんてのは、その時間を三本立ての映画を見たり、マージャンをしたりすると、ずいぶん疲れるから、たぶん、映画やマージャンほども、集中はしていないのだと思う。

じつは、受験のことを考えても、長い時間勉強をするよりは、テストの時間に集中できるほうが、有利だと思う。受験のためには、たとえば夏休みの一日でも、朝からミュージックなど聞いていて、目ざましが鳴った瞬間に問題集に切りかえ、それから二時間ほどは猛然と問題にとりくみ、時間が来たらまたミュージック、なんてのも悪くない。急発進・猛スピード・急停車といった、勉強暴走族の訓練は、受験に役だつ。朝から晩まで、時間だけダラダラと、机の前にいるよりは、ずっと役だつ。

こうしたことは、多少は個人の性格による。しかし、少なくとも若いときには、いろいろなやり方を試みてみるものだ。

5たまには、徹夜したってよいじゃないか。

6きみたちは、たとえば数学など、あんなに難しくって、将来に役にたちそうもないものを、なぜ勉強しなければならないんだ、と考えているかもしれない。数学は科学の基礎だとか、数学をやると頭が論理的になるとか、そういったことを言う先生もあるだろうが、ぼくはあまり、そうしたことを言う気はない。

ひとつひとつについて考えだすと、学校の勉強はたいてい、あまり役にたたない。源氏物語だって、封建制だって、それを知らないとくらせないわけではない。人間として、全体として役にたつ、ぐらいのことしか言えない。それに、どれも難しい。

しかし、若者というものは、役にたたなくても、難しくても、気に

五 次の文章を読んで後の問いに答えなさい。（字数指定がある場合、句読点・かぎかっこ等の記号は一字として数えること。）

このごろは、テストでおどされることが多いので、わかること、解けることを急ぐ傾向にある。たしかに、テストなどでは、時間がかぎられているので、急ぐのも多少は仕方がない。しかしながら、時間を制限されたときに急いでできるためには、時間の制限されていないときに、時間を気にしないでやっておいたほうがよい。1テストで急ぐためには、テスト以外では急がないほうがよいのである。

どんなやり方でも、わかって、問題が解けるようになる、という結果は同じかもしれない。しかし、ゆったりとやると、そのわかり方にコクが出てくるものだ。そして、その結果に達するまでの道筋を楽しむことで、力がつく。

勉強を楽しむなんて、と思うかもしれないが、それは目的ばかり見てあせるからで、楽しむ気になれば、なんだって楽しめるものだ。

ぼくは大学にいるので、まわりには、数学やら文学やらをやってる連中が多い。ところが、2そうした連中は、あまり規則的に勉強しているように見えない。もちろん、人いろいろで、毎日きまって勉強するのもあるが、どちらかというと少数派ではないだろうか。

たいていは、いったん熱中しはじめると、三日間ぐらい寝なかったりして、没頭している。もちろん、そんなことで体が持つわけはなく、しばらくすると、ボケーとして山ばかり眺めていたりする。あんなに夢中になっていたのが、嘘みたいだ。

こういうと辛抱がたりないようだが、またしばらくすると、すっかり見かぎったはずのその問題に、また挑戦していたりする。どうも、あまり規則的に勉強していると思えない。

中学生あたりだって、ときには、夢中になって徹夜するぐらいのことも、あってよいのではないだろうか。そんなに興味がわくことはいつもはないかもしれないが、たまにはそんな気分になることだってあるだろう。数学でなくって小説あたりだと、よくあることだ。そうしたとき、思いきって徹夜してしまったほうが、たぶん本好きになれると思う。

毎日を規則的に勉強することを、言いすぎるために、ものごとに熱中する機会を奪っているのではないか、と思う。たしかに、毎日規則的のほうが、健康にはよいだろうが、勉強はジョギングではない。五十を過ぎた老人どもが、不健康な徹夜をするくらいだから、若者ならどうということもあるまい。

身体的なものは、毎日やることで、身につく面もあろう。しかし、精神労働というのは、規則的にやるのに、あまりなじまない。それでは、ただの「鍛練」のようになりやすく、一定時間を過ごすだけの苦行になってしまう。きまった時間を机の前ですごす、といった、「勤務時間」を消化するサラリーマンみたいだ。

勉強というものは、時間ではかれない。机の前にいるかどうかでは、はかれない。山をボケーと眺めていようが、そのときに、頭を働かせているかどうかだけが、問題になる。たとえば、数学者が数学を

問七　――線部４「これまでそれをくらましていた主観の雲」とありますが、この主観の内容を具体的に述べている一文を文章中から四十五字以内で抜き出して、その最初の五字で答えなさい。

問八　――線部５「先生は、君を卑怯者にしたくなかったんだ」とありますが、先生はどのようなことを卑怯だと考えているのですか。その説明として最も適切なものを次の中から選び、記号で答えなさい。

ア　自分の心の中にきらいな人やきらいな場所があることを認めないこと。
イ　自分の中の弱い部分を隠すためにきらいな人や場所をつくってしまうこと。
ウ　自分にきらいな人やきらいな場所があることを正直に打ち明けないこと。
エ　自分がきらいな人やきらいな場所と関わろうとしないで逃げてしまうこと。

問九　先生の児童に対する態度や考え方を説明したものとして最も適切なものを次の中から選び、記号で答えなさい。

ア　児童の行動を無理におさえつけようとするのではなく、児童が自分で考えて行動できるように状況に応じて様々な指導のしかたをしている。
イ　積極的に児童に関わるということはないが、相手を理解してふさわしい指導ができるように冷静な目で児童の様子をよく観察している。
ウ　いつもは優しく朗らかな態度で接しているが、児童が誤った行動をとった時には厳しくしかって相手に反省を求めるような指導をしている。
エ　言葉による指導によって相手の行動を変えさせようとするのではなく、自分の人柄を感じとらせることによって正しい行動に導いている。

問十　本文の内容に合うものとして最も適切なものを次の中から選び、記号で答えなさい。

ア　次郎は先生の話を聞くまで自分が合宿に行けるか行けないかだけにこだわっていたが、先生の話を聞いて考え方に感銘を受け、これからは自分のことだけではなく人のことも考えられる人間になろうと決意した。
イ　次郎は合宿に連れて行ってもらいみんなと楽しく過ごすことを望んでいたが、先生の話を聞いて何が大切なことなのかをきちんと考え、みんなといっしょに合宿に行くことよりも試験に向けて一生懸命勉強することを選ぼうと決意した。
ウ　次郎は先生が自分を合宿に連れて行かないことを不満に思っていたが、先生の話を聞いてそれが嫌なことにも立ち向かう勇気をもたせようという意図的なはからいだったとわかり、感情の高ぶりを覚えた。
エ　次郎は合宿に行けないことに加え、本田の家に行かなければならないことを苦にしていたが、先生の話を聞いて人に対して愛情をもって接することの大切さに気づき、本田家で過ごすことは先生から課された宿題のようなものだと思った。

問三 □B、D、Eに当てはまる言葉の組み合わせとして最も適切なものを次の中から選び、記号で答えなさい。

ア　B　たとえ　D　まるで　E　あながち
イ　B　せめて　D　まんざら　E　ちょうど
ウ　B　たった　D　いまだ　E　いかにも
エ　B　きっと　D　ことさら　E　さながら

問四 ――線部１「合宿はみんなにとっていよいよ輝かしいものに思われ」とありますが、この理由を説明したものとして最も適切なものを次の中から選び、記号で答えなさい。

ア　親身になって面倒を見てくれる権田原先生と行けば、試験でよい結果を出せると思ったから。
イ　小さなことにこだわらない権田原先生と行けば、試験に向けて度胸をつけられると思ったから。
ウ　生徒を束縛しない権田原先生と行けば、勉強以外の楽しい活動を自由にできると思ったから。
エ　生徒思いで優しい権田原先生と行けば、合宿がますます楽しいものになると思ったから。

問五 ――線部２「彼は、みんなといっしょになってはしゃぐ気がしなかったのである」とありますが、この理由を説明したものとして最も適切なものを次の中から選び、記号で答えなさい。

ア　合宿の当日になってもみんなといっしょに連れて行ってもらうことをあきらめきれず、先生にお願いをする機会をうかがっていたから。
イ　先生が優しいからといってその目を盗んで列を乱したりするのは卑怯であり、そういうことをする連中とははしゃぎたくないと思ったから。
ウ　みんなといっしょに町に出かけるというときになっても、自分だけが合宿に行けないことを残念に思う気持ちが消えていなかったから。
エ　せっかく先生と話ができそうないい機会なのでみんなとはしゃいだりするのではなく、「幸福」について先生の考えを聞こうと思ったから。

問六 ――線部３「本田、お前は先生といっしょに歩け」とありますが、先生が次郎といっしょに歩こうとした理由を説明したものとして最も適切なものを次の中から選び、記号で答えなさい。

ア　次郎が何かに悩んでいる様子だったのでゆっくり話を聞こうと思ったから。
イ　合宿に行けないことに不満を持つ次郎のために話をしようと思ったから。
ウ　合宿の目的を理解していない次郎に合宿の意味を教えようと思ったから。
エ　次郎が仲間と打ち解けていないようなので話し相手になろうと思ったから。

恭ちゃんに教えてもらって、うんと勉強します。」

「うむ。……恭ちゃんて、君の兄さんだったね。」

「ええ、中学校の二年生です。僕と仲よしなんです。」

「そりゃいいね。だが、試験間ぎわの勉強はかえってよくない。それよりか、気持ちを愉快(ゆかい)にしていることだ。つまらんことで腹をたてたりしちゃいかんぞ。ひょっとして腹がたつことがあったら、すぐ合宿のほうに遊びにやって来い。」

「はい。でも、僕、もう腹をたてません。」

次郎は、先生が自分のことをなにもかも知っていてくれるような気がして、うれしかった。で、彼は誓(ちか)うように、はっきり答えたのである。

「そうか、うむ。……だが、君は、合宿に加われんぐらいなことで、こないだから腹をたてていたようだね。」

次郎は頭をかいた。先生は微笑しながらその様子を見ていたが、また急にまじめな顔になって、「君を合宿に加えるのは何でもないことさ。だが、それでは本田次郎は卑怯者(ひきょうもの)になってしまう。5<u>先生は、君を卑怯者にしたくなかったんだ</u>。正木のお祖父さんだって、先生と同じ考えにちがいない。……偉い人にはね、本田、きらいな人間もなければ、きらいな場所もないんだ。それは勇気があるからさ。正しい勇気さえあれば、どんなことにだってぶつかっていける。本田のように好ききらいがあるのは、ちと卑怯だぞ。」

先生はまた「卑怯だぞ」と言った。そして次郎には、この時ほど先生の「卑怯だぞ」がぴんと心にひびいたことはなかった。

（そうか、先生はそんなことを考えていたんか――）

次郎は、何度も心の中でそう思いながら、このごろにない快い興奮を感じた。

間もなく、みんなは一軒(いっけん)の茶店にはいって弁当をひらいたが、その頃には、次郎はもうほかの児童たちといっしょになって、いつものとおり元気よくものを言っていた。

（下村　湖人『次郎物語』による）

＊源次＝次郎のいとこで正木家に住んでいる。
＊竜一＝次郎の友だち。
＊飄然＝俗事(ぞくじ)にこだわらずのんきなさま。
＊師範＝教員を養成するための学校。師範学校。
＊席次＝成績・地位などの順位。
＊粛々＝ひきしまったさま。
＊破鐘＝ひびの入った鐘(かね)。
＊一丁＝約百九メートル。
＊五間＝一間は約一メートル八十二センチ。
＊春子＝竜一の姉。

問一　［　］Ａに入る漢字一字を答えなさい。

問二　［　］Ｃに当てはまるものとして最も適切なものを次の中から選び、記号で答えなさい。

ア　肩(かた)をもって　　　イ　肩をいれて

ウ　肩をならべて　　　エ　肩をおとして

見上げた。先生の眼は、しかし、まっすぐに児童のほうに注がれていた。

二人は、それからまたかなりながいあいだ口をきかなかった。

次郎は、児童たちのちゃんばらのまねから、ふと、大巻のお祖父さんに剣道を教わった事や、お芳を「母さん」と呼ぶようになったことなどを連想しながら、歩いていた。すると、先生は、ひょいと帽子の上から次郎の頭に手をあて、それをゆさぶるようにしながら、言った。

「本田はいろんな人にかわいがってもらって、しあわせだね。」

次郎は、これまで、自分で自分をしあわせな人間だと思ったことなど、一度だってなかった。また、周囲の人々にそんなふうに言われた覚えも、かつてないことだった。自分も周囲の人々も、自分を不幸な子供だときめてしまっているところに、自分のその日その日が成り立ってでもいるかのような気持ちで、あらゆる場合をきりぬけて来たのが、彼の物ごころついてからの生活だったのである。だから、彼は、権田原先生にそう言われても、変にそぐわない気がするだけだった。

「どうだい、自分ではそう思わないかね。」

と、先生は次郎の頭をもう一度ゆさぶった。次郎は顔をあげて、ちらと先生の眼を見たが、やはり返事はしなかった。

「世の中にはね――」

と、先生は次郎の頭から手をはずして、ゆっくり言葉をついだ。

「たくさんの幸福にめぐまれながら、たった一つの不幸のために、自分を非常に不幸な人間だと思っている人もあるし、……それかと思うと、不幸だらけの人間でありながら、自分で何かの幸福を見つけだして、勇ましく戦っていく人もある。……わかるかね。……よく考えてみるんだ。」

次郎には、先生の言い方が少しむずかしかった。しかし、まるでわからないというほどでもなかった。で、何度もその言葉を心のうちでくりかえしているうちに、先生が何のためにそんなことを言ったのかが、次第にはっきりして来た。彼は、乳母、父、正木一家、*春子、恭一、そして最近の大巻一家と、つぎからつぎに、自分との交渉の深かった人たちのことを思いうかべてみた。そして、現在自分の不幸の原因になっている人は、けっきょく本田のお祖母さんだけだと気がついた時に、彼は、自分というものが急にまるでちがった世界におかれたような気がして、何か驚きに似たものを感じずにはおれなかった。

この驚きは、彼にとって決して無意味ではなかった。むろん、それは、まだ何といってもかるい知的な驚き以上には出ていなかったので、それによって、彼がはじめて母の愛を感じた時のような大きな転機を、彼に求めるわけにはいかなかった。しかし、彼の年配での、物ごとの知的理解というものは、[4]これまでそれをくらましていた主観の雲が濃ければ濃いほど、時としては、かえって大きな力になっていくものなのである。

実際、権田原先生は、自分の予測した以上の変化を次郎の様子にみとめて、自分ながら驚いた。重かった次郎の足は、それから見ちがえるほど軽くなり、口のきき方も次第にはればれとなってきたのである。

次郎は、それからかなりたってから、だしぬけに言った。

「先生、僕、これまで、まちがっていたんです。僕、こんどはうちでに彼の心をひいた、彼は、その鴉を見た眼で、ひょいとうしろをふりかえって見た。すると、権田原先生もその鴉を見ていた。しかし、次の瞬間には、二人の眼がぶつかった。先生の眼は無表情なような、それでいて次郎の心をとらえずにはおかない、深い眼だった。

次郎は、何かきまりわるいような気がして、いそいで正面を見た。すると先生が言った。

3「本田、お前は先生といっしょに歩け。」

二人はすぐ並んで歩きだした。しかし、どちらも、しばらくは口をきかなかった。

「君は中学校にはいると、いよいよ本田の人になるんだね。」

五六分もたってから、先生がやっと言った。

次郎は、答える代わりにそっと先生を見上げた。すると先生がまた言った。

「君が正木のお祖父さんのうちに行ってから、もうどのくらいになるかね。」

「四年生からです。」

次郎は今度ははっきり答えた。しかし彼の眼は自分の足先ばかり見ていた。

「ふむ、そうだったね。先生が君らの受持ちになった年の夏からだったね。……ふむ。」

次郎は、正木のお祖父さんが、そのころめずらしく学校にやって来て、権田原先生と教員室で何かしきりに話しあっていたことがあったのを思い起こした。

「ふむ、するともうあれから二年半になるんか、ふむ。」

先生は、それから、何度も思い出したように、「ふむ」をくりかえした。次郎は、その「ふむ」を聞きながら、いまに先生が、亡くなった母や、今度の母のことを言いだしそうな気がして、妙に緊張した気分になっていた。先生は、しかし、とうとうそれには触れなかった。

「先生、合宿ってどんなことをするんですか？」

かなり沈黙がつづいたあと、今度は次郎がたずねた。

「合宿か――」

と、権田原先生はちょっと言葉をきって、

「合宿はなんでもないさ、いっしょに食って寝るだけだよ。」

次郎は、先生がわざとそんなふうに言っているような気がして、何か物足りなかった。

「合宿なんかより、自分の家がいいさ。」

権田原先生は、しばらくして、またぽつりとそう言った。次郎は、しかし、それも先生の本心から出た言葉ではないように思って、寂しかった。

ほかの児童たちは、もうそのころには、めいめい一本ずつの竹ぎれや棒ぎれを握って、ちゃんばらのまねをしたり、並木の幹や枝をなぐりつけたりしながら、歩いていた。先生は、それに気がつくと、だしぬけに例のどら声をはりあげてどなった。

「おうい、黙って立っている木をなぐるのは卑怯だぞうっ。」

「卑怯だぞ」というのは、先生の口癖だったが、次郎には、それがその時いかにもおもしろく響いた。で、つい笑顔になって先生の横顔を次郎は、そうなると、いよいよみんなにのけ者にでもされたような気になり、幼いころから本田の家で味わって来た不快な感情が、どこからともなくよみがえって来て、だれかが合宿の話でもしだすと、つい荒っぽいことを言ったり、皮肉な態度に出たりしたくなるのだった。――過去の深刻な運命というものは、それに似た新しい小さな運命をあざけるとばかりは限らない。それは、 E 骨の髄をいためた古疵と同じように、ちょっとした寒さにもうずきだすことがあるものなのである。

町に出て行くのは、次郎もみんなといっしょだった。その日、みんなは、いつもの朝礼の時間に学校にあつまり、全校児童のまえで、校長先生からの激励の辞をうけ、ばんざいの声におくられて、権田原先生を先頭に、寒い春風のなかを*粛々として校庭を出た。

校門を出て五六分も行くと、天満宮の前だった。

権田原先生は、そこでみんなにひとりびとり拝殿の鈴を鳴らさした。それから、また列を作って歩きだしたが、しばらくたつと、みんなはもうわいわいはしゃぎだし、列もいつの間にか乱れて、道いっぱいにひろがり、先頭も後尾もないようになった。先生は、それでも何とも言わないで、例のとおり、ふとった頸の肉を詰め襟のうえにたるまして、のそのそと歩いていた。が、だしぬけに立ちどまって、うしろをふり向いたかと思うと、

「こらあっ!」

と、*破鐘のような声でどなりつけ、にぎりこぶしを高くふりあげた。

みんなは、一瞬ぴたりと足をとめて、先生を見た。しかし、だれも心から恐怖を感じているようには見えなかった。先生のにぎりこぶしはいかにも豪壮だったが、その眼は微笑をふくんで、みんなの頭ごしにずっと遠くのほうを見ているように思えたのである。

先生は言った。

「勝手に列をくずしたり、おしゃべりをしたりするのは卑怯だぞ。先生の眼はうしろにはついとらんからな。」

そして、そう言ってしまうと、すぐまたくるりと向きをかえて、のそのそと歩きだした。みんなは、自分たちで、校庭を出た時のようにきちんと列を正し、しずかにそのあとについた。が、それで*一丁ほども歩いたかと思うと、先生は、今度は、前を向いたまま、弁当をぶらさげていた手を高くふりあげて言った。

「うむ、それでいい、もうそれでおしゃべりをはじめてもかまわん。ついでに列をくずすことも許してやろう。別れっ。みんな先生より先に行くんだ。いつまでも先生のあとにばかりついているような人間は偉くなれん。試験も落第だ。」

みんなは、いっせいにわっとわめいて、先生を半丁ほども追いぬいた。中には一丁以上も追いぬいたものがあった。次郎もみんなといっしょに先に出るには出たが、しかし、みんなのなかでは、彼が一番あとで、先生との距離は*五間とははなれていなかった。2彼は、みんなといっしょになってはしゃぐ気がしなかったのである。

おおかた十四五分間も、彼はだれとも口をきかないで歩いた。まだ芽をふかない道ばたの櫨の木から、一羽の大きな鴉が、ため池の向こうの麦畑に舞いおりて、首をかしげながらこちらを見ているのが、妙

付き添いの先生は、次郎や＊竜一たちを四年から受け持ってくれていた権田原先生だった。

　この先生は、児童たちが何かいたずらでもやっているのを見つけると、その大きな眼をむいて拳固をふりかざしておきながら、すぐその手でやさしく児童たちの頭をなで、「これから気をつけるんだぞ。」と言って、それっきり、けろりとなるといったふうな、＊飄然としたなかに、いかにも温情のあふれている先生で、年歳はもう四十を越していたが、＊師範を出ていないせいか、学校での席次＊は、まだ四席かそこいらのところだった。毛むくじゃらな、まんまるい顔を、羊羹色の制服の上にとぼけたようにのっけて、天井を見ながらのっそりと教壇に上がって来るくせがあったが、その様子が、不思議に児童たちの気持ちをまじめにもし、またなごやかにもするのだった。

　この先生が付き添いときまってからは、1合宿はみんなにとっていよいよ輝かしいものに思われ、彼らはよるとさわるとその話をして、町に行く日を［A］をながくして待っていた。

　ただひとり楽しめなかったのは次郎だった。彼は、むろん、合宿に加わりたいのが精いっぱいで、町に自分の家があるのがうらめしい気にさえなり、

（先生のほうで、みんなを合宿させることにきめてくれるといいが――
――）

　と、心のうちで祈ったりしていた。しかし、権田原先生は、自分が付き添いときまった日に、みんなを集めて、合宿に必要な諸注意や、費用のことなどを話したあと、次郎の頭をなでながら言った。

「本田は合宿のめんどうがなくていいね。だが、試験の時間におくれんように気をつけるんだぞ。いずれ先生が君のうちに寄って、よく打ち合わせておくが。」

　次郎はがっかりした。それでも、彼は、正木のお祖父さんが、「源次は本田にお世話になるより、合宿のほうで先生にめんどうを見ていただくほうが安心じゃ」と言ったのを知っていたので、自分から願いさえすれば、源次と同じにしてもらえそうな気もして、それを言いだす機会をねらっていた。しかしそんな機会はとうとう見つからなかった。お祖父さんも、お祖母さんも、試験の話にさえなると、「このごろは恭一が、次郎をきっと試験にうかるようにしてやると、はりきって待っているそうだ。」といったような話をして、次郎を励ますことばかりに熱心になるのだった。

　次郎は、合宿がだめなら、源次か竜一のうち、［B］一人だけでも町の自分の家に泊まってくれればいいと思って、そっと二人にそれをすすめてみた。源次は、しかし、即座に「いやだ」と答えた。そして、

「お祖父さんだって、僕は先生のそばにいるほうがいいって言っているじゃないか。」

　と、いかにもお祖父さんが自分の［C］、そんなことを言いでもしたかのような口ぶりだった。

　竜一のほうは、次郎の家に泊まるのが、［D］いやでもなさそうだったが、その場でははっきりした返事もせず、翌日になって、

「うちでいけないって言うよ。」

　と、気の毒そうにことわった。

三 次の文の□A・Bに入る共通する音の漢字一字をそれぞれ答えなさい。

1　[A]外に苦戦した。
　　生徒[B]外は入れない。

2　ペットボトルを回[A]する。
　　校舎を改[B]する。

3　政党を[A]持する。
　　有名な先生に[B]事する。

4　このままでは敗北は必[A]である。
　　必[B]に練習に取り組む。

四 次の文章を読んで後の問いに答えなさい。（字数指定がある場合、句読点・かぎかっこ等の記号は一字として数えること。）

本田次郎は幼い頃乳母に預けられていたために実の母親のお民に懐かず祖母から憎まれていた。そのため本田一家が家を売り払って町に引っ越すことになった時、父の俊亮や母お民、祖母、兄の恭一、弟の俊三と別れて一人でお民の実家である正木家に預けられ、そこで生活することになった。六年生の夏近くにお民が重い病気のために正木家で療養することになったが九月にはなくなった。翌年の一月に俊亮と正木家は次郎の新しい母親として大巻家のお芳を迎えた。以下はこれに続く部分である。

三月にはいると、まもなく中学校の入学試験だった。次郎たちの学校からは、昨年不合格だった*源次たちの仲間を加えて、都合十五名が願書を提出した。

毎年の例で、みんなは一名の先生につきそわれて、試験のはじまる二日まえから、西福寺という町のお寺に合宿することになった。二日もまえから合宿をはじめるのは、町の地理や、中学校の建物の様子などに、まえもっていくらかでも慣れさしておくことが、みんなの試験度胸をつくるのに必要だと思われたからである。しかし、みんなとしては、そんなことよりも、一日も早くにぎやかな町に行き、そこでいっしょに寝泊まりできるということが、ただわけもなく楽しかった。——一般にこのへんの児童は、入学試験に対しては割合にのんきで、競争意識で神経をいらだたせる、といったようなことはあまりなかったのである。

二〇二一年度 鎌倉学園中学校

【国　語】〈第一次試験〉（五〇分）〈満点：一〇〇点〉

一

次の――線部のカタカナを漢字に直して答えなさい。

1　イチョウが弱い。
2　コウミャクを探(さぐ)り当てる。
3　作戦がソウコウする。
4　従来の方針にソう。
5　衣服がチヂむ。

二

次の――線部の意味に当てはまる慣用句を例にならって平仮名(ひらがな)で書きなさい。

時間に遅(おく)れないようにとまちがいがないように念を押(お)しておく。

（答え）

て

1　エースが十分に準備をして機会を待って登場する。

ま□□□□て

2　事実ではないことをつけ加えたり大げさにしたりして話す。

お□□□□□て

3　仕事ぶりがいかにもふさわしくぴったりしてきた。

い□□□□て

4　きびしい練習にたえられず弱音をはく。

ね□□□□。

2021年度

鎌倉学園中学校

▶解説と解答

算 数 ＜第１次試験＞（50分）＜満点：100点＞

解 答

1 (1) 3　(2) $1\frac{1}{3}$　(3) $\frac{4}{2021}$　(4) 339　**2** (1) $2\frac{1}{4}$　(2) $\frac{55}{143}$　(3) 91点　(4) 8　**3** (1) 35度　(2) 3.14cm²　**4** (1) 16個　(2) 145個　(3) 33番目　**5** (1) 96cm²　(2) 124cm²　(3) 8秒後と18秒後　**6** (1) 9　(2) 15　(3) 344　**7** (1) 毎時16km　(2) 毎時4km　(3) 10時59分　**8** (1) 3213cm³　(2) $11\frac{16}{31}$cm　(3) $14\frac{4}{31}$cm

解 説

1 **四則計算，計算のくふう**

(1) $45-\{(20-12)\times3-(13+2)\div5\}\times2=45-(8\times3-15\div5)\times2=45-(24-3)\times2=45-21\times2=45-42=3$

(2) $3\frac{2}{3}+\left(4\frac{1}{6}-2\frac{7}{8}\right)\div4\frac{3}{7}-2.625=\frac{11}{3}+\left(\frac{25}{6}-\frac{23}{8}\right)\div\frac{31}{7}-2\frac{5}{8}=\frac{11}{3}+\left(\frac{100}{24}-\frac{69}{24}\right)\div\frac{31}{7}-\frac{21}{8}=\frac{11}{3}+\frac{31}{24}\times\frac{7}{31}-\frac{21}{8}=\frac{11}{3}+\frac{7}{24}-\frac{21}{8}=\frac{88}{24}+\frac{7}{24}-\frac{63}{24}=\frac{32}{24}=\frac{4}{3}=1\frac{1}{3}$

(3) $\frac{1}{N\times(N+1)}=\frac{1}{N}-\frac{1}{N+1}$となることを利用すると，$\frac{1}{43\times44}+\frac{1}{44\times45}+\frac{1}{45\times46}+\frac{1}{46\times47}=\frac{1}{43}-\frac{1}{44}+\frac{1}{44}-\frac{1}{45}+\frac{1}{45}-\frac{1}{46}+\frac{1}{46}-\frac{1}{47}=\frac{1}{43}-\frac{1}{47}=\frac{47}{2021}-\frac{43}{2021}=\frac{4}{2021}$

(4) $A\times B+A\times C=A\times(B+C)$となることを利用すると，$6.78\times79+678\times0.57-860\times0.678=6.78\times79+6.78\times100\times0.57-860\times0.1\times6.78=6.78\times79+6.78\times57-6.78\times86=6.78\times(79+57-86)=6.78\times50=339$

2 **逆算，分数の性質，平均とのべ，和差算，条件の整理**

(1) $3\frac{1}{35}-1.56\div(\square-1.6)+\frac{4}{7}=1.2$より，$3\frac{1}{35}-1.56\div(\square-1.6)=1.2-\frac{4}{7}=\frac{6}{5}-\frac{4}{7}=\frac{42}{35}-\frac{20}{35}=\frac{22}{35}$，$1.56\div(\square-1.6)=3\frac{1}{35}-\frac{22}{35}=\frac{106}{35}-\frac{22}{35}=\frac{84}{35}=\frac{12}{5}$，$\square-1.6=1.56\div\frac{12}{5}=\frac{39}{25}\times\frac{5}{12}=\frac{13}{20}$　よって，$\square=\frac{13}{20}+1.6=\frac{13}{20}+\frac{8}{5}=\frac{13}{20}+\frac{32}{20}=\frac{45}{20}=\frac{9}{4}=2\frac{1}{4}$

(2) $\frac{5}{13}$の分母と分子の和は，13＋5＝18だから，約分するときに分母と分子をそれぞれ，198÷18＝11で割ったことがわかる。よって，約分する前の分数は，$\frac{5\times11}{13\times11}=\frac{55}{143}$である。

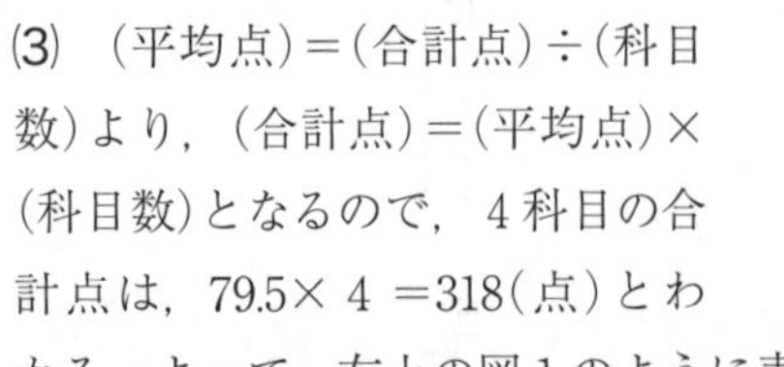

(3) （平均点）＝（合計点）÷（科目数）より，（合計点）＝（平均点）×（科目数）となるので，４科目の合計点は，79.5×４＝318（点）とわかる。よって，右上の図１のように表すことができるから，国語の点数の４倍が，318－（８＋11＋

図１

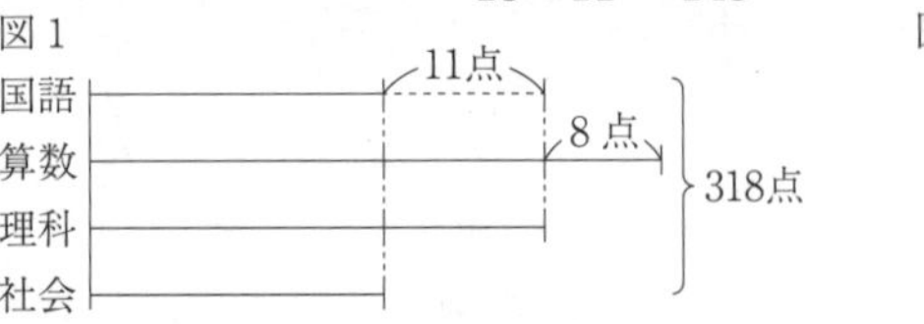

図２

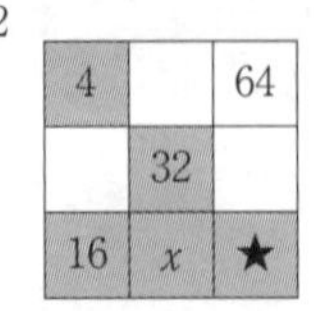

11)＝288(点)となり，国語の点数は，288÷４＝72(点)と求められる。したがって，算数の点数は，72＋11＋８＝91(点)である。

⑷　上の図２で，{16，x，★}の３つの数の積と{４，32，★}の３つの数の積が等しくなる。このうち★印の数は両方に共通しているので，残りの２つの数の積も等しくなる。つまり，16×x＝４×32となるから，x＝４×32÷16＝８と求められる。

3 平面図形―角度，面積

⑴　下の図１のように，角CABの大きさは，180－75×２＝30(度)になる。また，三角形ADEと三角形FDEは合同だから，同じ印をつけた角の大きさはそれぞれ等しくなる。三角形ADEに注目すると，○１個と●１個の大きさの和は，180－30＝150(度)とわかるので，○２個と●２個の大きさの和は，150×２＝300(度)になる。さらに，かげをつけた角の大きさはそれぞれ180度だから，角xと角yの大きさの和は，180×２－300＝60(度)と求められる。よって，角xと角yの大きさの比は，1.4：１＝７：５なので，角xの大きさは，$60\times\frac{7}{7+5}$＝35(度)とわかる。

⑵　下の図２で，★印をつけた部分と☆印をつけた部分，◆印をつけた部分と◇印をつけた部分はそれぞれ合同であり，どれも３個ずつあるから，斜線(しゃせん)部分とかげをつけた部分の面積は等しくなる。よって，斜線部分の面積は円の面積の半分とわかる。また，円の半径を□cmとすると，正方形の１辺の長さは(□×２)cmになるので，(□×２)×(□×２)＝８(cm²)と表すことができる。したがって，□×□＝８÷２÷２＝２だから，円の面積は，□×□×3.14＝２×3.14＝6.28(cm²)となり，斜線部分の面積は，6.28÷２＝3.14(cm²)と求められる。

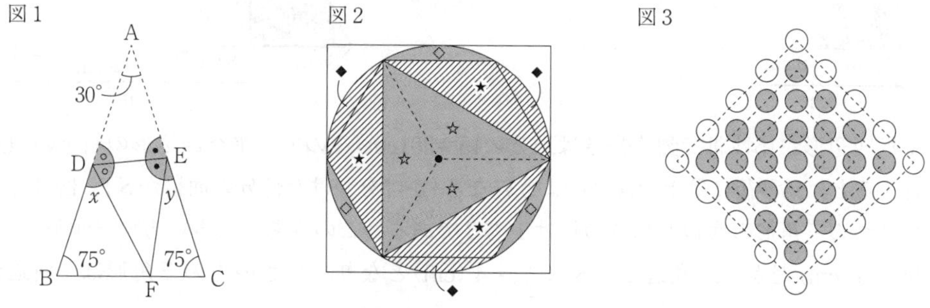

4 図形と規則，数列

⑴　上の図３のように，点線でつないだ部分に並んでいる碁石(ごいし)を内側から順に，１周目，２周目，３周目，…とすると，１周目には４個，２周目には８個，３周目には12個，…のように，N周目には(４×N)個の碁石が並ぶことになる。また，４番目の図形は４周目まであり，一番外側だけが○だから，４番目の○の個数は，４×４＝16(個)と求められる。

⑵　中央の１個の●を除くと，９番目の図形は１周目から８周目までが●になる。また，これらの個数の合計は，４×１＋４×２＋…＋４×８＝４×(１＋２＋…＋８)＝４×{(１＋８)×８÷２}＝４×36＝144(個)と求められるので，中央の１個の●を加えると，９番目の●の個数は，144＋１＝145(個)とわかる。

⑶　中央の１個を除いた●の個数の合計が初めて，2021－１＝2020(個)より多くなればよい。また，１周目から□周目までの個数の合計は，４×１＋４×２＋…＋４×□＝４×(<u>１＋２＋…＋□</u>)で求めることができるから，＿の値が初めて，2020÷４＝505より大きくなるようにすればよい。さらに，

$1+2+\cdots+\square=(1+\square)\times\square\div2$より，$(1+\square)\times\square\div2>505$，$(1+\square)\times\square>1010$と表すことができるので，$32\times31=992$，$33\times32=1056$より，□にあてはまる最も小さい整数は32とわかる。つまり，●の個数が初めて2021個より多くなるのは●を32周目まで並べたときだから，一番外側の○は33周目であり，その図形は33番目の図形となる。

5 平面図形―図形の移動，面積，相似

(1) はじめに，右の図１の斜線をつけた２つの三角形は，底辺と高さの比が，12：24＝８：16＝１：２だから，相似である。また，これらの三角形と相似な三角形の底辺と高さの比はすべて１：２になる。次に，平行四辺形が９秒間で動く長さは，$2\times9=18$(cm)なので，平行四辺形の左下の頂点の動きに注目すると，９秒後には下の図２のようになる(かげをつけた部分の面積がS)。図２で，かげをつけた台形の上底は，$18-(8+8)=2$(cm)だから，下底は，$8+2=10$(cm)となり，$S=(2+10)\times16\div2=96$(cm^2)と求められる。

図１

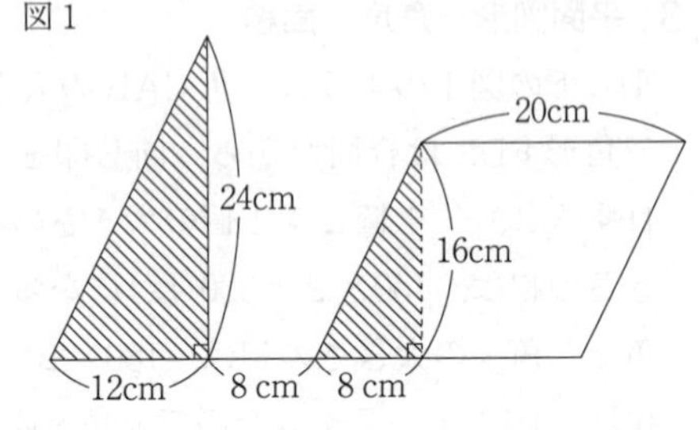

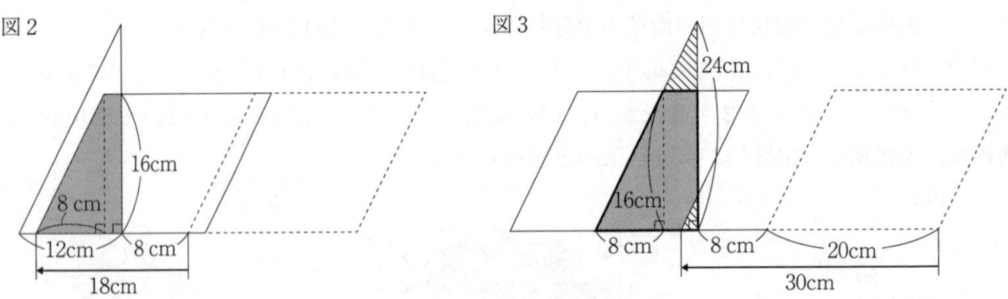

(2) 平行四辺形が15秒間で動く長さは，$2\times15=30$(cm)なので，平行四辺形の右下の頂点の動きに注目すると，15秒後には上の図３のようになる(かげをつけた部分の面積がS)。図３で，斜線をつけた２つの三角形の底辺と高さの比は１：２である。このうち，大きい方の三角形は，高さが，$24-16=8$(cm)だから，底辺は，$8\times\frac{1}{2}=4$(cm)となり，小さい方の三角形は，底辺が，$30-(8+20)=2$(cm)なので，高さは，$2\times\frac{2}{1}=4$(cm)とわかる。よって，太線で囲んだ台形は，上底が４cm，下底が，$8+4=12$(cm)だから，面積は，$(4+12)\times16\div2=128$(cm^2)と求められる。また，斜線をつけた三角形のうち，小さい方の三角形の面積は，$2\times4\div2=4$(cm^2)なので，$S=128-4=124$(cm^2)となる。

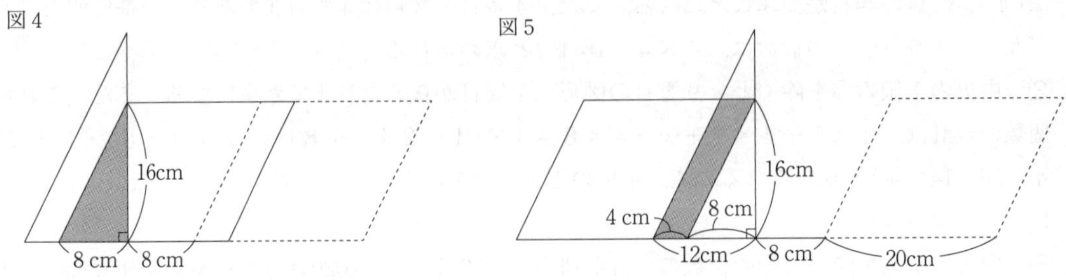

(3) $8\times16\div2=64$(cm^2)，$4\times16=64$(cm^2)より，Sが64cm^{2}になるのは，上の図４，図５のように重なるときである。図４は，平行四辺形の左下の頂点の動きに注目すると，平行四辺形が，８＋

８＝16(cm)動いたときだから，16÷２＝８(秒後)とわかる。また，図５は，平行四辺形の右下の頂点の動きに注目すると，平行四辺形が，20＋８＋８＝36(cm)動いたときなので，36÷２＝18(秒後)と求められる。

6 約束記号，場合の数

(1) 約束にしたがって計算すると，12→６→３→10→５→16→８→４→２→１となるから，[12]＝９である。なお，12から５になるまでに４回かかり，問題文中の例より，５から１になるまでに５回かかるので，[12]＝４＋５＝９と求めることもできる。

(2) 約束にしたがって計算すると，23→70→35→106→53→160→80→40→20→10→５となるので，23から５になるまでに10回かかることがわかる。よって，(1)と同様に，５から１になるまでに５回かかるので，[23]＝10＋５＝15と求められる。

(3) 「２倍する」，「１をひいて３で割る」という計算をして１から順にさかのぼると，右の図のようになる。よって，８回で１になる数は{256，42，40，６}の４個あり，これらの和は，256＋42＋40＋６＝344となる。

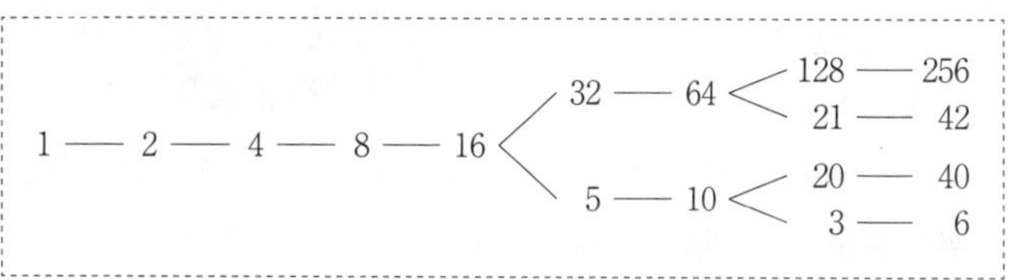

7 グラフ―流水算，旅人算

(1) 下の図１で，普通船がＡを出発してからＦに着くまでの時間は，10時35分－９時＝１時間35分であり，そのうち停はくしている時間の合計が，５×４＝20(分)だから，20kmを上るのにかかる時間は，１時間35分－20分＝１時間15分とわかる。よって，上りの速さは毎時，20÷$1\frac{15}{60}$＝16(km)と求められる。

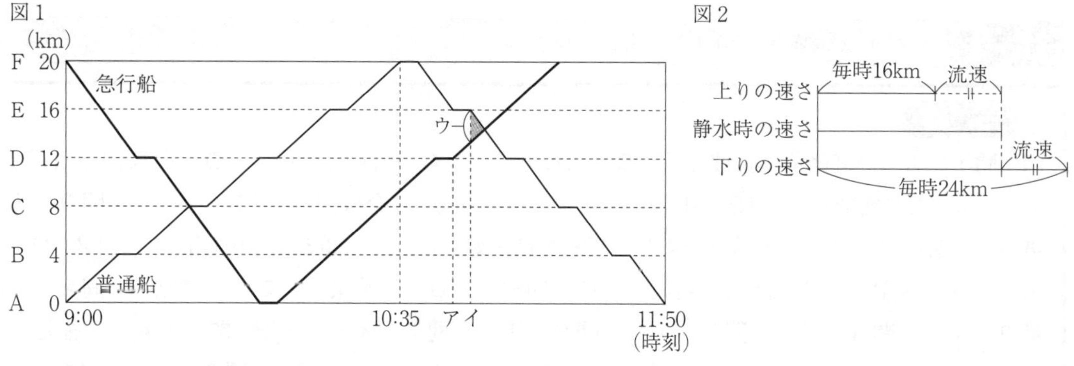

(2) 普通船がＦに着いてからＡに着くまでの時間は，11時50分－10時35分＝１時間15分であり，そのうち停はくしている時間の合計が，５×５＝25(分)なので，20kmを下るのにかかる時間は，１時間15分－25分＝50分とわかる。よって，下りの速さは毎時，20÷$\frac{50}{60}$＝24(km)だから，上の図２のように表すことができる。したがって，川の流れの速さは毎時，(24－16)÷２＝４(km)である。

(3) 図１のかげをつけた三角形に注目する。船が４kmを上るのにかかる時間は，４÷16＝$\frac{1}{4}$(時間)，60×$\frac{1}{4}$＝15(分)であり，４kmを下るのにかかる時間は，４÷24＝$\frac{1}{6}$(時間)，60×$\frac{1}{6}$＝10(分)なので，９時からアまでの時間は，10×５＋15×３＋５×３＝110(分)，９時からイまでの時間は，15×５＋10×１＋５×６＝115(分)と求められる。よって，アからイまでの時間は，115－110＝５

(分)だから，その間に急行船が進んだきょりは，$16\times\frac{5}{60}=\frac{4}{3}$(km)となり，ウのきょりは，$4-\frac{4}{3}=\frac{8}{3}$(km)とわかる。また，かげをつけた部分では，２せきの船の間のきょりは１時間に，16＋24＝40(km)の割合で縮まるので，かげをつけた部分の時間は，$\frac{8}{3}\div40=\frac{1}{15}$(時間)，$60\times\frac{1}{15}=4$(分)と求められる。したがって，２せきの船が復路ですれちがう時刻は，９時＋115分＋４分＝９時119分＝10時59分である。

8　水の深さと体積

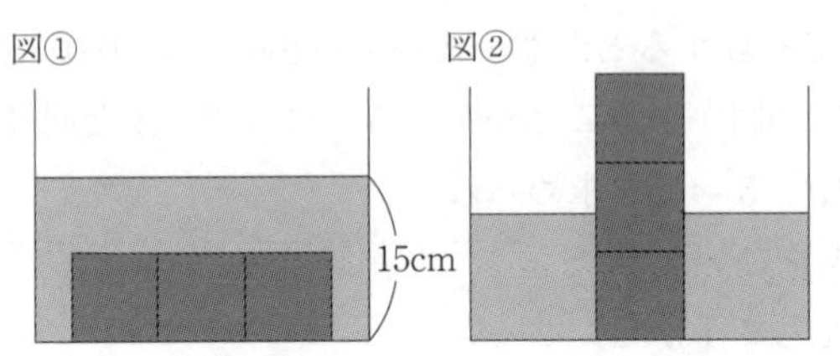

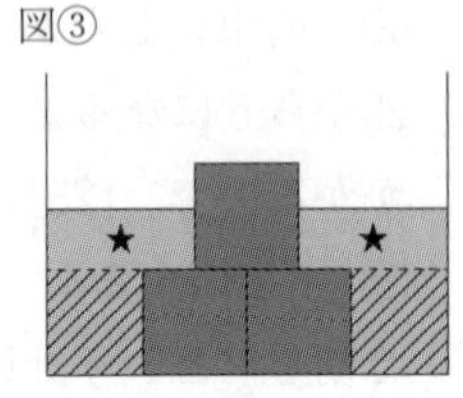

(1)　右の図①のように重りを入れたとき，水そうの底面積は，12×30＝360(cm^2)だから，重り３個と水の体積の合計は，360×15＝5400(cm^3)とわかる。また，重り３個の体積の合計は，９×９×９×３＝2187(cm^3)なので，水の体積は，5400−2187＝3213(cm^3)と求められる。

(2)　右上の図②で，水が入っている部分の底面積は，360−９×９＝279(cm^2)だから，水そうの底面から水面までの高さは，$3213\div279=\frac{3213}{279}=11\frac{16}{31}$(cm)とわかる。

(3)　右上の図③で，斜線部分の底面積は，360−９×９×２＝198(cm^2)なので，斜線部分の水の体積は，198×９＝1782(cm^3)となる。よって，★の部分の水の体積は，3213−1782＝1431(cm^3)とわかる。また，★の部分の底面積は279cm^{2}だから，★の部分の高さは，$1431\div279=\frac{1431}{279}=5\frac{4}{31}$(cm)と求められる。したがって，水そうの底面から水面までの高さは，$9+5\frac{4}{31}=14\frac{4}{31}$(cm)である。

社　会　＜第１次試験＞（30分）＜満点：60点＞

解　答

1　**問１**　**A**　高度経済成長(期)　**B**　石油危機　**C**　(貿易)摩擦　**D**　中京(工業地帯)　**E**　京浜(工業地帯)　**問２**　①　日本　②　アメリカ(合衆国)　③　中国　**問３**　オ　**問４**　(例)　アメリカに工場をつくり，現地生産を始めた。　**問５**　豊田(市)　**2**　**問１**　**A**　立正安国論　**B**　関東大震災　**C**　朝鮮　**D**　万葉集　**E**　小笠原　**問２**　エ　**問３**　ア　**問４**　イ　**問５**　ア　**問６**　ア　**問７**　イ　**3**　**問１**　**A**　幸福追求　**B**　令状　**C**　信教　**D**　義務教育　**E**　弁護人　**F**　表現　**問２**　エ　**問３**　ウ　**問４**　政教分離(の原則)　**問５**　イ　**問６**　㋔，㋗

解　説

1　日本の工業と貿易についての問題

問１　**A**　日本では，1950年代なかばから1970年代前半にかけて，鉄鋼・自動車・石油化学工業などの重化学工業を中心に産業が発達し，経済が飛躍(ひやく)的に成長した。これを高度経済成長期といい，1968年にはGNP（国民総生産）がアメリカ(合衆国)についで先進国で第２位となった。　**B**　1973年，イスラエルと周辺のアラブ諸国の対立から第四次中東戦争が起こると，イスラエル側についた先進国への対抗措置として，中東の産油国は原油の減産や輸出制限，価格の引き上げなどを行った。これによって，先進国は第一次石油危機(オイルショック)とよばれる経済混乱におちいり，日本の高度経済成長期も終わりをむかえた。また，1979年にはイラン革命の影響から，第二次石油危機が起こった。　**C**　一方の国の輸出(輸入)量ともう一方の国の輸出(輸入)量に大きな差があることから生じる，貿易に関する関係国間の対立を貿易摩擦という。1970年代から80年代にかけて，日本の自動車の輸出が急増し，日本とアメリカとの貿易摩擦が大きな問題となった。　**D**　中京工業地帯は，愛知県と三重県の伊勢湾岸から，岐阜県南部にかけての地域を中心に発達した工業地帯で，近年は製造品出荷額等で全国第１位を維持し続けている。自動車工業を中心とした機械工業が製造品出荷額等のおよそ３分の２を占めるほか，石油化学工業や鉄鋼業，窯業もさかんである。統計資料は『日本国勢図会』2020／21年版などによる(以下同じ)。　**E**　京浜工業地帯は，東京都と神奈川県の東京湾岸を中心に発達した工業地帯で，かつては製造品出荷額等が全国第１位であったが，特に東京都でさかんな出版業が統計上の分類で工業から外されたことや，工場が内陸に進出するようになったことなどから，2000年ごろに比べて製造品出荷額等は少なくなっている。

問２　Ⅰの文からもわかるように，1980年代に世界第１位となっている①は日本で，日本にぬかれる前の1979年と，1990年代後半から2000年代前半の時期に世界第１位となっている②がアメリカである。近年，飛躍的に生産台数をのばしている③には，2000年代以降急速な工業化と経済発展をとげ，「世界の工場」とまでよばれるようになった中国があてはまる。

問３　半導体は小型で軽量な割に高価なため，高速道路を使ったトラック輸送や，運賃の高い航空機で輸送しても採算が合う。そのため，工場は高速道路沿いや空港周辺など，内陸をふくめた全国各地に立地している。よって，図２にあてはまる。セメント工場は，原料となる石灰石の産地である埼玉県や山口県，福岡県に多いので，図４があてはまる。図３は自動車工場で，神奈川県や愛知県，静岡県のほか，埼玉県北部や栃木県など，北関東に工場があることも特徴となっている。

問４　日本の輸出超過(アメリカの輸入超過)によるアメリカとの貿易摩擦を解消するため，日本の自動車会社は，自動車の輸出を減らす代わりに，アメリカでの現地生産を始めた。現地生産には，現地の雇用を生む，現地に税が納入されるといった利点がある。

問５　愛知県豊田市は，かつては挙母という小さな町だったが，戦前にトヨタ自動車の本社・工場が設立されて以来，企業城下町として発展し，市名も豊田市と改められた。現在も，トヨタ自動車の本社とその多くの関連工場が立地する世界的な自動車工業都市としての地位を保ち，豊田市の製造品出荷額等は全国の市区町村の中で最も多い。

2　各時代の歴史的なことがらについての問題

問１　**A**　『立正安国論』は日蓮(法華)宗の開祖である日蓮が1260年に完成させ，鎌倉幕府の第５代執権北条時頼に提出した仏教書である。日蓮はこの本の中で，当時あいついでいた自然災害は，浄土教などの邪法を信じていたためだとして他宗派を攻撃し，正しい法(教え)である法華経を信じないと国は安らかに治まらないと述べた。　**B**　1923年９月１日，相模湾を震源とするマグニチュード7.9の大地震が起こった。大地震によって，関東地方南部では多くの建物が倒壊しただけでなく，ちょうど昼食どきで火を使っている家庭が多かったことと，当時は木造家屋が多かったことから，各地で火災が発生して被害が拡大した。　**C**　関東大震災発生直後の社会の混乱の中で，朝鮮人が暴動を起こすというデマ(根拠のないうわさ)が流れ，軍隊や警察，自警団によって多くの朝鮮人が殺害されるという事件が起こった。　**D**　『万葉集』は，天皇・貴族・防人などさまざまな身分の人々がよんだ約4500首がおさめられた日本最古の歌集で，奈良時代末期，大伴家持を中心に編さんされたといわれる。　**E**　小笠原諸島は，本州南方の太平洋上に浮かぶ30あまりの島々で，東京都に属する。そのうちの西之島は，2013年11月に付近で海底火山が噴火して新島ができ，その後も噴火が続いて新島と西之島がくっついたことで，面積が拡大した。

問２　鎌倉時代ごろになると，座とよばれる商工業者の同業組合が結成されるようになった。各地の座は公家や寺社といった有力者の保護を受け，労役などを負担する代わりに，関所での通行税の免除や販売の独占権などの特権を得て，利益を独占した。鎌倉時代に座が将軍によって解散させられたということはないので，エが誤っている。

問３　ア　北条氏は鎌倉幕府で代々執権をつとめたので，正しい。　イ　足利氏は，尊氏が室町幕府の初代将軍になって以降，将軍の地位を世襲した。武士として関白になったのは豊臣秀吉と，秀吉からその地位をゆずられたおいの秀次のみである。　ウ　平安時代後半には，平清盛が武士として初めて太政大臣になるなど，平氏は京都や福原（兵庫県）を中心に大きな権力をにぎったが，幕府を開いてはいない。　エ　江戸幕府は大名統制のため，大名を，徳川氏の一族である親藩，関ヶ原の戦い以前から徳川氏に従っていた譜代大名，関ヶ原の戦い以降に徳川氏に従った外様大名に分けて支配した。譜代大名は重要な土地に置かれ，外様大名は江戸から遠いところに配置された。

問４　鎌倉幕府の第３代執権北条泰時が，初めての武家法として御成敗式目（貞永式目）をつくったのは1232年のことである。

問５　明治時代初めの1871年，政府は廃藩置県を行って藩を廃止するとともに，全国を３府（東京・大阪・京都）302県（のちに72県）に分け，各府県に中央から府知事と県令（のちの県知事）を派遣してこれを治めさせるようにした。よって，アが誤っている。

問６　『源氏物語』は平安時代中期に紫式部が著した長編小説で，当時の貴族社会のようすが生き生きと描かれている。なお，「軍記物で源平の合戦を記録したもの」とは，『平家物語』のことである。

問７　駿河国は現在の静岡県中部にあたる。静岡県静岡市にある登呂遺跡は，弥生時代の農耕集落の遺跡で，集落跡や高床倉庫などをはじめ，多数の木製の農具や水田の跡が発掘されている。なお，アは青森県，ウは神奈川県，エは佐賀県にある遺跡。

3　日本国憲法や人権，国の予算についての問題

問１　**A**　日本国憲法第13条では，幸福追求に対する国民の権利は，公共の福祉（社会全体の利益）に反しない限り，最大に尊重されると定められている。　**B**　日本では逮捕や捜索に関して，原則として裁判官の発する令状によらなければならないとする令状主義を採用している。なお，逮捕については日本国憲法第33条，捜索については第35条に規定されている。　**C**　宗教を信じることを強制されず，また，どのような宗教を信じてもよいという権利を信教の自由といい，日本国憲法第20条で保障されている。　**D**　日本国憲法第26条は，子どもに普通教育を受けさせることを国民に義務づけるとともに，義務教育を無償とすることを定めている。　**E**　日本国憲法第37条では，刑事裁判において，資格を持つ弁護人を依頼する権利をすべての被告人に保障している。何らかの事情で弁護人を雇えない場合は，国が選んだ弁護人が被告人の弁護を行う。　**F**　自分の考えを伝えたり発表したりすることができる権利を表現の自由といい，日本国憲法第21条で，「集会，結社及び言論，出版その他一切の表現の自由は，これを保障する」と定められている。

問２　X　プライバシーの権利について正しく説明している。　　Y　知る権利について正しく説明している。　　Z　環境権やプライバシーの権利，知る権利などは新しい人権とよばれ，日本国憲法には規定がないが，社会の変化にともなって主張されるようになった。最高裁判所によって事実上認められたものもあるが，環境権について，これを明確に認めるような判決は出されていない。

問３　社会的に弱い立場に置かれている障がいのある人，少数派の人種，女性などに積極的に機会を与えることによって，国内の社会的格差や不平等を是正しようとする考え方や動きを，アファーマティブ・アクション（積極的格差是正措置）という。国によって不当な扱いを受けていた人に賠償金を支払うことは「積極的に機会を与える」こととはいえず，差別の解消に直接つながることでもない。

問４　国が宗教的活動に支援・関与することを禁止する原則を「政教分離の原則」といい，日本国憲法は第20条３項でこれを規定している。この原則により，国家は特定の宗教を禁止したり強制したりすることはできず，また，特定の宗教や団体を保護してはならないことになっている。

問５　少子高齢化の進行にともない，近年の一般会計予算の歳出では，社会保障関係費が全体の３割以上を占めて最も多い。なお，令和二（2020）年度の社会保障関係費は34.9％を占め，ついで国債費（22.7％），地方交付税交付金（15.2％），公共事業関係費（6.7％），文教および科学振興費（5.4％）の順となっている。

問６　社会権は，だれもが人間らしい生活を送れることを保障した権利で，㋔の教育を受ける権利や㋗の生存権のほか，勤労の権利，労働三権（団結権・団体交渉権・団体行動権）がこれにあたる。なお，㋐と㋑は平等権，㋒と㋕は自由権のうちの身体の自由，㋓と㋖は自由権のうちの精神の自由に関する条文。

理　科　＜第１次試験＞（30分）＜満点：60点＞

解　答

[1] (1)　2 cm　(2)　ア　2　イ　3　(3)　28cm　(4)　4　(5)　40 g　[2] (1)　石油　(2)　2　(3)　1　(4)　2　(5)　1，3　(6)　(A)　2　(B)　3　(C)　5　[3] (1)　4　(2)　3　(3)　4　(4)　1，3　(5)　3　(6)　5　(7)　2　(8)　4，5　[4] (1)　水蒸気　(2)　3　(3)　はんじょう（組織）　(4)　せっき　(5)　（例）　地上や地上付近で急に冷えて　(6)　1

解　説

[1] ばねについての問題

(1)　グラフより，ばね１はもとの長さが10cmで，おもりの重さが10g増えるごとに２cmのびることがわかる。

(2)　グラフより，ばね２はもとの長さが10cmで，おもりの重さが10g増えるごとに６cmのびることがわかる。よって，10gあたりのばねののびを比べると，ばね２の方がのびやすく，それはばね１の，６÷２＝３（倍）ののびやすさであるといえる。

⑶　図１で，２本のばね２は並列につないであるので，それぞれにつるしているおもりの重さの半分の，60÷２＝30(g)が加わる。したがって，ばね２の長さはグラフより28cmになる。

⑷　図２で，ばね２にはそれより下にある20gのおもりの重さが加わるので，ばね２の長さはグラフより22cmである。よって，ばね１の長さも22cmで，そのとき22－10＝12(cm)のびているから，$10\times\frac{12}{2}=60$(g)が加わっていることがわかる。ばね１にはそれより下にある２個のおもりの重さが加わるから，おもりＡの重さは，60－20＝40(g)とわかる。

⑸　図３で，もしおもりＢが10gだとすると，上と下のばね１にはそれぞれ10gが加わり，ともに２cmのびる。また，真ん中のばね１が２本並列につながった部分は，それぞれに，10÷２＝５(g)が加わるから，$2\times\frac{5}{10}=1$(cm)のびる。つまり，全体では，２×２＋１＝５(cm)のびる。したがって，全体の長さが50cmのとき，全体ののびは，50－10×３＝20(cm)なので，おもりＢの重さは，$10\times\frac{20}{5}=40$(g)である。

2 プラスチックについての問題

⑴　ペットボトルなどのプラスチックは一般に，石油から取り出したナフサというものを材料につくられる。

⑵　金属でできた十円玉やアルミホイル，炭素でできた鉛筆の芯は電気を通す。一方，ダイヤモンドは炭素でできているものの電気を通さない。

⑶　水の密度は１g/cm^{3}なので，ものを水に入れたとき，密度が１g/cm^{3}より大きいものは水に沈み，１g/cm^{3}より小さいものは水に浮く。よって，キャップは水に浮いたから，密度が１g/cm^{3}より小さいポリプロピレンが使われていることがわかる。なお，容器にはとう明でしょうげきなどに強いポリエチレンテレフタラートが使われている。

⑷　キャップは水に浮いてしまうが，体積が無視できる針金のような細いもので水におしこんで，２のような状態にすれば，キャップの体積をはかることができる。

⑸　二酸化炭素は炭素が燃えるときにでき，水蒸気は水素が燃えるときにできる。

⑹　(A)　鉄でできているスチール缶は回収されると，炉の中で1600℃もの高温でドロドロに溶かされ，鉄の棒や鉄板などに生まれ変わる。そして，再びスチール缶になるだけでなく，建物や自動車の部品などに再利用される。　(B)　牛乳などの紙パックは回収されると，温水と薬品で溶かして繊維を取り出し，再びトイレットペーパーやティッシュペーパーなどの紙製品となる。　(C)　プラスチックにはさまざまな種類があり，種類ごとに分別しないと再利用がむずかしい。そこで，回収されたプラスチックは細かく砕かれたあとに種類別に分けたり不要なものを取りのぞいたりしてから再利用される。特にペットボトルのリサイクルは普及していて，衣類用の繊維や容器などに生まれ変わる。また，燃料として使われることもある。

3 身近な生物についての問題

⑴　写真Ａはカミキリムシのなかまであると考えられるが，くわしい名前を調べるさいは，すがたや模様などの特徴，とまっていた植物の名前などを情報として入力し，検索するとよい。

⑵　クワはカイコガの幼虫を育てるときに食べさせる食草である。カイコガは卵→幼虫→さなぎ→成虫と育つ完全変態をする昆虫で，さなぎになるときに糸をはいてまゆをつくる。このまゆからとれる糸が絹の糸となる。

⑶　写真Ａのカミキリムシのなかまは，頭部に２個の複眼があり，からだの大きさのわりに触角

が長いのが特徴の一つである。

⑷　この中で落ち葉を食べるのはミミズとダンゴムシである。カブトムシの成虫は樹液，モンシロチョウの成虫は花のみつ，トンボの幼虫(ヤゴ)は小さな魚など，フクロウは昆虫やネズミなどの小動物をえさにしている。

⑸　写真Ｂはアブラゼミである。ふつうセミのなかまはハネがすき通っているが，アブラゼミのハネは茶色をしていてすき通っていない。

⑹　それぞれの鳴き声は，１がクマゼミ，２がヒグラシ，３がミンミンゼミ，４がツクツクボウシ，５がアブラゼミ，６がニイニイゼミである。

⑺　アブラゼミの成虫は，注射針のような口を木にさして樹液を吸う。写真Ｂは，ベランダで育てているツルレイシの実にとまっているアブラゼミのようすで，アブラゼミはツルレイシの実を何かの樹木とまちがってとまってしまったと考えられる。

⑻　セミは卵→幼虫→成虫と育つ不完全変態をする。不完全変態をする昆虫には，トノサマバッタやオニヤンマ(トンボのなかま)などがある。

４　火山と岩石についての問題

⑴　火山ガスは，そのほとんどが水蒸気でできており，ほかに二酸化硫黄，塩化水素，硫化水素などの有毒な気体や，二酸化炭素などがふくまれている。

⑵　１は楯状火山(ハワイのマウナロア山など)，２は溶岩ドーム(北海道の昭和新山など)，３は成層火山(富士山や桜島など)，４はカルデラ(阿蘇山のカルデラが有名)の説明である。

⑶，⑷　図は，石基とよばれる非常に小さなつぶの集まりの中に，何種類かの角ばった大きな結晶が散らばったつくりになっていて，このつくりをはんじょう組織という。

⑸　はんじょう組織は，マグマが地上または地上付近の地下で急に冷え，鉱物の結晶が大きくならないうちに冷え固まってしまったときにできる。

⑹　安山岩は，チョウ石，カクセン石，キ石などの鉱物を多くふくんでおり，これはせん緑岩とほぼ同じである。せん緑岩はマグマが地下の深いところでゆっくり冷え固まったため，それぞれの鉱物の結晶が大きく成長した等粒状組織というつくりとなっている。

国　語　＜第１次試験＞（50分）＜満点：100点＞

解　答

一　下記を参照のこと。　二　1　(ま)んをじし　2　(お)ひれをつけ　3　(い)たについ　4　(ね)をあげる　三　1　A　意　B　以　2　A　収　B　修　3　A　文　B　師　4　A　至　B　死　四　問1　首　問2　ア　問3　イ　問4　エ　問5　ウ　問6　イ　問7　次郎は，こ　問8　エ　問9　ア　問10　ウ　五　問1　イ　問2　イ　問3　(例)　規則的に勉強すると勉強したという安心感は持てるが，必ずしも成果が上がっているわけではないから。　問4　頭を働かせているかどうか　問5　ア　問6　ウ　問7　(例)　いったん落ちこぼれたらもう回復できない　六　問1　(例)　会議を積極的に実施することは業績上昇につながるが，長時間の会議は逆に業績下降の要因になってしまう。　問2　エ

●漢字の書き取り

一　1　胃腸　2　鉱脈　3　奏功　4　沿(う)　5　縮(む)

解説

一　漢字の書き取り

1　胃と腸。消化器官。　2　岩石の割れ目が有用な鉱物で満たされ，板状になっているところ。　3　目標どおりの成果があがること。　4　音読みは「エン」で，「沿岸」などの熟語がある。　5　音読みは「シュク」で，「短縮」などの熟語がある。

二　慣用句の知識

1　「満を持す」の類義語には「機が熟す」などがある。　2　「尾ひれをつける」と似た意味の四字熟語には「針小棒大」がある。　3　「板につく」の類義語には「堂に入る」などがある。　4　「音を上げる」の類義語には「さじを投げる」などがある。

三　同音異字の使い分け

1　「意外」は，予想外であるようす。「以外」は，それをのぞくものごと。　2　「回収」は，いったん配ったものや拡散したものを再び集めること。「改修」は，修理すること。　3　「支持」は，人の意見や主張に賛成して後おしをすること。「師事」は，先生としてうやまい，じかに教えを受けること。　4　「必至」は，必ずそうなること。「必死」は，死ぬ覚悟で全力をつくすこと。

四　出典は下村湖人の『次郎物語』による。母の実家(正木の家)で暮らす次郎は，受験仲間が試験の二日前から町の寺で合宿するのに，自分だけ町の実家に泊まるのを不満に思っていたが，引率の先生と話して元気になる。

問1　「首をながくして」は，待ちこがれるようす。

問2　次郎から自分の家に泊まるよう誘われた「源次」は，「合宿のほうで先生にめんどうを見ていただくほうが安心じゃ」という正木のお祖父さんの言葉を口実に，誘いを断っている。お祖父さんが源次の意向を手助けするかのようなことを言っているので，“味方する”という意味の「肩をもって」があてはまる。なお，「肩をいれる」は援助すること，「肩をならべる」は対等の力をもつこと，「肩をおとす」はがっかりすることを意味する。

問3　B　次郎はみんなと合宿に行きたいがかなわないため，源次か竜一のうち一人だけでも自分の家に泊まってほしいと思っている。この状況には，最低これだけはと望むようすを表す「せめて」が合う。　D　「いやでもなさそう」とあるので，打ち消しの語をともなって“必ずしもそうではない”“まったくだめなわけではない”という意味を表す「まんざら」が入る。　E　後に「～ように」などのたとえる語をともなう「ちょうど」がふさわしい。

問4　直前の「この先生が付き添いときまって」が，合宿がいっそう楽しみになった理由にあたる。「この先生」は，「温情のあふれている」権田原先生なので，エがよい。

問5　みんなで受験のため町に向かう場面である。次郎は「合宿に加わりたい」のに，「町に自分の家がある」ためにそれがかなわない。その残念な気持ちを引きずっているためにはしゃぐ気になれないのだから，ウが合う。

問6　次郎は，自分が合宿ではなく，幼いころから「不快」な目にあってきた本田の家に行くことになって不満に思っている。この後先生は,「本田はいろんな人にかわいがってもらって，しあわせだね」「腹がたつことがあったら，すぐ合宿のほうに遊びにやって来い」など，わだかまりや不満がやわらぐように次郎と話をしているので，イがよい。なお，話の内容から，先生は次郎の不満の内容を察していたと考えられるので，アは誤り。

問７　先生から「本田はいろんな人にかわいがってもらって，しあわせだね」と言われた直後に,「次郎は，これまで，自分を自分でしあわせな人間だと思ったことなど，一度だってなかった」とあることから，次郎が自分は不幸だという主観にとらわれていたことがわかる。この思いこみが,自分の「しあわせ」に気づけなかった原因となる「主観の雲」にあたる。

問８　先生は，実家へ行きたくない次郎の心情を察して話している。先生は，勇気があれば何にでも立ち向かうことができ,「きらいな人間」「きらいな場所」を遠ざけるのは「卑怯(ひきょう)だ」と話しているのだから，エが合う。

問９　先生は，児童たちがはしゃぎすぎたときにはきちんとしかるが，児童たちのようすを見計らって自由にさせている。よって，アがよい。なお，イは，次郎の立場や気持ちを考え，積極的に話しかけているので誤り。ウは，しかってもすぐに「やさしく児童たちの頭をなで」て「これから気をつけるんだぞ」と言っており,「温情」にあふれた指導をしているので合わない。エは，次郎にも，ほかの引率の児童たちにも，言葉で注意をうながしているのでふさわしくない。

問10　最後の場面で，嫌(いや)なことから逃(に)げず「勇気」をもって立ち向かってほしいという先生の考えを理解し,「快い興奮(こうふん)」を感じて高揚(こうよう)する次郎のようすが描(えが)かれているので，ウが合う。なお，ほかは先生の教えを正確にとらえていないので誤り。

五　**出典は森毅(もりつよし)の『まちがったっていいじゃないか』による。**規則的な勉強でイライラし，熱中する機会を失うよりも，調子が出たら楽しんでやる，イヤなら二，三か月ほど離(はな)れるくらいでいいと,勉強への向き合い方が語られている。

問１　前後の説明を確認(かくにん)する。「時間」の「制限」がないとき,「問題が解ける」までの道筋を「ゆったり」と「楽しむ」ことで「力がつく」というのだから，イが合う。

問２　「そうした連中」とは，筆者の周りの「数学やら文学やらをやってる連中」を指す。彼(かれ)らの勉強の仕方を，後の二つの段落で説明している。「規則的」な勉強の仕方ではなく，三日間ぐらい寝(ね)ずに「没頭(ぼっとう)」するときと「山ばかり眺(なが)めていたりする」ときがあるのだから，イが正しい。

問３　前の段落で,「規則的な勉強のよさ」は「勉強したという安心感が持てる」ことだと述べられている。また，続く部分では,「本当に集中」できるのは二時間ぐらいが限度で，ダラダラと机の前にいるよりも，音楽を聞いたあと「二時間ほど」集中して問題に取り組み，また音楽を聞くといったやり方を試すのもいいとすすめている。これらを整理して,「机の前で毎日規則的に勉強すれば勉強した安心感を持てるが，本気の集中とは必ずしも結びつかないから」などのようにまとめればよい。

問４　「勉強というものは」で始まる段落を確認すると，勉強は時間をかけることでも机の前にいることでもなく,「頭を働かせているかどうか」が問題だと述べられている。

問５　この後，勉強と同じように難しく，将来役にたたないかもしれないものとしてギターを例にあげて,「役にたたなくても，難しくても，気に入ったらやる」，好きなら「やるなと言われたって,のめりこんでしまう」と述べられている。つまり,「徹夜(てつや)」するということは，それほど勉強に意欲をもってのめりこめており，好きになる可能性があるということなのだから，アがよい。なお，ほかは，「徹夜」をするほどのめりこむことの意義を正確にとらえていないので誤り。

問６　後に続けて，勉強はたいてい難しく，源氏物語や封建制など知らなくてもくらせるが，好きなことなら難しくても役にたたなくても熱中するし，勉強に対してもリラックスして「面白半分ぐらいの気分」でつきあうのがいいと述べられている。よって，ウが合う。

問７　前の段落で，勉強がどうしてもイヤなら「二月か三月ほど，目にふれないようにする手もある」という筆者の考えが述べられている。さらに，「三か月の空白は不安」かもしれないが，「調子が出たとき」にやると中学の数学くらい「アッという間」に追いつけるという筆者の考えが確認できる。空らんには筆者の考えとは逆に，「勉強を定期バスのように思っている」人の「不安」が入るので，「いったん落ちこぼれてしまったら追いつくのは難しい」「三か月も勉強から遠ざかったら完全にわからなくなる」といった趣旨でまとめればよい。「定期バス」は，きまったルートと時刻表にしたがって運行し，きまった運賃で乗客を運ぶ乗り物のことを指す。つまり，学校という場で，あらかじめきめられた課程に合わせて勉強していくことのたとえだと考えることができる。

六　出典は平成三十一年四月二十八日付「朝日新聞」掲載の文章，令和元年五月十二日付「朝日新聞」掲載のグラフによる。リーダーシップ型と合意形成型の企業の説明，会議の実施と会社の業績を表すグラフである。

問１　業績が「下降」している企業は会議の所要時間が長いが，それが「社内業務に占める割合」は，業績が「上昇」している企業に比べて低い。これをもとに，「会議を社内業務に積極的に反映させることは業績の上昇に，まんぜんと長い会議は業績の下降につながる」などのようにまとめる。

問２　文章では，欧米の大企業ではリーダーシップ型が主流だが合意形成型の新興企業が出てきたことを紹介し，その利点と欠点にふれているので，エが合う。なお，アは「リーダーが有能」であるかどうかで機能的かどうかが変わってくるので誤り。イは，迅速な意思決定は「リーダーシップ型」の長所なので合わない。ウは，リーダーは部下から広く「提言」を集めると述べられているので正しくない。

2025年度用
中学スーパー過去問

■編集人 声の教育社・編集部
■発行所 株式会社 声の教育社
〒162-0814 東京都新宿区新小川町8-15
☎03-5261-5061(代) FAX03-5261-5062
https://www.koenokyoikusha.co.jp

※本書の内容についての一切の責任は当社にあります。内容・解説・解答・その他は当社ホームページよりお問い合わせ下さい。

ストリーミング配信による入試問題の解説動画

2025年度用web過去問　ラインナップ

■ **男子・女子・共学（全動画）見放題**
36,080円（税込）

■ **男子・共学 見放題**
29,480円（税込）

■ **女子・共学 見放題**
28,490円（税込）

● 中学受験「声教web過去問（過去問プラス・過去問ライブ）」（算数・社会・理科・国語）

3〜5年間 **24校**

過去問プラス

麻布中学校　桜蔭中学校　開成中学校　慶應義塾中等部　渋谷教育学園渋谷中学校
女子学院中学校　筑波大学附属駒場中学校　豊島岡女子学園中学校　広尾学園中学校　三田国際学園中学校
早稲田中学校　浅野中学校　慶應義塾普通部　聖光学院中学校　市川中学校
渋谷教育学園幕張中学校　栄東中学校

過去問ライブ

栄光学園中学校　サレジオ学院中学校　中央大学附属横浜中学校　桐蔭学園中等教育学校　東京都市大学付属中学校
フェリス女学院中学校　法政大学第二中学校

● 中学受験「オンライン過去問塾」（算数・社会・理科）

3〜5年間 **50校以上**

東京
青山学院中等部
麻布中学校
跡見学園中学校
江戸川女子中学校
桜蔭中学校
鷗友学園女子中学校
大妻中学校
海城中学校
開成中学校
開智日本橋中学校
吉祥女子中学校
共立女子中学校

東京
国学院大学久我山中学校
渋谷教育学園渋谷中学校
城北中学校
女子学院中学校
巣鴨中学校
桐朋中学校
豊島岡女子学園中学校
日本大学第三中学校
雙葉中学校
本郷中学校
三輪田学園中学校
武蔵中学校

東京
明治大学付属明治中学校
早稲田中学校
都立中高一貫校 共同作成問題
都立大泉高校附属中学校
都立白鷗高校附属中学校
都立両国高校附属中学校

神奈川
神奈川大学附属中学校
桐光学園中学校
県立相模原・平塚中等教育学校
市立南高校附属中学校

千葉
市川中学校
国府台女子学院中学部

千葉
芝浦工業大学柏中学校
渋谷教育学園幕張中学校
昭和学院秀英中学校
専修大学松戸中学校
東邦大学付属東邦中学校
千葉日本大学第一中学校
東海大学付属浦安中等部
麗澤中学校
県立千葉・東葛飾中学校
市立稲毛国際中等教育学校

埼玉
浦和明の星女子中学校
開智中学校

埼玉
栄東中学校
淑徳与野中学校
西武学園文理中学校
獨協埼玉中学校
立教新座中学校

茨城
江戸川学園取手中学校
土浦日本大学中等教育学校
茗渓学園中学校

web過去問 Q&A

過去問が動画化！
声の教育社の編集者や中高受験のプロ講師など、
過去問を知りつくしたスタッフが動画で解説します。

Q　**どこで購入できますか？**
A　声の教育社のHPでお買い求めいただけます。

Q　**受講にあたり、テキストは必要ですか？**
A　基本的には過去問題集がお手元にあることを前提としたコンテンツとなっております。

Q　**全問解説ですか？**
A　「オンライン過去問塾」シリーズは基本的に全問解説ですが、国語の解説はございません。「声教web過去問」シリーズは合格のカギとなる問題をピックアップして解説するもので、全問解説ではございません。なお、「声教web過去問」と「オンライン過去問塾」のいずれでも取り上げられている学校がありますが、授業は別の講師によるもので、同一のコンテンツではございません。

Q　**動画はいつまで視聴できますか？**
A　ご購入年度２月末までご視聴いただけます。
複数年視聴するためには年度が変わるたびに購入が必要となります。

よくある解答用紙のご質問

01

実物のサイズにできない

拡大率にしたがってコピーすると，「解答欄」が実物大になります。配点などを含むため，用紙は実物よりも大きくなることがあります。

02

A3用紙に収まらない

拡大率164％以上の解答用紙は実物のサイズ（「出題傾向＆対策」をご覧ください）が大きいために，A 3に収まらない場合があります。

03

拡大率が書かれていない

複数ページにわたる解答用紙は，いずれかのページに拡大率を記載しています。どこにも表記がない場合は，正確な拡大率が不明です。

04

1ページに2つある

1ページに2つ解答用紙が掲載されている場合は，正確な拡大率が不明です。ほかの試験回の同じ教科をご参考になさってください。

鎌倉学園中学校

【別冊】入試問題解答用紙編

解答用紙は本体からていねいに抜きとり、別冊としてご使用ください。

※　実際の解答欄の大きさで練習するには、指定の倍率で拡大コピーしてください。なお、ページの上下に小社作成の見出しや配点を記載しているため、コピー後の用紙サイズが実物の解答用紙と異なる場合があります。

●入試結果表

年度	回	項目	国語	算数	社会	理科	4科合計	合格者
2024	第１次	配点(満点)	100	100	60	60	320	最高点 265
		合格者平均点	56.0	65.1	38.3	46.2	205.6	
		受験者平均点	49.1	54.2	34.6	40.8	178.7	最低点 187
		キミの得点						
	第２次	配点(満点)	100	100	60	60	320	最高点 263
		合格者平均点	73.5	72.9	41.7	47.7	235.8	
		受験者平均点	62.4	58.9	33.3	39.8	194.4	最低点 221
		キミの得点						
	〔参考〕満点（合格者最低点）　算数選抜：150（103）							
2023	第１次	配点(満点)	100	100	60	60	320	最高点 262
		合格者平均点	59.4	60.5	34.7	46.4	201.0	
		受験者平均点	52.9	54.1	31.6	42.9	181.5	最低点 176
		キミの得点						
	第２次	配点(満点)	100	100	60	60	320	最高点 266
		合格者平均点	72.8	80.3	39.5	46.5	239.1	
		受験者平均点	60.8	66.6	31.6	38.9	197.9	最低点 225
		キミの得点						
	〔参考〕満点（合格者最低点）　算数選抜：150（90）							
2022	第１次	配点(満点)	100	100	60	60	320	最高点 245
		合格者平均点	62.5	63.9	32.0	45.2	203.6	
		受験者平均点	53.6	53.3	26.2	40.0	173.1	最低点 189
		キミの得点						
	第２次	配点(満点)	100	100	60	60	320	最高点 259
		合格者平均点	64.4	70.3	34.5	46.4	215.6	
		受験者平均点	52.2	57.3	29.5	40.3	179.3	最低点 199
		キミの得点						
	〔参考〕満点（合格者最低点）　算数選抜：150（84）							
2021	第１次	配点(満点)	100	100	60	60	320	最高点 265
		合格者平均点	62.4	70.6	41.8	46.2	221.0	
		受験者平均点	50.4	56.8	37.1	39.8	184.1	最低点 197
		キミの得点						

※　表中のデータは学校公表のものです。ただし、４科合計は各教科の平均点を合計したものなので、目安としてご覧ください。

2024年度　　鎌倉学園中学校

算数解答用紙　第１次

番号		氏名	

評点	／100

1	(1)	(2)
	(3)	(4)
2	(1)	(2) 個
	(3) 人	(4)
3	(1) cm²	(2) 度
4	(1)	(2) 番目
	(3) 番目	
5	(1) 通り	(2) 通り
	(3) 通り	
6	(1)	(2) 本
	(3) 日目	
7	(1) 度	(2) cm²
	(3)	
8	(1) cm³	(2) cm
	(3) cm³	

（注）この解答用紙は実物を縮小してあります。Ｂ５→Ｂ４（141%）に拡大コピーすると、ほぼ実物大の解答欄になります。

〔算　数〕100点（推定配点）

1～8　各４点×25＜7の(3)は完答＞

２０２４年度　鎌倉学園中学校

社会解答用紙　第１次

番号		氏名		評点	／60

1

問1	(1)	(2)

問2	(1)	(2)	問3		問4		問5	

問6		問7	(1)	(2)	問8		問9		問10	

2

問1		問2		問3		問4	(1)	(2)

問5	

問6	(1)	(2) 史料１	史料２	史料３	(3)	(4)
					人	

問7		問8		問9		問10	

〔社　会〕60点(推定配点)

（注）この解答用紙は実物を縮小してあります。Ｂ５→Ｂ４(141%)に拡大コピーすると、ほぼ実物大の解答欄になります。

1　問１　各２点×２　問２　(1)　２点　(2)　３点＜完答＞　問３～問10　各２点×９　2　問１～問４　各２点×５＜問４の(2)は完答＞　問５　３点　問６～問10　各２点×10

２０２４年度　鎌倉学園中学校

理科解答用紙　第１次

番号		氏名		評点	／60

1

(1)	(2)	(3)
(4)		

L

2

(1)	(2)	(3)	(4)
(5)	(6)	(7)	(8)

3

(1)	(2)	(3)	
(4)		(5)	(6)
(7)			

4

(1) g	(2)	(3)
(4) ℃	(5)	(6) ℃

（注）この解答用紙は実物を縮小してあります。Ｂ５→Ｂ４(141%)に拡大コピーすると、ほぼ実物大の解答欄になります。

〔理　科〕60点(推定配点)

1　各４点×４＜(2)は完答＞　2　各２点×８＜(3)，(4)は完答＞　3　(1)～(4)　各２点×４　(5)　４点　(6)，(7)　各２点×２＜(6)は完答＞　4　各２点×６

２０２４年度　鎌倉学園中学校

国語解答用紙　第一次

番号　　氏名　　評点　/100

一　1　2　3　4（く）　5（る）

二　1 ね　2 ら　3 た　4 し　5 は

三　1 A B　2 A B　3 A B　4 A B

四　問一　問二　問三（35・45）　問四　問五　問六　問七

五　問一 A C　問二　問三　問四　問五　問六　問七　問八　問九

六　問一（20・30）　問二（15・25）

（注）この解答用紙は実物を縮小してあります。Ｂ５→Ｂ４（141%）に拡大コピーすると、ほぼ実物大の解答欄になります。

〔国　語〕100点（推定配点）

一，二　各２点×10　三　各１点×８　四　問１，問２　各２点×２　問３　各５点×２　問４～問７　各４点×４　五　問１～問３　各２点×４　問４～問９　各４点×６　六　問１　６点　問２　４点

２０２４年度　鎌倉学園中学校

算数解答用紙　第２次

番号		氏名		評点	／100

1	(1)	(2)
	(3)	(4)
2	(1)	(2) 時間 分 秒
	(3) 才	(4) m
3	(1) cm^2	(2) 度
4	(1) 個	(2) 個
	(3) 個	
5	(1) 個	(2) 個
	(3) 個	
6	(1) 番目	(2)
	(3) 番目	
7	(1) cm	(2) cm
	(3) cm	
8	(1) cm	(2) cm
	(3) cm^3	

（注）この解答用紙は実物を縮小してあります。Ｂ５→Ｂ４（141％）に拡大コピーすると、ほぼ実物大の解答欄になります。

〔算　数〕100点（推定配点）

1～8　各４点×25

２０２４年度　鎌倉学園中学校

社会解答用紙　第２次

番号		氏名	

評点	／60

1

問1 (1)	問1 (2)	問2 (1)	問2 (2)	問2 (3)

問3 (1)	問3 (2)	問3 (3)	問4 (1)	問4 (2)

問4 (3)	問5	問6 (1)	問6 (2)

問6 (3)

2

問1	問2	問3

問4	問5

問6 (1)	問6 (2)	問6 (3)	問6 (4) A	問6 (4) B
			島	島

問7	問8	問9	問10	問11

（注）この解答用紙は実物を縮小してあります。Ｂ５→Ｂ４（141%）に拡大コピーすると、ほぼ実物大の解答欄になります。

〔社　会〕60点（推定配点）

1，2　各２点×30

２０２４年度　　鎌倉学園中学校

理科解答用紙　第２次

番号		氏名		評点	／60

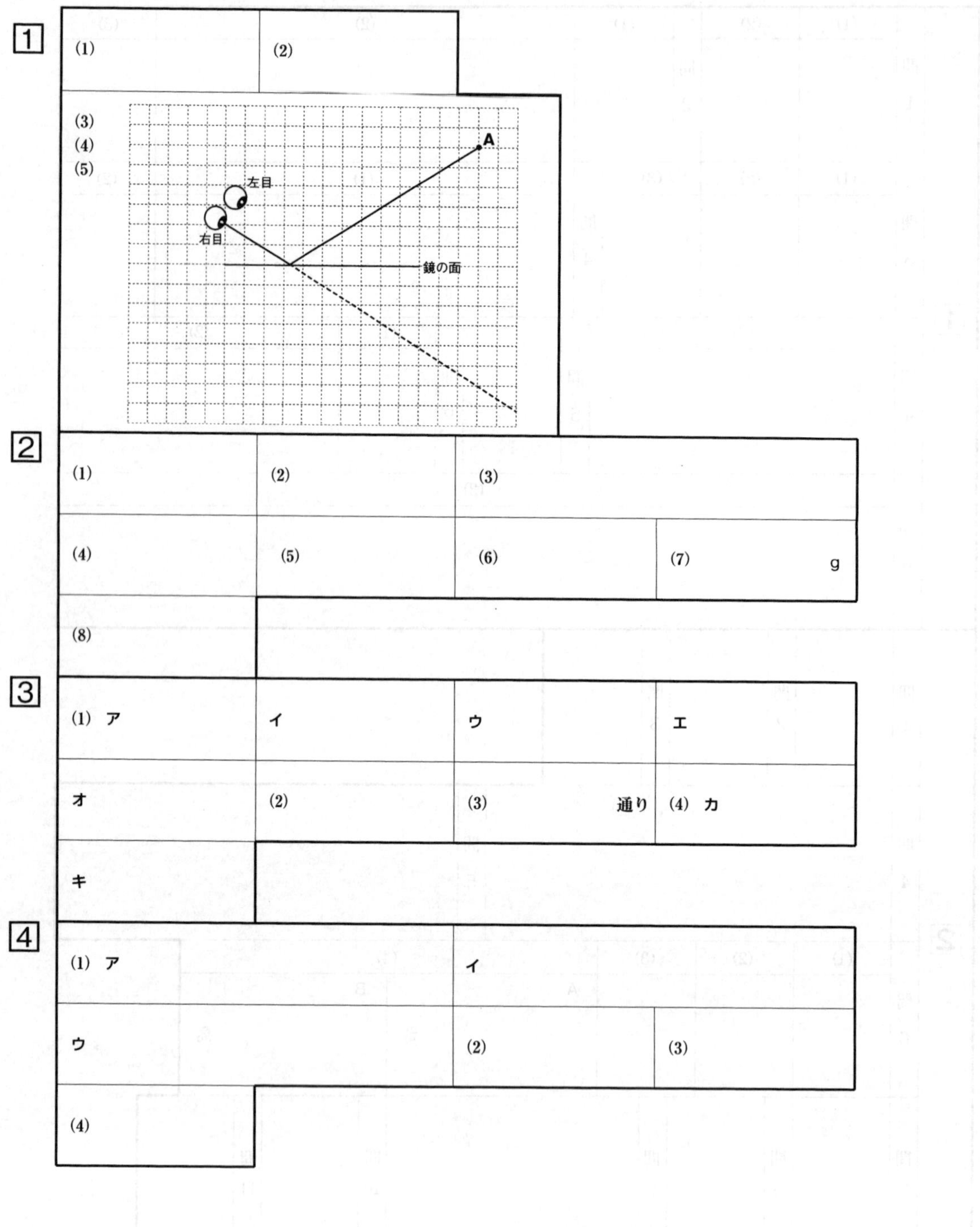

1
(1)
(2)
(3)
(4)
(5)
A
左目
右目
鏡の面
2
(1)
(2)
(3)
(4)
(5)
(6)
(7)
g
(8)
3
(1) ア
イ
ウ
エ
オ
(2)
(3)
通り
(4) カ
キ
4
(1) ア
イ
ウ
(2)
(3)
(4)

（注）この解答用紙は実物を縮小してあります。Ｂ５→Ａ３（163%）に拡大コピーすると、ほぼ実物大の解答欄になります。

〔理　科〕60点(推定配点)

1　(1)～(3)　各２点×３　(4)，(5)　各４点×２　2～4　各２点×23

2024年度 鎌倉学園中学校

国語解答用紙 第一次

番号		氏名		評点	/100

一	1	2	3	4 (かい)	5

二	1	2	3	4

三	1	海		山		意味	2			時	中	意味
	3		転		起	意味						

四
問一 A　B　問二　問三　問四　問五
問六 (30) (40)
問七　問八

五
問一　問二　問三　問四　問五
問六　問七
問八 (50) (60)
問九

六
問一 A　B　問二
問三 (20) (30) から。

(注) この解答用紙は実物を縮小してあります。B5→B4(141%)に拡大コピーすると、ほぼ実物大の解答欄になります。

〔国　語〕100点(推定配点)

一 各2点×5　二 各1点×4　三 各2点×3<各々完答>　四 問1　各3点×2　問2，問3　各4点×2　問4，問5　各3点×2　問6　6点　問7，問8　各4点×2　五 問1～問3　各2点×3<問2は完答>　問4～問7　各4点×4　問8　10点　問9　4点　六 問1　各1点×2　問2　2点　問3　6点

２０２４年度　　鎌倉学園中学校　算数選抜

算数解答用紙　No.１

番号		氏名	

評点	／150

※ 途中の計算もすべて書きなさい。図や表や考え方がわかるようなこともできるだけかきなさい。
ただし，(1)，(2) は，答えのみでも可とします。

1

次の図のようにA，B，C，D，E，A，B，C，D，E，A，…… とアルファベットを規則的に１段目から並べていきます。

［図］

【１段目】　A
【２段目】　B　C
【３段目】　A　E　D
【４段目】　B　C　D　E
【５段目】　E　D　C　B　A
【６段目】　A　B　C　D　E　A
⋮
⋮

(1) 10 段目の一番左のアルファベットは何ですか。

（答）＿＿＿＿＿＿

(2) 15 段目までにＢはいくつありますか。

（答）＿＿＿＿＿＿個

(3) 50 番目のＡは何段目の左端から何個目にありますか。

（答）＿＿＿＿段目の左端から＿＿＿＿個目

(4) 100 段目までに「Ｃ Ｂ」と並ぶ文字列はいくつありますか。

（答）＿＿＿＿＿＿個

２０２４年度　鎌倉学園中学校　算数選抜

算数解答用紙　No. 2

※ 途中の計算もすべて書きなさい。図や表や考え方がわかるようなこともできるだけかきなさい。
ただし，(1)，(2) は，答えのみでも可とします。

2

平面で囲まれた立体を「多面体」といい，へこみのない多面体を「凸(とつ)多面体」といいます。また，各面がすべて合同な正多角形で，各頂点に集まる面の数がすべて等しい凸多面体を「正多面体」といいます。

正多面体は全部で 5 種類あり，そのうち 4 種類の面の数，面の形，1 個の頂点に集まる面の数，頂点の数，辺の数は下の表のとおりです。

［表］

正多面体	面の数	面の形	1 個の頂点に集まる面の数	頂点の数	辺の数
正四面体	4	正三角形	3	4	6
正六面体（立方体）	6	正方形	3	8	12
正八面体	8	正三角形	4	6	12
正十二面体	12	正五角形	3	20	30

また，多面体において，次のような【操作】を行います。

【操作】　① 多面体を A とし，A の頂点の 1 個を P とする。
② 頂点 P から出ているすべての辺をそれぞれ 3 等分し，各辺において，P に近い方の点を Q とする。
③ すべての点 Q を通る平面で多面体 A を切断し，頂点 P を含む部分を切り落とす。
④ ①~③ を，多面体 A の残りのすべての頂点で行い，最後に残った立体を多面体 A′ とする。

例えば，下の図のように，正四面体を A としてこの操作を行うと，多面体 A′ ができます。

［図］

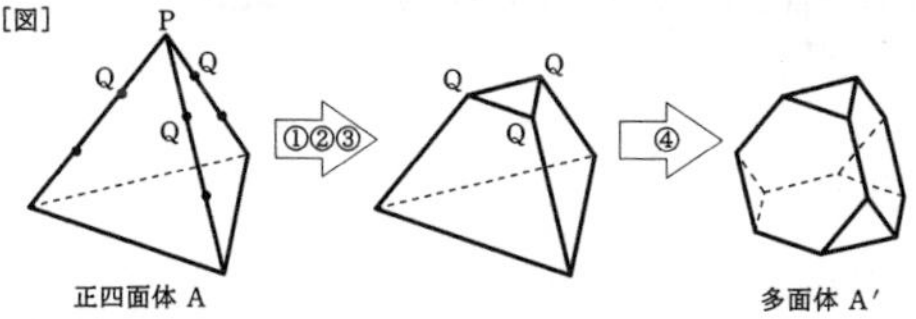

正四面体 A　　　　多面体 A′

(1) 正四面体 A に【操作】を行ってできる多面体 A′ の，頂点の数と辺の数はそれぞれいくつですか。

（答）頂点の数＿＿＿＿個，辺の数＿＿＿＿本

(2) 正六面体 B に【操作】を行ってできる多面体 B′ の，頂点の数と辺の数はそれぞれいくつですか。

（答）頂点の数＿＿＿＿個，辺の数＿＿＿＿本

(3) 正八面体 C に【操作】を行ってできる多面体 C′ の，頂点の数と辺の数を，太郎さんはそれぞれ次のように考えて求めました。

［太郎さんの考え方］
正八面体 C の 1 個の頂点を切り落とした断面は四角形となるから，
多面体 C′ は 6 枚の四角形と 8 枚の六角形からできている。
1 個の頂点には四角形 1 枚と六角形 2 枚が集まっているので，
多面体 C′ の頂点の数は　$(4\times6+6\times8)\div3=24$　（個）
1 本の辺は 2 枚の面が重なってできるので，
多面体 C′ の辺の数は　$(4\times6+6\times8)\div2=36$　（本）

正十二面体 D に【操作】を行ってできる多面体 D′ の，頂点の数と辺の数はそれぞれいくつですか。<u>ただし，太郎さんの考え方と同じ方法で答えなさい。</u>

（答）頂点の数＿＿＿＿個，辺の数＿＿＿＿本

(4) 正四面体 A に【操作】を行ってできる多面体 A′ において，もう一度この【操作】を行ってできる多面体 A″ の，頂点の数と辺の数はそれぞれいくつですか。

（答）頂点の数＿＿＿＿個，辺の数＿＿＿＿本

２０２４年度　鎌倉学園中学校　算数選抜

算数解答用紙　No.３

※ 途中の計算もすべて書きなさい。図や表や考え方がわかるようなこともできるだけかきなさい。
ただし，(1)，(2) は，答えのみでも可とします。

3

バスケットボールの試合について考えます。バスケットボールの試合では，10 分間の Q（クォーター）を 4 回行い，その合計得点で勝敗を決めます。シュートには 2 点入る「2 pt シュート」，3 点入る「3 pt シュート」があります。

ここでは，それぞれの Q での得点を表 1 に表し，第 1 Q からそれぞれの Q までの合計のシュート成功率を表 2 に表します。

［表 1］　A チーム対 B チーム

各 Q	第 1 Q	第 2 Q	第 3 Q	第 4 Q	合計
A 対 B	22－15	ア－31	27－28	□－□	□－□

［表 2］　シュート成功率は
（その Q までに入った合計の本数）/（その Q までに打った合計の本数）
で表記します。

A チームの成功率	第 1 Q	第 2 Q	第 3 Q	第 4 Q
2 pt シュート	イ / 7	9 / 19	15 / 28	□ / 37
3 pt シュート	ウ / 8	6 / 15	11 / 25	□ / 35

B チームの成功率	第 1 Q	第 2 Q	第 3 Q	第 4 Q
2 pt シュート	3 / 8	エ / 21	19 / 32	□ / 39
3 pt シュート	3 / 7	オ / 14	12 / 22	□ / 31

(1) 表 1 のアに当てはまる数は何ですか。

(答) ア＿＿＿＿＿

(2) 表 2 のイ，ウに当てはまる数はそれぞれ何ですか。ただし，第 1 Q で A チームは合計 9 本のシュートが入ったとします。

(答) イ＿＿＿＿＿ウ＿＿＿＿＿

(3) 表 2 のエ，オに当てはまる数はそれぞれ何ですか。ただし，B チームは第 2 Q，第 3 Q ともに 2 pt シュートの方が多く入ったとします。

(答) エ＿＿＿＿＿オ＿＿＿＿＿

(4) 第 4 Q を終えて，A チームが 9 点差で勝利しました。第 4 Q での以下の①～③の条件を考えると，結果は何対何ですか。

① A チームは合計 14 本のシュートが入った。
② B チームの 2 pt シュートと 3 pt シュートの入った本数は同じであった。
③ 2 pt シュートも 3 pt シュートも A チームと B チームの入った本数の差は 5 本以下であった。

(答) ＿＿＿＿＿対＿＿＿＿＿

(注) この解答用紙は実物を縮小してあります。200％拡大コピーをすると，ほぼ実物大の解答欄になります。

〔算　数〕150点(推定配点)

1 (1)，(2)　各 12 点×2　(3)，(4)　各 13 点×2　**2** (1)，(2)　各 12 点×2<各々完答>　(3)，(4)　各 13 点×2<各々完答>　**3** (1)，(2)　各 12 点×2<(2)は完答>　(3)，(4)　各 13 点×2<(3)は完答>

２０２３年度　鎌倉学園中学校

算数解答用紙　第１次

番号		氏名	

評点	／100

1	(1)	(2)
	(3)	(4)
2	(1)	(2) cm
	(3)	(4) 分
3	(1) 度	(2) cm^2
4	(1) 個	(2)
	(3)	
5	(1) 個	(2) 個
	(3) 個	
6	(1)	(2)
	(3)	
7	(1) cm	(2) cm
	(3) cm^2	
8	(1) cm^3	(2) ：
	(3) ：	

（注）この解答用紙は実物を縮小してあります。Ｂ５→Ｂ４（141%）に拡大コピーすると、ほぼ実物大の解答欄になります。

〔算　数〕100点(推定配点)

1～8　各４点×25

2023年度　　鎌倉学園中学校

社会解答用紙　第1次

番号		氏名	

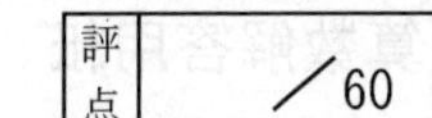
評点 ／60

1

問1	(1)								(2)
	Ⅰ：場所	Ⅰ：事柄	Ⅱ：場所	Ⅱ：事柄	Ⅲ：場所	Ⅲ：事柄	Ⅳ：場所	Ⅳ：事柄	

問2		問3		問4		問5	法	問6	

問7		問8	条約	問9		問10	

2

問1		問2	(1)	(2)

問3		問4		問5	①	②	③	④	問6		問7	

問8	(1)	(2)	(3)

問8	(4)	
	誰が利用するのか	利用する目的

（注）この解答用紙は実物を縮小してあります。B５→B４(141%)に拡大コピーすると、ほぼ実物大の解答欄になります。

〔社　会〕60点(推定配点)

1 問１　(1)　各２点×４＜各々完答＞　(2)　３点　問２～問９　各２点×８　問10　３点　2 問１～問４　各２点×５　問５　各１点×４　問６　２点　問７　３点　問８　(1)～(3)　各３点×３　(4)　各１点×２

２０２３年度　　鎌倉学園中学校

理科解答用紙　第１次

番号		氏名	

評点	／60

1

(1)			
(2) ア	イ	ウ	
(3) エ	オ	カ	キ

2

(1)	(2)	(3)	(4)
(5)	(6) cm³	(7) g	(8)

3

(1)	(2)	(3) ア	イ
(3) ウ	(4) エ	オ	(5) コナラ林
(5) ナシ林	(6) カ	キ	

4

(1)		(2)	(3)
(4)	(5)	(6)	
(7) 回	(8) 日		

（注）この解答用紙は実物を縮小してあります。Ｂ５→Ｂ４(141%)に拡大コピーすると、ほぼ実物大の解答欄になります。

〔理　科〕60点(推定配点)

1, 2　各２点×16　3　(1)　２点　(2)～(6)　各１点×10　4　各２点×８

二〇二三年度　鎌倉学園中学校

国語解答用紙　第一次

番号　　氏名　　評点　/100

一　1　2　3　4 (える)　5 (く)

二　1　2　3　4　5

三　1　2　3　4　5

四　問一　問二 1　2　問三　問四　問五　問六　問七　問八　問九　問十　問十一

五　問一　問二　問三　問四 現代は　問五 【　】　問六　問七　問八 状況。　問九　問十　問十一

六　問一　問二

(注) この解答用紙は実物を縮小してあります。B5→B4 (141%) に拡大コピーすると、ほぼ実物大の解答欄になります。

〔国　語〕100点(推定配点)

一　各2点×5　二, 三　各1点×10　四　問1　3点　問2　各2点×2　問3　3点　問4, 問5　各2点×2　問6〜問8　各3点×3　問9〜問11　各4点×3　五　問1, 問2　各3点×2　問3　2点　問4　5点　問5　3点　問6, 問7　各2点×2　問8　6点　問9　3点　問10　2点　問11　4点　六　問1　2点　問2　8点

２０２３年度　　　鎌倉学園中学校

算数解答用紙　第２次

番号		氏名	

評点	／100

1	(1)	(2)
	(3)	(4)
2	(1)	(2) 個
	(3) 個	(4) 曜日
3	(1) cm^2	(2) 度
4	(1) 円	(2) 円
	(3) %	
5	(1)	(2) 個
	(3) 個	
6	(1)	(2)
	(3) 個	
7	(1) cm^2	(2) cm^2
	(3) 秒後	
8	(1) cm^3	(2) 分　秒後
	(3) 分　秒後	

（注）この解答用紙は実物を縮小してあります。Ｂ５→Ｂ４(141%)に拡大コピーすると、ほぼ実物大の解答欄になります。

〔算　数〕100点(推定配点)

1～8　各４点×25

２０２３年度　鎌倉学園中学校

社会解答用紙　第２次

番号		氏名		評点	／60

1

問1		問2 (1)	(2)	(3)	(4)

問2 (5)

（ア）	（イ）	（ウ）

問3	問4	問5	問6	問7	問8
				権	

問9

2

問1 (1)			(2)

問2	問3	問4	問5	問6	問7

問8 (1)	問8 (2)	問9 (1)	問9 (2)

（注）この解答用紙は実物を縮小してあります。Ｂ５→Ｂ４（141％）に拡大コピーすると、ほぼ実物大の解答欄になります。

〔社　会〕60点（推定配点）

1　問１　２点　問２　(1)～(4)　各２点×４　(5)　各１点×３　問３～問５　各２点×３　問６　３点　問７～問９　各２点×４＜問９は各２点×２＞　2　問１　各２点×２＜(1)は完答＞　問２～問４　各３点×３　問５～問７　各２点×３　問８　(1)　３点　(2)　２点　問９　各３点×２

２０２３年度　　鎌倉学園中学校

理科解答用紙　第２次

番号		氏名		評点	／60

1

(1)	(2) 秒速　m		
(3) ア	イ	ウ	エ
(4)	(5)	(6) A	B

2

(1)	(2)　%	(3)	(4)　g
(5)	(6)	(7)	

3

(1)	(2) ア	イ	(3) ウ
(3) エ	オ	カ	(4)

4

(1)	(2)　組織	(3)	
(4)	(5)	(6)	
(7)　m	(8)		

（注）この解答用紙は実物を縮小してあります。Ｂ５→Ｂ４（141%）に拡大コピーすると、ほぼ実物大の解答欄になります。

〔理　科〕60点(推定配点)

1～4　各２点×30＜1の(3)，3の(1)，(4)は完答＞

二〇二三年度　鎌倉学園中学校

国語解答用紙　第二次

番号　氏名　評点 /100

一　1　2　3　4（ねる）　5（た）

二　1　2　3　4　5

三　1　2　3　4　5

四　問一（20）（35）　問二　問三　問四　問五　問六　問七　問八　問九

五　問一 1 2　問二　問三　問四 a b　問五（20）（30）（40）　問六　問七　問八【　　】　問九

六　問一　問二　問三

（注）この解答用紙は実物を縮小してあります。B5→B4（141%）に拡大コピーすると、ほぼ実物大の解答欄になります。

〔国　語〕100点(推定配点)

一, 二　各2点×10　三　各1点×5　四　問1　6点　問2〜問8　各3点×7　問9　4点　五　問1　各2点×2　問2, 問3　各3点×2　問4　各2点×2　問5　7点　問6　2点　問7, 問8　各3点×2　問9　4点　六　問1　4点<完答>　問2　3点　問3　4点<完答>

２０２３年度　　鎌倉学園中学校　算数選抜

算数解答用紙　No.１

番号		氏名		評点	／150

※ 途中の計算もすべて書きなさい。図や表や考え方がわかるようなこともできるだけかきなさい。
ただし，(1)，(2)は，答えのみでも可とします。

1

［図１］のように，１から800までの数字が１つずつ書かれた800枚のカードと，円形に並べられたＡ，Ｂ，Ｃ，Ｄ，Ｅ，Ｆ，Ｇの７個の箱があります。
最初に，１のカードをＡに入れ，次に残っているカードを小さい順に１枚ずつ，
時計回りに　　となりの箱　→　１つとばした箱
　　　　　→　となりの箱　→　１つとばした箱
　　　　　→　…………
とくり返し，すべてのカードを箱に入れます。また，箱の中にすでにカードが入っている場合は，そのカードの上に重ねて入れることとします。

例えば，１のカードはＡに，２のカードはＢに，３のカードはＤに，
４のカードはＥに，５のカードはＧに，６のカードはＡに入れ，
Ａの箱の下から２番目のカードの数字は６となります。

［図１］

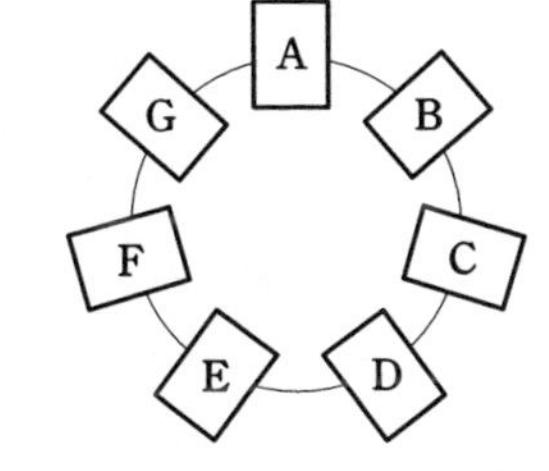

(1) Ｃの箱の下から５番目のカードの数字はいくつですか。

（答）＿＿＿＿＿＿

(2) 800のカードは，Ａ～Ｇのどの箱に入っていますか。

（答）＿＿＿＿＿＿

(3) Ａ～Ｇの７個の箱について，各箱の下から30番目のカードの数字をすべて加えるといくつになりますか。

（答）＿＿＿＿＿＿

(4) Ａ～Ｇの７個の箱について，箱ごとに入っているカードの数字をすべて加えました。それらの７個の和のうち，最小のものはどの箱の和ですか。
また，その和はいくつですか。

（答）＿＿＿＿の箱の和で，その和は＿＿＿＿

算数解答用紙　No.２

※ 途中の計算もすべて書きなさい。図や表や考え方がわかるようなこともできるだけかきなさい。
ただし，(1)，(2) は，答えのみでも可とします。

2

［図１］のように，AB から始まるあみだくじに，横線を１本加えます。
A が到達する場所に A，B が到達する場所に B と記入すると，AB という並びだったものが，BA という並びに変わります。
これを AB → BA と表すことにします。

今回は，このようなあみだくじを用いた文字列の並べかえに最低限必要な横線の本数について考えます。ただし，横線はとなり合う縦線２本を結ぶものを１本とカウントし，横線どうしが交差しないことにします。
例えば，AB → BA とするために，最低限必要な横線の本数は１本です。

［図１］

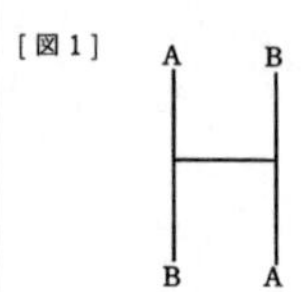

(1) ABC → CBA とするために，最低限必要な横線の本数は何本ですか。

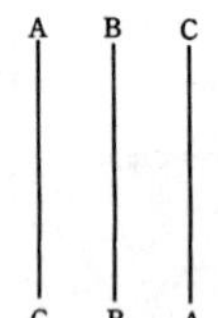

(答) ＿＿＿＿＿＿ 本

(2) ABCDE → DEACB とするために，最低限必要な横線の本数は何本ですか。

(答) ＿＿＿＿＿＿ 本

(3) ABCDE → EADCB とするために，最低限必要な横線を下の図のように考えました。ところが，必要のない横線が入っていることに気が付きました。取り除いてもよい横線をすべて ①～⑨ の記号で答えなさい。

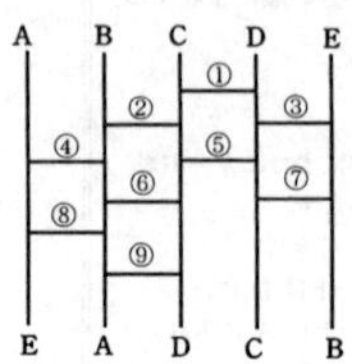

(答) ＿＿＿＿＿＿

(4) ABCDEFGHIJK → □ を考えます。最低限必要な横線の本数が最も多くなるように □ に入る文字列を答えなさい。また，そのときに必要な横線の本数を答えなさい。

(答) 文字列＿＿＿＿＿＿，本数＿＿＿＿ 本

２０２３年度　鎌倉学園中学校　算数選抜

算数解答用紙　No.３

※ 途中の計算もすべて書きなさい。図や表や考え方がわかるようなこともできるだけかきなさい。
ただし，(1)，(2)は，答えのみでも可とします。

3

［図１］のような材料と分量で，ドーナツやマフィンを作ります。作る個数は，１個，２個，…… と整数で，１個分の材料がすべてそろっていない場合は作ることができません。
Aさん，Bさん，Cさん，Dさんは，材料が何もなかったので，それぞれ買いに行きました。
［図２］は，店で売られている商品とその内容量，値段の表です。

［図１］ ドーナツ，マフィンを作るのに必要な材料と分量

ドーナツ（６個分）
ホットケーキミックス … 240 g
牛乳 ………… 60 mL
バター ………… 20 g
砂糖 ………… 12 g
卵 ………… 60 g

マフィン（４個分）
ホットケーキミックス … 150 g
牛乳 ………… 100 mL
バター ………… 50 g
砂糖 ………… 50 g
卵 ………… 100 g

［図２］ 店で売られている商品と値段（税込み）

商品（内容量）		値段
ホットケーキミックス	１袋（600 g）	300 円
牛乳	１本（500 mL）	150 円
バター	１箱（200 g）	400 円
砂糖	１袋（250 g）	200 円
卵	１個（60 g）	30 円

(1) Aさんは，ホットケーキミックスを１袋，牛乳を１本，バターを１箱，砂糖を１袋，卵を３個買いました。買った材料でできるだけ多くのドーナツを作るとき，ドーナツは何個作れますか。

（答）＿＿＿＿＿＿個

(2) Bさんは，できるだけ少ない材料費でマフィンを 36 個作りました。かかった材料費はいくらですか。

（答）＿＿＿＿＿＿円

(3) Cさんは，4500 円以下の材料費で，マフィン 36 個とできるだけ多くのドーナツを作りました。ドーナツは何個作りましたか。

（答）＿＿＿＿＿＿個

(4) Dさんは，ドーナツとマフィンを作ったところ，ホットケーキミックスの費用は 1800 円で，牛乳とバターの費用は合わせて 2050円 でした。また，牛乳を 10 本以上買うことはありませんでした。作ったあと，ホットケーキミックスは 465 g 余り，バターは 145 g 余りました。このとき，ドーナツとマフィンはそれぞれ何個作りましたか。

（答）ドーナツ＿＿＿＿個，　マフィン＿＿＿＿個

（注）この解答用紙は実物を縮小してあります。185％拡大コピーをすると，ほぼ実物大の解答欄になります。

〔算　数〕150点(推定配点)

1　(1)，(2)　各 12 点×2　(3)，(4)　各 13 点×2<(4)は完答>　2　(1)，(2)　各 12 点×2　(3)，(4)　各 13 点×2<各々完答>　3　(1)，(2)　各 12 点×2　(3)，(4)　各 13 点×2<(4)は完答>

2022年度　　鎌倉学園中学校

算数解答用紙　第１次

番号		氏名		評点	／100

1	(1)	(2)
	(3)	(4)
2	(1)	(2) 円
	(3) g	(4) 杯
3	(1) 度	(2) cm^2
4	(1)	(2)
	(3) A　　　, B	
5	(1) cm^2	(2) cm^2
	(3) 秒後	
6	(1) 個	(2) 個
	(3) 番目	
7	(1) 円	(2) 円
	(3) 袋	
8	(1) cm^3	(2) 分　　秒後
	(3) 分　　秒後	

(注) この解答用紙は実物を縮小してあります。Ｂ５→Ｂ４(141%)に拡大コピーすると、ほぼ実物大の解答欄になります。

〔算　数〕100点(推定配点)

1～8 各４点×25＜4の(3)は完答＞

2022年度　鎌倉学園中学校

社会解答用紙　第1次

番号		氏名		評点	／60

1

問1	(1)	(2)	(3)	(4)	(5)

問2		問3	(1)	(2)	(3)

問4	(1)	(2)	(3)	(4)

問4	(5)

問5	(1)	(2)
	%	

問6	M	N

2

問1	(1)	(2)	(3)	(4)	(5)
	造	貿易			

問1	(6)	(7)	

問2 (1)	C	D	E

問2 (2)	①	②

問2 (3)		(4)	

問3		問4		問5		問6	

(注) この解答用紙は実物を縮小してあります。B５→B４(141%)に拡大コピーすると、ほぼ実物大の解答欄になります。

〔社　会〕60点(推定配点)

1　問1，問2　各2点×6　問3　各1点×3　問4　(1)～(4)　各2点×4　(5)　3点　問5　各1点×2　問6　2点＜完答＞　2　問1　(1)～(3)　各1点×3　(4)～(6)　各2点×3　(7)　各1点×2　問2　(1)，(2)　各1点×5　(3)　2点　(4)　1点　問3～問5　各3点×3　問6　2点

理科解答用紙　第１次

番号		氏名		評点	／60

1

(1)	(2) cal	(3)	(4)
(5) g	(6) ℃		

2

(1)	(2) 法	(3)	(4)
(5)	(6)	(7)	(8)

3

(1) 種類	(2)	(3) 境川	宮川
(4)	(5)	(6)	(7)

4

(1) 座	(2)	(3)	
(4) と		(5)	(6) 座

（注）この解答用紙は実物を縮小してあります。Ｂ５→Ｂ４（141％）に拡大コピーすると、ほぼ実物大の解答欄になります。

〔理　科〕60点(推定配点)

1　(1)～(4)　各２点×４　(5), (6)　各４点×２　2～4　各２点×22＜3の(7), 4の(4)は完答＞

二〇二三年度　鎌倉学園中学校

国語解答用紙　第一次

番号　　氏名　　評点　／100

一	1	2	3	4 （む）	5 （しき）

二	問一	問二	問三 つ

三	1 ゆ	2 ゆ	3 ゆ

四				
	問一	問二	問三	問四
	問五	問六	問七	
	問八 1	2	問九	
	問十 （20）（25）	問十一		

五				
	問一	問二 1	2	問三
	問四	問五 a	b	問六
	問七			
	問八	問九	問十 ①	
	② （30）（40）			

六	問一 1	2	問二

（注）この解答用紙は実物を縮小してあります。B5→B4（141％）に拡大コピーすると、ほぼ実物大の解答欄になります。

〔国　語〕100点（推定配点）

一～三　各2点×11　四　問1　3点　問2　2点　問3，問4　各4点×2　問5　2点　問6，問7　各3点×2　問8，問9　各2点×3　問10，問11　各4点×2　五　問1　2点　問2　各1点×2　問3，問4　各3点×2　問5　各2点×2　問6～問8　各3点×3　問9　各2点×2　問10　①　3点　②　5点　六　問1　各2点×2　問2　4点

２０２２年度　鎌倉学園中学校

算数解答用紙　第２次

番号		氏名		評点	／100

1	(1)	(2)
	(3)	(4)
2	(1)	(2) ページ
	(3) km	(4) ℃
3	(1) 度	(2) cm^3
4	(1) 個	(2) 個
	(3) 個	
5	(1) cm^2	(2) cm^2
	(3) 秒後	
6	(1)	(2)
	(3) 個	
7	(1) 時速 km	(2) 時間 分 秒
	(3) ： ：	
8	(1) cm	(2) ×3.14 cm^3
	(3) 倍	

（注）この解答用紙は実物を縮小してあります。Ｂ５→Ｂ４（141%）に拡大コピーすると、ほぼ実物大の解答欄になります。

〔算　数〕100点(推定配点)

1～8　各４点×25

2022年度　鎌倉学園中学校

社会解答用紙　第2次

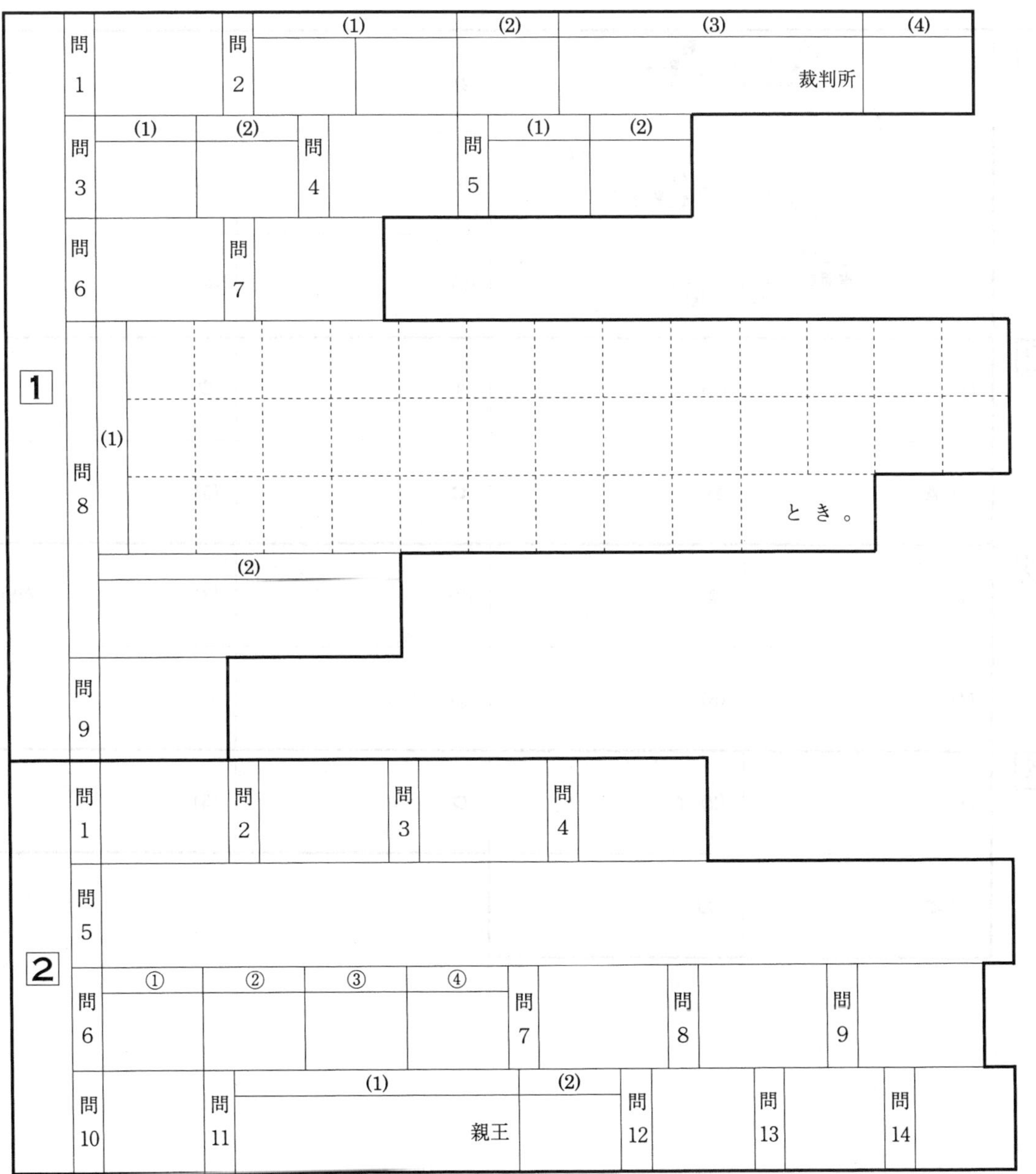

番号
氏名
評点
／60
1
問1
問2 (1) (2) (3) 裁判所 (4)
問3 (1) (2)
問4
問5 (1) (2)
問6
問7
問8 (1) とき。
(2)
問9
2
問1
問2
問3
問4
問5
問6 ① ② ③ ④
問7
問8
問9
問10
問11 (1) 親王 (2)
問12
問13
問14

（注）この解答用紙は実物を縮小してあります。B5→B4（141%）に拡大コピーすると，ほぼ実物大の解答欄になります。

〔社　会〕60点(推定配点)

1　問1　2点　問2　(1)　各1点×2　(2)～(4)　各2点×3　問3～問7　各2点×7　問8　(1)　2点　(2)　1点　問9　3点　2　問1～問4　各2点×4　問5　3点　問6　各1点×4　問7～問9　各2点×3　問10，問11　各1点×3　問12～問14　各2点×3

2022年度　　鎌倉学園中学校

理科解答用紙　第2次

番号		氏名		評点	／60

1

(1) A B C 電流計 − +	(2)	
	(3)	(4)
	(5)	(6)

2

(1)	(2)	(3) イ	ウ
(4) A	B	C	(5)

3

(1) ①	②	(2)	(3)　　か所
(4)	(5) ①	②	③

4

(1)	(2) イ	ウ	(3)
(4) オ	カ		

（注）この解答用紙は実物を縮小してあります。B５→B４（141%）に拡大コピーすると、ほぼ実物大の解答欄になります。

〔理　科〕60点(推定配点)

1 (1) 4点　(2)～(5)　各2点×4　(6) 4点＜完答＞　2～4　各2点×22

二〇二三年度　鎌倉学園中学校

国語解答用紙　第一次

番号　　氏名　　評点　／100

一	1	2	3	4 （く）	5 （む）
二	1	2	3	4	5
三	1	2	3	4	5

四
- 問一　1　7
- 問二
- 問三
- 問四
- 問五
- 問六　1つ目　2つ目
- 問七
- 問八
- 問九　（40）（50）

五
- 問一
- 問二
- 問三
- 問四　1つ目　2つ目
- 問五　a　b
- 問六
- 問七　c　d
- 問八
- 問九
- 問十
- 問十一　Ⅰ　Ⅱ

六
- 問一
- 問二
- 問三

（注）この解答用紙は実物を縮小してあります。B5→B4（141％）に拡大コピーすると、ほぼ実物大の解答欄になります。

〔国　語〕100点(推定配点)

一 各２点×５　二, 三 各１点×10　四 問１　各２点×２　問２〜問５　各３点×４　問６　各２点×２　問７, 問８　各４点×２　問９　８点　五 問１〜問５　各２点×７　問６　３点　問７　各２点×２　問８〜問11　各３点×５　六 問１　２点　問２, 問３　各３点×２

2022年度　　鎌倉学園中学校　算数選抜

算数解答用紙　No.1

番号		氏名		評点	／150

※ 途中の計算もすべて書きなさい。図や表や考え方がわかるようなこともできるだけかきなさい。
ただし，(1)，(2)は，答えのみでも可とします。

1

2種類の記号(　)と[　]を次のように定めます。

(　)は，記号の中の数の整数部分を表します。
例えば，(2)=2，(0.14)=0，$\left(\frac{7}{2}\right)=3$ です。

[　]は，記号の中の数の分母と分子を入れ替えた数の整数部分を表します。
例えば，$\left[\frac{2}{3}\right]$ は $\frac{2}{3}$ の分母と分子を入れ替えた数 $\frac{3}{2}$ の整数部分なので
$\left[\frac{2}{3}\right]=1$ です。

以下，分数 $\frac{b}{a}$ に対して $\left(\frac{b}{a}\right)$ や $\left[\frac{b}{a}\right]$ を考えます。
ただし，a は2以上9以下の整数，b は1以上9以下の整数として，
$\frac{4}{2}$ や $\frac{9}{3}$ などのように，約分すると整数になるような $\frac{b}{a}$ も分数として考えます。

(1) $\left[\frac{1}{5}\right]+\left[\frac{2}{5}\right]+\left[\frac{3}{5}\right]+\left[\frac{4}{5}\right]+\left[\frac{5}{5}\right]$ を計算するといくつですか。

(答) ＿＿＿＿＿＿

(2) $\left[\frac{b}{a}\right]=3$ となるような分数 $\frac{b}{a}$ をすべて求めなさい。
ただし，答えとなる $\frac{b}{a}$ にはこれ以上約分できないものだけを答えなさい。

(答) ＿＿＿＿＿＿

(3) $\left[\frac{b}{a}\right]=1$ となり，同時に $\left(\frac{b}{a}\right)=0$ となるような分数 $\frac{b}{a}$ の中で，
最小のものを求めなさい。

(答) ＿＿＿＿＿＿

(4) $\left(\frac{b}{a}+\frac{1}{2}\right)=1$ となり，同時に $\left[\frac{b}{a}\right]=0$ となるような分数 $\frac{b}{a}$ の中で，
最大のものを求めなさい。

(答) ＿＿＿＿＿＿

２０２２年度　鎌倉学園中学校　算数選抜

算数解答用紙　No. 2

※ 途中の計算もすべて書きなさい。図や表や考え方がわかるようなこともできるだけかきなさい。
ただし，(1)，(2) は，答えのみでも可とします。

2

［図 1］のように，
1 辺の長さが 1 cm の立方体を 27 個合わせて作った立方体から，
かげをつけた部分を反対側までまっすぐにくり抜いた立体 A があります。

また，［図 2］のように，
1 辺の長さが 1 cm の立方体を 64 個合わせて作った立方体から，
かげをつけた部分を反対側までまっすぐにくり抜いた立体 B があります。
ただし，かげをつけた円の直径は 1 cm とし，円周率は 3.14 とします。

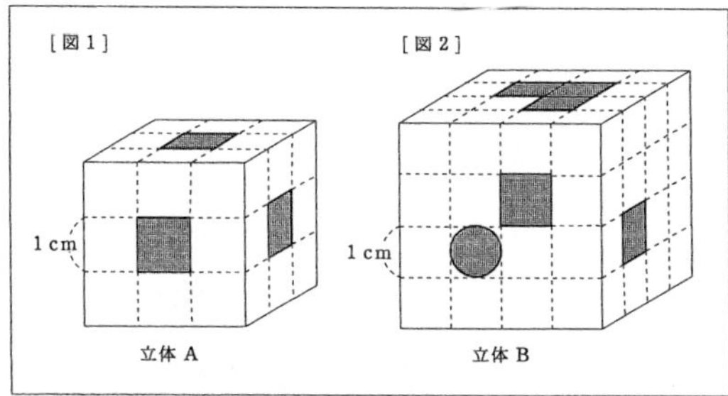

(1) 立体 A の体積は何 cm^3 ですか。

（答）＿＿＿＿＿ cm^3

(2) 立体 A の表面積は何 cm^2 ですか。
（くり抜かれた内側の部分も含みます）

（答）＿＿＿＿＿ cm^2

(3) 立体 B の体積は何 cm^3 ですか。

（答）＿＿＿＿＿ cm^3

(4) 立体 B の表面積は何 cm^2 ですか。
（くり抜かれた内側の部分も含みます）

（答）＿＿＿＿＿ cm^2

（注）この解答用紙は実物を縮小してあります。192％拡大コピーをすると，ほぼ実物大の解答欄になります。

２０２２年度　鎌倉学園中学校　算数選抜

算数解答用紙　No.３

※ 途中の計算もすべて書きなさい。図や表や考え方がわかるようなこともできるだけかきなさい。
ただし，(1)，(2) は，答えのみでも可とします。

3

[図１]，[図２] のカレンダーは新暦 2022 年の１月，２月のものです。
上の段に新暦の日付と六曜（先勝，友引，先負，…），
下の段に旧暦の年月日が書いてあります。
六曜とは旧暦にしたがって決まっているものです。
旧暦の毎月１日の六曜のスタートが [表１] のように決められていて，そこから

先勝 → 友引 → 先負 → 仏滅 → 大安 → 赤口 →（先勝に戻る）

の順でくり返していきます。
また，[表２] は新暦 2022 年と旧暦 2022 年の月ごとの日数です。

[図１]　新暦 2022 年　１月のカレンダー（1/1 ～ 1/15）

日	月	火	水	木	金	土
						1 先負 旧暦 2021/11/29
2 仏滅 旧暦 2021/11/30	3 赤口 旧暦 2021/12/1	4 先勝 旧暦 2021/12/2	5 友引 旧暦 2021/12/3	6 先負 旧暦 2021/12/4	7 仏滅 旧暦 2021/12/5	8 大安 旧暦 2021/12/6
9 赤口 旧暦 2021/12/7	10 先勝 旧暦 2021/12/8	11 友引 旧暦 2021/12/9	12 先負 旧暦 2021/12/10	13 仏滅 旧暦 2021/12/11	14 大安 旧暦 2021/12/12	15 赤口 旧暦 2021/12/13

[図２]　新暦 2022 年　２月のカレンダー（2/1 ～ 2/7）

日	月	火	水	木	金	土
		1 先勝 旧暦 2022/1/1	2 友引 旧暦 2022/1/2	3 先負 旧暦 2022/1/3	4 仏滅 旧暦 2022/1/4	5 大安 旧暦 2022/1/5
6 赤口 旧暦 2022/1/6	7 先勝 旧暦 2022/1/7					

[表１]　旧暦の毎月１日の六曜

旧暦	1月	2月	3月	4月	5月	6月	7月	8月	9月	10月	11月	12月
六曜	先勝	友引	先負	仏滅	大安	赤口	先勝	友引	先負	仏滅	大安	赤口

[表２]　新暦 2022 年と旧暦 2022 年の月ごとの日数

2022年	1月	2月	3月	4月	5月	6月	7月	8月	9月	10月	11月	12月
新暦	31日	28日	31日	30日	31日	30日	31日	31日	30日	31日	30日	31日
旧暦	30日	29日	30日	29日	30日	30日	29日	30日	29日	30日	29日	30日

(1) 新暦 2022 年の１月 31 日は，旧暦 2021 年の 12 月何日ですか。

(答) 12 月　　　日

(2) 新暦 2022 年の４月７日は，旧暦 2022 年の何月何日ですか。

(答) 　　月　　　日

(3) 新暦 2022 年の６月の日曜日で，大安の日は６月何日ですか。

(答) ６ 月　　　日

(4) 新暦 2022 年中に，先勝は何回ありますか。

(答) 　　　回

〔算　数〕150点(推定配点)

1 (1)，(2)　各 12 点×2＜(2)は完答＞　(3)，(4)　各 13 点×2　2 (1)，(2)　各 12 点×2　(3)，(4)　各 13 点×2　3 (1)，(2)　各 12 点×2　(3)，(4)　各 13 点×2

２０２１年度　鎌倉学園中学校

算数解答用紙　第１次

番号		氏名	

評点	／100

1	(1)	(2)
	(3)	(4)
2	(1)	(2)
	(3) 点	(4)
3	(1) 度	(2) cm^2
4	(1) 個	(2) 個
	(3) 番目	
5	(1) cm^2	(2) cm^2
	(3) 秒後と 秒後	
6	(1)	(2)
	(3)	
7	(1) 毎時 km	(2) 毎時 km
	(3) 時 分	
8	(1) cm^3	(2) cm
	(3) cm	

（注）この解答用紙は実物を縮小してあります。Ｂ５→Ｂ４（141％）に拡大コピーすると、ほぼ実物大の解答欄になります。

〔算　数〕100点（推定配点）

1～8　各４点×25＜5の(3)は完答＞

2021年度　　鎌倉学園中学校

社会解答用紙　第1次

番号		氏名		評点	／60

1	問1	A　期	B	C　貿易
		D　工業地帯	E　工業地帯	
	問2	①	②	③
	問3			
	問4		問5	市
2	問1	A	B	C
		D	E	
	問2	問3	問4	問5	問6	問7
3	問1	A	B	C
		D	E	F
	問2	問3	問4　の原則	問5
	問6			

（注）この解答用紙は実物を縮小してあります。B5→B4（141%）に拡大コピーすると、ほぼ実物大の解答欄になります。

〔社　会〕60点（推定配点）

1, 2　各2点×22　3　問1　各1点×6　問2～問6　各2点×5<問6は完答>

２０２１年度　鎌倉学園中学校

理科解答用紙　第１次

番号		氏名		評点	／60

1

(1) cm	(2) ア	イ	(3) cm
(4)	(5) g		

2

(1)	(2)	(3)	(4)
(5)	(6) (A)	(B)	(C)

3

(1)	(2)	(3)	(4)
(5)	(6)	(7)	(8)

4

(1)	(2)	(3) 組織	(4)
(5)			(6)

（注）この解答用紙は実物を縮小してあります。Ｂ５→Ｂ４（141％）に拡大コピーすると、ほぼ実物大の解答欄になります。

〔理　科〕60点（推定配点）

1　(1)～(4)　各２点×5　(5)　４点　2，3　各２点×16<2の(5)，3の(4)，(8)は完答>　4　(1)～(4)　各２点×4　(5)　４点　(6)　２点

二〇二一年度　鎌倉学園中学校

国語解答用紙　第一次

番号　　氏名　　評点 /100

一　1　2　3　4 (う)　5 (む)

二　1 ま　2 お　3 い　4 ね

三　1 A B　2 A B　3 A B　4 A B

四　問一　問二　問三　問四　問五　問六　問七　問八　問九　問十

五　問一　問二　問三 50　問四　問五　問六　問七 15 25

六　問一 50　問二

（注）この解答用紙は実物を縮小してあります。B5→B4（141%）に拡大コピーすると、ほぼ実物大の解答欄になります。

〔国　語〕100点(推定配点)

一　各2点×5　二　各3点×4　三　各1点×8　四　各3点×10　五　問1，問2　各3点×2　問3　8点　問4　4点　問5，問6　各3点×2　問7　6点　六　問1　7点　問2　3点

Memo

Memo

東京都／神奈川県／千葉県／埼玉県／茨城県／栃木県ほか

2025年度用
声の教育社版

中学受験案内

首都圏版
東京・神奈川・千葉・埼玉・茨城・栃木ほか
中学受験案内 2025年度用
私立・国公立中学 353 校のスクール情報を徹底リサーチ!

■全校を見開き2ページでワイドに紹介！

■中学～高校までの授業内容をはじめ部活や行事など、6年間の学校生活を凝縮！

■偏差値・併願校から学費・卒業後の進路まで、知っておきたい情報が満載！

私立・国公立353校掲載

Ⅰ 首都圏（東京・神奈川・千葉・埼玉・その他）の私立・国公立中学校の受験情報を掲載。

合格情報
近年の倍率推移・偏差値による合格分布予想グラフ・入試ホット情報ほか

学校情報
授業、施設、特色、ICT機器の活用、併設大学への内部進学状況と併設高校からの主な大学進学実績ほか

入試ガイド
募集人員、試験科目、試験日、願書受付期間、合格発表日、学費ほか

Ⅱ 資　料
(1)私立・国公立中学の合格基準一覧表（四谷大塚、首都圏模試、サピックス）
(2)主要中学早わかりマップ
(3)各校の制服カラー写真
(4)奨学金・特待生制度，帰国生受け入れ校，部活動一覧

Ⅲ 大学進学資料
(1)併設高校の主要大学合格状況一覧
(2)併設・系列大学への内部進学状況と条件

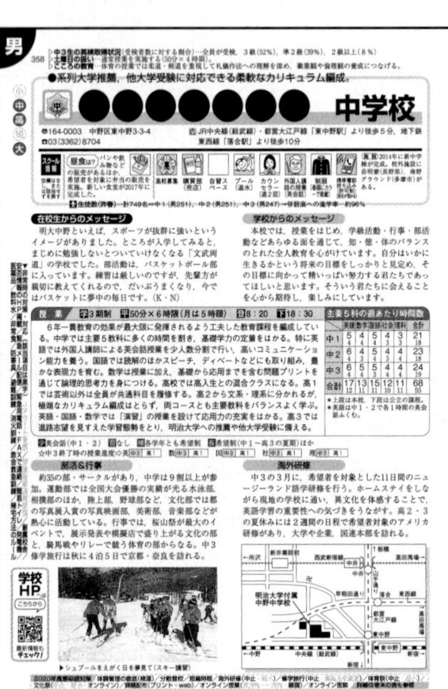

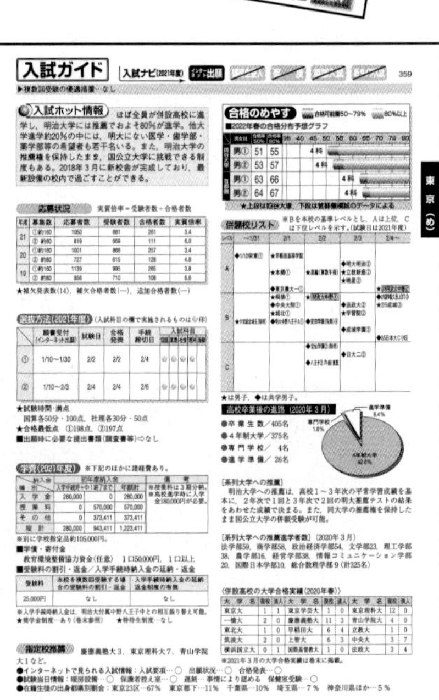

志望校・併願校をこの１冊で選ぶ！決める!!

過去問で君の夢を応援します

声の教育社

〒162-0814　東京都新宿区新小川町8-15
TEL.03-5261-5061　FAX.03-5261-5062
https://www.koenokyoikusha.co.jp